Baechtold ,Jacob ;Baechtold , Fred; Hirzel, Ludwig

Die Schweizer Minnesänger

Baechtold ,Jacob ;Baechtold , Fred; Hirzel, Ludwig

Die Schweizer Minnesänger

Inktank publishing, 2018

www.inktank-publishing.com

ISBN/EAN: 9783747762646

DIE

SCHWEIZER MINNESÄNGER.

Mit Einleitung und Anmerkungen

herausgegeben

von

KARL BARTSCH.

FRAUENFELD.
VERLAG VON J. HUBER.
1886.

Vorwort.

Da eine kritische Bearbeitung des größeren Theiles der altdeutschen Liederdichter noch aussteht, so wird, hoffe ich, eine solche für die in diesem Bande vereinigten, landschaftlich zusammengehörigen Minnesänger nicht unwillkommen sein. Die kritischen Hülfsmittel, deren ich mich bediente, sind folgende:

A, die Heidelberger Handschrift, pal. germ. 357, nach dem Abdrucke von Franz Pfeiffer, Stuttgart 1844, dessen Zuverläßigkeit ein Zurückgehen auf das Original entbehrlich machte. Sie enthält von Schweizer Dichtern eine Strophe von Rudolf von Neuenburg unter anderm Namen (I, 4, 1); 118 Strophen Ulrichs von Singenberg, von denen aber ein Theil ihm nicht zukommt, und drei Strophen desselben Dichters unter dem Namen Heinrichs von Morungen (II, 18), sowie eine von ihm unter dem Namen Ulrichs und unter Gedrut (II, 17, 9) und fünf unter dem Namen Niune (II, 34).

B, die Weingartner Handschrift, jetzt in der Privatbibliothek des Königs von Würtemberg, ebenfalls nach Franz Pfeiffers Abdrucke, Stuttgart 1843. Sie bot 18 Strophen Rudolfs von Neuenburg, 9 von Ulrich von Singenberg und dazu eine von diesem unter Walthers Namen (II, 20), endlich 12 Strophen Goelis unter dem Namen Neidharts.

C, die Pariser Handschrift, Bibliothèque Nationale, ms. allem. 32. Außer den gedruckten Texten benutzte ich für sie Raßmanns handschriftliche Collation und Ergänzung von Bodmers Abdruck, welche aus von der

Hagens Nachlasse Franz Roth erwarb und die mit des letztern literarischem Nachlaß an mich gelangte. Im März 1884 habe ich die Handschrift an Ort und Stelle für meine Sammlung neu verglichen; die Abweichungen meiner Lesung von den Hagenschen Angaben sind meist bei den Lesarten bemerkt. Sie enthält fast sämmtliche Texte dieses Bandes und einen großen Theil allein.

C^{a}, die Naglerschen Bruchstücke, in der Berliner Bibliothek, ms. germ. 4°. 519. Sie boten, zum Theil unvollständig, fünf Lieder Krafts von Toggenburg (VI), außerdem das Bild Heinrichs von Stretlingen; letzteres reproduzirt im I. Bande der Bibliothek älterer Schriftwerke der Schweiz.

E, die Würzburger Handschrift, jetzt in der Universitätsbibliothek zu München, mit einem Liede unter Walthers Namen (Walther 187—191), das C Rudolf von Neuenburg beilegt (I, 8).

F, die Weimarer Handschrift, mit zwei Strophen, von denen die eine C unter Rudolf von Neuenburg hat (I, 8).

O, die Neidhartbruchstücke in der Stadtbibliothek zu Frankfurt a. M., mit vier Strophen Goelis unter Neidharts Namen.

c, Hagens Neidharthandschrift, jetzt in Berlin, ms. germ. fol. 779, mit 12 Strophen Goelis unter Neidharts Namen.

n, die Handschrift der Leipziger Stadtbibliothek II 70°, die eine Strophe von Gast (XVI, 1) anonym enthält.

p, die Berner Handschrift, mit einer Strophe Hadloubs (XXVII, 51).

t, die Kolmarer Handschrift in München, mit einer Strophe von Gast (XVI, 1) unter den Tönen Wolframs von Eschenbach.

Endlich ein alter Druck eines Liedes (vielleicht zweier) von Hesso von Rinach (X, 1); vgl. Anzeiger für Kunde der deutschen Vorzeit 1879, Sp. 86; leider sind nur die ersten fünf Zeilen mitgetheilt; wo das Blatt sich jetzt befindet, ist unbekannt.

Für den weitaus größten Theil war ich mithin auf eine einzige Handschrift angewiesen, was auf der einen Seite die kritische Arbeit erleichterte, auf der andern aber auch erschwerte, weil bei corrupten Stellen dann keine weiteren Hülfsmittel vorlagen. Zum Glück ist gerade für die Schweizer Dichter die Ueberlieferung von C ziemlich gut.

Die Einleitung zu einem Gesammtbilde des altdeutschen Minnegesanges auszudehnen, schien deswegen unthunlich, weil eben nur ein Ausschnitt desselben geboten werden sollte. Wenn die Schweizer Minnesänger eine besondere und charakteristische Gruppe innerhalb der Lyrik bildeten, würde eine Gesammtdarstellung dieser Gruppe am Platze gewesen sein. So aber war es passender, jeden Dichter für sich zu behandeln und nur, wo es angemessen, die verbindenden Fäden und Einflüsse zu zeigen. Das historische und urkundliche Material zu sammeln habe ich keine Mühe gescheut; abgesehen von dem, was in den dankenswerthen Vorarbeiten insbesondere schweizerischer Forscher vorlag, haben bei diesem Theile meiner Arbeit J. Bæchtold in Zürich und H. Herzog in Aarau mich wirksam unterstützt.

HEIDELBERG, 22. März 1886.

KARL BARTSCH.

EINLEITUNG.

Der Minnegesang der Schweiz bildet einen nicht unbeträchtlichen Ausschnitt in der Liebeslyrik und lyrischen Spruchdichtung des zwölften bis vierzehnten Jahrhunderts, indem etwa ein Fünftel sämmtlicher Minnesänger, deren Namen wir kennen, der Schweiz angehört. Das entspricht freilich nicht ganz den wirklichen Verhältnissen, sondern hängt wesentlich damit zusammen, daß die umfangreichste Handschrift, die einen nicht geringen Theil des Minnesanges allein enthält, in der Schweiz entstanden ist und naturgemäß aus ihrer nähern Umgebung die Quellen vollständiger überliefert als aus entfernteren Gegenden.

Ist auch unter den zweiunddreißig Dichtern, welche der Schweiz zuzuweisen wir uns berechtigt glaubten, keiner von hervorragendster Bedeutung, keiner, der einen Höhepunkt in der Entwickelung des Minnegesangs bezeichnete, keiner, der eine eigenthümliche Richtung zuerst eingeschlagen, gehört auch der größte Theil dem Durchschnitt an, so sind doch einige darunter, die zu den besten gezählt werden dürfen, und einige, die uns werthvolle Einblicke in das Wesen der Lyrik und des Minnedienstes gewähren. Einen Zeitraum von 150 Jahren umfassend, den wir in ununterbrochener Reihenfolge überschauen, stellen sie alle im Minnegesang entwickelten Stufen und Richtungen dar. Nur die älteste Periode desselben erscheint unvertreten: jene durch ihre reizende Naivetät und Frische so anmuthende Lyrik, die im Osten Deutschlands, an den Ufern der Donau, um die Mitte des zwölften Jahrhunderts sich entwickelte, die noch frei von fremdländischem Einfluß, aus der Epik hervorgegangen, in Form und Darstellung noch überall den Zusammenhang mit ihr bekundet.

Dagegen ist die zweite Entwicklungsstufe, die der unmittelbaren Einwirkung romanischer Kunstdichtung auf Form und Inhalt des deutschen Minnegesanges, durch den ältesten Dichter unserer Sammlung vertreten.

I. Graf Rudolf von Neuenburg[1]

ist nach Heinrich von Veldeke und Friedrich von Hausen, die am Niederrhein und Mittelrhein, der eine gewiß unabhängig von dem andern, zuerst die Töne französischer und provenzalischer Lyrik in deutschen Weisen wiedergaben, der dritte Vertreter dieser Richtung. Wenn jene nur in einzelnen Fällen übersetzten, so ist unter den Liedern des Neuenburger Grafen ein erheblicher Theil Nachahmung fremder Originale.

Fenis nennt ihn die ältere Weingartner Handschrift, von Neuenburg die Pariser. Fenis ist die zwischen dem Neuen-

[1] Vgl. über ihn Bodmer, Proben der alten Schwäbischen Poesie des 13. Jahrhunderts, Zürich 1748, S. XXVIII, wo zuerst die Entlehnung aus dem Provenzalischen hervorgehoben ist; Bodmers neue kritische Briefe 13 f.; Diez, Poesie der Troubadours S. 267 ff., 2. Ausgabe S. 244 ff.; Wackernagel, Verdienste der Schweizer um die deutsche Literatur, Basel 1832, S. 13. 31, 34; von der Hagens Minnesinger 4, 47—52, und dessen Bildersaal altdeutscher Dichter S. 68 f.; meine Abhandlung in der Zeitschrift für deutsches Alterthum 11, 145—162; meine Deutschen Liederdichter S. XXXI f., 2. Auflage S. XXXIV f.; Brunner, Graf Rudolf von Fenis, der Minnesänger am Bielersee, im Berner Taschenbuch 1873, S. 1—40; Siegfried Pfaff im Programm von Buchsweiler 1873 und in der Zeitschrift f. d. Alt. 18, 44—58; Paul in seinen Beiträgen 2, 433—437. 450—452; Germania 26, 216. — Erster Druck seiner Lieder in Bodmers Minnesängern 1, 8—10; bei v. d. Hagen 1, 18—20; Lesarten 3, 586; erste kritische Bearbeitung in des Minnesangs Frühling von K. Lachmann und M. Haupt S. 80—85, dazu die Anmerkungen (2. Aufl.) S. 263.

burger und Bieler See gelegene Stammburg des gräflichen Geschlechtes[1]. Der Name Rudolf ist in dem Geschlechte durch zwei Jahrhunderte zu verfolgen und wechselt mit Ulrich ab. Rudolf I bleibt von vornherein ausgeschlossen, da seine Lebenszeit viel zu frühe fällt. Den Ururenkel desselben. Rudolf IV, sah Hagen für den Dichter an; allein dieser (urkundlich 1286—1342) ist offenbar zu jung, da am Ende des dreizehnten Jahrhunderts eine Nachahmung von Troubadourliedern des zwölften ganz undenkbar ist; auch weisen die ungenauen Reime, die allerdings die Pariser Handschrift beseitigt, auf eine ältere Zeit hin. Diese zuerst von mir[2] ausgesprochene Ansicht ist auch die der Herausgeber von des Minnesangs Frühling, die den Grafen Rudolf II für den Dichter erklären[3].

Rudolf II, der Sohn Ulrichs II und Berthas, wird zuerst in einer Schenkungsurkunde seines Vaters für das Kloster Hauterive vom Jahre 1158 erwähnt; Bertha und Rudolf, damals ihr einziger Sohn (nam in illo tempore alios liberos non habebant), waren mit der Schenkung einverstanden[4].

Selbständig handelnd tritt Rudolf in einer um 1181 angesetzten Urkunde des Bischofs Heinrich von Basel auf, indem er mit seiner Gattin und seinen Kindern eine Verkaufsurkunde für das Kloster Bellelay bezeugt[5]. Vor dem 24. September 1182 stimmt er mit seinen Brüdern Ulrich (III) und Berthold dem Verzichte seines Vaters auf die Vogtei des Klosters Frienisberg bei[6]; Rudolf als der älteste der Brüder steht in der Urkunde voran. 1184 bekräftigt Ulrich eine Schenkung

[1] Sie heißt auch *Fenix:* Fontes rerum Bernensium 3, 390 'Curatus de Fenix.'

[2] Zeitschrift für deutsches Alterthum 11, 162 ff.

[3] Auch Hagen sprach sich später, Bildersaal S. 65, für Rudolf II aus.

[4] Matile, Monuments de l'histoire de Neuchatel, I (Neuchatel 1844), 14.

[5] Trouillat, Monuments 2, 22; vgl. Schweizer. Urkundenregister Nr. 2467.

[6] Matile I, 25 f. Schweizer. Urkundenregister Nr. 2477.

an das Kloster Montheron mit seinem Siegel und macht auch seine Söhne dafür verbindlich[1]. Einer Schenkung Ulrichs (Odalricus de Novo Castro) an das Kloster Erlach erwähnt die Bestätigungsurkunde des Papstes Lucius II vom 2. October 1185[2]. Vor dem 24. September 1187 stimmt Ulrich als Vogt des Klosters Frienisberg mit seinen Söhnen Rudolf, Ulrich und Berthold einer Schenkungsurkunde zu[3]. Zwischen dem 25. März 1189 und 24. März 1190 macht Ulrich mit seiner Frau und seinen beiden anwesenden Söhnen Rudolf und Ulrich eine Schenkung an die Kirche zu Bellelay[4]. Eine andere Schenkung macht 1191 Ulrich mit seiner Frau Bertha unter Zustimmung seiner Söhne, die hier aber nicht mit Namen genannt sind, an die Abtei Fontaine-André[5]. Wahrscheinlich in demselben Jahre ist Ulrich gestorben; im folgenden Jahre treten die Brüder Rudolf (Radulphus de Novo Castro) und Ulrich allein auf, indem sie eine Erklärung über die Beilegung der Zwistigkeiten zwischen den Klöstern Hauterive (Altenryf) und Fontaine-André abgeben[6], wie sie auch die auf die Endigung dieses Streites bezügliche Urkunde vor dem 24. September 1192 mit Zustimmung ihrer Mutter Bertha, ihrer Frauen und ihres Bruders Berthold ausstellen[7].

Am 30. August 1196 war Rudolf bereits todt; denn sein Bruder Ulrich stiftet in einer an diesem Tage ausgestellten Urkunde eine Jahrzeit (anniversarium) für ihn[8]. Seine Frau überlebte ihn, denn sie wird in der Urkunde nebst dem dritten Bruder Berthold, der Thesaurarius der Kirche zu

---

[1] Schweizer. Urkundenregister Nr. 2513.

[2] Matile I, 27 ff. Schweizer. Urkundenregister Nr. 2537.

[3] Matile I, 30. Schweizer. Urkundenregister Nr. 2567.

[4] Matile I, 30 f. Fontes rerum Bernensium 1, 484, Nr. 88. Trouillat, Monuments 1, 416 f.

[5] Matile I, 31.

[6] Matile I, 32 f.

[7] Matile I, 33 f. Fontes rerum Bernensium 1, 488, Nr. 96. Ego Radulfus et ego Uldricus fratres et domini de Novo Castro.

[8] Matile I, 37 f. Fontes rerum Bernensium 1, 492, Nr. 101.

Lausanne war, beide als ihre Zustimmung gebend, erwähnt[1]. Nochmals wird Rudolf genannt in einer Urkunde von 1209, einer Stiftung für das Seelenheil der Gründer der Kirche zu Neuenburg, Ulrichs und seiner Frau Bertha, und der Söhne beider, Rudolf, Ulrich und Berthold[2].

Ulrich, Rudolfs Bruder, hatte ebenfalls einen Sohn namens Rudolf. Derselbe erscheint 1201 in einer Tauschurkunde des Vaters für das Kloster Hauterive, indem er und sein Vaterbruder Berthold, thesaurarius Lausannensis, sammt Ulrichs Neffen Berthold (also einem Sohne Rudolfs II) und Ulrichs Gattin Gertrud ihre Zustimmung zu dem Tausche geben[3]. 1220 am 10. Februar bezeugt Rudolf eine Urkunde Kaiser Friedrichs II in Hagenau[4]. Außer Rudolf hatte Ulrich noch vier Söhne, Otto, Berthold, Heinrich und Ulrich: am 20. Juni 1225 machte der Vater für sein Seelenheil eine Schenkung an Erlach; die Urkunde untersiegelt mit dem Vater der älteste Sohn, Rudolf[5]. Zwischen 1225—1226 starb Ulrich; er hatte den deutschen Theil der Grafschaft Neuenburg inne, während sein Neffe[6] die Burg Neuenburg und den französischen Theil der Grafschaft besaß. Ulrich wohnte in Fenis; eine Urkunde von 1208 enthält sein Siegel mit der Umschrift 'Sigillum Ulrici comitis de Venis'[7].

1228 macht Rudolf mit seinen Brüdern einen Tausch mit der Abtei Erlach[8]. 1229 siegelt er eine Schenkungsurkunde

[1] assensu fratris mei Berchtoldi Lausannensis ecclesie thesaurarii et assensu uxoris mei fratris pie recordationis Radulphi comitis.

[2] Matile I, 45.

[3] Matile I, 38 f. filius meus Rodulphus.

[4] Huillard-Bréholles 1, 240. Monumenta Zollerana 1, 37.

[5] Matile I, 70. Zwischen 1226—1229 bestätigen die Söhne Rudolf, Otto, Berthold, Heinrich und Ulrich durch Notariatsakt diese Schenkung: Matile I, 71 f.

[6] Es muß, wie Matile I, 71, Anm., bemerkt, statt 'fratrem' gelesen werden 'fratruelem'; gemeint ist Berthold, der in der Urkunde von 1201 genannte Sohn Rudolfs.

[7] Pfaff a. a. O. S. 57.

[8] Matile I, 76.

seines Vetters Berthold mit[1]; 1231 bezeugt er eine Verkaufsurkunde Bertholds[2], eine andere 1234[3]. In demselben Jahre vermittelt er nebst dem Abt von Hauterive eine Streitsache zwischen Sanct Gallen und Diethelm von Toggenburg[4]. 1235 besiegelt er als fideijussor eine Schenkungsurkunde des Ritters Ulrich von Anet für das Kloster Fontaine-André[5]. 1237 bestätigt er eine Schenkung an die Abtei Erlach[6]; 1239 eine solche an die Abtei Fontaine-André[7], indem er die Urkunde mit untersiegelt. 1242 stellt er eine Verkaufsurkunde für Erlach aus[8]; 1245 bestätigt er eine Schenkung für die genannte Abtei[9]; 1246 besiegelt er eine Schenkungsurkunde für dieselbe[10]; 1249 stellt er eine Urkunde für Erlach aus[11]; 1251 macht er eine Schenkung an die Abtei[12]. Am 14. März 1257 war er bereits verstorben[13]. Er führte den Titel von Nidau, und Matthias von Neuenburg bezeichnet ihn, den ältesten von Ulrichs hinterbliebenen Söhnen, als 'antiquum de Nidowe'[14].

Ein dritter Rudolf, der der Zeit nach in Betracht kommen könnte, ist der Sohn des Grafen Berthold und der Richenza. Er kommt mit seinem Bruder Hermann 1203 in zwei Schenkungsurkunden seines Vaters für das Kloster Frienisberg vor,

[1] Matile I, 79.
[2] Matile I, 81 f.
[3] Matile I, 85.
[4] mediantibus nobili viro Ruodolfo de Novo Castro et abbate de Alta Ripa.
[5] Matile I, 88.
[6] Matile I, 90 f.
[7] Matile I, 93 f.
[8] Matile I, 98.
[9] Matile I, 103.
[10] Matile I, 104.
[11] Matile I, 111.
[12] Matile I, 112 f.
[13] Vgl. Trouillat, Monuments 1, 645.
[14] Matile I, 71.

indem die Mutter und die Söhne den Schenkungen beistimmen[1]; mit Hermann und einem dritten Bruder Wilhelm 1224 in einer Verkaufsurkunde des Vaters, der die Söhne und die Mutter beistimmen[2]. 1225 war Richenza gestorben, in diesem Jahre macht Berthold an das Kloster Frienisberg mit Zustimmung seiner Söhne Rudolf und Hermann zum Seelenheil der Verstorbenen eine Schenkung[3]. Rudolf kommt bis 1263 vor.

Da dieser Rudolf der romanischen Linie angehört, so ist er dadurch ausgeschlossen. Es bleibt also zu wählen zwischen Rudolf II und seinem Neffen, dem Sohne seines jüngern Bruders Ulrich. Erneuerte Erwägung macht mich der von Pfaff[4] vertretenen Ansicht geneigter, in letzterem den Dichter zu erblicken. Denn Rudolf II war, als er starb, mindestens ein Vierziger; da seine Lieder nicht früher als um 1190 fallen können, so wären wir genöthigt, dieselben in die späteste Zeit seines Lebens zu rücken, was wenig für sich hat. Dagegen der Neffe, der 1201 zuerst urkundlich auftritt, kann als ganz junger Mann, immerhin schon am Ende der neunziger Jahre, die Lieder gedichtet haben. Ihre Abfassung später zu setzen wehren seine Reime; denn wenn auch die Kunst der genauen Reime nicht in allen Theilen Deutschlands gleichzeitig durchdrang, so ist doch sicher, daß in höfischen Kreisen am Anfang des dreizehnten Jahrhunderts solche Freiheiten, wie sie Rudolf zeigt, nicht mehr geduldet wurden. Als weiterer Grund für den Neffen kommt die Benennung Fenis hinzu; denn diesen Namen führte Rudolfs Vater Ulrich; ihn wird also der älteste Sohn ebenfalls geführt haben.

Um die Zeit, als Rudolf dichtete, hatte die provenzalische Kunstlyrik ihren Höhepunkt erreicht. In Rudolfs Heimat-

[1] Matile I, 40. 40 f.
[2] Matile I, 66; vgl. I, 67.
[3] Matile I, 69.
[4] a. a. O. S. 56 ff.

lande, das zwischen deutscher und französischer Sprache getheilt war, konnten die Klänge der Troubadourpoesie wohl bekannt sein, auch wenn wir kein Zeugniß besitzen, daß jemals ein provenzalischer Sänger sich dort aufgehalten. In der Sammlung provenzalischer Lieder, die Rudolf vorlag, befanden sich Canzonen von zweien der berühmtesten Troubadours des ausgehenden zwölften Jahrhunderts, Peire Vidal und Folquet von Marseille. Von ihnen, namentlich von letzterem, ist der größere Theil der Gedichte Rudolfs nach Inhalt und Form abhängig.

Von den drei Strophen des ersten Liedes sind die ersten beiden zwei Canzonen Folquets in den Gedanken nachgeahmt. Ich will die entsprechenden provenzalischen Strophen in deutscher Uebersetzung, und um treuer als der alte Minnesänger sein zu können, mit Wahrung der Form, aber ohne Reime, wiedergeben[1].

Und wenn ich jemals froh und liebend war,
Jetzt hab' ich Freud' und Hoffnung nicht von Liebe;
Dem Herzen kann kein ander Gut behagen,
Verdruß bedünkt mich jede andre Freude;
Doch von der Liebe, das sag' ich fürwahr,
Kann ich nicht ganz mich trennen und entfernen.
Nicht vorwärts schreit' ich und kann auch nicht bleiben,
Wie der, der in des Baumes Zweigen steht,
Der so hoch stieg, daß er nicht rückwärts kann
Noch aufwärts klimmt, so scheint es ihm gefährlich.

Die zweite Strophe bildet die Anfangsstrophe einer andern Canzone Folquets:

Wenn ich auch spät erst zu der Einsicht kam,
Gleich dem, der alles einbüßt' und nun schwört,
Er spiele nicht mehr, muß zu großem Glück
Ich mir es rechnen, daß ich noch erkannt
Den großen Trug, den Liebe mir gesonnen:
Mit schönem Schein hat mehr als zehen Jahre
Sie mich genarrt, gleichwie ein schlechter Schuldner,
Der stets verspricht, doch niemals denkt zu zahlen.

[1] Die Originale sind bei den Lesarten mitgetheilt.

Auch im zweiten Liede Rudolfs sind manche Anklänge an Folquet; der Inhalt der zweiten Strophe desselben ist einer dritten Canzone des provenzalischen Dichters entnommen:

Und wenn sie auch stolz gegen mich sich zeigt,
Nicht hab' ich Kraft, von ihr mich abzuwenden,
Denn Herz und Augen lehren mich ihr dienen,
So sehr gefällt ihr lieblich Wesen mir;
Und wähn' ich auch zu fliehn, es frommt mir nichts,
Vor mir steht ihre Liebe und erreicht mich
Und zwingt mich wieder zu ihr umzukehren.

Im dritten Liede sind die ersten beiden Strophen den Anfangsstrophen einer vierten Canzone Folquets nachgeahmt:

Was singend ich vergessen will,
Gedenken muß ich singend dran.
Um zu vergessen Liebesleid und Weh,
Darum sing' ich;
Je mehr ich singe, denk' ich dran,
Denn in den Mund kommt mir kein ander Wort
Als 'Gnad' allein.
Drum ist es wahr und zeigt sich klar,
Daß mir eur Bild im Herzen, Herrin, lebt
Und so mich lenkt, daß ich nicht anders kann.

Und da so hoch mich Liebe ehrt,
Daß sie mein Herz euch hegen heißt,
Fleh' ich daß ihr mich vor der Gluth bewahrt;
Denn größre Furcht
Trag' ich um euch als um mich selbst,
Und da mein Herz euch, Herrin, in sich schließt,
Geschieht ihm Leid,
Müßt ihr es dulden auch mit ihm.
Thut mit dem Leibe drum, was euch gefällt,
Und wahrt das Herz als eure Wohnung nur.

Die vierte Strophe stammt aus einer Strophe desselben Liedes, das schon für die zweite des ersten Liedes benutzt war.

Durch schönen Schein, den falsche Liebe bringt,
Lockt sie heran den thörichten Verliebten,

II

Gleich wie den Falter, der so thöricht ist,
Er stürzt ins Feur, gelockt von seinem Glanze.
Ich aber scheid' und folge andrem Pfade;
Wär' mir nicht schlecht gelohnt, würd' ich nicht scheiden:
Des guten Dulders Sitte will ich folgen,
Je mehr er zürnt, je mehr trägt er in Demuth.

Ein fünftes Lied von Folquet ist in Rudolfs fünftem Liede benutzt, und zwar in der ersten Strophe desselben:

Der Liebe, weiß ich nun,
Gefällt mein Schaden wohl,
Denn was in Fülle mein,
Heißt sie verachten mich
Und eifrig streben nach
Dem, was sich mir entzieht.
Ich suche das, was mich verfolgt,
Und folge dem, was vor mir flieht;
So weiß ich nicht, wie ich genesen kann,
Wenn ich zugleich verfolgen muß und fliehn.

In dem siebenten endlich hat er aus einer Canzone Peire Vidals drei Strophen nachgebildet; der ersten entspricht des Troubadours vierte[1]:

Nimmer würd' es gut sich fügen,
Trüg' ich Demuth nicht zur Schau,
Denn es läßt die hohe Frau
Nur von Demuth sich besiegen.
Demuth neben freiem Sinn
Macht den Stolz sich unterthan,
Doch zu ihr bricht keine Bahn
Helfer mir und Helferin:
Flehn ist einzig mein Gewinn.

Die zweite entspricht der dritten:

Weil ich Böses nie gesonnen,
Trag' ich Hoffnung in der Brust,
Daß das Leid sich kehr' in Lust,
Da das Spiel so schön begonnen.

---

[1] Ich gebe hier die wenn auch freiere gereimte Uebersetzung in meiner Ausgabe des Peire Vidal S. XL f.

Drum, wer liebet treu und gut,
Werd' in mir sein Muth erneut,
Der ich keine Müh' gescheut:
Aus dem Eise schöpft' ich Gluth,
Süßen Trank aus bittrer Fluth.

und die dritte der sechsten:

Wer da schilt ein lang Erwarten,
Klein bedünkt mich sein Verstand;
Artus selbst im Brittenland
Kam ja wieder, deß sie harrten.
Auch mein langes Harren ließ
Mich gewinnnen süßen Dank,
Einen Kuß, den Liebeszwang
Mich der Liebsten stehlen hieß:
Doch jetzt schenkt sie ihn gewiß.

Die bestimmte Beziehung auf die Wiederkehr des Artus, welche die Bretonen hegten, und die durch Heinrichs II von England Sohn, Artus, verwirklicht schien, hat der deutsche Dichter als unverständlich weggelassen.

Eine treue Wiedergabe der provenzalischen Originale in dem Sinne, wie wir einen fremdländischen Dichter übersetzen, sind Rudolfs Strophen nicht: solche Uebersetzungskunst kannte man im Mittelalter nicht. Auch die Epiker stehen ähnlich frei ihren Quellen gegenüber. Immerhin aber ist die Uebereinstimmung so beträchtlich, daß an ein Citiren aus dem Kopfe nicht zu denken ist. Die eigenthümliche Mosaik aus Strophen verschiedener Lieder deutet auf kein großes dichterisches Talent; es ist mehr Verstandes- als Herzensarbeit, mehr Convention als innerer Drang.

Wie der Inhalt, so ist auch die Form der Lieder den Troubadours nachgebildet. Die Strophenform des ersten Liedes entspricht der Canzone Folquets, deren Inhalt in der zweiten Strophe und in der letzten des dritten Liedes benutzt ist. Es ist der in der Canzone der provenzalischen Kunstlyrik beliebteste Vers, von zehn, bei weiblichem Reime von elf Silben; die Reimverkettung hat Rudolf beibehalten, nur daß er den vorletzten Reim, der im provenzalischen Original allein dasteht und erst in den folgenden Strophen an der entsprechenden Stelle seine Bindung erhält, mit dem Anfangsreime gebunden hat.

Original: a b b a c c d c.
Rudolf: a b b a c c a c.

Die Durchführung der Reime durch alle Strophen, ein der provenzalischen Kunstlyrik eigener Brauch, hat der deutsche Nachahmer wegen der größern Reimarmuth seiner Muttersprache nicht wiedergegeben.

Die Strophenform des zweiten Liedes kommt zwar bei Folquet so wenig wie bei Peire Vidal vor, aber sie ist eine im Provenzalischen sehr beliebte Form, von der ich acht Belege angeführt habe, zu denen noch ein altfranzösischer kommt[1]. Die Form des dritten Liedes, mit der die des fünften übereinstimmt, ist gleichfalls eine in der provenzalischen Poesie mehrfach begegnende; vier Belege, darunter einen von Peire Vidal, dessen Lieder Rudolf kannte, habe ich früher[2] gegeben. Die künstlichere Form von Folquets Liede, das Friedrich von Hausen[3] mit Beibehaltung der Strophenform benutzte, hat Rudolf nicht wiedergegeben.

Dagegen ist das siebente Lied in Form wie Inhalt dem Liede Peire Vidals nachgebildet. Die Form des vierten habe ich in gleicher Reimstellung im Provenzalischen nachgewiesen[4].

Auch andere formale Eigenthümlichkeiten der Troubadourpoesie hat Rudolf herübergenommen: dahin gehört das Durchführen der Reime durch alle Theile der Strophe, während nach deutscher Art im Abgesange neue Reime einzutreten pflegen[5]; dahin die Aufnahme eines Ausdrucks aus dem Schluß der Strophe in den Anfang der folgenden. So 2, 8. 9:

---

[1] Anmerkung zu 2, 8.
[2] Zeitschrift für deutsches Alterthum 11, 159.
[3] Vgl. Germania 1, 480.
[4] Zeitschrift a. a. O. 159.
Vgl. Germania 2, 296 f.

nu wære mîn reht, *möht ich* daz ich *ez lieze.*
Ez stêt mir niht sô, *iue mac ez* niht *lâzen.*

2, 16. 17:

ist ez ir leit, doch *dien ich ir ie mêre.*
Ie mêre wil *ich ir dienen* mit stæte.

2, 24. 25:

ez *wellent durch daz niht von ir mîne sinne.*
Mîn sinne welnt durch daz niht von ir scheiden.

Im Provenzalischen ist dies eine ganz gewöhnliche Art[1], doch ist zu bemerken, daß Folquet und Peire Vidal ihm keine Beispiele darboten.

Hervorzuheben ist der Rhythmus von Rudolfs Liedern. Derselbe ist in 1, 2, 4, 5, 6 daktylisch; beachtenswerth ist dabei, daß 5 dieselbe Strophenform (Reimverkettung) hat wie 3, und beide sich nur im Rhythmus, nicht aber in der Silbenzahl (wenn man vom Auftakt absieht) unterscheiden, also auf dieselbe Melodie gesungen werden konnten, sowie ferner, daß die Form des ersten Liedes einer Form von Folquet entspricht. Dieses Lied hat zehn- (elf-) silbige Verse, Rudolf vierfüßige daktylische. Beides, dieses Entsprechen der deutschen und romanischen Versform und jene Gleichheit zweier Lieder Rudolfs, beweist, daß der vierfüßige daktylische Vers als dem romanischen Zehnsilbler entsprechend angesehen wurde, wahrscheinlich wegen des hüpfenden Charakters, den die romanischen Verse bei Scandirung nach der Wortbetonung häufig haben[2]. Der historische Zusammenhang ist allerdings der, daß der romanische Vers aus dem lateinischen daktylischen Vierfüßler, der auch im Mittelalter sich fortsetzt, sich entwickelt hat; aber davon konnten die Minnesänger des zwölften Jahrhunderts, die die lateinische Poesie nicht kannten, nichts wissen; sie folgten dem rhythmischen Eindruck, und so erklärt es sich, daß Rudolf fünfmal den zehnsilbigen Vers mit daktylischem Charakter und nur einmal

[1] Vgl. Jahrbuch für roman. Literatur 1, 178 ff.
[2] Vgl. Zeitschrift 11, 161.

(im dritten Liede) mit jambischem hat. In einem Liede (4) stattet er ihn mit innerm Reime in den Stollen aus; in einem andern (6) erweitert er den daktylischen Vierfüßler zu einem siebenfüßigen Verse, den die romanische Dichtung nicht kennt; in der ersten Strophe ist dieser längere Vers durch einen innern Reim getheilt[1].

Die Reime sind mehrfach ungenau; es reimen die Mediæ mit einander, *stîget : belîbet* 1, 5, *clagen : geladen* 3, 12, die Tenues, *stat : wac : mac* 2, 5, Nasalgemination mit Nasalverbindung, *erkennet : verbrennet : verwendet* 3, 29. Ueberschüssiges *n* in *vertrîben : lîbe* 1, 21, *krenken : gedenke* 3, 1, überschüssiges *h* in der Verbindung *t : ht, hâte : brâhte* 1, 13, *lieht : verriet : niet : geschiet* 3, 30. Vocalisch ungenau nur *a : â* vor *n, kan : man : hân* 7, 23. Dialektisch ist die Auswerfung des *h* in *vervât (: ergât : erlât)* 2, 15, *vervân (: wân : lân)* 2, 22, *verriet : niet : geschiet : lieht* 3, 32.

Da in den Liedern 4—7 keine Ungenauigkeiten mehr vorkommen (denn die Bindung *an : ân* zählt nicht mit), so darf man annehmen, daß 1—3 auch die ältesten sind; sie können nicht früher als in den letzten Jahren des zwölften Jahrhunderts verfasst sein, denn das Lied Folquets, von welchem Rudolf Strophen in 1 und 3 benutzt hat, ist nicht früher als 1195 gedichtet. Somit ist wahrscheinlich, daß die Lieder in der Reihenfolge des Entstehens aufgezeichnet sind. Gleichwohl scheint es mißlich, mit Pfaff[2] eine Liebesgeschichte des Dichters zu construiren; denn wer aus den verschiedensten Liedern anderer seine Gedanken zusammenborgt, der drückt damit überhaupt nicht seine eigenen Empfindungen aus[3]. Auch scheint mir die Annahme unmöglich[4], die Benutzung der provenzalischen Originale durch Reminiscenz an den Vortrag derselben zu erklären; das wäre vielleicht denkbar

[1] Ueber die Nothwendigkeit des Zusammenfassens s. die Anm. zu 6, 3.

[2] Zeitschrift 18, 44.

[3] Vgl. Paul in seinen Beiträgen 2, 450 ff.

[4] Pfaff a. a. O. S. 48.

gegenüber französischen Liedern, deren Sprache ihm unzweifelhaft geläufig war; aber Lieder in einem dem Schweizer weniger leicht verständlichen Idiom, wie das Provenzalische es war, mit dem Gedächtniß so festzuhalten, daß man dann eine Reihe von Stellen treu dem Inhalt nach wiedergibt, die Form und Reimstellung bewahrt, technische Kunstmittel wie das Wiederaufnehmen von Schlußwendungen in den Anfang der nächsten Strophe — das alles ist so unwahrscheinlich wie möglich. Es kann nur erklärt werden, wenn man annimmt, daß Rudolf eine Sammlung provenzalischer Lieder von verschiedenen Verfassern vor sich hatte, aus denen er bald da, bald dort, theils mit Beibehaltung der Form, theils mit Veränderung derselben, Strophen übersetzte, die er dann unter theilweiser Hinzufügung eigener Gedanken in Lieder vereinigte.

Die Darstellung des Dichters in der ältern der beiden Handschriften, der Weingartner[1], zeigt den jugendlichen, blondgelockten Sänger unter einem Baume auf dem Rasen sitzend, in rothem Gewande und pelzverbrämtem lilafarbenen Mantel, mit spitzen schwarzen Schuhen, in der Hand die offene Liederrolle; die Krone auf dem Haupte bezeugt die fürstliche Abkunft. In den Grundzügen damit übereinstimmend ist das Bild der Pariser Handschrift; doch in Einzelheiten abweichend. Im teppichartigen Arabeskengrunde sitzt auf zierlichem Polsterstuhl mit Fußbank der blonde Jüngling, einen Goldperlenkranz auf dem Haupte, im grünen Unterkleid und veilchenfarbenen goldgesäumten ärmellosen Obergewande, und hält eine Schriftrolle in der Linken[2]. Außerdem ist das Wappen in die Arabeske eingerahmt: den Wappenschild theilen drei goldene Streifen in der Länge, in jedem der beiden rothen Streifen dazwischen stehen drei weiße Sparren (spitzwinklig aufwärts gekehrte Querstreifen)[3]: es ist das gräflich neuenburgische Wappen.

[1] In Pfeiffers Abdruck S. 4.

[2] Hagen, Minnesinger 4, 49. Bildersaal S. 65 f.

[3] Minnesinger 4, 49.

Das Andenken des dichtenden Grafen lebte noch bei den Späteren fort: der Marner stellt ihn zwischen Walther von der Vogelweide und Heinrich von Rucke, was also eine chronologische Reihenfolge nicht bezeichnet, und beklagt seinen Tod mit dem anderer Dichter, von denen keiner einer spätern Zeit als der ersten Hälfte des dreizehnten Jahrhunderts angehört. Die Stelle lautet[1]:

Lebt von der Vogelweide
noch mîn meister her Walther,
der Venis, der von Rugge, zwêne Regimâr,
Heinrich der Veldeggære, Wahsmuot, Rubîn. Nîthart,
die sungen von der heide,
von dem minne werden her,
von den vogeln, wie die bluomen sint gevar.
sanges meister lebent noch: sie sint in tôdes vart.

Wenn der seit 1201 auftretende und vor 1257 gestorbene Rudolf der Dichter ist, so ist die Strophe eine der spätesten des Marners, der selbst um 1260 starb.

Etwa gleichzeitig fällt das Zeugniß Reinmars von Brennenberg, der des Neuenburgers gleichfalls unter einer Reihe älterer Dichter gedenkt[2]:

Wâ sint nu alle die von minnen sungen ê?
sî sint meist tôt, die al der werlde frôude kunden machen.
von Sente Gallen friunt, dîn scheiden tuot mir wê:
du riuwes mich, dîns schimpfes maniger kunde wol gelachen.
Reinmâr, dîns sanges maniger gert,
ich muoz dich klagen und mînen meister von der Vogelweide.
von Niuwenburc ein herre wert
und ouch von Rucke Heinrich sungen wol von minnen leide.
von Jôhansdorf und ouch von Hûsen Friderich
die sungen wol, mit sange wârens lobelîch,
Walther von Metz, Rubîn, und einer, hiez Wahsmuot,
von Guotenburc Uolrîch, der liute vil dîn singen dûhte guot.

[1] s. meine Liederdichter XLII, 55 ff.
[2] meine Liederdichter XLVI, 71 ff.

Wenn ein jüngerer Dichter den Grafen Rudolf von Nidau als todt beklagt, so kann damit unser gräflicher Sänger nicht gemeint sein; denn die Klage gilt dem im Jahre 1294 gestorbenen Herzog Johann von Brabant, dem Sieger in der Schlacht bei Worring. Hier wird unter Verstorbenen auch erwähnt[1]

von Nidouwe grâve Ruodolf was
der tiurste der dâ lebte.
in herren wise swebte
sin lop vor der herren lobe
sô wit und ouch sô verre obe
daz im keiner was gelich.
er was guotes unde muotes rich,
êre kond er wol horden.
aller ritter orden
was mit ime gezieret.
des wart er an gesmieret
güetlich von manigem rôten munt,
wan er in mahte manige stunt
freude und hübscher hove vil,
dâ man mit werdem ritterspil
solt dienen werden frouwen guot
und doch ir êre was behuot.

Daß dieser Rudolf auch Dichter gewesen sei, wird nicht erwähnt; allein dasselbe gilt von Graf Wernher von Honberg, den das Klagegedicht gleichfalls nennt, ohne seiner Lieder zu gedenken.

Nun ist unter den Liedern Rudolfs eines, das von dem Charakter der übrigen ganz abweicht: das achte. Die Anklänge an Provenzalisches, die ich früher hervorhob, sind zu allgemeiner Art, als daß sie gegen die Bedenken ins Gewicht fallen könnten. Schon die Attribution in den Handschriften erweckt solche: die Würzburger legt es Walther von der Vogelweide bei, dem es freilich ebensowenig gehört. Aber den Charakter seiner Schule trägt es, wie Pfaff (a. a. O. S. 45) bemerkt, allerdings an sich. Daß ein Graf Rudolf von

[1] v. d. Hagens Germania 3, 122.

Neuenburg es verfaßt, wäre nicht undenkbar; dann wäre es etwa des Dichters Sohn, der auch Rudolf hieß; also ein ähnlicher Fall, wie wir ihn bei Otto zum Turne noch kennen lernen werden.

Mit Walthers Schule sind wir bei dem zweiten Dichter unserer Sammlung angelangt, der unter den unmittelbaren Schülern des großen Meisters eine hervorragende Stellung einnimmt. Denn er vertritt wie dieser beide Richtungen der damaligen Lyrik: den Minnegesang und die den Zeitverhältnissen wie der Betrachtung allgemeiner sittlicher Fragen gewidmete Spruchdichtung.

II. Ulrich von Singenberg[1].

Der Dichter gehört einem Ministerialengeschlechte im Thurgau an; die Burg desselben lag am rechten Ufer der Sitter, auf einem gegen den Fluß hinunter sehr steilen, vom Lande durch einen tiefen Graben getrennten Abhange[2], oberhalb Bischofzell, unterhalb Blidegg, in der Nähe von Sitterdorf, an welches sich östlich der Burgberg von Singenberg anlehnt[3]. Es ist daher nicht unwahrscheinlich, daß der Uodalricus de Sitrundorf, der 1167 urkundlich vorkommt[4], dem Geschlechte der Singenberger angehört.

[1] Vgl. über ihn Laßberg, Liedersaal 1, S. IV f.; Wackernagel, Verdienste der Schweizer S. 13. 30, 30; v. d. Hagen, Minnesinger 4, 230—235; Pupikofer, Geschichte des Thurgaus (2. Auflage) 1, 416 f.; Rieger, Leben Walthers S. 52 f.; Deutsche Liederdichter[a] S. XLVI; Götzinger in den S. Galler Neujahrsblättern 1866, S. 1—11; Meyer von Knonau, die S. Galler Ministerialen Truchseße von Singenberg, im Archiv für schweizerische Geschichte 1880, S. 288 fg.; Kuttner in der Zeitschrift für deutsche Philologie 14, 466—479; Germania 26, 220. — Die Texte seiner Lieder bei Bodmer 1, 149—158; bei v. d. Hagen 1, 288—299, die Lesarten 3, 325—327; kritische Ausgabe von W. Wackernagel und M. Rieger im Anhang ihrer Walther-Ausgabe S. 209—256, vgl. dazu Einleitung S. XIV—XX.

[2] Pupikofer, Geschichte des Thurgaus 1, 116.

[3] Mittheilungen zur vaterländischen Geschichte 18, 89.

[4] Wartmann, Urkundenbuch von S. Gallen Nr. 830.

Des Dichters Großvater war Oprecht, seine Großmutter Adelheid; diese hatten zwei Söhne, Oprecht und Ulrich. Jener war mit Adelheid von Hagenwil, dieser mit Hadwig von Staufen vermählt[1]. Ulrichs Sohn ist der Minnesänger, der mit dem Vater, der Truchseß von S. Gallen war, zuerst 1209 vorkommt. Den zu Mülebach am 24. Juni des genannten Jahres geschlossenen Vergleich des Grafen Rudolf von Montfort und des Abtes Konrad von S. Johann über die streitige Schenkung eines Grundstückes zu Breitenau an das Kloster bezeugen Ulricus dapifer sancti Galli cum filio suo Ulrico[2]. Ulrich der Vater stiftete in einer vor 1219 fallenden Urkunde[3] aus Zinsgütern zu Niderwil und Frommenhausen (Niderwilen und Frimannehus) Todtenmessen für seine Mutter Adelheid und seinen Bruder Oprecht, sowie Jahrzeiten für seine Gattin Hadwig (Hadewigis), sich selbst und seinen Vater Oprecht, endlich ein Licht in die Kapelle des heiligen Michael. Wie lange vor 1219 die Schenkung fällt, läßt sich nicht ermitteln; sicher ist nur, daß 1219 Ulrich der Vater bereits todt war; denn in diesem Jahre ergänzt der Sohn, der das Truchseßenamt nach dem Tode des Vaters übernommen, die Stiftung desselben dahin, daß er dem Kloster S. Gallen ein Gut in Frommenhausen (Frimanhus) überträgt, das neben dem von seinem Vater gegebenen liegt, unter der Bedingung einer Jahrzeit für seine Gattin Adelheid; zugleich schenkt er die Vogtei über beide Güter dem Kloster, mit der Bedingung einer Jahrzeit für sich selbst und, so lange er lebe, der Hälfte der Einkünfte des von ihm geschenkten Gutes. 1222 bezeugt er am 1. Mai die Belehnung von S. Peterzell im Neckarthal mit dem Gute Ahorn durch Abt Rudolf I von S. Gallen (1220—1226) als Ulricus dapifer[4]. Unter Abt Konrad I

---

[1] s. die genealogische Tabelle von Meyer von Knonau im Anzeiger für schweiz. Geschichte 1880, S. 289.

[2] Wartmann 3, 54, Nr. 838.

[3] Wartmann 3, 63, Nr. 848.

[4] Wartmann 3, 67, Nr. 853.

(1226—1239) ist er zugegen 1227, als dieser in S. Gallen verfügt, daß das durch Dekan Liutold von Ritter Rudolf von Hagenwil (Hagenwillar), also einem Verwandten von Ulrichs Tante, angekaufte Meieramt Muolen (in Muola) niemals von dem Kelleramte des Klosters abgetrennt werde[1]. In demselben Jahre bezeugt er zu Ulm eine Urkunde König Heinrichs[2].

Am 2. September 1228 stiftete Ulrich (Ulricus miles, dapifer de sancto Gallo) mit Ulrich Blarer, Bürger von S. Gallen, mit Willen und Rath des Abtes Konrad und seines Capitels und mit Zustimmung des Leutpriesters (plebanus) B. von S. Gallen, das Hospital zum Heiligen Geiste daselbst[3], in welchem Arme und Kranke aufgenommen werden sollten. Zu diesem Zwecke hatte der Truchseß von Ulrich Blarer ein dazu geeignetes Haus, am Markte der Stadt gelegen, durch Tausch erworben und ihm von seinem Gute Bleichen (Blaichun) 20 Solidi Einkünfte dafür gegeben, die Einkünfte von 2 Pfund und 4 Solidi aus demselben Gute dem Hospital übertragen, und ein Pfund jährlich der Pfarrkirche wegen des ihm durch das Hospital erwachsenden Schadens aus den Einkünften desselben Gutes. An Stelle des Grundstückes, auf dem das Haus stand und das dem Kloster S. Gallen gehörte, schenkte er sein Gut Frommenhausen (Frimanshus) an das Kloster, damit das Hospital auf eigenem Grund und Boden stehe. Ulrich Blarer seinerseits schenkte die Einkünfte, die er für das Haus empfangen, und den Garten hinter dem Hause mit einer bestimmten Abgabe von Hafer und Weizen an das Hospital.

In demselben Jahre ist er Zeuge in einer Urkunde von S. Johann als Ulricus dapifer S. Galli miles[4].

Welcher Ulrich, ob der Dichter oder sein Vater, der Uolricus dapifer Sancti Galli ist, der in einem Besitzverzeichniß

---

[1] Wartmann 3, 72, Nr. 860.

[2] Hagen, MS. 4, 231, Anm. 2.

[3] Wartmann 3, 78, Nr. 865.

[4] Hagen, MS. 4, 231, Anm. 4.

des Klosters Salem erwähnt wird, läßt sich nicht bestimmen[1]. Er ist aber unzweifelhaft derselbe 'Uolricus dapifer Sancti Galli', 'ministerialis æcclesiæ Sancti Galli' in einer Salemer Urkunde[2] unter Abt Eberhard I von Salem; da dieser von 1191—1242 regierte, so ist eine Entscheidung zwischen Vater und Sohn nicht zu treffen[3].

Wann der Dichter gestorben, ist ebenfalls nicht zu ermitteln. Nach 1228 kommt er in S. Galler Urkunden nicht mehr vor. Sein Todestag war der 16. Februar: Uodalricus de Singinberc dapifer (mit dem spätern Beisatz de Frimanshusin et Einswiller) im S. Galler Codex 453[4].

Sein Sohn Rudolf war gleichfalls Truchseß von Sanct Gallen. Er kommt unter Abt Walther (1239—1244) in einer um 1243 fallenden Urkunde[5] vor, die er als R. dapifer miles bezeugt, und im Mai 1244 unter den acht Bürgen des Abtes als sechster: Rudolfum dapiferum nostrum[6]. Da er nach 1244

[1] Mones Zeitschrift für die Geschichte des Oberrheins 1, 337: Juxta predictam grangiam (in Ostirndorf) habebat predium Uolricus dapifer sancti Galli, cui dedimus 29 libras et ipse predium ecclesie S. Galli, cujus ministerialis extitit, resignavit, abbas vero S. Galli illud nobis contulit pro annuo censu unius solidi. Mone hält ihn für den Vater.

[2] Zeitschrift für die Geschichte des Oberrheins 31, 75.

[3] Vgl. Meyer v. Knonau in den Mittheilungen zur vaterländischen Geschichte 18, 90, Anm.

[4] Mittheilungen zur vaterländ. Geschichte 18, 91. Vgl. Wartmann 3, 815 'de officio custodis', wo angeführt wird: in festo Juliane de anniversario Uolrici dapiferi stoupus (sc. datur), in festo Gertrudis de anniversario Hedewige de Stoufen stoupus et major leibunculus. ... in festo Viti de anniversario Operht stoupus et major leibunculus; in festo Regule de anniversario Adilhaidis stoupus; in festo Columbani de anniversario Ulrici Dapiferi stoupus de Ulfhovin super Gebirhartswiller ..... in festo Stephani protomarthyris de anniversario Rudolfi Dapiferi stoupus et minor leibunculus de Eggon inter Singinberg et Blidegge; in anniversario Benedicte de Singinberc stoupus.

[5] Wartmann 3, 101, Nr. 886.

[6] Wartmann 3, 107, Nr. 890.

nicht mehr erscheint, so wird er viel länger wohl nicht gelebt haben. Er starb an einem 26. December[1]; seine Frau hieß Benedicta, die an einem 8. Mai starb[2]. Er hinterließ einen Sohn Ulrich, der aber in jugendlichem Alter starb. Christian Kuchimeister in seinen Nüwe Casus Monasterii S. Galli[3] sagt: *Es starb och bi den ziten Uolrich der truchsess von Singenberg, des alten truchsessen sun, ain kind. Von dem ward dem gotzhus ledig Singenberg und das dar zuo gehœrt; das behuob er dem gotzhus*[4].

Kind hat in der ältern Sprache auch die Bedeutung 'Jüngling.' Kuchimeister berichtet den Tod als unter Abt Berchtold (1244—1272) fallend; eine nähere Zeitbestimmung ergibt sich daraus nicht. Mit dem Tode des Enkels des Dichters starb das Geschlecht aus: die Abtei S. Gallen zog das Lehen ein. Im Jahre 1277 am 15. December verlieh Abt Rumo den Kindern des freien Herren Rudolf von Güttingen und seiner Gattin Agnes die Burg Singenberg mit den dazu gehörigen Gütern zu rechtem Burglehen, mit Ausnahme der dazu gehörenden Leute und unter Vorbehalt des Rückkaufs um 164 Mark Silbers[5]. Zu dem Lehen Singenberg gehörte *der hof ze Mörshuobe, der kelnhof ze Sitrundorf, Snœden hof, dis Vessers hof, der hof der da haizit Andernouwe, die müli bi Singinberc unde ain schuopuoze ze Sitrundorf*[6]. Auch die Gärten an dem Kugelmos, der Gegend vor dem ehemaligen Multerthor, westlich von der Stadt Sanct Gallen, gehörten den Truchseßen von Singenberg[7]. 1287 erhielt

---

[1] s. oben S. XXIX, Anm. 4.

[2] vgl. dieselbe Anmerkung.

[3] herausgegeben von Meyer von Knonau, S. Gallen 1881, S. 88.

[4] Man hat lesen wollen *âne kint* (vgl. Hagen, MS. 4, 231^{b}, Anm. 6), aber Meyer von Knonau erklärt sich mit Recht gegen diese Lesart; auch würde es nach dem Sprachgebrauche der Zeit dann wohl heißen *âne erben*.

[5] Wartmann 3, 208, Nr. 1009.

[6] Wartmann 3, 208, Nr. 1009.

[7] Wartmann 3, 328, Nr. 1142.

Hartmann von Baldegg die Burg Singenberg, die bis dahin der Schenk Konrad von Landegg innegehabt hatte, so lange in seine Gewalt überantwortet, bis der Abt Wilhelm von Sanct Gallen die Weisung des Schiedsgerichts zur Aussöhnung mit Rudolf von Habsburg vollführt[1]. Nicht lange darnach wurde von Abt Wilhelm die Burg um 200 Scheffel Weizen und 10½ Mark Silbers an Johann von Luterburg versetzt; dieser gelobte am 16. Juni 1296, dieselbe gegen Auslösung zurückzugeben[2]. 1337 wurde sie von Abt Hermann um 134 Pfund Pfennig 6 Schillinge an die Brüder Eberhard, Arnold und Ulrich von Bürglen verpfändet[3], aber bald darauf wohl wieder eingelöst, denn 1344 war sie dem Ritter Johann von Heidelberg verliehen[4]. 1406 ward sie von den Appenzellern zerstört[5].

Das Wappen in der Weingartner Handschrift stellt die vordere Hälfte eines weißen Hirsches in blauem Felde dar, in der Pariser Handschrift ist der Hirsch golden; aus Urkunden ist das Wappen der Singenberger nicht bekannt. Die Weingartner Handschrift hat außerdem über dem neben dem Wappen stehenden Helm einen durch einen weißen Stamm in zwei Hälften getheilten achteckigen rothen Stern, der an jeder Spitze eine asternartige Blume mit gelber Mitte und grünen Blättern trägt.

Das Bild der Weingartner Handschrift[6] zeigt den Sänger in jugendlichem Alter, blondgelockt, einen rothen Kranz auf dem Haupte. Sein bis an die Knöchel reichendes Gewand ist der Länge nach grün und roth getheilt, daher auch der rechte Aermel roth, der linke grün, außerdem mit Pelz verbrämt; die spitzen Schuhe sind schwarz. Er steht, die

[1] Wartmann 3, 249, Nr. 1053.

[2] Wartmann 3, 288, Nr. 1098.

[3] Wartmann 3, 511, Nr. 1377.

[4] Wartmann 3, 542, Nr. 1418.

[5] Hagen, MS. 4, 231.

[6] Von dem der Pariser gibt von der Hageu auffallender Weise keine Beschreibung.

Hände in der Gegend des Leibes kreuzend, vor einer Frau, die er anblickt. Diese, ebenfalls blondlockig, in gelbem Untergewande und violettem pelzverbrämtem Mantel, mit einem weißen hinten herabfallenden Kopftuche, hält in der erhobenen Rechten eine lange Rolle, offenbar die Lieder des Sängers enthaltend, während sie die Linke auf die Brust legt. Eine Beziehung auf ein bestimmtes Lied ist darin nicht gegeben.

Den Tod Ulrichs beklagt von Jüngeren nur Reinmar von Brennenberg in derselben Strophe, in der auch des Grafen Rudolf von Neuenburg gedacht ist[1]:

von Sente Gallen vriunt, dîn scheiden tuot mir wê:
du riuwes mich, dîns schimpfes maniger kunde wol gelachen.

Die Bezeichnung 'Freund' scheint auf ein persönliches Verhältniß zu deuten.

Unter den Liedern des Dichters enthalten nur ein paar Beziehungen auf die Zeitgeschichte, und diese sind in der Ueberlieferung schwankend. Es sind die Spruchstrophen von 32 und 33, die Lachmann Walther von der Vogelweide beigelegt hat[2]. Sie stehen nur in *A*, und unter dem Namen des Truchseßen, dem daher zuerst Wackernagel und Rieger, wie ich glaube, mit vollem Recht sie vindizirt haben. Unter diesen Strophen ist zunächst wichtig 33, 13. 'Gelehrter Fürsten Krone' kann nur auf einen geistlichen Fürsten sich beziehen: die Deutung auf einen solchen und zwar den Abt Ulrich VI von Sanct Gallen (1204—1220) hat bereits von der Hagen gegeben und Wackernagel-Rieger mit Fug angenommen. Ich habe daher kein Bedenken getragen, den durch ein Schreiberversehen weggelassenen Namen in die lückenhafte Ueberlieferung einzusetzen. Abt Ulrich aus dem edlen Geschlechte von Sax, zu dem auch der Minnesänger Heinrich von Sax (Nr. XIV) gehörte, starb im Alter von 34 oder 35 Jahren, was für einen Kirchenfürsten in der That sehr jung war; er

[1] Vgl. oben S. XXIV.

[2] Lachmanns Walther S. 106—108.

kam als Jüngling zur Regierung[1]. Er war in Paris und Bologna gebildet, also in der That ein 'gelehrter Fürst.' Es wird somit auch die andere in demselben Tone gedichtete Strophe, in welcher er sich gegen die Tadler seiner Kunst wendet, von dem Truchseßen sein, und hat man bei diesem Tone keinen Anlaß zu zweifeln, so gilt das gleiche von dem vorausgehenden fünf Strophen umfassenden Tone (32). Die Deutung Lachmanns auf Philipp von Schwaben haben schon Wackernagel und Rieger zurückgewiesen und die besser passende auf König Heinrich, Friedrichs II Sohn, vorgeschlagen[2]. Der König, von dem in 32, 3. 13. 15 die Rede ist, wird als noch jung und unmündig bezeichnet (32, 16. 19), was eben nur auf Heinrich paßt. Die Wittwe ist das deutsche Reich, das, da der Kaiser in Italien abwesend war, verwittwet heißt; der Mann, den sie nimmt, ist der König; das *gebende*, das sie sich selbst band, weil ihre Umgebung sich nicht einigen konnte, ist die Selbstregierung des Reiches durch die Fürsten; diese zu gewähren räth der Dichter dem König. Auf die schlechte Gerichtsbarkeit unter Heinrich spielt 32, 22 an; auf die Unzuverläßigkeit des Königswortes die letzte Strophe (32, 29), auf seine Umgebung geht die erste und dritte des Tones; in jener wird dem Könige empfohlen, schneidiger zu sein, in dieser, wenn er mündig geworden, seinen schlechten Rathgebern zu lohnen, wie sie es verdienen. In beiden wird der gute Kern in Heinrichs Natur anerkannt. Die Verhältnisse an des Königs Hofe konnte Ulrich wohl kennen, da der Abt von Sanct Gallen, Konrad von Bußnang (1226—1239), zu den Räthen Heinrichs gehörte.

Da ich einmal die zweifelhaften Strophen bespreche, so will ich auch der Strophe *Ich wil niht mê den ougen volgen noch den sinnen* (Walther 31, 3 L.) gedenken. Wackernagel und Rieger haben sie Ulrich aberkannt: sie ist allerdings in *A*, die sie allein enthält, dem Truchseßen beigelegt, aber

[1] sparso rubore juvenili: Wackernagel S. XVII.

[2] Vgl. auch Rieger, das Leben Walthers S. 52 f.

auch die vorhergehende Strophe, die *C* unter Walthers Namen gibt, schreibt *A* dem Truchseßen zu. Beide Strophen stehen in *A* nach drei Strophen, die sicherlich nicht von Ulrich sind, da sie in dem Tone Reinmars von Zweter gedichtet sind[1]. Ich pflichte daher Kuttner bei, der die Strophe dem Truchseßen abspricht[2], ohne daß ich damit eine Entscheidung treffen will, ob sie Walther gehöre oder nicht. Außer in der parodirenden Strophe (20) und in dem nachahmenden Vocalspiel hat Ulrich keinen Ton Walthers benutzt.

Weiteres dem Truchseßen beizulegen, wie Wackernagel und Rieger mit dem Liede *Genâde, frouwe, tuo alsô bescheidenliche* gegen die Autorität der beiden einzigen Handschriften *(AC)* thun[3], habe ich nicht gewagt.

Neben jenen zeitgeschichtlichen Beziehungen ist nur noch die für die dichterische Stellung Ulrichs bedeutsame mehrmalige Erwähnung Walthers hervorzuheben. Er nennt ihn seinen Meister in der parodirenden Strophe (20), in welcher er seine eigene behagliche Lage dem Wanderleben Walthers entgegenhält; er bezeichnet ihn als den Meister, auf dessen Spuren er wandelt, in dem nachahmenden Vocalspiel (31), und nennt ihn 'unsers Sanges Meister' in dem warm empfundenen Nachrufe, den er ihm widmet (24, 33). Er hat also Walther überlebt, mithin nicht früher als um 1230 wird Ulrichs Tod zu setzen sein.

Noch eine persönliche Beziehung hat man in einem Liede finden wollen: Meyer von Knonau[4] und schon von der Hagen[5] erblicken in dem *Rüedelîn* (26, 37) den Sohn des Dichters, Rudolf, der nach ihm Truchseß von Sanct Gallen war. Allein dem widerspricht doch die Anrede des Vaters an denselben *dû bist ein viereggot gebûr, des muost dû holz an eime reine houwen* (26, 42). Immerhin ist es möglich, daß bei dieser

[1] Lachmann zu Walther 30, 29.

[2] Zeitschrift für deutsche Philologie 14, 467.

[3] S. XVIII f. ihrer Walther-Ausgabe.

[4] Mittheilungen zur vaterländischen Geschichte 18, 91, Anm.

[5] MS. 4, 233.

parodistischen Darstellung eines alten und jungen Bauern der Dichter dem jungen Bauern den Namen des eigenen Sohnes gab, wodurch in den Kreisen, in denen das Lied vorgetragen wurde, der Scherz noch drastischer wirken mochte.

Zwei Dichter haben auf Ulrich den größten Einfluß geübt: außer Walther der ältere Reinmar. Den Einfluß des letztern nachgewiesen zu haben, ist ein Verdienst Kuttners[1], der auch die Anklänge an andere Lyriker zusammengestellt hat; gleichwohl sind wir berechtigt, auf Grund von Ulrichs eigener Aussage ihn zur Schule Walthers zu stellen. Die Verwandtschaft des Stiles ist es auch gewesen, die schon im dreizehnten Jahrhundert die Vermischung der Lieder Walthers und Ulrichs zur Folge gehabt hat. Die Gedanken in Ulrichs Liedern sind vielfach Reminiscenzen an Walther, und auch in der Form läßt sich der Einfluß des Meisters auf den Schüler deutlich wahrnehmen[2].

Die Grundstimmung seiner Liebeslieder ist eine elegische, eine sanfte Trauer über unerhörte Liebe. Wenn er auf der Straße in Gesellschaft geht, dann sagen ihm alle, was liebes ihnen widerfahren sei; möge seine herzliebe Fraue fügen, daß auch er dabei denken könne: 'so wohl ist auch mir geschehen' (3). Er hat ähnlich wie Walther das Bewußtsein seines Werthes, er weiß, daß sein Gesang zur Freude der Welt beiträgt; wenn die Herrin ihn zu Grunde richtet, wird es ihr von den besten, die gerne froh wären, übelgenommen werden, und sie selbst wird dann sprechen: 'wie thöricht war ich, den zu Grunde zu richten, der mich und andere Frauen oft gelobt' (1). All sein Loben nützt ihm nichts; sollte er aber seiner Treue genießen und sie ihm sein Leid in Freude wenden, dann würde er hochgemuth sein (2). Das Lob der Geliebten könnte er in tausend Jahren allein nicht singen; wollte sie seinen Kummer enden, dann sänge und sagte er ihr höflichen Dank; Gott hat sie so als schaffender

---

[1] Zeitschrift für deutsche Philologie 14, 477 ff.

[2] Kuttner a. a. O. S. 474 ff.

Künstler gebildet, daß er an ihr nichts vergaß, was zur Vollkommenheit gehört (22). Wenn die Geliebte ihn erhört, dann wird er in ihrem Namen noch nicht gehörtes singen (6). Sein Gesang ist lange verstummt gewesen, weil seiner Liebe keine Gewähr wurde; wer seinen Gesang begehre, der möge wünschen, daß seine Liebe erhört werde (8). Wenn er so singen könnte, daß es unter sechsen zwei gut däuchte, dann wollte er trotz seines Liebeskummers sich zur Freude zwingen (10). Auch er wäre gerne froh, er muß sich zur Freude nöthigen; wer aber nicht von Herzen singt, da ist Falschheit in einem schön geschmückten Schrein verdeckt (11). Man sieht schon aus diesen Beispielen, daß der Truchseß in seinen Gedanken sich nicht selten wiederholt. An einer Stelle bezeichnet er seine Geliebte als eine 'süße Jungfrau' (15, *11 ein süeze maget*); er freut sich, wenn er sie sieht, und doch thut ihr Versagen ihm weh, um so mehr als sie schön und gut ist; wäre sie alt, arm und verdrießlich, so könnte er es verschmerzen. Hoffnung, Sorge und Flehen machen ihn vor der Zeit alt (21); doch sie ist im Stande, ihm alle Jahre des Leides zu ersetzen und ihn wieder zu verjüngen; nach ihrem Gruße will er ringen oder zu Grunde gehen in diesem Kampfe (16). Ein einziges Lachen von ihr kann ein dreißigjähriges Leid wieder gut machen (17).

Häufig bedient sich der Dichter, wie seine Vorgänger, der Form des Wechsels d. h. des Zwiegespräches zwischen der Herrin und dem Liebenden. In 4 ergreift erst in der dritten Strophe die Frau das Wort: Gott möge ihm vergelten, was er von ihr und von den Frauen gutes gesprochen; sie will es auch mit Dienst ihm lohnen, nur nicht so, daß sie der Welt Spott wird; wenn ihm jemand anders liebes thue, sei es ihr lieb. Dieselbe Einrichtung, daß erst in der dritten Strophe die Frau das Wort ergreift, hat ein zweiter Wechsel (18). Dagegen Strophe um Strophe reden beide in 28[1]: der

---

[1] Bei der zweiten Strophe sind die Anführungszeichen weggefallen.

Liebende droht seiner Herrin, aber lenkt auf ihre Erwiderung doch schließlich wieder ein. Innerhalb derselben Strophe lösen die Redenden sich ab in 7, so daß der erste Stollen dem Liebenden, der zweite seiner Herrin zugetheilt ist und im Abgesange beide je eine Zeile haben. Aehnlich kunstvoll ist die Anlage in 34; auch hier wechseln im Abgesange die Redenden Zeile um Zeile. Indeß auch in dieser Kunst waren ihm ältere Dichter, wie Albrecht von Johansdorf, schon vorangegangen. Den zürnenden Liebhaber, der aus dem freundlichen Ton in das Gegentheil umzuschlagen droht, zeigt auch das 27. Lied, aber auch hier wie in jenem Wechsel (28) lenkt er am Schluß wieder ein. Neben dem herrschenden Ton der höfischen Minnelieder zeigt der eine Wechsel (7) eine etwas derbere realistischere Richtung: wenn die angebetete Herrin dem Liebenden scharf abweisende Worte erwidert; erst am Schlusse gibt sie ihm Aussicht auf Erhörung.

Auch das Tagelied hat Ulrich gepflegt. Ein eigentliches Tagelied ist nur 14, das mit einer ans Scheiden mahnenden Strophe des Wächters anhebt, dann spricht die zuerst erwachte Frau, und das Lied setzt sich in Gespräch, Strophe um Strophe fort, der Mann schließt, indem er Abschied nimmt; die letzten Worte *wol ûf, ez ist tac,* setzen nach romanischer Weise (wie hier *alba*) dies Wort absichtlich in den Reim. Das zweite (9) ist mehr eine Betrachtung über das Tagelied, das Glück dessen, dem eine Liebesnacht zu theil wird. In der letzten Strophe (9, 25) wird der glücklich Liebende im Sinne der Frau, von der ihn der anbrechende Tag trennt, angeredet; als Redender ist hier der warnende Wächter anzusehen, dem allerdings das ganze Lied in den Mund gelegt werden könnte; allein der Umstand, daß in der letzten Strophe der Refrain abweicht, macht wahrscheinlich, daß in ihr auch eine andere Person als redend gedacht wird. Der Refrain schließt auch hier mit dem Worte *tac.*

In die Minnelieder und nicht bloß in die Spruchdichtung liebt Ulrich moralische Betrachtungen, namentlich über den Verfall der rechten Freude und Zucht, einzuflechten; auch darin war ihm Walther vorausgegangen. Höfische Frauen haben ihn als Boten zu jungen Männern gesendet mit der Kunde, daß sie gerne Freude in die Lande bringen möchten und unschuldig an dem traurigen Leben seien; auch sollen die, die werthe Minne begehren, Spott und Lügenrede meiden. Dann erst geht er auf seine eigene Liebe ein und fleht die Minne um Hülfe an (5). Er wollte sich gern freuen, wenn die Gute ihn tröstete; aber die jungen Leute von heute wollen nichts von Freude wissen (26, 3; vgl. 22, 3). Die Lieder 12 und 13 enthalten einen Rückblick auf die alte Zeit, wo es besser war; das Vordrängen der Unfuge, das Zurücktreten des Höfischen hebt er ähnlich wie Walther hervor. Eine Strophe (33, 1) ist gegen die Neider seiner Kunst gerichtet, die ihn zurechtweisen wollen, ohne selbst etwas zu verstehen, und behaupten, sie würden mit seiner Kunst in fremden Landen hohe Anerkennung erringen. Ein Spruch (19, 11) handelt von Arm und Reich im Anschluß an die biblische Stelle: Wer sich selbst erniedrigt, der wird erhöhet werden, und wer sich selbst erhöhet, der wird erniedrigt werden; vom Beruf des Richters die darauf folgende (19, 21); ein Sündenbekenntniß gegen Gott spricht die erste Strophe dieses Tones (19, 1) aus. Zwei Lieder haben es mit der Vergänglichkeit der Welt zu thun: das eine (24) redet von der Frau Welt in den ersten drei Strophen wie von einer irdischen Herrin, der er von Kindheit an gedient hat und deren Lohn zuletzt böse ist; erst in der vierten (die nicht von den drei anderen abgerückt sein sollte) sagt er, wen er damit meine[1]. Das andere (30) richtet sich an die Welt und ihre Betrüglichkeit und mahnt in ernsten Worten an Vergänglichkeit und Tod, ganz im Stile von Walthers Abschied von der Welt.

Zwei ganz realistische Strophen sind in dem Tone eines Liebesliedes, das vorausgeht, gedichtet (26, 31), ein zwei-

[1] Ganz passend ist an dieses Lied die in gleichem Tone gedichtete Trauerstrophe um Walthers Hingang angereiht.

strophiger Wechsel zwischen einem jungen Bauern, Rüdelin, der in der Liebe seines Vaters Vertreter sein will und demselben räth, das Singen zu lassen, und dem Vater, der dies Ansinnen zurückweist, seine Höfischheit bis an sein Grab bewahren und selbst seiner Fraue dienen will, den Sohn aber als einen vierschrötigen Bauern bezeichnet, der am Raine Holz hauen solle. Hier ist der Einfluß einer andern Richtung erkennbar: die Verspottung des üppigen sich höfisch dünkenden Bauernlebens, die Neidhart von Reuenthal in die deutsche Lyrik eingeführt hatte.

Bemerkenswerth ist die Neigung für das Sprichwort: *gewalt der sol genædic sîn* 8, 21[1]. *swer schiere gît, als ich die wîsen hære jehen. diu gâbe ist maneger gâbe wert* 5, 19 f., wie unser 'wer bald gibt, gibt doppelt.' *êst alse ein slac in einen bach, sô niht vervât swaz man mir gît* 25, 24.

Von Reimkünsten erwähne ich die von den Romanen entlehnte Aufnahme der Schlußworte einer Strophe in den Anfang der nächsten. In 5, 14. 15:

daz er erwerbe swes er gert.
Solde ich iemer vröide erwerben;

ebenso 7, 18. 19:

sô volge ich iu des râtes spâte.
Daz mîn rât und ouch mîn clage;

7, 24, 25:

vor bœser manne tucke mich behüete.
Bœser tücke ist mir niht kunt;

doch liegt in diesem Liede die Wiederholung in dem Charakter der Wechselrede. Endlich 16, 6. 7:

swaz ich galtet bin in leiden jâren.
Leider jâre wirt mir buoz.

Im ersten Liede beginnt jede Strophe mit *Vrouwe;* in der letzten Strophe des fünften wird mit der Wiederholung des Wortes *minne* und seiner Ableitungen ein dreizehnmal

---

[1] Vgl. Rudolf von Neuenburg 7, 3.

wiederkehrendes Spiel getrieben. Die Echtheit der Strophe ist jedoch von Kuttner[1] mit beachtenswerthen Gründen bestritten worden. Sie ist nur in *A* erhalten, nicht auch in *C*, die in den ersten drei Strophen des Liedes mit *A* übereinstimmt. Wenn also überhaupt von Ulrich verfaßt, was auch mir zweifelhaft, so ist sie jedenfalls von den drei Strophen abzusondern.

Zweimal hat Ulrich noch das einstrophige Lied (20. 29), das an die ältere Weise des Minnegesangs erinnert. Der Bau seiner Strophen ist in der Regel dreitheilig, untheilbar ist nur 3 und wohl auch die beiden Walther entlehnten Formen (20. 31). Bei dreitheiligem Bau stehen Stollen und Abgesang meist in keiner verwandtschaftlichen Beziehung: so in 4—7. 10. 13. 16. 18. 19. 21—23. 25. 28. 30. 33. 34. Ebenso in 8. 17. 24, wo der Abgesang in sich wieder zweitheilig ist. Die letzte Zeile aller drei Theile ist gleich in 32, und zugleich der Schlußreim derselben in 14. In 26 ist die letzte Zeile des Stollens gleich der ersten des Abgesangs, in 29 gleich der mittlern des Abgesangs, auch im Reim, wenn hier wirklich Reim beabsichtigt ist. Die letzte Stollenzeile ist metrisch (ob auch musikalisch?) gleich der ersten, zweiten und dritten Zeile des Abgesangs in 27. Der Schlußreim aller drei Theile, aber bei verschiedenem Bau, ist gleich in 11. Daß der Abgesang den ganzen Stollen in sich aufnimmt und am Anfang außerdem eine Zeile mehr hat, kommt nur einmal vor (1), während in der spätern Lyrik dies ganz gewöhnlich ist. Zwei Zeilen mehr hat er in 12, die dem Stollen gleich sind, so daß hier der Abgesang doppelt so lang als der Stollen ist.

Die reimlosen Zeilen älterer Zeit begegnen zweimal: in 2 und 5, beidemal ist es die vorletzte Zeile; doch kann man auch Cäsur annehmen, wie an anderen Stellen geschehen. Uebergangsreim ist einmal verwendet (13), zugleich sind es rührende Reime, doch zum Theil auch dasselbe Wort, nur in leise verschiedener Bedeutung gebraucht:

[1] Zeitschrift für deutsche Philologie 14, 468 ff.

wie gern ich mit vröiden wære,
wære unvröide niht sô wert.

Des Refrains bedient er sich in 4 und 9, beidemal besteht derselbe aus zwei Zeilen, beidemal wechselt er in der letzten Strophe seinen Wortlaut, was mit der Veränderung der redenden Person zusammenhängt.

In der Anordnung der Lieder habe ich *A* zu Grunde gelegt und den Anfangsstrophen in *A* nur vorausgeschickt die drei Lieder, mit denen *BC* die Sammlung eröffnen. Die nachfolgende Tafel zeigt das Verhältniß der Ueberlieferung.

Lied 1 =		*BC* 1		*A* 22	*C* 34
		2		23	35
		3		24	36
		4		25	37
2 =		5	Lied 10 =	26	38
		6		27	39
3 =		7		28	40
4 =	*A* 1	*C* 20		29	41
	2	21		30	42
	3	22	11 =	31	43
5 =	4	23		32	44
	5	24		33	45
	6	25		34	46
	7			35	47
6 =	8		12 =	36	
	9			37	
	10			38	48
7 =	11	26		39	
	12	27		40	49
	13	28	13 =	41	50
	14	29		42	51
	15	30		43	52
8 =	16	11		44	53
	17	13		45	54
	18	31	14 =	46	55
	19	32		47	56
	20	12		48	57
9 =	21	33		49	58

	A	B	C
	A 50		C 59
Lied 15 =	51		60
	52		61
16 =	53		62
	54		63
17 =			14
	55		15
			16
18 =	A H. v. Mor. 27		C 17
	28		18
	28		19
19 =	56		
	57		
	58		
20 =		B Walther 31	C 64
21 =	A 59		65
	60		66
	61		67
22 =	62		68
	63		69
	64		70
23 =	65		71
	66		72
	67		73
	68		74
	69		75
	70		76
	71		77
24 =	72	B 8	8
	73		10
	74	9	9
	75		
	118		
25 =	76		78
	77		79
	78		80
26 =	79		81
	80		82
	81		83
	82		84

	A	C
	A 83	C 85
	84	
	85	
Lied 27 =	86	86
	87	87
	88	88
	89	89
	90	90
28 =	91	91
	92	92
	93	93
	94	94
	95	95
29 =	96	96
[	97	C Walth. v. Metz
	98	» » »
	99	» » »
	100	» » »]
30 =		C 97
		98
		99
		100
		101
		102
		103
31 =	101	104
	102	105
	103	106
	104	107
	105	108
[	106	C R. v. Zweter
	107	» » »
	108	» » »
	109	C Walther
	110	]
32 =	111	
	112	
	113	
	114	
	115	

Lied				
33 =	*A* 116		*A* Niune 17	*C* 111
	117		18	112
34 =	*A* Niune 15	*C* 109	19	113
	16	*C* 110		

Ein nur wenig jüngerer Zeitgenosse des Singenbergers ist

III. Herr Wernher von Teufen[1].

Das Geschlecht dieses Dichters führt uns auf Zürcher Gebiet. Wo jetzt, in der Pfarrei Rorbas, in der Gabel zwischen Rhein und Töß, am westlichen Abhange des Irchel. das Schloß und Weingut Teufen liegt, etwa an derselben Stelle stand, zur alten Grafschaft Kiburg gehörig, die Burg der Herren von Teufen, wahrscheinlich etwa tausend Meter bergwärts auf dem heute Guggisbuck genannten Vorsprung des Irchel[2]. Dies ist wohl die Burg, die Altenteufen oder Teufenstein genannt wird. Eine zweite Burg, westlich auf der Höhe des Irchel gelegen, war Hohenteufen, auf welcher in der zweiten Hälfte des dreizehnten Jahrhunderts eine Linie des Geschlechtes wohnte; noch jetzt erkennt man dort Spuren des auf Tufsteinquadern erbauten viereckigen Thurmes sowie den gegen den Rhein gelegenen untern Burghof; sie wurde 1334 von den Zürchern zerstört[3]. Unmittelbar am Zusammenfluß von Rhein und Töß, beim jetzigen Hofe Rheinegg, lag die dritte Burg, Nieder- oder Neuenteufen, die ebenso wie die vierte, Hinterteufen, der Sitz der Dienstleute von Teufen

---

[1] Vgl. über ihn Laßbergs Liedersaal 1, S. X f., 2, S. LXIX f.; Hagens MS. 4, 114—115, Bildersaal altdeutscher Dichter S. 229 f., und Atlas Tafel XV; Rochat, drei Schweizerdichter aus dem 13. Jahrhundert, Heidelberg 1856, S. 25 f.; Bæchtold, die Züricher Minnesinger, im Züricher Taschenbuch für 1883, S. 8—13; Germania 26, 218. — Seine Lieder bei Bodmer 1, 44—45: Hagen 1, 108—110; die Lesarten 3, 596; bei Rochat S. 27—32.

[2] Bæchtold S. 8 f.

[3] Bæchtold S. 9.

war, die später als Bürger in Schaffhausen vorkommen[1]. Dem Geschlechte gehörten Rorbas, Teufen und Berg am Irchel.

Am häufigsten erscheinen in dem Geschlechte die Namen Kuno und Hugo; ein Hugo läßt sich urkundlich schon 1116 nachweisen. Unter den Gliedern der Familie im dreizehnten Jahrhundert ist am bekanntesten Kuno, der zuerst 1209 urkundlich in Zürich als Zeuge auftritt[2]. In Hagenau bezeugt er im Januar drei Urkunden Kaiser Friedrichs II[3]; im Jahre 1222 finden wir ihn mit Friedrich in Italien, im Juli 'in castris apud Jatum' bezeugt er eine Urkunde[4], im December eine andere 'apud Precinam'[5], am 27. December 'apud Civitatem'[6], im Januar 1223 eine 'apud Precinam'[7] und eine in Capua[8]. 1235 war er kaiserlicher Procurator in Burgund und beurkundet als solcher die Rechte des S. Ursus-Stiftes in Leberberg[9]. Der 1240 am 19. Oktober vorkommende[10] Chuno de Tufen ist wohl noch derselbe; dagegen der 1261, 1267 und 1276 erscheinende Chuono nobilis (miles) de Tiufen[11] sicherlich ein jüngerer.

Am 6. Mai 1219 begegnet Kuno in einer Urkunde Lütolds von Regensberg für das Kloster Rüti als Zeuge zusammen mit seinem Bruder Wernher, dem einzigen des Namens, der urkundlich nachgewiesen ist und den wir daher als den

---

[1] Bæchtold S. 9; Hagen, MS. 4, 114.

[2] Hagen, MS. 4, 114.

[3] Würtembergisches Urkundenbuch 3, 111: Cono de Tiuffen. 3, 112: Cůno de Tiuffen. 3, 114: Cono de Tiuffen.

[4] Huillard-Bréholles 2, 261 ff.: C. de Tuffen.

[5] Huillard-Bréholles 2, 282 f.: Cuno de Tuffen.

[6] Huillard-Bréholles 2, 278 f.: Chuono de Tuffen.

[7] Huillard-Bréholles 2, 292 f.: Cono de Tuffen.

[8] Huillard-Bréholles 2, 294 ff. Fontes rerum Bernensium 2, 38 f. Cono de Tuffen.

[9] Bæchtold S. 9.

[10] Herrgott, Geneal. Habsburg. 1, 259.

[11] Wartmann 3, 158. 203. Fontes rerum Bernensium Bd. 2.

Minnesänger in Anspruch nehmen dürfen[1]. 1223 sind beide in Münster im Aargau bei der Sühne zwischen den Grafen von Kiburg und dem Stifte Beromünster gegenwärtig[2]. Da in beiden Urkunden Wernher voransteht, wird er der ältere der Brüder gewesen und daher wohl nicht später als um 1240, wo Kuno zuletzt auftritt, gestorben sein. Das Geschlecht starb um 1360 aus.

Die Pariser Handschrift stellt den Dichter in jugendlichem Alter dar, zur Rechten eines Fräuleins auf die Vogeljagd reitend. Er hat seinem Rosse die Zügel schießen lassen und legt den linken Arm um die linke Schulter der zu seiner Linken reitenden Dame, während er die Rechte mit erhobenem Zeigefinger dicht vor ihr Gesicht hält. Er trägt auf dem lockigen Haare eine hohe Mütze mit, wie es scheint, acht Ecken und mit Verbrämung, sein mit Saum und Knöpfen besetztes Oberkleid hat einen Schlitz an der Schulter, aus welchem der Arm hervortritt. Die Dame, schrittlings im Sattel sitzend, hält in der handschuhbedeckten Rechten den Zügel, in der erhobenen, ebenfalls behandschuhten Linken einen Falken an zwei herabhängenden Bändern oder Riemen. Der Sattel ihres Pferdes ist mit Borten und Knöpfen (wohl Edelsteinen) sowie mit herabhängenden Franzen verziert, die Zügel beider Pferde sind mit Edelsteinen besetzt. Um das Haupt trägt sie eine mit Edelsteinen besetzte Borte, darüber ein bis auf die Schultern fallendes Kopftuch; ein weites faltiges Oberkleid bedeckt den Leib[3]. Ueber dem Falken steht der Helm mit der Visirmaske; der Helm trägt den Hals und den nach links (vom Beschauer) gekehrten Kopf eines Adlers, der von hinten her die Flügel zu beiden Seiten des Helms mit sechs Schwungfedern emporbreitet. Derselbe Helm und Adler auf der linken Seite des Bildes, über dem Ritter,

---

[1] Hagen, MS. 4, 114, Anm. 8: Wernherus et Chuno fratres de Tuffun milites.

[2] Hagen 4, 114, Anm. 9: Wernherus et Cuno de Tuffen.

[3] Hagen, Bildersaal S. 229, Atlas Tafel XV.

in dem rothen Felde des Schildes. Das Wappen entspricht dem, welches Kuno und seine Söhne Diethelm und Hugo 1269 führen, und dem Wappen Nr. 125 unter den Deckengemälden im Hause zum Loch in Zürich[1]. Es ist also wohl nicht ein Adler, sondern ein Schwan auf dem Bilde der Pariser Handschrift gemeint; denn einen silbernen Schwan im rothen Felde und auf dem Helme führten die von Hohenteufen.

Ein Wernher von Teufen, so berichtet nach einer nicht bekannten Quelle Leu in seinem Helvetischen Lexikon, beschrieb zu Ende des dreizehnten Jahrhunderts den Zug Kaiser Friedrichs gegen Saladin in Versen. Was an dieser Nachricht wahr ist, läßt sich nicht ermitteln[2].

Wir besitzen nur vier Lieder von dem Dichter. Das erste ein Liebeslied mit der Aufforderung an die *lieben kint*, froh zu sein beim Herannahen der Sommerzeit; ebenso enthält eine solche Aufforderung zur Freude an Jung und Alt das dritte Lied, die Jungen sollen sich schmücken. Das fünfte Gedicht ist ein Spruch von Mundes Minne, d. h. von freundlichen Worten, die nicht von Herzen kommen. Die Worte *sus lache er mir, sô lache ich ime* 5, 11 erinnern an Walthers Spruch von wahren und falschen Freunden. Die Schlußworte *triôs triên trisô* haben romanischen Klang, das letzte Wort mahnt an *traiso*, Verrath.

Romanischen Einfluß zeigt auch die Anwendung des zehn- und elfsilbigen jambischen Verses mit zwei kürzeren zweihebigen Versen im Abgesange des zweiten Liedes, sowie das vierte, das in den Stollen mit kürzeren Versen von vier und drei Hebungen beginnt und im Abgesang in zehn- und elfsilbige jambische Verse übergeht. Das dritte Lied hat in der Schlußzeile der Strophen einen daktylischen Fuß in der Form ◡◡́◡◡́◡◡◡́. Innere Reime begegnen in demselben Liede einmal, und einsilbiger Uebergangsreim in dem ersten. Die Reime sind genau mit Ausnahme der einmaligen Bindung *s : z* 3, 9.

[1] Bæchtold S. 10.

[2] Hagen MS. 4, 115, Anm. 6.

IV. Der Taler[1].

Die Heimat dieses Dichters läßt sich deswegen nicht genau bestimmen, weil es in verschiedenen Gegenden Herren von Thal gab. Allein seine Stellung in der Pariser Handschrift, unmittelbar nach zwei Schweizer Dichtern, spricht dafür, daß auch er der Schweiz angehört. Bestimmter läßt sich die Zeit festsetzen durch die Beziehung auf den Nifer (2, 16), unter welchem nur Gottfried von Neifen (1234—1255) verstanden werden kann. Mehrfach erscheinen die Taler als Dienstmannen des Klosters Sanct Gallen und der Herren von Rheineck, von denen sie schon im dreizehnten Jahrhundert die Burg Alt-Rheineck bei Eschmoos zu Lehen hatten. 1255 kommt ein Ritter Leutold von Tal (her Lütolt ain ritter von Tale) vor[2], er besaß den Zehnten in Herisau, der theilweise dem Hospital in Sanct Gallen zukam und den 1265 das Kloster ihm ganz abkaufte[3]. Bei Dietrich von Tal, der 1312 in einer S. Galler Urkunde vorkommt[4], ist die ritterliche Herkunft zweifelhaft; den C. et Hermannum dictos Taler in einer S. Galler Urkunde von 1303[5] hat man als Bürgerliche anzusehen.

Das Wappen in der Pariser Handschrift zeigt einen silbernen Schild, der unten einen hellblauen Bogenabschnitt hat, aus welchem, wie von einem Berge, fünf schwarze Rohrkolben auf grünen Stengeln emporsteigen. Ebenso ist der Helmschmuck ein glockenähnlicher blauer Hut mit fünf Rohrkolben[6]. Das Bild unter dem Wappen zeigt einen König mit

---

[1] Vgl. über ihn Liedersaal 2, S. LXVIII f.; Wackernagel, Verdienste der Schweizer S. 13. 33, 52; Hagen, MS. 4, 461—463; Liederdichter[2] S. XLIX f.; Germania 26, 224. — Die Lieder bei Bodmer 2, 99—101; bei Hagen 2, 146—148; die Lesarten 3, 680.

[2] Wartmann 3, 776, Nr. 64.

[3] Wartmann 3, 797. Hagen, MS. 4, 462, Anm. 2. 3.

[4] Wartmann 3, 380, Nr. 1204.

[5] Wartmann 3, 327.

[6] Hagen, MS. 4, 462.

der Krone auf dem Haupte und dem einfachen schwarzen Adler im goldnen Felde auf dem Oberkleide; vor ihm kniet der Dichter und überreicht oder empfängt eine Schriftrolle. Mit Recht erblickt Hagen darin den deutschen König, auf welchen der Adler deutet; am wahrscheinlichsten ist Heinrich, Friedrichs II Sohn, gemeint, da zu diesem auch der vom Taler erwähnte Gottfried von Neifen in Beziehung stand; die Rolle bezeichnet wohl die dem König überreichten Lieder. Danach wäre auf einen zeitweisen Aufenthalt in der Umgebung Heinrichs zu schließen.

Nur ein Leich und zwei Lieder haben sich vom Taler erhalten. Der Leich (1) hat eine Grundform, die aus sechsmal gehobenen Versen besteht, paarweise männlich gereimt, durch innere Reime, die in Stellung und Geschlecht wechseln, verschieden getheilt, theils als Schlagreim, theils als Binnenreim, d. h. die reimenden Worte im Innern des Verses folgen unmittelbar auf einander oder sind durch eine Hebung von einander getrennt. Diese Grundform kehrt in verschiedener Verszahl viermal wieder. Eine zweite Form, aus paarweise gereimten vierhebigen Versen, ebenfalls durch innern Reim getheilt, wird einmal wiederholt (15—18. 25—28); der innere Reim wechselt auch hier seine Stellung. Eine dritte Form von zwei fünfmal gehobenen Versen (33. 34) wird nicht wiederholt, und ebenso steht der Schlußabsatz (36—47) für sich da. Das Ganze ist unzweifelhaft ein Tanzlied, also die alte Bestimmung des Leiches; es singt von Mai und Minne, die Schlußwendung mit dem Vergleich des Staars hat einen scherzhaften Anstrich.

Das erste der beiden Lieder (2) gehört zu denjenigen Gedichten, welche die parodistische Wendung des Minnegesangs zeigen, es verspottet die Minner, indem er sich selbst als einen von denen hinstellt, die aus Liebe jeder närrischen Laune ihrer Herrin sich fügen. Dabei nimmt er Bezug auf Gottfried von Neifen (2, 16 f.):

Der Nifer lobt die frouwen sin,
i rœselehtez mündelîn,

was zu Gottfrieds Stile wohl paßt, indem hier oft von dem rothen Munde der Geliebten die Rede ist. Während aber dieses und anderer Sänger Frauen gute Kleider tragen, muß sein Lieb in Lumpen gehen; er möchte ihr gern ein Pelzcamisol umhängen, wenn sie mit ihm in den Heuschober gehen wollte. Ihrem rothen Munde, der ihr so wohl steht, wünscht er schließlich, da derselbe ihn zu Grunde richte, er möchte schwärzer als eine Kohle sein. Es ist also ein armes Liebchen, und dem entsprechend ist auch sein Liebeswunsch derber gehalten. Indem er aber die arme Geliebte dieselben launenhaften Wünsche aussprechen läßt, die sonst höfische Frauen ihren Verehrern gegenüber äußerten, wird die parodische Absicht damit erst recht deutlich.

Das zweite Lied (3) läßt uns einen hübschen Blick thun in den dichterischen Verkehr und Betrieb. Der Dichter fordert das Künzlein auf, der minniglichen Fraue sein Lied vorzusingen und einen Brief zu überbringen; auch dieser kann als ein gereimter Liebesbrief gedacht werden. Aber Lied und Brief sind zu trennen; denn auch die gereimten Liebesbriefe waren nicht zum Singen bestimmt. Künzlein macht Einwendungen und schlägt das Heinzlein vor, das süß singt und die Liedstrophen vollständig kann. Aber auch dieses will nicht, es könnte ein Mann im Korne ihn ermorden. Nun redet der Dichter dem Künzlein aufs neue zu, ihn nicht im Stiche zu lassen; er macht ihm Lust durch die Aussicht, im Kornfeld Roggen zu reiben und Aepfel und Pflaumenschlehen zu essen. Es sind wohl Spielleute unter den beiden zu verstehen; dem ist die Bezeichnung *kneht* (3, 21) nicht im Wege.

V. Herr Pfeffel[1].

Da ihn die Pariser Handschrift als 'her' bezeichnet, so muß er einem Rittergeschlechte angehören. Bis jetzt ist nur

[1] Vgl. Hagen, MS. 4, 461; seine Sprüche bei Bodmer 2, 99; Hagen 2, 145 f.; die Lesarten 3, 680.

IV

ein 'Heinricus pfeffili miles' nachgewiesen, der im August 1243 zu S. Alban in Basel eine Schenkung an das Gotteshaus Olsperg bezeugt[1]. Die sonst noch vorkommenden Pfeffel, in Baiern Otto Pfeflinus 1272, Walther der Pfeffel 1369[2], sind nicht als ritterlicher Herkunft erwiesen. Der Schweizer Heimat scheint allerdings die Beziehung auf Oesterreich (V. 3) zu widersprechen; aber warum sollte nicht, wie von anderen Schweizer Sängern bezeugt ist, auch dieser sich zeitweise in Oesterreich aufgehalten haben? Auch spricht für die Schweiz seine Stellung in der Handschrift nach einem Schweizer Dichter und vor dem Taler. Das Wappen in der Handschrift zeigt im blauen Schilde das Brustbild eines Jünglings mit goldener Abtmütze[3]: was wohl mit der Ableitung von Pfaffe in Verbindung steht.

Nur drei Sprüche, alle in derselben Form, haben sich erhalten. Der eine (1) ist in Oesterreich entstanden und feiert den letzten Babenberger, Friedrich den Streitbaren († 1246), der mit seiner freigebigen Hand die Kranken zu laben weiß. Auch er wünscht sich davon zu genießen, denn seine Habe ist klein geworden; rings um ihn wird gegeben und nur er bekommt nichts. Das klingt an Walthers Spruch über Leopolds VII Milde an:

ez regent beidenthalben mîn,
daz mir des alles niht enwirt ein tropfe[4].

Der zweite Spruch enthält eine Unterweisung an die Jugend, wobei Gott dienen und Frauen ehren im Sinne der Zeit an die Spitze gestellt wird. In kurzer gedrungener Form wird eine Reihe von Lebensregeln gegeben.

Der dritte ist an eine Frau gerichtet, von der aber in dritter Person gesprochen wird, und bewegt sich in den üblichen Wendungen: ihr rosiger Mund hat ihn verwundet, ihrer Minne Strick ihn gefangen, er will ihr Diener sein.

---

[1] Herzog in der Germania 29, 35.

[2] Hagen. MS. 4, 461, Anm. 3.

[3] Hagen 4, 461.

[4] Walther 84, 5 f. B.

VI. Graf Kraft von Toggenburg[1].

Die Grafen von Toggenburg gehören dem Thurgau an; die alte Stammburg lag auf der höchsten Spitze der Bergreihe zwischen dem Gonzenbach und Müselbach; die letzten Reste wurden zum Bau der Pfarrkirche im Dorfe Gähwyl verwendet[2]. Die Geschichte des Geschlechtes, in welchem der Name Kraft durch mehrere Generationen nach einander vorkommt, ist reich an romantischen Zügen; erwähnt sei die Erzählung von der Gattin des Grafen Heinrich, der an dem Finger eines seiner Dienstmannen ihren Trauring erblickte und, ein strafbares Verhältniß vermuthend, ihn von Pferden schleifen ließ, und die von Ida von Kirchberg, der ein Rabe ihren Ring entführt hatte, die, von der Burg herabstürzend, von Buschwerk aufgefangen und dadurch gerettet, Gott ihr Leben in dem Kloster Fischingen weihte.

1228 vermachte Graf Diethelm II die Stammburg sammt der Stadt Wil dem Kloster S. Gallen zur Buße für den Mord, den sein Sohn Diethelm III an dem eigenen Bruder Friedrich 1226 begangen hatte. Von da an lag Diethelm der jüngere mit dem Stifte in Fehde. Diethelm II hatte sieben Söhne, die nach dem Tode des Vaters (1230) an jenen Fehden theilnahmen. Nach dem Tode Diethelms (um 1240) war Kraft (I) das eigentliche Haupt der Familie. Er war mit Elisabeth von Bußnang, einer Verwandten des Abtes Konrad von S. Gallen, vermählt, die noch 1276 lebte[3]; gleichwohl hielt es in der Fehde Konrads mit dem Bischof Eberhard von

[1] Vgl. über ihn Laßbergs Liedersaal 1, S. X; Wackernagel, Verdienste der Schweizer S. 13. 32, 41; Hagen, MS. 4, 52—55, Bildersaal S. 215—218, Bilderatlas Tafel VII; Rochat, drei Schweizerdichter S. 35 f.; die Grafen von Toggenburg in St. Gallische Neujahrsblätter 1865, S. 1—20; meine Liederdichter[2] S. LVI; Germania 26, 216. — Die Lieder bei Bodmer 1, 10—12; bei Hagen 1, 20—23, und Lesarten 3, 586 f.; bei Rochat S. 37—45.

[2] Hagen, MS. 4, 52, Anm. 2.

[3] Mittheilungen für vaterländische Geschichte 18, 30, Anm. 54.

Konstanz (1248—1249) der Toggenburger mit dem Gegner des Abtes: sie verbrannten das Gebirge bis an das Wasser, genannt Urneschen[1].

Nun hatte, so erzählt Chr. Kuchimeister[2], das Gotteshaus S. Gallen einen Dienstmann, der hieß von Iberg; der war mächtig an Gut und muthigen Leibes, der baute die Burg zu Iberg. Das war denen von Toggenburg leid und hätten es gern erwehrt. Da war er so mächtig durch das Gotteshaus und durch sich selbst, daß sie es nicht erwehren mochten. Und als er die Burg gebaut, da fuhr Graf Kraft von Toggenburg herzu und fing ihn und seinen Sohn, der hieß Ulrich, und hieß sie gebunden und gefangen in die Burg tragen. So ward ihm die Burg überantwortet, und als dem Grafen die Burg geworden, da nannte er sie Kraftsberg, und wenn jemand, über den er Gewalt hatte, sie anders nannte, der mußte es ihm büßen. Und als sie eine Zeitlang gefangen waren, da starb der Sohn im Gefängniß, und ward der von Iberg geführt gen Uznaberg, und ward ihm da ein Blockwerk gemacht, darin sollte er liegen bis an seinen Tod. Und als er lange gelegen, da wurde ihm ein Blech zu theil, das von einer Panzerplatte war, und er sägte und feilte sich damit durch die Dielen. Und als er seine Gelegenheit ersah, da ließ er sich durch das Loch herab und kam in den Tobel und entfloh. Unterwegs begegnete ihm ein Bauer, der führte ein Roß, setzte ihn darauf wie eine Frau und half ihm entkommen. Und als er sich ausgeruht hatte und wieder zu Kräften kam, fuhr er nach S. Gallen zu dem Abt, und dem gab er Iberg und noch mehr Güter, und der Abt gab ihm andere Güter dafür. Als der Abt nun die ihm gegebene Burg forderte, wollte sie der Toggenburger ihm nicht ausliefern. Also fuhr er hinzu und machte einen Bergfried (Thurm) im Thurthal ob Wattwil in einem Thal, und nannte ihn Bärenfels, und kriegte mit dem von Toggenburg um die Burg.

---

[1] Chr. Kuchimeister ed. Meyer von Knonau S. 30.

[2] ed. Meyer von Knonau S. 66—69.

Die Erbauung der Burg Iberg, deren Ruinen noch sichtbar sind, fällt wohl um 1240; sie lag südwestlich von Wattwil, auf dem linken Thurufer, zwischen zwei in das Hauptthal auslaufenden Schluchten auf einem einzelnstehenden Hügel und beherrschte das Thurthal, war mithin den Toggenburgern begreiflicherweise sehr unbequem[1]. Die Burg Uznaberg, auf welche der Iberger gebracht wurde, war sehr fest und befand sich seit 1236 wieder im Besitze der Toggenburger. Wann die von Kuchimeister erzählte Fehde stattfand, ist nicht sicher festzustellen; jedenfalls vor dem 19. Januar 1249, denn an diesem Tage stellte Graf Kraft mit seinen Brüdern auf Iberg eine Urkunde aus.

In den Spätherbst 1244 fällt eine neue Fehde mit Sanct Gallen. Unter Abt Walther (1239—1244) huben die Toggenburger, so berichtet Kuchimeister[2], ihren alten Haß und wollten ihren alten Schaden rächen, und fielen nachts in die Stadt Wil, und mußten die Bürger sie eidlich für ihre Herren erklären. Als die Botschaft dem Abte, der gerade in Appenzell auf der Burg war, zukam, da verdroß es ihn, wie billich war, und mit ihm alle Gotteshausleute, es mochten Dienstmannen, Bürger und Bauern sein. Also warb der Abt um Mannschaft, aber ehe dieselbe noch eintraf, war er nach Konstanz gefahren und Prediger geworden. Letzteres bezieht sich auf den Rücktritt von Abt Walther im November 1244; um jene Zeit also ist der Angriff der Toggenburger zu setzen, die, gereizt durch die Schenkung von Wil und Alt-Toggenburg an S. Gallen, die Stadt dem Kloster mit Gewalt wieder abnahmen. Der Nachfolger Walthers, Berthold von Falkenstein, der am 25. November 1244 sein Amt antrat, hatte nichts eiligeres zu thun, als schon zu Anfang des folgenden Jahres Truppen zu sammeln, um Wil zu belagern. Unterstützt von Graf Hartmann von Kiburg und dem Bischof von Konstanz, lag er mehr als fünf Wochen vor der Stadt, bis ihm dieselbe übergeben wurde.

[1] Vgl. Meyer von Knonau S. 67, Anm. 109.

[2] Meyer von Knonau S. 22—24.

Mitten zwischen diese wilden Fehden, an denen Graf Kraft in erster Linie betheiligt war, fallen in rechtem Gegensatz zu der Gewaltthätigkeit gegen geistliche Stiftungen einige fromme Akte. In einer zu Mogelsberg (Magoltisberc) zu Anfang des Jahres 1242 ausgestellten Urkunde überträgt Graf Kraft (Craft comes de Togginburch) an S. Peterzell zum Heile seiner Seele Judinta[1], die Tochter Eberhards von Laubberg (Ebirhardi de Louphirsberc), wofür Abt Konrad von S. Johann der Judinta und ihrem Gatten Heinrich die Schupose 'an der Hube' (Hub in der Gemeinde Mogelsberg) zu Erblehen gibt[2]. Eine Nichte Krafts war in einem Zürcher Kloster, wie wir aus einer Urkunde Innocenz IV vom 11. Februar 1248 erfahren; für das Kloster bestimmten Kraft und Heinrich von Wartenberg, der ebenfalls eine Nichte in demselben hatte, einen Theil der Einkünfte aus ihrem Kirchensatz in Haltdorf[3]. Am 19. Januar 1249 in einer auf Iberg (in castro Yberch) von Graf Kraft und seinem Bruder Berthold besiegelten Urkunde überträgt Kraft (Craft, comes de Tokinburch) mit seinen Brüdern Berthold, Rudolf und Friedrich dem Kloster S. Johann die von ihrem verstorbenen Bruder Diethelm an sie gekommene Vogtei in Breitenau (Breitunowe), zugleich schenkt Graf Kraft dem Abt Ulrich alle seine richterlichen Rechte über die Leute und Lehen des Klosters, schwere Verbrechen ausgenommen[4].

Ueber sein Ende berichtet Kuchimeister[5]. Graf Kraft von Toggenburg, der von Kiburg und andere Herren hatten

---

[1] 'Judintam', im dat. und acc. auch mit deutscher Endung 'Judintun', was daher Wartmann ohne Grund mit einem Ausrufungszeichen versieht.

[2] Wartmann 3, 100, Nr. 885. An Stelle des am 4. Januar 1242 gestorbenen Abtes Konrad besiegelt sein Nachfolger Ulrich die Urkunde.

[3] Geschichtsfreund 8, 11 f. Vgl. die Urkunde vom 19. October 1249 ebenda S. 12 f.

[4] Wartmann 3, 120, Nr. 909.

[5] ed. Meyer von Knonau S. 70 f.

eine Zusammenkunft auf der alten Gerichtsstätte Oberwinterthur. Nun war ein Knecht (d. h. ein Edelknecht), der hieß der Locher, dem hatte Graf Kraft seinen Bruder verderbt und sein Gut genommen. Und als der hörte, daß der von Toggenburg dahin kam, da saß er auf sein gutes Roß und ritt aus und lauerte auf den Toggenburger. Während dem führte man ein Fuder Heu vorüber, da ritt er hinter dem Heu hervor und erschlug den Grafen und floh. Man eilte ihm nach; er kam an den See bei dem Helfenberg, liegt[1] nördlich von der Thur, nordwestlich von Ittingen: sein Roß konnte nicht weiter. Da senkte er sich in den See bis an den Mund und brach Laub über sein Haupt, und entzog sich so denen, die ihn jagten, und blieb da bis in die Nacht, und ging von dannen. Derselbe Locher that später denen von Toggenburg großen Schaden an Leuten und an Gut. Und die, die auf der Burg Iberg waren, hörten, daß ihr Herr todt war; da überantworteten sie die Burg dem Gotteshause S. Gallen.

Der Tod Krafts fällt vor den 26. September 1254, denn an diesem Tage überträgt Abt Berthold von S. Gallen dem Kloster Rüti das Gut zu Hirsindau (Hirsindowe), welches das Kloster von dem verstorbenen Ritter Kraft (a quondam Kraftone milite) und seinem Bruder Friedrich von Toggenburg, beide Lehnsträger des Klosters S. Gallen, gekauft hatte[2]. Am 25. November des folgenden Jahres stiftete Krafts Mutter, Gertrud von Neuenburg, eine Jahrzeit zum Seelenheil ihrer verstorbenen Söhne, per manum filiorum nostrorum Friderici et Wilhelmi: daraus ergibt sich gleichfalls, daß Kraft damals bereits todt war. Also wohl in den Sommer 1254 ist sein Tod zu setzen.

Des Sohnes, der gleichfalls Kraft (II) hieß, gedenkt die Urkunde vom 27. Mai 1260, die vor dem Schlosse Utzenberg (ante castrum Uzinberch) bei Utznach im Kanton S. Gallen

[1] Vgl. a. a. O. S. 71, Anm. 117.

[2] Wartmann 3, 135, Nr. 929.

ausgefertigt ist; in ihr übertragen Graf Friedrich von Toggenburg, sein Bruder Wilhelm und die Söhne ihres verstorbenen Bruders Kraft (filii fratris nostri bone memorie Craftonis de Toggenburch), nämlich Diethelm, Kraft und Friedrich, dem Kloster S. Johann im Thurthal den Hof 'in dem Sacke'[1]. Die beiden Siegel sind erhalten; das eine mit dem Hunde, das andere mit Adler und Löwen. Eine Stiftung machte er in dem Kloster Tännikon, wonach alle Tage ein Paternoster und ein Avemaria gesprochen werden sollte[2].

Ein dritter Kraft ist der Sohn Friedrichs, des in dieser Urkunde an dritter Stelle genannten Sohnes von Kraft I. Dieser Kraft (III) war Domherr in Konstanz und Zürich, später Propst des Chorherrenstiftes in letzterer Stadt. Er erscheint zuerst 1299 als Zeuge in einer Urkunde des Abtes Wilhelm von S. Gallen am 3. Februar in S. Gallen[3]. 1310 am 28. Herbstmonats bezeugt er eine Urkunde seines Bruders Friedrich in Liechtensteig[4]. Am 29. October 1310 vertauscht zu Konstanz Ulrich Störi, Kirchherr zu Wald im Kanton Zürich, Eigenleute in der Stadt Utznach gegen solche in Goldbach bei Wald, die Kraft von Toggenburg, der hier als Canonicus in Konstanz und Propst in Zürich bezeichnet wird, gehören[5]. Als ihren Herrn bezeichnen die Aussteller einer Verkaufsurkunde, Ritter Ulrich und Markwart von Ems, Sanct Gallen am 2. Februar 1313, den Grafen Kraft[6]. Im

---

[1] Wartmann 3, 153, Nr. 951. In der zweiten Ausfertigung S. 154 heißt es 'filii fratris nostri K. beate memorie Dithalmus et Krafto et Fr. fratres.'

[2] Geschichtsfreund 2, 115: 'aber von graff kraft von togenburg alle tage ain paternoster und ain ave maria.'

[3] presentibus nobili viro Craftoni de Togginburg Comite, canonico ecclesie Constantiensis.

[4] Geschichtsfreund 25, 215 f.

[5] Wartmann 3, 369, Nr. 1191: pro hominibus honorabilis Kraftonis de Toggemburg, canonici Constantiensis et prepositi Thuricensis.

[6] Wartmann 3, 383, Nr. 1209.

folgenden Jahre erscheint in Wil am 1. März 'min here grafe Chraft von Toggenburg' als Zeuge einer Urkunde Rudolfs von Landenberg, Kirchherrn zu Pfäffikon[1]. Am 20. Februar 1315 verpfändet zu Wil Abt Heinrich von S. Gallen 'dem herren graven Krafte von Toggenburg, probist ze Zürich und tuomhere des kores ze Costentz' wegen der Dienste, die er dem Kloster S. Gallen gethan hat und noch thun soll und will, den Hof und Kirchensatz (kilchensatze) zu Stammheim für 100 Mark Silbers, die er dem Grafen versprochen[2]; in gleicher Weise am 24. Juni 1315 für 140 von dem Grafen empfangene Mark Silbers den Kirchensatz (jura patronatus) der Kirchen zu Kirchberg, Wattwil und Sommeri in der Diöcese Konstanz[3]. Am 9. November 1316 gibt der bischöfliche Vicar von Konstanz einen Ablaßbrief zu Gunsten eines Altars in der Pfarrkirche Lütisburg, den er auf Bitten Krafts von Toggenburg (ad peticionem domini Kraftonis de Toggenburg, preposito Turicensi nec non canonico majoris ecclesie Constantiensis) und anderer zu Ehren der Jungfrau Maria und der heiligen Katharina geweiht hatte[4]. Am 19. October 1317 bezeugt zu Wil Kraft die Uebertragung des Hofes Niederhäusern in Unterbach an das Kloster Rüti durch den Abt Heinrich von S. Gallen[5]. Am 2. Mai 1319 bewilligen zu Jonswil im Kanton S. Gallen 'grave Kraft von Toggenburg, chorherre ze Costenze und brobest ze Zürich, und grave Friderich von Toggenburg, och chorherre ze Costenze, und grave Dietheln von Toggenburg sin bruoder' dem Johann von Langenhart die Vererbung des Zehnten zu Eschlikon (Aeschlicon) im Kanton Thurgau und der Bülerhube zu Diets-

---

[1] Wartmann 3, 389, Nr. 1216.

[2] Wartmann 3, 392, Nr. 1221.

[3] Wartmann 3, 396, Nr. 1226: 'ab honorabili viro domino Craftone de Toggenburg, preposito Thuricensi et canonico ecclesie Constantiensis'; am Schlusse 'ego Crafto comes de Toggenburg.'

[4] Wartmann 3, 406, Nr. 1240.

[5] Wartmann 3, 408, Nr. 1245: 'presentibus hiis testibus: domino Kraftoni comiti de Toggenburg.'

weil (Dietzenswile) im Kanton S. Gallen auf seine Töchter, falls er ohne Söhne sterbe[1]. In einer Urkunde des Abtes Hiltbold von S. Gallen, ausgefertigt zu S. Gallen am 18. August 1325, wird 'grave Kraft von Toggenburg' als mit der Kirche zu Marbach (im Kanton S. Gallen), einem Lehen des Klosters, belehnt bezeichnet, und den Brüdern Arnold und Ulrich von Bürglen dieses Lehen versprochen (swenn dü kirch zem nehsten ledig wirt), was auf ein vorgeschrittenes Lebensalter Krafts deutet[2]. Am 10. Februar 1329 verkauft zu Zürich der Schenke Rudolf von Landegg seine Hörigen Berthold und Rudolf Güller von Nassen, im Kanton S. Gallen, und ihre Geschwister um 6 Pfund Pfennige 'dem edeln herren graven Krafte von Toggemburg'[3]. In einer Zürcher Urkunde vom 30. Januar 1335 erscheint als Zeuge: Krafto comes de Toggenburg prepositus[4]. Am 11. Februar 1335 verpfändet in Zürich Graf Johann von Habsburg den Hof Erlenbach am Zürcher See 'dem edeln herren unserm lieben œheime graven Krafte von Toggenburg, probste der kilchen ze der pröbste[i] Zürich' um 137 Mark Silbers[5], wogegen am 14. Februar 'grave Kraft von Tocgemburg, probst der kilche ze der probstey Zürich' dem Grafen Johann die Verpflichtung, den verpfändeten Hof wieder einlösen zu lassen, beurkundet[6]. Als Kirchherr zu Schwarzenbach gestattet er in einer zu Zürich am 2. November 1336 gegebenen Urkunde, daß der Nutzen von dem in dem Kirchhofe der Kirche zu Schwarzenbach gepflanzten Nußbaume zum Unterhalt des ewigen Lichtes verwendet werde[7]. Am 8. Februar 1339 verzichtet er zu Gunsten des Abtes Hermann von S. Gallen auf sein Pfandrecht an

---

[1] 'ist daz er ververt âne süne.' Wartmann 3, 412, Nr. 1251.

[2] Wartmann 3, 456, Nr. 1304.

[3] Wartmann 3, 475, Nr. 1328.

[4] Kopp, Geschichte der eidgenössischen Bünde V, 2, 511.

[5] Wartmann 3, 500, Nr. 1361.

[6] Wartmann 3, 501.

[7] Wartmann 3, 509, Nr. 1374: 'wir grave Kraft von Toggenburg, kilchherre der kilchen ze Swarzenbach.'

dem Kirchensatz zu Sommeri, Kirchberg und Wattwil[1]. Er starb 1339 in hohem Alter[2].

Als den Minnesänger haben v. d. Hagen und auch ich[3] den Grafen Kraft I angesehen; neben ihm können der Zeit nach noch sein Sohn und Enkel in Betracht kommen. Gegen letzteren, den Domherrn und Propst, macht man den geistlichen Stand geltend, allein dies würde kein Bedenken sein, wenn wir annehmen, daß die Lieder seiner Jugendzeit angehören, ehe er in den geistlichen Stand eingetreten. Auch das Alter der Naglerschen Bruchstücke, die um 1300 fallen, würde dem nicht im Wege stehen. Aber ein anderer Grund ist anzuführen. Die Pariser Handschrift, deren Entstehung in die Gegend von Zürich weist, würde in ihrem Bilde eine Beziehung auf den geistlichen Dichter, der dem Sammler bekannt sein mußte, nicht unterlassen haben.

Anderseits läßt sich gegen Kraft I dessen wilder Charakter, der zu dem Tone der Lieder wenig stimmt, geltend machen. Ich glaube daher, daß wir in Kraft II den Dichter zu suchen haben[4].

Das Bild in der Pariser Handschrift stellt den Minnesänger dar als lockigen Jüngling in tiefrothem goldgesäumtem Kleide, eine Leiter emporsteigend, die Hände nach einem Kranze ausstreckend, den ihm eine blondgelockte Jungfrau von einem Söller herabreicht. Sie hat einen Kranz von dicken Goldperlen auf dem Haupte, ein *schapel,* und ist mit rothem goldgesäumtem Kleide angethan. Der Söller ist bedacht und hat eine rundbogige Thür, unter den Zinnen desselben ebenfalls eine rundbogige rothe Thür, zu der zwei Stufen emporführen. Der dem Sänger gereichte Blumenkranz

---

[1] 'Wir grave Kraft von Toggenburg probst [ze] Zürich und korherre ze Kostentz.' Wartmann 3, 516, Nr. 1384. Vgl. vorher die Urkunde vom 20. Februar 1315.

[2] Hagen, MS. 4, 54, Anm. 7.

[3] Liederdichter[2] S. LVI.

[4] Vgl. Wackernagel in den Züricher antiquarischen Mittheilungen XIV, 52, A. 8; Meyer von Knonau S. 29, Anm. 53; Götzinger S. 8.

ist durch einen goldenen Reif zusammengehalten[1]. In der Ecke befindet sich das Wappenschild: es zeigt in goldenem Felde einen schwarzen Wolfshund mit aufgesperrtem Rachen und rothem flammigem Halsband. Den goldnen Helm über dem Schilde schmücken zwei silberne Fische, die mit dem Maule den Helm fassen und oben mit den Schwänzen gegen einander gekrümmt stehen. Der Hund ist das alte Toggenburger Wappen, er findet sich oft auf den Siegeln von Urkunden[2].

Die Verbindung von Hund und Fischen findet sich ebenfalls auf Siegeln von Urkunden schon im dreizehnten Jahrhundert[3].

In den Liedern des gräflichen Sängers herrscht eine hübsche Frische. Gleich das erste Lied hat das anmuthige Bild von einer Rose, die, schöner als alle Blumen, strahlender als die Sonne, aus ihrem Munde erblüht. Dort Rosen zu brechen dünkt ihm die höchste Freude; wieviel man da Rosen bricht, alsbald lacht ihr rother Mund eine noch tausendmal so schöne. Das Bild vom rosenlachenden Munde ist ein volksthümliches, mehrfach angewendetes, aber hier von besonderer Anmuth. Klagen über unerhörte Liebe bilden das Grundthema in dem ersten und zweiten Liede. Ebenso in dem dritten, worin aber doch eine hoffnungsreichere Stimmung am Schlusse durchbricht, die freilich in der letzten Strophe wieder in Trauer umschlägt. Das vierte drückt die Bitte um Erhörung aus mit der Wendung, daß, wenn sie ihm nicht helfe, alle seine Freude ein Ende nehme. Das fünfte, in welchem eine Schilderung der Reize der Geliebten gegeben wird (5, 23—26), ist in gleichem Grundtone gehalten: die bis jetzt mangelnde Gewährung und die Freude, die ihn dann erfüllen würde. Das sechste gibt der Sehnsucht in dem

[1] Abbildung in den S. Galler Neujahrsblättern 1865; Hagen, Atlas Tafel VII; Bildersaal 215 fg.

[2] Vgl. Fürstenbergisches Urkundenbuch 2, 323; Schreiber, Urkundenbuch von Freiburg 1, 365.

[3] Hagen, MS. 4, 54, Anm. 11.

wortspielenden Gebrauche von *guot* Ausdruck; er sehnt sich nach Gut, er würde reich sein, wenn die Gute ihn am Leben erhalten, die Schöne ihm ihre Huld geben wollte. In der zweiten Strophe wird, was schon aus dem Zusammenhange der ersten hervorgeht, ausdrücklich gesagt: seine Herrin ist das Gut. Das Wortspiel muß ihm oder der Dame so gefallen haben, daß er es in seinem siebenten Liede noch einmal verwendet; nur daß hier der Begriff Gut auf Frauen im allgemeinen und auf Ehre gedeutet wird. Vielleicht fehlt hier eine dritte Strophe, in der speciell auf die Fraue des Sängers übergegangen war.

Gleichfalls dem Thurgau gehört an

VII. Der von Wengen[1].

Die Burg der Freien von Wengen stand am rechten Ufer der Murg oberhalb Frauenfeld. In späterer Zeit verarmten sie und wurden Edelknechte der Grafen von Toggenburg, in deren Fehden mit S. Gallen ihre Burg um 1231 zerstört wurde; um 1300 finden wir sie als Dienstmannen von S. Gallen.

Das Wappen der Pariser Handschrift stimmt mit dem dieses Geschlechtes überein: ein vierfach rechtwinklig getheilter Schild, im ersten und dritten Felde Gold, im zweiten und vierten Roth. Das Bild zeigt einen Jüngling und ein Fräulein inmitten zweier anderen sich umarmend; er trägt ein einfaches braunes Kleid, vielleicht einen Pilgerrock, mit einem Gürtel geschürzt, sie bedeckt ihn mit einem reichen Pelzmantel[2].

Des Dichters Lebenszeit bestimmt sich zunächst durch den zweiten Spruch (1, 17). Hier stellt er Papst und Kaiser neben einander. Jedem hat Gott seinen bestimmten Beruf gegeben. Zu Grunde liegt die Vorstellung von den zwei

[1] Vgl. über ihn Laßberg, Liedersaal 2, S. LXXIII—LXXV; Hagen, MS. 4, 458—460. — Die Lieder bei Bodmer 2, 98 f.; Hagen 2, 144 f.; die Lesarten 3, 680.

[2] Hagen, MS. 4, 459.

Schwertern, die auch den Sachsenspiegel eröffnet. Aber Einer hat so gerichtet, fährt der Dichter fort, daß die Christenheit allerorts hie und dort im ewigen Leben Schaden hat. und darum, weil er Gottes Willen nicht thut, scheidet ihn Gott von seinem Antheil. Nun wendet sich der Dichter an den werthen König, dem Gott das römische Reich überlassen, und fordert ihn auf, Recht zu schaffen. Es sind die letzten Zeiten Friedrichs hier geschildert, der 1245 zu Lyon dnrch Innocenz IV entsetzt wurde. Der werthe König ist der Gegenkönig Heinrich Raspe (1246, † 1247); also im Jahre 1246 muß das Gedicht entstanden sein. Mit der päpstlichen Partei hielt es auch der Abt Berthold von S. Gallen (1244—1272), der im Frühjahr 1246 auf dem Brühl vor der Stadt den Kreuzzug gegen Friedrich II predigen ließ.

Auf dieselben Verhältnisse ist auch der erste Spruch (1, 1) zu beziehen, in welchem der Dichter Pfaffen und Laien mahnt, dem Papste gehorsam zu sein, denn die Christenheit ist verloren, wenn sie ihn von seinem Rechte vertreiben läßt.

Etwas später sind die beiden Sprüche des zweiten Tones anzusetzen. Der erste (2, 1) preist den werthen Klinger, d. h. Walther von Klingen, den Minnesänger (1250—1284), bei welchem Treue, Freigebigkeit und Zucht sich niedergelassen haben; er schirmt diese Tugenden, die leider jetzt so mancher Mann haßt; darum sollen die Frauen ihm gute Zeit wünschen.

Der zweite (2, 13) rühmt die Herren von Kiburg im Thurgau und fordert die Thurgäuer auf, die ihnen in Treue ergeben sind, ihnen ihre Habe zur Verfügung zu stellen, denn sie haben von den Kiburgern ihrerseits manche Gabe erhalten. Gemeint sind die Grafen Hartmann (IV) von Kiburg, der ältere, und sein Brudersohn, der ebenfalls Hartmann (V) hieß. Der jüngere starb vor dem 3. September 1263, der ältere am 20. December 1264. Beide hatten keine männlichen Erben, der ältere nur eine Schwester, Heilwig, der jüngere eine Tochter, Anna. Rudolf von Habsburg, Heilwigs Sohn, erhob Ansprüche auf das Erbe und gerieth dadurch 1243 in

Fehde mit seinem Oheim, der in Folge dessen am 25. April 1244, mit Zustimmung seines Neffen Hartmann, seine Besitzungen der Straßburger Kirche gab. Sie versöhnten sich aber, und 1259 finden wir in des jüngern Hartmann Fehde gegen S. Gallen Rudolf auf Seiten des Kiburgers, und 1261 erzwingt er mit beiden Grafen die Herausgabe der Schenkungsurkunde von dem Bischof von Straßburg, Walther von Geroldseck, auf dessen Partei auch der Abt von S. Gallen stand[1]. Auf diese Verhältnisse wahrscheinlich ist der Spruch zu beziehen.

Die letzte Strophe, von der nur der Anfang erhalten ist, bildet einen dritten Spruchton, die Stollen waren vierzeilig, der erste Stollen und die ersten beiden Zeilen des zweiten sind übrig. Wahrscheinlich lag dem Sammler eine unvollständige, mit einem Blatte abbrechende Sammlung der Lieder des Dichters vor. Laßberg und v. d. Hagen beziehen die Strophe nicht unwahrscheinlich auf Konradin, der 1267 in die Schweiz kam: denn einen aufgehenden Stern (Mond) bezeichnet der Dichter, was auf einen im Lande heimischen, wie Rudolf von Habsburg, weniger paßt als auf einen von fern her kommenden Fürsten. Dem ganzen Inhalt nach haben wir auch hier es mit einem Loblied zu thun.

Der dritte Spruch des ersten Tones ist dem Preise der Jungfrau Maria gewidmet, die als der Führerlosen Trost[2] bezeichnet wird, und schließt mit einem Anruf um Hülfe an sie. Der vierte stellt einen Vergleich zwischen Gegenwart und Vergangenheit an, unter Erinnerung an Artus, an dessen Hofe jeder gutgesinnte nach Ehren empfangen wurde; heutzutage aber gehen schlechte Männer und Frauen den biederen vor: wir grüßen die schlechten, wenn sie nur reich sind, achtungsvoll, während sie uns wie Knechte grüßen und weder durch Gruß noch durch Gut unsern Kummer gut machen.

---

[1] Hagen, MS. 4, 459, und namentlich Wigand im 1. Hefte der Studien zur elsäßischen Geschichte, Straßburg 1878.

[2] Vgl. in Wernhers Marienleben *daz wiselôse her* u. a.

Das deutet auf ärmliche Verhältnisse und stimmt mit dem Verarmen der Familie überein.

VIII. Meister Heinrich Teschler[1].

Die Bezeichnung 'meister' bezeugt einen bürgerlichen Dichter, wozu auch der von einem Handwerk entnommene Name stimmt. Seine Lieder sind in der Pariser Handschrift, die allein sie enthält, von jüngerer Hand nachgetragen, was aber noch keineswegs eine spätere Lebenszeit, im vierzehnten Jahrhundert, beweist, wiewohl dieselbe Hand[2] auch entschieden viel jüngere Dichter hinzugefügt hat. Da ein Meister Heinrich Teschler in der zweiten Hälfte des dreizehnten Jahrhunderts urkundlich nachgewiesen ist, so sind wir berechtigt, in ihm den Dichter zu erblicken. Zuerst erscheint 1251 H. Tescheler, civis Thuricensis, unter den Zeugen einer Urkunde, in welcher Ritter Rüdiger Manesse ein Gehölz bei Wipkingen, Lehen des Stiftes Einsiedeln, an das Frauenmünster in Zürich überträgt. Ebenso tritt er als Zeuge einer von Rüdiger Manesse ausgestellten Urkunde am 9. November 1252 auf bei Verkauf des Steinhauses, eines der nachmaligen Wettingerhäuser, als 'her Heinrich Tescheler'[3]. Am 19. Juni 1256 wird unter den Mitgliedern des Rathes in Zürich 'Heinrich Tesheler' genannt[4].

Am 19. December 1286 bezeugt 'Magister Heinricus dictus Teschler' im Kloster Oetenbach einen Verkauf an das Kloster Kappel, und endlich kommt in einer Aarauer Urkunde vom 13. November 1296 ein 'Heinrich Tescheler' vor[5].

[1] Vgl. über ihn Hagen, MS. 4, 442 f.; meine Liederdichter[2] S. LIX; Bæchtold, Zürcher Minnesinger S. 23—25. — Die Lieder bei Bodmer 2, 86—90; Hagen 2, 125—130; die Lesarten 3, 678.

[2] von F. Apfelstedt, Germania 26, 223, mit *F* bezeichnet.

[3] Vgl. Haupts Zeitschrift 7, 168. Kopp, Geschichte der eidgen. Bünde 2, 722.

[4] Geschichtsfreund 30, 187.

[5] Vgl. über die urkundlichen Nachweise Bæchtold S. 23.

Erwähnt sei noch der 'Jacob Teschler', der im Jahre 1330 auftritt[1].

Am meisten Ansprüche hat wohl der 1286 vorkommende, da er allein als 'magister' = Meister bezeichnet wird. Ob dies derselbe wie Meister Heinrich ist, dessen Ehefrau am 28. November 1287 bei einem Hauskauf gegenwärtig ist, und der hier als Zehntmeister der Propstei zu Zürich bezeichnet wird, ist ungewiß[2]. Auch an der Identität mit dem Heinrich Teschler von 1251—1256 könnte man zweifeln, da dieser einmal das Prädikat 'her' führt. Indeß bei einem städtischen Patriziergeschlechte jener Zeit sind beide Bezeichnungen 'her' und 'meister' wohl statthaft, da die Familie unzweifelhaft eine bürgerliche war. In Zürich hat das Geschlecht der Täschler noch später geblüht[3].

Das Wappen in der Pariser Handschrift zeigt, mit Bezug auf den Namen des Dichters, im silbernen Felde eine schwarze Tasche mit weißer Klappe und sechs weißen Knöpfen an dem obern sich verengenden Theile.

Das Bild stellt eine Frau dar, die nackt, wie es damals üblich war, im Bette liegt, zur Hälfte mit der Decke verhüllt; an dem Bette kniet ein bittender Mann; ihm zur Seite steht ein dienendes Mädchen, das mit dem am untern Bettende wartenden Diener, der seines Herren Schild und Schwert trägt, zu sprechen scheint.

Die ersten Lieder behandeln das beliebte Thema der Klage über unerhörte Liebe, mit der Bitte um Erhörung (1); er hat ihr von Kindheit an gedient, ohne Gewährung zu finden, daher ist sein Herz traurig (2); sein zuchtvolles Benehmen, sein Fernhalten von aller Prahlerei, sein allen Frauen um der Einen willen gewidmetes Lob habe ihm einen Anspruch auf ihre Liebe erworben (3). Er hat sich immer gewünscht, sie zu sehen, aber nun verwünscht er den Tag,

[1] Kopp 5, 2, 233, Anm. 2; vgl. Geschichtsfreund 30, 243.
[2] Bæchtold S. 23 nimmt es an.
[3] Hagen, MS. 4, 442, Anm. 3.

wo er sie zuerst sah; denn nun erst recht behandelt sie ihn wie einen, den sie gar nicht kennt, und versagt ihm auch den Gruß, den jeder Gute von ihr empfängt, geschweige den besonderen und vertrauteren, der ihm ehedem zu theil wurde (4). Vielleicht ist der Zusammenhang so zu denken, daß er bei einem Anlaß, wo er sie ungestört sah, zu kühn in der Aeußerung seiner Wünsche wurde. Er klagt über das Leid, das ihm die Minne zugefügt hat, denn sie ist es gewesen, die ihm vor langer Zeit (vgl. 2) zu dieser Frau rieth, der er seitdem immer treu gedient hat. Darüber sind seine Freude und seine besten Tage dahingegangen. Auch jetzt ist die Hülfe, die er von der Minne erbittet, bescheiden: er will nur Liebe des Herzens, nicht des Leibes, und einen freundlichen Gruß (5). Das sechste Lied erinnert im Stil an Walther oder an Reinmar. Die Leute fragen, warum er nicht singe, während er doch vollen Theil der Kunst und Beifall besitze. Sein Unglück in der Liebe ist schuld daran; er könne kein fröhliches Lied singen, und Klagegesang, wie bisher, wolle er nicht singen, denn was nütze ein seufzendes Lied, eine freudenlose Weise? Er wolle sein Leid fernerhin verschweigen; werde ihm Freude zu theil, dann werde er freudenreichen Sang ertönen lassen: diesem Grundsatz will er fortan treu bleiben. Das achte zeigt den Dichter nach dem großen früheren Leide in einem Verhältniß, das auf unfreundliche Art vor kurzem ein Ende gefunden, in den Fesseln einer neuen Liebe, und er fragt die Frau Minne, warum sie das gethan. Er fleht ihre Hülfe an: entweder solle sie die Geliebte auch in ihre Bande bringen oder ihn davon befreien. Endlich dankt er der Minne, daß, wenn einmal ihre Fesseln ihn bezwingen sollen, dies wenigstens durch ein so bevorzugtes Weib geschieht. In dem folgenden Liede erfahren wir, daß er der Geliebten seine Liebe nicht zu gestehen wagt; er fürchtet, daß ihr rother Mund dann eine zornige Aeußerung thun möchte. Wohl thut es ihm weh, daß sie nichts davon weiß, aber er liebt sie darum nicht weniger innig. Auch das zehnte Lied spricht davon, daß er sich nicht getraut habe, zu ihr von seiner Liebe zu reden; er hofft von ihrer Güte, daß, wenn sie sein Ungemach kenne, sie ihm Freude zu theil werden lasse. Die Hoffnung auf einen guten Ausgang hält auch das elfte fest, wenn es auch zweifelnd anhebt: er ist äußerlich froh, innerlich traurig, er war der Leiter und Fahnenträger der Freude der Welt, darum soll die Welt ihm Glück in seiner Liebe wünschen; tritt das ein, dann will er erst recht der Freuden Hort aufschließen. Das zwölfte hebt hervor, daß er der Aufpasser wegen und um der Ehre der Geliebten willen nicht zu ihr gehe: diese Rücksichtnahme solle sie ihm zu gute kommen lassen. Aus dem letzten erfahren wir, daß sie ihm gewährt hat: was er liebes von ihr begehrt hat, dazu hat sie sich um seinetwillen entschlossen. Er mahnt sie an Treue und Beständigkeit und will auch ihr beides halten.

Die Lieder scheinen also in chronologischer Folge ihres Entstehens und innern Zusammenhangs überliefert zu sein: zwei Liebesverhältnisse, von denen das eine abgebrochen wurde, das andere einen erwünschten Abschluß fand. Außer Beziehung zu den Liebesverhältnissen steht das Tagelied (7), welches in der Reihe der Lieder grade die Mitte bildet. Es hat die übliche Anlage: der Wächter beginnt mit einer warnenden Strophe, dann weckt die Frau den Geliebten, und die dritte Strophe, in Erzählung übergehend, schildert die letzten Zärtlichkeiten der Liebenden.

Die Strophenbildung ist bei dem Teschler meist so, daß der Abgesang den Stollen in den Schluß aufnimmt. So im ersten Liede, wo die Anfangszeile des Stollen im Abgesang verdreifacht ist; in 3 wird der Schlußvers des Stollen im Anfang des Abgesanges außerdem wiederholt; dasselbe in 5. In 9 und 10, die formal einander ganz gleich sind, sind die beiden letzten Zeilen von Stollen und Abgesang gleich, letzterer hat zwei Zeilen mehr, von denen die erste der letzten, die zweite der vorletzten Zeile des Stollen gleichgebaut ist. In 7 ist der Abgesang dem Stollen gleich und hat am Anfang drei, dem Bau nach jedoch verschiedene Zeilen mehr;

in 8 hat er vier Zeilen am Anfang mehr; ebenso in 11, wo die zweite der hinzugefügten Zeilen gleich der ersten des Stollen ist; zwei Zeilen mehr am Anfang hat der Abgesang in 13. Ganz gleich sind Stollen und Abgesang ihrem Bau nach in 4. In 2 ist die erste und dritte Stollenzeile gleich den beiden letzten Zeilen des Abgesanges. In 6 sind in den im übrigen dem Stollen gleichen Abgesang zwei Zeilen eingeschoben (2 und 4 des Abgesanges). Untheilbar ist die Strophe im zwölften Liede.

Der Teschler liebt ferner die Verbindung aller drei Strophentheile dadurch herzustellen, daß er die Reime ganz oder theilweise durch alle drei Theile hindurchgehen läßt. Der Schlußreim ist gleich in 1. 5. 6. 13, zwei Schlußreime in 7, alle Reime werden wiederholt in 3. 8. 11.

Die Strophenbildung des ersten Liedes hat eine große Aehnlichkeit mit einer dem Provenzalischen nachgebildeten Form beim Grafen Rudolf von Neuenburg (I, 2), die Reimstellung ist ganz gleich, auch das Reimgeschlecht (mit Ausnahme von 1 und 3); verschieden ist die Zahl der Hebungen, beim Teschler überall sechsmal, bei Rudolf fünfmal gehobene Verse.

Vom innern Reim hat der Dichter zweimal Gebrauch gemacht: im zweiten Liede in der Anfangszeile der Stollen; daß hier Inreim anzunehmen, ist nach dem Längenverhältniß der übrigen Verse wahrscheinlich, da ein Vers von zwei Hebungen inmitten der weit längeren auffällig wäre. In Anfangs- und Schlußzeile der Stollen und in der Schlußzeile des Abgesangs findet sich innerer Reim in dem Tageliede (7), wo zugleich der Inreim der drei Theile auf denselben Klang ausgeht. Die Zusammenfassung ist auch hier nach Analogie der übrigen Verse wahrscheinlich.

Refrain hat das zwölfte Lied: derselbe ist als Thema dem Liede vorangestellt und wird am Schlusse jeder Strophe wiederholt. Refrainartig ist die schon bei älteren Dichtern sich findende Wiederholung von *Frouwe Minne* am Anfang jeder Strophe in 8 und von *Minne* in 5.

IX. Herr Heinrich von Stretlingen[1].

Am Thuner See, dem alten Wendelsee (lacus Vandalicus), nahe bei Thun, lag die Stammburg der Stretlinger, von der noch Ruinen erhalten sind. Ihre Herrschaft erstreckte sich von Wattenwyl und Blumenstein, der Stockhornkette entlang bis gegen Leissigen am Thuner See[2]. Mitglieder des Geschlechtes erscheinen seit dem zwölften Jahrhundert zahlreich in Urkunden. Darunter schon 1175 ein 'domnus Henricus de Stretelingen' in einer Urkunde Bertholds IV von Zähringen unter Baronen von Burgund[3]. Vielleicht seine Söhne waren Johann und Peter, die zuerst 1216 als Zeugen auftreten: 'Johannes miles de Strethilingen, Petrus miles de Strethilingen'[4]; Johann allein in einer Hagenauer Urkunde Kaiser Friedrichs II vom 10. Februar 1220 für die Kirche S. Maria in Interlaken[5]; und am 5. Mai 1223 in einer in Bern ausgestellten Urkunde[6], endlich am 7. April 1224 ebenfalls in Bern[7]. Johann war vermählt mit einer Schwester des Grafen Heinrich von Raprechtswil. Kinder aus dieser Ehe waren Heinrich (II), Johannes (II), Margaretha, die mit Lütold von Bebingen vermählt war, und Rudolf. Heinrich wohnte auf

[1] Vgl. über ihn Wackernagel, Verdienste der Schweizer S. 13. 32, 40; Hagen, MS. 4, 116—117; Bildersaal S. 66—74; Germania 9, 147 f.; meine Liederdichter[2] S. LIX f.; die Stretlinger Chronik, herausgeg. von J. Bæchtold, Frauenfeld 1877, S. VII—XXVI. Eine Sage des Geschlechtes behandelt Franz Pfeiffer in altdeutscher Fassung: Heinrich von Stretelingen. Ein altdeutsches Gedicht. 1854. — Die Lieder bei Bodmer 1, 45 f.; bei Hagen 1, 110 f.; die Lesarten 3, 596; bei Bæchtold S. XXII—XXVI.

[2] Bæchtold S. IX.

[3] Zeitschrift für die Geschichte des Oberrheins 12, 289. Zeerleder, Urkunden für die Geschichte der Stadt Bern 1, 107.

[4] Urkunden zur Geschichte von Chur 1, 364, Nr. 240. Codex Salemit. 1, 140.

[5] Ficker, Regesten Nr. 1090.

[6] Kopp, Geschichte der eidgenössischen Bünde 2, 2, 100.

[7] Kopp a. a. O. S. 41.

der Burg Laubegg. Er kommt urkundlich seit 1250 vor. Zuerst in einer Verkaufsurkunde Werners von Kien als Zeuge mit seinem Bruder Rudolf[1]; am 22. December 1250 in Bern ebenfalls mit Rudolf (Heinricus et Ruodolfus de Stretilingin)[2]; am 24. Juli 1252 in Oberhofen[3] ebenfalls mit Rudolf: Heinricus et Ruodolphus de Stretelingen; 1253 bezeugt er am 31. Mai zu Wettingen die Jahrzeit, die Graf Hartmann der jüngere von Kiburg seiner verstorbenen Frau Anna von Raprechtswil in Wettingen stiftete[4]; am 4. Juni bezeugt er auf Schloß Lenzburg eine Verzichturkunde desselben Grafen. 1255 erscheint er unter den Zeugen einer Schenkungsurkunde an das Johanniterhaus Buchsee in Bern am 14. September, und wird hier als Vogt von Stretelingen bezeichnet (Henricus advocatus de Stretilingen), woraus zu schließen, daß die Burg und Herrschaft damals nicht mehr freies Eigenthum der Familie war. Am 28. Mai 1258 verzichtet Rudolf im Namen Heinrichs und der übrigen Geschwister auf das Erbe ihres mütterlichen Verwandten, des Grafen Heinrich von Raprechtswil. Bei Ausstellung der zwischen den 25. März 1259 und den 24. März 1260 fallenden Verkaufsurkunde Rudolfs ist Heinrich in Bern anwesend. Im Jahre 1260 nahmen er und Rudolf theil an dem Kriege des Grafen Peter von Savoyen gegen den Bischof Heinrich von Wallis; bei dem Friedensschluß am 5. September waren beide Brüder anwesend als Bürgen von Seiten Peters. Als Lohn erhielten sie eine Herrschaft im Thale Stretlingen mit einer Burg, wie Bæchtold vermuthet, vielleicht Mülinen. Darauf bezieht sich der am 17. September geschlossene Vertrag, in welchem sich Heinrich und Rudolf, sowie Heinrichs Sohn

[1] H. et R. domini de Stretilinge: Fontes rerum Bernensium 3, 764.

[2] Fontes rerum Bernensium 2, 331 f., Nr. 305, a, b. Bæchtold S. XI ff., wo diese und die andern Urkunden aufgeführt sind.

[3] a. a. O. S. 353, Nr. 326.

[4] Herrgott, Geneal. dipl. Habsburg. Nr. 372: Henricus de Stretelingen nobilis.

Johannes zum Beistand für Peter von Savoyen verpflichten[1]. Auch die Urkunde vom Anfang März 1263 steht damit im Zusammenhange. Das letzte urkundliche Auftreten Heinrichs fällt auf den 4. December 1263, wo er eine Verkaufsurkunde seines Bruders Rudolf sammt seinen Söhnen Johannes und Heinrich in Bern bezeugt. Hier sind die Siegel Rudolfs und Heinrichs erhalten: das des letztern führt die Umschrift 'S. Henrici. Advocati. de. Stretelingen'; es ist dreieckig mit zwei über einander liegenden, nach links gekehrten Pfeilen. Rudolfs Siegel zeigt in dreieckigem Schilde einen aufwärts nach links gerichteten Pfeil und trägt die Umschrift 'S. Rudolfi. Advocati. de. Weindemis' (Wimmis)[2]. Heinrich scheint vor dem 25. November 1266 gestorben zu sein, da an diesem Tage Rudolf den Eid der Hülfeleistung an Peter von Savoyen allein erneuert.

Den Namen seiner Gattin kennen wir nicht; der Ehe entsprossen drei Söhne, Rudolf (II), Johannes (III) und Heinrich (III). Heinrich kommt urkundlich zuerst am 28. Mai 1258 neben seinem Vater vor. An dem Kriege Peters von Savoyen nahm er nicht theil; wir finden ihn erst wieder in der Urkunde vom März 1263 mit Vater, Oheim und seinen Brüdern Johann und Rudolf (domino Rodolfo de Stretlingen, domino Henrico fratri suo, Johanni, Rodolfo et Henrico filiis dicti domini Henrici[3]). Zum ersten Male nach dem Tode des Vaters erscheint er als Zeuge einer Urkunde Walthers von Wädiswyl (et Heinricus de Stretelingen nobiles[4]) und in einer zweiten Urkunde desselben am gleichen Tage zusammen mit seinem Bruder Rudolf: Rodolfus et Henricus de Stretlingen nobiles[5]. Er selbst verpfändet in Spiez am

[1] Vgl. die Nr. 487—490 in den Fontes rerum Bernensium 2, 512—515.

[2] Rudolfs Siegel auch an der Urkunde von 1259—60: Fontes rerum Bernensium 1, 497.

[3] Fontes rer. Bern. 2, 574.

[4] Fontes rer. Bern. 2, 794.

[5] Fontes rer. Bern. 2, 795.

4. Februar 1290 seinem mütterlichen Oheim Rudolf, genannt Kiener, um 300 Pfund alle zur Veste Spiez gehörenden Besitzungen, mit Ausnahme des Thurmes, eines Hauses am Walle und des Kirchensatzes in Spiez und Leissigen. Hier nennt er sich Junker, domicellus: 'Heinricus advocatus de Strethelingen, dominus de Spiez, domicellus'[1]. Am 5. Februar 1292 verpflichtet sich in Spiez Johann von Ansoltingen, ein Gut, das er von Heinrich von Stretlingen (von heinriche von Strethtlingen, herren von Spiez) zu Lehen trägt, nicht zu verkaufen noch zu versetzen[2]. Das letzte urkundliche Auftreten fällt in das Jahr 1294: am 14. Juni tauscht Junker Konrad von Buchholtern seine Güter zu Wattenwil und Steffisburg gegen die Eigengüter in Bächi, welche Johannes Müseli, dem verstorbenen Sohne Heinrichs, gehört hatten, ein[3].

Ein noch jüngerer Heinrich (IV) ist ein Enkel von Heinrichs III Bruder Rudolf, der einen Sohn Johannes (IV), urkundlich 1312—1346, hatte. Dieser Heinrich kommt am 8. März 1330 urkundlich als Zeuge vor[4]. Zwei Jahre nachher (1332) wurde die Burg von den Bernern zerstört und die Besitzungen des Geschlechtes 1335 an den Grafen von Greierz verkauft, darunter auch die Burg Laubegg. Johannes (IV) erscheint nicht mehr unter den nobiles, sondern unter den Ministerialen.

Für den Minnesänger kommen nur Heinrich II und Heinrich III in Betracht. Bæchtold ist mehr geneigt, letzteren als den Dichter anzusehen, und ich glaube ihm beistimmen zu dürfen, wenngleich zu beachten ist, daß in der Pariser Handschrift er zwischen Dichtern steht, von denen keiner über die Mitte des dreizehnten Jahrhunderts herabgeht. Mit der Annahme, Heinrich III sei der Minnesänger, stimmt überein der Bericht der Stretlinger Chronik, die von einem am Ende des Jahrhunderts lebenden Heinrich von

[1] Fontes rer. Bern. 3, 485.

[2] Fontes rer. Bern. 3, 528 f.

[3] Fontes rer. Bern. 3, 585 f.

[4] Kopp, Geschichte der eidgenössischen Bünde 5, 2, 239.

Stretlingen berichtet[1]. Die Chronik nennt ihn Heinrich von Laubegg, und seine Gemahlin Elisabeth. Wir kennen weder von dem zweiten noch von dem dritten Heinrich die Namen ihrer Frauen. Er war ganz ein Kind dieser Welt, der die Freundschaft seiner Nachbarn zu gewinnen emsig beflissen war; er lud zu den Kirchweihen der Kirche des Paradieses Edle und Unedle ein. Da wurden große Tänze und allerlei Spiele gemacht, da war Singen, Springen, Schießen, Kugeln wälzen, Kegeln, Steinstoßen, Essen und Trinken und mancherlei Sünde. Dadurch entstanden viel Zänkereien und Todschläge, so daß niemand, der dahin kam, seines Lebens sicher war und die Herren ringsum zuletzt den Besuch dieser Kirchweihen verboten. So unzuverläßig die Berichte der Chronik auch sind, so stimmt doch mit dem flotten hier geschilderten Leben die allmählige Verarmung des Geschlechtes, die gerade unter Heinrich III beginnt.

Das Wappen der Naglerschen Bruchstücke zeigt in rothem Schilde eine nach links gewandte Pfeilspitze, der geschlossene Goldhelm daneben trägt zwei goldene Hirschhörner mit je fünf Zacken, die in rothe Blumen auslaufen[2]. Das Wappen in der Pariser Handschrift[3] stimmt damit überein, nur ist in dem Schilde der Grund golden und die Pfeilspitze roth; das goldene Hirschgeweih hat nur vier Zacken und demnach auch nur vier rothe fünfblättrige Blumen mit goldener Mitte. Der Helm ist silbern und hat zu beiden Seiten eine eigenthümliche hornartige Fortsetzung des Geweihes.

Die Bilder[4] stimmen in beiden Handschriften wesentlich überein. Das ältere stellt den Dichter als blondlockigen Jüngling dar in einem bis an die Mitte der Wade reichenden

---

[1] Bæchtolds Ausgabe S. 159.

[2] Eine Anspielung auf das Wappen in der *strâle* des ersten Liedes zu erblicken, wie Hagen will, scheint mir gewagt bei dem häufigen Vorkommen des Bildes: s. meinen Albr. v. Halberstadt S. XLVIII ff.

[3] Hagen, Bildersaal S. 67.

[4] Abbildung beider Bilder in den Abhandlungen der Berliner Akademie 1852; das ältere bei Bæchtold.

Gewande und mit goldener Halseinfassung und goldenem Gürtel, in der Quere roth und blau wechselnd, mit goldenen Querstreifen, so auch die bis an die Hand reichenden Aermel. Die Strümpfe sind grün, die Schuhe schwarz. Er steht mit erhobenen Händen, die beiden mittleren Finger der linken Hand einbiegend, während der Daumen die beiden letzten eingebogenen Finger der rechten Hand faßt, wohl etwas erklärend oder vortragend, vor einem Fräulein, das auf langen blonden Locken einen rothen Kranz mit goldnen Blumen trägt; ihr Kleid ist grün, mit goldener Einfassung am Hals und an den Händen und mit goldenen Querstreifen, die Schuhe schwarz. Die rechte Hand erhebt sie wie abwehrend gegen ihn, die Linke stützt sie in die Hüfte, der Oberkörper ist stark zurückgebogen. In dem Gemälde der Pariser Handschrift stimmt die Haltung des Sängers überein, die mittleren Finger sind eingebogen, nur biegt er den vierten Finger zum Daumen, was auch das Fräulein wiederholt; ihre Linke ist erhoben, nicht in die Hüfte gestützt. Beide sind blondlockig, tragen aber Kränze von Goldperlen; beider Gewänder haben goldene Säume am Kragen und an den Aermeln, keine Querstreifen; weiße Perlen als Gürtel und Brustschmuck; der Rock des Sängers ist blau, der der Dame hellveilchenfarbig.

Die drei Lieder haben wenig individuelles. Am hübschesten ist das erste, in welchem er die Nachtigall an die Geliebte sendet, daß sie ihr ins Ohr von seinem Liebesleide singe; am Schluß ruft er die Minne um Hülfe an, daß sie ihren Pfeil nur einmal abschieße, sie wisse selbst wohin. Die Nachtigall als Liebesbotin findet sich schon bei einem der ältesten provenzalischen Troubadours, Peire von Auvergne[1], es braucht aber deswegen keine Entlehnung zu sein.

Das zweite Lied enthält die üblichen Liebesklagen: er ist zum Tode verwundet und wollte ihr sein Leid klagen, aber sie that, als wäre er ein Heide, d. h. als verstände sie

[1] Vgl. meine Liederdichter, Anm. zu LXI, 2. Auflage S. 361.

ihn nicht, und so schwieg er. Da sie ihn nun nicht reden läßt, so klagt er, wohin er auch im Lande fahre, in Liedern sein Leid. Im dritten Liede wendet er sich, da er keinen Trost bei der Geliebten findet, an die minniglichen Frauen, daß sie ihm die Liebe bitten helfen. Daß er nicht mehr jung ist, geht aus dem Gegensatze von *ich tumber — bî mînen jâren* (3, 24 f.) hervor.

Die Strophen sind dreitheilig, der Schluß des Abgesangs gleich den Stollen in 1 und 3; im zweiten vertritt der Refrain den Abgesang, und ist nur in der letzten Zeile gleich gebaut. Der Refrain umfaßt drei Zeilen; den Refrain hat auch das erste Lied (zwei Zeilen), hier aber nur lautmalend oder die begleitende Musik nachahmend. Daktylischen Rhythmus, zweifüßige Verse, hat der Anfang des Abgesangs im dritten Liede. Innerer Reim ist verwendet im ersten in der Schlußzeile der Strophe; die Zusammenfassung ergibt sich aus der Gleichheit mit dem Stollen; außerdem zeigt inneren Reim (Schlagreim) der Refrain des zweiten Liedes.

X. Herr Hesso von Rinach[1].

Das Geschlecht derer von Rinach ist im Aargau heimisch; der Name Hesso erscheint in ihm urkundlich im zwölften und dreizehnten Jahrhundert. In Betracht kommen könnte zunächst Hesso, der 1196 und 1210 mit seinem Bruder Arnold auftritt. Beide begründeten zwei Zweige der Familie. Die Söhne Arnolds, Jacob und Heinrich, bewohnten die alte

---

[1] Vgl. Wackernagel, Verdienste der Schweizer S. 13. 33, 46; das Edelgeschlecht von Reinach: Badenia 3, 147—165; Hagen, MS. 4, 147 f.; Germania 9, 145 f.; Amrein im Unterhaltungsblatt des Luzerner Tageblattes 1869, Nr. 13—14; Bæchtold, der Minorit Georg König, Solothurn 1874, S. 3 f.; C. Brunner, das alte Zofingen und sein Chorherrenstift, Aarau 1877; Anzeiger für Kunde der deutschen Vorzeit 1879, Sp. 86. — Seine Lieder bei Bodmer 1, 90; bei Hagen 1, 210 f.; die Lesarten 3, 610.

Burg Rinach im Winonthale[1]. Hessos Söhne waren Ulrich und Kuno[2]. An einem 27. Juni wurde in Beromünster durch eine Spende eines Malters Spelt von den Gütern in Niederschlierbach sein Gedächtniß begangen, zugleich mit dem seines Vaters Hesso und seiner Frau, Helena von Liebegg, die an diesem Tage gestorben[3]. Heinrich von Rinach ist wohl derselbe, der als H. de Rinacha 1254 eine Habsburger Urkunde bezeugt[4].

Ein jüngerer Hesso war von 1239 bis 1247 Leutpriester in Hochdorf[5], 1250 erscheint er als Canonicus im Stifte Beromünster und bezeugt als solcher mit seinem Bruder Heinrich 1250 eine Urkunde des Bischofs Eberhard von Konstanz[6], 1254 war er Chorherr im Stifte Zofingen, 1265 kommt er als Stiftspropst zu S. Leodegar in Schönenwerd im Kanton Solothurn[7] vor, 1273 als præpositus Werdensis, d. h. Propst von Werd bei Aarau, 1274 ebenso[8] und 1276 in gleicher Stellung dreimal: er besiegelt eine Urkunde im Hause Ulrichs von Obernau als 'her Hesso von Rinach der propst von Werd'[9]; er übt das Amt als Obermann in einer Streitsache zwischen den Spitalbrüdern zu Hohenrain und Johann von Heidegg[10], und besiegelt eine Verkaufsurkunde Arnolds von Liebegg für seine Hausfrau Heilwig[11]. Er starb um 1280.

[1] Jacobus miles de Rinach 1248 und 1267: Fontes rerum Bernensium 2, 677. 693.

[2] Kopp, Geschichte der eidgenössischen Bünde 2, 1, 431.

[3] Geschichtsfreund 5, 122.

[4] Hagen, MS. 4, 148, Anm. 1.

[5] Versuch einer urkundlichen Darstellung des Stiftes Engelberg S. 73. Kopp 2, 1, 420.

[6] Germania 9, 146: Heinricus et Hesso de Rynach.

[7] Kopp 2, 1, 486.

[8] Geschichtsfreund 5, 129.

[9] Kopp a. a. O. S. 178.

[10] Geschichtsfreund 1, 34. Kopp a. a. O. S. 406.

[11] Kopp 2, 1, 433.

Da die deutsche Urkunde von 1276 von ihm ausgestellt, mithin auch für seine Sprache wichtig ist, so sei dieselbe ihrem Wortlaut nach hier mitgetheilt[1].

Ich Hesso von Rinnach der probst von Werde künde[2] allen den die disen brif sehent oder horent lesen, daz Johannes von Heidegge und[3] sin elich wirtin vrou Nonna hatten ein vorderunge an daz huz ze Honrein umbe einen hof da ze Ebersol. Der selbe hof wart gekoufet umbe hern Hartman von Baldewile. Daz sazte der vorgenante Johannes[4] und sin wirtin an bruoder Cuonraden von Wulflingen und an bruoder Heinrichen von Eschentze, swaz si darumbe sprechen uf ir gehorsami, dez wolde si benuogen[5], daz[6] ouch daz stæte belibe. Swa aber die zwene missehullen, da solde ich Hesso der vorgenante oberman sin. Hie zuo erkurn si mich beidenthalb sit mit guotem willen lieblich und umbetwngenliche. Des sin wir drie, ich Hesso, bruoder Cuonrat und bruoder Heinrich, uber ein komen mit ein ander und haben uns des ervarn, daz Johannes noch sin wirtin enkein reht hant zuo dem hove dem vorgenanten. Und hat sich der vorgenante Johannes[7] von Heidegge und sin wirtin entzigen der vorderunge, die si an daz guot hatten lidecliche, wande si ouch unreht waz. Und geschach diz in hern Cuonrades hûz von Heidegge in siner stube da ze Hiltzchilch. Dez sint gezúge der selbe her Cuonrat und min vrowe von Stoufen, sin wirtinne, bruoder Heinrich der Commendûr[8] von Honrein, bruoder Cuonrat von Wulflingen, bruoder Heinrich von Eschentze, bruoder Heinrich von Sempach, Abreht (!) von Saxe, und

---

[1] Der Geschichtsfreund 1, 34 f. enthält außer dem Abdruck auch ein Facsimile.

[2] Abdruck: kvnde.

[3] immer abgekürzt: vñ.

[4] Joh's, im Abdruck Johans.

[5] Abdruck: benvegen; es steht benůgen.

[6] hier und nachher noch dreimal abgekürzt: dc.

[7] Joh's; Abdruck: Johans.

[8] Comdûr.

Wize, und ander gnuoge hern Cuonrades gesindes, die daz sahen und horten. Und daz diz war si und och[1] stæte belibe, so so ist dirre brief besigelt mit minem ingesigel, des vorgenanten Hesson, mit ir willen und durch ir bette Johannes[2] und siner wirtin, und verjehen wir ouch des beidú[3]. Diz geschach do man zalte von gotes gebúrte[4] zwelf hundert und sechs und sibenzic jare.

Das Wappen in der Pariser Handschrift zeigt im goldenen Felde einen aufrecht stehenden rothen Löwen mit blauem Haupte. Das ist in der That das Wappen der Rinacher, das dem der Habsburger bis auf das blaue Löwenhaupt gleicht[5].

Das Bild stellt einen reichgekleideten Mann dar, der vor einer Burg steht und eine Menge von Armen und Krüppeln männlichen und weiblichen Geschlechtes, die zum Theil mit Krücken herbeikommen, empfängt[6].

Das stimmt zu der Stellung eines geistlichen Herren vollkommen, wenngleich die Tracht den Geistlichen nicht andeutet. Den ältern Hesso (1196—1210), wie Hagen will, als den Dichter anzusehen, scheint mir der Charakter seiner Lieder zu verbieten.

Diese beiden Lieder enthalten nichts Charakteristisches: das erste eine Liebesklage in den üblichen Wendungen, mit einer Schilderung der Reize der Geliebten, die er bittet ihn zu trösten, sonst sterbe er. Das zweite, ein Frühlingslied, fordert zur Frühlingslustbarkeit auf und knüpft daran die Hoffnung auf Erhörung: wenn sie spräche 'ich bin dir hold', das nähme er für des Kaisers Gold. Eine chronologische Bestimmung aus der Erwähnung des Kaisers zu entnehmen, wonach das Lied vor 1250 entstanden, da nach dem Tode Friedrichs II bis zum Tode Hessos kein Kaiser war, ist wegen

[1] Abdruck: ouch.
[2] Ioh's; Abdruck: Johans.
[3] Abdruck: beidu.
[4] Abdruck: geburte.
[5] Hagen, MS. 4, 148.
[6] Hagen, MS. 4, 148.

der formelhaften Verwendung von 'Kaiser' mißlich. Immerhin aber werden die Lieder seiner jüngern Zeit angehören, also unter die Regierung Friedrichs fallen.

In beiden Liedern ist der Strophenbau dreitheilig, aber keine verwandtschaftliche Beziehung zwischen Stollen und Abgesang. Bemerkenswerth ist die refrainartige Wiederholung des *hey* in der vorletzten Zeile jeder Strophe in dem ersten Liede.

XI. Herr Walther von Klingen[1].

Das älteste Glied dieses angesehenen, im Thurgau heimischen Geschlechtes ist die im Jahre 925 von den Hunnen erschlagene heilige Wiborad, die als Klausnerin bei Sanct Gallen lebte und von Klingen genannt wird. Ihr wurde auf der Stammburg, die zwischen Konstanz und Wil lag, eine Kapelle geweiht. Als zweite Burg kam dazu Hohenklingen ob dem Kloster Stein, dessen Kastvögte die Herren von Klingen waren. Nach den beiden Burgen theilte sich das Geschlecht in zwei Linien. Der Minnesänger gehörte der Linie Altenklingen an, die sich einfach von Klingen nannte.

---

[1] Vgl. über ihn Laßbergs Liedersaal 1, S. XII; Wackernagel, Verdienste der Schweizer S. 13. 31, 38; v. d. Hagen, MS. 4, 100—105; Wackernagel, Walther von Klingen, Stifter des Klingenthals und Minnesänger, Basel 1845; C. Burckhardt und C. Riggenbach, die Klosterkirche Klingenthal in Basel (Mittheilungen der Gesellschaft für vaterländische Alterthümer in Basel VIII), Basel 1860; Germania 9, 148; meine Liederdichter[2] S. LXI; J. A. Pupikofer, Geschichte der Freiherrn von Klingen zu Altenklingen, Klingnau und zu Hohenklingen, in: Thurgauische Beiträge zur vaterländischen Geschichte, 10. Heft; derselbe, Walther III, Freiherr von Klingen zu Klingnau, in: Schriften des Vereins für Geschichte des Bodensees, 2. Heft, S. 190—205; Allgemeine Deutsche Biographie 16, 189 (W. Wilmanns). — Seine Lieder bei Bodmer 1, 30—32; v. d. Hagen, MS. 1, 71—74, die Lesarten 3, 592. Kritische Bearbeitung in Wackernagels Schrift.

Sein Urgroßvater war Walther (I) von Klingen, der urkundlich zuerst 1169 auftritt[1]. Dieser hatte drei Söhne, Ulrich (I) von Altenklingen (urkundlich 1175 und 1194) und Walther (II) von Hohenklingen (urkundlich 1175 und 1209)[2]; der dritte Sohn ist Heinrich, der von 1200—1203 Abt von Sanct Gallen und ein Anhänger Philipps von Schwaben war.

Ulrichs Kinder waren Walther (II), urkundlich zuerst 1214[3], Ulrich (II), ebenfalls 1214 zuerst auftretend, eine mit Namen nichtgenannte Tochter, die mit Eberhard von Waldburg vermählt war, und zwei Söhne Hug und Heinrich, die dem geistlichen Stande sich widmeten.

Ulrich II war mit Ita von Tägerfelden vermählt; aus dieser Ehe entsprossen drei Söhne, Ulrich III, Walther III und Ulrich Walther, sowie zwei Töchter, Ita, die sich mit Konrad von Fridingen verheiratete, und Williburg, vermählt mit Rudolf von Rorschach.

Walther III ist, wie man allgemein annimmt, der Minnesänger. Sein Vater Ulrich hatte den Kreuzzug Friedrichs II mitgemacht. Vor seiner Abreise stellte er seinem Schwager, dem Truchseßen Eberhard von Waldburg, eine Schuldurkunde über 200 Mark Silber aus und verpfändete ihm dafür alle seine Güter, mit Ausnahme der väterlichen Burg Klingen und der bischöflich-konstanzischen Lehen zu Herdern, mit dem Vorbehalt, daß, wenn der Schuldner während der Minderjährigkeit seiner Kinder sterben sollte, der über den Zins hinausgehende Mehrertrag bis zur Volljährigkeit im Stiftsärar zu Konstanz aufbewahrt werde, oder, wenn die Kinder stürben, sammt den Pfandgütern seiner Schwester und deren

---

[1] Codex diplom. Salem. 1, 21: Walterus de Clingen.

[2] Beide zusammen 1175 in einer Urkunde des Bischofs Berthold von Konstanz 'Walthero et Ulrico de Clingen.' Pupikofer, Geschichte des Thurgaus, Beil. 1, 19.

[3] zusammen mit seinem Bruder Ulrich in einer Urkunde Friedrichs II für Salem als Zeugen in Ulm 26. Juni 1214: Ulricus et Walterus de Clingin: Codex diplom. Salem. 1, 129. Ficker-Böhmer Nr. 737.

Kindern zufalle[1]. Er kehrte aber 1229 wohlbehalten zurück und bezeugt im October eine Urkunde König Heinrichs für Salem[2]. Durch seine Gattin, die Tochter des reichen Freiherrn Walther von Tägerfelden, gelangte er schon vor 1236 in den Besitz von deren Gütern und konnte mithin leicht die frühere Schuldenlast abwälzen. Auf dem Erbe seiner Gattin erbaute er die Burg und Stadt Klingnau, indem er die Burg Klingen seinem ältern Bruder Walther überließ. Zur Erweiterung der Stadt tauschte er 1240 von dem Kloster S. Blasien Land ein. In dieser Urkunde erscheint Walter III zuerst zugleich mit den Eltern und seinem älteren Bruder Ulrich[3].

1247 vermachte Itta mit Zustimmung ihres Gemahls und ihrer Söhne Walther, Ulrich und Ulrich Walther ihren väterlichen Besitz in Beuggen (Bukhein) zu ihrem und ihrer Eltern Seelenheil dem Deutschordenshause daselbst[4], wahrscheinlich in schwerer Krankheit, worauf in der Urkunde die Anwesenheit eines Arztes und zweier Physiker deutet; doch genas sie davon und überlebte ihren Gatten. Ulrich II starb 1250. Die Söhne stifteten in diesem Jahre für ihr und ihrer Vorfahren Seelenheil die Kirche S. Johann in Klingnau und eine Komthurei des Johanniterordens. 1251 schenkten sie eine Hofstätte bei Klingnau an die Komthurei Lütgern und 1254 einen Weingarten bei Brugg an dieselbe. Die Erbtheilung fand ihren Abschluß im Jahre 1253, der Theilungsvertrag wurde von einer Anzahl hoher weltlicher und geistlicher Herren unterzeichnet. Damals war Walther bereits verheiratet, seine Gemahlin Sophia erklärte für sich und ihre Kinder ihre Zustimmung zu dem Vertrage. Trotz der Theilung durfte nicht jeder der Brüder nach Belieben über seinen Antheil verfügen, so dass bei Verhandlungen, welche die alten Stammgüter betrafen, auch fernerhin die Einwilligung der andern

---

[1] Pupikofer, thurgauische Beiträge 10, 16.

[2] Pupikofer S. 17.

[3] Hagen, MS. 4, 101, Anm. 1.

[4] Pupikofer S. 19. Zeitschrift für die Gesch. des Oberrheins 1, 456.

VI

Brüder erforderlich war. Dagegen in Bezug auf die von seiner Mutter herrührenden Tägerfeldenschen Güter hatte Walther freie Verfügung.

Wie schon der Vater, so waren auch die Söhne freigebig gegen Kirchen und Klöster. Bereits 1249 am 6. Juli vergabten sie ein Gut zu Mühlberg im Wiesenthal an das Stift Wettingen. 1254 schenkten sie dem Kloster Feldbach alle Besitzungen, die sie in Feldbach von den Edlen Walther und Eberhard von Elgg gekauft hatten; auch die Vettern in Hohenklingen und Walthers Kinder verzichteten auf ihre Rechte. Nach dem Tode seiner Mutter (vor 1255) bestätigte Walther die von derselben im Jahre 1247 gemachten Schenkungen an das Kloster Beuggen und vermehrte sie durch Güter, die der Truchseß von Rheinfelden als Lehen innegehabt hatte[1]. 1257 schenkte er dem Kloster S. Blasien im Schwarzwalde mit Einwilligung seiner Gattin Sophie und seines Bruders Ulrich Walther das Gut Azinbach im Wiesenthal sammt der Vogtei, und erließ im folgenden Jahre dem Kloster die Frohndienste, zu denen die Bewohner des von demselben erworbenen Gutes zu Tettingen dem Steinhause Klingnau verpflichtet waren[2]. Auch erlaubte er den Mönchen, in der Nähe der Burg Klingnau an der Aar eine Mühle zu errichten, und verzichtete 1260 auf alle Anrechte an dieselbe sowie auf sein Lehenrecht über den Hof Niederloh, welchen sein Eigenmann B. von Tägerfelden dem Kloster geschenkt hatte[3]. 1267 schenkte er dem Deutschordenshause zu Beuggen den Wald Totmos, der sich vom Ursprung der Werra bis an den Venbach erstreckte[4]. 1269 gründete er in Klingnau ein Haus für die Wilhelmiter. Das Kloster bekam den Namen Sion; 1280 fügte er dieser Schenkung neue Güter hinzu.

Recht eigentlich seine Stiftung aber, die von ihm daher auch am reichsten bedacht wurde, ist das Kloster Klingen-

[1] Pupikofer S. 27.

[2] Pupikofer S. 27 f.

[3] Pupikofer S. 28.

[4] Pupikofer S. 28.

thal. Am 5. September 1257 übergab er den Schwestern in Werra zu seinem und der Seinigen Seelenheil fünf Höfe von seinem Eigen in Werra sammt der Vogtei über die Kirche daselbst, mit Zustimmung seiner Gattin, seiner Kinder und seines Bruders. 1261 schenkte seine Schwester Ita, die Wittwe des Vogtes Konrad von Friedingen, ihr Hab und Gut der jungen Stiftung und trat selbst als Schwester in das Kloster ein. 1274 wurde das Kloster nach Basel verlegt.

Walther selbst lebte später in Basel, wo er neben dem Kirchhof von Sanct Peter 'im hohen Haus' wohnte.

Der Ehe mit Sophia entsprossen acht Kinder, drei Söhne, Ulrich (IV), Walther (IV) und Hermann, und fünf Töchter, Agnes, Verena, die den Grafen Heinrich von Veringen heiratete, Herzelaude, ein Name, der des Vaters romantische Neigungen bezeugt, da er Wolframs Parzival entnommen ist, mit einem Freiherrn von Lichtenberg vermählt, Katharina, die in erster Ehe ebenfalls mit einem Freiherrn von Lichtenberg, in zweiter mit Diebold von Pfirt vermählt war, und Klara, die Gemahlin eines Markgrafen von Baden. Die drei Söhne starben jung, 1269 lebten nur noch vier der Töchter, auch Agnes war damals bereits todt. Diese Verluste mögen auch dazu beigetragen haben, den Sinn für fromme Stiftungen in ihm und seiner Gattin zu fördern.

Von seiner bedeutsamen Stellung im Leben legen die zahlreichen Urkunden, in denen er erscheint, Zeugniß ab[1]; nicht selten erscheint er als Schiedsmann in wichtigen Angelegenheiten; häufig in Urkunden Rudolfs von Habsburg, dem er persönlich nahe stand und dessen Geldbedürftigkeit er öfter hülfreich unter die Arme griff; 1283 schuldete ihm Rudolf nicht weniger als 1100 Mark, eine für damalige Zeit sehr bedeutende Summe. Zur Sicherstellung seiner Schuld wurde er auf die Reichssteuer der Stadt Zürich verwiesen[2].

---

[1] Eine vollständige Aufführung derselben werde ich an anderm Orte geben.

[2] Wackernagel S. 5.

Bei dem Streit um die Erbschaft Kiburg zwischen Rudolf und dem Stift S. Gallen wurde er zum Schiedsmann erwählt. In einem Traumgesichte, wie die Kolmarer Annalen berichten, sah er die künftige Wahl Rudolfs voraus: er sah die Fürsten und Kurfürsten versammelt und hörte sie sagen 'Wer von uns diese Krone aufheben kann, soll von allen als König angesehen werden.' Einer nach dem andern versuchte es, aber niemand war im Stande sie aufzuheben. Endlich hub Graf Rudolf von Habsburg mit kräftiger Hand die Krone empor und krönte sich. Rudolfs Reisen machte Walther häufig mit: 1275 ist er mit ihm in Hagenau, 1281 in Gmünd, 1283 in Luzern, 1285 in Kolmar, wo den Vergleich zwischen dem Bischof Heinrich von Basel und dem Grafen Diepold von Pfirt am 20. October außer Rudolf und dem Grafen Heinrich von Fürstenberg nur noch Walther mit Namen und Siegel bekräftigt. Dies war eine seiner letzten Urkunden. Am 26. Februar 1284 hatte er sein Testament gemacht und dem Predigerkloster zu Basel von der Züricher Steuer, die ihm Rudolf verpfändet, 300 Mark geschenkt. Er starb in Basel am 1. März 1286. Seine Wittwe lebte noch bis zum Jahre 1291; auch sie machte noch eine Reihe frommer Stiftungen theils an Klingenthal, theils an das Predigerkloster.

Von seinen Töchtern ist die jüngste, Klara, im Kloster Klingenthal begraben. Der Denkstein enthält die wohl von dem Vater verfaßten Verse

Von Badin margravinne
vrowa Clara rowit hinne
von Klingen ist ir vater ginant
nu breche got ir selin bant
obiit. XII. kal. Aprilis.

Er selbst, vermuthet man, ist im Predigerkloster begraben worden, weil grade dieses von ihm unmittelbar vor seinem Tode und von seiner Wittwe nachher so reich bedacht wurde.

Das Bild in der Pariser Handschrift zeigt uns den ritterlichen Sänger im Turnier. Von einer Zinne schauen fünf Frauen, drei, wie es scheint, freudig, zwei betrübt, dem

Lanzenrennen zweier Ritter zu. Die gelbe Covertiure und der Wappenrock des Siegers haben schwarze Schilder mit einem gelben gekrönten Löwen, desgleichen der Schild, auf welchen acht kleine Goldvierecke gestreut sind. Auf dem Helme führt er zwei silberne Beile mit Pfauenfedern an den Schneiden. Der Besiegte hat roth und grün gerautete Covertiure und Wappenrock, im Schilde vier tiefrothe und drei gelbe schräge Streifen, sicherlich auch ein bestimmtes Wappen[1]. Das Wappen des Siegers ist das von Altenklingen, das einen einfachen Löwen in schwarzem mit Vierecken besäten Felde hat.

Die Lieder zeigen zwar, daß der Dichter sich an guten Mustern geschult hat und die Form recht gewandt beherrscht; aber sein Gedankenkreis ist der ganz gewöhnliche. Von älteren Dichtern hat Gottfried von Neifen, von gleichzeitigen der wohl auch persönlich mit ihm bekannte Konrad von Würzburg am meisten Einfluß auf ihn geübt. Von Gottfried entlehnt sind die Uebergangsreime im ersten Liede, auch die theilweise grammatischen Reime dieses Liedes[2] stammen daher. Allgemeiner, namentlich in Gottfrieds von Straßburg Schule, zu der Konrad gehört, sehr beliebt ist das Spielen mit Worten, die in verschiedener Form immer und immer wiederholt werden. So *minne* im ersten, zweiten und sechsten Liede, *frouwe* und *fröide* in denselben Liedern; so *guot* im siebenten (7, 14—16).

Liebesklage mit der Hoffnung auf Erhörung spricht das erste Lied aus; desgleichen klagt er im zweiten im Winter, sein Herz sehnt sich nach der besten Minne, bleibt aber ungetröstet; ebenso im dritten, wo es Frühling ist, alles sich freut und nur er trauert; trotzdem ist die Geliebte, wie sehr sie ihn auch verwundet, seine Königin, schließlich ruft er die Minne um Hülfe an, daß sie die Hehre zwinge. Einen Gnadenruf an die Geliebte im Frühling enthält das vierte

[1] Hagen, MS. 4, 104.

[2] *leiden* — *leit* 1, 23. *kleiden* — *kleit* 1, 27.

Lied, in dem er sie schildert lieblicher als alle Rosen, schön wie die Veilchen im März, und gleich der Maienblüthe an Güte. Sie ist von Hütern umringt, aber alle Hut ist verloren, wenn sie ihm gestatten will, sich zu ihr zu stehlen. An sein eigenes schmerzliches Leid, das er im Frühling, wenn alles froh ist, duldet, reiht er im fünften Liede das Lob der Frauen an, die wahre Freude geben. Im sechsten klagt er, daß ihm die lieb sei, der er gleichgültig ist, sie kann ihn froh und traurig machen, denn sie hat Minne und Unminne in ihrer Gewalt. Dem Lobe der Frauen im allgemeinen sind die beiden letzten Lieder gewidmet. Er will ihr Diener sein und bittet sie, ihn freundlich zu grüßen (7). Unter allen Tönen, die erfreuen, gibt er einem den Vorzug: lieblicher Rede von reinen schönen Frauen, ebenso erfreut seine Augen nichts mehr als gute Frauen (8). Diese allgemeine, vom persönlichen Ausdruck der Liebesempfindung sich entfernende Wendung erinnert am meisten an Konrad von Würzburg; da diese Lieder die letzten in der Handschrift sind und Walthers persönliche Beziehung zu Konrad in die letzte Zeit seines Lebens fällt, so dürfen wir annehmen, daß die Lieder in chronologischer Folge uns überliefert sind.

Im vierten (4, 40) gedenkt er falscher Freunde: mancher klagt um des Dichters Kummer mit süßen Worten aus dem Munde, der ihm wohl den Tod gönnte, vielleicht eine Reminiscenz an Heinrich von Rugge:

mich grüezet menger mit dem munde,
den ich doch gemelden kunde,
daz er mir ze keiner stunde
rehter fröide nie niht gunde[1].

Die Strophen sind dreitheilig gebaut und meist eine verwandtschaftliche Beziehung zwischen Stollen und Abgesang vorhanden: im ersten Liede ist der Stollen gleich den beiden Schlußzeilen des Abgesangs, abgesehen von dem Uebergangsreim; in 3 hat der Abgesang eine Zeile mehr als der Stollen,

[1] meine Liederdichter 10, 1 ff.

die Verdoppelung der ersten Stollenzeile ist; das gleiche Verhältniß in 5; in 8 ist der Zusatz des Abgesangs gleich dem Schluß des Stollen. Der Abgesang ist gleich dem Stollen mit Ausnahme einer eingeschobenen Zeile im siebenten Liede[1]. Keine verwandtschaftliche Beziehung findet statt in 2, 4 und 6. Die Reime liebt der Dichter ganz oder theilweise durch Stollen und Abgesang hindurchzuführen: so im ersten, vierten, fünften und achten Liede, nur der Schlußreim ist gleich im dritten.

XII. Herr Goeli[2].

Nach Wilhelm Wackernagel[3] wäre dieser Name ganz aus der Reihe der altdeutschen Dichter zu streichen und die ihm zugeschriebenen Lieder Neidhart beizulegen[4]. Gegenüber dem bestimmten Vorkommen des Namens Goeli in Baseler Urkunden darf jedoch diese Ansicht nicht mehr aufrecht erhalten werden. Zwei dieses Namens sind nachgewiesen[5]. Conradus Goli bezeugt eine Urkunde des Bischofs Heinrich von Basel, betreffend Schenkungen an die Kirchen S. Leonhard und S. Peter in Basel, am 18. September 1230[6]. Dieser ist aber wohl zu alt für einen schwäbischen Dichter aus Neidharts Schule, da die Lieder Neidharts, die Goeli nachahmt, nur etwa so alt sind. Viel mehr Ansprüche hat daher Diethelm Goeli oder Golin, der 1254—1276 nachgewiesen ist. Zuerst in einer Urkunde in Basel für das Kloster Olsberg (1254) als Zeuge 'Diethelmus Golin ... milites'; dann 1267 am 20. December, ebenfalls in Basel, in einer Verkaufsurkunde des Klosters Wettingen unter den Zeugen 'Diethelmus

---

[1] Stollen a b c d, Abgesang c f e f e.

[2] Vgl. über ihn v. d. Hagen, MS. 4, 419—421; Germania 29, 34 f. 31, 3. Heft. — Seine Lieder bei Bodmer 2, 57—58; v. d. Hagen 2, 78—80; in Haupts Neidhart S. XVIII ff.

[3] bei v. d. Hagen, MS. 4, 439, Anm. 1.

[4] Vgl. auch Wackernagel, Lit.-Geschichte 1[2], 317, Anm. 4.

[5] Von H. Herzog, Germania 29, 34 f.

[6] Trouillat, Monuments 2, 45.

Gebiete. Die zahlreichen bairischen findet man in den verschiedenen Bänden der Monumenta Boica; von den Frauenbergern bei Stuttgart kommt vor ein Wolframmus de Vrowenberc, miles, in Konstanz am 1. Juli 1251[1] und noch am 9. Februar 1287[2]; ferner in Eßlingen am 26. Januar 1291[3]; ein Albert von Frauenberg 1300 und 1321[4]. Ein Heinrich von Frauenberg aber ist nur in der Schweiz nachgewiesen. Da er nun in der Pariser Handschrift, der einzigen, die seine Lieder enthält, eine Reihe meist schweizerischer Dichter beschließt, worauf zwei Oesterreicher und dann wieder Schweizer folgen, so spricht aus diesem doppelten Grunde die größte Wahrscheinlichkeit für die Schweiz als Heimat.

H. miles de Frouenberch erscheint urkundlich 1257 zu Pfäffers[5]. In demselben Jahre in Reichenau: H. miles de Vrovinberch et dominus Fridericus suus frater[6]. Im folgenden Jahre kommen beide Brüder als Zeugen in Chur vor, am 8. Februar 1258: Henrico de Vrowenberch, F. de Frowenberch[7]. Heinrich allein in Chur am 7. Juli 1262: Henrico de Vrowenberch[8].

Wohl schwerlich derselbe, sondern eher sein Sohn oder ein anderer junger Verwandter ist der Heinrich von Frauenberg, der am 15. September 1300 in einer Urkunde von Pfäffers auftritt[9]. Dieser ist wohl derselbe, dem Adolf von Nassau wegen der Dienste, die er dem Könige geleistet und noch leisten werde, wozu er sich ihm und dem Reiche ver-

[1] Würtemberg. Urkundenbuch 4, 27.

[2] Mones Zeitschrift 4, 103: ... Wolframi de Frowenberc, und 4, 107 dessen Siegel: S. m(ilitis) Wolframi de Frovnberg.

[3] Schmid, Monum. Hohenberg. S. 96: Wolframmo de Frowenberg, dicto de Haluingen, milite.

[4] Mones Zeitschrift 15, 105 und Anm.; Schmid a. a. O. S. 235.

[5] Arx 1, 544. Hagen, MS. 4, 918.

[6] Mohr, Urkunden zur Geschichte von Chur 1, 349.

[7] Mohr, Urkunden 1, 351, und Anm. S. 352.

[8] Mohr, Urkunden 1, 373.

[9] Lütolf im Geschichtsfreund 25, 15, Anm. 9: her Heinrich von Frowenberg.

pflichtet, 150 Mark Silber versprochen hatte und schenkte, gleichzeitig mit einer Schenkung von 50 Mark Silber an Gerwig, genannt Gussen von Gussemberg, zum Kauf eines Rosses[1]. Der König erhielt die dazu nöthige Summe von 200 Mark nebst weiteren 100 Mark von dem Abt Wilhelm von S. Gallen und verpfändete ihm dafür, mit Urkunde von Heppenheim, 30. Juli 1298, das alte Vogtgericht und Vogtrecht über Kloster und Stadt S. Gallen, über die Städte Wangen und Altstätten und über alle Leute und Güter des Klosters sammt allen dazu gehörigen Einkünften[2]. Dies bezieht sich ohne Zweifel auf den Krieg zwischen Adolf von Nassau gegen Albrecht, den Sohn Rudolfs I, wobei ein Edler von Frauenberg das Banner des auf Seiten Adolfs stehenden Abtes von S. Gallen führte[3].

Auf die kriegerischen Thaten dieses jüngern Heinrich scheint das Bild der Pariser Handschrift sehr gut zu passen. Es stellt zwei Ritter zu Rosse im Lanzenrennen gegen einander dar: der siegende, in dem wir den Dichter zu erblicken haben, führt im Schilde einen goldenen geflügelten Drachen im blauen Felde. Der Schild des Besiegten hat fünf abwechselnd rothe und silberne Querstreifen[4]. Da jedoch eine bestimmte Entscheidung nicht getroffen werden kann, so habe ich den Dichter nach der chronologischen Folge der ältesten urkundlichen Belege eingereiht.

Die Lieder geben gleichfalls keinen festen Anhaltspunkt. Allerdings könnte der Reim *ougen : gelouben* 5, 22 auf eine frühere Zeit schließen lassen[5], allein der übrige

---

[1] pro uno dextrario comparando.

[2] Wartmann 3, 297, Nr. 1106: cum nobili viro Heinrico de Frowemberg, propter grata sua servicia presencia et futura, ad que facienda idem se nobis et imperio obligavit, centum et quinquaginta marcas argenti ... promiserimus nos daturos.

[3] v. d. Hagen, MS. 4, 309.

[4] MS. 4, 108.

[5] Vgl. auch die Ausdrücke *holde* 1, 24. *ir wol stênden munt* 2, 30. *ir vil vrœlich stênden ougen* 5, 22.

Charakter[1] spricht für eine spätere Zeit. Das erste Lied, ein Tagelied, beginnt erzählend; dann das Warnen des weckenden Wächters; die Frau erwacht, sie fragt, ob der Tag aufgehe; er verspricht ihr den Tag zu künden, wenn sie ihn wohl besolde; sie verheißt es ihm. Das zweite ist ein Liebeslied mit der üblichen Klage im Frühling; er hat Kummer, auch wenn er außen froh erscheint: Freude kann ihm nur sie geben. Liebesklage enthält auch das dritte: gleichwohl bleibt er ihr unterthan und spricht die Hoffnung auf Gnade aus. Das vierte singt das Lob der Geliebten und fragt, wann der Tag erscheinen werde, wo er sie in seinen Armen sehe; Frau Minne soll sie dazu zwingen. Im fünften klagt er über sie und will sich auf ihr Lachen nicht mehr verlassen; sie versündigt sich an ihm, ihre Augen und ihr rosenfarbener Mund haben ihn verwundet.

Die Strophen sind dreitheilig, keine Verwandtschaft zwischen Stollen und Abgesang im Tageliede; ebenso im dritten; eine Zeile mehr hat der Abgesang am Anfang im vierten und im fünften; im zweiten zwei Zeilen mehr, eine am Anfang und eine eingeschobene, die Verdoppelung der mittlern Zeile des Stollen ist. Innerer Reim ist in den Stollen des dritten Liedes verwendet, die Zusammenfassung wird durch die Gleichheit mit den übrigen Versen erwiesen. Die in der ersten Strophe ungereimte Zeile des vierten Liedes ist an der entsprechenden Zeile der zweiten gebunden (als sogenanntes 'Korn'), in der dritten aber reimlos[2]; durchgängig reimlos ist die vorletzte Zeile im fünften Liede. Daktylischen Rhythmus von zwei- und dreifüßigen Versen hat das zweite Lied.

[1] z. B. Ausdrücke wie *ir triutelebten lîbe* 5, 3.

[2] Vgl. die Lesarten.

XIV. Herr Heinrich von Sax[1].

Die Stammburg dieses alten rhätischen Geschlechtes, das sich auch von Hohensax nannte, lag im Rheinthal unweit Feldkirch. Lateinisch heißen sie de Sacches, Sacchis, Saccis, Sacco[2]. Ihm gehört Ulrich von Sax an, der von 1204 bis 1220 Abt von S. Gallen war und dem Ulrich von Singenberg einen Nachruf widmete[3]. Ein Heinrich von Sax war Dekan in S. Gallen und besonders als Baumeister thätig, er baute den ersten Thurm, ferner die Marien-, Johannes-, Oswald- und Thomaskapelle und ein zum Wohnsitz der Dekane bestimmtes steinernes Haus, das vor dem Hausthor oder Müllerthor lag; in dieses zog sich Abt Konrad (1226—1239), als er krank wurde, zurück und starb darin[4]. Heinrich kommt urkundlich zuerst 1207 vor und starb an einem 6. Februar zwischen 1211 und 1219[5]. Er kommt wegen seines geistlichen Standes zunächst nicht in Betracht.

Gleichzeitig lebte ein anderer Heinrich von Sax, der Bruder des Abtes Ulrich; er war es, der im Streite mit Graf Hugo von Montfort die Burg Forsteck erbaute und eine Reise nach Spanien unternahm[6]. Er tritt urkundlich zuerst am 22. Mai 1194 in einer Urkunde Heinrichs VI für das Kloster S. Luzius auf[7]. Am 15. März 1210 stiftet er und sein

---

[1] Vgl. über ihn Laßbergs Liedersaal 1, S. VII; Wackernagel, Verdienste der Schweizer S. 13. 31, 35; v. d. Hagen, MS. 4, 94—100; Germania 26, 217, wonach er dem alten Bestande der Pariser Handschrift angehört. — Seine Lieder bei Bodmer 1, 35—37; bei Hagen 1, 90—94; die Lesarten 3, 594.

[2] Vgl. Urkunden zur Geschichte von Chur 1, 123, Anm. 2.

[3] Vgl. oben S. XXXII.

[4] Christian Kuchimeister ed. Meyer von Knonau S. 9 f.

[5] Mittheilungen zur vaterländ. Geschichte 17, 139, Anm. 16.

[6] Hagen, MS. 4, 98.

[7] Mohr, Urkunden zur Geschichte von Chur 1, 232, Nr. 163, der bemerkt (S. 487), daß der Henricus de Favis der Urkunde mit Heinrich von Sax identisch sei.

Sohn Albert für sich und ihre Voreltern eine Jahrzeit im Kloster Churwalden: dominus Heinricus de Saches et filius ejus Albertus... sub tali jure conditionis, ut anniversarium domini Alberti et domini Eberhardi, patris et fratris domini Heinrici, et avi et patrui Alberti, in calendario fratrum et sororum scribantur, et ipsis mortuis eorum similiter[1]. Die Urkunde ist auf Schloß Sax ausgestellt. In einer undatirten Urkunde von 1210 in Clanx (Kanton Appenzell) verpfändet Heinrich (Heinricus nobilis de Sax) die Schirmvogtei über das Kloster Pfäffers und die Feste Wartenstein seinem Verwandten Heinrich von Falkenstein für 70 Mark Silber[2]. Heinrich hatte die Vogtei über Pfäffers von Otto IV gegen 300 Mark Silber verpfändet erhalten[3].

Als im Jahre 1212 der zum König erwählte Friedrich II von Italien her nach Graubünden kam, wurde er in Chur von dem Bischof von Chur, dem Abt von S. Gallen und Herrn Heinrich von Sax empfangen und bis nach Konstanz begleitet[4]. Am 1. April 1213 bezeugt Heinrich in Konstanz eine Urkunde Friedrichs II[5]. Am 17. August 1219 nimmt er an dem zu Plurs abgeschlossenen Friedensvertrage zwischen dem Bischof von Chur und der Stadt Como theil zugleich mit Diethelm von Sax[6]. Am 11. September desselben Jahres finden wir ihn in Hagenau in der Umgebung Kaiser Friedrichs II, eine Urkunde für die Stadt Straßburg bezeugend[7]. Am 3. Juli 1220 war er bereits verstorben: in der Vertragsurkunde zwischen der Stadt Como und Hartwig von Matsch, datirt Tiran (im Veltlin) von genanntem Tage, wird Heinrichs

[1] Mohr 1, 248, Nr. 176, mit wohl erhaltenem Siegel.

[2] Mohr, Urkunden 1, 250 f., Nr. 178.

[3] Mohr, Urkunden 1, 273, Anm. 1.

[4] Chron. Ursperg., Fontes rer. Bernens. 1, 511 f. 'nobili viro Heinrico de Sacco.' Ficker Nr. 670 d.

[5] Ficker Nr. 703. Huillard-Bréholles 1, 265.

[6] comes (fehlt in dem einen Exemplar) Diethelmus et Anricus de Sacco. Mohr, Urkunden 1, 263, Nr. 186.

[7] Heinricus de Sax. Huillard-Bréholles 1, 679. Ficker Nr. 1052.

Sohn Albert aufgeführt als 'Ser Albertus quondam Ser Onrigi de Saxe'[1]. Damit stimmt jedoch nicht die Urkunde Friedrichs II, Trani am 3. März 1221, in welcher er die Privilegien des Klosters Pfäffers bestätigt und dasselbe von jeder Kastvogtei, insbesondere derjenigen des Heinrich von Sax und seines Sohnes Albert (presertim ab Heinrico de Saxo et Alberto filio suo) befreit[2]. Doch könnte verstanden werden: die Heinrich und Albert innegehabt hatten. Es müßte demnach, wenn die Angabe der Urkunde von 1220 richtig, der Heinrich von Sax, der am 15. November 1235 in einer Verzichturkunde für das Kloster S. Luzius vorkommt ('cum manu domini Heinrici de Sax et Hainrici filii filii sui' und unter den Zeugen an erster Stelle 'dominus Hainricus de Sax, Hainricus filius filii sui'), ein anderer sein[3]. Da aber hier Großvater und Enkel neben einander vorkommen, so muß ersterer ein bejahrter Mann gewesen sein, und danach ist wohl die Angabe von 1220 nicht richtig. Der Enkel ist wohl ein Sohn Alberts, des Sohnes von Heinrich; Albert allein kommt in einer Urkunde Friedrichs II vom März 1223 vor[4]. Dann kann der Großvater auch der Heinricus de Sax sein, der am 31. Juli 1236 seine Hörige Guta der Kirche in S. Gallen übergibt; der dabei genannte 'Heinricus consanguineus' ist vielleicht der Enkel[5], der für sich und seine Brüder und Schwestern auf die Rechte über Guta verzichtet.

Dagegen mit Sicherheit läßt sich behaupten, daß nicht mehr der alte, sondern der jüngere, also der Sohn Alberts gemeint ist unter dem Heinrich von Sax, dessen bei Bruder Berthold Erwähnung geschieht. Er war der älteste der drei Söhne, seine Brüder hießen Albert und Ulrich; der Vater starb 1256—1257. Als nun Bruder Berthold in jene Gegend

---

[1] Mohr, Urkunden 1, 269, Nr. 187.

[2] Huillard-Bréholles 2, 137 ff. Mohr, Urkunden 1, 273, Nr. 190.

[3] Mohr, Urkunden 1, 323, Nr. 213. Mohr hält ihn für den von 1210.

[4] Ficker Nr. 1457: Albertus de Saxo.

[5] Wartmann 3, 93.

kam und eines Tages von der Ungerechtigkeit der Menschen predigte, wurde das Herz Alberts durch göttliche Eingebung so von Reue ergriffen, wegen des Unrechts, das er dem Kloster S. Gallen gethan, daß er das Schloß Falkenstein, das er mit Unrecht inne hatte, dem Abt Rudolf für 50 Mark Silbers verkaufte[1].

Ulrich wohnte in Hohensax, der Stammburg, Heinrich auf Clanx und Albert auf Wartenstein. Alle drei Brüder erscheinen in einer Urkunde von 1257 in Reichenau, wonach Albert mit Zustimmung seiner Brüder das Schloß Wartenstein nebst der Vogtei über den Pfäfferserberg, Valens, Vettis und den Hof zu Untervaz um 300 Mark Silber an die Abtei Pfäffers verkauft[2]. Ebenso erscheinen alle drei in einer Urkunde von Pfäffers 1258[3], wo sie genannt werden: Heinricus miles de Clanx, Ulricus suus frater de Sax, Albertus de Sax.

Wahrscheinlich ist der von 1235 bis 1258 vorkommende der Dichter: er wäre demnach in der chronologischen Reihe etwas hinauf zu rücken. Damit stimmt das Wappen in der Pariser Handschrift überein: gold- und rothgetheilter Schild und ein schwarzes Bärenhaupt auf dem Schilde; denn dies ist das Wappen, welches der Enkel des ältern Heinrich annahm. Während dieser einen Löwen und Adler, beide quergestellt, führte[4], haben die Enkel einen leeren senkrecht in zwei Felder getheilten Schild und auf dem Helm einen Bärenkopf[5].

Das Gemälde stellt einen Jüngling im einfachen blauen Rocke auf einer Mauer stehend dar, im Begriff, wie es scheint, hinüber oder herunter zu springen. An der Mauer ist eine Thürhalle und hier eine Frau (sie trägt eine Art Mütze), die

[1] Pfeiffer, Berthold S. XXV f.

[2] Mohr, Urkunden 1, 347 f., Nr. 231 und Anm. 1. Das Siegel des einen der Brüder ist theilweise erhalten (das sechste an der Urkunde): Sigillum . . . . . ci . de . Sax, also Heinrichs oder Ulrichs.

[3] Hagen 4, 98, Anm. 10.

[4] S. Galler Urkunde von 1236.

[5] Hagen, MS. 4, 100.

einen gelben Steinbock mit schwarzen Hörnern, der herausspringen will, zurückhält[1].

Die Freude am Gesange hat sich in dem Geschlechte auch in späterer Zeit erhalten. Johann Philipp von Hohensax besaß am Ende des sechszehnten Jahrhunderts die Pariser Handschrift, in welcher die Lieder Heinrichs und eines andern Ahnen, Eberhard, enthalten sind. Aus seinem Nachlaß ging sie an die Pfalzgrafen bei Rhein über, aus deren Bibliothek sie in den stürmischen Zeiten nach der Eroberung von Heidelberg (1622) in den Privatbesitz zweier französischer Gelehrten und durch Schenkung dieser in die königliche Bibliothek zu Paris kam.

Heinrichs Nachlaß besteht aus einem Leich und vier Liedern. Der Leich ist ein Tanzleich, im Frühling gesungen: er handelt von der Frühlingslust und dem Liebesleid des Sängers. Auch das erste Lied (2), ein Frühlingslied, klagt der Minne das Leid des Liebenden und fleht die Geliebte um Gnade an: nur ihr Minnespiel kann ihn vom Tode retten. Das zweite (3) schildert, wie er sie mit andern Frauen gehen sah, sie war die beste unter allen, so daß er nur auf sie blickte; ihrer Augen Blick hat ihn ins Herz geschossen, geheilt kann er nur werden, wenn er ihren rosenfarbnen Mund tausendmal küßt, und vom Tode kann auch hier nur ihre Umarmung ihn bewahren. Das dritte und vierte (4 und 5) heben beide mit dem Frühling an und mit dem Gegensatz des eignen Leides zu der Freude aller; die Geliebte haßt ihn, aber sie kann ihn nicht hindern, in Gedanken ihr nahe zu sein; der Bitte um Erhörung folgt auch hier die Erklärung, daß er sonst sterben müsse (4); sie soll sprechen 'ich will wenden all dein Leid' (5, 25) und 'theilen und wählen sei dein' (5, 44 f.).

Die Lieder sind dreitheilig gebaut, eine Beziehung der Stollen zum Abgesang ist nicht vorhanden; in 3 ist allerdings die Versart gleich, aber die Reimstellung verschieden;

[1] Hagen 4, 99 f.

in 4 ist der Abgesang viel länger als jeder Stollen und in sich zweitheilig; in 5 vertritt der Refrain den Abgesang, derselbe besteht aus vier Zeilen. Auffallend ist der Wechsel des Reimgeschlechtes in 3, indem in der zweiten Strophe Zeile 1 und 3 weiblichen Reim haben. In dem Leich (1) kehren mehrere Formen mehrfach wieder. Der zweitheilig gebaute Eingang (1—8) kehrt wieder gegen Ende (105—112) und noch einmal zur Hälfte (65—68). Die zweite Form ist 9—12, die in 25—28 und nochmals, verdreifacht, in 41—52, aber hier mit anderem Innenreim wiederkehrt. Die dritte ist 13—24, welchen Versen 69—80 entspricht. Die vierte besteht aus sechsfüßigen Versen mit Cäsur oder innerem Reime, theils in rein jambischem Rhythmus, theils mit Einfügung eines Daktylus: 29—32. 89—92. 115—118. 119—122. 131—134. 135—138. Die fünfte ist 81—84 = 93—96, mit inneren Reimen, und als halber Absatz in 113—114.

XV. Winli[1].

Der Name Winli deutet auf keinen ritterlichen Sänger. Das Bild und Wappen in der Pariser Handschrift allerdings scheint einen solchen darzustellen. Unter einem bunten Zelte auf einer hohen Bühne, deren Vorderseite drei Rundbogenthüren zeigt und deren Bodenfläche in Vierecke getheilt ist, sitzt ein junger Ritter, in Rüstung und Wappenrock, der vorn auf dem Schilde ein Wappen mit drei Sternen hat: auf dem lockigen Haupte trägt er einen Perlenkranz. Ihm zur Rechten eine Frau, die einen netzartigen Hut auf hat, in der rechten Hand den Schild des Ritters, ebenfalls mit drei Sternen darin, hält, in der erhobenen Linken dem Ritter einen großen Ring reicht. Zu seiner Linken ein jüngeres

[1] Vgl. über ihn v. d. Hagen, MS. 4, 319—321; Bildersaal S. 32 f. 260; Bilderatlas Tafel XXXI; Germania 29, 35 f. Nach Germania 26, 222 sind seine Lieder von der Hand *F* geschrieben. — Seine Lieder bei Bodmer 2, 21—24; bei Hagen 2, 28—32; die Lesarten 3, 657.

Fräulein, das auf den langen Locken ebenfalls einen Perlenkranz trägt und in den erhobenen Händen den mit einem flachen Hute geschmückten Helm hält. Der Hut zeigt ebenfalls die drei Sterne als Wappen. Ueber ihm noch ein einzelner größerer Stern. Zur Seite hält ein kleiner Knappe das mit der langen Covertiure bedeckte Streitroß; man sieht den Brustriemen und Darmgürtel desselben; auf der Covertiure ist zweimal das Wappenschild mit den drei Sternen angebracht.

Das Motiv zu dieser Darstellung ist offenbar dem Tageliede (8) entnommen, in welchem die Frau von dem Geliebten rühmt, daß er mit Schwert und Speer unter Helm und Schilde sie erfochten habe. Es ist ein Beweis, daß die Tagelieder nicht immer auf reale Verhältnisse zu beziehen sind. Allerdings gedenkt Winli auch des Kämpfens mit der Geliebten vor dem Kaiser (1, 47), aber auch das ist nur als dichterische Wendung zu nehmen, die vielleicht dem Hug von Werbenwag[1] nachgeahmt ist.

Der Name Winli deutet entschieden auf die Schweiz, und Herzog[2] ist geneigt, ihn mit dem urkundlich nachgewiesenen Ortwinus joculator zu identifiziren, der eine undatirte[3] Schenkungsurkunde für das Kloster Wettingen bezeugt, zugleich mit Eberhardus Brumisinus, der als Eberhard Brümsi ofter in Rheinauer und Schaffhauser Urkunden vorkommt[4].

Acht Lieder haben sich von Winli erhalten. Der Gesichtskreis, in dem seine Gedanken sich bewegen, ist der gewöhnliche. Seit zehn Jahren liebt er die Geliebte und dient ihr, ohne erhört zu werden; hätte er das gewußt, so hätte er abgebrochen und gesagt 'Wie ihr mir Fraue seid, so bin ich euch Mann' (1, 20). Aber das hat er versäumt, jetzt kann sie ganz über ihn verfügen. Die Minne soll sie bezwingen,

[1] meine Liederdichter 49, 30.

[2] Germania 29, 35 f.

[3] Das Copialbuch wurde 1248 begonnen.

[4] Vgl. Germania 29, 36.

oder er will vor dem Kaiser mit der Geliebten kämpfen. In dem zweiten, einem Winterliede, klagt er sein Liebesleid, hofft aber, daß seine Beständigkeit ihn zu Hulden bringe. Im dritten ist es Frühling, wo alles froh ist, nur er hat Leid; der Refrain spricht vom Weh des Scheidens, er muß sterben, wenn er sie länger meiden soll. Günstiger steht es im vierten: es ist Frühling, auch sein Herz ist fröhlich, denn sie spricht zu ihm 'bleibe froh'; sie ist sein Mai, und wenn es draußen Winter ist und keine Blumen blühen, dann blühen ihm Rosen im Lachen ihres Mundes. Frühling ist es auch im folgenden, aber ihm ist alle Freude verleidet durch den Streit mit der Lieben, von ihr allein hängt seine Freude ab, auch jetzt ist er nicht hoffnungslos. Das sechste schildert, wie der Mai Rosen und Schwertlilien der Heide als Kleider angelegt hat; der Dichter sehnt sich nach der Geliebten, die ihm lieb ist wie die Sonne und von der ein Kuß von rothem Munde ihn mehr erfreut als alle Maienblüthen. Das siebente spricht den allgemeinen Gedanken aus, daß Frauen Freude geben, dasselbe Wortspiel, das wir bei Walther von Klingen mehrfach trafen; dann ruft der Dichter die Minne an, daß sie bei seiner Fraue ihm helfe.

Die Strophen sind dreitheilig gebaut; in 1 hat der Abgesang am Anfang eine Zeile mehr, und diese allein hat nicht den daktylischen Rhythmus der anderen Verse; das gleiche in 2, wo diese Pluszeile des Abgesanges reimlos ist. Nur die letzte Zeile stimmt im Bau aller drei Theile im zweiten Liede, wo zugleich die Umkehr der Reime in den Stollen bemerkenswerth ist. Auch in 6 ist nur die letzte Zeile gleich, und hier sind diese Schlußzeilen zugleich durch den Reim mit einander gebunden; ohne diese dreifache Bindung der gleiche Fall in dem Tageliede (8). Ganz gleich, und nur durch die Reimstellung geschieden, sind alle drei Theile in 5, der Schlußreim verbindet die Stollen und den Abgesang. Kürzer als die Stollen ist der Abgesang in 7, wo die Stollen wie im Sonett die Reimstellung a b b a haben, der Abgesang gleich der verdoppelten Schlußzeile der Stollen ist. Kürzer ist er auch in 3, doch kommt hier der Refrain dazu, der aus fünf Zeilen besteht und, wie oft, zunächst an die Spitze des Liedes gestellt ist. Die Reime der Stollen gehen durch den Abgesang hindurch im vierten Liede.

Innere Reime (Schlagreime, Binnenreime, Pausen) sind zahlreich vorhanden im dritten; ihr Vorhandensein wird durch den Wechsel des Reimgeschlechtes (3, 24. 29), durch Gleichheit der Zeilen ohne inneren Reim (8 = 9), sowie durch Wechsel von Stellung und Art (6. 12 = 16 = 18) erwiesen. Auch im ersten Liede sind die zweifüßigen daktylischen Verse vielleicht paarweise zusammenzufassen, doch liegt keine Nöthigung dazu vor. Der daktylische Rhythmus ist im Ganzen nicht ungeschickt behandelt, doch kommen einige falsche Betonungen vor[1].

XVI. Gast[2].

Die zwei Spruchstrophen, die wir allein von ihm besitzen, stehen in der Pariser Handschrift unter den Nachträgen[3]. Da die meisten derselben Schweizer Dichter betreffen, so ist am wahrscheinlichsten, daß auch er ein Schweizer war. Hagen führt neben einem H. Gast von Affeltrangen, dessen Frau Elisabeth eine Jahrzeit im thurgauischen Kloster Tobel hatte und dessen Zeit sich nicht genauer bestimmen läßt, einen B. genannt Gast an, der 1266 eine dasselbe Kloster betreffende Urkunde der Söhne des Grafen Kraft von Toggenburg auf Utenberg bezeugt[4]. Die Bezeichnung B. dicto Gast deutet einen Bürgerlichen an, und darum ist nicht wahrscheinlich,

[1] *minnéclichiu* 1, 1. 46. *éngan* 1, 33. *allêz daz ich méine* 1, 39. *solkén schaden wénde* 1, 44.

[2] Vgl. Wackernagel, Verdienste der Schweizer S. 13. 34, 45; v. d. Hagen, MS. 4, 538 f. Seine Sprüche 2, 260; die Lesarten 3, 705; vgl. meine Meisterlieder der Kolmarer Handschrift S. 535.

[3] von der Hand *G* nach Apfelstedt; vgl. Germania 26, 225.

[4] Wackernagel 34, 45 führt 1276 einen Gast unter Toggenburger Dienstleuten an: ist das Druckfehler für 1266?

daß mit dem 'Her Gast'[1], was nur eine allegorische Bedeutung hat, der Dichter angeredet wird.

Seine beiden Strophen, die den verschiedenen Ständen und Lebenskreisen ihre Pflicht zu Gemüthe führen, sind in der Form der Einkleidung in die Frage 'Was soll' Reinmars von Zweter Spruch 209[2] nachgeahmt. Die Pointe liegt in der letzten Zeile der zweiten Strophe: dem Könige, der unnütz ist, wenn er nicht recht richten will, was Hagen auf Friedrichs II Sohn, König Heinrich, bezieht, über den allerdings Ulrich von Singenberg ähnliche Klagen ertönen läßt[3]. Doch ist für einen Nachahmer Reinmars die Zeit vor 1235 wohl zu früh; man hat daher eher an die Zeiten nach dem Tode Friedrichs II (1250) zu denken.

XVII. Herr Heinrich von Tettingen[4].

Mehrere Geschlechte auf alemannischem Boden kommen hier in Frage: das erste im Zürichgau, an der Aar, oberhalb Klingnau; das zweite am Bodensee; das dritte im Breisgau. Doch nur in den ersten beiden ist der Name Heinrich nachgewiesen. Aus dem schweizerischen Geschlechte Heinrich von Tettingen als Zeuge einer zu Hagenau ausgestellten Urkunde von 1269, in welcher Graf Heinrich von Veringen, der Schwiegersohn Walthers von Klingen, für seine Frau Verena auf Klingnau und alles, was Walther schon vergabt hatte, verzichtet[5]. In diesem sieht Wackernagel[6] den Dichter.

---

[1] Hagen, MS. 2, 195^b, Strophe 102.

[2] Hagen, MS. 2, 214; vgl. auch Spruch 93 *Waz hilfet.*

[3] Vgl. oben S. XXXIII.

[4] Vgl. über ihn Laßbergs Liedersaal 1, S. XII f.; Wackernagel, Verdienste der Schweizer S. 13. 33, 47; v. d. Hagen, MS. 4, 540—542; Germania 26, 226. — Seine Lieder bei Bodmer 2, 181; bei Hagen 2, 263—264; die Lesarten 3, 706.

[5] Neugart Nr. 1002. Hagen, MS. 4, 102. 468: H. Heinrich von Tettingen.

[6] Verdienste der Schweizer S. 33, 47; Walther von Klingen S. 6.

Und daß dieser Heinrich der Poesie nahe stand, scheint auch die Urkunde Walthers, vor der Burg Klingnau auf der Straße am 8. Januar 1270 ausgestellt, zu beweisen, welche unter anderen auch Burchard, genannt der Spielmann von Tetingen, bezeugt[1]. Zu diesem Geschlechte gehört wohl auch der Heinrich von Tetingen, Bruder in Hitzkirch, der am 24. Februar 1307 auftritt[2].

Häufiger ist der Name Heinrich in dem badischen Geschlechte nachzuweisen. Das Dorf Tettingen, jetzt Dettingen, liegt auf dem Rick d. h. dem schmalen hügeligen Erdstrich, der zwischen den beiden Armen des Bodensees gen Osten hinläuft und beim Eichhorn endet, mitten in einer wiesenreichen Aue und am Rande eines großen Weihers, wo im Sommer unzählige Wasservögel sich sammeln und brüten[3]. Hier kommt der Name Heinrich seit 1239 vor und läßt sich bis gegen die Mitte des vierzehnten Jahrhunderts in zahlreichen Urkunden verfolgen[4].

Das Wappen in der Pariser Handschrift zeigt eine rechtshin gekehrte Sichel im goldenen Felde. Damit stimmt weder das der Breisgauer noch das der schweizerischen Tettinger: diese haben einen in sechs rechteckige Felder getheilten Schild, oben ein schwarzes zwischen zwei grünen, unten umgekehrt, auf dem Helme zwei Stierhörner und Adlerflügel; jene im getheilten Schilde rechts eine Axt, links einen Adlerflügel. Das Wappen der badischen Familie ist nicht bekannt[5].

Das Gemälde stellt einen geharnischten Bogenschützen und einen Lanzenreiter dar, beide zu Rosse, in ihrer Mitte führen sie den Sänger als Gefangenen auf einen Esel gebunden hinweg[6].

Nur zwei Lieder besitzen wir von dem Dichter, das erste

---

[1] Hagen, MS. 4, 102.

[2] Geschichtsfreund 4, 284.

[3] Liedersaal 1, S. XII f.

[4] Ich werde das betreffende Material an anderer Stelle mittheilen.

[5] Hagen, MS. 4, 541.

[6] Hagen a. a. O.

ein gewöhnliches Liebeslied, in welchem mit dem Worte *liep* gespielt wird; der hundertmal ausgesprochene Gedanke, daß der liebende Sänger zum Tode verwundet ist, begegnet auch hier. Das zweite, ein Frühlingslied, singt den Preis der Geliebten, nach der ihm Herz und Leib brennt; ein Land hätte Ursache sich zu bemühen, ein solches Weib zu gewinnen, dessen Kunstfertigkeit im Nähen er zugleich hier hervorhebt.

Die Strophenformen beider Lieder sind dreitheilig, in dem ersten findet keine Verwandtschaft zwischen Stollen und Abgesang statt; im zweiten ist der Abgesang gleich den Stollen, hat aber eine Zeile mehr als diese und außerdem verschiedene Reimstellung. Der Rhythmus des ersten Liedes ist daktylisch, ohne Auftakt, die Verse drei- und vierfüßig, in der vorletzten Zeile ist innerer Reim anzunehmen.

XVIII. Herr Otto zum Turne I.

Unter verstorbenen Leichdichtern beklagt der von Gliers[1] auch den von Turne:

> Lebte der von Guotenburc,
> von Turn, von Rugge Heinrich,
> von Ouwe und der von Rôtenburc,
> dâ bî von Hûsen Friderich.

Damit kann nicht der seit 1312 urkundlich nachgewiesene Otto gemeint sein, sondern ein älterer Dichter. Ein Leich von ihm hat sich unter dem Namen Winli in der Pariser Handschrift erhalten, wo er in V. 69 deutlich als Verfasser bezeichnet wird. Diesen für den Dürner der Pariser Handschrift zu halten, wie Hagen will[2], geht schon deswegen nicht an, weil in dem Gedichte der Verfasser als 'her Türner' angeredet wird, während jener als 'der Dürner', mithin als ein Bürgerlicher, bezeichnet wird.

Ritter Otto vom Turne bezeugt am 11. August 1275 eine Urkunde, die sich auf Schlichtung eines Grenzstreites mit

[1] s. unten S. 204.

[2] MS. 4, 646.

dem Kloster Engelberg bezieht[1]. Ich trage kein Bedenken, diesen als den Dichter anzusehen, von dem freilich der Vorname nicht überliefert ist.

Der Leich, den wir von ihm haben, zeigt die Vorliebe für die niederländische Sprache in dem Worte *tiere* (19); sie war in den höfischen Kreisen des dreizehnten Jahrhunderts Modesache und drang aus ihnen, wie der Meier Helmbrecht beweist, selbst in die bäuerlichen ein. Einige Grundformen kehren mehrfach wieder:

27—30 = 43—46 = 59—62;
31—36 = 47—52 = 63—68;
37—42 = 53—58.

Es kehren also drei auf einander folgende Absätze zweimal wieder; die beiden ersten werden dann noch einmal wiederholt. Außerdem stehen Eingang und Schluß für sich allein: der Eingang besteht aus zwei Absätzen, einem in sich dreitheiligen und einem zwei- bezw. viertheiligen, der Schluß ebenfalls aus zwei Absätzen, von denen der eine zweitheilig, der andere untheilbar ist. Vom innern Reim ist nur in der ersten dreimal wiederkehrenden Form (27 ff. 43 ff. 59 ff.) Gebrauch gemacht. Der ganze Bau erinnert an die ältere Weise, die zuerst Walther von der Vogelweide einschlug: zwei Haupttheile in der Mitte, ein kürzerer Theil nachfolgend und außerdem wie in den Sequenzen Eingang und Schluß.

Schon das beweist, daß der Dichter nicht später als in die zweite Hälfte des dreizehnten Jahrhunderts zu setzen ist; denn seit dem Ende desselben hörte diese Art der Leichdichtung auf. Anderseits spricht gegen eine frühere Zeit als etwa 1275 der weibliche Gebrauch des Reimwortes *schamet : ungezamet* V. 75 f.

Der Dichter bittet die Minne, ihm die Geliebte geneigt zu machen; dann würde er fröhlich sein wie die Nachtigall. Sie ist keuscher als ein Kind von sieben Jahren, ihr Herz kennt keine Galle, sie lacht wie ein Kindlein, das seiner

[1] A. Lütolf im Geschichtsfreund 25, 7, Anm. 4.

Mutter entgegenjauchzt. Ihr Leib ist so weidlich geschaffen, daß ein steinern Herz in seinem Anschauen sich verlieren müßte; wen sie des Morgens ansieht, dem kann den Tag über kein Leid geschehen. In ihren braunen Falkenaugen, die aus weißem Kasten (dem Weiß im Auge) blicken, könnte sich ein Mann, den sie liebt, spiegeln; darum gehen wie ein Zaun die Brauen, und darunter die lichten Wänglein, ihre wohlgeformten Hände halten der Minne Paradies umschlossen; ihr zartes Mündlein macht nur feine süße Rede; zwei Grübchen in den Wangen hat sie, wenn sie einen anlacht. Wo sie weilt, schadet kein Reif den Bäumen oder Blüthen; wenn sie einem Kranken an die Ader faßt, braucht er keinen Arzt mehr; vor ihr muß das Leid das Feld räumen. Sie treibt des Glückes Rad ihrem Erwählten nach Wunsch. Dürfte er den süßen Hort, den sie bewahrt hat, betasten, so wollte er dreißig Jahre im Gefängniß bei Wasser und Brot fasten. Solche ausschweifende Wünsche aber verweist ihm die Minne: einem so vollkommenen Wesen muß man holder sein als einem schamlosen Weibsbilde. Dem Dichter steht, wie man sieht, eine mehr als gewöhnliche Fülle von Wendungen und Vorstellungen zu Gebote, die allerdings nicht seine Erfindung und zum Theil dem Kreise mythologischer Volkstradition entnommen sind; immerhin aber gibt dies seinem Leiche etwas charakteristisches und es sind nicht die allgemein üblichen Phrasen.

XIX. Herr Steinmar[1].

Der Name Steinmar ist in der Schweiz seit der Mitte des dreizehnten Jahrhunderts nachzuweisen. Ich stelle diejenigen Belege an die Spitze, in welchen er ohne Vornamen,

[1] Vgl. über ihn Laßbergs Liedersaal 2, S. LIX—LXI; Wackernagel, Verdienste der Schweizer S. 13. 32, 42; v. d. Hagen, MS. 4, 468—471; meine Liederdichter[2] S. LXVI f.; Germania 26, 224. Alfred Neumann, über das Leben und die Gedichte des Minnesingers Steinmar. Untersuchungen. Leipzig 1886. 8. — Die Lieder bei Bodmer 2, 105—109; bei Hagen 2, 154—159, die Lesarten 3, 103.

also wie in der Pariser Handschrift, erscheint. In einer in Konstanz am 16. Februar 1250 ausgestellten Urkunde des Bischofs Eberhard von Konstanz, durch welche derselbe die von dem Ritter Hermann Gnifting von Raderai vollzogene Ueberlassung des Patronatsrechtes zu Jettenhausen an den Deutschorden genehmigt, erscheint unter den Zeugen ein Stainmar[1], wie er auch den an demselben Tage in Konstanz ausgefertigten Uebergabbrief Hermanns mitbezeugt[2]. Er ist vermuthlich derselbe, der vor dem Richter von Konstanz 1262 als Beklagter erscheint und hier als Conversus bezeichnet wird[3]. Gewiß verschieden von diesem, weil örtlich zu weit abliegend, ist der Steimar einer Urkunde für das Kloster Altdorf vom April 1258[4], die ihn Steimarum nennt.

Besonders häufig treten seit 1251 die beiden Brüder Konrad und Berthold Steinmar auf. Zuerst in einer Schenkungsurkunde der Brüder Walther und Ulrich von Klingen für das Johanniterhaus in Lüggern (Luthigern), vom März 1251, ausgestellt in Klingnau, mit einem Zusatz vom 22. Oct. 1253, als Zeugen unter vielen andern: C. et B. fratres dicti Steinmar[5]. Am 18. Dec. 1253 zu Klingnau als Zeugen einer Schenkung Ulrichs von Teufenstein, eines Verwandten Walthers von Klingen, für das Kloster S. Blasien im Schwarzwald: presente ... Cuonrado et Bertholdo Steinmar dictis[6]. Unter den Zeugen steht voran Walther von Klingen, mit dessen Siegel Ulrich

[1] presentibus ... Stainmaro ... militibus. Zeitschrift für die Geschichte des Oberrheins 23, 146 f. Würtemb. Urkundenbuch 4, 216.

[2] Hier ist der Name geschrieben Staymaro. Zeitschrift 23, 147. Würtemberg. Urkundenbuch 4, 214.

[3] comparentibus coram eo Stâmaro converso ... Zeitschrift für die Geschichte des Oberrheins 3, 71.

[4] Nicht 1256, wie Neumann S. 5 angibt.

[5] Herrgott, Geneal. diplom. 2, 1, 305 ff., Nr. 375. In der alten deutschen Uebersetzung: C. und B. gebruder genant ..... S. 307[b]. Hagen 4, 468. Neumann Nr. 1.

[6] Neugart, Codex dipl. Alem. 2, 196, Nr. 945. Hagen 4, 468. Neumann Nr. 2.

(Wolricus de Tufinstein) in Ermangelung eines eigenen Siegels siegelt. Dann am 18. März 1254 in Klingnau in einer Schenkungsurkunde Walthers und Ulrichs von Klingen für das Johanniterhaus zu Lüggern: præsentibus... C. Steinmaro. B. fratre suo[1]. Wieder in Klingnau am 28. Juni 1255 bezeugen beide eine Urkunde Walthers von Klingen, wodurch derselbe eine Schenkung seiner Mutter an den Deutschorden bestätigt: testes... Cuonradus Steinmar et Bertoldus frater ejusdem[2]. Am 2. September 1256 ebenfalls in Klingnau in einer Urkunde Walthers von Klingen am Schluß der Zeugen: C. et B. dicti Steinmar[3], und in der unmittelbar damit zusammenhängenden Urkunde vom 27. März 1257: C. et Bertoldus dicti Steinmar, hier als die vorletzten[4]. Die Schenkung Walthers von Klingen und seiner Frau Sophie an das Deutschordenshaus zu Beuggen (Buoghein) vom 26. October 1264 bezeugen die beiden Brüder: presentibus Cuonrado de Tetingen, Cuonrado Steinmar et fratre suo Berchtoldo, an der Spitze der Zeugen[5]. Mit Walther von Klingen bezeugt Berthold allein eine Urkunde Hugos von Teufenstein in Klingnau: B. Steinmar[6]. Beide Brüder als Zeugen einer Urkunde desselben Hugo für das Deutschordenshaus in Beuggen, Klingnau am 29. November 1266: Cuonradus et Berchtoldus fratres dicti Steinmar[7]. Eine Verkaufsurkunde Walthers von Klingen an das Kloster S. Blasien, Klingnau am 10. April 1269, bezeugt Konrad allein: presentibus... Cuonr. Stainmaro[8]. In demselben Jahre wieder beide Brüder in einer Schenkungsurkunde

---

[1] Herrgott 2, 310, Nr. 379. Neumann Nr. 3.

[2] Zeitschrift für die Geschichte des Oberrheins 28, 117.

[3] Wackernagel, Walther von Klingen, Anhang I = Kl. Schriften 2, 355 f. Trouillat 2, 79. Neumann Nr. 4.

[4] Wackernagel a. a. O. S. 357. Trouillat 2, 79. Neumann Nr. 5.

[5] Zeitschrift für die Geschichte des Oberrheins 28, 126 f.

[6] Gerbert, Cod. diplom. nigræ silvæ Nr. 130. Hagen 4, 468. Neumann Nr. 6.

[7] Zeitschrift für die Geschichte des Oberrheins 28, 387—389.

[8] Neugart 2, 266 f., Nr. 999. Hagen 4, 468. Neumann Nr. 7.

Walthers von Klingen und seiner Gattin Sophie für das Kloster Syon, vom 26. Juli 1269: in præsentia ... Conradi Steimare et Bertoldi fratris sui, an der Spitze der Zeugen aus dem Laienstande[1], und nochmals in demselben Jahre in einer undatirten Urkunde des Grafen Heinrich von Veringen, des Schwiegersohnes Walthers von Klingen, 'uf der burc ze Clinginowe', als letzte der Zeugen: Cuonrat Steinmar, Berhtolt sin bruodir[2]. In einer Verkaufsurkunde Walthers von Klingen an das Kloster S. Blasien, Klingnau am 8. Januar 1270: presentibus ... Cuonrado et Berhtoldo fratribus dictis Steinmar[3]. Am 20. Februar 1270 in Klingnau Berthold allein als Zeuge eines Verkaufs Walthers von Klingen an S. Blasien: presentibus ... Berhtoldo Steinmar, an der Spitze der Laienzeugen[4], dagegen Konrad allein am 23. Februar 1270: Chunrat Steinmar; an die Urkunde hängen u. a. Graf Rudolf von Habsburg und Herr Walther von Klingen ihr Insiegel[5].

Beide Brüder zusammen wieder am 9. Mai 1270 in einer Urkunde Walthers von Klingen, Klingnau: Chunradus et Berchtoldus dicti Steinmar, unmittelbar nach dem Komthur des Johanniterhauses[6]. Ebenso beide am 12. Februar des folgenden Jahres: Cunrado et Bertholdo fratribus dictis Steinmar[7]. Am 17. März 1272 finden wir Konrad allein in Zürich eine Urkunde bezeugen, durch welche der Komthur zu Beuggen (Buchein), Ulrich von Klingen, an das Kloster Oetenbach ein Gut am Zürichsee verkauft; am Schluß der Zeugen: Chuonrad Steinmar[8]. Am 28. December 1276 wieder Konrad allein in einer Urkunde zu Rheinfelden, in welcher Walther von Klingen in seinem und seines Bruders Ulrich

---

[1] Herrgott 2, 2, 418, Nr. 504. Neumann Nr. 8.

[2] Neugart 2, 272, Nr. 1002. Hagen 4, 468. Neumann Nr. 9.

[3] Neugart 2, 273 ff., Nr. 1003. Hagen 4, 468. Neumann Nr. 10.

[4] Neugart 2, 280 f., Nr. 1006. Hagen 4, 468. Neumann Nr. 11.

[5] Herrgott 2, 2, 420 f., Nr. 508. Neumann Nr. 12.

[6] Herrgott 2, 2, 421 f., Nr. 509. Neumann Nr. 13.

[7] Gerbert Nr. 136. Neumann Nr. 14.

[8] Zeitschrift für die Geschichte des Oberrheins 31, 214 f.

Namen ein Gut dem Deutschordenshause in Beuggen (Bughein) zu eigen übergibt, als letzter der ritterlichen Zeugen: her Cuonrat Steinmar, die ritter sint, und andere genuog[1]. Ebenfalls zu Rheinfelden bezeugt Konrad am 9. Februar 1281 eine Urkunde der Brüder Hartmann und Hartmann von Kienberg als dritter der Zeugen: her Cuonrat Steinmar[2]. In demselben Jahre stiftete Konrad für sich und seine Hausfrau Gertrud eine Jahrzeit in Beuggen. Ich theile die Urkunde, wiewohl sie nicht in ihrer originalen Fassung, sondern nur in der schlechten Abschrift eines Copialbuches erhalten ist, hier mit, weil es die erste ist, die sich direkt durch ihren Inhalt auf Steinmar bezieht[3].

In dem namen unsers hern Jhesu Christi. Wir bruoder Reinloch der lantcomintur der bruoder dez ordins unser frowen sante Marien von dem Thuschen husi zi Elzazi und zi Burgindun, und alle die bruoder von Biuchein dez selbin ordins kunden allen den, die disen briefe sehen oder hœren lesen, dz wir uns han gebunden und alle unser nachcomen hern C. Steinmar und Ger'rude siner wirthin, sewenne si beidiu sterbint, dz wir dar nach iemer me elliu jar von dem guote zi Karlsowe[4], dz ir waz, in der vasten vor ostern suln vikofin (!) zehin vierdinzal dinkilns und zehen vierdinzal habirn, und suln die phenninge, die man da von lœset, in der selbin vasten den bruodern, die zi Biuchein sint, gebin umbe vische, und swie dz von dikeiner sache virsumet wrdi, swaz denne der phenninge zi den nehstin ostern bilibi, dz man si den bruodern niht umbe vische gigebin heti, als hie vor gesriben ist, die sol man zin nehstin ostrin gebin den swestirn zi dem kloster zi Olsberc[5], oder bilibe der (l. des) vorgenanten cornis iht unfercofit zi den ostirn, dz solt man dem selbin closter gebundin sin. Und dz (l. daz daz) stethi bilibi, so

[1] Zeitschrift 28, 401.

[2] Zeitschrift 28, 403.

[3] Zeitschrift 28, 402.

[4] Karsau im badischen Amt Säckingen.

[5] Olsberg im Kanton Aargau.

bisigilen wir disen brief mit unserm insigil und dez husis von Biuchein. Dez sint geziuge bruoder Albreht von Stans, bruoder H. von Gebiwilr[1], bruoder R. von Yberc[2], dir cominture von Biuchein, bruoder H. von Valkinstein, bruoder B. an dem Orti, bruoder Ja. von Höberc, bruoder P. von Basil, bruoder R. sin bruoder, bruoder C. von Mechin, bruoder H. von Zurich, bruoder B. Dirdanz, bruoder C. und adir (!) gnuoge. Diz gischach zi Biuchein nah unsers heren giburt .M°. CC°. LXXX. und ein jar.

Am 4. September 1282 bezeugt Konrad in Beuggen eine Verkaufsurkunde Ritter Burkards von Tegervelt und seines Sohnes Hildebrand an das Deutschordenshaus, am Schlusse (nach den geistlichen Zeugen): her C. Steimar und ander gnuoge[3]. Daß Konrad ein Lehensmann Walthers von Klingen war, erfahren wir aus einer in Basel am Sonntage vor S. Lucien 1283 ausgestellten Urkunde Walthers von Klingen und Ulrichs von Teufenstein, durch welche sie dem Deutschordenshause zu Beuggen alles überlassen, was 'her Cunrat Steimar der ritter' inwendig seines Weingartens zu Tägerfelden von ihnen zu Lehen hatte[4]. Am 7. Mai 1288 macht Konrad eine Schenkung an Beuggen. Diese im Original erhaltene und daher auch sprachlich wichtige Urkunde lautet[5]:

Ich Cuonrat Steinmar ein ritter, genant von Clingenouwe, tuon kunt allen den, die disen brief ane gesehent oder hœrent lesen, daz ich mit bedahtem muote unde lůterlich durch got gegeben habe unde gibe den bruodern von dem Tuschen huse zi Buokein alles daz varnde guot, daz ich han unde gewinne untz an minen tot, ez si win oder korn oder pfenninge oder anders, an welre slahte getregede varnde guot geligen mac oder heizzet. Unde behabe mir selber blozzen nutz des selben guotes unz an minen tot unde lan die eigen-

[1] Gebweiler im Ober-Elsaß.

[2] Iberg im Kanton Schwyz.

[3] Zeitschrift 28, 407 f.

[4] Zeitschrift 1, 462.

[5] Zeitschrift 28, 409 f.

schaft den vorgenanten bruodern und vergihe mit disem brieve, daz ich eigenschaft des vorgenanten guotes bsizze unde habe von der vorgenanten bruoder wegen unde in irm namen. Unde wir der commendúr und die bruoder des vorgenanten Tuschen húses erlouben dem vorgenanten ritter, unde ist daz unser wille, daz er von dem selben varnden guote selgerete machen muge unde sezzen nach siner bescheidenheit, unde behaben ûns daz úbrige, als ers ûns gegeben hat unde da vor geshriben stât. Unde daz daz war si, so henc ich der vorgenante ritter min ingesigele den bruodern, unde wir die bruoder unser ingesigele an disen brief zuo einem urkunde alles des wir beidenthalben hie vor ein anderen gelobet haben. Dis geschach do von gottes geburte waren tusent jar zweihundert jar unde funfiu unde ahzzig jar an dem mantage nach der ufferte unsers herren.

Die beiden anhangenden Siegel sind erhalten, das Konrads hat die Umschrift 'S . . . . Militis . . . St . . mar'; der dreieckige Schild ist vierfach getheilt, aber leider nichts mehr darauf zu erkennen. — Zuletzt erscheint er am 11. Mai 1288 als Zeuge in einer Urkunde des Deutschordenshauses zu Beuggen: her Cuonrat Steimar[1]. Es scheint also, daß er nicht lange jener ausbedungenen Nutznießung sich erfreut hat, sondern bald nach der Schenkung gestorben ist.

Ehe wir aus diesen Urkunden weitere Folgerungen für den Dichter ziehen, sei erwähnt, daß noch einige andere Steinmare im dreizehnten Jahrhundert vorkommen. Ein Ritter Steinmar von Uotingen in einer Urkunde ohne Ort vom 17. März 1263, durch welche Graf Rudolf von Tübingen, Graf Heinrich von Fürstenberg und Graf Albert von Hohenberg urkunden, daß ihre Dienstmannen Berthold und Albert von Haiterbach mit ihrer Erlaubniß ein Gut an das Kloster Kirchberg verkauft haben: presentibus . . . fratre Friderico de ordine hospitalis sancti Johannis, quondam dicto de Uotingen, Steimaro milite fratre ejusdem[2]. Sein Vorname ist Heinrich

[1] Zeitschrift 28, 410.
[2] Schmid, Monum. Hohenberg. S. 24, Nr. 43.

gewesen, wie wir aus einer Urkunde ohne Ort vom 21. Juni 1268 ersehen, wo beide Brüder einen Verzicht Alberts von Werbenwag für das Kloster Kirchberg bezeugen: Hainricus miles Steinmarus de Uotingen et fratrus (!) ejus Fridricus[1].

Am 20. April 1267 bezeugt in Degerfelden (Tegervelt) eine Verkaufsurkunde der Brüder B. und Konrad von Tegervelt an das Kloster S. Blasien Rudolf Steinmar[2]; dem Verkaufe stimmt zu der Komthur des Johanniterhauses Klingnau, da die verkaufte Wasserleitung den Besitz der Johanniter berührt.

Ferner begegnet ein Ulrich Steinmar, ebenfalls ein Ritter, in einer Stiftung des Grafen Hugo von Werdenberg für das Kloster Salem, am 8. April 1282 zu Salem: presentibus... domino Uolrico dicto Stainmar[3].

Im Jahre 1288 endlich am 24. März bezeugt in Klingnau 'Ber. Steinmar miles' als erster unter allen Zeugen einen Verkauf des Dekans Berthold von Zurzach[4].

Daß unter diesen verschiedenen Steinmaren nur diejenigen in Betracht kommen, welche in Klingnau wohnhaft waren, ist unzweifelhaft. Denn daraus allein erklärt sich die Beziehung zu Rudolf von Habsburg, an dessen Zuge 1276 der Dichter theilnahm. Die Steinmare waren Dienstmannen Walthers von Klingen, der zu Rudolf von Habsburg in einem persönlich sehr nahen Verhältniß stand. Nun kommt Konrad Steinmar im December 1276 in seiner Heimat vor, er kann also nicht mit Rudolf gezogen sein, und ebensowenig ist Walther von Klingen mitgezogen, denn er stellt die Urkunde vom 28. December 1276 zu Rheinfelden aus. Konrads Bruder Berthold dagegen, der mit Konrad zusammen zuletzt 1271 vorkommt, erscheint in der ganzen Zeit von Rudolfs Verweilen in Oesterreich (1276—1278) nicht in Urkunden; wir

[1] Auch Hug von Werbenwag der Minnesänger ist unter den Zeugen. Schmid a. a. O. S. 32, Nr. 52.

[2] Fürstenbergisches Urkundenbuch 4, 439.

[3] Zeitschrift für die Geschichte des Oberrheins 38, 379.

[4] Zeitschrift 7, 432 f.

VIII

finden ihn später nur noch einmal, 1288, denn 'Ber.' in der erwähnten Urkunde wird wohl nichts anderes als Abkürzung von 'Bertholdus' sein. In ihm also werden wir den Dichter zu erblicken haben, den jüngern Bruder Konrads, den er überlebte[1]. Konrad scheint keine Kinder gehabt zu haben, da in seinen beiden Schenkungsurkunden solcher nicht erwähnt ist. Rudolf, der 1267 vorkommt, gehört, wie sich aus der Beziehung der Urkunde auf Klingnau und Tegervelt ergibt, unzweifelhaft derselben Familie an: er ist vielleicht ein dritter Bruder Konrads und Bertholds. Ob der Ulrich von 1282 auch dazu zu zählen, ist zweifelhaft, und ganz zu trennen ist der Heinrich Steinmar von Uotingen. In welchem Zusammenhange die 'tres fratres dicti Steinmar', die als 'in civitate Vilingen' d. h. Villingen im badischen Schwarzwald wohnend in einem Zinsrodel des vierzehnten Jahrhunderts erwähnt werden[2], läßt sich nicht ermitteln[3].

Das Wappen in der Pariser Handschrift zeigt im silbernen Felde einen schwarzen, rechts herniedergehenden Schrägstreifen[4]. Da auf dem einzigen erhaltenen Siegel die Darstellung nicht erkennbar ist[5], so ist nicht festzustellen, ob jenes Wappen mit dem der Klingnauer Steinmare übereinstimmt. Das Bild schließt sich an das Herbstlied an, mit welchem die Sammlung seiner Lieder in der Handschrift eröffnet wird: unter einem Baume sitzen mehrere Gesellen zu Tische und lassen sich Speise und Trank die Fülle bringen[6].

---

[1] Nach einer Mittheilung von H. Herzog scheint Berthold später Deutschordensritter in Beuggen geworden zu sein, was jedoch seiner Identität mit dem Minnesänger nicht widerstrebt. Er wird nach Herzogs Angabe benefactor des Stiftes Zurzach genannt.

[2] Wartmann, Urkundenbuch von S. Gallen 3, 762.

[3] In keinem Falle darf man, wie Laßberg wollte, die Steinmare mit dem Geschlecht derer von Steinmur vermischen, wogegen schon v. d. Hagen mit Recht Einspruch erhoben hat: 4, 468 f.

[4] v. d. Hagen, MS. 4, 469.

[5] oben S. CXII.

[6] MS. 4, 471.

Nur zwei der Lieder enthalten eine Beziehung auf historische Verhältnisse. Das eine (3) ist aus der Ferne, in Wien, an die Geliebte gerichtet. Schon von der Hagen hat die nach den Urkunden einzig mögliche Deutung gegeben, wonach der Dichter die Heerfahrt Rudolfs I gegen Ottokar von Böhmen im Jahre 1276 mitmachte. Die Uebergabe von Wien erfolgte im Winter 1276—1277; das Lied ist, wie der Inhalt zeigt, im Frühjahr gedichtet, es kann an das Frühjahr 1277, aber auch an das von 1278 gedacht werden, da Rudolf bis zum 12. August 1278 in Wien verweilte[1]. Wahrscheinlich auf dieselbe Fahrt ist auch das zweite Lied (12) zu beziehen, das eine geschichtliche Anspielung in den Worten *ûf dirre vart, die der künic gên Mîssen vert,* enthält. Eine Beziehung auf den Feldzug König Adolfs von Nassau gegen Meißen im Jahre 1294 anzunehmen, wie Wackernagel[2] will, ist mit Rücksicht auf die späte Zeit unthunlich, da ein in den Sechzigern stehender Mann schwerlich diese Heerfahrt mitgemacht haben wird[3]. Ein Zug Rudolfs, an den man zunächst denken muß, gegen Meißen ist nicht nachzuweisen: am wahrscheinlichsten ist die Annahme Neumanns[4], daß man in Rudolfs Heere glaubte, der Zug des Sommers 1276 gehe auf Meißen zu, indem Rudolf anfänglich die Absicht hatte, mit der Hauptmacht seines Heeres über Eger gegen Tepel zu marschiren, um Ottokar, der sich bei Tepel aufgestellt hatte, anzugreifen. Erst im September änderte er den Plan und wandte sich von Nürnberg in südöstlicher Richtung nach Wien zu. Damit stimmen auch die kalten Nächte, von denen der Dichter redet; es ist der Beginn des Herbstes 1276, in welchen das Lied fällt.

Die Anordnung der Lieder in der Handschrift hat Neumann[5] als eine chronologische nachzuweisen versucht, sieht

[1] Neumann S. 10.

[2] a. a. O. Anm. 42.

[3] Vgl. Neumann S. 11 f.

[4] S. 15 ff.

[5] S. 21 ff.

sich dabei aber zu mehreren dagegen verstoßenden Annahmen genöthigt. Für den größern Theil kann es unbedenklich zugegeben werden. Die Lieder sondern sich in Lieder der höhern und der niedern Minne. In jenen hält Steinmar zwar im allgemeinen den Stil des höfischen Minneliedes ein, aber einzelne realistische Bilder und Vergleiche bekunden schon hier eine gewisse Neigung zum Derben. Ganz im Stile des höfischen Minneliedes ist das zweite: der Gedanke an die Geliebte erhebt seinen Sinn, wie den edlen Falken sein Gefieder in die Lüfte emporträgt. Durch sie haben alle deutschen Lande Ehre; er glaubte, ein Engel lache ihn an, als er sie sah; ihm ward wie einer Seele, die aus der Verdammniß ins Himmelreich soll. Die Originalität seines Wesens tritt schon hier trotz alles Anschlusses an das Traditionelle hervor. Dagegen jener realistische Zug erscheint zuerst im vierten Liede, in welchem er klagt, daß der süße Lohn ihm heuer ferner sei als im vergangenen Jahre. Gleichwohl will er den Sommer grüßen, auch wenn er Freude entbehren muß. Er möchte sein Herz strafen und über seine Augen wehe rufen, denn durch sie kam sie in sein Herz gegangen. Sein Herz fährt wie ein Schwein in einem Sacke hin und her, wilder als ein Drache kämpft es von ihm weg zu ihr sich hin. Alle guten Leute sollen wünschen, daß ihm Glück bei ihr beschieden sei. Wenn er sein Lieb nicht bald sieht, klagt er (3), dann ist er todt. Nur von ihr kann ihm Freude kommen, er glaubte in den Sonnenschein zu sehen, als er in ihre Augen blickte, aber ihre Schönheit machte ihn verstummen. Die Liebesklage setzt ein Frühlingslied (9) fort; er ist in Kummer trotz der frohen Natur, ihr rother Mund hat ihn mit Minnefeuer entzündet; wer je ein Herzlieb hatte, der soll für ihn bitten. Ihre Schönheit gleicht dem Sonnenschein: was er gefleht, könnte einen Felsen erweichen; wäre ihr Herz ein Amboß, er müßte Gnade bei ihr finden; bis in den Meeresgrund hätte sein langes Wehklagen dringen können; aber niemand hört auf ihn, der am Thor der Minne um Einlaß ruft. Das zehnte ist beim Herannahen des Sommers gedichtet: dem süßen Mai stehen die Thore der Freude offen, nur er muß in Leid und Kummer leben. Er taucht sich vor der Minne unter wie eine Ente, die schnelle Falken in einem Bache jagen. Im dreizehnten erklärt er, er wolle mit der Saat grünen, mit den Blumen blühen, mit den Vöglein singen, mit dem Wald lauben, mit dem Maienthau thauen, alles seiner Herrin zu Liebe. Wenn er sie sieht, glaubt er des Grales Herr zu sein, d. h. alles was man nur wünschen kann, erreicht zu haben. Um ihretwillen gedenkt er aller guten Frauen in Gutem, und bittet sie, ihn zu trösten. Wahrscheinlich die spätesten seiner Lieder sind die auf der Heerfahrt entstandenen: in dem im Herbste 1276 gedichteten (12) denkt er der fernen Geliebten und preist sie; sie soll sein Maie sein, hell wie die Sonne leuchten ihre Augen, er sehnt sich nach ihr in der Fremde, wo kalte Nächte ihm weh thun und er Bier zu trinken genöthigt ist. In dem letzten (3), das im Mai 1277 oder 1278 (wahrscheinlich in ersterem Jahre) entstanden, spricht er den Gedanken aus, daß die Leute ihm wünschen sollen, daß die Geliebte seine Noth wende. Sie hat ihn im Herzensgrunde verwundet, ihr rother Mund soll sein Arzt sein.

Zu diesen Liebesliedern kommt ein Tagelied (5), in welchem Steinmar ähnlich wie Ulrich von Lichtenstein die gewöhnliche Anlage der Wächterlieder tadelt, wonach sich die Liebenden auf den verlassen, der seinen Herrn verräth. Wäre er in der Lage eines so beglückt Liebenden, so wollte er nicht schlafen und auf keinen Wecker vertrauen, nur einen treuen Freund würde er zum Vertrauten seines Liebesglückes machen.

Das andere Tagelied (8) bildet den Uebergang zu den Liedern der niedern Minne, indem es das höfische Tagelied parodirt. Bei Steinmar ist es ein Knecht und eine Dirne, die die Nacht zusammen zugebracht haben; statt des Burgwächters ruft am Morgen der Hirte 'laß die Herde heraus.' Da erwacht die Dirne und ihr Geselle; er muß das Stroh räumen, doch ehe er scheidet, nimmt er sie noch einmal in den Arm. Man sieht, es sind genau die einzelnen Motive und Situationen des höfischen Tageliedes, aber ins niedere gezogen. Eine parodische Anspielung auf das Tagelied enthält auch der Refrain des siebenten Liedes.

Der niedern Minne gehören drei Lieder an. In dem siebenten ist seine Geliebte eine süße *selderîn*, eine Bauerndirne, die nach Kraut geht, auf die er die gewöhnlichen Formeln des höfischen Minneliedes anwendet: er ist ihr zum Dienste geboren. Sie war ihm den Winter über entzogen, jetzt geht sie auf die Heide, Blumen zu einem Kranze zu brechen, den sie beim Tanze tragen will; da hat er Gelegenheit, viel mit ihr zu plaudern. Wenn sie in den Garten geht, bestellt ihr rosenrother Mund ihn dahin; vor ihrer Mutter muß er sich hüten, aber er räth ihr, die Hut derselben zu brechen. In dem zweiten (11) hebt er ganz höfisch an: er klagt über den Winter und seinen Kummer; sein Kummer aber besteht darin, daß eine *dirne sældenbære* ihn nicht zu sich auf den Strohsack lassen will. Sie ist eine minnigliche Dienerin, die ihn, weil er arm ist, nicht zuläßt; sie erinnert ihn an die versprochenen Geschenke, Leinen, ein paar Schuhe und einen Schrein; wenn sie das erhalte, will sie ihm gewähren. Er sucht ihr (seine 'Königin' nennt er sie in parodischer Verwendung dieser im höfischen Minneliede häufigen Bezeichnung) dies auszureden: 'zu was soll dir der Schrein? willst du denn eine Betschwester werden?' Er will ihr etwas zum Bedecken ihrer Blöße kaufen. Sie aber besteht auf dem Versprechen; dann soll er sie beim Beine nehmen dürfen, und wenn sie auch weine, fröhlich zu ihr auf den Strohsack kommen und sie nicht schonen. Das dritte (14) ist ein Winterlied, dessen Refrain die Sehnsucht nach dem Sommer ausdrückt. Seine Geliebte ist eine kluge Dienerin, er hat kein Glück bei ihr gehabt, sie will Geld von ihm und Schuhe; dann würde die Kluge ihn nehmen, die hinter dem Pfluge einhergeht und den Wagen schieben muß und auf dem Meierhofe schafft.

Denselben realistischen Zug trägt endlich auch das die Sammlung der Gedichte eröffnende Herbstlied (1). Da die

Geliebte ihm nicht lohnen will, so will er kein armes Minnerlein mehr sein, sondern ein flottes Leben anfangen. Er will dem Herbste gegen den Maien helfen; dieser soll, seit Gebewin ihm todt ist, ihn dummen Laien zum Ingesinde nehmen. Der Herbst ist dazu bereit, wenn Steinmar ihn gebührend preise. Und nun folgt der Preis des Herbstes, mit Aufzählung der materiellen Genüsse an Speise und Trank, die er bietet.

Ihrer Form nach haben die Lieder fast durchgängig dreigliedrigen Strophenbau. Untheilbar ist die Strophe von 14. Bei dreitheiligem Bau findet keine Verwandtschaft der drei Theile statt in 1 und 3; ebenso in 6, 7 und 10, wo die Strophe im Refrain endet, und in 13, wo derselbe Fall und der Refrain wahrscheinlich zum Abgesang zu rechnen ist, weil dieser sonst ungewöhnlich kurz wäre. In 12 ist der Abgesang gleich den beiden ersten Zeilen des Refrains. Im zweiten Liede umfaßt der Abgesang den Stollen und wiederholt außerdem die letzte Zeile des Stollen an seinem Anfang. Derselbe Bau im achten Liede, dessen Strophenform eine Variation der Nibelungenstrophe mit durchgeführten Cäsurreimen und Verkürzung der achten Halbzeile ist. Im fünften hat der Abgesang, der in seinem größern Theile dem Stollen gleich ist, am Anfang ebenfalls eine Zeile mehr als dieser, die aber nicht einer der Stollenzeilen als Wiederholung entspricht. Im vierten endlich ist der Abgesang seinem Bau nach auch gleich dem Stollen + der letzten Stollenzeile am Anfang wie im zweiten Liede, aber der Abgesang ist in sich zweitheilig, also doppelt so lang wie im zweiten; die beiden letzten Zeilen sind Refrain, der kleine Modificationen erfährt; die drittletzte Zeile ist als Refrainreim mit der letzten Zeile des Refrains gebunden.

Vom innern Reim hat Steinmar nur einmal Gebrauch gemacht (14), um so häufiger vom Refrain, durch dessen zahlreiche Anwendung seine Lieder dem volksmäßigen Charakter näher stehen als die der meisten Minnesänger. Aus zwei Zeilen besteht derselbe in 3 und 7; ebenso in 9 und 13, wo er beidemal den Grundton und Grundgedanken des

Gedichts, in jenem den Ruf um Erbarmen an die Schöne, und die Hoffnung auf Trost, enthält. Drei Zeilen umfaßt er im zwölften Liede. Kleine Modificationen in der vorletzten Zeile zeigt der zweizeilige Refrain im sechsten; ebenso im vierten, wo der Schlußreim des Refrains mit dem Schlußreim der eigentlichen Strophe gebunden ist, so daß éin Reim als eine Art Korn durch alle Strophen an bestimmter Stelle hindurchgeht. Bei dreizeiligem Refrain ist nur die erste Zeile gleich im vierzehnten Liede, während die zweite und dritte wechseln. Die erste Zeile des vierzeiligen Refrains erfährt eine kleine Variation im zehnten Liede. Refrainartig ist auch die Wiederholung des Strohsacks in der vorletzten Strophenzeile des elften Liedes, die immer zweimal gesungen wurde; refrainartig endlich die Wiederholung des Wortes *wâfen* in der Schlußzeile jeder Strophe in dem ersten Liede.

Der Rhythmus ist fast nur trochäisch oder jambisch: daktylischen hat Steinmar nur im ersten Fuß der ersten Zeile jedes Stollen und des Abgesangs im zwölften Liede.

Einfluß auf Steinmar haben insbesondere Gottfried von Neifen und Ulrich von Winterstetten geübt: jener hat die Doppelrichtung höherer und niederer Minne wie Steinmar, dieser die Vorliebe für den Refrain und volksmässige Weise; außerdem ist noch der Tanhauser zu nennen[1]. Ob unter dem *Gebewîn* 1, 15 ein Dichter zu verstehen ist, der, wie Neumann will (S. 86 ff.), dem Kreise der lateinischen Vagantenpoesie angehörte, und dem Steinmar das Besingen der Herbstfreuden entlehnte, ist mir zweifelhaft[2].

Von der Popularität des Dichters legt Zeugniß ab die geistliche Umdichtung eines recht weltlichen Liedes von Steinmar, das älteste Beispiel der Art, das wir kennen. Sie ist wahrscheinlich in der Schweiz entstanden, denn die einzige Handschrift (in Basel) trägt ganz alemannisches Gepräge.

---

[1] Vgl. über diese Vorbilder Neumann S. 70 ff.

[2] Wackernagel, altfranz. Lieder und Leiche S. 183 macht auf die verwandten altfranzösischen Lieder aufmerksam.

Vielleicht in Basel selbst im Kreise der Mystiker, die es liebten, an weltliche Lieder sich anzulehnen[1]. Diese Umdichtung darf hier nicht fehlen[2].

Himelriche, ich fröwe mich din
daz ich dâ mac schouwen
got und die liebe muoter sin,
unser schœne frouwen,
und die engel mit der crône,
die dâ singent alsô schône:
des fröwent sie sich.
got der ist sô minnenclich.
  wart umbe dich:
  hüetent iuch vor sünden, dast tugentlich.

Lützel reden daz ist guot
und ze mâze lachen,
twinc diu ougen und den muot:
man sol lange wachen.
bete gerne und wis alleine,
fliuch diu welt, sist gar unreine,
ir valschez leben:
got der wil sich selbe uns geben.
  wart umbe dich:
  hüetent iuch vor sünden, dast tugentlich.

Sît ich mich nu hüeten sol
vor des tivels lâge,
herre got, nu tuo sô wol,
verlich mir dîne gnâde.
ich bit dich, herre, durch din güete,
daz der lip iht an mir wüete
und diu welt,
want siu git sô bœse gelt.
  wart umbe dich:
  hüetent iuch vor sünden, dast tugentlich.

---

[1] Vgl. die aus einer Kolmarer Hs. mitgetheilten Lieder in meinen Beiträgen zur Quellenkunde d. altdeutschen Literatur, Straßburg 1886.
[2] Ich gebe sie nach dem Texte in meinen Liederdichtern[2] S. 306 f.

XX. Der von Gliers[1].

Der Vorname ist nicht überliefert, das Geschlecht aber unzweifelhaft dasjenige, dessen Stammburg bei Bruntrut im elsäßischen Sundgau lag.

1173 erscheint zuerst ein Hugo miles de Chilirs[2]; 1187 in einer Urkunde für das Kloster Grandgourd wird Richardus de Gleyre als einer der Wohlthäter des Klosters erwähnt[3], vielleicht derselbe, der auch 1233 eine Schenkung für die Kirche in Basel bezeugt: Richardus de Cliers[4], doch kann dies auch ein jüngerer sein, der im April 1267 mit seiner Gattin Margaretha mit Zustimmung ihrer Kinder, Berthold, Heinrich und Wilhelm, verschiedene Güter in Mittelmusbach an die Frau eines Baseler Bürgers verkauft[5].

Am häufigsten kommt Wilhelm von Gliers vor. Zuerst in der ebenerwähnten Urkunde von 1267, dann 1283 zu Bruntrut als Zeuge einer Urkunde Rudolfs I als W. de Froburg[6], 1291 in einem Vertrage zwischen Ulrich von Montsevelier (Mutzewilr) und Heinrich von Tavannes (Tasuen) mit Bezug auf den Zoll von Delémont (Telsperg), mit Zustimmung 'des edelen herren her Wilhelmes von Gliers, herre ze Froberg, von dem es och lehen ist', und mit angehängtem Siegel Wilhelms (han ich der vorgenante Willehem von Gliers, herre ze Froberg ... min ingesigel gehenket an disen brief[7]). Im

---

[1] Vgl. über ihn Wackernagel, Verdienste der Schweizer S. 13. 33, 48; v. d. Hagen, MS. 4, 112—114. — Seine Leiche bei Bodmer 1, 42—44; nur der erste, die anderen in Beneckes Beiträgen 1, 121—133, vollständig bei v. d. Hagen 1, 102—108; Lesarten 3, 644.

[2] Trouillat, Monuments de l'histoire de l'ancien évêché de Bâle 1, 353.

[3] Trouillat 2, 28.

[4] Trouillat 1, 528.

[5] Trouillat 2, 172 ff. Richardus de Cliers et uxor eius Margaretha, nobiles.

[6] Hagen, MS. 4, 112.

[7] Trouillat 3, 8.

Zusammenhange damit steht die von Wilhelm in Bruntrut am 27. September 1296 ausgestellte französische Urkunde, in welcher er für 30 Pfund Baseler Münze den Henri von Tavannes bevollmächtigt zu verpfänden, was er von ihm in Delémont zu Lehen hat[1]. Ferner im April 1296 in einer Urkunde des Grafen Diepolt von Pfirt (nos Thiebauz cuens de Ferretes), in welcher derselbe sich bereit erklärt zur Entschädigung für allen Schaden, den 'nostres bien ames coisins Willames de Gliers, chevaliers, sires de Montjoie (= Froberg)' durch den ihm geleisteten Treueschwur erleiden würde[2]. Am 6. Mai 1297 erklärt Renaud von Burgund, Graf von Montbeliard, für null und nichtig das Gewohnheitsrecht 'que apres la mort du pere li anfans suigvoient la mere et lou seignor en la mere estoit' für sich und seine Erben und 'notre amé et feal chevalier messire Willaume de Gliers, sire de Montjoie'[3]. Am 3. October 1298 verspricht Graf Diepold von Pfirt (Phirte) 'her Wilhelm von Gliers, eime ritere, unserem mage' für die ihm geleisteten Dienste 60 Mark Silber und verpfändet ihm und seinen Erben dafür Einkünfte in Riespach[4]. In Gegenwart von 'domino Wilhelmo de Gleires' wird am 29. September 1300 der Vertrag zwischen dem Bischof Peter von Basel und Renaud von Burgund, Grafen von Montbeliard, geschlossen, in welchem es heißt 'item castrum de Montjoie, quod theotonice dicitur Froberg, cum suis pertinentiis, secundum quod dominus Willermus de Gleires tenet ab ipso (nämlich dem Grafen Renaud), et castrum Dale cum suis pertinentiis, prout ipse dominus comes tenet, ad manus nostras (des Bischofs) sponte et libere resignavit.' Auch unter dem nicht mit Vornamen genannten dominus de Gliers in Einkünfteregistern von 1303 und 1307 ist Wilhelm zu verstehen[5]. Denn er lebte noch 1308, in welchem Jahre ihn der

[1] Trouillat 3, 9.
[2] Trouillat 2, 621.
[3] Trouillat 2, 650.
[4] Trouillat 2, 670.
[5] Trouillat 3, 72. 115.

Bischof von Basel mit den bischöflichen Zehnten in Hirsingen und Grenzingen für sich und seine Nachkommen belehnt, unter der Bedingung, daß er Bruntrut bewohne und vertheidige[1].

Am 25. Januar 1314 stellt Wilhelm von Gliers eine Urkunde über eine ihm geschuldete Summe aus[2], und am 24. März 1314 bezeugt Willames de Gleyres sires de Montjoiie eine französische Urkunde[3]. Ob dies noch derselbe ist, kann zweifelhaft sein. Der um 1337 vom Bischof von Basel belehnte Wilhelm ist dagegen sicher ein jüngerer, wahrscheinlich der Sohn, der dieselben Zehnten zu Hirsingen und Grenzingen empfängt, die schon der Vater inne hatte[4]. Dieser jüngere kommt auch 1332[5] und noch am 24. August 1345[6] vor. Dagegen in einer Urkunde vom 26. August 1347 erscheint bereits sein Sohn[7].

Johann von Gliers erscheint am 17. Januar 1326 in einer von ihm gesiegelten Urkunde[8]; ebenso siegelt er am 6. October 1335[9]. Auch 1350 und noch 1361 ist er nachweisbar[10].

Die Gliers aus dem zwölften Jahrhundert kommen nicht in Betracht, weil sie wegen der als todt beklagten Leichdichter zu alt sind, und ebenso wenig die aus dem vierzehnten, weil sie aus demselben Grunde zu spät fallen. Im dreizehnten tritt am bedeutsamsten hervor der Verwandte des Grafen Diepold von Pfirt. Es ist daher auch erklärlich,

---

[1] Trouillat 2, 126: nobili et strenuo militi domino Guillelmo domino de Gliriis, fideli nostro.

[2] Trouillat 3, 695.

[3] Trouillat 3, 257.

[4] Trouillat 3, 446.

[5] Kopp, Geschichte der eidgenössischen Bünde 5, 2, 545.

[6] Trouillat 3, 831 f.

[7] Trouillat 3, 847.

[8] Trouillat 3, 722.

[9] Trouillat 3, 770; vgl. Kopp a. a. O. 5, 2, 545.

[10] Hagen 4, 113. Schreiber, Urkundenbuch von Freiburg II, wo eine Abbildung seines Siegels.

daß, als Diepolds Schwester, Adelheid von Regensberg, zu Gunsten ihres Bruders ihrem Erbe entsagte, her Wilhelm von Gliers als Vogt (Vormund) derselben erscheint[1]. Diepold war der Schwiegersohn Walthers von Klingen (vgl. oben S. LXXXIII); auch aus diesem Grunde ist grade bei Wilhelm Betheiligung an poetischen Bestrebungen am ehesten vorauszusetzen. Zum Jahre 1278 berichten die Kolmarer Annalen: dominus de Gliers vallem Sergowe depredatur et tres nobiles interfecit[2]. Auch hier ist kein Vorname genannt, aber sicher kein anderer als Wilhelm gemeint.

Das Wappen auf dem Bilde der Pariser Handschrift ist in rothem Felde ein goldener Schlüssel mit viereckigem Griff und nach rechts gekehrtem, von allen Seiten eingeschnittenen Barte; gegenüber der nach rechts gewandte goldene Helm mit rother Binde und dem gleichen Schlüssel geziert. Dies ist in der That das Gliersche Wappen, wie es das Siegel des Johannes von Gliers an der Urkunde von 1360 zeigt.

Das Gemälde stellt den Dichter jugendlich und blondgelockt dar, das Haupt mit einem Perlenkranze geschmückt, reich gekleidet, in weitem und langem blauem Ueberkleide, mit Hermelinkragen, und rothem Untergewande, von dem nur die Aermel mit goldenem Saume hervortreten. Er sitzt auf einer mit buntem Teppich behangenen Bank und blickt in eine längliche, oben abgerundete schwarze Schreibtafel mit gelbem Rande, die er offen in den Händen hält[3].

Wir haben von ihm nur drei Leiche. In dem ersten vergleicht er sich der Heide, die im Frühling voll Blumen stand und auf der nun der Winter liegt. Er hat die Huld der Minne verloren, fleht die Geliebte um Erhörung an und klagt seine Noth, indem er sich dem Schwan vergleicht, der vor seinem Tode singt; wenn er stirbt, dann hat sie einen treuen Dienstmann verloren. Bezwänge er die Welt, wie Julius

[1] Hagen 4, 112, Anm. 6. Die betreffende Urkunde, bei Herrgott Nr. 691, enthält sein Siegel.

[2] Monum. SS. 17, 203.

[3] Hagen, MS. 4, 113.

Cäsar Rom bezwang, so würde er doch ohne ihr Habedank sich freudenarm fühlen; er möchte nicht Kaiser sein, wenn er sie nicht täglich sehen dürfte; er wollte in des Reiches Acht und des Papstes Banne sein, wenn er ihr Geliebter wäre.

Derselbe Grundton der Klage und der nicht erhörten Liebe bildet auch im zweiten Leiche das Thema. Der Sommer ist da, alles freut sich, nur er nicht; er hat gehört, daß die Minne viele Männer zu Grunde gerichtet hat (Tristan, Piramus und Hippolytus werden als Beispiele angeführt), daher wollte er ihr nicht dienen; aber nun schwimmt er an ein zu fernes Ziel und hält ein verlorenes Spiel. Er ist nicht so alt an Jahren als grau an Haar; er lacht außen und weint innen, er muß nach Trübenhausen[1] fahren. Es gibt manchen Mann, der kein Glück hat, doch hilft es ihm wenigstens, wenn alle Welt sagt 'o weh, daß dem Manne bei seinem wackern Thun das Glück nicht hold ist!' Er kann und will von der Minne nicht lassen, er gibt die Wehr gegen sie auf und erklärt am Schlusse, er wolle nun von seiner Herrin reden. Damit geht er zum dritten Leich über, der mit dem zweiten eng zusammenhängt und in der Form ihm genau entspricht; wie er in jenem von der Minne, handelt er in diesem von seiner Fraue. Er vergleicht die Geliebte einem Baume, Tugend hat in ihr gewurzelt, daraus geht ein Stamm der Güte hervor, den Aesten gleicht ihre Ehre, ihre Zucht ist die Blüthe, das Laub ihr Lob[2], ihre Liebe die Frucht, der Apfel. Er möchte des Baumes Meister sein, aber da er weiß, daß sie über einen solchen Wunsch zürnen würde, so möchte er nur im Schatten weilen, denn der Apfel wird nimmer sein eigen. Er wollte lieber sterben, als daß er etwas ungeziemendes verlangte und sie durch seine Schuld roth vor Scham würde. Er stürbe lieber, als daß er Kaiser wäre und ihre Huld entbehren müßte. Er bittet nur um ein

---

[1] Vgl. über derartige allegorische Namen Wackernagel, Kleine Schriften I, 127.

[2] Dies zugleich eine Art Wortspiel.

freundliches Wort von ihr; er weiß wohl, ihren großen Werth kann er nach Verdienst nicht loben, lebten die alten Meister noch (die er hier mit Namen aufzählt), sie könnten es auch nicht; sie möge daher mit dem Willen vorlieb nehmen. Ihre Liebe verwundet ihn so, daß er aller Freude beraubt ist, wie einer, der immer auf einem Aste wohnen müßte. Selbst Gralant, den man zu Tode sott, litt nicht so große Noth als er. Letztere Beziehung zeigt die Bekanntschaft mit altfranzösischer Poesie, die ihm in seiner Heimat nahe lag: gemeint ist jener Gralant, von welchem ein Lai des dreizehnten Jahrhunderts berichtet.

In dem ersten Leiche ist jeder Absatz zweitheilig, vereinzelt viertheilig (81—84) und einmal dreitheilig (59—70). Nur der letzte Absatz ist untheilbar. Nur ein Absatz wird wiederholt (71—74 = 81—84). Ein verwandter Zug der verschiedenen Absätze besteht darin, daß häufig die Absätze und die ersten Hälften derselben mit einem zweimal gehobenen Verse schließen (17 = 22; 27 = 32; 62 = 66 = 70; 135 = 146).

Der zweite Leich, dem der dritte, wie bemerkt, Silbe für Silbe gleicht, besteht aus zwei- und dreitheiligen Absätzen; gleich gebaut sind 19—30 = 55—60 = 91—102 = 124—135 = 160—171, also eine Grundform durch den ganzen Leich hindurchgehend. Ferner sind ähnlich 31—54 und 67—90, nur daß hier mit einem vierfachen Reime, dort mit zwei Reimpaaren geschlossen wird (was aber in der Melodie keinen Unterschied macht) und daß die zweite und vierte Zeile in 31—54 um eine Hebung länger sind als die entsprechenden in 67—90. Außerdem ist 1—18 verwandt mit 136—159, nur daß in letzterm Absatz die Reime viermal, dort nur dreimal wiederholt werden; und 103—123 ist verwandt mit der Grundform (19—30 etc.), nur daß ein dreifacher Reim statt eines Reimpaares den Abschluß bildet. Die Leiche 2 und 3 kann man, da sie auch durch ihren Inhalt aufs engste zusammenhängen, als éinen auffassen, der aus zwei ganz gleichen Hälften besteht, also ganz wie der Leich Ulrichs von Lichtenstein[1] gebaut ist. Bemerkenswerth ist noch die Neigung zum Sprichwort, überhaupt zum Didaktischen und Betrachtenden[2].

XXI. Konrad der Schenk von Landegg[3].

Die Burg dieses thurgauischen Geschlechtes stand auf einem steilen Berge am rechten Ufer der Thur, zwischen Ramsau und dem Bubenthal, in der Grafschaft Toggenburg. Ihre Ruinen waren noch im achtzehnten Jahrhundert sichtbar, sind aber jetzt verschwunden. Die Landegger waren Dienstmannen der Grafen von Toggenburg und bekleideten zugleich das Schenkenamt bei dem Stifte S. Gallen, dessen Truchseßen die von Singenberg (s. oben S. XXVII) waren. Ihnen gehörte auch das Gericht zu Winzenberg, das hinter ihrer Burg im Thale des Neckars liegt, ferner das Schloß Glattburg am linken Thurufer unter dem Zusammenfluß von Thur und Glatt, wonach sie sich manchmal auch Schenken von Glattburg nennen; endlich auch Güter im Rindal und vielleicht zu Peterzell[4].

Als Schenke wird zuerst Rudolf 1167 und 1170 erwähnt[5]; dann Heinrich zweimal im Jahre 1244[6] und dann wieder 1257[7]. Eine um 1270 fallende Urkunde, in welcher Rudolf

---

[1] Vgl. meine Liederdichter Nr. 33.

[2] Vgl. 2, 161. 164. 3, 134.

[3] Vgl. über ihn Laßbergs Liedersaal 1, S. IX; Wackernagel, Verdienste der Schweizer S. 13. 32, 42; v. d. Hagen, MS. 4, 307—310; Schönhuth in A. Schreibers Taschenbuch 1841; Germania 9, 149; meine Liederdichter[2] S. XLV; Götzinger in den S. Gallischen Neujahrsblättern 1866, S. 12—16, mit dem Bilde der Pariser Handschrift; Hügel in der Encyklopädie von Ersch und Gruber, 2. Section, 38, S. 312; Germania 26, 222. — Die Lieder bei Bodmer 1, 195—204; bei Hagen 1, 351—363, die Lesarten 3, 644.

[4] Götzinger a. a. O. S. 12.

[5] Hagen, MS. 4, 307, Anm. 5.

[6] Wartmann 3, 104. 106.

[7] Wartmann 3, 141.

von Rorschach seinem Bruder Egelolf den vierten Theil des väterlichen Gutes übergibt, ist ausgestellt 'in geginwirtin... hern Heinrich dim Schenken', der vorher als 'dir schenke von Landegke' bezeichnet ist[1]. Er starb an einem 2. August und stiftete vor 1272 eine Jahrzeit zu seinem Gedächtniß, durch welche die Kirchen und Kapellen, das Brüderhospital und das von den Singenbergern gestiftete Hospital sowie das Siechenhaus und die Klausnerinnen bedacht wurden[2]. An seinem Todestage wurde Wein, Fische, Käse und ein kleinerer Laib gespendet[3].

Vielleicht seine Söhne sind die Brüder Leutold und Konrad, welche als Schenken von Landegg zuerst am 8. October 1271 in einer Pfandurkunde der Grafen Diethelm und Friedrich von Toggenburg als Zeugen erscheinen[4]. 1275 am 3. Januar in S. Gallen befindet sich unter den Geiseln Herrn Rudolfs von Rorschach, Dienstmanns des Stiftes, beim Verkauf seines Eigenthums zu Lankwatt an die Samnung 'in dem Brüel' zu S. Gallen, auch Konrad[5]. Am 15. December 1277 bezeugt er und sein Bruder Leutold zu Wil die Verleihung der Burg Singenberg durch Abt Rumo von S. Gallen an die Kinder des Freien Herrn Rudolfs von Güttingen[6]. In der Urkunde vom 23. April 1280 wird er mit anderen Herren als anwesend auf dem Tage in Rorschach nach dem Tode Rudolfs von Rorschach erwähnt[7]. Am 11. Juni 1281 verpfändete zu Nürnberg König Rudolf ihm die Vogtei Scheftenau in der

[1] Wartmann 3, 715 f.

[2] Wartmann 3, 831 f.

[3] Wartmann 3, 830.

[4] Wartmann 3, 192, Nr. 993: L. et ... pincerne de Landegge; bei dem zweiten Namen ist ein Loch im Pergament.

[5] darumbe gibe ich inen dise gisele ... hern Chuonraten den schenchen von Landegge. Wartmann 3, 199, Nr. 1001[a].

[6] her Liutolt und her C. die schenkin von Landegge. Wartmann 3, 210, Nr. 1009.

[7] Wartmann 3, 224, Nr. 1025: hern Conraden den schenken von Landegge.

Grafschaft Toggenburg im Kanton S. Gallen für 30 Mark Silber zum Lohne für geleistete und noch zu leistende Dienste[1]. In S. Gallen am 26. April 1282 bezeugt er eine Urkunde des Abtes Wilhelm[2]. Die erste von ihm selbst ausgestellte Urkunde ist vom 10. März 1283, in welcher 'Conradus pincerna de Landegge, miles, ministerialis monasterii Sancti Galli' seinen Antheil an den ihm und seinem Bruder Leutold von Abt Rumo für 50 Mark Silber verpfändeten Einkünften des Hofes zu Scheftenau an Abt Wilhelm zurückstellt[3]. 1284 am 13. Januar bezeugt zu Wil 'her Cuonrat der Schenk' eine Urkunde des Grafen Friedrich von Toggenburg für S. Gallen[4]. Bei dem Verkaufe des Oedenhofes an S. Gallen vor dem 13. Mai 1284 war 'dir herre Cuonrad dir schenche von Landegge' nebst einem andern Geisel von Seiten des Stiftes[5], und bei dem am 13. Mai 1284 ausgesprochenen Verzichte der Verwandten auf den Hof ist zugegen 'herre Chuonrad dir schenche von Landegge'[6]. Schon vor dem Jahre 1287 hatte ihn Abt Wilhelm zum Schloßhauptmann von Singenberg der Burg eingesetzt[7]. Unter den Gläubigern des Gegenabtes Konrad von Gundelfingen (1288—1291) befindet sich auch dominus C. pincerna de Landegge mit 22 Pfund[8]. Am 6. December 1293 bezeugt er in S. Gallen im Kloster einen Verkauf

---

[1] grata que strenuus vir Chunradus pincerna de Landekke nobis et imperio hactenus gratanter impendit obsequia et in antea impendere poterit graciora benignius intuentes. Wartmann 3, 225, Nr. 1027. Vgl. Hagen, MS. 4, 308.

[2] Wartmann 3, 233, Nr. 1032: presentibus testibus .. C. pincerna de Landegge.

[3] Wartmann 3, 235, Nr. 1035; vgl. oben Anm. 1.

[4] Wartmann 3, 238, Nr. 1039.

[5] Wartmann 3, 329, Nr. 1040.

[6] Wartmann 3, 240, Nr. 1041.

[7] Wartmann 3, 249, Nr. 1053: Singenberc die burk mit lute unde mit guote unde mit allir der ehafti, als si herre Cuonrat der schenke von Landegge von sinen (d. h. des Abts) wegen hatte in siner giwalt.

[8] Wartmann 3, 739.

des Abtes Wilhelm an Heinrich von Tengen[1]. Am 10. Januar 1296 gibt er in S. Gallen seine Zustimmung zu dem Austausch von fünf Pfund Einkünften, die ihm von Appenzell verpfändet sind, gegen fünf Pfund von Einkünften der Kirche zu Bernang, und sein Bruder Leutold bezeugt nebst andern den Tausch[2]; am 28. Januar überläßt er in Sanct Gallen das streitige Patronatsrecht der Kirche in Oberbüren dem Abt Wilhelm[3]; auch hier ist Leutold Zeuge, und der Bischof Heinrich von Konstanz hat auf dringende Bitte 'strenui viri C. pincerne de Landegge militis' sein Siegel angehängt. Am 3. November, ebenfalls in S. Gallen, bezeugt er und mit ihm Heinrich (her Hainrich und her Cuonrat schenkin von Landegge) einen Vergleich über ein s. gallisches Lehengut[4]; am 19. Juni 1299 er allein eine Verkaufsurkunde eines s. gallischen Dienstmannes[5]. Wie hier, so steht er unter den Zeugen an erster Stelle in Urkunden des Abtes Heinrich von S. Gallen, vom 22. Juni 1304[6] und vom 20. August 1306[7]. Um diese Zeit scheint er gestorben zu sein; denn von 1307 an kommt Leutold allein vor[8], wenn dies wirklich noch der ältere Bruder Konrads und nicht schon ein jüngerer ist. Von 1313 an erscheint dann wieder ein Konrad: so am 11. Februar 1313 in S. Gallen als Zeuge einer Urkunde des Abtes Heinrich[9];

---

[1] Wartmann 3, 277, Nr. 1083: Chuonradus pincerna de Landegge, miles.

[2] Wartmann 3, 285, Nr. 1094: C. pincerna de Landegge, miles.

[3] Wartmann 3, 286, Nr. 1095: Cuonradus pincerna de Landegge, miles.

[4] Wartmann 3, 289, Nr. 1099.

[5] Wartmann 3, 302, Nr. 1114: presentibus domino C. pincerna de Landegge...

[6] Wartmann 3, 337, Nr. 1152: presentibus domino C. pincerna de Landegg...

[7] Wartmann 3, 346, Nr. 1163: presentibus et ad hoc in testes vocatis Cuonrado pincerna de Landeg, milite...

[8] Wartmann 3, 355. 361. 362. 368. 369.

[9] Wartmann 3, 385, Nr. 1210: C. der schench von Landeg.

am 12. März 1316 bei dem Vergleich des Grafen Hugo von Bregenz mit dem Abt Heinrich ist zugegen auch 'her Cuonrat der Schenke'[1]; am 8. August 1321 im Dorf Bichelsee bezeugt er die Urkunde der Grafen Johann von Habsburg und Wernher von Honberg[2]. Eine deutsche Urkunde von ihm ist die am 1. September 1321 in Wil ausgestellte, in welcher er bekennt, daß der Abt Hiltbold ihm die Burg Yberg zur Bewahrung übergeben habe[3]. Ferner wird er in der Urkunde vom 5. Februar 1324 unter den 'Tröstern' des Ausstellers, Kraft Snœde, aufgeführt[4]. Dieser Konrad und der jüngere Leutold sind die Söhne des ältern Konrad: ihnen bekennt Kaiser Ludwig in der Urkunde, Esslingen am 30. April 1333, hundert Mark schuldig zu sein, die auf den ihnen schon für 30 Mark verpfändeten Hof zu Scheftenau geschlagen werden. Hier wird ausdrücklich auf die frühere Verpfändung an den Vater durch Rudolf I Bezug genommen[5]. Konrad erscheint noch am 20. Juni 1347 als Bürge, den mit andern der Abt Hermann von S. Gallen ernennt, unter den Rittern als letzter[6].

Wie die historische Beziehung auf die Belagerung von Wien im Jahre 1276 beweist, kann nur Konrad der Vater der Dichter sein, der demnach von 1271—1306 nachgewiesen ist; sein Sohn kommt von 1313—1347 vor.

Das Wappen der Pariser Handschrift zeigt im silbernen

---

[1] Wartmann 3, 402, Nr. 1234.

[2] Wartmann 3, 434, Nr. 1274: her Cuorat (!) der schenke von Landegge.

[3] Wartmann 3, 435 f., Nr. 1276.

[4] Wartmann 3, 448 f., Nr. 1294: 'hern Chuonrat den Schenken' und 'her Chuonrat der Schenke.'

[5] Wartmann 3, 490 f., Nr. 1347: wann kunig Rudolf, unser vorvar und anherre, dem vesten manne Chuonraden dem schenchen weylent von Landegg die vogtay uber den hof ze Scheftnauwe für dreizzig march silbers versetzet hat, so slahen wir Liutolden und Chunraden, seinen sünen, schenchen von Landegg ...

[6] Wartmann 3, 567 f., Nr. 1442: ... hern Cuonrat den schenken von Landegge, alle ritter.

Felde zwei über einander laufende rothe Löwen mit goldener Krone. Dies stimmt mit dem Wappen der Landegger überein: zwei laufende Löwen und auf dem Helme zwei zusammengebundene Hörner[1].

Das Bild[2] bezieht sich auf seine Stellung zum Stifte S. Gallen. Auf einem unten mit vier Rundbogen geschmückten Stuhle sitzt ein Geistlicher mit einem Abtsstab in der linken Hand; auf dem Haupte trägt er eine Hermelinmütze mit starkem Ueberfall nach hinten; über dem schwärzlichen Unterkleide einen mit Hermelin gefütterten Mantel. Vor ihm kniet ein Jüngling in rothem Kleide, den Gürtel mit Edelsteinen geschmückt, an welchem die Schwertscheide herabhängt, und reicht ihm einen runden goldenen Becher, dessen Deckel er emporschlägt. Hinter ihm hängt sein Schwert und Schild. Hinter dem Abte eine Fahne mit einem aufrecht stehenden schwarzen Bären in goldenem Felde: das Wappen von S. Gallen[3].

Beziehungen auf Ereignisse im Leben des Dichters enthalten nur zwei Lieder; das fünfte ist im Winter gesungen auf der Heerfahrt König Rudolfs I, als derselbe Wien belagerte (1276):

der vil süezen, der ich diene,
singe ich disen sanc vor Wiene,
dâ der künic lît mit gewalt;
der bedenkt des riches nôt.

Das dreizehnte, ebenfalls im Winter gesungen, sendet einen Gruß aus der Ferne an die Geliebte am Bodensee; der Dichter weilt in Frankreich, an der Aisne; seine Geliebte ziert Schwabenland; Hennegau, Brabant, Flandern, Frankreich und die Picardie haben nichts so schönes wie sie und kein so lieblich Angesicht. Die genannten Länder lernte Konrad vielleicht kennen im Jahre 1289, als König Rudolf gegen den Pfalzgrafen Otto von Hochburgund zog.

---

[1] Hagen, MS. 4, 308, Anm. 14.

[2] Abbildung bei Götzinger, aber ohne Farben.

[3] Hagen, MS. 4, 308.

Von älteren Dichtern haben der Schenk Ulrich von Winterstetten und Gottfried von Neifen den meisten Einfluß auf ihn geübt, an beide finden sich Anklänge in seinen Liedern[1]. Daß er wenigstens einen Theil derselben noch als junger Mann dichtete, ist aus dem einen Winterliede (20) ersichtlich, wo er sagt, daß, seit er zum Bewußtsein gekommen, er sich der Minne ergeben, sie mache ihn grau in seiner Jugend; möchte sie ihm Freude bringen und seine Fraue ihm geneigt machen. Denselben Gedanken, daß er in jungen Jahren grau sei, drückt ein Frühlingslied (8) aus: alles freut sich, nur er ist traurig, er ruft die Frau Minne um Trost an, die ihn ins Herz geschossen hat. Die Lieder bewegen sich in dem traditionellen Gedankenkreise und haben wenig individuelles. Sie gehen in den Eingängen von Naturbetrachtungen aus und lassen sich daher am füglichsten in Frühlingslieder und Herbst- oder Winterlieder scheiden. Der Mai, der Reien und Vogelgesang bringt, wird willkommen geheißen; der Dichter singt das Lob der Geliebten und dankt der Minne, die ihm zu ihr gerathen, denn sie ist die Meisterin an weiblicher Zucht, und er fleht sie um Gnade (2). Glücklich, wessen Liebe erhört wird; wo das nicht der Fall, da thut Liebe wohl und weh. Manchmal lebt er im Zweifel, ob die Geliebte sein Herz verstehe; wenn er sie meiden soll, so muß er sterben (3). Sein Trost ist seine minnigliche Fraue, er singt, um einen Gruß zu erringen, und küßte gerne ihren rothen Mund; er bleibt ihr treu, auch wenn sie ungnädig ist (7). Ihn erfreut kein Maientag, nur die *sældenbære*, sie ist makellos, ein Kuß auf ihren rosenfarbnen Mund hilft gegen alles Trauern; wer sie umarmt, dem tagt ein seliger Tag. Er ruft Frau Minne, und zuletzt die Geliebte, seines Herzens Königin, um Hülfe an (11). Derselbe Anruf an Frau Minne auch im fünfzehnten Liede, damit der rosige Mund der Geliebten und ihr Grüßen ihn lachend meinte und sie heimlich bei ihm wäre, daß er ihren Mund mit Küssen

[1] Vgl. Lesarten zu 8, 13. 12, 25 f. 49 f.

bedeckte. Eine eingehendere Frühlingsschilderung mit Nennung verschiedener Vögel gibt Lied 19: manche Dirne singt, die nach Blumen auf den Anger geht, aber alles das macht ihm keine Freude, er hat sich ganz dem Gut hingegeben, was dann, mit dem auch bei andern vorkommenden Wortspiele, auf die Geliebte gedeutet wird. Die Aufforderung zur Freude im Frühling und Sommer bildet den Eingang mehrerer Lieder. Auch er würde froh sein, wenn die Geliebte ihn tröstete; doch er hofft, auch soll man Geduld im Ungemach zeigen; das Lob der innern Vorzüge der Geliebten bildet den Schluß (4). Jung und Alt soll sich freuen beim Herannahen der Maienzeit, ihn freut weder Laub noch Sonne, nur sie allein; er ruft die Minne, die Meisterin, an, daß sie sie zur Liebe zwinge, und zuletzt die Geliebte selbst (10). Der Aufforderung zur Freude und zum Tanzen folgt zunächst das Lob der minniglichen Frauen im allgemeinen, dann geht er auf seine Fraue über, von deren süßen jungen Jahren er spricht, und schließt mit den Worten (wie in der zweiten Strophe von 10) 'roth ist ihr der Mund' (12). Er fordert auf, den Mai zu grüßen und zu tanzen; ihm freilich macht der Frühling keine Freude, nur schöne minnigliche Frauen, und vor allem die Eine (18).

Wesentlich in demselben Gedankenkreise bewegen sich die Winterlieder, nur daß hier die Anknüpfung an die Natur eine andere ist. Bei aller Winterklage liegt sein Trost an einem Weibe, dessen Preis er singt: sie ist das schöne Bild, das Gott mit Sorgfalt gegossen und das ihn hochgemuth macht, denn sie kann Kummer wenden mehr als die Kraft der Kräuter und aller Edelsteine; er hat ihr seine Noth geklagt, er konnte nicht anders, da ward ihre lichte Farbe roth vor Scham (1). Er will trotz des Winters singen, denn Sie erfreut ihn, er dankt der Frau Minne, aber sie soll ihm auch helfen und die Reine zwingen, ihn ebenfalls zu lieben (5). Im Herbste, wo der Winter den Reif als seinen Boten vorausgesandt, klagt er seine Liebesnoth; auch hier bittet er die Minne um Hülfe und Rath (6). Er will froh sein wegen der

Vortrefflichkeit seiner Fraue, seiner Königin, deren Eigenschaften er aufzählt, und die er um Gnade fleht: sie soll ihm der Freuden Thor aufschließen (9). Sein Herz schwebt hoch zur Sonne empor, wiewohl es draußen Winter ist, denn Sie hat ihn gebeten zu singen und froh zu sein; ihres rothen Mundes Lachen traf ihn ins Herz, sie bei sich zu sehen wäre ihm Wonne (14). Ein Lob der Geliebten in der üblichen Weise enthält ebenso das sechszehnte Lied. Er singt, seitdem die Nachtigall verstummt ist, und gibt seiner Sehnsucht Ausdruck, nur die Hoffnung auf Gnade hält ihn aufrecht (17). Beim Herannahen des Winters muß er trauern, seit ihr Mund ihm ein Lachen bot, das leuchtete, als ob die Sonne rubinroth brenne; er sah in ihre Augen und ward verwundet; die Bitte um Erhörung bildet auch hier den Schluß (21). Das Winterleid wollte er gern verschmerzen, wenn er Trost fände; der Anruf um Gnade reiht sich ebenfalls als typische Schlußwendung an (22).

Wie im neunzehnten Liede mit dem Worte 'gut' der Dichter spielt, so im ersten (letzte Strophe) mit *liebe* und seinen Ableitungen[1], und dies muß ihm so gefallen haben, daß er auch im dritten und vierten dies Wortspiel fortsetzt. Im zehnten gebraucht er ähnlich spielend das Wort *muot* als grammatischen Reim (10, 48—51), in der vierten Strophe des neunten wiederum *liep;* das Wohlgefallen am alliterirenden Klange, erst *l*, dann *m*, tritt hier deutlich hervor.

Die Strophen sind auch beim Landegger dreitheilig gebaut. Keine Verwandtschaft zwischen Stollen und Abgesang begegnet zweimal (2. 6). Nur die letzte Zeile aller drei Theile ist gleich in 10; dasselbe, aber bei verschiedenem Reimgeschlecht, wodurch auch die Gleichheit der Melodie zweifelhaft wird, in 8; die beiden letzten Zeilen sind gleich gebaut in 11; derselbe Fall in 9, wo die erste aber im Reimgeschlecht verschieden ist; und in 4, hier ist außerdem die erste Stollenzeile gleich der zweiten des Abgesangs, die

[1] Vgl. Heinrich von Tettingen, S. CIV.

zweite des Stollen aber und die erste des Abgesangs sind verschieden. Drei Zeilen sind gleich in 3, wo nur die Anfangszeile der drei Theile abweicht. Vier Zeilen stimmen überein, nur die erste des Stollen, die ersten beiden des Abgesangs sind verschieden in 1. Der gewöhnlichste Fall aber ist auch hier der, daß der Abgesang den ganzen Stollen in sich aufnimmt und außerdem einen Zusatz hat. Dieser Zusatz besteht in drei Liedern (12. 16. 19) nur in éiner Hebung, welche die erste Zeile des Abgesangs vor der entsprechenden Stollenzeile voraus hat. Der Zusatz besteht aus einer Zeile am Anfang mehr in 7. 21; diese Zusatzzeile ist gleich der Schlußzeile des Stollen gebaut in 5. 22. Das Plus bildet die Verdoppelung der mittlern Zeile des Stollen in 14. Zwei kurze Zeilen am Anfang hat der Abgesang voraus in 17; ebenso zwei, die ebenfalls die kürzesten sind, in 15. Zwei Zeilen mehr, von denen die zweite Verdoppelung der ersten Stollenzeile ist, hat der Abgesang in 13. Ungewöhnlich steht der Zusatz (eine lange Zeile) am Schluß des Abgesangs in 18, wo außerdem die zweite Zeile der drei Theile verschiedenes Reimgeschlecht hat. Ebenso selten ist der in 20 vorkommende Fall, wo der Abgesang dem Stollen gleich, aber um eine Zeile (die erste) kürzer ist.

Refrain ist nur einmal verwendet (in 2, aus zwei Zeilen bestehend); innerer Reim kommt zweimal vor, in 2, wo sein Vorhandensein durch den Wechsel des Reimgeschlechtes erwiesen ist[1], und in 9, wo der Strophenbau ihn erweist und der innere Reim in die Senkung fällt. Auch daktylischer Rhythmus kommt nur zweimal vor: in 1 ein vierfüßiger daktylischer Vers im Abgesang, und in 8 sind die beiden Anfangszeilen des Abgesangs solche Vierfüßler[2]; außerdem hat in 1 die Anfangszeile der Stollen und des Abgesangs einen daktylischen Fuß.

---

[1] wiewohl *willekomen : fromen* um diese Zeit auch schon weiblicher Reim sein könnte.

[2] einmal falsche Betonung: *solhér smerzen mé* 8, 57.

XIX. Herr Jacob von Warte[1].

'Wo die Töß mit wildem Tosen herabschießt von der alten Kyburg her, neben Neftenbach, das den besten Wein bringt im ganzen Thurgau'[2], da stand die Stammburg der Freien von Wart 'am rechten Ufer der Töß, gegenüber dem einst ebenfalls der Familie gehörigen Pfungen, auf einem Vorsprunge des Irchel. Der Burghügel, vom Berge durch einen tiefen Graben getrennt, fällt hoch und steil nach der Töß ab. Vom alten Mauerwerk finden sich bloß noch geringe Ueberreste, da die Steine im vorigen Jahrhundert zum Bau des Zieglerschen Landhauses in Neftenbach verwendet worden sind'[3].

Drei des Namens Jacob kommen im dreizehnten Jahrhundert urkundlich vor. Jacob I ist der Sohn Arnolds, der seit 1194 auftritt; er hatte außerdem eine Schwester Mechtild. Aber auch Arnolds Bruder Rudolf hatte neben seinem gleichnamigen Sohne Rudolf einen namens Jacob (II). Jacob I kommt zuerst 1242 am 10. März in Winterthur gleichzeitig mit dem Vater und dem Oheim Rudolf vor[4]. 1244 war er Landrichter im Zürichgau als Vertreter des Grafen Hartmann von Kiburg[5]. Als im Jahre 1245 seine Eltern zu ihrem und ihrer Vordern Seelenheil ein Grundstück in Ellisau an das

---

[1] Vgl. über ihn Laßbergs Liedersaal 1, S. X; Wackernagel, Verdienste der Schweizer S. 13. 31, 33; v. d. Hagen, MS. 4, 95—98; Bildersaal S. 208—213; Rochat, drei Schweizerdichter S. 9—13; Germania 9, 146 f.; Bæchtold, die Zürcher Minnesinger S. 13—18. — Die Lieder bei Bodmer 1, 25—28; bei Hagen 1, 65—68; Lesarten 3, 591—592; bei Rochat die Lieder S. 14—22.

[2] Laßberg S. X.

[3] Bæchtold S. 13.

[4] Kopp, Geschichte der eidgenössischen Bünde 2, 2, 264.

[5] So Bæchtold S. 14; nach einer Urkunde von 1245, Herrgott, Geneal. diplom. Habsburg. Nr. 343 (Hagen 4, 96, Anm. 4), war im folgenden Jahre Rudolf 'illustris viri comitis Hartmanni de Kyburg justiciarius in Zurichgowa.'

Kloster Wettingen so vergabten, daß dem Sohne die übrigen beweglichen und unbeweglichen Güter verblieben, leistete derselbe auf Bitten von Vater und Mutter im Schlosse Kiburg vor den beiden Grafen Hartmann, sowie vor Freien und Dienstmannen auf jegliches Anspruchsrecht Verzicht, und wiederholte diese Handlung im Kloster selbst, in Gegenwart seiner Eltern und Albrechts von Winterberg vor dem Konvente in die Hand des Abtes Konrad[1]. 1247 am 26. Juni wohnt Jacobus nobilis de Wart in Klingnau als Zeuge den Vergabungen bei, welche Ita von Klingen, die Mutter Walthers des Minnesängers, der Deutschordenskomthurei in Beuggen machte[2]. Er starb vor dem 12. November 1265 ohne Erben; denn an diesem Tage vermachte seine Schwester Mechtild, die mit Diethelm dem Meier von Windegg verheiratet war, dem Kloster Töß den Kirchensatz zu Neunforn, den sie von ihrem Bruder Jacob von Wart bonæ memoriæ geerbt hatte[3].

Sein Vetter Jacob (II) kommt urkundlich zuerst am 13. October 1247 als Zeuge in Kiburg zugleich mit seinem Bruder Rudolf vor[4]. 1268 verzichtet er auf die von seiner nepta Mechtild gemachten Vergabungen an Töß[5]. Zuletzt begegnet er zu Wolhusen am 26. April 1288 als anwesend bei den Vergabungen Adelheids von Wediswile an die Kirche von Ruswil[6].

Ein dritter Jacob ist entweder der Sohn Jacobs II oder Rudolfs. Er kommt zuerst am 23. October 1272 in Niederteufen vor und siegelt im Namen der Söhne Kunos von Teufen mit dem ihm und seinem Bruder Rudolf gemeinsamen Siegel[7]. Als Obmann zwischen den Herzögen von Oesterreich

[1] Kopp a. a. O. 2, 1, 456.

[2] Vgl. oben S. LXXXI.

[3] Germania 9, 146 f. Bæchtold S. 14.

[4] Kopp 2, 2, 269.

[5] Bæchtold S. 14. Kopp 2, 1, 456, Anm. 1.

[6] Kopp 2, 1, 389: 'in bywesen ... her Jacobs von Warte edler.' Vgl. Geschichtsfreund 17, 15.

[7] Bæchtold S. 14; vgl. jedoch Kopp 2, 1, 456, Anm. 1.

und der Stadt Zürich begegnet er 1293[1]. Im folgenden Jahre überträgt er in Konstanz sein Zwing- und Bannrecht an dem Hofe zu Wiach bei Kaiserstuhl auf den Bischof von Konstanz[2]. Am 11. December 1295 erscheinen in Stein am Rhein unter den Zeugen 'herre Jacob von Wart und sin bruoder herre Ruodolf'[3]. 1296 bezeugt 'her Jacob von Wartha ritter' die Urkunde, durch welche Leutold von Regensberg sein Patronatsrecht in Tengen dem Bischof von Konstanz abtrat[4]. Am 27. Januar 1299 findet er sich unter den Zeugen einer Urkunde König Albrechts in Zürich[5]. Als avunculus und curator des Freien Johannes von Wolhusen wird er in einer Urkunde vom 27. Juli 1303 angeführt[6]. Am 6. October 1304 verbürgt er sich für Walther von Eschenbach gegenüber Rüdiger Maneß, dem jener für 15 Mark Silber die ihm gehörenden Vogteien in Kirchberg verkauft hatte[7]. Als Zeuge für Leutold von Regensberg tritt er zu Zürich am 25. Februar 1306 auf[8]. Am 14. März 1311 finden wir ihn unter den Schiedsleuten zwischen Einsiedeln und Schwyz[9]. In einer Urkunde Konrads von Tengen vom 1. August 1312 begegnet er als zweiter unter den Bürgen[10]. Am 16. Februar 1314 stellt er selbst in Zürich eine deutsche Urkunde aus, in der er bekennt, den Kirchensatz zu Möhlin und was bei dem

---

[1] Bæchtold a. a. O.

[2] Mone, Quellen und Forschungen 1, 295 f.: Jacobus de Wartha nobilis.

[3] Schaffhaus. Urkunden-Regesten 1, 54. Vetter, das S. Georgen-Kloster S. 70.

[4] Mone a. a. O. 1, 296 f.

[5] Kopp a. a. O. 3, 2, 226 f.: her Jacob von Wart.

[6] Kopp 2, 1, 389. Geschichtsfreund 17, 36.

[7] Kopp 3, 2, 281. 'her Jacob und her Rudolf von Wart'; die entsprechende Urkunde Rüdigers bezeugt nur Rudolf.

[8] In der Urkunde steht 'her Jakob von Warte der junger', aber der Zusatz 'der junger' ist gestrichen. Bæchtold S. 15.

[9] Bæchtold S. 14.

[10] Kopp 4, 1, 275, Anm. 4.

Melibach gelegen ist, vom römischen Reiche durch Heinrich VII zu Lehen erhalten zu haben. Wegen des sprachlichen Interesses sei dieselbe ihrem Wortlaute nach hier mitgetheilt[1].

Allen, die disen brieff an sehent oder hœrent lesen, künd ich her Jacob von Warta, frye, in Costentzer bistuom, und offenen, dz ich mit usgenanten worten den kilchensatz ze Meli und wz by dem Melibach gelegen ist, dz ich vom rœmschen rich ze lehen han, und andre lehen emphangen han und emphieng (ze) Zürich, als ich dur reht solte, von küng Heinrich, der do küng was rœmsches riches, und spriche dz uff minen eit, dz es ein warheit ist, und zúgen das an erbere lúte, die da zegegen waren und dz sahent und hortent und wissent, dz es beschehen ist, hern Cuonrat von Tengen den eltern, Lútolden von Regensperg, Heinrich und Johansen von Fryenstein gebrüeder, alle fryen, die ich gebetten und erbetten han, daz si mir dise warheit helfen beweren, und die darumb ir ingesigel an disen brieff gehenkt hant. Ich her Cuonrat von Tengen, der vorgenante, vergihen und sprich uff minen eit, dz ich gesehen und gehœrt han und mit warheit weis, dz her Jacob von Warta, der vorgenante, die vorgenanten lehen, den kilchensatz ze Meli und wz by dem Melibach gelegen ist, dz er da hat, und andere sine lehen hat emphangen von küng Heinrich, der do rœmscher küng was. Ich Lútolt von Regensperg, der vorgenante, vergihen etc. (wie oben). Ich Heinrich von Fryenstein etc. (wie oben). Ich Johans von Fryenstein etc. (wie oben). Und ze einem waren urkünde des vorgeschribenen alles so haben wir, die vorgenanten her Cuonrat von Tengen, Lútolt von Regensberg, Heinrich und Johans von Fryenstein gebrüeder, unsere ingesigel an disen brieff gehenket offenlich durch bette hern Jacobs von Warta, des vorgenanten. Ich her Jacob von Warta, der vorgenante, han ouch min ingesigel an disen brief vor gehenkt ze einem geweren urkünde des vorgeschriben

[1] Zeitschrift für die Geschichte des Oberrheins 29, 210 f.

alles. Dirre brieff wart geben ze Zürich, do man zalte von gottes geburt dryzehenhundert jar, darnach in dem vierzehenden jare, an dem sechszehenden tage redmanotz.

1317 am 7. Januar bezeugt er eine Urkunde des Abtes Heinrich von Wettingen[1]. 1318 gibt er alle seine Rechte an Tettikon auf[2]. Am 29. Juni 1319 bezeugt er in Zürich eine Stiftung der Gräfin Agnes von Nellenburg[3]. Als am 10. März 1321 zu Zürich Graf Johannes von Habsburg und Graf Wernher von Honberg vor dem Richter Lütold von Regensberg und dem Abt Johannes von Einsiedeln sich gegenseitig alles vermachten, was sie vom Gotteshause Einsiedeln zu Lehen trugen, geschah dies mit Willen und Gunst Herrn Jacobs von Wart, der der Vogt (Vormund) des noch minderjährigen Wernher war[4]. Jacobs Siegel ist der Urkunde angehängt mit der Erklärung: Ich her Jacob von Wart frije, vogt des vorgenanden graven Wernhers, wan ich in der vorgenanden sache ze vogte geben wart vor gerichte mit gesamneter urteilde, als recht was, vergich einer offenner warheit der vorgeschriben dingen, und dar umbe henke ich min ingesigel an disen brief ze einem offen urkunde der vorgeschriben dingen, und geschach dis in der zal der vorgenanden jaren und des tages[5]. In gleicher Weise thaten dieselben Grafen das gleiche zu Bichelsee am 8. August in Bezug auf die Lehen von S. Gallen, wiederum mit Willen und Gunst des Vogtes, Herrn Jacobs von Wart, der auch hier sein Siegel anhängt[6]. Die Erklärung lautet mit der frühern ganz gleich. 1323 verkauft er mit seiner Gattin Kunigunde das Gericht Neftenbach an den Truchseßen Johann von Dießenhofen[7]. 1324

---

[1] Geschichtsfreund 8, 39.

[2] Hagen, MS. 4, 96 f.

[3] Kopp 4, 2, 262, Anm. 3. Geschichtsfreund 10, 115.

[4] Kopp 4, 2, 283, Anm. 8.

[5] Kopp S. 483, mit der Siegelumschrift: 'Sigillvm . Jacobi . de . Warte.'

[6] Kopp S. 284, Anm. 5. Die Urkunde S. 485 f.

[7] Hagen, MS. 4, 97, Anm. 2.

am 21. April bekennt er zu Pfungen, daß bei der nächsten Vacanz der Pfarrei zu Möhlin, wo ihm und den Söhnen seines Bruders Rudolf, Rudolf und Markward, der Kirchensatz zusteht, die beiden letztern das Präsentationsrecht haben sollen[1]. Am 10. März 1327 überträgt er, um sein Seelenheil zu mehren, dem Deutschordenshause in Beuggen den Kirchensatz zu Möhlin, den er vom Reiche zu Lehen hatte[2]. 'Wir Jacob von Warte, ein frye, verjehen offenlich an disem briefe, dz wir begerende unser selenheil ze merende, willeklich und unbetwungen, gesunt von gottes gnaden libes und muotes, han gegeben und geben mit disem briefe offenlich an des riches strasse' u. s. w. Zuletzt kommt er im Jahre 1331 vor[3].

Sein Bruder Rudolf kommt außer in den gemeinsamen Urkunden noch vor 1298[4], 1300[5], 1302[6] und 1306[7]. Er war an dem Morde König Albrechts (1308) betheiligt und büßte dafür mit dem Tode auf dem Rade. Seine Gattin Gertrud von Balm flehte vergeblich bei Agnes, Albrechts Tochter, um Gnade für ihn. Drei Tage und Nächte harrte sie bei ihm aus, bis er den Geist aufgegeben; dann ging sie nach Basel ins Kloster, in dem sie ihr Leben beschloß. Ihre Söhne Rudolf und Markward waren Chorherren in Basel.

Die Blutrache für die Freventhat traf auch Jacob schwer: nicht nur Rudolfs Burg, sondern auch die seinige wurde mit aller Zubehör durch Brand zerstört, den Johann von Winterthur, der uns darüber berichtet, mit ansah. Viele Jahre lebte er in einer Bauernhütte, wie in einem Zelte[8]. Seine Burg

---

[1] Zeitschrift für die Geschichte des Oberrheins 29, 177, Nr. 176.

[2] Zeitschrift a. a. O. S. 178 f., Nr. 186. Abdruck der Urkunde S. 245 f.

[3] Bæchtold S. 17.

[4] Kopp 3, 2, 285.

[5] Kopp 3, 2, 276.

[6] Kopp 3, 2, 277.

[7] Kopp 3, 2, 262.

[8] Castrum suum (Rudolfs) quod habuit juxta Winterthur, funditus destructum est. Insuper castrum fratris sui cum suis pertinentiis

scheint Wart gewesen zu sein, während die andere Burg, der Multberg bei Pfungen, Rudolf gehörte. 1322 ist er im Besitze von Wart, erst später (1324) auch in dem von Pfungen, da er in diesem Jahre und 1327 Urkunden in Pfungen ausstellt[1].

In der Ehe mit Kunigunde, der Wittwe eines Freien von Hewen, wurde ihm ein Sohn Berthold geboren. Der Ueberlieferung nach wurde er in Pfungen begraben.

Das Wappen der Pariser Handschrift zeigt den Schild vierfach getheilt im schrägen Kreuz, das obere und untere Feld ist blau mit rothen Blumen, die beiden Seitenfelder silbern mit weißen Blumen. Im untern Felde sind die Blumen verwischt, vollständig stehen sie auf dem Goldhelm gegenüber, der mit rother Helmdecke auf einer rothen Unterlage einen wie einen Kamm oder Fächer ausgespannten Halbkreis trägt, und dieser ist ebenso im schrägen Kreuze vierfach getheilt mit denselben Farben der Felder und Blumen[2]. Das Wappen der Freiherren von Warte stimmt damit überein[3].

Das Gemälde zeigt folgende Darstellung. In einem Garten auf grüner Wiese, mit Klee und andern Kräutern und weißen und rothen lilienartigen Blumen, unter einem hohen Baume, dessen grüner Stamm und Zweige, mit schwarzen starken Umrissen, große grüne Lindenblätter tragen, auf den Zweigen zwei hüpfende und singende Vöglein (mit offenem Schnabel), beide braun, der eine mit schwarzen Flügeln und Füßen, der andere mit rothen Füßen, liegt, in einer hölzernen Kufe mit doppelten Reifen und hoher Rückenlehne, nackt, bis zum Nabel entblößt, ein Mann mit grauen Locken und grauem

---

amenissimis per incendium, quod oculis meis vidi, vastatum est. Qui post multos annos quasi in tugurio in domo rusticana deguit, et quia immunis erat a scelere fratris sui, hec indebite meo judicio passus est. Bæchtold S. 16; darauf beruht die Erzählung bei Tschudi, vgl. Bæchtold a. a. O.

[1] Vgl. Bæchtold S. 16.

[2] Hagen, Bildersaal S. 213.

[3] Hagen, MS. 4, 97.

Haarbüschel auf der kahlen Stirn, die Linke ausstreckend nach dem großen goldenen Becher, den ihm ein Fräulein mit beiden Händen darbietet, während eine andere ihm ebenso einen goldenen Kranz mit rothen fünfblättrigen Blumen aufs Haupt setzen will. Beide Fräulein tragen auf langen blonden Locken weiße Kränze mit vierblättrigen rothen Blumen; die mit dem Becher hat ein blaues Obergewand und gelbes Unterkleid, dessen glatt anliegende Aermel aus dem Schlitz der Schulter vortreten; die andere ein einfaches veilchenfarbenes Gewand. Beide stehen hinter der Badewanne. Eine dritte kniet davor und hält mit der Rechten den rechten Arm des Badenden und streichelt ihm mit der Linken die Schulter; auch in einfachem veilchenfarbigen Kleide, trägt sie die nicht sichtbaren Locken unter einem zierlichen Hute, wie solchen eines der beiden Fräulein trägt, die Winli zur Seite stehen[1]. Der Hut ist golden, mit rothen netzartigen Streifen und grünen Perlen in deren Vierecken. Am Fußende der Badekufe kniet eine Frau, in weißem faltigem Gewande, welches auch Haupt und Hals umschleiert und die Haare verdeckt. Sie facht mit hölzernem Blasbalge das Feuer an unter einem großen schwarzen Kessel, dessen Henkel am Haken einer schwarzen Kette vom gelben Aste eines blattlosen kleinen Baumes herabhängt[2]. Damit ist wohl die kühlere Herbstzeit, nicht der Sommer angedeutet.

Die Entscheidung, welcher Jacob der Dichter sei, ist nicht leicht zu treffen. Der Umstand, daß die zweite Hand[3] den Text geschrieben, berechtigt noch nicht, ihn zu den Dichtern des vierzehnten Jahrhunderts zu zählen; wohl aber kann man die Kürzung *solm (= sol man, men, me)* 1, 28 geltend machen, da dieselbe bei Hadloub, der in den ersten Decennien des vierzehnten Jahrhunderts dichtete, mehrfach vorkommt. Dazu kommt, daß Jacob III als alter Mann starb,

[1] Vgl. oben S. XCVIII.

[2] Hagen, Bildersaal S. 210 f.

[3] *B* nach Apfelstedt: Germania 26, 217.

X

was mit der Darstellung des Bildes übereinstimmt. Sonach bin auch ich geneigt, in dem von 1272—1331 vorkommenden den Dichter zu erblicken, natürlich aber liegt die Abfassung seiner Lieder dem ersteren Jahre viel näher als letzterem.

Die sechs Lieder bieten wenig eigenthümliches. Liebesklage im Frühling wie im Winter und Herbst bildet den Grundton. So im ersten: es ist Frühling und alles froh, er aber traurig; er ruft die Geliebte um Gnade an und bittet die Minne ihm zu helfen. Das zweite ist ein Winterlied; der Natur im Winter ist sein Herz gleich, aber ihn hat nicht der Winter, sondern die Minne und ein selig Weib bezwungen; auch hier wendet er sich um Hülfe an die Minne. Das dritte, ein Mailied, ruft die jungen Leute an, die sich des Maien freuen, sie sollen wünschen, daß seine Fraue ihn tröste, sie allein, die ein Morgenstern der Schönheit ist, kann ihm helfen. In dem vierten, einem Herbst- und Winterliede, klagt er sein Liebesleid und ruft die Minne an. Das fünfte klagt ebenfalls, daß seine Herzenskönigin ihn trauern lasse; ein Kuß von ihrem Munde könnte ihn froh machen. Das letzte ist ein Tagelied, eine Warnestrophe des Wächters an den Ritter; die Fraue erwacht und fragt den Wächter, ob es schon Morgen sei, worauf der Wächter sie mahnt den Ritter zu wecken. Mit dem Abschied desselben endet das Lied, die letzte Zeile lautet: *ich sihe den morgensterne schône ûf brehen,* wie die provenzalischen Tagelieder mit Wendungen wie 'ich sehe den Morgen' (vei l'alba) schließen.

Der Bau der Strophen ist überall dreitheilig; keine Verwandtschaft zwischen Stollen und Abgesang ist im ersten Liede, auch im vierten nicht, doch ist die erste Zeile des Abgesangs gleich einer Stollenzeile. Die beiden ersten Stollenzeilen sind der zweiten und dritten des Abgesangs gleich, das übrige verschieden im Tageliede (6). In 3 sind die Zeilen 1—2 der Stollen gleich 2—3 des Abgesangs, die dritte Zeile des Stollen gleich der ersten des Abgesangs, die vierte des Abgesangs bildet den Zusatz, der hier am Schluß steht. Dagegen, wie häufiger, am Anfang in 5, wo die erste

Zeile des Abgesangs Verdoppelung der ersten Stollenzeile ist (Schema a a b : c c b : d d d b), der Schlußreim verbindet alle drei Theile. Zwei Zeilen Zusatz am Anfang hat der Abgesang in dem ersten Liede.

XXIII. Der von Buwenburg[1].

In der Schweiz ist ein Buwenburg allerdings nicht nachzuweisen, die Stellung in der Pariser Handschrift nach einem Schweizer Dichter und vor Heinrich von Tettingen, bei dem wir zwischen schweizerischer und badischer Heimat schwanken, entscheidet nicht bestimmt genug. Nachgewiesen ist nur das ritterliche Geschlecht derer von Buwenburg im Würtembergischen; die jetzt verschwundene Stammburg stand bei dem heutigen Baumburg im Oberamt Riedlingen.

Zuerst kommen am 12. Juli 1228 in S. Gallen in einer Urkunde für das Kloster Salem vor die Brüder Ulrich und Gottfried unter den Zeugen[2]. 1231 die Brüder Heinrich und Ortolf zu Bingen in einer Urkunde des Grafen Gottfried von Sigmaringen[3]. 1246 ein Markwart, der Mönch im Kloster Reichenau war, in einer zweiten Urkunde als Scholasticus bezeichnet wird und 1264 als Dekan erscheint[4]; als Geistlicher bleibt er zunächst außer Betracht. 1255 am 26. November bezeugen Ritter Dietrich von Buwenburg und seine Söhne Dietrich und Konrad eine Urkunde des Bischofs Eberhard II von Konstanz zu Buchau[5]. 1263 am 14. Juni in

[1] Vgl. über ihn v. d. Hagen 4, 539 f.; Stälin, Wirtemberg. Geschichte 2, 767; H. Herzog im Anzeiger für schweizer. Alterthumskunde 18, 178 f. — Seine Lieder bei Bodmer 2, 179—181; bei Hagen 2, 261—263; Lesarten 3, 705—706.

[2] Cod. dipl. Salem. 1, 193: Ůlrico de Buwenburc et Gottefrido fratre suo. = Wartmann 3, 700.

[3] Würtemberg. Urkundenbuch 4, 410.

[4] Cod. diplom. Salem. 1, 265. 267. 445.

[5] Cod. diplom. Salem. 1, 349: viro nobili milite de Buwinburc et filiis suis Dietrico et Cunrado.

Heiligkreuzthal bezeugen Heinrich und Ortolf eine Urkunde für Salem[1]. Ein Ulrich von Buwenburg, genannt Hagen, machte dem Kloster Salem, in das er getreten, eine Schenkung, die am 9. Juli 1263 zu Konstanz von Heinrich von Gundelfingen und seinen Söhnen bestätigt wurde[2]. 1266 am 16. Juni bezeugt Heinrich von B. eine Schenkung an Salem[3]. Ortolf von Buwenburg erscheint am 16. August 1288 in Salem als Zeuge einer Urkunde des Grafen Mangold von Nellendorf[4]. Ebenso zeugt am 14. Januar 1299 Heinrich[5].

Aus dem vierzehnten Jahrhundert ist belegt ein Junker Konrad von Buwenburg nebst seinen Brüdern in einer Urkunde, Mengen 23. Juni 1339: 'Ich Cuonrat von Buwenburg, dem man sprichet junkerre Cuonrat, und ich Hainrich Cuonrat und Ucz von Buwenburg, gebruoder, genant die Maiger'[6]. Doch ist zweifelhaft, ob diese dem würtembergischen Geschlechte angehören.

Nun kommt aber auch ein Konrad von Buwenburg am Anfang des vierzehnten Jahrhunderts in der Schweiz vor, als Sänger unter den sechs Priestern, welche der Konvent des Gotteshauses Einsiedeln nach der Urkunde vom 1. August 1314 umfaßte[7]. Näheres über seine Person berichtet das von Magister Rudolf von Radegg zu Ehren des Klosters Einsiedeln verfaßte lateinische Gedicht 'Capella heremitarum'[8]. Dasselbe behandelt in seinem zweiten und vierten Theile die Regierung des Abtes Johannes und den Ueberfall des Klosters

---

[1] Cod. diplom. Salem. 1, 429: Hainrico et Ortolfo dictis de Buwunburc.

[2] Cod. dipl. Salem. 1, 430: Uolricus de Buenburg dictus Hagene.

[3] Cod. diplom. Salem. 1, 466: Hainrico de Bunburc.

[4] Zeitschrift für die Geschichte des Oberrheins 39, 30.

[5] Hainrico de Buwenburch. Zeitschrift a. a. O. S. 328.

[6] Freiburger Diöcesan-Archiv 12, 144. Schmid, Monum. Hohenberg. S. 916.

[7] Kopp, Geschichte der eidgenössischen Bünde 4, 2, 24, Anm. 1.

[8] Herausgegeben von P. Gall Morell im Geschichtsfreund 10, 170 ff. Vgl. Lorenz, Deutschlands Geschichtsquellen S. 51.

durch die Schwyzer am 6. Januar 1314. Die Konventherren sammt andern Klosterleuten wurden nach Schwyz abgeführt, nur der Kantor Konrad von Buwenburg und der Kellner Johannes von Hasenburg wurden von dem Anführer des Zuges freigegeben, nachdem ersterer mit Rudolf von Wunnenberg von den Schwyzern in seinem Verstecke entdeckt worden war[1]:

> Ast Cun. Cantorem simul Hasunburg quoque solvit
> vinclis, debilis hic nam fuit, ille senex.

Aus dieser Stelle wie aus V. 138

> Winunburg, quoniam levis ist, cantor gravis annis
> hinc disconveniunt mente fugaque simul

geht hervor, daß Konrad 1314 schon in höherm Lebensalter stand. Cuonradus Bunpurg wird er II, 341 genannt als zweiter der sechs Priester des Konvents:

> Cuonradus Bunpurg cantor eritque sequens[2],

was nur um des Verses willen aus Buwenpurg zusammengezogen.

Aber auch der Viehbestand des Klosters wurde nach Schwyz abgeführt:

> primaque turba pecus abiit, captosque secunda
> servos cœnobii, tertia nosque tenet. II, 482 fg.

Nun stellt das Bild der Pariser Handschrift dar, wie drei Reiter und ein Speerknappe geraubtes Vieh vor sich her treiben[3], der Hirte, mit einem Hahn in der Hand, schwingt seinen Wurfspieß gegen die Pferde.

Unzweifelhaft hat Herzog Recht, wenn er diese Darstellung mit dem Ueberfall von 1314 in Verbindung setzt, und danach ist auch unbedenklich jener Konrad von Buwenburg als der Dichter anzusehen. Ob er jenem schwäbischen

---

[1] Capella, lib. IV, 124 ff. 474 ff.

[2] Hs. und Ausgabe cantorque erit sequens.

[3] Rahn, Kunst- und Wanderstudien aus der Schweiz S. 96. v. d. Hagen 4, 540 sagt: 'drei Bogenschützen zu Pferde sind in eine Viehherde eingeritten.'

Geschlechte entstammte, muß dahingestellt bleiben. Da er 1314 ein alter Mann war, so ist nicht undenkbar, daß er jener Konrad von Buwenburg sein könnte, der neben seinem Vater Dietrich 1255 in Buchau nachgewiesen ist. Die Zeit seines Dichtens würde daher in die zweite Hälfte des dreizehnten Jahrhunderts fallen, und dazu stimmt, daß er den Herbst und seine Freuden gegenüber dem Frühling hervorhebt, was um dieselbe Zeit und später Steinmar und Hadloub haben. Wahrscheinlich ist der nicht weit entfernte Steinmar zunächst von Einfluß gewesen. Die vielleicht aus dem jüngern Titurel ihm bekannte Tradition von der Erweichung des Diamanten durch Bocksblut, auf die er 3, 21 f. anspielt, paßt zu dieser Zeitbestimmung.

Auf seinen Minnegesang deutet nach Herzog in der Vergleichung der (einschließlich des Abtes) sieben Chorherren mit den Planeten die Konrads mit der Venus:

> Utque locus Veneris primo sub sole rotatur,
> qui pius et blandus estque planeta bonus;
> sic dextram patris hujus Bunburg obsidet atque
> hic flexibilis est ad bona facta sequi.

Von den sechs uns erhaltenen Liedern sind nur zwei Liebeslieder in gewöhnlichem Stile, aber doch mit manchen eigenthümlichen Wendungen. Wäre nicht die Hoffnung, so wäre er schon todt von ihrem beständigen 'Nein' und 'ich thu es nimmer', aber er tröstet sich damit, daß schönes Abendroth nach trübem Morgen kommt und selbst der harte Diamant sich mit Bockes Blute brechen läßt. Wer saß, fragt er, bei Gott am Rathe, als sie ihm abgesprochen wurde? (3). Die Minne läßt ihm keine Freude, das Entfremden eines Weibes macht ihn grau, aber das Geräth des Herbstes hilft den Kummer überwinden (2).

Ein Herbstlied ist das sechste: die Heide hat sich in den grauen Orden[1] begeben, doch er läßt nicht ab, die Frauen

---

[1] Anspielung auf den Franziskanerorden, der seit 1230 sich in Deutschland ausbreitete.

zu preisen. Die Minne klagt, daß man sie aus deutschen Landen vertreibe mit Gesang, den sie nicht hören will von unwerthem Munde. Wer getragene Kleider begehrt, ist nicht Minnesanges werth; solcher Minnesang ist Weibes Schande.

Einen ganz andern Charakter trägt das vierte Lied: es ist ein Spottlied auf eine Frau, die ihn nicht erhört. Er glaubte ein Weib von Iper gefunden zu haben, aber sie gleicht einer Ramme[1]; er hat sie oft um Minne gebeten, 'nun schlagt eure Puppe in die Augen, da ihr so hart gegen mich seid.' Zum Schluß droht er mit einem Wörtlein, an dem Seufzen und Weinen hangt[2].

Zeigt sich hier schon ein realistischer Zug, so noch mehr in den beiden Frühlingsliedern (1. 3), in welchen (wie schon in 2) auf die Herbstfreuden als Entschädigung für den Liebenden hingewiesen wird. Recht eigentlich diesem Thema ist das fünfte Lied gewidmet: Wein und Speisen müssen entschädigen für die Freuden in der Natur. Minne sorgt für ihre einfältigen Diener; 'denn als ich die Liebe zum Herzen hinein warf mit den Augen, hätte meine Kehle erwürgen können', und in solchen drastischen Ausdrücken geht es weiter.

Die Naturschilderungen in den Eingängen der Lieder haben etwas originelles (vgl. 1. 2, und namentlich 3); die beim fünften Liede bemerkte drastische Ausdrucksweise findet sich ähnlich auch im ersten und zweiten.

Der Strophenbau ist durchaus dreitheilig; der Abgesang ist gleich den Stollen mit einem Zusatz von zwei Zeilen am Anfang im zweiten Liede; ebenso im fünften, wo der Zusatz gleich den beiden Schlußzeilen der Stollen ist und außerdem gleicher Reim die drei Theile der Strophe in den Schlußzeilen verbindet. Die dritte bis fünfte Zeile des Abgesangs ist gleich der zweiten bis vierten der Stollen in 1; die beiden letzten Zeilen aller drei Theile sind gleich gebaut in 3, wo auch das übrig bleibende musikalisch gleich gewesen sein

[1] Vgl. die Anm. zu 4, 13.

[2] Vielleicht 'Hure', wie Hagen 4, 540, Anm. 1, meint.

kann. Nur die Schlußzeile in den Stollen entspricht der Schlußzeile des Abgesangs in 4, und ebenso in 6. Vom Refrain ist im zweiten Liede Gebrauch gemacht; derselbe besteht hier aus zwei Zeilen.

Der Dichter liebt den daktylischen Rhythmus, der seinen Liedern etwas leichtes und rasches gibt. Ganz daktylisch ist 3, mit Ausnahme des Abgesangs, der trochäischen Fall hat. Die mittleren Zeilen der Stollen sind daktylische Zwei- und Dreifüßler im sechsten Liede, ebenso der Anfang des Abgesangs und die mittlere Zeile desselben; im übrigen ist der Rhythmus trochäisch. Im ersten sind die gleich gebauten Verse in Stollen und Abgesang daktylisch oder trochäisch-daktylisch, die übrigen trochäisch, die gemischte Zeile hat das Schema _ ◡ _ ◡ _ ◡ ◡ _ ◡. Dieselbe Versart mit einem vorletzten daktylischen Fuße, männlich und weiblich reimend, ist im fünften Liede durchgehend verwendet. Der Rhythmus ist gewandt gehandhabt, nur ein paarmal im ersten Liede unregelmäßige Betonung.

XXIV. Herr Konrad von Altsteten[1].

Die Herren von Altsteten waren Dienstmannen des Klosters S. Gallen; ihre Burg lag im Oberrheinthal an dem Wege, der von Altsteten zum Stoß hinaufführt[2]. Sie hatten das Meieramt des Klosters inne und kommen daher in S. Galler Urkunden sehr häufig vor[3].

Der Name Konrad begegnet zuerst 1235 am 15. November unter den Zeugen einer Urkunde, durch welche Ulrich von Gamperins und seine Söhne auf Aecker in Bühel zu

[1] Vgl. über ihn Laßbergs Liedersaal 1, S. VIII; Wackernagel, Verdienste der Schweizer S. 13. 32, 43; v. d. Hagen, MS. 4, 407 f.; Bildersaal S. 260 f.; Bilderatlas Tafel XXXII; meine Liederdichter[2] S. LXXII; Germania 26, 222. — Die Lieder bei Bodmer 2, 47—48; bei Hagen 2. 64 f., die Lesarten 3, 662.

[2] Laßberg S. VIII.

[3] Wartmann Bd. 3.

Gunsten des Klosters S. Luzius verzichten: Cunradus miles de Alstedin[1].

Ein jüngerer war Cleriker und bezeugt am 30. Juli 1268 eine in S. Gallen in der Pfalz ausgestellte Urkunde des Abtes Berthold zugleich mit seinen Brüdern Egilolf und Walther: Egilolfus et Waltherus fratres de Altstetin et C. clericus frater eorum, unter den 'milites' stehend[2]. Egilolf kommt schon 1252[3] und noch 1289[4] vor[5].

In einem Urbarium von Salem kommt eine Schenkung vor 'de manu Dietrici et Cůnradi fratris s. de Altstetin'[6], aber ohne Angabe der Zeit. Ein Dietrich von Altsteten kommt 1244 vor, als Priester[7], ein anderer 1268[8], ein dritter 1322 und 1326[9]. Mit den beiden ersten etwa gleichzeitig ist auch ein Konrad nachgewiesen. Und auch dem letzten steht ein jüngerer Konrad zur Seite, dem nach der Urkunde vom 22. Mai 1327 Abt Hiltbold von S. Gallen in Anbetracht der 'vesten dienst, die C. der maier von Altsteten uns und unserm gotzhus getan hat und noch getuon mag', acht Mark Silber, Konstanzer Gewichtes, zu geben gelobt; da er aber kein bares Geld hat, so gibt er ihm aus dem Hof zu Altsteten zwei Pfund Pfenninge jährlicher Einkünfte. Das Siegel

[1] Mohr, Urkunden zur Geschichte von Chur 1, 323.

[2] Wartmann 3, 176, Nr. 978.

[3] domino Egilolfo de Altstetin: Wartmann 3, 126, Nr. 918.

[4] Egelolfo seniore de Altsteten: Zeitschrift für die Geschichte des Oberrheins 39, 36.

[5] Ein jüngerer Egilolf ist wohl der seit 1299 auftretende, der in genanntem Jahre dem Hospitale in S. Gallen einen Weinberg verkauft: Eglolfus miles de Altstetin ministerialis monasterii S. Galli: Wartmann 3, 302, Nr. 1114. Er begegnet noch 1302: Wartmann 3, 322, Nr. 1134; 1312: 3, 378, Nr. 1201; 3, 380, Nr. 1204; 1317: 3, 408, Nr. 1244. 1329 war er todt, die Urkunde 3, 478 nennt Eglin hern Eglolfes sæligen sun von Altstetten.

[6] Zeitschrift für die Geschichte des Oberrheins 2, 74.

[7] Wartmann 3, 104.

[8] Wartmann 3, 175.

[9] Wartmann 3, 442. 460.

Konrads wurde der Urkunde angehängt: darumb henk ich C. der maier min insigel an disen brief[1].

Im Jahre 1338 wurde die Burg zerstört; am 30. Januar 1341 fand eine Richtung statt zwischen Walther dem Meier von Altsteten und den Bürgern von Konstanz wegen der von ihnen und den verbündeten Städten und Herren gebrochenen Burgen[2].

Das Wappen der Pariser Handschrift hat fünf wagerechte, abwechselnd silberne und blaue Querstreifen, mit weißen Ranken und Blätterzieraten in den drei silbernen (jetzt ganz schwarzen) Streifen; auf dem Helme rechts von dem Wappen erhebt sich eine Fackel, die unten, in der Mitte und oben in Flammen steht. Dies ist das Wappen der Edlen von Altsteten[3].

Das Gemälde stellt den Minnesänger dar, unter einem blumigen Baume im Schoß der Geliebten liegend, die beide Arme um seinen Hals schlingt und ihr langlockiges Haupt über sein emporblickendes Antlitz beugt. Sie sitzt auf einer Bank, er ruht ausgestreckt auf einer niedern Ruhebank mit rundbogigen Zieraten. Beide haben lange faltige Kleider an, die Frau trägt eine Art Schleier auf den Locken, er hält auf der linken mit dem Jagdhandschuh bedeckten Hand an Riemen, mit Schellen am Ende, den flatternden an den Riemen pickenden Falken, während die Rechte ausgestreckt auf dem Schoß der Dame liegt. Sie scheinen von der Falkenbeize im Walde oder in einem Baumgarten auszuruhen. Das Motiv scheint dem letzten Liede entnommen, wo er sich Kuß und Umarmung wünscht.

Welcher Konrad der Dichter, ist nicht mit Sicherheit zu bestimmen. Der Cleriker von 1268 würde der Zeit nach am besten passen, der von 1235 ist zu alt, da die Verwendung von *gesnitten : sitten* (2, 37 f.) als klingender Reim und die Bindung *s : z* auf jüngere Zeit weist. Der von 1327 fällt

[1] Wartmann 3, 467, Nr. 1315.

[2] Archiv für schweizerische Geschichte 18, 114.

[3] Hagen, MS. 4, 408; Bildersaal S. 260 f.

etwas spät, da der Dichter dem ursprünglichen Bestande der Pariser Handschrift angehört; doch könnte jener immerhin schon am Ende des dreizehnten Jahrhunderts gedichtet haben; er bezeichnet sich (3, 20) als jungen Mann.

Seinem Charakter nach gehört Konrad zu den Nachahmern Gottfrieds von Neifen. Das erste der drei Lieder beginnt mit einem Gnadenruf an seine Fraue: wenn er sie nicht sieht, ist andere Frauen zu sehen ihm gleichgültig; schön wie ein Stern sind ihre Augen, keine Blume im Thau ist so schön, ihr Leib ist ein Edelstein der Schönheit, ihre Stimme süß. Das zweite enthält eine Aufforderung, den Maien mit Tanz und Reien und Gesang zu begrüßen, und reiht daran den Preis der Geliebten. Das dritte wird als Reien bezeichnet; es beginnt mit Anknüpfung an volksthümliche Vorstellungen: der Sommer hat den Maien vorausgesandt, damit man ihn, der vertrieben war, wieder erkenne. Zwei braune Brauen haben den Dichter verwundet, eine weiße Kehle macht ihn alt in der Jugend. Die Theilnehmer am Reien sollen wünschen, daß Kuß und Umarmung ihm zu theil werde.

Die Strophen haben dreitheiligen Bau; keine Verwandtschaft der drei Theile zeigt das dritte Lied. Im ersten ist der Stollen gleich dem Schluß des Abgesanges, mit Ausnahme des Reimgeschlechtes am Ende. Im zweiten ist der Abgesang dem Stollen gleich und hat am Anfang außerdem einen Zusatz, der metrisch der ersten Zeile des Stollen ist, also Verdreifachung der ersten Stollenzeile im Abgesang. Das erste Lied hat daktylischen Rhythmus, zwei- und dreifüßige Verse. In die Senkung des daktylischen Verses (außer 1, 8) fällt der innere Reim in der ersten Zeile, der mit der sonst reimlos dastehenden Schlußzeile gebunden ist. Auch das zweite Lied hat innern Reim, dessen Vorhandensein durch die Elision (2, 23) erwiesen ist.

XXV. Der von Trostberg[1].

Herren von Trostberg gab es in Tirol und in der Schweiz. Die Stellung in der Pariser Handschrift, die allein seine Lieder enthält, entscheidet nichts: es geht ein pfälzischer Dichter voraus und es folgen zwei österreichische. Uebereinstimmend nehmen jedoch alle Forscher, was bei der in der Schweiz entstandenen Handschrift im Zweifelsfalle auch immer das wahrscheinlichste ist, an, daß der Dichter der Schweiz angehört, dem Geschlechte, dessen Burg Trostberg oder Trostburg auf einem obst- und weinreichen Berge über dem Dörfchen Teufenthal in der aargauischen Pfarrei Kulm stand[2].

In der zweiten Hälfte des dreizehnten Jahrhunderts begegnen urkundlich von 1256 an Burkard und Hartmann von Trostberg[3], 1274 Gawein[4], 1275 Gozwin[5]; Rudolf von Trostberg mit seinem Bruder Gawein zusammen 1274 zu Mellingen am 3. Juli als Zeuge des Ritters Johannes von Wartberg[6], und zuerst als Ritter 1286 am 11. April zu S. Urban als Zeuge einer Verkaufsurkunde des Herrn Walther von Büttikon[7]. Er hatte ein Lehen in Dagmersellen im Kanton Luzern von dem Grafen von Raprechtswil[8]. Doch kann dies auch der Sohn sein, der ebenfalls Rudolf hieß und am 30. April 1286 mit

---

[1] Vgl. über ihn Wackernagel, Verdienste der Schweizer S. 13. 33, 49; v. d. Hagen, MS. 4, 412 f.; Bildersaal S. 261 f.; Bilderatlas Tafel XXXIII; Zeitschrift für deutsches Alterthum 6, 398. 7, 168; Germania 9, 149 f.; meine Liederdichter[2] S. LXVI; Germ. 26, 223. — Seine Lieder bei Bodmer 2, 51—53; bei Hagen 2, 71—73; Lesarten 3, 662.

[2] Hagen 4, 412.

[3] Fontes rerum Bernensium Bd. 2. Germania 9, 149.

[4] Kopp, Geschichte der eidgenössischen Bünde 2, 1, 6. Haupt in seiner Zeitschrift 7, 168.

[5] Kopp 2, 2, 117.

[6] Kopp 2, 1, 6, Anm. 8.

[7] Kopp 2, 1, 441, Anm. 2.

[8] Kopp 2, 1, 349, Anm. 6.

seiner Mutter Katharina zuerst urkundlich auftritt beim Abtreten eines Lehengutes (predium) zu Nülisdorf an die Frauen im Oetenbach[1]. Bei den zunächst folgenden Urkunden ist daher nicht immer mit Sicherheit zu entscheiden, ob Vater oder Sohn gemeint ist. Am 18. November 1286 trat Rudolf von Trostberg ein Eigengut zu Steinachberg im Kirchspiel Kulm um 34 Pfund an Propst und Kapitel von Münster ab[2]. Am 7. Juli 1290 vertritt er den Freiherrn Berthold von Eschenbach als Vormund des unmündigen Ulrich von Büttikon[3]. Am 18. April 1293 erscheint er als Kurator und Tutor der sechs Kinder des verstorbenen Ritters Ulrich[4]. Am 30. Juli 1296 ist er zu Luzern einer der Schiedleute in dem Streite der Mülner in Zürich und der Stadt Luzern[5]. Am 11. August desselben Jahres ist er Zeuge in Zug[6]. Am 7. Juli 1298 kommt er als Zeuge in Sursee vor[7]; am 1. December 1300 in Kam ist er Zeuge bei der Uebergabe der Burg Wädiswyl an die Johanniter[8]; am 31. Januar 1304 zu Sempach in einer Urkunde des Grafen Rudolf von Habsburg[9]; am 25. November 1306 zu Bruck im Aargau in einer Urkunde der Königin Elisabeth[10]. In einer andern Urkunde desselben Jahres wird er als Herr Rudolf der Hofmeister von Trostberg bezeichnet[11]. Als Bürge des Herzogs Leopold von Oesterreich kommt er in Zürich am 1. Mai 1310 vor[12]; als Zeuge in Lenzburg in einer Verkaufsurkunde Jacobs von Rinach am 29. Juni

[1] Kopp 2, 1, 442, Anm. 4.
[2] Kopp 2, 1, 442, Anm. 5.
[3] Kopp 2, 1, 440, Anm. 6.
[4] Kopp a. a. O. Anm. 1.
[5] Kopp 3, 1, 108, Anm. 5.
[6] her Ruodolf von Trostberg ein ritter. Geschichtsfreund 7, 168.
[7] Kopp 3, 1, 137, Anm. 1.
[8] Kopp S. 274, Anm. 1.
[9] Kopp S. 280, Anm. 1.
[10] Kopp S. 324, Anm. 5. 6.
[11] Kopp S. 324, Anm. 2.
[12] Kopp 4, 1, 104, Anm. 4.

1312[1]; am 4. December 1316 zu Baden bei dem Gericht Herzog Leopolds[2]. In einer Verkaufsurkunde des Ritters Werner von Kienberg, Olten am 16. April 1317, wird er unter den Zeugen als Rudolf von Trostberg der ältere aufgeführt[3], woraus sich zu ergeben scheint, daß damals der Vater noch lebte, wenn nicht hier 'der ältere' bereits der Sohn ist, neben dem ein jüngerer existirte. Am 19. August 1323 bezeugt Rudolf von Trostberg eine Urkunde[4], und zuletzt eine die Pfarrpfründe zu Sursee betreffende Urkunde am 18. Juli 1329[5]. Ein nicht mit Vornamen genannter dominus de Trostperg in einem habsburgischen Urbarium um 1303[6] wird auch kein anderer als Rudolf sein. Noch kommt ein Burkard von Trostberg in Zofingen am 18. Juni 1317 vor[7], und zweimal ein Ritter Jacob von Trostberg, 1329 und 1332[8]. Von noch späteren des vierzehnten Jahrhunderts[9] kann hier abgesehen werden, da sie chronologisch kaum in Betracht kommen.

Das Wappen der Pariser Handschrift stimmt allerdings mit dem der aargauischen Trostberge nicht überein: es zeigt in blauem Felde einen schwarzen (vielleicht ursprünglich silbernen) siebenzackigen Stern mit rothem Kreis in der Mitte; dasselbe Bild wiederholt sich auf dem mit Maske und Schnüren versehenen Helme, innerhalb einer fächerartig ausgespannten kreisförmigen Figur mit neun Kugeln an dem in den Rundbögen ausgezackten Rande[10]. Die Aargauer Trostberge dagegen haben in rothem Schilde zwei senkrechte Streifen, jeden in zwei Reihen weiß und blau gewürfelt; auf

---

[1] Kopp S. 263, Anm. 5.
[2] Kopp 4, 2, 259, Anm. 7.
[3] Kopp 4, 2, 248, Anm. 6. Geschichtsfreund 40, 100.
[4] Kopp 5, 1, 58.
[5] Geschichtsfreund 18, 169.
[6] Geschichtsfreund 30, 299. 302.
[7] Kopp 4, 2, 256, Anm. 1.
[8] Kopp 5, 1, 400. Geschichtsfreund 25, 306.
[9] Vgl. Hagen, MS. 4, 412.
[10] Hagen, Bildersaal S. 262.

dem Helme zwei gelbe Jagdhörner mit ihrer Fessel und an jedem auswärts drei rothe Rosen[1].

Das Gemälde zeigt folgende Darstellung. Aus dem Bogenfenster eines bedachten Söllers, in den Zinnen stehend, einen Perlenkranz auf dem Haupte, schießt ein Jüngling von der Armbrust einen Bolzen ab, an dem vorn ein Blatt angeheftet ist. Den gleichen Bolzen mit Blatt fängt in den erhobenen Händen ein unten stehender kleiner Knappe, mit einfachem Gewande bekleidet, eine eng anschließende Kappe auf dem Kopfe, auf; er ist durch eine Art von Blattschirm den Blicken des rechts stehenden, mit einer ähnlichen Haube bedeckten Mannes entzogen, der einen schweren Hammer in den erhobenen Händen hält, im Begriff, die hölzerne Steinschleudermaschine gegen die Burg abzuschießen. Es ist also eine Belagerung der Burg dargestellt, aus welcher der Burgherr (der Minnesänger) eine heimliche Botschaft durch Pfeilschuß einem außerhalb der Burg stehenden Knappen sendet. Der zweimal dargestellte Bolzen mit Blatt deutet nur an, daß der unten stehende den Bolzen empfangen hat.

Eine Beziehung auf die Lieder des Dichters hat diese Darstellung nicht. Welcher unter den verschiedenen Trostbergern dieser war, läßt sich nicht entscheiden. Am häufigsten kommt Rudolf von Trostberg vor, und da dieser mehrfach auch in Zürich erscheint, so wäre am nächsten liegend, bei ihm an jenen Herrn von Trosberg zu denken, der als Vermittler zwischen Hadlaub und seiner Herrin auftritt, also in demselben Kreise, dem der ebenfalls als Dichter bekannte Heinrich von Klingenberg angehört.

Allein ein großes Bedenken gegen die Identifizirung dieses Trostbergers, dieses Rudolf von Trostberg, mit dem Minnesänger liegt in der Verschiedenheit des Wappens. Denn wenn, was doch ziemlich fest steht, die Pariser Handschrift in der Gegend von Zürich entstand (daß sie in der Schweiz entstand, zeigt unwiderleglich die Sprache), dann müßte dem

[1] Hagen, MS. 4, 412.

Sammler das wirkliche Wappen der aargauischen Trostberger bekannt gewesen sein. Das Wappen des Tiroler Geschlechtes scheint nicht bekannt.

Von den sechs Liedern zeigt das letzte eine fast wörtliche Uebereinstimmung mit einem Liede Gottfrieds von Neifen, die sich auf vier Zeilen erstreckt und sicherlich eine Reminiscenz ist[1]. Das erste beginnt mit einem anmuthigen Bilde: die Geliebte ist wie wenn eine Linde Rosen trüge, deren Duft den Wald schmückt. Wenn sie ihre Augen ihm zuwendet, seufzt er nach ihr. Sein Gesang verstummt, weil niemand in der Welt froh ist; also hier wird im zweiten Theil ein anderes Thema behandelt, das mit dem ersten in keiner innern Verbindung steht. Das zweite hebt mit der Schilderung des Maien an; aber die Röthe seiner Rosen und die Schönheit der Sonne kann der Fraue des Dichters nicht gleichen. Er fand sie bei mancher schönen Frau, sie leuchtete vor ihnen wie der Morgenstern vor vielen Sternen[2]. Die Seele wollte ihm entfliehen, als er ihre weißen Zähne minniglich aus rothem Munde glänzen sah; bei ihrem Lachen glaubte er, seine Seele sähe in das Himmelreich. Das Lied schließt mit einem Gnadenruf an seine 'Königin'. Dieselbe Bezeichnung braucht er in dem fünften Liede am Schluß; wenn ihm kein Liebeslohn zu theil werde, so müsse er an Frau Minne verzagen. Des Lachens gedenkt auch das dritte Lied, in welchem er sagt, er glaubte, er werde immer lachen, als er ihr rosenrothes Lachen sah, und sie als seines Herzens Osterzeit bezeichnet. Ein gewöhnliches Frühlings- und Minnelied ist das vierte, das keinen besondern Gedanken enthält. Dagegen verdient das sechste Hervorhebung, das in ein Gespräch zwischen dem Dichter und seiner Geliebten übergeht; sie wird hier als Jungfrau angeredet (6, 12), er nennt sie 'du', sie ihn 'ihr'; sie räth ihm, der Dame seines Herzens seine Liebe zu gestehen, und er thut dies sofort bei ihr. Dies Lied bezieht sich gewiß nicht auf dieselbe Dame, der die

[1] Vgl. die Lesarten zu der Stelle.

[2] dies ein altepischer Vergleich.

andern Lieder gewidmet sind. Hier ist es ein Mädchen, dessen Stellung der des Ritters nicht gleich ist, dort ist es eine ritterliche Frau.

Die Strophen sind dreitheilig gebaut; verschieden sind die drei Theile im zweiten Liede bis auf den gleichen Schlußreim der Stollen und des Abgesangs. Im vierten ist der Abgesang gleich den Stollen, mit verdoppelter erster Zeile. Im dritten und sechsten, die gleiche Strophenform haben, ist im Abgesang die Schlußzeile des Stollen am Anfang wiederholt. Im fünften ist der Abgesang gleich dem Stollen und hat außerdem nach der ersten Zeile eine eingeschobene. Im ersten ist die Schlußzeile des Abgesangs gleich der der Stollen, aber auch die andern sind dieser gleich, so daß Verdreifachung der Schlußzeile des Stollen vorliegt.

Innerer Reim ist zweimal angewendet: im ersten Liede, hier bindet sich der Inreim mit dem Ende des folgenden Verses, der sonst reimlos wäre. Im vierten reimt die erste Zeile des Abgesangs als Inreim mit der Schlußzeile der Strophe, die ebenfalls sonst reimlos wäre; die Zusammenfassung ergibt sich aus dem Bau der ganzen Strophe.

XXVI. Graf Wernher von Honberg[1].

Die alte Burg der Grafen von Honberg (d. h. Hohenberg) oder Homberg stand über dem Dorfe Wegenstetten im Frickthale. Dieselbe verfiel aber, seit eine neue Burg am untern Hauenstein im ehemaligen Buchsgaue über dem Dorfe Läufel-

[1] Vgl. über ihn Laßberg, Liedersaal S. XXIX—XXXII; Wackernagel, Verdienste der Schweizer S. 14. 34. 56; v. d. Hagen, MS. 4, 88—95; Georg Wyß in den Mittheilungen der antiquarischen Gesellschaft in Zürich XIII, 2, 1 (Zürich 1860), mit Nachbildung des Gemäldes der Pariser Handschrift; Codex Balduineus, herausgegeben von G. Irmer, Berlin 1881; K. E. L. Rochholz im 16. Bande der Argovia, Jahresschrift der historischen Gesellschaft des Kantons Aargau, Aarau 1885, besonders S. XIV—XXIV, S. 44—100. 141—152. — Die Lieder bei Bodmer 1, 24—25; Hagen 1, 63—65, Lesarten 3, 591.

fingen im Bisthum Basel erbaut wurde. Die Grafen hatten die Kastvogtei des Bisthums Basel inne und nannten sich daher Vögte (advocatus) von Basel.

Der Name Wernher ist in dem Geschlechte seit dem Anfang des zwölften Jahrhunderts heimisch: zuerst kommt 1120 als Beamter des Bischofs von Basel Warnerius advocatus, der Frickgraf von Honberg vor[1], dann 1123[2], 1125 als Wernherus Basileensis ecclesie advocatus, ex comitibus de Homberg in valle Frickiana[3], zuletzt 1154 als Warnerius de Hohenburg comes, advocatus Basiliensis[4], ein jüngerer zuerst 1173: Wernherus et Fridericus comites de Homberch[5]. Friedrich starb 1185, sein Bruder Wernher war bis 1184 advocatus Basiliensis, wurde aber um 1185—1190 dieses Amtes entsetzt[6]. Er ist wohl derselbe, der noch 1212[7] vorkommt und 1231 starb[8]. Ein dritter Wernher begegnet 1275[9]; er hatte einen Sohn, Hermann, der am 19. November 1303 starb, und eine Tochter, Ita, die mit Graf Friedrich von Toggenburg vermählt war, 1304 Homberg und Liestal erbte, aber alles, sammt der neuen Homburg, 1305 an den Bischof von Basel verkaufte[10].

Der berühmteste unter allen aber ist der Sohn des Grafen Ludwig des Tapfern, der am 27. April 1289 im Gefecht an der Schloßhalde gegen Bern fiel. Er wurde in Wettingen begraben und an seinem Todestage in Grenchen (Grenichon) drei Viertel Weizens jährlich gegeben[11]. Er war vermählt

[1] Rochholz Nr. 19.
[2] Nr. 21.
[3] Nr. 22.
[4] Nr. 32.
[5] Nr. 34.
[6] Nr. 41.
[7] Nr. 44.
[8] Nr. 49.
[9] Nr. 62.
[10] Nr. 122.
[11] Nr. 81.

seit 1283 mit Elisabeth, der Schwester des letzten Grafen von Raprechtswil, Rudolf, und bekam dadurch die Grafschaft Alt-Raprechtswil. Der Ehe entsprossen drei Söhne, Wernher, Rudolf und Ludwig, und mehrere Töchter, Cäcilie, Klara und Anna[1]. Wernher, das älteste Kind, wurde spätestens um die Mitte des Jahres 1284 geboren. Zuerst erwähnt wird er am 30. Januar 1286 in einer Verkaufsurkunde seiner Mutter[2]. Zum Vormund der minderjährigen Söhne wurde bestellt Graf Hermann, der Sohn von Ludwigs Bruder Wernher. Als Vormund bewilligt er für seine Mündel einen Lehenstausch zweier Schupoßen bei Augst am 20. Mai 1289[3]. Am 9. October bekundet die Mutter, daß sie 'mit unseres suns willen Wernhers, der da zegegen was', die Vogtei zu Underbach dem Gotteshause zü Rüti als eigen übertragen habe[4]. Am 20. November 1293 bezeugt Elisabeth in Zürich eidlich den Verzicht auf bestimmte Ansprüche gegenüber Einsiedeln: dasselbe thun ihre drei Söhne Wernher, Rudolf und Ludwig[5]. Elisabeth vermählte sich veranlaßt durch pecuniäre Bedrängnisse in zweiter Ehe mit dem Grafen Rudolf von Habsburg-Laufenburg, einem Vetter Rudolfs I, vor dem 12. April 1295 oder 1296[6]. Am 10. November 1296 beurkundet der Vormund, Graf Hermann, für sich und im Namen der Kinder seines Vetters sel., Grafen Ludwig, einen Verkauf an die Stadt Basel. Er siegelt 'mit minem und mines vetters Wernhers graven Ludwigs sel. von Homberg sin ingesigeln'[7]. In einer Urkunde König Albrechts, Basel am 10. April 1299, sind Zeugen 'Hermannus et Wernherus comites de Homberch'[8]. Am 7. Januar des

[1] Cyliun und Anne werden erwähnt 1286: Rochholz Nr. 73, Zilien und Clara 1293: Nr. 88, 1295: Nr. 93.

[2] Nr. 73.

[3] Nr. 84.

[4] Nr. 86; vgl. die damit zusammenhängende Nr. 92.

[5] Nr. 90.

[6] Nr. 94.

[7] Nr. 96.

[8] Nr. 104.

folgenden Jahres siegelt 'Wernherus domicellus de Honberch', also damals noch nicht Ritter, sondern noch Junker, zum ersten Male mit, eine Urkunde seiner Mutter Elisabeth, worin sie mit Hand und Willen ihres zweiten Gatten und ihres Sohnes erster Ehe Grafen Wernhers Burg und Stadt Greifensee an Hermann von Landenberg um 600 Mark Silber verpfändet[1]. Daß er mitsiegelt, bezeugt, daß er nicht mehr unter Vormundschaft steht. Daher wird im folgenden Jahre Hermann nur noch als Vormund der beiden jüngern Brüder bezeichnet, als am 13. Januar 1301 Wernher mit seinen Brüdern die Burg Wartenberg und andere Güter zwei Baseler Bürgern zu Erblehen gibt. Wernher siegelt auch hier noch als 'domicellus de Honberch'[2]. Daß er im Jahre 1302 mit Schwyz ein zehnjähriges Bündniß geschlossen habe, wird zwar von Tschudi berichtet, aber ohne Beweis[3]. Am 14. Januar 1304 sagen die drei Brüder, die beiden jüngern ebenfalls noch unter Vormundschaft Hermanns, dem Kloster Wormesbach alle die Gnaden zu, welche ihre Vorfahren und früheren Besitzer demselben ertheilt[4]. Im Spätherbste desselben Jahres sehen wir den zwanzigjährigen Wernher seine erste Kriegsfahrt unternehmen, indem er den Zug der Deutschordensritter nach Litauen mitmachte. Als Anerkennung für die hierbei bewiesene Tapferkeit empfieng er vor versammeltem Heere und unter wehenden Fahnen, im offenen Felde, angesichts der feindlichen Veste Gedennin, als der erste unter den Edelingen vom Rheine, durch den Ordenskomthur den Ritterschlag, worauf er selbst die andern deutschen Kriegsgefährten zu Rittern schlug[5].

Im Jahre 1306 begegnen wir ihm wieder in der Heimat, indem er am 25. September zu Brugg im Aargau mit seinem Bruder Ludwig, der inzwischen auch mündig geworden,

[1] Rochholz Nr. 106. Wartmann 3, 304.

[2] Nr. 108.

[3] Nr. 112.

[4] Nr. 118.

[5] Rochholz S. 65 f.

während der dritte Bruder inzwischen gestorben war, der Königin Elisabeth und ihren Söhnen um 1700 Mark Silber die drei Burgen Wartenberg bei Basel, sammt dem Hof und Kirchensatz und dem dortigen Hardwalde, verkauft[1]; der Kauf wurde aber erst im Jahre 1330 perfekt. Wenn hier Wernhers Siegel auch noch die Umschrift trägt 'Wernheri domicelli de Honberg', so beweist dies nicht gegen den Ritterschlag im Preußenlande, sondern nur, daß Wernher sich noch des frühern Siegéls bediente. Vor dem 10. April 1309 starb die Mutter, Gräfin Elisabeth. Im Juni desselben Jahres ward Wernher von Heinrich VII zum Pfleger des Reiches in den Waldstätten Uri, Schwyz und Unterwalden ernannt[2], und gibt als solcher zu 'Stans bi der kilchun' am 22. Juni, sammt dem Ammann Konrad von Iberg und der Gemeinde Schwyz, der Stadt Luzern Frieden auf dem Vierwaldstätter See für Kaufleute und Knechte[3]. In dem Vertrage der österreichischen Herzöge Friedrich und Leopold mit Zürich (2. August 1309) wird er als ein mit den Waldstätten verbündeter Gegner der Herzöge aufgeführt[4]. Am 2. April des folgenden Jahres gibt er zu Zürich einen Hof zu Lehen an Johann von Kienberg[5], und bezeugt im Minoritenkloster daselbst am 1. Mai eine Urkunde Heinrichs VII für S. Gallen, als zweiter unter den weltlichen Zeugen[6]. Ebenfalls in Zürich erscheint er am 11. Mai mit seinem Bruder Ludwig unter den Bürgen bei einer Verkaufsurkunde des Stiefvaters, Grafen Rudolf von Habsburg[7], und besiegelt die Urkunde mit. In Bern bezeugt er im Herbst als dritter unter den Weltlichen eine Urkunde Heinrichs für das Kloster Pfäffers[8].

[1] Rochholz Nr. 124.
[2] Nr. 127.
[3] Nr. 128.
[4] Nr. 129.
[5] Nr. 132.
[6] Nr. 133.
[7] Nr. 134.
[8] Nr. 135.

Mit seinem Stiefvater zusammen zog er im Gefolge Heinrichs nach Italien. In Mailand verbürgen beide am 5. Februar eidlich die Treue Eberhards von Burgelin gegen den König[1]. Einen Beweis seiner Tapferkeit lieferte er am 12. Februar, als die Mailänder Truppen sich empörten, indem er einem welschen Rebellen, der das Wappen des Welfenhäuptlings Guido de la Torre führte, mit éinem Hiebe Helm und Haupt spaltete. Dieses Ereigniß ist in dem Codex, welchen Balduin, Heinrichs Bruder, der Erzbischof von Trier war (1307—1354), zusammenstellen ließ[2], dargestellt. Die Mittelgruppe des Bildes, das dem Mailänder Aufstand gewidmet ist, bildet der Zweikampf eines deutschen Ritters, dessen Schild, Wappenrock und Roßdecke zwei schwarze Adler über einander in gelbem Felde zeigen, mit einem guelfischen Führer, der das Wappen derer della Torre, zwei gekreuzte silberne Liliensceptер auf rothem Grunde, trägt. Der Schwertstreich des Deutschen spaltet dem Gegner Helm und Haupt, die breite Schwertklinge ist mit Blut bespritzt. Hinter dem Sieger ragt seine Standarte, mit zwei schwarzen Adlern in goldnem Felde. Der Wappenrock reicht bis zum Knie und Ellenbogen und ist zur Seite bis über die Hälfte geschlitzt; darunter kommt das Panzerkleid zum Vorschein, das an den Beinen durch Schienen und Platten, auf der Brust durch einen Stahlharnisch verstärkt ist. Lederne Stulphandschuhe schützen die Hand. Der Sattel, aus buntem Leder, hat hohe Vorder- und Rücklehnen. Der Helm, ein Stechhelm, ist geschlossen durch ein bewegliches Visir mit quergeschnittenen Augenöffnungen; das Schwert hat eine handbreite nach vorn sich zuspitzende Klinge, einfache Parirstange und gewaltigen Knauf; der Griff ist durch eine leichte Kette mit dem Brustharnisch verbunden. Der Fuß steht nach hinten im Bügel, das Sporenrad ist übergroß und vielstachlig und hat den Apfelschimmel, den Wernher reitet, bereits blutig gespornt[3].

[1] Rochholz Nr. 136.

[2] Codex Balduineus, herausg. von G. Irmer, Berlin 1881, Bl. X[a].

[3] Nr. 137, S. 74—76.

Am 12. Juli bezeugt er als zweiter unter den Rittern vor Brescia die Urkunde, durch welche Heinrich VII Danzig und ganz Pommerellen dem Deutschorden verlieh[1]. Vermuthlich ist er auch unter dem ... comes Vberg zu verstehen, der am 10. Juli als Zeuge einer Urkunde Heinrichs auftritt[2]. Im folgenden Jahre, 1312, ernannte ihn der König am 13. Februar zu Genua zum obersten Hauptmann des Bundes aller reichsgetreuen Städte und Schlösser in der Lombardei[3]. In dieser Eigenschaft ladet zu Anfang März der Graf die Stadt Monza ein, die auf den 8. März nach Brescia einberufene Versammlung von Abgeordneten der oberitalischen Städte zu besenden[4]. In kriegerischer Thätigkeit finden wir ihn wenige Tage nachher. Am 17. März erstürmt er die Stadt Soncino am Oglio, die von dem welfisch gesinnten Markgrafen Wilhelm von Cavalcabò überrumpelt und besetzt worden war. Im Straßenkampfe traf er mit dem Markgrafen zusammen, riß ihm den Helm vom Haupte und erschlug ihn mit dem Streitkolben unter den höhnenden, auf des Gegners Namen[5] anspielenden Worten 'Weder auf einem Ochsen noch auf einem Gaule sollst du fortan reiten!' Nachdem die Besatzung niedergemacht oder aufgehängt war, zog er nach Lodi, um die Welfenpartei zu züchtigen[6]. Während er noch am obern Po und um Vercelli die Feinde bekämpfte, wurde er von Can Grande della Scala, Herrn von Verona und kaiserlichem Vikar, um schleunige Hülfe gegen die Welfen in Padua gebeten[7]. Er fiel, über Vicenza gehend, in das Gebiet der Paduaner ein und verbrannte die Städte Rovoloni und Covoni. Im Juni zog er gegen Filippone von Langosco, Grafen von Lovellino, den welfischen Machthaber von Pavia,

[1] Rochholz Nr. 138.
[2] Winkelmann, acta imperii 2, 255.
[3] Nr. 139.
[4] Nr. 140.
[5] Derselbe bedeutet 'Ochsenreiter.'
[6] Nr. 141.
[7] Nr. 142.

und verwüstete die Umgegend dieser Stadt[1]. Seine Begleiter waren die Markgrafen von Montferrat und von Saluzzo, und Graf Philipp von Savoyen. Dieser aber fiel bald darauf ab und so sah sich zu Anfang August Wernher genöthigt, einen zweimonatlichen Waffenstillstand mit ihm zu vereinbaren. Bei den Verhandlungen hierüber in Vercelli verlangte Wernher zur Sicherung der Ghibellinenpartei, daß ihm, als dem Präses der Lombardei, die Veste Santa Maria in Vercelli als Amtssitz eingeräumt werde; Graf Philipp verweigerte dies unter Hinweis darauf, daß das Schloß seine Stadtpräfektur und sein Privateigenthum sei. Da schlang der erzürnte Wernher den Arm um den Nacken des zu Pferde vor ihm haltenden Philipp und schleppte ihn sammt seinem Gaule dem Lager zu, bekam aber dabei von Ritter Aymo von Aspermont einen Dolchstoß in die Seite, so daß er seinen Gefangenen fahren lassen mußte. Philipp entfloh in den Justizpalast. Die Truppen von beiden Seiten werden handgemein, ein Drittel der Stadt geht in Feuer auf, bis es den fürstlichen Verwandten gelingt, einen Waffenstillstand zu vermitteln, in Folge dessen sich Wernher nach Lodi, Philipp nach Turin begibt[2]. Im December zog Wernher im Verein mit Can Grande abermals gegen die Paduaner und gegen die Welfen in Toscana zu Felde[3]. Diese vielfältigen, Heinrich geleisteten Dienste fanden ihren glänzenden Lohn am 21. Januar 1313, an welchem auf dem 'Mons imperialis' oberhalb Florenz Kaiser Heinrich dem Grafen Wernher und dessen Nachkommen, treu geleisteter Dienste wegen und zur Vergütung vielfacher Amtsauslagen, 1600 Mark Silber vom Reiche verspricht und ihm bis zur Auszahlung dieser Summe eine Anweisung auf jährlich 100 Mark aus dem Reichszoll zu Flüelen ertheilt[4]. Im März und April finden wir ihn in neuen Kämpfen. Im Begriffe, den aus Asti vertriebenen ghibellinischen Bürgern Hülfe zu leisten, wird er

[1] Rochholz Nr. 143.
[2] Nr. 144; vgl. Nr. 162.
[3] Nr. 145.
[4] Nr. 147.

von dem welfischen Seneschall Hugo von Baux auf dem Marsche bei Monte Calvo überfallen, im Gefechte verwundet und nach Castello Quatuordeni zurückgedrängt. Sein Neffe und ein Konrad von Braida geriethen dabei in Gefangenschaft und mußten mit 1000 Florins ausgelöst werden[1]. Im April lieferte er dem Seneschall des Königs Robert von Neapel ein Treffen und legte der guelfisch gesinnten Stadt Lodi eine Kontribution von 10,000 Mark Silber auf, worauf die Einwohner auf ein gegebenes Glockensignal den kaiserlichen Palast erstürmten, ausraubten und niederbrannten[2]. Die Stadt Brescia hatte vom Kaiser Hülfe erbeten, und so wurde Wernher beordert, mit Zuzug aller lombardischen Vasallen ihr zu Hülfe zu kommen[3]. Allein die Gesandten Heinrichs konnten Wernher nicht auffinden, so daß die Stadt Brescia, welche der Kaiser hatte auffordern lassen, Truppen und Kriegsgelder nach Pisa zu senden, erklärte, sie sei dazu außer Stande, indem sie bis an ihre Wälle von welfischen Gegnern bedroht und vom Grafen Wernher im Stiche gelassen worden sei[4]. Am 16. Mai erhielt Wernher und sein Bruder Ludwig sowie beider Erben vom Kaiser 3000 Florins Silber zu Lehen[5]. Diese Huld verhinderte aber Heinrich nicht, Wernhers Amtsführung in der Lombardei in Folge mancher Beschwerden einer Untersuchung zu unterziehen, aus welcher jedoch der Graf durchaus gerechtfertigt hervorging; die Abgesandten des Kaisers bezeichneten ihn als 'einen gütigen leutseligen und rechtschaffenen Mann, der des Kaisers Fahne mannhaft führe und vielerlei Gutes in den ihm untergebenen Theilen der Lombardei stifte'[6]. Einen Beleg für das Ansehen Wernhers erhalten wir durch eine in Pisa am 19. Mai 1313 ausgefertigte Urkunde, in welcher der Kaiser auf Empfehlung Wernhers

[1] Rochholz Nr. 148.
[2] Nr. 151.
[3] Nr. 152.
[4] Nr. 155.
[5] Nr. 156.
[6] Nr. 157.

des Vogtes Egno von Matsch sich annimmt, der, mit Wernhers Schwester Klara verheiratet, seinen Oheim Ulrich, Vogt von Matsch, erstochen hatte, weil derselbe Klara unehrbar behandelt, und deswegen außer Landes gewiesen, mit 40 angeworbenen schwäbischen Reitern nach Italien gezogen und in Heinrichs Dienste getreten war[1]. Am folgenden Tage (19. Mai) bezeugt Wernher eine Urkunde Heinrichs für den Erzbischof Odo von Pisa[2]. Nachdem am 24. August 1313 Heinrich plötzlich, wie man fälschlich glaubte, an Gift, gestorben war, kehrte Wernher, der mit Maffeo Visconti, dem Haupte der lombardischen Ghibellinen, in Zerwürfniß gerathen war, zu Ende des Jahres nach Deutschland zurück[3].

Die erste Urkunde nach der Rückkehr ist vom 19. October 1314, wo wir unter den Bürgen einer Urkunde Friedrichs und Leopolds von Oesterreich finden 'graven Wernhere von Hoenberg'[4]. Am 22. Januar 1315 starb sein Stiefvater, Graf Rudolf, in Montpellier, der mit ihm in Italien gewesen[5]. Die ihm von Kaiser Heinrich gemachten Belehnungen und Schenkungen bestätigt die Urkunde König Friedrichs des Schönen in Hagenau vom 19. März 1315, die ihm zugleich aufs neue den Anspruch auf den Reichszoll in Flüelen verleiht[6]. Am 4. April bezeugt Wernher in Basel eine Urkunde Friedrichs für Neuenburg im Breisgau[7], ebenso am 11. April in Zürich, als erster unter den anwesenden Grafen[8]. Am 7. Juni ist er in Baden im Aargau als Beistand seines minderjährigen Stiefbruders Grafen Johann von Habsburg-Raprechtswil zugegen, als derselbe vor König Friedrich sich mit seiner Stiefmutter Maria um Heimsteuer, Morgengabe u. s. w. aus

[1] Rochholz Nr. 158. 160.
[2] Nr. 159.
[3] Nr. 164.
[4] Winkelmann, acta imperii 2, 780.
[5] Nr. 166.
[6] Nr. 167.
[7] Nr. 168.
[8] Nr. 169.

dem Nachlasse ihres verstorbenen Gemahls verträgt[1]. Am 11. Juni genehmigt Friedrich der Schöne vor königlichem Hofgericht die zwischen Wernher und Johannes abgeschlossene Erbvereinigung (quod vulgariter dicitur ain gemächede), wodurch dieselben im Falle Absterbens sich gegenseitig ihre Güter und Lehen vermachen. Für den Fall seiner Vermählung behält sich Wernher vor, seiner künftigen Gemahlin Morgengabe auf seine Lehen verlegen zu können[2]. In demselben Jahre erscheint er als Landvogt Friedrichs im Thurgau, am 28. Juni[3]. Am 22. November erklärt er urkundlich in Straßburg, er wolle den Landleuten und dem Lande zu Uri um all ihren Schaden und ihre rechtlichen Forderungen entsprechen bezüglich des ihm zustehenden Reichszolls zu Flüelen, sei es vor dem Reiche oder vor sonst jemand, sobald ein einstimmig erwählter König ernannt sein werde[4]. Das war acht Tage nach der Schlacht am Morgarten (15. November), an welcher, nach Tschudi, auch Wernher auf österreichischer Seite gekämpft haben soll, was aber gänzlich unerwiesen ist[5]. Um dieselbe Zeit verpfändeten die Herzöge von Oesterreich an Wernher den Hof zu Art und die Vogtei zu Einsiedeln; auf diese beiden setzte sodann Wernher dem Kloster Oetenbach 240 Mark Silber zu einer Jahrzeit[6].

In demselben Jahre finden wir Wernher vermählt. Seine Gemahlin war die Gräfin Maria von Oettingen, seine Stiefmutter[7]. Mit ihr urkundet er am 6. April in Zürich, daß sie beide zu Gunsten Konrads von Klingenberg, Dompropstes zu Konstanz, auf den Kirchensatz zu Rümelanch verzichten[8].

---

[1] Rochholz Nr. 170.

[2] Nr. 171.

[3] Nr. 172. Wartmann 3, 398.

[4] Nr. 174.

[5] Nr. 173.

[6] Nr. 175.

[7] Sie heiratete nach Wernhers Tode in dritter Ehe den Markgrafen Rudolf IV von Baden und starb erst am 10. Juni 1369 im Kloster Lichtenthal bei Baden. Rochholz S. 98.

[8] Rochholz Nr. 177.

In demselben Jahre gerieth er in dem Gefechte bei Eßlingen zwischen Ludwig dem Baiern und Friedrich dem Schönen am 19. September in die Gefangenschaft der Baiern[1]; wie lange dieselbe dauerte, ist nicht festzustellen. Im Jahre 1318 war er jedenfalls wieder frei; denn vom 22. August dieses Jahres ist die in Pfeffikon abgeschlossene Richtung zwischen ihm und den Schwyzern[2]. Im folgenden Jahre war er vom Januar bis Mai außer Landes[3], wahrscheinlich in Italien. Die im J. 1338 geschriebene Oberrheinische Chronik[4] berichtet, er sei in Italien im Dienste der österreichischen Herzöge umgekommen. Er starb am 21. März 1320[5]. Tschudi erzählt, er sei in Deutschland gestorben, nachdem er der Belagerung Genuas in Diensten Viscontis beigewohnt. Die Aussage der Chronik verdient jedoch mehr Glauben[6].

Er hinterließ außer seiner Wittwe einen noch nicht fünfjährigen Sohn, Wernher, genant Wernlin. Sein Vormund war Graf Johannes von Habsburg, der Stiefbruder seines Vaters. Er kommt urkundlich 1321—1323 vor[7] und starb in letztgenanntem Jahre (nach dem März), acht Jahre alt, als der letzte seines Stammes; sein Erbe war Graf Johannes. Der Wernher einst verliehene Reichszoll zu Flüelen wurde am 1. October 1329 von Ludwig dem Baiern an den Marschall Winant Boch versetzt, nachdem derselbe durch den Tod Wernhers, 'der leiplich erben nicht enlie', dem Reiche heimgefallen[8].

Das Bild der Pariser Handschrift zeigt folgende Darstellung. Drei blondlockige Fräulein schauen klagend von

[1] Rochholz Nr. 178.

[2] Nr. 180.

[3] Nr. 181.

[4] herausgegeben von Grieshaber S. 29.

[5] Nr. 182.

[6] Ueber seinen Tod vgl. insbesondere Kopp, Geschichte der eidgenössischen Bünde 5, 1, 342.

[7] Nr. 183—190.

[8] Nr. 200.

den Zinnen einer Burg, deren Thürme goldene Knäufe, einen Goldhahn und drei Fähnlein führen, das eine mit goldenen Lilien in blauem Felde, das andere mit acht abwechselnd weißen und rothen Querstreifen, das dritte mit acht rothen und goldenen Langstreifen. Das Burgthor wird vertheidigt von Rittern und Fußvolk mit runden Helmen, Lanzen und großen Schilden, auf welchen rothe Lilien in gelbem Felde, ein weißer Stern in rothem, und eine braune Kanne in gelbem Felde erscheinen; sie entweichen, der Hauptheld mit geschwungenem Schwerte verfolgt sie. Derselbe reitet ein graues Roß mit blaßrother Decke, auf welcher, wie auf dem gleichfarbigen Wappenrocke, Goldschilder mit zwei schwarzen gespreizten Adlern über einander stehen; das gleiche Wappen hat sein Banner am rothen Schaft. Auf dem geschlossenen Silberhelme ragt eine Schwanenbrust mit Hals und Kopf; ebenso als Kopfschmuck auf seinem Rosse. Sein Banner trägt ein Ritter mit roth und gelb gestreiftem Wappenrock, ebensolchem mützenartigen Helmzierat mit Pfauenbüschel. Die Helmzierden seines übrigen Gefolges sind: zwei goldene Stierhörner, ein Menschenhaupt mit rother Mütze, ein rother Löwenkopf, ein schwarzer Federschmuck mit drei weißen Kleeblättern und eine blaue und goldige Mütze mit Pfauenbüschel.

Sicherlich sind alle diese Wappen bedeutungsvoll. Deutlich erkennbar ist das Honbergische an den beiden Adlern. Dieselben zeigt das Siegel von Wernhers Vater, Grafen Ludwig, an der Urkunde vom 13. April 1288, das ihn in ganzer Figur, stehend, unbehelmt, in Panzerhemd und bis an die Knie reichendem Ueberwurf darstellt: den Spitzschild mit den zwei verblichenen Adlern, unter welchem das Schwert hervorsteht, hält er mit beiden Händen der Breite nach vor sich hingestellt[1]. Das Wappen Wernhers begegnet zuerst an der Urkunde vom 7. Januar 1300: es zeigt rechts die beiden Adler, links drei Rosen; letztere das Wappen von Raprechts-

[1] Rochholz S. 47. Aehnlich ist die Darstellung des Siegels an der Urkunde vom 15. November 1284; Rochholz S. 44.

wil, welches von der Mutter stammt[1]. Das Siegel der Urkunde vom 14. Januar 1304, mehr als thalergroß, hat in getheiltem Schilde rechts die beiden fliegenden Adler über einander, links die drei Rosen, zwei oben, eine unten[2]. Dieselbe Darstellung in dem Siegel der Urkunde vom 22. August 1318, das, 16 Linien im Durchmesser, in der rechten Hälfte des senkrecht getheilten Schildes die zwei über einander ausgebreiteten Adler Honbergs, in der linken die drei Rosen von Raprechtswil zeigt. Die Helmzier bilden zwei Schwanenbüsten, Vermählungsringe in den Schnäbeln tragend[3]. Das Wappen im Codex Balduineus hat zwei schwarze Adler über einander in gelbem (goldenem) Felde[4] d. h. das Honbergische Wappen ohne die Verbindung mit dem Raprechtswiler. Der Schwanenschmuck stammt wahrscheinlich auch von den Raprechtswilern her; die beiden Honbergischen Grabsteine in Wettingen, von denen der eine vermuthlich der von Wernhers Vater Ludwig ist, haben ihn nicht, sondern über dem Helme auch nur zwei von einander gekehrte Adler. Zwei silberne Schwäne auf dem Helm hat das Wappen bei Siebmacher u. a.[5] Die übrigen Wappen auf dem Bilde der Pariser Handschrift stellen die von Wernhers Mannen oder Gefährten, die in der Burg die seiner Gegner dar. Auf dem Bilde des Codex Balduineus, welches Wernher in Mailand darstellt, befindet sich auch Friedrich von Burtscheid, dessen Wappen drei rothe Rebenblätter oder Herzen in Silber zeigt[6]; vielleicht sind das die drei weißen Kleeblätter des Pariser Bildes. Jedenfalls ist es eine Scene aus dem Kriegsleben Wernhers, die hier dargestellt ist, und da ist an seine Thaten in Italien in erster Linie zu denken. Rochholz (S. XXI) bezieht das Bild auf die Schlacht mit dem Seneschall Roberts von Sizilien und

[1] Rochholz S. 59, Nr. 106.
[2] Nr. 118, S. 65.
[3] Nr. 180, S. 99 f.
[4] Rochholz S. 75.
[5] Hagen, MS. 4, 92.
[6] Rochholz S. 75.

deutet nach den Wappen die Begleiter als zwei Ritter von Eptingen-Sissach, je einen von Rotberg-Wartenberg ob Basel, und einen von Rodlersdorf im Leimenthal[1]. Der Träger von Wernhers Banner auf dem Pariser Bilde ist wahrscheinlich der Ritter Albrecht von Uerikon, Hofmeister von Einsiedeln, der 1315 bei Morgarten fiel. Die Edeln von Uerikon waren Dienstleute von Raprechtswil und Untermarschälle von Einsiedeln, auch Bannerträger der Waldleute von Einsiedeln.

Der berühmteste aller Honbergischen Grafen ist denn auch von allen Forschern mit dem Minnesänger identifizirt worden. Nur Wilmanns[2] meint, dies sei ohne Grund, und eher ein älterer Geschlechtsgenosse aus der ersten Hälfte des dreizehnten Jahrhunderts der Dichter. Aber von keinem jener ältern Wernher wissen wir, daß er eine Fahrt gegen die Heiden unternommen, während das eine Lied (3, 6) eine solche Heidenfahrt des Dichters andeutet, was vortrefflich zu seinem Zuge nach Preußen gegen die heidnischen Litauer stimmt. Als zwanzigjähriger Jüngling also hat er jene Lieder gesungen.

Für einen jüngeren, erst dem vierzehnten Jahrhundert angehörenden Dichter spricht auch der Umstand, daß die Lieder in der Pariser Handschrift unter den Nachträgen von der Hand *D*[3] stehen. Die Bezeichnung der verschiedenen Töne, die der Schreiber aus der Vorlage herüber genommen, deutet ebenfalls auf spätere Zeit, und der sprachliche Charakter der Lieder ist hier ein jüngerer.

Auch das Klagegedicht über den Tod des Grafen Wernher ist auf den im Jahre 1320 gestorbenen bezogen worden. Es ist uns nur in einer einzigen Handschrift des ausgehenden vierzehnten Jahrhunderts erhalten[4] und sei hier mit den nöthigen Besserungen eingerückt[5].

---

[1] Die Namen von Wernhers schweizerischen Waffengefährten auf dem Römerzuge Heinrichs VII stellt Rochholz S. 93 f. zusammen.

[2] Allgem. Deutsche Biographie 13, 40.

[3] Germania 26, 217.

[4] Gedruckt in Laßbergs Liedersaal 2, 321—326.

[5] Vgl. Hagen 4, 98 f. Rochholz S. 147—149.

Ich kam ûf einen grüenen plân,
dâ vant ich in unmuote stân
die Manheit und die Minne:
frô Êr diu küniginne
diu was vor in gevallen nider;
der hulfen si ze sinne wider
mit clagebernder riuwe.
si bâten durch mîn triuwe
mich balde zuo in kêren.
ich vant die hôhen Êren
in jâmer alsô ligende.
si sprach 'wie ist gesigende
daz lîden an mir worden!
owê, waz sol mîn orden,
der wîlent hôhe regel truoc?'
hie mite si sich selbe sluoc
und zarte ir houbtgebende.
si want ir wîzen hende
und sprach 'owê mir ist benomen
der mir ze helfe ist ie bekomen
mit frîes willen rîcher tât.
sîn trôst und sîn getriuwer rât
hânt mich in wirde vil gefrumt.
wie ist zerdromet und zerdrumt
sô gar mîn hôchgemüete
ach der volkomnen blüete,
diu mir was fröuden bernde.
nu ist mîn minne gernde,
sîd ich den herren hân verlorn,
der mich ze trûte hâte erkorn
für alle creatiure.
mîn nam dûht in gehiure;
den truog er in dem herzen ie.
swenn ich den herren umbevie
und er mich liebes werte,
dô vant ich swes ich gerte
nâch mînem willen vollen schrîn.

3. 4. min : konigin. 7. 8. rü : trü. 9. zu im. 11. 12. ligent : gesigent. 17. 18. hobtgebänd : hend. 20. ist komen. 21. friem. 22. getrüwen. 25. 26. hoch gemüt : blüt etc. 29. hern. 30. trut hat. 34. wen — hern. 37. schrin *Hagen*] schin.

er was mîn eigen, ich was sîn,
daz er mîn nie niht vergaz.
durch mich getet nie herre baz
dâ her bî tûsent jâren.
ach wie sol ich gebâren?
durch got, verkêret mînen namen:
ich muoz mich mîner krige schamen
und mac geheizen niemer mê
nâch sînem tôt frô Êre als ê.'

Diu Minne sprach 'owê der nôt!
mir ist helfe und stiure tôt
an dem, den hie frô Êre clagt.
von mir wirt jâmers niht gedagt:
ich muoz in clagender riuwe leben.
er hât sich dicke mir ergeben
für eigen und für erbe.
ey, clagender pîn, nu sterbe
mich, sîd ich bin verweiset.
gefreflet und gefreiset
ist nu an mir vil armen.
durch got, lânt iuch erbarmen
megd unde reinen frouwen:
sich lât nu nieman schouwen
iu ze dienst in mînem namen.
ach und wê, wer wil sich schamen
verlegner âventiure
als tet der vil gehiure,
der sich durch mich noch nie verlac.
spât unde fruo, naht unde tac
was er ze dienste mir bereit.
sîn wille und och sîn arebeit
dûht in dennoch ze cleine.
der werde wandels eine
gedâhte mir ze dienste für.
sölichen muot ich niender spür.
swer iht getuot, der hât den wân,

39. niht *fehlt*. 40. getät nie harre. 43. 44. nam : scham. 44. kriege. 50. von *Hagen*] an. iamer nit. 55. verwiset. 59. mägt. 63. verlegner *Hagen*] Der legner. 64. tat. 66. und — und. 67. dienst.- 68. wil — arbeit. 69. dennocht. 73. wer.

er habe durch mich ze vil getân.
sust bin ich leider worden blôz.
wâ lept nu iendert sîn genôz?
wie sol ich in erkennen?
ich hôrte in nie genennen.'

Diu Manheit jâmerlîchen sprach
'owê mîn leit und ungemach!
wie sol ich armiu nu genesen?
mîn belîben und mîn wesen
wirt nimmer baz gehûset.
vil mangem von mir grûset,
sîd ich nu bin ellende.
owê der frîen hende,
diu mîn sô minniclîchen pflac
mit hôher wirde mangen tac!
ich was des hôchgemuoten trût,
nu bin ich worden leides brût
und sorge ist mîn gesinde.
daz ich niht verswinde!
mir ist diu welt unmære.
ach der senden swære!
owê, ich sach des werden tôt
und was och bî der lesten nôt
in sînem herzen unverzagt.
ich sach daz er der reinen magt
Marien sicherheit verjach
(mit mînem willen daz beschach),
do sich diu sêle von im schiet.
der ungetriuwen swachen diet
wart sicherheit von im verzigen.
ich half dem werden dô gesigen.
iedoch mit hôher stiure
Mariâ diu gehiure
erwarp der sêle hulde.
umb alle sîne schulde
erbat si got daz er vergaz.
alsus er êwiclich genas.

77. in *Hagen*] me. 81. arme. 91. sorget min. 96. letzsten. 110. alsus das er, *gebessert von Hagen*.

dô schrei ich wâfen und owê,
sol ich den herren niemer mê
gesehen nâch dem willen mîn.
owê der liehten wâfen sîn,
wie sach ich diu verkêren!
den schilt, dem sô vil êren
in mangen landen ist beschehen,
den muoz ich vor mir ligen sehen.
er was von liehtem golde fîn,
daz ich sô rehte clâren schîn
von keiner varwe nie gesach.
wê daz mir niht mîn herze brach,
dô ich die aren beide
sach ûf des goldes heide
hangen gên des schiltes rant.
sô swarz enwart nie kol noch brant
als si von zobel wâren.
nâch luftes fluge gebâren
sach man nu niht die werden:
si strebten gên der erden
und rungen beide nâch dem grabe,
(ach der senden ungehabe!)
der einer vor, der ander nâch.
in was mit in ze grabe gâch,
dar man den ûzerwelten truoc.
ein knabe clägelich genuoc
sîn ros hin vor der bâre reit:
dar ûf lag ein wâpencleit
von golde nâch dem schilte sîn.
owê, des liehten helmes schîn
wie hât sich der verkêret sust!
ach rîcher swan, wie hât dîn brust
sô schedelîch gerêret!
du wirst niht mê gehêret,
als ich dich ofte hân gesehen
von wîzen berlen schône brehen.
nu sint dîn helse beide

111. da. 12. niemer *Hagen*] iemer. 13. gesehen *Hagen*] beschechen. 17. beschächen. 22. wie — veriach, *von Hagen gebessert*. 29. Nu sach man nit. 30. strebten *Hagen*] streben. 40. helmes *Hagen*] himels. 42. swan *Hagen*] ar. 43. geieret. 44. gehöret.

verkêret nâch dem leide,
die rôten snebele missevar.
wie wâren von rubîne gar
dîn ougen dir durchzieret,
nâch wunsche gefisieret!
die müezen nu verblîchen.
gesach man dich ie rîchen,
dem bistu leider ungelîch.
die zwêne ringe goldes rîch,
die du im snabel trüege,
die sint gar ungefüege:
ir steine hânt ir craft verlorn.
ach, er wirt niemer mê geborn,
der dich ergetzen künne gar.
sîn swert sach ich der scheide bar
bî dem spitze füeren hin.
mîn kumber und mîn ungewin
wart schedelîch gemêret.
diu banier wart verkêret:
der fleder hienc vor im zetal;
sîn rœte unvar unde smal
gab etelîcher varwe schîn.
die aren nâch dem wâfen sîn
sach man mit im ze grabe komen.
der aren vetechen sint erlomen,
die wîlent starke wâren.
ach den volkomnen jâren!
wê des wol gemuoten,
an ritterschaft des guoten,
nâch dem ich fröude gar verzer!
von Hônberc grâve Wernher
der ist begraben und mîn nam.
nu heize ich bliukeit sunder scham
und wirt och niemer mê gerant,
dâ mich erkennet hât sîn hant.
ich mac vor leide niht gesagen
waz guotes hie bî sînen tagen

150. nu warent. 51. dir] gar. 52. vnd nach wunsch. 57. trügte. 58. vngefügte. 64. mit — mit, *von Hagen gebessert.* 66. banner. 69. der gab ettlicher. 72. fetten sint lamen. 74. der. 77. fröde. 84. wes.

begangen hât des werden lîp.
nu bittent, ritter, mägde, wîp,
got und die lieben muoter sîn,
daz si der sêle sunder pîn
genâde unde hulde geben.
vil reine magt, sît daz sîn leben
in dîn genâde gap der helt,
Mariâ, muoter ûzerwelt,
der sicherheite wis gemant
und brich der zarten sêle ir bant.

193. sicherhait.

Laßberg will das Gedicht auf den Sohn beziehen, der im Jahre 1323 starb, weil Wappenschild und Banner verkehrt zu Grabe getragen werden, was bei dem Letzten eines Geschlechtes, mit welchem dasselbe ausstarb, geschah. Allein auf den mit acht Jahren verstorbenen Knaben würden die Lobsprüche des Gedichtes in keiner Weise passen. Auf den berühmten Vater aber trifft die Schilderung vollständig zu, namentlich daß seinem Schilde in manchen Landen viel Ehre geschehen sei (116 f.), was sich auf seine Kriegsthaten in Preußen und Italien bezieht. Das Gedicht braucht nicht unmittelbar nach dem Tode entstanden zu sein, sondern einige Jahre später: dann war Wernher in der That der letzte seines Geschlechtes, wie denn auch die Urkunde Ludwigs des Baiern von 1329 von ihm sagt, er sei ohne Erben gestorben[1]. Nur ein Umstand könnte Bedenken erwecken: daß nämlich in der Beschreibung des Wappens die Raprechtswiler drei Rosen fehlen; aber sie fehlen auch in dem Codex Balduineus. Dagegen sind die zwei Schwanenbrüste vorhanden mit dem Ringe in den Schnäbeln (156), wie in der Urkunde von 1318. In ihnen scheint die Beziehung zu Raprechtswil angedeutet[2]. Sonach ist die Beziehung des Spruches auf den berühmten Wernher ganz unbedenklich. Wenn seiner Lieder nicht gedacht wird, was Laßberg gleichfalls gegen die Identifizirung geltend macht, so ist darauf kein Werth zu

[1] Vgl. oben S. CLXXII.

[2] Vgl. oben S. CLXXIV.

legen. Seinen Ruhm verdankte Wernher seinen Thaten, nicht seinen Liedern, die er in seiner Jugend gesungen hatte. Stil und Versbau zeigen die Schule Konrads von Würzburg; ich halte es nicht für unwahrscheinlich, daß der Dichter des Reinfried von Braunschweig, der in der Schweiz am Ende des dreizehnten Jahrhunderts lebte, der Verfasser dieser Todtenklage ist.

Noch bestimmter aber darf und muß auf den berühmten Wernher die Stelle in dem Klagegedicht auf Herzog Johann von Brabant u. a. bezogen werden; eine Stelle daraus ist oben (S. XXV) angeführt worden. Die Wernher betreffenden Verse lauten[1]:

Du verfluochter veiger tôt,
du verbanst uns den, der helfe ie bôt
mit gâbe uns in manige wîs
und allen den, die ritters prîs
suochten von lant ze lande:
vil triulich ers ermande
menlich sîn ûf sîner sit,
ez wær ûf turnei alde ûf strit,
daz sie mit triuwen næmen war
der friunde und geste, die zin dar
durch prîs wâren kumen:
ich mein den edeln herren frumen
von Hônberc grâven Wernher,
der manic hundert tûsent sper
durch minne hât zerstochen,
mit swerten gar gebrochen
ûf striten manigen stahelrinc.
er kêrt sich an kein jungelinc,
der ze wer het kraft noch maht:
sîn arm er um der kragen flaht,
die man hiez ritter ûzerwelt:
der het er manigen gevelt.

1. verfluochte. 2. vermidest. 3. uns *Hagen*] uñ. 5. von lande zuo. 7. menliche uf ein siner sit. 8. alde] ader. 9. Des — triuwent nement. 10. zuo in. 11. dar waren. 13. honberger graf. 14. mag. 16. gar] hat. 21. hiez] manig. 22. m. zuo erden gevelt'

[1] Hagen, MS. 4, 94; Rochholz S. 150.

In den letzten Versen liegt eine deutliche Anspielung auf Wernhers Stärkeprobe, die er in Vercelli ablegte (oben S. CLXVIII). Und so wird auch derselbe Wernher der Gewährsmann sein, auf welchen das bekannte Spruchgedicht von den sechs Farben sich beruft.

Daz seite mir der schanden vrî,
der werde grâve Wernher
von Hônberc, der mit rîcher ger
der welte gunst alsô behielt,
daz er gar hôher êren wielt,
er was ein tolde ritterschaft:
der sagte mir der varwen kraft[1].

Acht Lieder haben sich von Wernher erhalten, darunter mehrere einstrophige (1. 3. 4. 8), und das ist allerdings für seine Zeit auffallend. Vier der Lieder beziehen sich auf seine Fahrten außer Landes: in dem ersten nimmt er Abschied von der Heimat und von seiner Herrin, und erklärt, nicht wiederkehren zu wollen, wenn sie ihn nicht als ihren 'Freund' empfange. In dem zweiten wendet er sich an Frau Minne um Hülfe; er will gern der Gefangene der Geliebten sein, sie hält ihn gebunden, wohin er auch in den Landen fahre, sie hat sein Herz mit Zauber gefesselt[2]. Auch das dritte ist ein Abschiedslied; er scheidet von der Heimat, aber sein Herz nicht von der Geliebten, wenn er auch von den Christen zu den Heiden führe[3]. Sie hat ihn bezwungen seit seiner Kindheit, und ihr gehört er, wie weit aus dem Lande er auch fahre. Das sechste zeigt, daß die von ihm besungene Dame verheiratet war. Ihr Mund brennt von Röthe, wie ein feuriger Zunder, sie hat eine rothe Rose gegessen. Er beklagt, daß der, der nicht werth wäre, auf Stroh zu liegen, ihrer Liebkosungen sich erfreuen darf; dem andern aber, der um ihretwillen zu allen Teufeln fährt, ist sie fremd.

[1] Ueber die verschiedenen Entstellungen des Namens in den Handschriften vgl. Hagen, MS. 4, 95.

[2] Diese Bedeutung hat wohl *verspannen* 2, 23.

[3] Vgl. oben S. CLXXV.

Schließlich spricht er den Wunsch aus, daß man ihm bitten helfe, daß er an Stelle des Verhaßten gesetzt werde. Weniger besondere Züge haben die vier andern Lieder; das vierte enthält eine Aufzählung der körperlichen Reize der Geliebten und eine Verwünschung derer, um derentwillen er sie meiden muß. Von dem Minnezauber, den Minne sie gelehrt hat (2, 23), ist auch im fünften die Rede: könnte er den brechen, dann wäre ihm geholfen. Das siebente enthält Klagen über den Winter und seine Liebesnoth; im achten wagt er der Geliebten seine Liebe nicht zu gestehen, er dünkt sich ihrer nicht werth.

Die Strophen sind sämmtlich dreitheilig gebaut; ohne verwandtschaftliche Beziehung der Theile in 3 und 6. Die beiden letzten Zeilen aller drei Theile sind gleich in 4. Alle drei Theile sind gleich in 2, auch der Schlußreim derselben. Letzteres auch in 1, wo nur im Abgesang eine Zeile um zwei Hebungen länger ist. In 5 hat der Abgesang am Anfang zwei Zeilen mehr; die Reime der übereinstimmenden Zeilen gehen durch alle drei Theile hindurch. Drei Zeilen mehr hat der Abgesang in 7, die zwischen die beiden Stollenzeilen eingeschoben sind; fünf am Anfang mehr in 8. Innerer Reim in allen drei Theilen der Strophe in 5, was durch den Rhythmus, der daktylisch ist, erwiesen wird. An zwei Stellen des Abgesangs ist innerer Reim in 3, hier ist das Vorhandensein durch den Strophenbau dargethan.

XXVII. Meister Johannes Hadlaub[1].

Urkundlich ist dieser Dichter, dessen bürgerliche Herkunft durch die Bezeichnung 'meister' in der seine Lieder allein enthaltenden Pariser Handschrift dargethan ist, nur

[1] Vgl. über ihn Wackernagel, Verdienste der Schweizer S. 14. 35. 58; v. d. Hagen, MS. 4, 625—633; Germania 9, 150; meine Liederdichter[2] S. LXXI; Bæchtold, die Züricher Minnesinger S. 26—33, mit dem verkleinerten Bilde der Pariser Handschrift; Allgem. Deutsche Biographie 10, 301—302 (Bartsch); Germania 26, 226. — Die Lieder unvollständig bei Bodmer 2, 185—197; vollständig bei v. d. Hagen

im Jahre 1302 nachgewiesen, in welchem ein Johannes Hadeloube ein Haus am Neumarkt zu Zürich kaufte[1]. Ein Verwandter von ihm ist wohl Peter Hadloup, der als Züricher Bürger 1308 urkundlich erscheint[2].

Näher unterrichtet sind wir durch seine Lieder über seine persönlichen Beziehungen, und diese geben ein so anschauliches Bild, wie wir es von wenigen Minnesängern besitzen. Hier kommt zunächst ein Lied in Betracht (2), in welchem eine Anzahl vornehmer Herren als Vermittler auftreten, um die Herrin des Dichters mit diesem zu versöhnen. In erster Stelle wird angeführt der Fürst von Konstanz (2, 43. 59). Gemeint ist Heinrich von Klingenberg[3] aus ritterlichem Geschlechte im Thurgau, dessen Stammburg an dem mittäglichen Abhange des Bergzuges stand, der zwischen dem Bodensee und der Thur sich von Westen nach Osten zum Rheinthal hinab senkt, und das mit dem von Klingen, aus dem der Dichter Walther stammte, nächstverwandt war. Heinrichs Vater war Ulrich, seine Mutter Willeburg, aus einem edlen Geschlechte in Zürich. 1259 und 1261 erscheint er als Canonicus in Konstanz[4]; dann war er Propst am großen Münster zu Zürich und richtete als solcher 1273 die Kantorei und Scholasterei am Stifte wieder auf. Rudolf I machte ihn zu seinem Kanzler, daher er den König auf seinen Reisen überall hin begleitet und seine Urkunden ausfertigt. 1293 wurde er zum Bischof in Konstanz gewählt und starb als solcher 1306; er liegt im Domchor begraben. Von der politischen Bedeutung Heinrichs legt seine und seines Bruders

---

2, 278—303, die Lesarten 3, 707—709; und in Ettmüllers Ausgabe, Zürich 1840.

[1] Bæchtold S. 26. Urkunde des Zürcher Staatsarchivs vom 4. Januar (ungedruckt).

[2] 1308 am 7. Februar überträgt Peter Hadloup Güter an das Kloster Selnau. — 1315 am 26. März verleiht Elisabeth von Utzingen, Stellvertreterin der Aebtissin von Zürich, einen Acker an Frau Anna Hadeloub. (Beide Urkunden ungedruckt.)

[3] Vgl. Laßbergs Liedersaal 2, S. XXXV—XLVI.

[4] Wartmann, Urkundenbuch der Abtei S. Gallen 3, 149. 157.

Ulrich[1] Sendung von Seiten König Albrechts an Philipp IV von Frankreich und an Wenzel von Böhmen Zeugniß ab, wovon der Reimchronist Ottacker (cap. 694. 696) berichtet. Hadlaub hat ihm eine besondere Preisstrophe gewidmet (2, 85 ff.), welche jenem Liede angehängt ist und offenbar nicht lange nach seiner Wahl zum Bischof (1293) gedichtet ist. Hier wird neben andern Tugenden hervorgehoben: er kann Weise und Wort, d. h. der Bischof wird auch als Dichter bezeichnet. Erhalten hat sich von seinen Gedichten indessen nichts. Neben ihm nennt Hadlaub seinen Bruder Albrecht. Dieser kämpfte 1298 in der Schlacht am Hasenbühl auf der Seite Adolfs von Nassau gegen Albrecht von Oesterreich. Urkundlich erscheint er häufig von 1300—1321[2]. Er starb 1324.

Die Fürstin von Zürich (2, 43) ist der Zeit nach wohl Elisabeth von Wetzikon, die gefürstete Aebtissin des Frauenmünsters in Zürich (1278—1298); ihre Nachfolgerin war Elisabeth von Spiegelberg (1298—1308).

Der Fürst von Einsiedeln (2, 44 f.) ist eher Abt Heinrich von Güttingen (1280—1298) als sein Nachfolger Johannes I von Schwanden (1298—1326).

Graf Friedrich von Toggenburg (2, 45 f.) kommt urkundlich von 1260—1315 häufig vor[3]; er war ein Bruder des Züricher Propstes Grafen Kraft von Toggenburg[4] und im Jahre 1292 Hauptmann der Züricher gegen Oesterreich.

Der fromme Regensberger (2, 48) ist Leutold VII von Regensberg, aus einem den Toggenburgern verwandten Geschlechte. Von den 80er Jahren des dreizehnten Jahrhunderts an bis 1325 tritt er in Urkunden sehr oft auf[5]; die jüngste

---

[1] Dieser erscheint urkundlich 1261, mit Heinrich zusammen: Wartmann 3, 157; dann 1293; Hagen, MS. 4, 626, Anm. 2. 1315 war er todt: vgl. Wartmann 3, 398.

[2] Wartmann 3, 313. 322. 333. 334. 335. 390. 402. 436; in letzterer Urkunde mit dem Beisatz 'dictus de Twiel'; vgl. 3, 485.

[3] Wartmann Bd. 3.

[4] oben S. LVI.

[5] Vgl. Germania 9, 150; Wartmann Bd. 3.

Urkunde vom 27. Februar 1325 in Schaffhausen nennt Vater und Sohn neben einander[1]. Seit 1297 war er mit Zürich verbündet.

Der Abt von Petershausen (2, 50) war von 1282—1293 Heinrich von Langenburg, dem Diethelm von Castel (1293 bis 1319) folgte; wohl der letztere wird gemeint sein.

Herr Rudolf von Landenberg (2, 55), aus einem Thurgauer Geschlechte, ist unzweifelhaft der mit seinem Sohne auf österreichischer Seite in der Schlacht bei Morgarten 1318 gefallene. Urkundlich erscheint ein dominus Ruodolfus de Landenberch 1279 mit seinem Sohne, der als rector ecclesiæ in Beroltswile bezeichnet wird[2]. Der von Hadlaub gemeinte begegnet 1297[3]; in einer von ihm ausgestellten Urkunde von 1314 nennt er sich Rudolf in Landenberg, Kirchherr zu Pfäffikon (im Kanton Zürich), und bezeugt, daß der von Abt Wilhelm von S. Gallen (1281—1301) ihm versetzte Hof zu Wolfikon durch Abt Heinrich (1301—1318) ausgelöst worden[4]. In den letzten Jahren scheint er Burgvogt von Kiburg gewesen zu sein[5].

Der letzte hier genannte ist Herr Rüdiger der Manesse (2, 61), aus einem edlen Züricher Geschlechte, in welchem der Name Rüdiger seit dem Anfang des dreizehnten Jahrhunderts vorkommt. In Hadlaubs Lebenszeit fällt zunächst Rüdiger II, der ältere Sohn Rüdigers I († 1253), Stifter der Linie Manegg, genannt nach der Burg am Uetliberg, die er sammt den damit vereinigten Höfen kaufte. Er tritt seit 1252 auf, 1264 war er bereits Mitglied des Rathes von Zürich, 1268 wird er zuerst als Ritter erwähnt, von 1280 bis 1302 unter den Rathsmitgliedern aus dem Ritterstande regelmäßig aufgeführt, seit 1283 stand er an der Spitze des sogenannten

[1] Schaffhaus. Urkunden-Regesten 1, 97.

[2] Wartmann 3, 221.

[3] Wartmann 3, 294.

[4] Wartmann 3, 389.

[5] Bæchtold S. 28. Ein jüngerer Rudolf von Landenberg, der Sohn Hugs, erscheint 1319: Wartmann 3, 414.

Herbstrathes. Er war zweimal verheirathet; seine erste Gemahlin hieß Adelheid, die zweite Margaretha. Seine Wohnung in Zürich war wohl der Manessethurm zu oberst an der Scheffelgasse. Er starb am 5. September 1304. Von seinen vier Söhnen überlebte er drei, die sämmtlich geistliche Aemter inne hatten: Rüdiger III, Chorherr und Scholasticus der Stiftsschule, † am 18. März 1304; Johannes, der Custos d. h. Verwalter des Stiftsschatzes, seit 1273 Chorherr war und am 20. Mai 1297 starb, und Manesso, der auch Chorherr war, † am 16. September 1284. Den Vater überlebte nur wenige Jahre der vierte Sohn, Rüdiger IV, auf den sich die Würde des Vaters vererbte und der das Geschlecht fortpflanzte. Er starb am 26. September 1309. Ein jüngerer ist der von 1329—1331 vorkommende, der am 31. März 1331 starb[1]. Mit den Söhnen Rüdigers VII, der Bürgermeister von Zürich war und 1383 starb, endet die Linie[2].

In einem andern Liede (5) sehen wir ebenfalls edle Herren im Interesse des Dichters sich bemühen. Wieder erscheint hier der Regensberger (5, 1. 15); daneben der von Eschenbach, unter welchem Berthold von Eschenbach, der seit 1270 urkundlich erscheint und noch in der Blüthe seiner Jahre, wahrscheinlich bei Göllheim 1298 auf Seiten Albrechts von Oesterreich fiel, oder Walther von Eschenbach, urkundlich von 1270 bis 1306[3], zu verstehen ist[4]. Endlich der von Tellinkon; die Edlen von Dällikon, wie jetzt der Ort heißt, waren Dienstmannen der Freiherren von Regensberg. Ein Eberhard von Tellinkon erscheint 1243, ein Lütold, der der Zeit nach ganz nahe steht, 1286[5].

Des Manesse und seines Sohnes des Küsters, das heißt

[1] Kopp 5, 1, 341, Anm. 4. 5, 2, 219, Anm. 3; über seinen Nachlaß vgl. ebenda Anm. 6.

[2] Bæchtold S. 2 f.

[3] Wartmann 3, 180 ff.; die letzte Urkunde ist in Zürich ausgestellt.

[4] Vgl. über diesen oben S. CXL.

[5] Bæchtold S. 29.

Rüdigers II und Johannes, gedenkt Hadlaub noch an einer andern Stelle (8), wo er ihre Thätigkeit für das Zusammenbringen von Liedern rühmt: nirgend fände man im Königreiche[1] so viel Lieder beisammen wie in Zürich in Büchern stehen. In Folge dessen preist man dort oft Meistersang; der Maneß hat eifrig danach gerungen und hat deshalb nun die Liederbücher. Sein Sohn der Küster trieb es ebenso, dadurch haben die guten Herren so viel edeln Sanges zusammen gebracht. Aus Benutzung dieser Liederbücher, wenn auch nicht ausschließlich aus ihnen, ist die reichhaltigste aller Liederhandschriften, die Pariser, hervorgegangen, die durch ihren Dialekt bestimmt auf die Schweiz weist. Dieselbe aber unmittelbar mit jenen Liederbüchern zu identifiziren, wie v. d. Hagen wollte, geht nicht wohl an; der von Hadlaub gebrauchte Ausdruck weist auf eine Reihe kleinerer Sammlungen, die, zum großen Theil noch dem dreizehnten Jahrhundert angehörig, sowohl der Pariser wie der Weingartner Handschrift und den Naglerschen Bruchstücken zu Grunde liegen. Diese wurden etwa im ersten Viertel des vierzehnten Jahrhunderts, wahrscheinlich in Zürich, zu der großen kostbaren Sammlung vereinigt, in welche nun auch Hadlaubs Gedichte Aufnahme fanden und die durch mehrere bis gegen die Mitte des Jahrhunderts reichende Nachträge von verschiedenen Händen ergänzt wurde.

Das Wappen des Dichters in der Pariser Handschrift zeigt ein schwarzes Eichhorn aufrecht stehend im silbernen Felde; bei der nahen Beziehung der Handschrift zu Zürich haben wir allen Grund, es für authentisch zu halten.

Das Gemälde stellt in zwei Bildern zwei Scenen aus den Liedern dar. Oben die Scene des zweiten Liedes, wie die Gönner des Dichters die Herrin desselben bestimmen, ihm die Hand zu reichen. Die Dame, sitzend, ein Hündchen auf dem Schoß, gibt die Linke dem vor ihr knieenden Dichter, während die Rechte wie abwehrend erhoben ist und sie nach

[1] Das Lied wird daher vor die Kaiserkrönung Heinrichs VII (1309) fallen.

dem hinter ihr stehenden Herrn blickt, der sie wie bittend um den Leib faßt. Der Dichter, nach rückwärts gelehnt, wird von einem der Herren gehalten, also ganz so wie er sich (2, 18) schildert: *ich lac vor ir als ein tôt man.* Der ihn haltende erhebt die Rechte, nach der Dame hinsehend und, wie es scheint, ihr zuredend. Das Hündchen scheint den Dichter in die Hand zu beißen, vielleicht eine humoristische Anspielung auf den Biß in die Hand, der ihm von der Dame zu theil wurde.

Das untere Bild stellt die Scene des ersten Liedes dar, wie er im Pilgergewand sich heimlich der Geliebten naht, die in die Frühmette geht, und ihr in gebückter Stellung einen Brief an das Kleid befestigt. Stab und Muschelhut deuten den Pilger an. Die Dame, nach ihm umblickend, hält ein Hündchen auf dem rechten Arme, das sie demnach auch in die Kirche mitnimmt, während sie die Linke emporhebt und ihn wie drohend oder abweisend anzusehen scheint. Die offene Kirchenthür, zu der drei Stufen emporführen, und der Meßner, der oben im Thurme die Glocke läutet, deuten den Beginn des Gottesdienstes an.

Von Hadlaubs Leben erfahren wir manches aus seinen Liedern, die uns durch ihre Lebendigkeit und Anschaulichkeit mehr Einblick gewähren, als es bei den meisten Minnesängern der Fall ist. Ein Lied (11) ist außerhalb seiner Heimat, in Oesterreich, entstanden, wo er klagt, daß die Frauen breite Hüte tragen, die verhindern sie anzuschauen, weshalb er wünscht, die Hüte möchten die Donau hinab fließen. Er hat schöne Frauen immer gern gesehen, aber keine so wie seine Herrin. Die schönen Frauen sollen ihm helfen seine unerhörte Liebe klagen.

Daß seine persönlichen Verhältnisse ärmlich waren, zeigt das siebente Lied, aus dem wir erfahren, daß er verheiratet war und Kinder hatte; er gibt hier eine Schilderung seines Hausstandes, die nicht ohne einen gewissen Humor ist; dennoch klagt er, wie es am Schlusse heißt, mehr noch über seine unerhörte Liebe als über seine Haussorge.

Seine Herrin, deren Grausamkeit so oft der Gegenstand seiner Klagen ist, war ohne Zweifel eine Landsmännin, denn er hebt hervor, daß er ihr gedient, seit sie beide Kinder waren (2). Daß sie den adligen Kreisen angehörte, zeigt die Vermittlung der Fürsten und Herren, deren hier gedacht wird, und noch bestimmter der Ausdruck, daß er zu hoch liebe (32). Jene Fürbitte aber half ihm nicht viel; einmal (5) schloß sie sich in einer Stube ein und kam trotz der Bitten der Vermittler nicht eher heraus, als bis er fortgegangen. Seiner Verkleidung als Pilgrim, in welcher er ihr einen Brief mit seinen Liebesklagen anhängt (1), wurde schon bei der Beschreibung des Gemäldes gedacht; er weiß nicht, ob sie ihn gelesen oder hingeworfen; er wagt nicht, ihr seinen Boten zu senden; aber er ist ihr unwandelbar treu: bräche man ihm die Brust auf, so fände man Sie in seinem Herzen. Ein anmuthiges Bild entwirft uns das vierte Lied, wo er erzählt, wie er seine Herrin ein Kindlein herzen sah und dann das Kind an derselben Stelle küßte, wo sie es geküßt. Auch sonst führt er uns Scenen aus seinem Liebesleben vor. Er erging sich vor der Stadt und sah die Geliebte mit schönen Frauen von ferne sitzen; als sie ihn erblickte, ging sie hinweg. Doch hat ihm ein guter Ritter gesagt, daß sie freundlich von ihm gesprochen und gefragt 'wo ist mein Geselle?' Dann begegnete er ihr allein, aber er konnte, vor Liebe erschrocken, nicht sprechen, so daß sie ohne Gruß vorüberging (6). Dieselbe Zaghaftigkeit des Liebenden, der nicht zu reden vermag, auch in einem andern Liede (13). Ein andermal, wo er sie auch vor sich stehen sah, wäre er noch gern länger geblieben, wenn er nicht den Haß der Falschen gefürchtet (17). Die typischen Züge und Gemeinplätze fehlen auch hier nicht: er fleht seine 'Königin' um Erbarmen (10); er klagt die Minne an und fordert sie auf, sich mit ihm zu versöhnen, indem sie seine Herrin auch bezwingt (9).

Auch den Frühlingsliedern versteht Hadlaub manchmal ein individuelles Gepräge und hübsche Züge zu verleihen. Er schildert, wie er seine Fraue im Klee gehen sah, so daß sie und die Blumen gegen einander leuchteten (47). Dann wieder spricht er seinen Wunsch aus, mit ihr in die Aue gehen zu dürfen, da wollte er ein Bett von Blumen machen und sie bitten, mit ihm darauf zu ruhen; aber er fürchtet, sie werde sagen 'ich will nicht'; dann würde er sie mit Gewalt darauf schwingen, bis ihm am Schlusse einfällt, daß das alles ja nicht Wirklichkeit ist (35). Und dieselben Gedanken, zum Theil mit denselben Worten, hat er noch einmal ausgeführt (41). Frauen im Frühling auf der Heide wandeln zu sehen macht die Heide erst vollständig geschmückt; daran freuen sich die Herzen, den ausgenommen, dessen Gedanken und Wünsche über das hinaus gehen, was ihm werden kann, und das ist bei ihm der Fall (37). Auch diese Idee wiederholt ein anderes Lied (21), wo er schildert, welche Freude es ist, schöne Frauen im Frühling tanzen und in Baumgärten wandeln zu sehen, aber wie froh auch alles ist, er muß traurig sein. Ihm ist nur wohl, wenn er die Geliebte sieht; wenn nicht, dann ist es ihm, als wenn die Sonne untergeht (19). Die typischen Klagen des trauernd Liebenden machen den Inhalt zweier Lieder (23. 25). Er schildert die Blumen, den Vogelgesang, Tanz und Gesang, und klagt sein Leid inmitten all der Frühlingslust (29). Seiner Herrin Schönheit und der Vogelgesang kann ihn nicht aufrichten, wenn sie ihn nicht erhört (31). Dennoch bleibt er ihr treu und wartet still, daß sie sich ihm neige; er sendet ihr, auch wenn er fern von ihr weilt, alle Morgen einen Boten: seine Gedanken (39). Sie ist freundlich gegen alle außer gegen ihn: wenn sie ihn nicht tröstet, muß er sterben (49). Er klagt über die Minne, die ihren rechten Dienstmann verläßt statt ihm zu helfen, und manchem andern, der ihr nicht dient, Freude gibt (45), wie anderwärts (27) über die unrechten Minner, die rechte Minner irren, und über die Aufpasser und Merker.

Auch den Winterliedern fehlt es nicht an hübschen Zügen, nur schadet er sich auch hier durch öftere Wiederholung desselben Motives. In dem einen (3) blickt er sehnsüchtig auf den Sommer zurück, wo die Frauen keine schweren Kleider trugen, so daß man ihre schönen Formen sehen konnte; jetzt im Winter bergen sie ihr Antlitz, ihren Nacken und ihre Kehlen und halten sich in den Stuben auf, so daß man sie selten sieht. Freilich dem beglückt Liebenden gefällt auch der Winter; er aber muß wegen der Merker und Aufpasser seine Herrin meiden und verwünscht daher dieselben. Dieselbe Schilderung des Winters auch in 28, und dieselbe Erinnerung an den frohen Sommer, wo die schönen Frauen in lichten Kleidern durch die Heide gingen, in 38, in beiden damit verbunden seine eigene Liebesklage und sein Leid. Auch in 42 klagt er, daß Frauen nun nicht mehr auf dem Plane gehen; Frauen erfreuen (wortspielend, wie oft), bringen aber auch in Noth, wie er von sich selbst weiß. In einem andern Winterliede (30) schildert er, in Anlehnung an die bekannte Vorstellung, wie er unter des Glückes Rade liege, wenn seine Herrin ihm nicht aufhelfe; sie ist im übrigen so vortrefflich, aber von ihr gilt, was man im Leben so oft spricht, 'wäre das nicht, so wäre es vollkommen.' In allgemein typischer Weise klagt er im Winter seine Liebesnoth in 40; in 26 hebt er hervor, daß jetzt im Winter der unglücklich Liebende doppeltes Leid habe, und verwünscht die Minne, wenn sie nicht auch seine Herrin bezwingt: beides ebenfalls Gemeinplätze. Seine größte Klage im Winter ist seine unerhörte Liebe (36); jeder möge sich hüten, seine Herrin genau zu betrachten, er käme sonst in die gleiche Noth wie er selber.

Die fünf Tagelieder sind schwerlich auf persönliche Verhältnisse des Dichters zu beziehen, sondern conventioneller Art. Das erste (14) ist nur ein Warnelied des Wächters; er gibt der Frau die Schuld, daß die Liebenden nicht scheiden; wenn sie nicht auf ihn hören, dann ist er, der Wächter, mit verloren. Wenn hier in der letzten Zeile das Wort 'Tag' vorkommt *(den tac man kündet dür diu horn)*, so erinnert das an den provenzalischen Gebrauch, in der Schlußzeile oder im Refrain das Wort *alba* anzubringen. Das zweite (33) beginnt auch mit dem Warneruf des weckenden Wächters, die Frau hört es und weckt den Geliebten, sie klagt den Wächter an, der den Tag zu früh gekündet. Der Geliebte will noch nicht scheiden; da mahnt der Wächter zum Maß, und nun nehmen die Liebenden Abschied. Das dritte (34) hebt mit der Wächterstrophe an, worauf die Frau weckt und der Liebende über sein Scheiden klagt; weiteres Gespräch und der Abschied bildet den Schluß. Im vierten (50) hat der Wächter die beiden ersten Strophen, die erwachende Frau, die den Geliebten weckt, die dritte. Das fünfte (51) hebt wie die provenzalische Serena an und schildert die Freude über die bevorstehende Liebesnacht, indem die ganze Situation von Anfang an episch geschildert wird, mit eingeflochtener Betrachtung des Dichters.

Ein paar seiner Lieder sind dem Lobe der Frauen gewidmet, theils in Verbindung mit dem eigenen Liebesleid (12. 48), theils ohne dasselbe (46). Diesen Inhalt haben auch zwei seiner Leiche (52. 53), während der dritte (54) Liebesklagen enthält.

Wenn schon in den bisher erwähnten Liedern eine stärkere Neigung zu realistischer Schilderung sich kundgibt, so tritt in andern dies Element noch deutlicher hervor. Eine Art parodischer Auffassung des Minnedienstes zeigt der dem Dichter gemachte Vorwurf, er liebe nicht ernstlich, denn sonst müßte er krank aussehen, worauf er erwidert, daß nur die Hoffnung ihn aufrecht erhalte (4). Ungleich realistischer noch ist ein anderes Lied (17), wo die Liebenden mit Köhlern und Kärrnern verglichen werden, und ihr Herz mit einem Schwein in einem Sacke; letzteres ein Steinmar nachgeahmter Vergleich[1], während ein anderer desselben Liedes, Minne klemme wie eine Zange, aus dem jüngern Titurel stammt.

Eine besondere kleinere Gruppe bilden die Lieder, welche die Freuden des Herbstes in ihrer materiellen Seite schildern; auch hier ist Steinmar wohl das nächste Vorbild des Züricher Dichters. So in 44, wo damit die Erinnerung an den frohen Sommer verbunden ist, wo man Frauen sah und ihre Hände

[1] Vgl. oben S. CXVI.

und Nacken, die sie nun verhüllen[1], und Klagen über das eigene Liebesleid angereiht sind. Die ganz gleiche Anlage haben zwei andere Lieder (18. 20). Bei aller Derbheit geben dieselben doch auch einen lebendigen Einblick in die Herbstfeier damaliger Zeit.

Wiederum eine kleine Gruppe bilden die gleichfalls ganz realistisch gehaltenen Erntelieder, mit denen wieder Steinmar in der Schweiz ihm vorausgegangen war. So 22, das die Ernte und die Kurzweil dabei schildert und preist; so 24, wo er dann seine Klagen über seine Liebe anreiht, und 43, wo derselbe Uebergang und er sagt, er möchte seiner Herrin gern seine Liebe gestehen, wenn nicht die Merker ihn störten.

Endlich Neidharts Richtung, die schon lange vor Hadlaub auch in die Schweiz gedrungen war, gehört 15 an, wo er den Streit zweier Bauernburschen um ein Bauernmädchen und ihre Versöhnung durch vermittelnde Genossen schildert.

Der Strophenbau ist auch bei Hadlaub überwiegend dreitheilig; doch hat er einmal untheilbare Form, in 16, und, was beachtenswerth, in einer Strophe von volksmäßigem Charakter. Bei dreitheiligem Bau besteht keine Verwandtschaft der drei Theile in 22, wieder eine volksmäßig gebildete Strophe, und in 39. 32 ist die Nibelungenstrophe mit innern Reimen[2].

Bei verwandtschaftlicher Beziehung der drei Theile ist auch hier die Regel, daß der Abgesang den ganzen Stollen in sich aufnimmt. Doch kommen mehrere Abweichungen vor. Nur die Schlußzeile des Stollen wird als Anfangszeile des Abgesangs, und zwar verdoppelt, mit demselben Reime, verwendet in 28. Die Schlußzeile aller drei Theile ist allein gleich gebaut in 1. 24. 45. Die Schlußzeile der Stollen im Abgesang verdoppelt, vielleicht verdreifacht, außerdem die erste Stollenzeile gleich der ersten des Abgesangs in 17. Die letzte Zeile ist gemeinsam auch in 13, doch die andere (erste) Stollenzeile außerdem gleich der dritten des Abgesangs,

[1] Vgl. oben S. CXCIII.

[2] In der ersten Strophe muß wohl *fröhe : höhe* gelesen werden, s. die Lesarten.

der Abgesang hat außerdem vier Zeilen mehr, wovon ein Reim (vierfach) mit dem Schlußreim der Stollen gleich ist, also sechsmal wiederkehrender Reimklang, was eine im deutschen seltene Häufung ist. Die erste und dritte Stollenzeile sind gleich den beiden Schlußzeilen des Abgesangs in 37; außerdem hat der letztere noch drei Zeilen mehr am Anfang; der Schlußreim aller drei Theile ist gleich.

Bei vollständiger Aufnahme des Stollen in den Abgesang hat dieser in der Regel am Anfang einen Zusatz. Derselbe besteht aus einer Zeile in 2. 3. 4. 5. 6, welche Lieder die gleiche Form haben; ebenso in 7, einer mit 2 ff. sehr nahe verwandten Form, die sich nur dadurch unterscheidet, daß Z. 2. 4. 7 um eine Hebung länger, Z. 5 um eine Hebung kürzer ist; mit 7 stimmt genau 50, und ferner 12, nur daß hier ein innerer Reim in der ersten Stollenzeile sich findet, der in 7 fehlt, und 31, wo in Stollen und Abgesang ein innerer Reim den Unterschied bildet. Mit 7. 12. 31 ist wieder 19 nahe verwandt, nur hat hier die Schlußzeile des Abgesangs keinen innern Reim, und außerdem hat 19 am Anfang des Abgesanges zwei Zeilen mehr; eine neunzeilige Strophe statt einer siebenzeiligen. Die den Zusatz bildende Anfangszeile des Abgesangs ist gleich der Schlußzeile des Stollen (14), der Schlußreim der Stollen ist hier zugleich Anfangs- und Schlußreim des Abgesangs, so daß der eine Reimklang viermal wiederkehrt. Eine Zeile mehr am Anfang des Abgesangs auch in 10. 27. 29; in 44, wo sie gleich der Schlußzeile des Stollen gebildet ist; in 46, wo derselbe Fall bis auf das Reimgeschlecht[1]. Die Form von 47 ist wieder der von 2—6 nächstverwandt, nur hat die erste Zeile des Abgesangs in 47 eine Hebung mehr.

In 33 hat der Abgesang am Anfang und am Schluß je eine Zeile vor den Stollen voraus, letztere ist Verdoppelung der Schlußzeile, jene gleich der mittlern Stollenzeile. Zwei Zeilen am Anfang hat der Abgesang als Zusatz in 8, wovon

[1] Die Strophenform ist fast ganz wie in 40, nur hat 40 zwei Zeilen im Abgesang mehr.

die zweite Verdoppelung der ersten Stollenzeile ist; dieselbe Form hat 11. In 9 ist von den beiden Zusatzzeilen die zweite auch gleich der ersten Stollenzeile, also wieder Verdoppelung. Beide Zusatzzeilen sind gleich der Schlußzeile des Stollen in 15. In 20 schließt sich die erste im Reim an den Schlußreim des Stollen an. Ohne solche Beziehung stehen beide in 21. 25. 40 und 48, ferner in 35 und 49, die einander ganz gleich sind und auch in einzelnen Wendungen und Reimen (5. 6. 8) sich gleichen, während in 23 die zweite der Schlußzeile des Stollen gleicht. Beide sind gleich den beiden Schlußzeilen des Stollen in 26. 36 und 38; gleich der Schlußzeile in 34 und 43; in 42 ist die zweite der Pluszeilen gleich der mittlern Stollenzeile.

Vier Zeilen beträgt das Plus des Abgesangs am Anfang in 18. 30, ferner in 41, wo die Zusatzzeilen die beiden Schlußzeilen des Stollen verdoppeln, und in 51, wo die Zusatzzeilen in sich wieder zweitheilig sind.

Der erste Leich (52) hat zwei Formen, aus denen er ganz besteht. Die erste wird am Anfang viermal wiederholt (1—48), dann wieder 59—70. 81—92. 103—114. 125—136. Eine zweite Form begegnet nur viermal im ganzen: 49—58. 71—80. 93—102. 115—124. Beiden Formen ist gemeinsam, daß die erste Zeile einen innern Reim hat, der in beiden in die Senkung des Verses fällt. Der zweite Leich (53) hat eine Hauptform und zwei Nebenformen, alle drei sind zweitheilig, die erste umfaßt 1—6. 59—64. 77—82, die zweite 7—18. 27—38. 47—58. 65—76. 83—94, die dritte 19—26. 39—46. Dieselbe Structur hat der dritte (54), die Hauptform umfaßt 9—16. 27—34. 43—50. 61—68, die beiden Nebenformen 1—8. 35—42 und 17—26. 51—60.

Von dem innern Reime hat Hadlaub in seinen Liedern wie in den Leichen ausgiebigsten Gebrauch gemacht, und in den weitaus meisten Fällen läßt sich sein Vorhandensein erweisen. Nicht zu erweisen ist der innere Reim in den Schlußzeilen aller drei Strophentheile in 2—6, aber wahrscheinlich wird er durch die Analogie der nahe verwandten

Strophenform von 7 und 12, in welch letzterm Liede in der ersten Stollenzeile ein in 7 fehlender Inreim hinzukommt. Mit 7 und 12 ist anderseits 31 nächst verwandt, hier ist der Inreim noch vermehrt. In 9 (= 51) ist der Inreim (einer in jedem Strophentheile) durch den Strophenbau erwiesen; das gleiche gilt von 8. 17. 20. 21. 24. 25. 27. 28. 29. 30. 34. 35. 44. 50. In 40 wird der als Schlagreim und Pause auftretende innere Reim erwiesen durch den Wechsel der Stellung in Stollen und Abgesang; in 46 durch die Verwandtschaft der Strophenform mit 40; in 47 dadurch daß er in Stollen und Abgesang verschieden ist. In 39 wird die sonst reimlos dastehende Schlußzeile als innerer Reim mit der Schlußzeile des zweiten Stollen gebunden; hier steht der Inreim in der Senkung des Verses.

Regelmäßig ist innerer Reim verwendet in der Anfangszeile aller Absätze der drei Leiche (52—54) und fällt hier nach der dritten Silbe, in die Senkung des Verses. Sein Vorhandensein wird durch die übrigen Zeilen ohne Inreim erwiesen. Uebergangs- und Schlagreime sind in 53 und 54 außerdem häufig.

Den daktylischen Rhythmus liebt Hadlaub nicht, nur einmal findet sich ein daktylischer Fuß (10) in jedem Theile der Strophe, in der 3., 8. und 14. Zeile.

XXVIII. Bruder Eberhard von Sax[1].

Daß er zu derselben Familie zu zählen ist, welcher Herr Heinrich von Sax[2] angehört, wird durch das Bild in der Pariser Handschrift bestätigt, dessen Wappenschild, oben lang getheilt, rechts golden, links roth ist; auf dem goldenen

[1] Vgl. über ihn Laßbergs Liedersaal 1, S. VII; Wackernagel, Verdienste der Schweizer S. 13. 31, 36; v. d. Hagen, MS. 4, 98 f., Bildersaal S. 52; Germania 9, 463; Bæchtold, die Züricher Minnesinger S. 25; Germania 26, 217. — Das von ihm erhaltene Lied bei Bodmer 1, 28—30; v. d. Hagen 1, 68—71, die Lesarten 3, 592.

[2] Vgl. oben S. XCIII.

Helme ein schwarzes Bärenhaupt. Beides stimmt mit dem Wappen der Freiherren von Sax überein[1]. Da die Handschrift ihn als Predigermönch (Dominikaner) bezeichnet, so kann er nicht früher als in der zweiten Hälfte des dreizehnten Jahrhunderts gelebt haben.

Das Gemälde stellt ihn grauhaarig, in schwarzem Mönchsmantel und weißem Unterkleide dar, vor dem Altar knieend, auf welchem die Mutter Gottes mit dem Kinde sitzt, eine Kerze und Lampe vor ihr. Auf einem Blatte, das von seinen gefalteten Händen über den Kopf am Rücken hinab hängt, steht mit rother Schrift in zwei Zeilen:

Dirre kranke presant,
vrowe, sî dir gesant:
empfâhe in von mir für guot
dur dînen tugentlichen muot.
iemer sî von dir bewart
von Sax bruoder Eberhart,

die letzte Zeile dicht unter dem Spruchbande. Hinter ihm steht ein wie er gekleideter Mönch, der die Hände ausbreitet[2].

Der Name Eberhard kommt in dem Geschlechte seit dem zwölften Jahrhundert vor und dies macht die Zugehörigkeit des Dichters zu demselben um so sicherer. Zuerst 1139 Eberhard de Sacco[3]; 1210 begegnet am 15. März neben Heinrich von Sax sein Bruder Eberhard[4]; im vierzehnten Jahrhundert von 1336 an[5].

Bruder Eberhard von Sax ist zweimal im Jahre 1309 nachgewiesen. Am 29. April bezeugen 'bruoder Eberhart von Sax, bruoder Wernher von Hasla, predier ordens' eine Urkunde, durch welche Walther von Eschenbach, der Theilnehmer am Morde König Albrechts, im Kloster Kappel, wo er sich versteckt hielt, mit Einwilligung seines Bruders Mangolt

[1] Hagen 4, 99, Anm. 4.
[2] Hagen, MS. 4, 99.
[3] Mohr, Urkunden zur Geschichte von Chur 1, 123.
[4] Mohr 1, 248.
[5] Wartmann 3, 569. 613. Hagen, MS. 4, 99.

an die Augustinerinnen in Eschenbach (im Kanton Luzern) Leute, Gut und Rechte von seinem Hofe Obereschenbach veräußert[1]. In Zürich finden wir ihn am 9. November, in einer Urkunde, in welcher die Nonnen des Klosters Eschenbach dem Prior und Konvent der Prediger zu Zürich Gehorsam geloben; unter den Zeugen befindet sich 'bruoder Eberhart von Sax', der gleich nach dem Prior aufgeführt wird, wieder unmittelbar vor 'bruoder Wernher von Hasla', worauf noch drei andere Brüder, am Schlusse bezeichnet als 'Predier ordens'[2]. Danach scheint er dem Predigerkloster in Zürich angehört zu haben.

Das einzige Gedicht, das wir von ihm besitzen, ist ein Marienlied, das sich in den traditionellen Bildern und Vergleichen für die Jungfrau bewegt und in einer dreitheiligen Strophe, alle drei Theile von gleichem Umfang und Bau, aus acht- und siebensilbigen trochäischen Versen abgefaßt ist, einer Form, die in der lateinischen Mariendichtung des Mittelalters die beliebteste ist.

XXIX. Johannes von Rinkenberg[3].

Von der zwischen 1250 und 1260 erbauten Burg des freiherrlichen Geschlechtes, das die Vogtei über Brienz ausübte[4], steht noch jetzt am östlichen Ufer des Brienzer Sees ein stattlicher viereckiger Thurm[5]. Zahlreiche Mitglieder des Geschlechtes kommen seit Anfang des dreizehnten Jahr-

---

[1] Germania 9, 463. Geschichtsfreund 10, 112 fg.

[2] Geschichtsfreund 22, 274 f.

[3] Vgl. über ihn Wackernagel, Verdienste der Schweizer S. 14. 34 f., 57; v. d. Hagen, MS. 4, 285—288; Germania 1, 119. 9, 150 f. 26, 221: unter den Nachträgen von der Hand *E.* — Die Sprüche bei Bodmer 1, 186—189; bei Hagen 338—341, Lesarten 3, 643.

[4] Vorher nannten sie sich auch von Briens: vgl. Kopp, Geschichte der eidgenössischen Bünde 2, 2, 105, Anm. 1.

[5] Ein anderes Rinkenberg in Graubünden, Hagen 4, 285, kommt nicht in Betracht, wie das Wappen und der Name Johannes beweist.

hunderts vor: zuerst Konrad von Ringenberg 1218[1], dann Kuno 1240[2], Philipp 1258[3], Rudolf 1262[4] u. a. Der Name Johannes begegnet nicht vor dem Ende des Jahrhunderts. Johannes I, der Sohn Philipps und Annas von Egerdon, der Tochter eines bernischen Bürgers[5], tritt zuerst im Mai 1291 auf[6]. Hier lassen die Propstei Interlaken und 'Johans von Ringgenberg, jungkher' durch sieben Ausgeschossene ihre bisher gemeinschaftlich geübten Rechte auf Alment und Etzweide in den Dorfschaften Goldwil und Ringgenwil förmlich ausscheiden[7]. Die in deutscher Sprache abgefaßte Urkunde ist für Dialekt und Schreibung wichtig, aber zu umfangreich, um hier mitgetheilt zu werden. Am 10. Juni 1295 im Kloster Interlaken sprechen Herr Walther von Eschenbach und seine Mitschiedsrichter im Streite einiger Leute des Ammanns von Hasle, Peters von Isenbolgen, und des Junkers Johannes von Ringgenberg (Johanne domicello de Rinkenberg) mit dem Kloster Interlaken den Ersteren anderthalb Staffel Weidrechte an der Alp Iselten ab[8]. 1301 am 24. Juli erscheint er als Zeuge einer auf Bregenz bezüglichen Verhandlung in Lindau[9].

Schon vor dem Jahre 1309 hatte er die Ritterwürde erlangt[10]. 1314 am 2. Februar erscheint an offenem Gerichte vor dem Amtmanne der Herzöge von Oesterreich in einer das Kloster Interlaken betreffenden Urkunde als Mitsiegler

---

[1] Huillard-Bréholles 1, 566.

[2] Hagen, MS. 4, 285.

[3] Fontes rerum Bernensium 2, 478.

[4] Fontes 2, 545.

[5] Germania 1, 119.

[6] Nach Lütolf, im Geschichtsfreund 25, 16, seit 1283, doch habe ich eine so frühe Urkunde nicht aufgefunden; es ist auch unwahrscheinlich, da noch viel später Johannes erst Junker, noch nicht Ritter war.

[7] Fontes rerum Bernensium 2, 502—504, Nr. 515.

[8] Fontes 2, 616 f., Nr. 627.

[9] Zeitschrift für die Geschichte des Oberrheins 10, 420: presentibus . . . Johanne de Ringgenberg.

[10] Germania 1, 119.

der Ritter Johannes der Vogt von Rinkenberg[1]. Ein Schutzbrief vom 7. Juli 1315 für das Gotteshaus zu Hinterlappen ist auf Bitte Herrn Johans von Rinkenberg ausgestellt[2]. 1330 war er Mitglied des Rathes von Bern; 1333 am 30. September bezeugt 'herr Johans von Ringgenberg, vogt ze Briens' eine Urkunde[3]. Am 2. November 1335 zu Nürnberg gibt Kaiser Ludwig der Baier 'dem vesten manne Johansen von Ringgenberg und Philippen sinem sune, unsern lieben getrewen' alle von ihnen ausfindig gemachten entfremdeten Reichslehen in Burgund[4], für die willigen Dienste, die sie ihm und dem Reiche gethan haben und noch thun sollen[5]. Dies bezieht sich auf die Theilnahme an Ludwigs Römerfahrt, aus welcher Konrad Justinger die tapfere That eines Rinkenbergers berichtet, wie er dem römischen Kaiser auf der Tiberbrücke zu Rom einen Streit gewann. 'Einer von Rinkenberg, sagt er, war unter aller Ritterschaft, so vor Zeiten mit einem römischen Kaiser zu Rom waren und einen harten Streit thun sollten, der allermannlichste, und behub mit seiner Vernunft und Getürstigkeit dem römischen Kaiser seine Sache nach allem seinem Willen und Gefallen; darumb ihn der Kaiser gar reichlich begabet und gewährte ihm auch nach seinem Begehren dreierlei Sachen.' Näheres ist jedoch darüber nicht bekannt[6].

Er war vermählt mit einer Tochter des Freiherrn Arnold von Wädischwil zu Mülinen; zwei Söhne entsprossen dieser Ehe, der schon erwähnte Philipp, und Johannes. Dieser erwarb die Ritterwürde um 1333, während Philipp um diese Zeit noch Junker war[7], und war vermählt mit Anna Münzer,

[1] Kopp 4, 2, 29, Anm. 3.

[2] Geschichtsfreund 15, 110 f.

[3] Kopp 5, 2, 489, Anm. 1. Geschichtsfreund 15, 112 f.

[4] Winkelmann, acta imperii 2, 356, Nr. 573.

[5] Philipp allein kommt noch zweimal in Urkunden Ludwigs im Jahre 1335 vor: Winkelmann 2, 353, Nr. 566, und 2, 355, Nr. 571.

[6] Hagen, MS. 4, 285, Anm. 5.

[7] Geschichtsfreund 15, 113.

einer bernischen Bürgerstochter[1]. Er starb um 1347; der Vater überlebte ihn, denn derselbe kommt noch 1349 in einer Urkunde für das Kloster Hinterlappen am 28. Februar vor, welche er besiegelt[2]. Johann der Jüngere hinterließ einen Sohn Petermann, mit welchem 1392 der männliche Stamm ausstarb[3].

Eine deutsche Urkunde von ihm und Johann von Stretlingen ist vom 22. August 1332 und mag als Document der Sprache hier eingerückt werden[4].

Wir Johans von Ringgenberg, vogt ze Briens, und Jo. von Stretlingen, rittera, vrien, tuen kunt menlichem mit disem briefe, dz wir den brief, des ordnung hienach geschriben stat, gesehen hein mit gantzzem und unfürwertlem sinem insigel, und gehört hein von wortte ze wortte den selben brief unfürbœsten und allen stetten unfürvelschten und ungetilgget als hie nach geschriben stet. Wir Ruodolf von Oedisriet lantammann und die lantlütte gemeinlich von Underwalden und och sunderlich von Lungern, tuon kunt allermenlichem mit disem brieve, das wir um die ansprach, so wir die egenantten von Lungern um etwas schaden an des gotzhuß lütte von Inderlappen hein, darum wir si in vorchten hatten, dem selben gotzhuse und allen sinen lütten und guotte, guotten getrüwen und stetten vrid gegeben hein, und geben och mit disem brieve uf die gedinge und mit der bescheidenheit, swenne die von Berne ze dirre sache mün riten von vrid olt von suone ire urliges, dz denne die herren des gotzhuß ze tage komen sullent inront sechs wuchen, an geverde, uf ein lieplich richtung der selben sache, und süllen och wir die wil von ir lütten in vride sin und unbekümert, als an brieve stat, den sü uns darüber gegeben hant. Und ze eim urkunt und stetti diß dinges so hein wir unsers landes ingesigel gehenket an diesen brief, der wart gegeben ze

[1] Germania 1, 119.

[2] Geschichtsfreund 15, 118—121. Germania a. a. O.

[3] Germania a. a. O.

[4] Geschichtsfreund 15, 111 f.

Sarnen an dem samstage nach mittem ougsten, du mon zalte von gottes geburtte drüzehen hundert und zwei und drißeg jar. Und zem urkund diß sehens und hœrens hein wir der vorgenante Jo. von Ringgenberg und Jo. von Stretlingen, rittera, vrien, unsrü insigel gehenket an disen brief, der gügeben wart an sant Othmars tag des jares do man zalte von gottes gübürtte tusend drühundert drißeg und zwei jar.

Daß diesem Geschlechte der Dichter angehört, beweist das Wappen der Pariser Handschrift: es hat in rothem Felde unten einen aus sechs Kuppen pyramidenförmig gebildeten goldenen Berg, oben eine halbrunde goldene Ringschnalle (rinke) mit aufwärts zur Rundung gekehrtem Dorne[1]. Damit stimmt das Ringgenbergische Wappen, nur daß hier der Berg dreigipflig und grün und die Rinke silbern ist[2].

Das Bild stellt zwei Männer dar, in fast bäurischer Tracht, die sich mit Schwertern und kleinen runden Schilden gegen einander auslegen, und deren Kampfe zwei Fräulein von der Burgzinne zuschauen[3]. Der Dichter wird hier als Knappe, ohne ritterliche Rüstung und ohne den eigentlichen Kampfschild des Ritters dargestellt, er ist also noch nicht zum Ritter geschlagen, daher heißt er in der Ueberschrift auch nicht 'Herr.'

Einem Johannes von Rinkenberg hat Ulrich Boner seinen Edelstein gewidmet. In der Vorrede heißt es[4]:

Dâ von hab ich, Bonêrius,
bekümbert mînen sin alsus,
daz ich hab mange bischaft
gemacht, ân grôze meisterschaft,
ze liebe dem êrwirdegen man
von Ringgenberg hêrn Jôhan,
ze tiutsch mit slehten worten,
einvalt an allen orten

---

[1] v. d. Hagen, MS. 4, 286.

[2] MS. a. a. O. Anm. 1.

[3] Hagen a. a. O.

[4] Pfeiffers Ausgabe S. 2.

von latîne, als ich ez vant
geschriben;

und in der Schlußrede[1]:

und der, dem ez ze liebe sî
getiht, der müeze wesen vrî
vor allem unglük iemer mê.
sîn sêl bevinde niemer wê.
von Ringgenberg ist er genant:
got müeze er iemer sîn bekant!

Hier wird er an der ersten Stelle 'Herr' genannt, also als Ritter bezeichnet. Das war der jüngere Johannes ebenfalls schon um 1333. Es ist daher nicht sicher zu entscheiden, ob Vater oder Sohn der Dichter ist; dem Dichter aber wird Bonerius sein Werk gewidmet haben. Die meisten Forscher scheinen in dem ältern Johannes den Minnesänger zu erblicken; die Darstellung in der Pariser Handschrift spricht eher für den Sohn.

Wir besitzen von dem Dichter nur Sprüche, die alle in derselben Strophenform abgefaßt sind. Die Form ist dreitheilig und scheint dem Frau Ehrenton Reinmars von Zweter nachgebildet. Die Stollen sind in beiden Formen bis auf éine Hebung einander gleich; dieser Unterschied wird aber ausgeglichen, wenn man bedenkt, daß in vielen jüngern Nachahmungen Reinmars und schon bei diesem selbst häufig die Cäsur der dritten und sechsten Zeile weiblich ausgeht, die dann für zwei Hebungen gelten kann, z. B.[2] *mit êre gernden tugenden | sô meht si wol für einen keiser gân* = Z. 3. 6 bei Ringgenberg bis auf das verschiedene Reimgeschlecht, das übrigens bei dem jüngern Dichter häufig wechselt. Im Abgesange sind gleich 11—12 = Reinmar 11. 12; die letzte Hälfte von 13 (nach der Cäsur) = Reinmar 13; die achte gleich der achten Reinmars. Die Veränderung der Schlußzeile hängt mit der zu Ringgenbergs allgemein üblichen Art

---

[1] Pfeiffer S. 185.

[2] v. d. Hagen, MS. 2, 192[a].

zusammen, den Schluß aller drei Theile der Strophe rhythmisch und musikalisch gleich zu machen.

Wie Reinmar behandelt auch Johannes die mannichfachsten Gegenstände. 3 enthält ein Gebet an den Schöpfer, das an Walther erinnert; 4 ist eine Preisstrophe an Maria; 5 singt das Lob der göttlichen Erbarmung, die den Menschen errettet hat; 6 führt Klage über die Sündhaftigkeit der Menschen; 8 handelt von der Welt und dem bösen Lohne, den dieselbe gibt; 9 klagt, daß der Mensch so eifrig nach irdischem Gute trachte, während er doch nichts als ein leinen Tuch beim Scheiden aus der Welt mitnehme; 13 gibt eine Darstellung des Glücksrades, mit den Figuren der vier Menschen, die durch ihre verschiedene Stellung am Rade die Stufen des Glücks und Unglücks bezeichnen, eine auch bildlich vielfach dargestellte Allegorie. Die erste Strophe singt den Preis von Frau Treue, die die Krone über alle Tugenden trägt und das beste Kleid ist, das man anlegen kann; von ihrem Gegensatze, der Untreue, handelt der zweite Spruch. In innerm Zusammenhang damit steht 17, der von süßer Rede handelt, die aus falschem Herzen kommt; das Lob der Maße und den Tadel der Unmaße spricht 7 aus; in gleicher Weise 14 das Lob der Milde, 15 den Tadel der Kargheit; dem Preise des guten Muthes ist der 16. Spruch gewidmet. Mit dem Lobe der Frauen beschäftigen sich die Sprüche 10 und 12, während die dazwischen liegende Strophe diejenigen Männer tadelt, die von Frauen böses sprechen. Eine ernste sittliche Gesinnung blickt überall durch.

XXX. Albrecht Marschall von Raprechtswil[1].

Wie er in der Pariser Handschrift zwischen zwei so jungen Dichtern wie Johannes von Rinkenberg und Otto zum Turne steht und wie diese in der Handschrift von einer

[1] Vgl. über ihn Wackernagel, Verdienste der Schweizer S. 13. 32, 44; v. d. Hagen, MS. 4, 288—290; Germania 9, 151; meine Lieder-

noch jüngern Hand[1] nachgetragen ist, so wird er auch nicht früher als in die ersten Jahrzehnte des vierzehnten Jahrhunderts zu setzen sein. Er war ein Dienstmann der Grafen von Raprechtswil, die mit denen von Stretlingen und den Grafen von Honberg in verwandtschaftlicher Beziehung standen[2], und hatte ohne Zweifel seinen Wohnsitz in der Stadt Raprechtswil oder auf der Burg der Grafen, die eine stattliche Hofhaltung führten und alle Hofämter, Schenken, Truchseßen u. s. w. hatten. Ein nicht mit Namen genannter Marschall von Raprechtswil erscheint in einer Urkunde von etwa 1272, die die Verpflichtungen der Klosterbeamten aufzählt[3]. Ebenso ohne Namen 1276 in einer Urkunde des Grafen Diethelm von Toggenburg, die in Gegenwart u. a. von 'dem marscalche von Raprehtscwille' ausgefertigt wurde[4]. Ebenso 1282 als Zeuge in einer Urkunde Elisabeths von Wetzikon ein 'Marscalcus de Raprechtswile'[5]. In einer Urkunde von 1288 kommt neben dem Schultheißen Jacob von Raprechtswil vor 'Heinrich der marschalch'[6], ebenso 1290 in Zürich in der Laube vor der Wasserkirche: Heinrich der marschall von R.[7], und noch 1292 und 1293[8]. Ein 'her Albrecht der Marschalk' steht unter den Zeugen einer Urkunde, Basel am 15. December 1312[9].

dichter' S. LXXVIII; Bæchtold, die Züricher Minnesinger S. 18—20. — Die Lieder bei Bodmer 1, 189—190; bei Hagen 1, 342 f., die Lesarten 3, 643.

[1] Von Apfelstedt, Germania 26, 221, mit *F* bezeichnet.

[2] Vgl. oben S. LXIX und CLXIII.

[3] Wartmann, Urkundenbuch der Abtei S. Gallen 3, 734: in festo Andree debet marscalcus de Raprechtswiller 174 modios tritici.

[4] Pupikofer, Geschichte des Thurgaus 1, Urk. 13; Hagen, MS. 4, 289.

[5] Bæchtold S. 19.

[6] Zeitschrift für die Geschichte des Oberrheins 28, 415 f.

[7] Bæchtold S. 19.

[8] Bæchtold S. 19. Geschichtsfreund 1, 378.

[9] Kopp 4, 1, 276. Germania 9, 151.

Jener ungenannte von 1272—1282 ist wohl zu frühe; wir werden also an einen der Marschälle am Anfang des vierzehnten Jahrhunderts, etwa zur Zeit Wernhers von Honberg, zu denken haben.

Das Wappen in der Pariser Handschrift ist das der Grafen von Raprechtswil: eine Rose, weiß mit grünem Stiel, in schwarzem Felde[1]; der Helmschmuck zeigt auf abgestumpftem Kegel eine senkrecht schwarz und weiß getheilte Kugel. Wegen jenes Wappens an den Grafen Albrecht von Raprechtswil als Dichter zu denken[2], ist angesichts der ausdrücklichen Bezeichnung 'Marschall' unstatthaft. Das gräfliche Wappen führt er als Dienstmann seines Herrn, daneben scheint die Kugel sein eigenes anzudeuten; der an der hohen Rücklehne des Sattels außen gemalte aufrecht stehende rothe Löwe[3] ist das Wappen der Habsburger: Raprechtswil war also bei Entstehung des Bildes jedenfalls schon im Besitz der Habsburger, was seit der Verheiratung der Wittwe Ludwigs von Honberg mit Rudolf von Habsburg im Jahre 1295 gelten kann, und damit stimmt unsere Annahme, daß der Dichter nicht früher als an den Anfang des vierzehnten Jahrhunderts zu setzen sei, durchaus überein.

Das Bild[4] stellt den Dichter im ritterlichen Tjostieren dar, zu Rosse, im Ringpanzer, doch schon mit steifen Beinschienen an Stelle der älteren 'ringe'; darüber ein gelber Waffenrock, Hals und Kopf ganz in dem bis auf die Schulter stehenden Helmkegel, den Schild vor der Brust, dessen ganzer Umriß mit dem Wappenbilde sich auf der langen Roßdecke am Halse und am Hinterbuge wiederholt: so schwingt der Marschall den Handgriff der in Stücke zerstoßenen Lanze, und vor ihm stürzt bügellos von dem auf die Hinterbeine gesunkenen Rosse ein jugendlicher Ritter, dem der Helm abgestochen worden und der die mit ihm

[1] Hagen, MS. 4, 289, Anm. 22.
[2] wie Lütolf im Geschichtsfreund 25, 14. 16 thut.
[3] MS. 4, 289, Anm. 24.
[4] In Umrissen ist dasselbe mitgetheilt in Bodmers Proben.

rückwärts sinkende Lanze in der Rechten hält; er ist ganz im Ringpanzer mit Wappenhemde und hat noch den Schild am Arm, der in weißem Felde einen schwarzen Vogel mit rothem dreispitzigem Kamm, aufgesperrtem Schnabel und rothen Füßen zeigt. Dies Wappen kehrt auch hier zweimal auf der Roßdecke wieder und nochmals an dem Kegel des auf dem Boden liegenden Helmes, dessen Spitze in einen Haarbüschel ausläuft. Unten am Rosse des Siegers stehen zwei Ausrufer (croijierer), der eine mit aufgehobenen Armen, der andere einen Kolben in der Hand. Drei Damen schauen von der Zinne zu, zwei über dem Marschall, die eine mit einem Schleier, die andere mit einem Stirnband über den langen Locken, mit freudiger Miene, während die dritte, mit geblümter Stirnbinde, die Hände flehend über den Besiegten erhebt. Außerdem noch zwei Spielleute mit Hoboe und Handtrommel. Das emporfliegende Lanzenstück hat keine scharfe Spitze, sondern ist dreifach lilienartig abgestumpft, woraus zu entnehmen, daß nur ein ritterliches Kampfspiel hier dargestellt ist[1].

Von den drei Liedern hebt das erste in der Frühlingsschilderung mit dem hübschen Bilde von der Nachtigall an, die, um sich auszuruhen, sich auf die sich öffnenden Knospen setzt. Es ist dem Lobe der Geliebten und ihrer Schönheit gewidmet; sie hat über zwei Sterne Gewalt, die ihn jung und alt machen, in denen kann er sehen und erklären, was geschehen wird. Im zweiten Liede ist es Herbst, aber er würde trotzdem keinen Kummer haben, wenn sie ihn tröstete; um ihres Grußes willen dichtet und singt er, ein Kuß von ihr würde ihm ein Himmelreich sein; sie ist seine Königin, die er um Gnade anfleht. Dem Lobe des Sommers und der Geliebten, mit der ein Land geschmückt wäre, gilt das dritte Lied.

Alle haben dreigliedrigen Strophenbau: im ersten und dritten ist der Abgesang gleich den Stollen und hat außerdem

---

[1] v. d. Hagen 4, 290.

zwei Zeilen mehr am Anfang, die den beiden Schlußzeilen des Stollen gleichen. Auch im zweiten dasselbe Verhältniß, zwei Zeilen mehr im Abgesang, von denen die zweite gleich der letzten Stollenzeile ist. Innere Reime (Schlagreime) sind im zweiten Liede verwendet, ganz ähnlich wie im Eingang von Konrads von Würzburg Engelhard; ihr Vorhandensein ist durch den Wechsel des Geschlechtes dargethan, indem in der dritten Strophe (V. 23) männlicher Reim eintritt.

XXXI. Herr Otto zum Turne II[1].

Zum Unterschied von dem älteren Turner, den wir mit dem Ritter Otto zum Turne von 1275 glaubten identifiziren zu dürfen[2], haben wir ihn als Otto zum Turne II bezeichnet. In dem eine Stunde von Luzern entfernten Rottenburg liegt nahe der alten Pfarrkirche Rüeggesingen ein jetzt getheilter großer Bauernhof, der den Namen 'im Thurm' führt. Hier oder in unmittelbarer Nachbarschaft hat Ritter Otto seinen Sitz gehabt. Er stammte aus der Familie der Freiherren von Turn und Gestelenburg im Wallis. Urkundlich erscheint er zuerst am 5. April 1312 in Luzern, 'in domo Wernheri de Wangen', unter den Zeugen einer Urkunde, durch welche Anna, die Wittwe Wernhers von Vilmaringen, an das Kloster Engelberg ihre Besitzungen aufgibt[3]. Dann wieder ist er in Baden (im Aargau) anwesend am 12. Mai 1313, als Herzog Leopold von Oesterreich dem Konrad von Winterberg sein

---

[1] Vgl. über ihn v. d. Hagen, MS. 4, 291—293, Bildersaal S. 256, Bilderatlas Tafel XXVIII; Germania 2, 444. 9, 151. 9, 460—463; meine Liederdichter[2] S. LXXIV; Alois Lütolf, Herr Otto vom Turne, der Minnesinger zu Luzern, Einsiedeln 1870 (Abdruck aus dem Geschichtsfreund Bd. 25), mit dem Bilde der Pariser Handschrift in verkleinertem Maßstabe; Germ. 26, 221 f. — Seine Lieder bei Bodmer 1, 190—192; bei Hagen 1, 343—346, die Lesarten 3, 643—644; auch bei Lütolf S. 25—32.

[2] oben S. CIV.

[3] Germania 9, 151. 460 f. Lütolf S. 24.

Haus zu Luzern verpfändet[1]. Im Juli 1316 löst Ritter Otto in Luzern verpfändete Güter im Mose zu Luzern wieder ein[2]. Am 23. April 1323 verkauft er den Frauen in Seedorf ein Gut zu Maggingen. Da es die erste deutsche Urkunde von ihm ist, so theile ich sie hier mit[3].

Allen den die disen brief ansehent oder hœrent lesen, künde ich Otte vom Turne, ritter, und vergihe für mich und min erben, das ich das gut ze Maggingen, daz etzwen Heinrich Faciols von mir und minen vordren ze erblene hatte, han verkouft und ze kouffene geben rechte und redlich vür recht eigen den gotdechtigen frowen des samnungs von Obrendorf und ir nachomen, umb sechzig phund phenninge genger und geber, der ich ouch gewert bin, und die in minen nutz kommen sint, und loben inen vür mich und min erben, des selben gutes ir rechter were ze sinne vür recht eigen an allen den stetten, das es inen oder ir nachommen notdürftig ist, und da ich ald min erben das dur recht tuon sun. Ich enzien mich ouch an disem brieve vür mich und alle min erben aller der vorder und ansprach, die ich ald dehein min erbe iemerme an das selbe gut haben ald gewinnen möchten an geistlichem ald an weltlichem gerichte mit deheinen sachen, und doch mit solicher bescheidenheit und gedingen, das si jerlich ze sant Martis tage vro Berchten von Winterberg, miner swester, geben sun ein zigern, sol sin vierzehen schilling wert, alle die wile so si lebet[4], und wenne got uber die gebütet[5] und si von dirre welte scheidet, das denne die vorgenanden frowen das selbe guot haben sun lideklich, und sun weder mir noch minen erben nichtes gebunden sin noch enhein miner swester erben, ane alle geverde. Har uber han ich Otte vom Turne, der vor-

[1] Germania 9, 461. Lütolf S. 24.

[2] Lütolf S. 24.

[3] Gedruckt ist sie Geschichtsfreund 19, 159 f. Vgl. Germania 2, 444. 9, 460. 461.

[4] Urkunde: lebz.

[5] Urk.: gebütz.

genande ritter, min ingesigel an disen offennen brief gehenket[1] ze einer urkunde dirre sache. Der geben wart do man zalte von gottes geburte drützehen hundert jar, darnach in dem zwei und zwentzigosten jare, an sant Görigen tage.

Am 19. August 1322 ist 'her Otte zem Turne' Zeuge in Luzern, als der Almosner Friedrich, Verweser des Propstes, dem Johann von Bramberg die Verpfändung der Hochämter, die er vom Gotteshaus in Luzern zu Lehen trägt, genehmigt[2]. Am 24. August 1325 ist 'her Otto vom Turne ritter' (als der einzige Ritter, er folgt unmittelbar auf die Geistlichen) in Luzern anwesend bei dem Vermächtniß zwischen Johann von Bramberg und seiner Frau Berchta[3]. Am 13. October 1330 verburgrechtet er sich mit Luzern. Diese deutsche Urkunde[4] lautet:

Allen den die disen brief ansehent oder hœrent lesen, künd ich Otte vom Turne, ritter, und vergihe, als sich die erberren und bescheidennen man, Johans von Bramberg schultheisse, die ræte beidu nuwe und alte ze Lutzerren, willeklich und einhelleklich zuo einandren und zuo allen den, die sich zuo inen gebunden hant oder noch zuo inen bindent, mit gesworнen eiden gebunden hant, miner edler herren der herzogen von Oesterrich nutz und ere ze haltenne, und ir recht, das si ze Lutzerren hant, ze schirmenne, und der stat ze Lutzerren ir friheit, ir recht und ir guote gewanheit und ir gesworne gerichte ze haltenne, so verre si kunnen oder mugen, und ob in der stat ze Lutzerren dehein stos beschehe, daz si sich darzuo fuegen sun und das sun suennen und zerlegen, und ob ieman ir deheinen von dirre gelüpde wegen oder von dero die si vormals getan hatten, vehen druken ald bekrenken wolte mit keinen sachen, das si dem iemerme bi ir eide sun behulfen sin, wa und wenne es im notdürftig wirt, so verre si ouch kunnen oder mugen, und als si das

[1] Urk.: gehenkz.

[2] Germania 9, 151. 462 f. Lütolf S. 24. Geschichtsfreund 8, 258 f.

[3] Geschichtsfreund 8, 260 f. Lütolf S. 24.

[4] Abgedruckt bei Lütolf S. 22 f. Vgl. Germania 9, 461.

alles gelopt hant ze haltenne, hinnan ze ûnserer frouwen tage zer liechtmess und von dannen hin zwei jar, als ouch dis alles an dem brieve, den si dar uber gemacht hant under ir aller ingesigeln, bescheiden ist, das ich mich da willeklich zuo inen und zu allen den, die sich nu zuo inen gebunden hant oder noch bindent, frilich binden und gebunden han mit minem eide, den ich dar uber getan han gegen den heilgen mit uf gehabner hant und mit gelerten worten, das alles und iegliches sunderlich steitte ze haltenne, so verre ich es mit libe und mit guote erzûgen mag, in allem dem rechte und mit allen den gedingen, als an dem selben brieve und ir ingesigeln mit usgenomenen worten bescheiden ist, ane alle geverde, und das ich bi dem selben eide den ræten ze Lutzerren sol gehorsam sin aller dinge, der ein burger inen sol gehorsam sin, und dar[1] zuo iemer me, bi dem selben eide bi inen ze belibenne und ûbel und guot mit inen ze habenne, beidû mit libe und mit guote, als ein ander ir burger, die wile ich lebe, es si denne so vil, das mich ehaftigû not irre, das sich der merteil altes und nuwes rates erkennen, das si mir urlub geben ane geverde, warûber das dis von mir steitte und veste belibe, so han ich herr Otte der vorgenande min ingesiegel an disen brief gehenkt ze einem urkûnde dirre sache, der geben wart an dem nechsten samstage vor sant Gallen tage, do man zalte von gottes geburte drûtzehenhundert jar, darnach in dem drissigosten jare.

Im Jahre 1331 macht das Gotteshaus in Luzern einen Tausch 'mit herrn Otten zum Turne umb sin guot das er hatte in Underwalden, daz da heisset die Turnmatt'[2]. Er starb zwischen 1331 und 1339[3]; letzteres Jahr als ungefähres Ziel seines Lebens ist daraus zu schließen, daß bei der am 10. Juni 1339 zu Luzern stattgefundenen Erneuerung des Aktes vom 19. August 1322 Otto nicht mehr unter den Zeugen sich befindet.

---

[1] Urk. und Abdruck: daz.

[2] Germania 9, 462. Geschichtsfreund 19, 140.

[3] Germania 9, 462 f.

Das Wappen des Sängers in der Pariser Handschrift ist ein schwarzer Thurm mit Zinnen und Thor in goldenem Felde; der Helm hat auf der abgestumpften Spitze und auf jeder Seite eine schwarze Kugel[1]. Das stimmt mit dem Wappen der Walliser Turner überein[2] und zugleich mit dem erhaltenen Siegel der Urkunde von 1330[3], welches die Umschrift führt: 'S. O.... is. de. Tvrne. Milit.'

Das Gemälde stellt den Dichter in jugendlichem Alter dar, einen Kranz von grünem Laub und rothen Blumen mit gelben Sternen auf dem blondgelockten Haupte, in einem bis zur Mitte der Wade reichenden Gewande mit abwechselnd hellblauen und rosafarbenen Querstreifen, aus den weiten Aermeln blickt das ebenfalls rosafarbene Untergewand durch, die Strümpfe sind gelb, ebenso die mit Schwarz umschnürten Schuhe. Er steht neben einem Baume, der zahlreiche Blumen von derselben Art wie die in dem Kranze trägt. Zur Rechten von ihm eine Frauengestalt in grünem weißgeblümtem Unterkleide und in rosafarbenem Obergewand ohne Aermel, das mit weißen Streifen verziert ist; die hinten herabwallenden aufgelösten blonden Haare bedeckt ein Schleier, der auch das Gesicht unten umrahmt (ein *gebende*). Sie hält in den erhobenen Händen den Helm, einen sogenannten Stechhelm, und reicht ihn dem Ritter, der ihn mit der Rechten empfängt. Eine zweite Frauengestalt zu seiner Linken, in rothem Gewande mit weißer Verzierung, aus welchem das rosafarbige Untergewand über dem Handgelenk hervorschaut, ebenfalls einen weißen Schleier auf dem Haupte, hält den Schild, den der Ritter mit seiner Linken erfaßt.

Hinter den Liedern folgt eine nicht colorirte Federzeichnung[4]: die Darstellung eines Lanzenrennens. Zwei Ritter zu Roß, hinter jedem ein Spielmann, der eine ein Horn, der andere mit der Linken eine Pfeife haltend, die er bläst, und

[1] Nach Lütolf sind es Federballen; S. 19, Anm. 2.
[2] Hagen 4, 291; Lütolf S. 11.
[3] abgebildet bei Lütolf.
[4] bei Hagen, Bilderatlas Tafel XXVIII.

zugleich mit der Rechten die Trommel rührend. Auch sie scheinen zu Pferde, wenigstens sieht man bei dem links die Mähne eines Pferdes. Die Ritter tragen Wappenröcke über dem Harnisch, geschlossene Helme, den Schild vor der Brust, Sporen an den Füßen; die Helme haben schon bewegliche Kinnbedeckung, die Panzer bereits Knieschienen, was beides auf jüngere Zeit deutet; die Rosse sind mit den Covertiuren bedeckt. Sie haben keine Abzeichen, nur der Linke trägt auf seinem Helme einen Falken, der auf dem Rücken eine Kugel hat. Ob dies Bild auch zu unserem Dichter gehört oder, was wahrscheinlicher, zu dem folgenden, Gösli von Ehenheim, läßt sich nicht entscheiden[1].

Die beiden ersten seiner Lieder sind in der Strophe des jüngern Titurel abgefaßt und dem Lobe der Frauen, insbesondere dann dem der Herrin des Dichters gewidmet. In dem dritten vergleicht er sich dem Falken, der zur Sonne strebt; die Sonne ist die Geliebte, deren Werth so hoch steht, daß, wenn der Kaiser ihrer begehren wollte, ihm Schaden geschehen könnte. Das vierte beginnt mit einer Frühlingsschilderung, in der verschiedene Vögel aufgezählt werden: er vergleicht sich der Nachtigall, wie diese des Maien sich freut, so er seiner Fraue, die alle andern Frauen überfliegt wie der Adler, den sein Adel und seine angeborne Art dahin trägt, wohin kein Vogel ihm folgt. Das fünfte ist eine jener allgemeinen Liebesklagen ohne individuelle Züge.

Die ihm angehörenden Strophenformen sind sämmtlich dreitheilig gebaut, im dritten Liede keine verwandtschaftliche Beziehung zwischen Stollen und Abgesang, wenn auch die erste Versart der Stollen im Abgesange in allen Zeilen wiederkehrt. Dagegen im zweiten ist der Abgesang gleich dem Stollen mit Verdoppelung der mittleren Zeile; ebenso im vierten, nur daß hier die erste Zeile verdoppelt wird, was ebenso im fünften der Fall ist. Diesem ist außerdem der theilweise daktylische Rhythmus eigen, doch ist der Anfang der

[1] Hagen, MS. 4, 292.

Verse jambisch (oder trochäisch): ⏑ – ⏑ – ⏑ – ⏑ ⏑ – ⏑́ ⏑ –. Aus zwei solchen Versen besteht der Stollen, aus dreien der Abgesang; durch einen innern zwiefachen Reim gliedert der Vers sich in drei Theile; daß die kürzeren Verse zusammenzufassen sind, ergibt der Wechsel des Reimgeschlechtes[1].

XXXII. Rost Kirchherr zu Sarnen[2].

Daß ein Geistlicher als Minnesänger auftritt, ist für das dreizehnte Jahrhundert durchaus nichts auffallendes; ältere Beispiele haben wir an Hesso von Rinach und Eberhard von Sax kennen gelernt[3]. Grade um dieselbe Zeit, in welche des Kirchherrn zu Sarnen Lebenszeit fällt, wird uns bezeugt, daß auch der Abt von S. Gallen weltliche Lieder, und zwar vielleicht die weltlichsten, Tagelieder, gesungen habe[4], womit wohl Abt Wilhelm (1281—1301) gemeint sein muß. Doch ist zu erwägen, daß das Amt eines Kirchherrn in einträglichen Pfarreien damals oft an Adlige übertragen wurde. Ein solcher Kirchherr heißt lateinisch 'rector ecclesiæ.' Sie ließen ihr Amt in der Regel durch einen Leutpriester versehen.

Sarnen, die Hauptstadt des Kantons Unterwalden, war der Wohnsitz des Dichters. In der Vorschrift der Pariser Handschrift heißt er vollständiger 'Herr Heinrich der Rost, Schreiber.' Er gehörte also dem Geschlechte der Edlen von Rost an, die neben denen von Sarnen unter den ausgestorbenen Geschlechtern in Zürich aufgeführt werden[5]. Die

---

[1] in Vers 6 und 18 männliche Inreime.

[2] Vgl. über ihn Wackernagel, Verdienste der Schweizer S. 13; v. d. Hagen, MS. 4, 443—445, Bilderatlas S. 43; Germania 9, 151. 26, 223, unter den von der Hand *F* nachgetragenen Dichtern. — Seine Lieder bei Bodmer 2, 90—92; bei Hagen 2, 131—134; Lesarten 3, 678.

[3] Vgl. auch Wackernagel, Lit.-Gesch. 1[2], 308, Anm. 3.

[4] Die Stelle aus dem Renner u. a. bei Wackernagel, Verdienste der Schweizer S. 35.

[5] Hagen, MS. 4, 444, Anm. 5.

Stellung eines Schreibers, d. h. eines Secretärs bei einem weltlichen oder geistlichen Fürsten, widerspricht dem durchaus nicht. Wir haben daher in ihm wohl Heinrich den Kirchherrn in Sarnen zu erblicken, der in Pfeffikon am 22. November 1316 eine Urkunde bezeugt[1]. Er war auch Chorherr in Zürich und kommt als solcher 1321 vor[2]. Als Her Heinrich Kirchherr zu Sarnen begegnet er in Zürich am 21. Mai 1323[3], und als Chorherr am 30. September 1326[4] und am 21. December 1329[5]. Fast an demselben Tage starb er: das Jahrzeitbuch des Großmünsters zu Zürich berichtet: '1330. 12 kal. Januarii obiit Heinr. rector eccl. in Sarne subdiacon., canon. mont. thur.'[6], wodurch zugleich seine Identität mit dem Züricher Chorherrn sichergestellt ist.

Das Wappen in der Pariser Handschrift zeigt im silbernen Felde des Schildes mit rothem goldgebuckelten Rande einen schwarzen Rost. Dies Wappen, das also wie zahlreiche andere auf den Namen der Familie Bezug nimmt, ein sogenanntes 'sprechendes', ist noch nicht nachgewiesen[7].

Das Gemälde stellt unter zwei blumigen Bäumen, wie es scheint, Buchen, auf einem bunten Teppich sitzend ein Fräulein dar, das, wie es der Sitte adliger Frauen in jener Zeit entsprach, Borten wirkt. Der bereits fertige Theil einer mit Kreuzen gemusterten Borte ist um eine Rolle gewunden und zieht sich an ein Gestell mit einem kleinen Kamme, durch welchen, wie beim Webstuhle, die Fäden gezogen sind, deren Ende die Wirkende in der Linken hält, während die Rechte ein Werkzeug emporhebt, das, einem kurzen Schwerte ähnlich, ohne Zweifel die Spelte oder *drîhe* ist, d. h. das Holz, womit der Einschlag der Borten festgeschlagen

[1] Kopp, Geschichte der eidgenössischen Bünde 4, 2, 306, Anm. 6.
[2] Geschichtsfreund 25, 16, Anm. 3.
[3] Kopp 5, 1, 51, Anm. 3.
[4] Kopp 5, 1, 51, Anm. 3. 342, Anm. 1.
[5] Kopp 5, 1, 342, Anm. 1.
[6] Kopp 5, 2, 265.
[7] Hagen, MS. 4, 444.

oder *gedrungen* wird. Sie ist barfuß und trägt ein einfaches Kleid ohne Gürtel, mit langen Aermeln, über dem lockigen Haar einen Schleier, mit einem geblümten Reif um den Kopf. Ein ganz ähnlich gekleidetes Fräulein, nur ohne Schleier und beträchtlich kleiner, die Rechte vor der Brust haltend, hat in der Linken auf dem Schoß ein Blatt oder etwas ähnliches. Vor der Webenden kniet der Dichter, noch jugendlich, ohne Bart, mit lockigem Haupthaar ohne Tonsur, in weitem Oberrock mit einer auf den Rücken hangenden Kapuze; er faßt mit der Rechten ihr rechtes halb entblößtes Bein und hebt die Linke bittend empor. Da die Bortensträhne grade auf seinen Kopf herabhängt und sie dicht an seiner Stirne das Ende festhält, so sieht es aus, als wenn sie sein Haar faßte und mit aufgehobenem Messer ihm die fehlende Tonsur scheeren wollte[1].

Seine neun Lieder haben wenig individuelle Züge. Eine in den üblichen Wendungen sich ergehende Liebesklage ist das zweite; auch das erste, ein Winterlied, führt Klage über unerhörte Liebe, seine Geliebte ist so schön, daß der Kaiser nach ihr ringen sollte. Der Gegensatz der frohen Sommerzeit und seines Liebeskummers eröffnet das neunte, niemand als die Geliebte kann ihn heilen, ein lieblicher Gruß von ihr thäte ihm wohler als der thauige Fluß in den Auen, und ein Kuß nähme ihm alle Sorgen. In drei Liedern wendet er sich an die Minne, sie ist seine Trösterin, ihre Dienerin macht ihn in Sehnsucht entbrennen (4); die Minne soll ihm helfen; wenn er der Geliebten seinen Kummer klagt, erwidert sie 'Herr, was hör' ich? das glaub' ich nimmer, daß ihr mich allein liebt' (5); die Minne soll ihm Aufschub bei der Geliebten erwirken, bei der er Herz und Sinne als Pfand versetzt hat (8). Eine hoffnungsreichere Stimmung trägt das sechste Lied zur Schau; er ist treu, aber die argen Melder und ihr falscher Rath und Haß schaden ihm bei der Geliebten, doch läßt er nicht von der Hoffnung. In dem

---

[1] Hagen, MS. 4, 444, Bildersaal S. 43.

siebenten, einem Frühlingsliede, spricht er seinen Entschluß aus, froh zu sein, denn er hat gute Hoffnung; ein freundliches Umfangen der Geliebten wäre ihm wie Gesang der Engel. Am ausgelassensten ist das dritte. Trotz des Winters will er fröhlich sein, weil Hoffnung ihm zur Seite steht, will im Sause leben um der Lieben willen, denn ein einziger Tag soll ihn weiter bringen als ein ganzes Jahr. Sein Herz hüpft ihm im Leibe, als habe er ein Nest voll Vöglein gefunden; er steht oben auf des Glückes Rade, und fleht am Schlusse seines Glückes Maienwonne, die Geliebte, um Gnade an.

Die Strophen sind durchgängig dreitheilig gebaut, und zwar in der Regel so, daß der Abgesang gleich dem Stollen plus einem Zusatz am Anfang ist. Dabei gehn ein oder mehrere Reime durch alle drei Theile der Strophe. So eine Zeile mehr am Anfang des Abgesangs, die gleich der zweiten Zeile des Stollen ist; der Schlußreim geht hindurch in 9. Derselbe Fall, nur daß der Zusatz nicht einer Stollenzeile gleicht in 5. 8. Zwei Reime werden in diesem Falle wiederholt in 3. Derselbe Fall in 6, aber die Zusatzzeile ist gleich der ersten Zeile des Stollen. Alle Stollenreime sind durch den Abgesang durchgeführt in 1. Der Abgesang hat zwei Zeilen am Anfang voraus in 2, in den übereinstimmenden Zeilen aller drei Theile sind auch die Reime dieselben. In 7 ist die zweite und dritte Zeile des Abgesangs der ersten und zweiten des Stollen gleich, die vierte in der Silbenzahl, vielleicht auch in der Melodie, gleich der dritten des Stollen; die erste ist hier Zusatz. Nur die beiden Schlußzeilen aller drei Theile sind gleich im vierten Liede; hier kommt noch dazu der Refrain, der aus vier Zeilen besteht und einen Anruf an die Minne enthält. Auch im achten ist der zweizeilige Refrain ein Hülferuf an die Minne. Innerer Reim (Uebergangsreim) ist im Refrain des vierten Liedes verwendet; außerdem begegnet er, mit dem Ende desselben Verses reimend, im daktylischen Vierfüßler, der im achten Liede gebraucht ist. Daktylischen Rhythmus braucht der Dichter nur sparsam: die ersten Zeilen aller drei Theile der Strophe sind daktylisch im ersten und achten Liede, in letzterem eine falsche Betonung (*wordén* 8, 1). Ein einziger daktylischer Fuß kommt in der Schlußzeile des siebenten Liedes vor, die, wie bemerkt, in der Silbenzahl, aber nicht im Rhythmus, der Schlußzeile des Stollen gleicht.

I.

Grâve Ruodolf von Fenis.

1.

Gewan ich ze minnen ie mêr guoten wân,
nu hân ich von ir weder trôst noch gedingen,
wan ich enweiz wie mir süle gelingen,
sît ich si mac weder lâzen noch hân.
mir ist alse dem der ûf den boum dâ stiget
und niht hôher mac und dâ mitten belîbet
und ouch wider komen mit nihtiu enkan
und alsô mit sorgen die zît hine tribet.
Mir ist alse deme der dâ hât gewant
sîn muot an ein spil und er dâ mite vliuset
unde erz verswert, ze spât erz doch verkiuset:
alsô hân ich mich ze spâte erkant

1, 1. *wân,* Hoffnung, *ze minnen,* auf die Liebe. 2. *gedinge,* Hoffnung. 3. *wan,* denn. *en,* Negation, nicht. *gelingen,* unpersönlich: wie es mir zum Glücke ausschlagen solle. 4. *sît,* da, weil. *mac,* vermag. *lâzen noch hân,* aufgeben noch festhalten. 6. nicht höher hinauf kann. 7. *wider,* zurück, d. h. auf den Boden. *nihtiu,* instrum. von *niht;* vgl. unser mit nichten. Den Wortlaut der provenzalischen, hier und im folgenden nachgebildeten Strophen s. bei den Lesarten. 10. *dâ mite,* dadurch. *vliuset = verliuset,* verliert. 11. *verswert,* verschwört, schwört nicht mehr zu spielen. *verkiesen,* aufgeben. 12. *sich erkennen,* mit gen. sich bewußt werden.

der liste grôz, die Minne wider mich hâte.
mit schœnen gebærden si mich ze ir brâhte
und leitet mich als bœse geltæres hant,
der wol geheizet und geltes nie dâhte.
Mîn vrouwe sol lâzen nu den gewin
daz ich ir diene, wan ich mac ez mîden;
iedoch bit ich si daz siz ruoche geliden:
son wirret mir nôt die ich lidende bin.
wil aber si mich von ir hin vertrîben,
ir swacher gruoz scheidet mich von ir lîbe.
noch dannoch fürhte ich mêr daz si hin
mich von allen mînen freuden vertrîbe.

2.

Minne gebiutet mir daz daz ich singe
unde wil niht daz mich iemer verdrieze.
nu hân ich von ir weder trôst noch gedinge,
und daz ich iht mînes sanges genieze.
si wil daz ich iemer dien an sölhe stat
dâ noch mîn dienest ie vil cleine wac
unde al mîn stæte gehelfen niht mac.
nu wære min reht, möht ich, daz ich ez lieze.

---

13. *list*, masc., Kunst. 14. *ze ir*, zu sich: lockte mich an sich. 15. *geltære*, Schuldner. 16. *geheizen*, versprechen. *gelt*, Bezahlung. 17. *den gewin*, die Errungenschaft, den Nutzen. 18. *ich mac*, ich habe Grund. 19. *ruoche*, geruhe. 20. *so*, dann: *enwirret mir*, ist mir nicht hinderlich, bekümmert mich nicht. 22. *swach*, gering, geringschätzig. *von ir lîbe*, von ihr. 23. auch dann noch fürchte ich in Zukunft.

2, 2. daß es mir jemals zu viel werde. 4. und habe auch das nicht, daß ich irgendwie (*iht*) Nutzen habe von meinem Gesange. 5. meinen Dienst wende an eine solche Stätte. 6. *dâ*, wo. *noch ie*, bisher immer. *cleine wac*, wenig wog, geringgeschätzt wurde. 7. *stæte*, Beständigkeit. 8. es wäre in der Ordnung, daß ich das Dienen aufgäbe, wenn ich vermöchte.

Ez stêt mir niht sô, ine mac ez niht lâzen
daz ich daz herze von ir iemer kêre.
daz ist ein nôt daz ich mich niht kan mâzen,
in minne si, diu mich dâ hazzet sêre,
und iemer tuon, swiez doch dar umb mir ergât:
mîn grôziu stæte mich des niht erlât
unde ez mich leider vil cleine vervât.
ist ez ir leit, doch dien ich ir ie mêre.

Ie mêre wil ich ir dienen mit stæte,
und weiz doch wol daz ichs niemêr lôn gewinne.
ez wær an mir ein sin ob ich dâ bæte
dâ ich lônes mich versæhe von der minne.
lônes hân ich doch noch vil cleinen wân.
ich diene ie dar da ez mich kan cleine vervân.
nu liez ich ez gerne, möhte ich ez lân:
ez wellent durch daz niht von ir mîne sinne.

Mîn sinne welnt durch daz niht von ir scheiden,
swie si mich bî ir niht wil lân beliben.
sine kan mir doch daz niemer geleiden,
ichn diene ir und durch si allen guoten wiben.
lîd ich nôt dar under, deist an mir niht schîn:
disiu nôt ist diu meistiu wunne mîn.

---

10. *iemer,* jemals. 11. *mâzen,* in Schranken halten, enthalten, dazu: *in (= ich ne) minne,* daß ich nicht liebe, zu lieben. 13. *tuon,* thue = minne. *swie,* wie auch immer. *dar umb,* in Bezug darauf, auf das Lieben. 14. *erlân,* mit acc. und gen., frei lassen von, einem etwas erlassen. 15. *vervân = vervâhen,* verfangen, nützen. 16. *leit,* unangenehm, zuwider. *ie mêre,* immer in Zukunft, auch ferner. 18. *ichs,* ich dafür. 19. *sin,* Verstand, Klugheit: wenn ich meine Bitte dort anbrächte. 22. *diene ie dar,* richte meinen Dienst immer dorthin. 24. *durch daz,* trotzdem. *sinne,* Gedanken. 26. *swie,* wiewohl. 27. *geleiden,* verleiden. 28. *ichn diene,* daß ich nicht dienen sollte, zu dienen. *durch si,* um ihretwillen. 29. *dar under,* dazwischen, dabei. *deist = daz ist.* *schîn,* sichtbar. 30. *meistiu,* größte.

si sol ir zornen dar umbe lân sîn,
wan si enkan mich niemer von ir vertrîben.

3.

Mit sange wânde ich mîne sorge krenken;
dar umbe singe ich deich si wolte lân.
so ich ie mêr singe und ir ie baz gedenke,
sô mugens mit sange leider niht zergân:
wan Minne hât mich brâht in sölhen wân
dem ich sô lîhte niht enmac entwenken,
wan ich im lange her gevolget hân.
Sît daz diu Minne mich wolt alsus êren
daz si mich hiez in deme herzen tragen
diu mir wol mac mîn leit ze vröuden kêren,
ich wære ein gouch, wolt ich mich der entsagen.
ich wil ouch Minne mînen kumber clagen,
wan diu mir kundez herze alsô versêren,
diu mac mich wol ze vröuden hûs geladen.
Mich wundert des wie mich mîn vrouwe twinge
sô sêre swenne ich verre von ir bin:
so gedenke ich mir und ist al mîn gedinge,
mües ich si sehen, mîn sorge wær dâ hin.
so ich bî ir bin, des trœstet sich mîn sin
und wæne des daz mir vil wol gelinge:
alrêrste mêret sich mîn ungewin.

3, 1. *wânde,* wähnte, glaubte. *krenken,* schwächen, verringern, zu nichte machen. 2. *deich* = *daz ich.* 3. wenn ich auch immer singe und immer mehr (*baz,* besser, mehr) an sie denke. 6. *entwenken,* entkommen. 7. *her,* bisher. 8. *alsus,* auf solche Weise, so. 10. *diu* = *die diu,* diejenige welche. 11. *gouch,* Narr. 13. *kundez* = *kunde daz,* verstand das. 15. *twinge,* zwingen kann. 18. *mües ich,* dürfte ich. 21. *alrêrste,* nun erst recht. *ungewin,* Schaden, Unglück.

So ich bî ir bin, mîn sorge ist deste mêre,
als der sich nâhe biutet zuo der gluot:
der brennet sich von rehte harte sêre:
ir grôziu güete mir daz selbe tuot.
so ich bî ir bin, daz tœtet mir den muot,
und stirbe ab rehte swenne ich von ir kêre,
wan mich daz sehen dunket alsô guot.

Ir schœnen lîp hân ich dâ vür erkennet,
er tuot mir als der fiwersteln daz lieht;
diu fliuget dran unz si sich gar verbrennet:
ir grôziu güete mich alsô verriet.
mîn tumbez herze enlie mich alsô niet,
ichn habe mich sô verre an si verwendet
daz mir ze jungest rehte alsame geschiet.

4.

Ich kiuse an dem walde, sîn loup ist geneiget,
daz doch vil schône stuont frœlîchen ê.
nu rîset ez balde: des sint gar gesweiget
die vogel ir sanges; daz machet der snê,
der tuot in beidiu unsanfte unde wê.
des muoz dur nôt mich verdriezen der zit,

---

22. *deste mêre,* desto größer. 23. wie desjenigen, der sich dem Feuer nähert. 24. *von rehte,* von rechts wegen. *harte,* gar. 25. *güete,* Trefflichkeit, Vorzüge. 27. *ab = abe,* anderseits. 29. *dâ vür,* als einen solchen: kennen gelernt. 30. *fiwerstel(e),* Feuerstehlerin, Lichtmotte. 31. *unz,* bis. 32. *alsô,* gerade so, ganz ebenso. 33. *enlie,* ließ nicht. 34. *verre,* fern, sehr. *verwenden,* vollständig wenden. 35. *ze jungest,* zuletzt. *rehte alsame,* gerade ebenso.

4, 1. *kiuse,* nehme wahr, sehe. 2. *schône,* adv., schön. *vil,* sehr. 3. *rîsen,* fallen. *balde,* nicht: bald, sondern: mächtig. *des,* infolge dessen. *gesweiget,* zum Schweigen gebracht. *ir sanges.* mit ihrem Sange. 5. *beidiu — und,* sowohl — als auch. 6. *dur nôt,* nothgedrungen.

unze ich ersihe ob der winter zergê,
dâ von diu heide betwungeniu lît.
Lip unde sinne die gap ich für eigen
ir ûf genâde: der hât si gewalt.
ist daz diu minne an mir güete wil zeigen,
so ist al mîn kumber ze vröuden gestalt.
sus mac ich jungen, alsus wird ich alt;
wan daz ein mære noch sanfter mir tuot,
daz si zer besten ist vor ûz gezalt,
diu mich sol machen vrô vrœlich gemuot.
Wolte si eine, wie schiere al mín swære
wurde geringet, swie wê si mir tuot!
ir lip ist sô reine daz nieman enwære
an vröuden rîcher noch hôher gemuot.
ist daz diu schœne ir genâde an mir tuot,
so ist mir gelungen noch baz danne wol;
wan diu vil guote ist noch bezzer dan guot,
von der mîn herze niht scheiden ensol.

5.

Ich hân mir selber gemachet die swære
daz ich der ger, diu sich mir wil entsagen.
diu mir zerwerbenne vil lihte wære,
die fliuh ich, wan si mir niht kan behagen.

8. *dâ von,* auf *winter* bezüglich: von dem. *lît,* liegt. 10. *ûf genâde,* im Vertrauen auf Gnade. *der,* über die *(genâde).* 11. *ist daz,* wenn es der Fall ist, daß. 12. *ze vröuden gestalt,* in Freude verwandelt. 13. *sus,* so. *jungen,* jung werden. 14. *wan daz,* ausgenommen daß. *ein mære,* eine Kunde, eine Sache. 15. daß sie als die beste von allen betrachtet wird. 17. *schiere,* bald. *swære,* Kummer. 19. *ir lîp,* sie. 20. *rîcher,* sc. als ich.

5, 2. *ger,* begehre. *entsagen,* entziehen. 3. diejenige, die ich leicht erringen könnte.

ich minne die, diu mirs niht wil vertragen;
mich minnent ouch die mir sint doch bormære:
sus kan ich wol beidiu vliehen und jagen.
Owê daz ich niht erkande die minne
ê daz ich mich an si hete verlân!
sô het ich von ir gewendet die sinne,
wan ich ir nâch mînem willen niht hân.
sus streb ich ûf einen vil tumben wân,
des fürhte ich grôze nôt noch gewinne:
den kumber hân ich mir selbe getân.

6.

Daz ich den sumer als mæzlîchen clage
(walt unde bluomen die sint gar betwungen),
daz ist dâ von daz sîn zit mir noch her hât gefrumt harte cleine umb ein wîp.
vil lîhte gefröwent si die liehten tage
den dâ vor ist nâch ir willen gelungen.
mac mir der winter den strît noch gescheiden hin zir der ie gerte min lip,
so ist daz mîn reht daz ich in iemer êre,
wan mîner swære enwart nie niht mêre.
owê wie nu lât mich verderben diu hêre!

---

5. *vertragen,* gestatten. 6. *bormære,* sehr gleichgültig. 9. *sich verlân an,* sich jemand vertrauend hingeben. 11. *ir niht,* von ihr nichts, sie nicht. 13. *ich* muß zweimal genommen werden: daß ich gewinne.

6, 1. *mæzlîchen,* mäßig, wenig: über den Sommer klage, d. h. über sein Scheiden, Schwinden. 3. *noch her,* bisher noch. *frumen,* nützen. *cleine,* wenig. *umb,* in Bezug auf. 4. *vil lîhte,* wahrscheinlich. *gefröwent,* erfreuen. *si,* diejenigen (acc.). 6. *gescheiden,* beilegen: *hin zir,* gegen diejenige, mit der. *min lîp,* ich. 7. *in,* den Winter.

Diu heide kan noch der vogele sanc
âne ir trôst mir niht vröuden enbringen,
diu mir daz herze und den lîp hât betwungen, daz ich ir vergezzen niht mac.
swie vil si gesingent, mich dunket ze lanc
daz bîten: durch daz verzag ich an gedingen.
dâ muoz ich dur nôt von verderben von ir, wan mir nie wîp sô nâhe gelac.
swenne si wil, sô bin ich leides âne.
mîn lachen stât sô bî sunnen der mâne.
doch was gnuoc grôz her mîn vröude von wâne.

7.

Nun ist niht mêre mîn gedinge
wan daz si ist gewaltic mîn.
bî gwalte sol genâde sin:
ûf den trôst ich ie noch singe.
genâde diu sol überkomen
grôzen gwalt durch miltekeit:
genâde zimt wol bî rîcheit.
ir tugende sint sô vollekomen
daz durch reht mir ir gwalt sol fromen.

---

11. ohne den Trost derjenigen. *niht vröuden,* nichts von Freuden, durchaus keine Freuden. 14. *bîten,* warten, harren. *durch daz,* deswegen. 15. *dâ* mit *von* zu verbinden: deshalb. *sô nâhe gelac,* so sehr am Herzen lag. 16. *swenne,* wann immer, wann. *âne,* m. gen., befreit von. 17. es ist kein rechtes von Herzen kommendes Lachen. *mâne,* Mond.

7, 1. *Nun = nu en.* Jetzt habe ich keine weitere Hoffnung. 2. mit Gewalt soll Gnade verbunden sein. Belege des Sprichwortes im MFr.[2] 266. 4. *ûf den trôst,* auf diese Zuversicht hin. 5. *überkomen,* überwinden. 6. *durch miltekeit,* wegen ihrer Güte. 7. *rîcheit,* Macht. 8. *ir,* auf *si* Z. 2 zu beziehen. 9. *durch reht,* von rechts wegen.

Swer sô stæten dienest kunde,
des ich mich doch trœsten sol,
dem gelunge lîhte wol.
ze jungest er mit überwunde
daz sende leit, daz nâhen gât:
daz wirt lachen unde spil.
sîn trûren gât ze freuden vil.
in einer stunt sô wirt es rât,
daz man zehn jâr gedienet hât.

Swer sô langez bîten schildet,
der hât sichs niht wol bedâht.
nâch riwe sô hât ez wunne brâht:
trûren sich mit freuden gildet
deme, der wol bîten kan,
daz er mit zühten mac vertragen
sîn leit und nâch genâden klagen;
der wirt vil lîhte ein sælic man.
daz ist der trôst den ich noch hân.

8.

[Ich was ledec vor allen wîben:
alsus wânde ich frô belîben,
daz mich keiniu mê betwunge
und mich von mînen freuden drunge.

10. *swer,* wer immer, wenn jemand. *sô,* so sc. wie ich. *kunde,* verstände. 11. ist parenthetisch zu nehmen. *sol,* habe Grund. 12. dem würde es wahrscheinlich gut ergehen, ausschlagen. 13. *mit,* damit, mit dem Dienste. 14. *sende,* part. von *senen,* schmerzlich. 16. *gât,* geht aus, verwandelt sich. = *ze vil freuden.* 17. *stunt,* Augenblick. *wirt es rât,* wird Abhülfe geschafft für das. 18. *dienen* mit acc., verdienen, dienen um etwas zu erreichen. 21. *riwe, riuwe,* Trauer. *sô* steht wie oft nur verstärkend, einen vorausgehenden Begriff hervorhebend. 22. *gildet,* vergilt, bezahlt. 24. *mit zühten,* maßvoll. *vertragen,* dulden. 25. *nâch genâden,* im Hinblick auf Gnade.

8, 4. *drunge,* verdrängte.

dô wolt ich daz mir gelunge
sô daz ich doch sanfte runge.
was daz niht ein tumber muot?
wer gewan ie sanfte guot?
Man sagt mir daz liute sterben;
ir sî wunder, die verderben,
sô si minnen alze sêre.
wâfen hiute und immer mêre!
wie behalte ich lîp und êre?
ja ist si mir ein teil ze hêre.
wil si danne ein frouwe sîn?
jâ si, weizgot, immer mîn.
Wer hât ir gesaget mære
daz mir ieman lieber wære?
der müez als unsanfte ringen
als ich tuon mit seneden dingen.
sol mir an ir misselingen,
sô müez in mîn sorge twingen.
tôre, kum dîns fluoches abe:
selbe tæte, selbe habe.
Mir gât einez ime herzen:
dâ von lîde ich manegen smerzen;
daz ersuochet mir die sinne
beidiu ûzerhalp und inne.

---

5. *wolt ich,* glaubte ich. 6. *sanfte runge,* leicht zu ringen hätte. 7. *muot,* Gesinnung. 8. *sanfte,* auf bequeme, leichte Art. 10. *wunder,* eine große Menge. 12. *wâfen,* wehe; eig. zu den Waffen! 13. *lîp,* Leben. 14. *jâ,* fürwahr. *ein teil,* etwas = viel. 15. *frouwe,* Herrin, Gebieterin. 16. *mîn,* mit *frouwe* zu verbinden. 19. *müeze,* in Wunschsätzen: möge. *als,* so. 20. *seneden = senenden,* schmerzlichen. 23. *kum abe,* laß ab. 24. du hast es selbst gethan, nun habe selbst die Folgen davon. 25. *ime = in deme, inme.* 27. *ersuochen,* durchsuchen, durchdringen.

wê, mir kumet daz von minne.
daz i's immer denne beginne!
wê, war umbe spriche ich daz?
tuot ez wê, ez tuot ouch baz.
   Waz würre daz si mich vernæme,
daz ir nimmer missezæme?
hete ich doch den schaden eine
den si hât mit mir gemeine:
sô klagt ich ir swigen kleine.
mac si hœren waz ich meine?
. . . .
. . . .]

30. *i's = ich es.* O daß ich dann überhaupt damit anfange. 33. *würre,* könnte schaden. 34. *missezemen,* übel anstehen, mißfallen. 35. *eine,* allein.

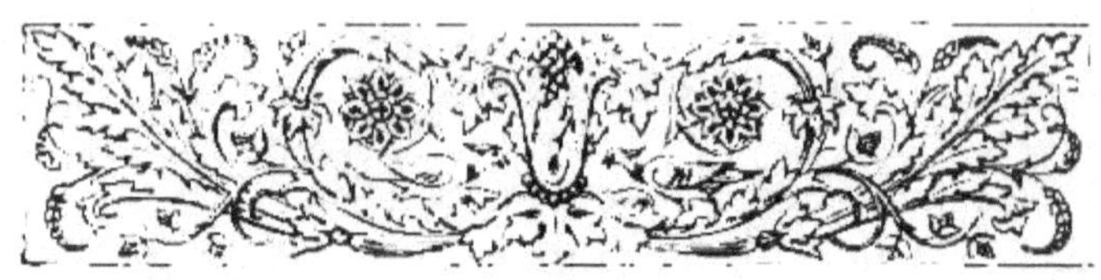

II.

Uolrich von Singenberc.

I.

Vrouwe sælden rîche,
wie mugt ir sô langez leit an mir vertragen?
tuot sô sælicliche
unde lât mich niht an vröiden gar verzagen.
wan verderbent ir mich sô,
daz wirt iu verkêret
    von den besten, die noch gerne wæren frô.
Vrouwe, ich bin der eine,
der sich niemer tac von iu gescheiden wil.
sol daz helfen cleine,
dar zuo wære doch der güete an iu ze vil.
ich weiz wol, ir sint sô guot,
daz mich noch enzîte
    hôher trôst von iu gemachet hôhgemuot.

1, 1. *sælde,* Güte. 3. *sælicliche,* gütig. 5. *wan,* denn. 6. *verkêren,* zum schlechten kehren. 9. *niemer tac,* nie auch nur einen Tag. *iu,* euch. 13. *enzîte,* bei Zeiten, zu rechter Zeit. 14. *hôhgemuot,* freudig gestimmt.

Vrouwe, ich ger niht mêre
wan sô vil (und wurde daz, sô wære hin
al mîn herzesêre,
von der ich doch iemer ungescheiden bin),
daz ir iuch mich næment an
unde iu lieber wære
danne in al der welte sî kein ander man.
Vrouwe, ob ich verdirbe,
waz habt ir od iemen denne deste mê?
unde ein leit erwirbe,
daz ir selbe müezent sprechen ‘wê mir wê!
wie hân ich alsus getobet,
daz ich den verderbe,
der mich dicke und ander vrouwen hât gelobet!’

2.

Mir tuot mîn lop sô selten wol,
daz mich wunderlîchen wundert
wie daz sô gevar.
wê daz ich niht geniezen sol
daz ich sî ûz hân gesundert
mir ze vröuden gar,
und ich an si alleine lônes hân gedinget!
swie mir ir trôst die vröude niene bringet,

---

16. *wurde,* geschähe. 17. *herzesêre,* Herzensschmerz. 19. daß ihr euch meiner annähmet. 20. aus dem vorhergehenden *mich* ist *ich* herauszunehmen. 21. *sî,* sein mag. *kein,* irgend ein. 23. *od* = *ode,* oder. *iemen,* jemand. *mê,* mehr. 28. *dicke,* oft.

2, 1. *mîn lop,* das Lob, das ich ihr spende. 2. *wunderlîchen,* außerordentlich. 3. *gevarn,* gehen. 4. daß ich davon keinen Nutzen haben soll. 7. *gedingen,* mit gen. und *an,* etwas von jemand hoffen. 8. *swie,* wenn, wie es auch immer sei. *niene,* durchaus nicht.

sô wirt daz leit an mir gesehen,
daz leider leit vor maniger zît
an nihte niemen ist geschehen.
Solt ich geniezen daz ich bin
unde ie was mit rehten triuwen
wîbes êre vrô,
sô möhte sî mir hinnen hin
wol mîn leit mit liebe niuwen,
stüende ez iender sô
. . . .
. . . .
man sæhe an mir den hôhen muot,
der alle, die niht nîdes pflegent,
von schulde müeste dunken guot.

3.

Klageliche swære clage ich der vil lieben ûf ir güete,
daz sî mir sî wende, wan sî swæret sêre mîn gemüete.
swenne ich ûf der strâze
gesellecliche var
und sî wizzen lâze
wie cleine man mîn nimet war,
sô sagent sî mir alle, waz in liebes sî geschehen,
daz ez mich müet, wan ich in niuwet guotes kan verjehen.

---

9. *daz leit,* solches Leid. 10. *leider leit,* leideres, größeres Leid. 11. *an nihte niemen,* an durchaus niemand. 15. *hinnen hin,* hinfort, von nun an. 16. *liebe,* Freude. *niuwen,* erneuen: an Stelle des Leides etwas neues, die Freude setzen. 17. *iender,* irgend. 20. *den,* solchen. 21. *nîdes pflegent,* gehässige Gesinnung haben. 22. *von schulde,* von rechts wegen.

3, 1. *ûf,* im Vertrauen auf. 2. *wende,* abwende. *swæren,* beschweren, bekümmert machen. 4. in Gesellschaft von andern dahingehe. 8. *müet,* verdrießt. *niuwet,* nichts. *verjehen,* sagen.

herzeliebiu vrouwe,
nu füege ez sô
daz ich noch gedenke
'sô wol geschach mir dô!'

4.

Daz vrô mîn muot von herzen sî,
des müeze diu vil werde sælicliche leben,
diu mich von maneger sorge vrî
gemachet hât und ouch vil lieben trôst gegeben,
daz lieber nieman von sô reinem wîbe kam,
dô sî mir alle unvröide mit sô stæter vröide nam.
ich sage iu, wære ez alse ich hân gesaget,
sô möhte nû mîn endelôsiu clage wol sîn verdaget.
Der werden wirde wirdet mich,
ûf die sî sich mit allen guoten dingen wiget.
waz lobe ich? sî lobt selbe sich
mit diu daz sî sô stætecliche ir güete phliget.
ir sælde sældet lîp und êre swem sî wil:
diu selbe sælde vreut ein teil mich mêre denne vil.
ich sage iu, wære ez alse ich hân gesaget,
sô möhte nû min endelôsiu clage wol sîn verdaget.

4, 2. *sælicliche,* in Glück und Heil. 7. der Refrain hebt in scherzhafter Weise die in der Strophe ausgesprochenen Thatsachen und Gedanken auf. 8. *verdagen,* verschweigen: *sîn verdaget,* verstummen. 9. *werden,* werthen. *wirden,* werth machen. 10. *ûf die,* sc. *wirde. sich wegen,* sich hinwenden. 12. *diu,* instrum., *mit diu,* dadurch. 13. *sælden,* beglücken. *swem,* wem immer. 14. *mêre denne vil,* mehr als viel, außerordentlich, noch durch *ein teil,* etwas = sehr, verstärkt.

'Ir sprâchet ie den frouwen wol:
hab ich des iht genozzen, daz vergelte iu got.
vil gerne ouch ichz gedienen sol,
wan sô deich drumbe niht ensî der welte spot.
ich engewan noch nie gein iu deheinen muot:
mirst anders innecliche liep, swer iu iht liebe tuot.
ich sage iu, ist ez alse ich hân gesaget,
so endarf noch iuwer endelôsiu clage niht sîn verdaget.'

5.

Hövesche vrouwen hôhgemuote
habent ze boten jungen mannen mich gesant,
daz ir helfe in kome ze guote,
sô daz sî noch vröide bringen in diu lant,
und ich mich des vür sî ze gisel gebe,
daz sis ân alle schulde sîn,
ob ieman trûreclichen lebe.
Dannoch bâten sî mich mêre
künden den, die werdeclîcher minne gern,
daz sî dur ir selber êre
spottes unde lügelicher mære enbern.

---

17. hier redet die Frau. *sprechen* mit dat. der Person, sprechen von. 19. *gedienen,* durch Dienst vergelten. 20. *wan,* nur, doch. 21. *dehein,* irgendwelch. *muot,* Neigung. *gein* = *gegen,* zu. 22. *anders,* im übrigen. *swer,* wenn jemand. *iht,* etwas.

5, 1. *hôhgemuot,* hochstrebend, hochgesinnt. 2. *ze boten,* als Boten. 5. von *daz* abhängig: ich an ihrer Stelle mich dafür verbürge. 6. *sis,* in Bezug darauf. *ob,* wenn, falls. 8. *dannoch,* ferner noch. 9. *werdeclîch,* würdig. 10. um ihrer eignen Ehre willen. 11. *enbern* mit gen., verzichten auf, ablassen von.

swer mich des âne valsch dur sî gewert,
der habe gemeine ir aller wunsch,
daz er erwerbe swes er gert.
Solde ich iemer vröide erwerben
an der vröide rîchen, daz wær an der zît:
lât si jugent an mir verderben,
sost liht allez dürre daz nû grüene lît.
swer schiere gît dar nâch sô man sîn gert,
als ich die wîsen hœre jehen,
diu gâbe ist maneger gâbe wert.
Minne, minnecliche Minne,
minne mich, sît ich von herzen minne dich.
mich (ich minne dîne sinne)
minne: wilt dû danne dîne minne an mich
unminneclîchen kêren, Minne, owê!
so ist Minne ir minne unminneclîch,
wil sî daz vröide an mir zergê.

6.

Swer rehten wiben dienen sol,
dem wart nie an der welte baz.
nû hât mich got des gêret wol,
wirt es iht mêre danne daz.

---

12. *gewern* mit acc. und gen., einem etwas gewähren. 13. dem wünschen sie alle zusammen. 15. *iemer,* je, überhaupt. 18. *sost = so ist.* 19. *gît,* gibt. 20. *die wîsen,* die Erfahrnen: Bezug auf ein Sprichwort. Vgl. unser «Wer bald gibt, gibt doppelt». 24. ich liebe deine Verständigkeit, ich liebe dich, wenn du verständig bist. 27. *Minne ir minne,* vgl. unser volksthümliches «der Minne ihre Minne». 28. *zergê,* aufhöre.

6, 2. dem ward kein größeres Glück auf der Welt zu theil. 3. in Bezug darauf mich wohl geehrt, mir große Ehre erwiesen. 4. wenn dessen etwas mehr wird als es ist, wenn ich etwas weiter käme.

got weiz wol deich an nihte niht wan gar daz beste tæte,
swie sî niht wan ein wênic mich gein liuterlîcher liebe lieber hæte.
Gît got der lieben den gedanc,
daz sî mir wirt als ich ir bin,
swaz ich gesinge ald ie gesanc,
daz sî alsam ein niht dâ hin:
ich sunge ein niuwez in ir namen, daz man sô gerne hôrte,
daz mit gewalte senede leit dem vröide gernden von dem herzen stôrte.
Dur nôt diu liebe liebet mir
von tage ze tage baz und ie baz,
sît nieman vinden kunde an ir
nâch mîner ougen kür ein daz:
niht wan daz eine daz, daz ich ie meinde. wirt des ende,
sô wirde ich seneder sorgen vrî und ouch diu sælden rîche missewende.

7.

Frouwe, ich wære gerne vrô:
daz mac âne iuwer helfe niht gesîn.
'wê wie wære iu danne sô?
dâ ist niht an, nemt ander trœster danne mîn.'

---

5. *an nihte niht,* durchaus nichts. 6. *swie,* wenn, wie es auch sei. *gein,* in Bezug auf. *liuterlîch,* aufrichtig. *liebe,* Zuneigung. 9. *ald, alde,* oder. 10. *niht,* Nichts. 12. *stœren,* aufstören, vertreiben. 16. *kür,* Prüfung. *ein daz,* auch nur das geringste (von Gebrechen). 18. *missewende,* Tadel, abhängig von *vrî.*

7, 4. *danne mîn,* als mich.

âne got enkan mich niht getrœsten wan ir eine.
'lât selchen spot, dêswâr ich ahte ûf iuwer claffen harte cleine.'
Nein, vil süeze frouwe, nein,
stætem vriunt sol nieman alsô gar versagen.
'wenne wart ich des enein,
daz ich iuwer swære wolde helfen tragen?'
wizzent daz, ich wirde vür, wirt sî von iu niht ringer.
'ich sage iuz baz, dur selche nôt verlür ich niht den cleinen vinger.'
Ir sult selchen spot verbern:
jô hât mir der ernest gar den schimpf genomen.
'nû wes sol man iuch gewern
daz ir sprechent daz iu swære sî benomen?'
des kan ich iuch wol gewisen, nemt ir mich ze râte.
'verdenke ich mich, als ich doch sol, sô volge ich iu des râtes spâte.'
Daz mîn rât und ouch mîn clage
iuch sô cleine wiget, waz tuot mir anders wê?
'zürnent ir ob ich versage
daz mir niene enkumet, sô wirt des zornes mê.'
sît nû zorn niht frumet, sô süene ich gerne ûf iuwer güete.
'ich hân gesworn daz ich vor lôser manne tucke mich behüete.'

---

5. *âne,* außer. 6. *selch,* solch. *dêswâr* = *daz ist wâr,* fürwahr. *claffen,* schwätzen. *cleine,* wenig. 9. *enein werden,* eins werden, einverstanden sein (gen.: mit). 11. *ich wirde vür,* ich gehe zu Grunde. *ringe,* leicht. 12. *verlür,* verlöre. 13. *verbern,* unterlassen. 14. *jô,* fürwahr. *schimpf,* Scherz. 17. *gewîsen,* mit acc. und gen., belehren über. 18. *verdenken,* refl., überlegen. *spâte,* spät = niemals. 20. *mich wiget cleine,* mir dünkt von geringem Gewichte. 22. *kumet,* zukommt, paßt. 23. *süenen,* ausgleichen. 24. *tuc,* listiger Streich, Arglist.

Bœser tücke ist mir niht kunt,
ich hân iu gedienet âne valschen wanc.
'wære ez wâr daz iuwer munt
gegen mir sprichet, des sagt ich iu gerne danc.'
Hulfe ez iht ich swüere iu daz ich niht kan wan die rihte.
'sô sult ir niht verkunnen iuch dar umbe guoter zuoversihte.'

8.

Swen wunder daz ich sî geswigen,
der vrâge mich, ich kan imz wol bescheiden.
mir hânt diu wîp vil gar verzigen,
daz mir dur nôt daz singen muoz erleiden.
sî ieman nû der sanges ger,
der wünsche daz mich noch diu liebe süeze wer
des ich zir güete hân gegert:
sô singe ich vrô und mache ir hôhen wirde wert.
Ich suohte liep, dô vant ich leit:
wil daz diu guote mit ir güete wenden,
sô sî dir, trûren, widerseit.
wer mac mit senfte unsenfte nôt verenden?
mîn herze was vil nâch verzaget
dâ von daz mir sô dicke sêre wart versaget.
nû lâze eht ez sîn wanken sîn:
ez wanke hin, ez wanke her, sist wider în.

26. *wanc,* Ausweichen, Untreue. 29. *rihte,* Gradheit, Offenheit. 30. *verkunnen,* refl. mit gen., verzweifeln an.

8, 1. *sî geswigen,* verstummt sei. 3. *verzîhen,* versagen. 4. *erleiden,* leid werden. 11. *widersagen,* den Frieden aufkündigen, widerrufen, Krieg ankündigen. 15. *eht,* nur. 16. *în,* hinein.

Kund ich der werden werdekeit
gewirden nâch der wirde als ichs erkenne,
daz wære ir tûsentvalt bereit,
enphunde ich ir genâden eteswenne.
gewalt der sol genædic sin:
des hât mîn alsô vil diu süeze frouwe min,
wil sî mir als unz her versagen,
daz ich die swære niemer langer mac getragen.

Nû stêt doch rehter güete wol
daz sî den guoten vriunt niht lange swære.
sit ich den zwivel lâzen sol,
sô lâze ouch sî die zwivellîchiu mære.
daz ich sô dicke unliebe spür,
des was ich nâch an allen minen vröiden vür,
wan daz mich der gedinge enlât
daz selten von dem guoten iht wan guotes gât.

Diu liebe liebet sich san mir
daz mir die lieben nieman kan erleiden.
der selben liebe dinge ich zir:
geruohte siz sô nâch genâden scheiden,
sô schiede ich mich von seneder nôt.
sus muoz ich kumber liden unz an minen tôt.
ich sihe si hân sô süeze leben
daz âne ir trôst mir nieman fröide kan gegeben.

---

18. *gewirden,* werth machen, preisen. *nâch,* entsprechend. *ichs* = *ich si; erkenne,* kenne. 20. *eteswenne,* irgendwann, irgend einmal. 22. *mîn,* über mich, von *gewalt* abhängig. 23. *unz her,* bisher. 26. *vriunt,* Freund, Liebender. 28. *diu zwîvellîchiu mære,* die zweifelhaften Verhältnisse: sie mache ihnen ein Ende und gebe mir Gewißheit. 29. *unliebe,* Unfreundlichkeit. 30. *was vür,* war vernichtet. 32. *selten* = niemals. *gât,* ausgeht. 33. *san* = *sam,* so; vgl. Lesarten. 34. *erleiden,* verleiden. 35. *dingen,* erwarten, hoffen. *zir,* bei ihr, von ihr. 36. *nâch genâden,* der Gnade entsprechend, auf gnädige Weise. *scheiden,* beilegen.

9.

Wie hôhes muotes ist ein man,
der sich zuo herzeclichen liebes schœnem lîbe hât geleit!
zer vröude ich niht gelîchen kan:
mirst elliu vreude gar enniht gein dirre, swaz mir ieman seit.
swer sich sô wünneclicher wünne wol für wâr gevreuwen mac,
der hât die naht niht angest wan daz in vertrîben sol der tac.

Geselliclicher umbevanc
mit blanken armen sunder wân tuot senede herze hôhgemuot.
dâ wirt daz ungemüete kranc,
swâ minneclicher minne kus sô lieplich liep ân ander tuot.
swer sich sô wünneclicher wünne wol für wâr gevreuwen mac,
der hât die naht niht angest wan daz in vertrîben sol der tac.

Der tac mich leider hât betaget
sô selten nâch der êren sige, daz ich niht vreude mac verjehen.

9, 2. *herzeclichen liebes*, eines herzlich geliebten Weibes. *geleit*, gelegt. 3. *gelîchen*, mit *ze*, vergleichen mit; vgl. Lesarten. 4. *elliu*, fem. von *al*, alle. *enniht = ein niht*, ein Nichts. *gein*, gegenüber, verglichen mit. *dirre*, dieser. 5. *gevreuwen*, freuen. 6. *angest*, Besorgniß: keine andere Besorgniß als daß. 7. *geselliclîch*, nach Art von *gesellen*, Liebenden. *umbevanc*, Umarmung. 8. *sunder wân*, ohne Wähnen, sicherlich. *tuot*, macht. 9. *ungemüete*, Mißstimmung, Betrübniß. *kranc*, schwach, vernichtet. 10. vgl. Lesarten. 13. *mich betaget*, scheint auf mich als Tag. 14. so daß die Ehre siegte. *verjehen*, sagen von.

vil sælic man, der des niht claget
und ime sin herze mac gesagen, waz ime ze liebe ist geschehen!
swer sich sô wünneclicher wünne wol für wâr gevreuwen mac,
der hât die naht niht angest wan daz in vertrîben sol der tac.

Der süeze wehsel under zwein,
den werdiu minne vüegen kan, wie rucket der daz herze enbor!
diu beide ir muotes sint al ein:
ich kan nâch wunsche erdenken niht zer welte sælde dirre vor.
swer sich sô wünneclicher wünne wol für wâr gevreuwen mac,
der hât die naht niht angest wan daz in vertrîben sol der tac.

'Der tac wil scheiden, ritter wert,
von liebe liep; ez muoz eht sîn. wol ûf, lâz ir daz herze hie,
diu dîn ze friunde hât gegert:
sô wil ouch dir ir herze lân diu triuwen dir gewancte nie.
die leiste ouch ir, als ez dîn werder lîp vil wol geleisten mac,
mit schiere komene. ez mac niht langer hie gesîn: ich sihe den tac.'

---

15. der nichts davon beklagt, das nicht beklagt. 20. *enbor,* empor. 21. *al ein,* ganz eins. *ir muotes,* in ihrer Gesinnung, ihrem Herzen. 22. *wunsch,* Inbegriff des Vollkommensten, Höchsten. *zer welte,* auf der Welt. *niht sælde,* kein Glück; *dirre vor,* das diesem vorgeht, dieses übertrifft. 26. *eht,* nun einmal. 28. *triuwen,* gen., in Bezug auf Treue. 29. *die,* sc. *triuwe.* 30. indem du bald wiederkommst. *gesîn,* sein, anstehen.

10.

Der vil sælde richen
wil ich dienen ûf ir sæliclichen trôst.
waz kan sich gelichen
dem, den vreude ûz senenden sorgen hât erlôst?
der nie nôt nâch herzeclicher liebe erleit,
der kan ouch niht wizzen waz gelücke wünnenclicher wünne gît zuo werdekeit.

Sit der guoten güete
sich sô güetet unde mêret alle tage,
sô muoz min gemüete
sin gehœhet ûf den trôst, daz ich bejage
lieplich liep nâch leide alsô daz sî mir gebe
minneclich ir gruoz. wê, wie ich danne vrœlich al min langez trûren widerlebe!

Swer an guoten wiben
hôhen muot noch herzeliep niht vinden kan,
der muoz wol belîben
ungevröit von werden vröiden als ein man,
der sich aller wünne wol verkunnen muoz.
waz tuot in der welte rehten mannen alsô wol sô minneclicher wibes gruoz?

Wê wer sol mich grüezen,
sit der werde gruoz sô volle sælde git?
dâ wil ich der süezen
umbe dienen, wande an ir min vröide lit:

10, 5. *nôt*, dringendes Verlangen. *erleit*, erlitt. 6. *waz wünne*, wie viel Wonne. *zuo*, hinzufügend zu. 10. *gehœhet*, freudig gestimmt. *bejagen*, erwerben. 12. *widerleben*, im Leben aufwiegen, wieder gut machen. 14. *herzeliep*, Herzensfreude. 21. *dâ* mit *umbe* zu verbinden: um den Preis dieses Grußes. 22. *wande*, weil.

sô gedinge ich daz sî mir genâde tuot.
in wils niht gedingen, ich wil wizzen, daz si mir mit liebe lônet: sist sô guot.
Kunde ich sô gesingen
daz doch under sehsen zwêne diuhte guot,
sô wolt ich mich twingen,
möhte ez anders niht gesîn, ût hôhen muot.
sol ich niht ersingen wan der liute haz,
sô gezimet der guoten wol an sælden unde an êren daz sî mir ersetze daz.

11.

Vreut iuch, vreut iuch, fröide rîchen,
die dâ sîn von schulden vrô!
möhte ich mich wol iu gelîchen,
wê wie gerne ich tæte alsô!
al die wîle mich diu guote
vremeden wil, son wirt mir niemer wol ze muote.
waz dar umbe? ist ez nû sus, sô was ez lîhte anders dô.
Wolde ein süeze wîp ir êre
lân an friunde werden schîn,
sô engerte ich liebes mêre
hinnen dar; sô muoz ich sîn
sam der sich ze vröiden twinget.

---

24. *ich wil wiȥȥen,* ich glaube zu wissen; ich hoffe nicht nur. 26. *diuhte,* conj. däuchte. 29. *ersingen,* durch Singen erwerben. 30. *an* mit *guoten* zu verbinden.

11, 2. *von schulden,* mit Recht, mit Grund. 6. *vremeden,* mit acc., fern halten, sich fern halten von. 7. *waȥ dar umbe?* was kommt darauf an? *lîhte,* vielleicht. *dô,* damals. 9. *lân werden schîn,* sichtbar werden lassen. 11. *hinnen dar,* von jetzt ab. *sô,* unter den gegenwärtigen Verhältnissen. 12. *sam,* wie.

swelh man niht von herzen noch von muote singet,
da ist der lûterliche valsch verdecket in gemâlen schrîn.
Wer kan nû den slüzzel vinden,
der mir vröide entsliezen sol?
wolte si sichs underwinden,
daz kunt ir genâde wol,
diu mich êret unde unêret,
diu mich heilet ob si wil und ouch versêret,
sô daz ich die herzeclichen swære unendelichen dol.
Wir sun danken wibes güete,
hân wir êre, hân wir guot,
wan si hœhent manic gemüete,
daz doch niemen hôhgemuot
âne ir werden trôst gesæhe.
ist daz trœsten mir von ungelücke unnæhe,
sost doch wâr daz niht sô dicke liep nâch herzeleide tuot.
Ich wær ê vil lange muotes
unde an vröiden gar verzaget,
wan daz ich diu wunder guotes
an ir weiz, swie si versaget,
daz si mich wol zeiner stunde
von der langen und der leiden swære enbunde,
in der ich ûf guot gedinge dicke an sorgen bin betaget.

---

13. *swelh man,* wenn ein Mann. 14. die offenbare Falschheit. *gemâl,* gemalt, bemalt. Das ist kein wahres, rechtes Singen. 16. *entsliezen,* aufschließen. 17. *underwinden,* refl. mit gen., sich eines annehmen. 18. *kunt* = *kunde,* könnte. 21. *doln,* dulden. 24. *hœhen,* erhöhen, erfreuen. Aus dem coll. *wîbes* ist der Plural *si* herausgenommen. 25. *daz,* auf *gemüete* zu beziehen, welches. 27. *von ungelücke,* wegen des mir beschiedenen Unglücks. *unnæhe,* fern. 29. *muotes* mit *verzaget* zu verbinden: am Muthe, an der Hoffnung. 31. *diu wunder,* eine solche Fülle; von *diu* hängt *daz* (33) ab. 33. *zeiner stunde,* in einem Zeitpunkt, einmal. 35. *bin betaget,* gelebt habe.

12.

Sumer unde sumerwünne
wünnent niht ze rehte sich,
noch die vogel in ir künne,
noch die liute, dunket mich.
nû waz sol ich danne singen,
obe ich gerne singen wil,
sit unvuoge wil verdringen
alliu vröidehaften spil?
Höveschlich tanzen, vrœlich lachen
was bi niuwen ziten wert:
daz wil wætlich widerswachen,
sô daz mans ze nihte gert.
rouben, brennen, übel râten,
daz ist nû ein gæber site:
doch die enz dâ gerne tâten
was dô wæn ich baz dâ mite.
Waz kan wibe unt wibes êren
unde ir güete sin gelich,
diez ze guote wellen kêren?
dan ist niht sô sælden rich.
obe daz iender wirt gecrenket,
daz liht einiu missetuot,

12, 2. *wünnen,* refl., sich wonnig gestalten. *ze rehte,* wie es recht wäre, sich gehörte. 3. *künne,* Art. 7. *unvuoge,* unpassendes Benehmen, Rohheit. *verdringen,* verdrängen. 9. *höveschlich,* hofgemäß. 10. *bî niuwen zîten,* vor noch nicht langer Zeit. *wert,* angesehen, werthgehalten. 11. *wætlich,* adv., wahrscheinlich. *wil,* hier = futur. *widerswachen,* verachtet werden. 12. *ze nihte,* durchaus nicht. 14. *gæbe,* angenehm. 15. *enz,* jenes, auf Z. 9 bezüglich. 16. *was* = *den was,* denen war. 20. *dan ist niht,* da gibt es nichts. 21. *crenken,* erniedrigen. 22. *daz,* dadurch daß, indem.

swer dâ crankes zuo gedenket
allen wîben, dast niht guot.
Ich weiz eine in hôhem muote,
diust sô gar ein wibîn wip,
unde ir sin stât sô ze guote,
solde eht iemer wîbes lip
herze vreun, daz sî wol solde
mannes herze machen vrô.
erst niht man, der daz niht wolde:
alse ich bin, ich wolte ez sô.
Sun die alten vür die jungen
vreude gern, daz missezimt:
da ist des rehtes reht verdrungen,
swa'z unwæger für genimt.
doch wirt mit der wægern schanze
manic vil wætlich spil verlorn
unde an trügelichem glanze
dicke sûr für süeze erkorn.

13.

Wie gern ich mit vröiden wære,
wære unvröide niht sô weit!
nust den rîchen vreude unmære:
mære ist swer ir niht engert.

---

23. *crank,* Niedriges: von allen Weibern denkt, allen Weibern zutraut. 26. *wîbîn,* weiblich. 28. *eht iemer,* nun überhaupt. 31. *daz,* nämlich: durch sie froh werden. 33. *sun,* sollen. *vür,* mehr als. 36. *swa'z = swâ daz,* wo das. *unwæge,* unangemessen. *für genimt,* überhand nimmt. 37. *wæge,* vortheilhaft. *schanze,* Fall der Würfel. 38. *wætlich,* schön. 39. *an,* bei. 40. *sûr,* saures. *für,* an Stelle von.

13, 3. *unmære,* gleichgültig. 4. *mære,* lieb.

ob ich an mir selbem vunde
daz ich hôhes muotes mich gern underwunde,
sône vunde ich niht den niunden, der mirs gunde.
Ich muoz lieben unde leiden
leiden trôst von schulden geben:
triuwe und êre virret beiden.
beiden nieman kan geleben,
alten siten, jungen liuten:
swer diu beidiu nû wil mit ein ander triuten,
der wirt gar ze spotte, kan ers niht verkiuten.
Liezen sich die touben wisen
wisen ûf der sælden vart,
sô kund ich ir leben geprisen.
prîsen wir ir touben art,
daz mac wol ir tugent geriuwen.
dô man alte sach dur zuht die jungen bliuwen,
dô stuond ez an êren baz und ouch an triuwen.
Wer sol sich an valschen kêren?
kêren sich die valschen dran,
die niht gern wan valscher êren!
êren craft nie man gewan
wan der eine, der des vârte,
daz er sô mit triuwe und ouch mit zuht gebârte
daz er nie an ir betagete noch bejârte.

---

5. *vunde,* fände, nämlich die Gesinnung, die Absicht. 7. *gunde,* conj., gönnen würde. 8. *lieben unde leiden,* etwa: Freunden und Feinden. 9. *von schulden,* mit gutem Grunde. 10. *virren,* fern sein. 13. *triuten,* lieb haben. 14. *verkiuten,* vertauschen. 15. *toup,* stumpfsinnig, thöricht. *wîsen,* Alten. 20. *bliuwen,* schlagen. *dur zuht,* um sie zu erziehen. 22. *an valschen,* an den Falschen. 23. *kêren sich,* conj., mögen sich kehren. 24. *gern,* begehren. 25. *craft,* Fülle. 26. *vâren,* mit gen., streben nach. 28. *betagen, bejâren,* die Tage, die Jahre hinbringen. *an ir,* auf falsche Ehre zu beziehen.

Wê daz wir sô cranke werben!
werben anders danne alsô!
êst ze jungest niht wan sterben:
sterben alse lihte vrô,
sô daz wir die tage verswenden
âne vreude und doch mit sorgen niht verenden.
waz sol trûren vür daz nieman kan erwenden?

14.

'Swer minnecliche minne
mit minneclichem liebe habe,
der sol sich des niht sûmen, sô der tac ûf gê,
ern twinge sine sinne
sins herzecliches liebes abe,
dur daz sin künfteclichiu vreude werde als ê:
sô mac diu vriuntschaft wernde wol beliben;
ouch sint gewis, swaz man wil übertriben,
daz dâ daz wol vil lihte am ende wirt ein wê.'
'Nû hœrent, trûtgeselle!'
sô sprach daz wünnecliche wip:
'wie nâhe mir daz wecken an min herze gât!
ich welle sône welle,
sô vürhte ich daz din minne mich
an vröiden gar verderbe, diu niht mâze hât.

29. *cranke,* adv., schlecht. *werben,* handeln. 30. *werben,* conj., laßt uns handeln. 31. *êst* = *ez ist.* 32. wir wollen ebenso leicht froh sterben wie indem wir die Tage ohne Freude hinbringen und doch mit Sorgen nichts zu Ende führen. 35. *vür daz,* zur Abwehr gegen das, was. *erwenden,* abwenden, rückgängig machen.

14, 2. mit einer lieblichen Geliebten. 4. *ern twinge,* mit *sûmen* zu verbinden, daß er nicht zwingen sollte, zu zwingen. 5. *abe twingen,* mit Gewalt los machen. 6. *dur daz,* damit. 7. *wernde,* dauernd. 10. *trûtgeselle,* lieber Freund, Geliebter. 13. ich mag wollen oder nicht. 15. *diu,* auf *minne* zu beziehen.

ich wæne an mir diu mâze welle unmâzen:
wiltû mich alsô dicke senede lâzen,
daz ist ein dinc, daz mir den lip niht lange lât.'
'Owê, mins herzen herze,
dû wilt min herze brechen abe,
wan ê dir iht geschehe, sô müeze mir geschehen
ein unverheilet smerze,
dâ man niht vür gebieten kan.
sus stêt gein dir min wille, des muoz ich verjehen.'
dâ wart ein lieplich kus nâch herzesêre,
dar nâch mit rehter güete in weiz waz mêre:
dâ sol man nâch gedenken unde niht gesehen.
'Sol ich nû von dir scheiden,
sô muoz doch ungescheiden sin
getriuwes herzen triuwe, der ich hân gepflegen
gein dir, sit minne uns beiden
gesellicliche liebe erwarp.'
'sô hân ich alles trôstes mich an dich bewegen:
mich kan niht wan din eines trôst getrœsten.
ich bin den besten obe: daz wirt zem bœsten,
wirt mir von dir niht herzeclicher triuwen segen.'
'Min vröude und mine sinne,
min lip, min leben, min sælde gar
hât sô din liep in banden daz ich dir niht mac
entwenken stæter minne.

---

16. *unmâzen,* zum Unmaß werden. 17. *senede,* in Schmerz. 18. das mich nicht lange leben läßt. 23. gegen dessen Abwehr man nichts bieten kann. 25. *wart,* geschah, wurde gegeben. *herzesêr,* Schmerz des Herzens. 26. ich weiß nicht was noch mehr als ein Kuß. 27. darauf soll man seine Gedanken richten, aber nicht hinsehen. 33. *sich bewegen,* sich entschließen, mit gen., wozu: ich habe allen Trost auf dich gesetzt. 35. *obe,* überlegen. *wirt zem bæsten,* ins Schlimmste verwandelt. 40. *entwenken,* entweichen, sich entziehen. *stæter minne,* in Bezug auf beständige Liebe.

und alsô stæter daz mir ie
din liep, din leit, din swære vür daz mine wac.
nû lâ mich, frouwe, varn mit dînen hulden!
mir wære ein jâr ein tac bî dir von schulden.
nû mages eht hie niht mêr gesin. wol ûf, êst tac!'

15.

Von vröiden vreut mîn herze sich,
swenn ich die vröiden rîchen sihe:
iedoch dar under twinget mich
ein leit, des ich dur nôt vergihe.
ist sî schœne und ist sî guot,
deste wirs tuot mir versagen:
wære sî alt arm und ungemuot,
sô möht ich si wol verclagen.
Ir ist daz ofte vor gesaget,
daz ich ir gerne dienen wil.
verdulte mir ein süeze maget
daz ich ir teilte vor ein spil,
widerspræche danne'n teil
niht, sô solde er stæte sin.
niemer wirde ich doch ir schimphes geil,
diu sô hât geschimphet min.

---

41. *ie,* immer. 42. mehr wog, mehr galt als das meine. 43. *hulde,* Erlaubniß.

15, 3. *dar under,* dazwischen. 4. *vergihe,* bekenne. 6. *wirs,* schlimmer, weher. 7. *ungemuot,* verdrießlich. 8. *verclagen,* verschmerzen. 11. *verdulden,* hingehen lassen, gestatten. *maget,* Jungfrau. 12. *ein spil teilen, vor teilen,* einen Wettkampf, eine streitige Sache zur Wahl vorlegen. 13. *widersprechen,* ablehnen. *den teil,* den ich wählen würde. 14. *stæte,* dauernd, fest vereinbart. 15. *geil,* froh. 16. *schimphen,* scherzen.

16.

Mîn gemüete hœhet sich:
hôhe müeze ir werder lîp an sælden stên,
diu sô werdeclîche mich
kan getrœsten, daz mîn trûren muoz zergên.
swie sî nâch ir minneclichen güete wil gebâren,
sô widerjunge ich swaz ich galtet bin in leiden jâren.
Leider jâre wirt mir buoz
sô diu liebe rehte liep erkennen wil,
unde ir süezen mundes gruoz
mich sô grüezet, daz mir vröide mêret vil.
nâch dem gruoze wil ich alsô strîteclîche werben,
wirt mir sîn niht, daz man mich ûf der verte siht
verderben.

17.

Ich wil mit fröide rîchem muote
singen alle wîle ein wîp.
ir güete kêre mirz ze‿guote,
diu mîn herze und al den lîp
âne valsch in ir gewalt betwungen hât,
sô daz mir nie liebers wart zer welt geborn.
nimt sî nû ze guotes wîbes herzen rât,
sô dinge ich daz mîn stætez liep an ir niht sî verlorn.
Swie vil ein wîp unvröide machet
einem man der stæte hât,

16, 5. *swie,* wenn immer. 6. *widerjunge,* wieder jung machen. *galtet = gealtet,* gealtert. *leiden,* traurigen, trüben. 7. *buoz,* Ersatz. 10. *daz,* daß es. 11. *strîtecliche,* eifrig bemüht. 12. *ûf der verte,* auf der Fahrt nach diesem Ziele.

17, 7. *ze,* bei. 8. *dingen,* hoffen.

3

sô sin dan eines ane lachet
sô daz ez von herzen gât,
sost sîn drizecjæric leit mit liebe hin.
daz geloube ich allez bî mir selbem wol.
trôste sî mich noch der eigen ich dâ bin,
sô gulte ich wol mit liebe swaz ich leides gelten sol.
Verteilet mich diu schœne ir güete
hinnen hin als ouch dâ her,
sô twinget liebe min gemüete
sô daz ich des niht enber,
ich enhabe vür guot swaz sî an mir begê
unde mich niht wan des besten zir versehe.
swie sî wil, sô wil ich daz min fröide stê
noch niemer liep noch guot ân ir genâde mir beschehe.

18.

Swaz ie diu welt nâch vröide ûf hôhen muot gewarp,
sin werbe ouch noch, deist als ein niht.
wan daz nie gar ein senede leit an mir verdarp
von maneger fremeder ungeschiht,
sô vunde ich daz,
des ich mich noch vil wol verwæne an mînem muote,
daz ich mich nie gevreute baz,
geschæhe ouch mir von der vil werde lebenden iht ze guote.

---

11. *sin* = *si in.* *eines,* einmal. 15. *der eigen,* deren Leibeigener, Eigenthum. 16. *gelten,* zahlen. 17. *verteilen,* durch Urtheil verlustig erklären. 18. *dâ her,* bisher; *hinnen hin,* ferner, in Zukunft. 20. *enber,* verzichte. 21. *habe vür guot,* für gut halten, willig hinnehmen.

18, 1. *ûf hôhen muot,* im Hinblick auf freudigen, hochstrebenden Sinn. 2. falls sie nicht auch ferner danach ringt. 3. *wan daz,* angenommen daß. 4. *ungeschiht,* Unglück: dadurch daß andern auch Unglück begegnete. 6. *verwænen,* refl., mit gen., erwarten, hoffen.

Wol dingen unde iedoch niht vollen wol geleben,
sô vürhte ich lîhte ein ende nemen.
der selbe trôst ist mir ze mîner nôt gegeben:
sol daz der lieben wol gezemen,
sô wundert mich.
sol ich sô zwivellicher vröide an sî gedingen,
sô sol sî baz bedenken sich:
ichn kunde von den mæren niemer guotes niht gesingen.

'Swer zürnet sô, daz ez gât vür die êre sîn,
der übersiht der wîsen rât.
sold iuwer dienest vloren an mir einer sîn,
sô wære ouch daz ein missetât.
vergezzet ir
dur daz der vuoge, ob ich an iu kein vuoge tæte,
sô wæne ich wære bezzer mir,
ich hæte iuch liep, dann ich den haz von schulden ûf mir hæte.'

19.

Got herre, du geschüefe mich:
daz weiz ich unde bin sô tump daz ich nie wolte erkennen dich.
wie möhte ich iemer tumber sîn?
sô weiz ich daz ich brœde bin:
sô weiz ich daz ich niht enwas und niht enwirde. owê, der sin
mac wol die tôrheit machen schîn,

12. *gezemen,* gefallen.
19, 1. *geschüefe,* schufest. 2. *tump,* einfältig. 3. *iemer,* überhaupt. 4. *brœde,* gebrechlich, schwach. 6. *machen schîn,* offenbar machen.

daz ich mich selben tœre! des wird ich vil lihte ertœret.
swie sîn genâde mine unsælde niht zerstœret,
des craft dur güete wunders vil begangen hât,
sô kan mîn armen sünders niemer werden rât.

Dô got den rîchen rîche schuof,
dô schuof erz sô, daz er bekande in rehter nôt des armen ruof,
wolt er sîn iht bedurfen mêr.
dâ bî gab er in eine wal:
der welt gelust in hôher fuore hie und vallen dort ze tal
in iemer wernde herzesêr.
diz ist in vor geteilet; neme daz eine swer der welle:
swer sich genideret, dem wirt hœhe nâch gevelle,
und swer sich hœhet, daz der dâ genidert wirt,
dâ jâmer unde senede leit ân ende swirt.

Der rihter wirt dur daz genant
von gote ein rihter, daz er rehte rihten sol und dâ zehant,
swâ er vernimpt daz wære wâr,
und sol dem valschen volgen niht
der in dur vriunt, dur guot, durch haz getriuwes râtes übersiht.
. . . .
. . . .

---

7. *tœren,* zum Thoren machen. *ertœren,* bethören. 8. *swie,* wenn auf irgend eine Art. *unsælde,* Unglück, unglücklicher Zustand.

12. *bekande,* erkennen sollte. 13. *er,* der Arme. 15. *fuore,* Lebensweise. *ze tal,* hinab. 17. *vor geteilet,* zur Wahl vorgelegt. *swer der,* wer da immer. 18. *gevelle,* Fall. 20. *swirt,* von *swern,* wehe thun.

21. *dur daz,* zu dem Zwecke. 22. *zehant,* auf der Stelle. 25. über treuen Rath hinwegsieht, *in,* ihm gegenüber.

. . . .
. . . .
. . . .

20.

Der welte vogt, des himels künic, ich lobe iuch gerne
daz ir mich hânt erlâzen des daz ich niht lerne,
wie dirre und der an vrömder stat ze mînem sange scherne.
mîn meister claget sô sêre von der Vogelweide,
in twinge daz, in twinge jenz, daz mich noch nie getwanc.
den lânt sî bî sô rîcher kunst an habe ze cranc,
daz ich mich kûme ûf ir genâde von dem mînem scheide.
sus heize ich wirt und rîte hein: da ist mir niht wê.
dâ singe ich von der heide und von dem grüenen klê.
daz stætent ir mir, milter got, daz es mir iht zergê.

21.

Nû gerte ich niht der welte mê,
wan daz ich wîlen solte sehen
der mir daz herze nie vergaz,
sît sî mir tuot mit guote wê
und ir mîns willen wart verjehen

20, 1. *vogt,* Schirmherr. *gerne,* mit gutem Grunde. 2. *erlâzen,* mit acc. und gen., überheben. 3. *schernen,* spotten; *ze,* bei. 7. *kûme,* schwerlich. 8. *sus,* so, wie meine Verhältnisse sind. *niht wê,* nichts weniger als weh = sehr wohl. 10. *stæten,* befestigen. *iht* = *niht,* im Absichtssatze.

21, 2. *wîlen,* zuweilen. 3. *die,* diejenige, deren.

mit vorhte, als ich ir wort entsaz:
dô was ir wort, ir werc sô minnenclîch und allez ir gebâren,
der iemer nâch dem wunsche schœnes wîbes solte vâren,
der kunde sî nâch mînem dunke schœner niht gemachen.
mich vröwete, wære ich halber tôt, geruohte mich sô sælic wîp von herzen an gelachen.

Sô süeze lachen süezet mir
daz jâr, die wîle und ouch daz leben,
deich sorge twinge ûf hôher stên.
ich weiz die süezen sælde an ir,
diu selbe fröide kan gegeben,
von der wol trûren muoz zergên.
wie möhte alsô bescheidenlîcher güete iht arges widerstrîten,
in der sî reineclîche lebet mit sælden zallen zîten?
ez müeste wol sîn ûz der mâze nâhe gênde ein swære,
dâ alsô werdes wîbes trôst, den sî wol gæbe, ruohte sis, niht guot ze buoze wære.

Gedinge sorge vlêhen tuot
mich vor den jâren werden alt:
owê mir wê! daz vüeget sî,
daz sî mich weiz alsô gemuot,
swie sêre sî mir tuot gewalt,
daz ir mîn herze ist stæte bî.

---

6. *entsitzen,* fürchten. 8. *der,* wenn jemand. *vâren,* mit gen., trachten nach. 9. *dunc,* Dünken, Meinung. 10. *vröwen* = *vröun,* freuen. 11. *süezen,* süß machen. 12. *wîle,* Zeit. 13. *ûf hôher stên,* zurücktreten. 14. *die,* solche. 17. *bescheidenlîch,* verständig. 20. *buoze,* Abhülfe. 24. *daz,* indem.

nû sî eht stæte: ich wil mit sige od âne sic belîben.
mir mac mîn guot gedinge noch die sorge wol vertrîben:
ob ir genâde mir genædeclîche wirt erzeiget,
daz flêhen süeze am ende wirt, sost allez daz ich wê geschrê, mit vröiden gar gesweiget.

22.

Diu hôhgemuote hœhet sich mit tugenden sô,
daz sich mîn herze hœhen muoz von schulden.
owê wan wæren nû die edelen jungen vrô!
sô möhte ich ir gedienen wol ze hulden.
wie möhte ich eine ir hôhez lop ze vollem werde bringen?
in kunde ez niht in tûsent tûsent jâren gar gesingen.
dar umbe hæte ich vröide gerender helfe gerne und ouch ir rât:
waz obe ir eteslîcher ouch ûf liep gedinge mir gelîchen kumber hât?

Mîn kumber, der mich ie sô kumberlîchen twanc,
den mac diu minneclîche wol verenden.
ich sunge, ich sagete ir alsô hovelîchen danc,
geruohte sî mîn ungemüete wenden,
des sich ir ôre müeste ervrewen und ouch ir herze erlachen.
owê wie kan sî sælic wîp sô hôch gemüete machen!
er sol ze rehte lange mezzen, der an sî sô ebene maz,

---

27. nun mag es nur beständig sein. 30. *geschrê,* schrie.

22, 3. *wan,* daß doch. 4. *ze hulden,* so daß ich ihre Huld erreichte. 8. *waz obe,* wie wäre es wenn, vielleicht daß. 15. Gott ist gemeint, der als Künstler gedacht ist.

daz er an ir zer welte nie nâch vollem wunsche weder des noch des vergaz.
Swaz ieman weiz, ich weiz ein wîp sô vollekomen
an lîbe, an schœne, an êren unde an muote,
wirt mir von ir genâden swære niht benomen,
daz mir niht anders mac geschehen ze guote.
in weiz waz wunders ieman hie bevor an wîben sæhe:
mich dunket des daz nieman in der welte baz geschæhe,
mir möhte an ir ze vröideclîchen vröiden alse wol geschehen,
solt ich der wünneclîchen trôst mit liebem ende mir ze heile noch gesehen.

23.

Sælde rîche sælic wîp,
wie dû lêrest herzeliebe widerleben!
sælde vröide herze lîp
hâte ich einem wîbe in ir gewalt gegeben.
bin ich dâ beswæret, wê wie sol ich daz gesagen?
dâ wil ichz alrêste gote und dar nâch al der welte clagen.
Minneclîch gebâren wil
mich verderben, daz ich an der guoten sach.
daz ir schœne ie wart sô vil,
daz hât mir gemachet swære und ungemach.
doch hât mich behabet an liebem wâne noch der wân,
daz nieman grôz liep enmac ân under wîlent leit gehân.
Süezer vröide ich was gewent:

---

16. *zer welte* mit *des* zu verbinden. 23. *ze*, in Bezug auf.

23, 2. *widerleben*, ins Leben zurückführen. 5. habe ich Kummer dadurch erlangt. 11. *behaben*, festhalten. 12. *under wîlent*, manchmal. 13. *gewent*, gewöhnt.

wol im der mich alsô suoze widerwene!
des muot werde als unversent,
alse sêre sich dur nôt der mîne sene.
vrœlîch lachen unde güetlîch sprechen muoz mir geben
trôst, der trœste, und ouch enzît, wan anders muoz ich senede leben.

Al der welte nieman kan
sô gebâren, daz sî alle dunke guot:
dur waz næme ich mich des an,
daz nieman getet noch niemer mê getuot?
ich vüer in der mâze, des mich diuhte wol gevarn,
möhte ich zuo der meisten menege mîner vuoge mich gescharn.

Waz sol singen oder sagen
alder iht des hôhem muote wol gezimt?
ich sold anders mich bejagen,
sît es nieman war nâch sînem werde nimt.
hæte ab ez diu werde hôchgemuote alleine wert,
sô wær allez daz geschehen dar an, des mir daz herze gert.

Clage ich mîne seneden clage,
diu mich twinget unde ie herzeclîche twanc,
mit der clage ich niht bejage
noch bejagete nie wan wîlent smæhen danc.
sol ich sô mit leide ûf liep gedinge lange leben,
sô mac mir diu liebe ir trôst vil schiere unschedelîche geben.

---

14. *widerwenen,* zur Gewohnheit zurückführen. 15. *unversent,* frei von Schmerzen. 18. *anders,* sonst. 20. *gebâren,* sich benehmen. 23. *des,* daß darin. 24. *mîner vuoge,* in Hinsicht meines Anstandes. 26. *iht des,* etwas von dem was. 27. *sich bejagen,* seinen Lebensunterhalt erwerben. 28. *es,* auf Z. 25. 26 zu beziehen. *nâch sînem werde,* wie es werth wäre. 34. *smæhe,* verächtlich, gering.

Sælic wîle, sælic zît,
sælic allez daz der süezen stunt geschach,
dô sî, diu mir sælde git,
ein sô süeze sælic wort ze mir gesprach,
daz mich iemer werdeclîcher vröide hœhen muoz:
ouch nîg ich ir willeclîche, wirt mir state, unz an den
vuoz.

24.

Der ich diene und al dâ her gedienet hân,
sît ich von kinde alrêrest dienen kunde,
diust sô liep, sô guot und ouch sô wol getân,
daz man den allen niht gelîches vunde.
sî liebet sich von tage ze tage:
dêst ir site, der ich sô holdez herze trage,
daz sî sô süezer süeze wenet,
daz man sich nœte nâch der lieben liebe senet.
Waz diu werde minneclîcher minne gît
dem, der sî nâch ir werde kan geminnen!
dâ bî sô vil wünneclîcher wünne lît,
daz sich des nieman zende kan versinnen.
wie kunde ich werden hôhgemuot
âne ir trôst, sît sî sô gar nâch wunsche tuot?
dur daz hân ich mir ir ergeben,
wan sî sô wol gelieben kan dem man sîn leben.

---

38. *der süezen stunt,* in dem süßen Augenblick. 41. an werther Freude erheben. 42. *nîgen,* sich verneigen, mit dat., vor. *state,* Gelegenheit.

24, 1. *al dâ her,* die ganze Zeit bisher. 2. *alrêrest,* zum ersten mal. 4. *den allen,* allen diesen Eigenschaften. 5. *liebet sich,* macht sich lieb. 7. *wenen,* gewöhnen, mit gen., an. 8. *nœte,* nothgedrungen. 12. *sich versinnen,* ausdenken; *zende,* vollständig. 16. *gelieben,* angenehm machen.

Dæhte ich iemer, ine verdæhte ir güete niht,
die man an der vil minneclîchen vindet.
er muoz lachen, swer ir under ougen siht;
des sî sich nâch ir sælden underwindet,
dem tuot sî liep und êre schîn.
wol mich des! sô sælic ist diu frouwe mîn,
swen sî mit willen vröide wert,
dem gît sî vröiden swaz er ir zer welte gert.

Diz ist mîn vrô Welt, die ich sô sêre lobe,
und in der dienest ich nû lange schîne.
swer sî minnet, der ist allen vröiden obe:
sî hât vil süezer wunnen in ir schrîne.
des mac ir prîs wol hôhe stân:
ouch sint gewis, swie hôhe ich sî geprîset hân,
swel man ir besten lôn enphât,
daz sin ze jungest an dem bœsten ende lât.

Uns ist unsers sanges meister an die vart
den man ê von der Vogelweide nande,
diu uns nâch im allen ist vil unverspart.
waz frumet nû swaz er ê der welte erkande?
sin hôher sin ist worden cranc:
nû wünschen ime dur sînen werden höveschen sanc,
sît dem sîn vröide sî ze wege,
daz sîn der süeze vater nâch genâden phlege.

---

17. *verdenken,* zu Ende denken. 20. *nâch ir sælden,* ihrer Güte entsprechend. 24. *vröiden swaz,* an Freuden alles was.

25. *vrô,* Frau. 26. *schîne,* mich zeige. 31. *swel man,* wenn ein Mann.

35. *unverspart,* unerspart. 38. *wünschen,* wollen wir wünschen. 39. *sît dem,* nachdem. *ze wege,* fort.

25.

Swaz wîbes êre wol gezam,
dar ûf stuont ie mîn muot, daz ich daz mêrte.
sô vil man danne mich vernam,
sô was mîn wort dâ bî, swâ man sî êrte.
doch bin ich des noch âne ir lôn vil nâch von ir gescheiden,
wan alse vil als ichs erwarp mit eiden.
daz solde eht sîn:
waz umbe daz? die wîle ich lebe, sô hânt sî doch den dienest mîn.
Wan sol in dienen umbe daz,
daz niht sô guotes lebet alsam die guoten,
und dur die guoten sol man baz
die andern êren danne sîs doch muoten.
ich weiz die einen, daz des nieman niemer dörfte erdriezen,
ez solden hundert tûsent wol geniezen
der sælekeit,
die got mit werdem vlîze an sî nâch allem wunsche hât geleit.
Ich bin der guoten undertân
und allen guoten vrouwen dur ir êre.
sol mich daz anders niht vervân,
wan daz diu guote twinge mich sô sêre?
der guoten güete wende mir den kumber, den ich dulde,
sô wirt mir schiere ir haz alsam ir hulde.

25, 5. *des,* dafür. *vil nâch,* nahezu. 6. *mit eiden,* mit eidlicher Versicherung. Da diese ihm aber nicht gegeben worden, so hat er bis jetzt nichts erworben. 7. das sollte nun einmal sein, war vom Geschick bestimmt. 9. *Wan,* man. *umbe daz,* darum. 12. *muoten,* verlangen. 13. *die einen,* eine von solcher Art. *erdriezen,* zu viel werden.

daz wende enzît:
êst alse ein slac in einen bach, sô niht vervât swaz man mir gît.

26.

Funde ich vröide volge, ich vreute gerne mich;
trôste eht mich ein wênic baz diu guote.
nûne wellent niht die jungen vreuwen sich:
wære in alse ez solde wol ze muote,
sô möht ich ûz hôhem muote singen,
hulfen sî mir lachelichen der vil werden lop ze werde bringen.

Wart ie iht sô reine alsam ein reinez wîp
diu nâch sælden kêret ir gemüete?
dâ vür wil ich iemer setzen mînen lîp,
daz sich niht gelîchen mac ir güete.
nieman kan sî nâch ir werde gêren.
werdez wîp, nû wirde ouch mich: wan wirde ich iemer wert, daz muost dû lêren.

Süeze wîp, dô dich mîn ouge alrêst gesach,
dô gap ich mich dir als eigenlîche,
daz ich dir die eigenschaft nie sît zerbrach:
des soltû mich armen machen rîche.
ez ist reht daz man genâde vinde:
swer sich ûf genâde gît, dâ vüeget sich daz ers ze guote enphinde.

---

23. *wende,* möge sie wenden. *enzît,* bei Zeiten. 24. *sô,* wenn.
26, 1. *volge,* Nachfolge; *vröide,* in der Freude. 9. dafür will ich zum Pfande setzen mein Leben. 11. *gêren* = *geêren,* ehren: wie sie es verdient. 13. *alrêst,* zum ersten Male. 14. *eigenlîche,* zum Eigenthum. 18. *vüeget sich,* schickt es sich. *ze guote,* in Gutem, in guter Weise.

Noch enpfant ich nie ze guote, leider mir,
daz an ir niht schînet wan des besten.
doch envant ich wandels niender niht an ir
wan daz eine, dazs ir strît sô vesten
alsô strîteclichen gegen mir kêret,
sît mîn herze ân allen wanc die liebe an sî sô stætecliche mêret.

Sol von rehter güete wahsen ander guot,
sone geschiht mir niemer niht wan guotes.
ich weiz sî, die guoten, alsô hôhgemuot,
dazs ouch mich gemachet hôhes muotes.
des wil ich unzwîvelliche dingen:
sist sô sælic, daz mir niemer kunde an ir ze sælden misselingen.

'Ich wil mînem vater gerne râten wol
daz er hinnen vür sich sanges mâze.
ez ist billich daz ich in verwesen sol
und er sich an mînen dienest lâze.
ich wil vür in dienen sîner frouwen:
habe er daz er heime habe und lâze uns jungen âventiure schouwen.'

'Rüedelîn, dû bist ein junger blippenblap:
dû muost dînen vater lâzen singen.
er wil sîne hövescheit vüeren in sîn grap:
des müest dû dich mit verlornen dingen.

---

20. *schînet,* sich zeigt: *niht wan des besten,* nichts als das beste. 21. *wandel,* Makel. *niender,* nirgend. 24. *an sî,* gegen sie. 29. *dingen,* hoffen. 30. *ze sælden,* in Bezug auf Glück.

32. *sich mâzen,* sich mäßigen, enthalten. 34. *dienest,* Minnedienst. 36. *âventiure,* wunderbares Ereigniß, Abenteuer. 37. *blippenblap,* Schwätzer.

er wil selbe dienen sîner frouwen:
dû bist ein viereggot gebûr: des muost dû holz an eime reine houwen.'

27.

Rehter liebe ûz stætem muote
der hân ich dâ her gephlegen,
die verstêt man mir zunguote:
nû wil ich mich ir bewegen,
ich wil vrî von hinnen sîn.
swes ich sî, der sî ouch mîn:
sît mich güete nienc enfrumet,
waz ob mir ungüete baz ze guote kumet?
Wê daz ich der süezen mære
von der werden sol gedagen,
diu mich dûhten ie gebære,
daz muoz ich doch iemer clagen.
nû waz clage ich, sît sî mir
niht engan? joch gunde ich ir
rehte als ich mir selbem gan:
dêst niht guot, sol ich beswichen sîn dar an.
Waz bedörfte ich langer stæte
dien die mir niht stæte sint?
swer daz sô vergebene tæte,
seht der diuhte mich ein kint,

---

42. *viereggot,* vierschrötig.

27, 3. nimmt man nicht in gutem Sinne auf. 4. *bewegen,* refl., mit gen., verzichten auf, entsagen. 5. *von hinnen,* von jetzt an. 8. *waz ob,* wie wenn. 10. *gedagen,* verschweigen. 11. *gebære,* angemessen, angenehm. 14. *gan,* gönnt. *joch gunde ich,* fürwahr ich möchte gönnen. 16. *beswichen,* betrügen. 18. *dien,* dat. plur., denen, gegen die. 19. *vergebene,* vergebens.

alse ich hân dâ her getân.
wan wil mich ze tôren hân:
swer daz sî, der hüete sich,
dêst mîn rât, ê daz er rehte erzürne mich.

Ich wil in dem vierden liede
an ein ende ir muot erspehen:
der mirz noch nâch willen schiede,
daz liez ich zem fünften sehen.
ich bin beidenthalp bereit
al dar nâch daz lôz geseit.
seit ez wol, sô singe ich baz:
misseseit ez aber mir, ich singe ouch daz.

Ich muoz von verdiender schulde
mich der lieben schuldic sagen:
des wil ich gern umbe ir hulde
schuldeclîche buoze tragen.
mîn unvuoge vüeget wol
daz mich nieman trœsten sol.
wan ein trôst, dâ dinge ich an:
daz sich wîbes güete niht gelîchen kan.

28.

Frouwe, sælic frouwe,
frouwe mînes herzen und der sinne gar,
welt ir daz ich schouwe
langen kumber unde ân alle vröide var,
sô sit stæte an der getât

---

22. *ze tôren hân*, zum Narren halten. 25. *liet*, Strophe. 26. *an ein ende*, vollständig. 27. *der*, wenn jemand. *ez*, die Sache. *schiede*, beilegte. 28. in der fünften Strophe.

28, 5. *getât*, Thun, Handeln.

als ir mir lange hânt getân: seht sô wirt ouch niemer sorgen rât.
Sît ir mich sô lêret,
daz ich stætecliche miner êren pflege,
des sît iemer gêret:
wol ouch mich daz ir mich wîset rehte wege.
ir hânt wol gerâten mir:
swer alse rehte râten kan, dur des rât ich gerne unvuoge enbir.
Ir welt mir verkêren
swaz ich singe und ouch gesage: dast âne wer.
sold och ich iuch lêren,
ich beswunge iuch sô mit mîner ruoten ber,
daz ir hôrtent mîne clage,
die ich nû lange hân geclaget ûf wîplîche güete mîne tage.
'Wisse ich nu den willen,
wie ir villen woltent, alsô vilte ouch ich,
sol man kint gestillen.
doch verstên ich nû alrêrest rehte mich.
ich bin selcher ruote vrî:
des lobe ich got, daz ez sô stê, daz ich noch mîn selber frouwe sî.'
Sælde schœne güete
hânt die meisterschaft vil gar an iuch geleit,
daz mich mîn gemüete
dar noch dar, wan dar sô striteclichen treit,
daz ich habe den strit verlân.
tuot ir mir sus, tuot ir mir sô, daz heiz ich doch allez wol getân.

14. *wer,* Widerstand. 16. *beswingen,* schlagen, peitschen. *ber,* Schlag, Streich. 20. *villen,* schlagen, züchtigen. 24. *frouwe,* Herrin, *mîn selber,* über mich selbst. 29. *verlân,* fahren lassen, aufgegeben.

29.

Ob ich der guoten guotes gan,
daz wîzet nieman wîser mir.
sît ich ir künde alrêrst gewan,
sô hâte ich hôhen muot von ir.
nû bite ich alle, die mir guotes günnen oder êren,
daz sî mir heiles wünschen zir
und ir ir dinc dur mich ze guote kêren.

30.

Betrogeniu Welt, dû hâst betrogen
mich und ouch vor mir manigen man:
ich hân dur dich mich dem erlogen,
der mich mit nôt zuo zim gewan.
owê, des briche ich leider an mir selben triuwe.
nû sende, erbarmeherzer got, mir des sô stæte riuwe,
daz ich der welte widersage
und ich mit dîner süezen muoter volleist noch den iemer wernden lôn bejage.
Wol im der denket waz er was
und ist und aber schiere wirt.
der siht in ein betrogen glas,
swer solhen fürgedanc verbirt
dêr sich zer êweclîchen fröide niht bereitet,
sît nieman rehte wizzen mac wie lange im wirt gebeitet.

29, 2. *wîzen,* zum Vorwurf machen.

30, 3. *erliegen,* durch Lügen entziehen. 4. *zuo zim,* zu sich. 6. *erbarmeherze,* barmherzig. 8. *volleist,* Hülfe. *bejage,* erringe. 11. *betrogen,* betrüglich. 12. *fürgedanc,* Vorausdenken. *verbirt,* unterläßt. 13. *dêr* = *daz er.* 14. *beiten,* Frist geben.

hie mite ich mich alrêrest man:
vergizze ich des, sô ist doch âne zwîvel guot, gedenkent ander liute dran.
Swer weiz und doch niht wizzen wil,
der sleht sich mit sîn selbes hant.
des wisheit ahte ich zeime spil,
daz man diu wihtel hât genant:
er lât uns schouwen wunders vil, der ir dâ waldet.
swer sich niht in der vrist verstêt, wie schiere daz veraldet,
daz ez im zeime troume wirt,
der sî gewis, enliegent unser meister niht, derst beide hie und dort verirt.
Ichn weiz niht guotes wan ein guot:
dem guote wære ich gerne zuo.
des guotes güete sanfte tuot
beidiu den âbent unde fruo,
und under zwischen zallen stunden stætecliche:
nû mache mich der uns geschuof des selben guotes riche.
èst varnde guot mit dem wir varn:
nû füege, herre, mir des stæten guotes iht ald ich muoz iemer wesen arn.
Swenn aller herren herre kumet
mit zorne und er uns eischet gelt,
sô wirt daz reht vil kurz gedrumet:
dar an gedenke, brœdiu Welt,

15. *man*, mahne. 19. stelle ich einem Spiele gleich. 20. *wihtel*, Kobold. 21. *ir*, auf *wihtel* zu beziehen: über sie gebietet. 22. *in der vrist*, zu rechter Zeit. *sich verstêt*, zu der Einsicht gelangt. 29. *under zwischen*, dazwischen. 31. *varnde guot*, vergängliches Gut. 32. *arn* = *arm*. 34. *eischen*, verlangen, *uns*, von uns. *gelt*, Zahlung. 35. *drumen*, abschneiden. 36. *brœde*, gebrechlich.

und wizzest daz, daz er dâ sînen anden richet.
swer sælic sî, der denke hin zem winkel dâ er sprichet
'ir rehten, gênt zer zeswen mîn,
und müezen, die mir dienest dô verseiten, in daz winster viur verfluochet sîn.'

In weiz sô guoter gâbe niht
als uns der herre hât gegeben,
den unser brœde als übersiht,
daz wir im niht ze willen leben.
er gît uns lîp, er gît uns guot, er gît uns êre,
er gît uns hœren unde sehen, er gît uns sin: waz mêre?
er gît uns wilt, er gît uns zam,
er tuot uns vliegend unde vliezend undertân: swer dem niht gît, hab ime die scham.

Diu fröide fröit unlange zît
die disiu welt zer besten hât:
swem got ein leben nâch wunsche gît,
nû seht wie gæhes daz zergât!
der hiute in swebenden fröiden swebet an allen sachen,
der mac sîns herzeliebes lihte morgen nien erlachen.
diz ist ein nôt vor aller nôt,
daz wir dar an niht denken: ja ist daz mære ie doch ze jungest niht wan 'er ist tôt.'

---

37. das ihm angethane Leid *(ande)* rächt. 39. *zeswe,* Rechte. 40. *winster,* link. 43. *brœde,* Gebrechlichkeit, Schwäche. *als,* so. 48. *habe ime,* behalte für sich. *scham,* Schande. 50. *zer besten hât,* für die beste hält. 52. *gæhes,* schnell. 56. zuletzt heißt es von einem nur: 'er ist todt.'

31.

Sol ich mich rihten nâch dem â,
daz kan ich wol gezeigen wâ:
dâ kêre ich ûf des meisters slâ
der ê sanc von der nebelkrâ.
vind ich niht meisterschefte dâ,
noch kêre ich mich her wider sâ
und klophe ich anderswar dar nâ.
Genuoge sprechent 'sing als ê,
prüef uns die bluomen und den klê.'
die wellent niht daz ich verstê,
waz mir dar an ze herzen gê.
swie vil ich in hie vor geschrê,
daz tet in in den ôren wê.
nû wil ich si niht touben mê.
Ich mac wol sprechen baz owî
dann ieman der nû lebende sî.
mir wont ein ungemüete bî,
daz swære machet als ein blî.
und hæte ich mîner crefte drî,
ich dorte als ein erfroren zwî,
diu liebe tuo mich sorgen vrî.
Ich vreute mich: dô stuont ez sô.
owê wan wærez alse dô,
sô stüende mîn gemüete hô.

31, 3. *slâ,* Spur. Der *meister* ist Walther von der Vogelweide. 4. *nebelkrâ,* Nebelkrähe: Walther 2, 4. 6. *sâ,* alsbald. 7. *anderswar,* anderswohin. *dar nâ,* um *meisterschaft* zu finden. 8. *genuoge,* viele. 9. *prüefen,* schildern. 12. *geschrê,* schrie, prät. von *schrîen.* 14. *touben,* taub machen, betäuben. 15. *baz,* mit besserm Grunde. *owî,* o weh. 20. *zwî,* Zweig. 21. *tuo = entuo,* es sei denn daß thue, mache. *diu liebe,* die Geliebte. 23. *wan,* daß doch.

dur vorhte lieze ich noch dur drô
in wurde noch wol alse vrô.
zuo mînen fröiden, der sint zwô,
bæt ich die schœnen ûf ein strô.
Ich mac wol wunder schrîen wû
daz ich bin sô verdorben nû.
jâ hêrre got, wan woldes dû
daz ich niht læge in leides drû!
in hân den acker noch den bû,
mîn sleht ist allez worden rû.
des muoz ich lîden spottes hû.

32.

Der guote win wirt selten guot wan in dem guoten vazze:
wirt daz bereit ze rehte wol, sô habet ez den wîn.
dar umbe wunder nieman, ob ich an dem künege hazze,
hât er ein herze, als sî dâ sagent, sol daz niht werden schîn.
im sint die reife alsô vertriben, er welle ræzer sîn,
so ist vaz und tranc ein wiht.
guot wîn mac ie sô lange ligen, daz man in seiger siht.

Ez nam ein witewe einen man hievor in alten zîten.
dô kam vil ritter unde frouwen dur ir liebe dar.
als dô der briutegome kan, des wart ein michel strîten,

25. *dur*, veranlaßt durch. *drô*, Drohung. 27. zu den zwei Freuden, die ich dann schon hätte, käme als dritte hinzu was Z. 28 besagt. 29. *wunder*, mit *wû* zu verbinden: sehr viel Weh. 30. *verdorben*, zu Grunde gerichtet. 32. *drû*, Falle. 33. *bû*, Bestellung des Feldes. 34. *rû*, rauh; Gegensatz *sleht*, grad, glatt. 35. *hû*, Hohn.

32, 2. *habet*, hält, erhält. 5. *ræze*, scharf, schneidig. 6. *ein wiht*, ein Nichts. 7. *seiger*, schal.

wie sî der briute bunden: des zerwurfen sî sich gar.
ze jungest bant sir selber, daz ir niht dar an enwar.
hêr künic, nû sit gemant,
daz ir dehein gebende zam wan daz sir selber bant.

Der künic behielte küneges namen, dern in behalten hieze,
und lebte ouch swie sin hiezen leben, die in hânt in ir pfliht.
nust billîch daz er des gein rehten liuten wol genieze:
wan sol von schulde in êre geben dâ man si dran gesiht.
werd aber er sîn selbes man, sô lône in anders niht
wan alse ir rât nû sî,
und swer in sælden roube, den mach er der êren vrî.

Sî jehent 'daz bœser kom ie nâch.' daz hât sich nû verkêret,
wan vindet nû daz man nie vant hie vor bî Karles zît.
sich hânt des halp der lande reht ze hove wol gemêret.
ez was ê sleht alsam ein hant, nust drunder michel strît.
swâ man dem ungetriuwen man die triuwe wider gît,
da ist daz gerihte guot:
wan nieman kan geschaden, swer für guot hât swaz er tuot.

---

11. der Braut das *gebende* anlegten. *zerwerfen*, veruneinigen. 12. *werren*, mit dat., hinderlich sein, stören. 14. *gebende*, die Stirn- und Wangenbinden der Frau. *zam*, passte, gefiel.

15. *dern = der in*, wenn jemand ihn. 16. *pfliht*, Pflege, Obhut. 18. dort wo man sie (die Pfleger) in Ehren sieht. 19. wenn er selbständig, mündig wird.

22. *Sî jehent*, die Leute sagen. Ein Sprichwort. 25. *michel*, groß.

Dâ hin dâ her wart nie sô wert in allen tiuschen landen:
swer nû dâ hin dâ her niht kan, derst an dem spil betrogen.
ê wâren künige, die niht dâ hin dâ her bekanden:
nu sint si en list wol komen an intwerhes umben bogen.
ez hæten hie bevor die grôzen vụrsten niht gelogen
dur liute noch dur lant:
nû ist in meistic allen wol dâ hin dâ her bekant.

33.

Vil maniger mich berihtet,
der niht berihten kan
sich selben alse er solde:
des alte ich vor den tagen.
wie gar er mich vernihtet,
der mir niht guotes gan,
und giht wie vil er wolde
mit mîner kunst bejagen
in vremeden landen werdekeit. nû bin ich sô gesite,
hân ich hie guot und êre,
daz nim ich vür daz mêre
dar umbe ich iemer dur daz jâr des tievels zite lite.

Gelêrter vürsten crône
mit ûz erwelter tugent,

---

29. *tiusch = tiutsch*, deutsch. 32. *en = den. an komen*, herankommen an, sich zu eigen machen. *intwerhes*, quer.

33, 1. *berihten*, belehren, unterweisen. 7. *giht*, sagt. 9. *gesite*, beschaffen, geartet. 11. *mêre*, lieber. 12. *dar umbe*, um den Preis daß.

14. *mit*, begabt mit.

mit zuht, mit kunst, mit güete,
hât got hin zim genomen.
der lebte hie vil schône
mit alter kunst in jugent.
nâch lobe stuont sîn gemüete:
des was er zêren komen.
von Sax hêr Uolrich was sin name, der nâch sælden warp.
nû phlege sîn got der rîche:
des wünschen inneclîche,
sît tiurre vürste sin genôz nie manege zît verdarp.

34.

Hât ieman leit als ich ez hân?
nein, ist ez alse ich mich versinne.
'sagt an, wiest iuwer leit getân?'
seht, dâ verderbet mich diu Minne.
'wie mac iuch verderben daz nieman gesach?'
gedanke vüegent wol gemach und ungemach.
'ist ime danne alsô?'
jâ, ich wurde lihte noch von herzelieben mæren vrô.
'Wer kan iu selhiu mære sagen,
diu ir welt haben vür guotiu mære?'
daz kan diu mir nie half getragen
mîn leit, wan sî daz ichs verbære.

---

15. *kunst,* Kenntnisse. 23. *wünschen,* wollen wir wünschen. 24. *tiurre,* ausgezeichneterer. *manege zît,* seit langer Zeit. *verdarp,* gestorben ist.

34, 2. wenn es so ist, wie ich es verstehe. 3. *getân,* beschaffen. 5. *daz,* dasjenige was. 6. *gemach,* Wohlbehagen; *ungemach,* Mißbehagen. 7. *ist ime,* steht es damit. 12. ausgenommen es sei daß ich sie aufgäbe.

'wer hât iuch betwungen ûf die selben nôt?'
der lieben güete, ir schœne und ouch ir munt sô rôt.
'waz kan iuch daz vervân?'
leider lîhte niemer niht: sô hân ich doch den lieben wân.
'Ir muget wol wænen swes ir welt:
in trœste iuch niht dêz iuch vervâhe.'
min wân ist noch niht ûz gezelt:
dar zuo gêt mir min liep ze nâhe.
'ez vert lîhte, êst hiure verrer danne vert.'
wie wære ich danne an liebe leides sô gewert?
'als ouch vil maneger ê.'
nein, den was nâch herzeliebe niht sô herzecliche wê.
'Ist halbez wâr daz ir dâ claget,
sost iuwer ungemach niht cleine.'
êst gar als ich iu hân gesaget:
ir sîtz diech dâ von herzen meine.
'drumbe entuon ich niht wan alse ich tæte doch.'
waz obe ir iuch vil lîhte baz bedenket noch?
'war umbe tæte ich daz?'
dur daz ir an dirre welt nie mêre an niht getætet baz.
'Ez diuhte iuch lîhte baz getân
dann ich mich guotes dran versinne.'
al selhen zwîvel sult ir lân,
welt ir behalten gotes minne.
'die wil ich behalten gerne: wiset, wie.'
dâ habt liep den der iuch von herzen minnet ie.
'daz ist noch baz verborn.'
swer niht minnet den, der in von herzen minnet, derst verlorn.

18. *dêz* = *daz es.* 19. *ûz gezelt,* zu Ende gezählt, zu Ende. 21. *vert,* fährt dahin. *vert,* vergangenes Jahr. 34. als ich gutes dabei erwarte. 39. das bleibt doch lieber unterlassen.

III.

Her Wernher von Tiufen.

1.

Lieben kint,
sint frœlîch vrô engegen der lieben sumerzît!
nahtegal
schal ist sô süeze daz er hôhgemüete gît.
schouwent an,
stolzen man
unde reine frouwen,
welh ein kleit
treit heide und anger, dâ bî schônent sumerouwen!
Nu sint frô:
sô wære ich gerne, trôste mich diu frouwe mîn,
der ich wol
sol sprechen, swie si mich doch lât in sorgen sîn.
minneclîch,
tugende rîch
ist diu liebe guote:
si was ie
hie liep vor allem liebe mir in mînem muote.

1, 2. *engegen,* beim Herannahen von, in Erwartung von. 3. *nahtegal,* gen. 9. *schônen,* schön sein. 12. *der,* von der. *wol,* gut, gutes.

Lieplich var
gar sint der lieben wengel, der mîn herze sanc.
sist sô guot,
tuot sî genâde an mir, sô wirt mîn trûren kranc.
wandels vrî
sô ist sî,
diu vil süeze reine:
wünschent daz
baz trœste mich diu liebe, diech mit triuwen meine.

2.

Ich sach die bluomen wunneclîch entspringen
bî schœner zît, der walt was wol geloubet:
die fröide wil der winter kalt verdringen,
er hât den anger sîner kraft beroubet.
dâ bî hât mich entânet mîner sinne
mîns herzen trôst und ouch mîn küniginne.
ir rôter munt
hât mich verwunt,
daz ich in rehter liebe bin ertoubet.
War zuo klag ich die bluomen ûf der heide?
wan klage ich niht den kumber, den ich dulde?
daz mir ein frouwe tuot sô vil ze leide
und diu mich hazzet âne mîne schulde.
wie wol sî doch kan herzeleit vertrîben!
sî ist ein krône ob allen reinen wîben.
ir wengelîn

19. *var,* gefärbt, aussehend. 22. *kranc,* schwach, vernichtet, zerstört. 27. *meinen,* lieben.

2, 2. *geloubet,* mit Laub versehen. 3. *verdringen,* verdrängen. 5. *entânen,* berauben. 9. *ertouben,* betäuben. 11. *wan,* warum.

gênt liehten schîn:
nâch leide wære ich vrô, het ich ir hulde.

3.

Fröit iuch beide, junge und alt:
winter kalt
hinnen ist gescheiden.
schouwent an den walt:
velt und anger stêt bekleit,
bluomen breit
siht man ûf den heiden:
daz ist mir geseit.
bluomen wîz dur grüeniu rîs
brehent unde smierent.
iuch zierent,
ir jungen, niht âne vlîz!
Dâ bî hœrt man vogele sanc
sunder wanc
klingen in der ouwe,
die der winter twanc.
ir gemüete stêt vil hô:
rehte alsô
wær mir ob mîn frouwe
mich noch tæte frô,
diu mir ie ze herzen hie
nâhe lac verborgen:
von sorgen
geschiet ir trôst mich noch nie.

---

17. *gênt,* geben.

3, 6. *breit,* weit ausgedehnt. 9. *rîs,* Reis, Zweig. 10. *brehen,* glänzen. *smieren,* lächeln. 12. *vlîz,* Sorgfalt. 14. *sunder wanc,* ununterbrochen. 16. *die,* auf *vogele* zu beziehen. 21. *ze herzen,* im Herzen.

Von ir dulde ich ungemach,
manic ach
füeget mir diu reine:
dêst mîn fröide swach.
seht daz muoz verdulden ich
zühteclich,
wan sist wandels eine,
dâ bî minneclich.
wol gestalt und niht ze balt
ist mîn trœsterinne:
mîn sinne
sî zucket mir mit gewalt.

Der vil süezen mündel rôt
mir den tôt
füeget unde smerzen:
ouwê sender nôt!
sol der klagelîcher pîn
wesen mîn,
fröide mînem herzen
muoz unmære sîn.
mînen lîp sî sælic wîp
hât vil gar betwungen:
verdrungen
hât fröide von mir ir lîp.

Mîn vil sendez herze klagt
gar verzagt,
daz ich der unmære,
diu mir wol behagt.
sol der ungemeine strît

31. *wandels eine,* frei von Makel. 33. *balt,* kühn, dreist. 36. *zucken.* entreißen. 44. *unmære,* gleichgültig. 48. *ir lîp,* sie, nomin. 51. *unmæren,* gleichgültig sein. 53. *ungemeine,* woran nur einer betheiligt ist; den nicht auch sie durchmacht.

lengiu zît
wern, vil sende swære
mich dem tôde gît.
wær ich ir liep als si mir,
leit mir gar verswunde,
trôst funde
mîn herze nâch sîner gir.

4.

Diu süeze Minne süezen solt
ir dienestmanne gît:
ir lôn ist bezzer danne golt,
daz wizzent âne strît.
sint undertænic Minne, werden leigen:
sî kan wol fröide in sendiu herzen heigen,
vil grôzen kumber balde drûz verseigen.
Diu Minne tiuret werden man
und hœhet senden muot.
ir lône ich niht gelîchen kan:
erst bezzer danne guot.
diu Minne jâmer unde leit verdringet.
mîn sendez herze nâch ir lône ringet:
ich muoz verderben, ob er mich verswinget.
Vil süeze Minne, hilf enzît!
mîn fröide ist leider kranc.
mîn trôst, mîn leben an dir lît:
twinc die diu mich ie twanc,

54, *zît*, hier als neutr.

4, 4. *âne strît*, ohne Zweifel, sicherlich. 5. *leige*, Laie. 6. *heigen* = *heien*, pflanzen. 7. *verseigen*, fließen machen. 14. *mich verswinget*, sich an mir vorüberschwingt, mir vorbeigeht.

daz sî mich noch genâde lâze vinden.
wil sî mich niht von herzeleide enbinden,
daz kan ich âne tôt niht überwinden.
Der welte guot ist mir ein wiht,
wan daz vil reine wip:
mîn stætez herze des vergiht
und ouch mîn sender lip.
sî ist mir liep und liep vor allem guote,
sî wont mir zallen ziten in dem muote:
mîn sendez herze ie nâch ir minne wuote.
Der bœsen haz und ouch ir nít
ich gerne dulden wil
dur die, diu mir sô nâhe lit:
sist mîner fröiden spil.
vil grôzen kumber dulde ich von ir schulden.
swaz mir von ir geschiht, daz muoz ich dulden:
ich ranc und ringe ouch iemer nâch ir hulden.
Wil sî, sô bin ich sorgen bar:
wil sî, sô bin ich tôt.
sist mînes herzen wunne gar,
si kan wol wenden nôt.
si kan dur ganzen lip wol herze wunden.
an sî muoz ich gedenken zallen stunden:
ir minne hât mich senden man gebunden.

5.

Ich minne in mînem muote ein dinc und hazze dâ bî zwei:
des einen sol dur got mich nieman vrâgen,

21. *âne tôt,* ohne zu sterben. 28. *wüeten,* rasend verlangen.

daz ander sage ich für ein spel. nu merkent, alle meister, waz daz sî.
dêswâr, ich ahte ûf mundes minne niht ein ei:
swes herze mîn ze schaden doch wil lâgen,
da enkan mîn guoter wille volleclichen niemer mêre werden bî.
mîn munt dem selben munde enkit
als er mich vrâget, in der selben triuwe.
sin wille in mînem herzen lit
und bin im des wol iemer ebenniuwe.
sus lache er mir, sô lache ich ime: des sîn beide vrô!
nû lâze ez dort und singe ez hie: triôs triên trisô!

5, 3. *spel,* Märchen, Erdichtung; hier wohl als Rätseldichtung zu verstehen. 5. *lâgen,* mit gen. *(mîn),* einem nachstellen. 10. *ebenniuwe,* gleichmäßig neu; *des,* in Bezug darauf. 11. *sîn,* wollen wir sein.

IV.

Der Taler.

I.

Die bluomen springent, vogele singent aber als ė.
diu heide hât vil kleide, bluomen unde klê.
zit schœne: süezer dœne ist aber vol der walt.
diu zît vil fröiden git: sist wunneclîch gestalt.
wir müezen grüezen aber die wunneclîchen zît:
die heiden kleiden wen sich schône wider strît.
diu bluot tuot in den ougen und in herzen wol:
der walt gestalt ze fröiden ist der dœne vol.
ich schouwe, frouwe, dich vür al der bluomen schîn:
dîn minne sinne roubet mir, daz herze mîn.
ich meine, reine frouwe, dînen rôten munt:
dîn ougen tougen liuhtent in mîs herzen grunt.
von leiden scheiden muoz mich noch diu frouwe mîn:
ich krœne ir schœne vür des liehten meien schîn.
In mac niht lân den lieben wân:
den muoz ich an mîn ende hân.

1, *springen,* entspringen, entsprießen. 6. *wen,* wollen. *wider strît,* um die Wette. 7. *bluot,* Blüthe. 12. *tougen,* heimlich. 14. *krœnen,* preisen.

dîn munt verwunt wol tûsentstunt
hât mich: des bin ich ungesunt.
Ich wil vil gerne dienen ûf genâde dir:
des lône schône, frouwe, dur dîn tugende mir.
ein lachen machen kan dîn liehter munt sô rôt:
nu büeze, süeze frouwe, mîne sende nôt.
genende, wende sêre mir vil sendem man:
ich wil vil gerne singen swaz ich guotes kan
Dur dich. sich har an mîniu leit
sint michel grôz lanc unde breit.
dîn liehter schîn muoz iemer sîn
mîn meie und mîniu blüemelîn.
Vür trûren mûren muoz ich mit der tugende dîn:
nu sich an mich od ich muoz iemer trûric sîn.
ich üebe trüebe sorge und dâ bî arebeit,
dîn wille stille danne mîniu sendiu leit.
Diu zît gît fröide und dâ bî hôhen muot.
wâ? dâ schouwent in des meien bluot.
Wol gestalt stêt nu der walt und ouch der plân:
von ir güete ring gemüete ich dicke hân.
Ir ist der munt
tûsentstunt
rœter danne ein rœselîn.
ach und ach!
dô ich sach
und si sprach
'du solt willekomen sîn!'
ich sach dar

---

22. *büezen*, gut machen. 23. *genenden*, Muth fassen, sich entschließen. *sêre*, Schmerz. 25. *har*, her. *mîniu leit* ist sowohl abhängig von *an* als Subject von *sint*. 29. *vür trûren*, zur Abwehr gegen das Trauern. *mûren*, mauern: mich schirmen. 36. *ring*, leicht (= *ringe*). 44. *dar*, dahin, auf sie.

offenbar
als ein star:
ich sprach 'gnâde, frouwe mîn!'

2.

In klage niht bluomen noch den klê:
si koment ze meien aber als ê.
mir tuot ein ander swære wê.
ich wil al der welte klagen:
mich hiez ein frouwe ein currît tragen
an blôzer hût, wil ich iu sagen,
ein jâr, und ouch ân ezzen sîn
den einen tac: mîn fröuwelîn
verbôt mir wazzer unde wîn.
Nu ich hân geleistet ir gebot,
nu bin ich leider aber ir spot.
lânt iuchz erbarmen, herre got.
daz mîn diu schœne niht enwil
und si mich effet alse vil,
daz ist mir noch ein kindes spil.
der Nîfer lobt die frouwen sîn,
ir rœselehtez mündelîn:
sô singent alle ir tugende schrîn.
Dâ hânt si guotiu kleider an:
sô sint si deste baz getân:
sô muoz mîn liep in vetzen gân.

---

47. *gnâde,* Dank.

2, 2. sie gelangen zum Mai, der sie blühen macht, wie früher. 5. *currît,* franz. *cuiret,* Lederkoller. 8. einen Tag in der Woche. 18. ebenso besingen alle andern Sänger ihren Tugendschrein, ihre Geliebte, die ein Inbegriff aller Tugend ist. 19. *si,* die Geliebten anderer Sänger.

der mirz nu schiede ûf lieben wân,
sô hancte ich ir ein schürliz an,
wolt si sam mir in schochen gân.
ir stât ir rôter munt sô wol:
sît mich nu der verderben sol,
wan wære er swerzer danne ein kol!

3.

Küenzlîn, bring mir mînen sanc
der minneclîchen frouwen,
nâch der mîn sendez herze ie ranc:
daz hât si mir verhouwen.
ahî solt ich die schœnen noch nâch mînem willen schouwen!
bring ir den brief und sing ir ûf gedœne.
du maht vil gerne loufen dar, du sæh nie wîp sô schœne.
'Wan sendent ir daz Heinzlîn dar?
daz singet alsô suoze,
ez kan diu selben lieder gar
und hât ouch wol die muoze.
well ers niht tuon, sô volgent mir und vallent im ze fuoze.'
daz Heinzlîn sprach zem Küenzlîn dô von zorne
'gâ du dâ hin, mich murte lîhte ein man in sînem korne.'

---

22. *ez schiede,* die Sache beilegte; *der,* wenn jemand. 23. *schürliz,* Weibercamisol von Pelz. 24. *sam,* mit. *schoche,* Heuschober. 27. *wan,* daß doch.

3, 4. *verhouwen,* hauend verwunden. 5. *ahî,* hei. 6. *sing ûf,* singe vor. *gedœne,* Melodie. 14. *mürden,* morden.

Küenzlin, wilt du mich nu lân,
sô wilt du mich vertriben.
du solt in diu kornvelt gân
und solt des roggen rîben.
dâ gât ein süeze zit har zuo, dâ maht vil wol belîben.
dar zuo iz du der apfel und der kriechen:
des mac ein kneht vil wol genesen, des solt du zuo dir liechen.

---

15. *lân,* im Stiche lassen. 19. *belîben,* bestehen. 20. *krieche,* Pflaumenschlehe. 21. *genesen,* leben. *des,* davon. *liechen,* nehmen.

V.

Her Pfeffel.

Vreude diust erwachet,
diu ê verborgen lac
sô lange in Osterlant:
die hât uns ûf erhaben
der fürste Friderîch.
des maniger wol erlachet,
der sîn ist worden rîch:
er kan die siechen laben
mit miltegebender hant.
gelebte ich noch den tac,
daz mich vrô Sælde erkande,
als si eteswenne pflac!
mîn habe ist worden kleine.
mir ist von schulden ande,
sô man al umbe gît
und mich verkiuset eine:
daz lenget mir die zît.

---

4. *úf erhaben,* aufgerichtet. 7. *sîn,* durch ihn. 11. *vrô,* Frau. *erkande,* kennen sollte. 16. *verkiesen,* unbeachtet lassen.

Junc man, ich wil dich lêren,
swie tump ich selbe sî,
des dîn lîp wirde hât.
wilt du behalten daz,
sô solt du dienen got
und alle frouwen êren.
lâ blîben swachen spot,
wis an zorne laz,
minne wîsen rât,
wis bœser worte vrî.
swâ du sehest die besten,
dâ solt du wonen bî,
nein unde jâ behalten.
du solt in êren glesten,
vür schande habe den huot:
sô maht mit vreuden alten
und wirt dîn ende guot.

Ich sach lieplîche lachen
ein rôtez mündelîn:
daz was sô wol gevar,
dâ von mîn herz wart wunt.
ir liehter ougen blic
mac mir wol trûren swachen.
mich vienc ir minnen stric.
si ist lieplich zaller stunt
und alles valsches bar:
ich wil ir diener sîn.
swenne ich sie an schouwe
(si ist mîner sælden schrîn),

20. *des*, dasjenige wodurch. 21. *behalten*, beobachten. 24. *swach*, niedrig, gemein. 25. *laz*, träge, langsam. 31. *glesten*, glänzen. 32. *habe*, halte: *vür*, um sie abzuwehren.

so enzündet mich ir minne,
si rôse in meien touwe,
erbluot von süezer fruht,
daz ich vor liebe brinne:
si hât sô reine zuht.

VI.

Grâve Kraft von Toggenburc.

1.

Hât ieman ze fröiden muot,
der sol kêren ze der grüenen linden:
ir wol blüenden sumerbluot
mac man dâ bî loubeschaten vinden.
daz liebet kleiner vogele schal,
der schallet unde singet:
dâ von sendes herzen muot
ûf alsam diu wolken hôhe swinget.
Uf der heide ist bluomen vil:
dem der meie sorge mac geringen,
der vint maniger fröide spil,
wolde eht mich sô sende leit niht twingen.
ich wære hôhes muotes rich
mit fröiden fröidebære,
wolde ein reine sælic wîp
niht sô vil gelachen miner swære.

1, 1. *muot,* Sinn. 3. *sumerbluot,* Sommerblüthe. 5. *lieben,* angenehm machen: *daz,* was im vorausgehenden gesagt war. 8. *swinget,* sich schwingt. 10. *geringen,* leicht machen. 14. *fröidebære,* Freude bringend.

Lache, ein rôsevarwer munt,
sô daz mir dîn lachen nien enswache
mîne fröide und mîn gesunt,
daz daz noch dîn güetlich lachen mache.
der meie und al der bluomen schîn
diu künden mînem muote
alsô vil niht fröide geben
sô dîn lachen, meines duz in guote.
Bluomen loup klê berge und tal
und des meien sumersüeziu wunne
diu sint gegen dem rôsen val
sô mîn vrowe treit: diu liehte sunne
erlischet in den ougen mîn,
swann ich den rôsen schouwe,
der blüet ûz einem mündel rôt
sam die rôsen ûz des meien touwe.
Swer dâ rôsen ie gebrach,
der mac wol in hôhgemüete lôsen.
swaz ich rôsen ie gesach,
dâ gesach ich nie sô lôsen rôsen.
swaz man der brichet in dem tal
dâ si diu schœne machet,
sâ zehant ir rôter munt
einen tûsentstunt sô schœnen lachet.

2.

Der cleinen vogele freude ist grôz,
si freuwent sich der liehten tage,
die al der welte bringent hôhgemüete.

---

18. *swachen,* vernichten. 27. *val,* farblos. 32. *sam,* wie. 34. *lôsen,* ausgelassen sein. 36. *lôs,* anmuthig, fröhlich. 39. *sâ zehant,* gleich auf der Stelle. 40. *tûsentstunt,* tausendmal.

dar under stên ich freuden blôz:
swaz ich singe alde ich sage,
mich trœstet niht eis reinen wîbes güete.
mich helfent niht die bluomen ûf der heide,
michn trœste baz ein reine wîp:
diu hât betwungen mir den lîp,
daz ich unsanfte von ir minnen scheide.

Got weiz wol daz ich stæte bin
und iemer stæte wesen wil
an der vil minneclîchen frouwen reine.
al mînen muot und mînen sin
hât si bî ir, dâst niht ein spil:
des muoz ich dicke stên an freuden eine.
mich hilfet niht swaz ich der guoten singe,
si tuot als si sich niht verstê:
daz tuot mir wol von schulden wê,
wand ich mit stæte nâch ir minne ringe.

Swaz ich der guoten ie gesanc,
daz hât mich noch vervangen niht:
si lât mich leben in sorgen alze lange.
wurde mir ir habedanc,
sô het ich noch ze freuden pfliht
und diende ir gerne wol mit mînem sange.
in mac der wol getânen niht vergezzen.
si hât daz herze min verwunt,
si unde ir rôsevarwer munt:
sus hât diu minneclîche mich besezzen.

Ich minne ein wîp nu manige tage
und diene ir ouch, swaz mir geschiht:
nu merkent ob ez sî ein herzeswære.

2, 4. *dar under,* dazwischen. 6. *eis* = *eines.* 8. *michn,* es sei denn daß mich. 10. *unsanfte,* schwer. 16. *eine,* verlassen. 25. *pfliht,* Antheil, *ze,* an.

diz ist daz ich iu allen clage:
si weiz ez unde engiht es niht:
ich fürhte des, ich sî ir gar unmære.
doch wil ich ir ze dienste gerne singen;
wan seit, ez sî ze freuden guot
swer habe ûf minne stæten muot:
der müeze ouch mir noch stæte freude bringen.
Schier wurde miner sorgen rât
nâch der vil lieben frouwen min,
wolde si baz bedenken mine swære.
ich diende ir, Minne, ûf dînen rât
und wart noch nie der helfe dîn
gewar, daz si mir dheine fröide bære.
des muoz ich senelîche swære dulden
nâch ir vil süezem mündel rôt.
noch hilf mir, Minne, ûz der nôt,
sît ez gar allez kumt von dinen schulden.

3.

Heide und anger und diu tal
diu hât der winter aber val
gemachet und die ouwen,
und ouch dar zuo den grüenen walt,
der ê mit fröiden was bestalt;
dâ mac man inne schouwen
vil kalden rifen, der kan vogele sweigen
ir süezen sanges sunder wân.
nu muoz ich kumber mit in hân,
diu liebe enwelle mînen kumber neigen.

---

35. *giht,* gesteht zu. 42. *nâch,* mit *sorgen* zu verbinden, worin der Begriff der Sehnsucht, des Verlangens liegt. 46. *dhein,* irgend welch. *bære,* gebracht hätte. 47. *senelîch,* schmerzlich.

3, 7. *sweigen,* verstummen machen, *ir sanges,* mit ihrem Sange.

Der sumer urloup hât genomen:
mit freuden müeze er wider komen
mir unde manigem mêre;
und daz diu liebiu frouwe mîn
noch wende mînen senden pîn,
diu guote und diu vil hêre,
der ouch mîn herze nie vergezzen wolde
noch niemer mê vergezzen wil.
si hât sô maneger tugende vil:
ich dinge, ir minne werde mir ze solde.
Wie könde lieber mir geschehen,
dann ob ich wîlent möhte sehen
ein wîp schœn unde reine.
diu hât mîns herzen freude hin;
dâ von ich âne freude bin:
daz ahtet si vil cleine.
waz wil diu minneclîche eht an mir enden?
des muoz mich iemer wunder hân.
si wil gewalt an mir begân,
wil si niht schiere mînen kumber wenden.
Swie selten liebe mir geschiht,
doch habe ich guote zuoversiht
ze mîner frouwen minne.
ich dinge daz si mir verjage
vil senden kumber, den ich trage
in herzen unde in sinne.
mich kan von senden sorgen nieman bringen,
ez tuo diu minnecliche alsô,
diu machet mich wol, wil si, frô.
mir kan mîn swære niemen baz geringen.

---

22. *wîlent,* manchmal. 27. *enden,* zu Ende führen. 28. das bin ich begierig zu erfahren. 38. *ez tuo,* es sei denn daß es thue.

Diu Minne wil daz ich sî frô.
wie tuot si sælderîche sô
daz si mir trûren machet?
sin twinget niht ein reine wîp
sô sêre als si tuot mînen lîp,
nâch der mîn herze krachet.
in disen zwein sô kan ich niht gebâren,
in herzen sen und ûzen vrô.
wie tuot si reine guote sô?
si wil mich lân in disen zwein verjâren.

4.

Diu liebiu sumerwunne ist komen
mit liehter ougen weide;
wir hân der vogele sanc vernomen,
in tet der winter leide;
si fröwent sich der vil schœnen zît,
diu mich dâ freut vil kleine:
ein swære an mînem herzen lît,
die kan mir nieman drabe genemen,
wan diu vil guote alleine.
Wurd aber mir ir helfe erkant,
sô hôrte man mich singen
ûz hôhem muote sâ zehant
von minneclîchen dingen.
ê mac ich wol gesingen niht
daz frœlîch sî gesungen,

47. *gebâren,* mich benehmen. 48. *sen* = *sene,* Verlangen. 50. *verjâren,* alt werden.

4, 8. *drabe,* davon. 10. *erkant,* bekannt. 15. das was fröhlich gesungen sein mag.

mir gebe diu liebe an freuden pfliht,
nâch der mîn herze manigen tac
mit stæte hât gerungen.
Sît al mîn fröude an ir nû lît,
sô solde si baz êren
mich senden man, jâ wære es zît,
und al mîn leit verkêren.
wil sî niht wenden mînen pîn,
sô hât mîn freude ein ende,
sin tuo mir schiere helfe schîn,
ê daz mîn fröide alsô zergê:
vil sælic wîp, daz wende!

5.

Mir ist leide,
daz der winter beide
walt und ouch die heide
hât gemachet val.
sîn betwingen
lât bluomen niht entspringen
noch die vogele singen
ir vil süezen schal.
alsus verderbet mich ein sælic wîp,
diu mich lât
âne rât,
den si hât;
des zergât
an fröiden gar mîn lîp.

16. *mir gebe,* es sei denn daß mir gebe. 27. *daz,* daß meine Freude zergehe. *wende,* wende ab.

5, 11. *rât,* Hülfe.

Miner swære
schiere ich âne wære,
sold ich die sældebære
schouwen âne leit.
diu vil hêre
hât schœne zuht und êre:
der wunsch und dannoch mêre
ist gar an si geleit.
rôsewengel, mündel rôt si hât,
val hâr lanc,
kele blanc,
siten kranc:
mîn gedanc
an ir vil hôhe stât.

Ich wil singen
mêre ûf guot gedingen:
sol mir wol gelingen,
daz muoz an ir geschehen.
si kan machen
trûric herze lachen,
grôze sorge swachen:
des muoz man ir jehen.
wurde mir ir werder trôst geseit,
seht, für wâr
offenbâr
mîniu jâr
wolde ich gar
mit fröiden sîn gemeit.

16. *âne,* befreit, ledig. 21. *wunsch,* Vollkommenheit. 24. *val,* blond. 26. *kranc,* schlank. 30. *mêre,* auch ferner. 36. *jehen,* zugestehen. 42. *gemeit,* froh.

6.

Ich clage niht bluomen noch den klê,
ich clage niht wunnecliche tage,
ich clage ein ander schulde:
ich clage, mir ist nâch guote wê:
daz ist vor aller nôt mîn clage,
die ich unsanfte dulde.
guot wil an fröiden mich verhern;
wold aber mich diu guote nern,
sô wære ich rîch, gæb mir diu schœne ir hulde.
Mir ist niht lieber danne guot:
des wil ich niemer mich geschamen,
swâ man ez seit ze mære.
swie selten ez mir liebe tuot,
doch minne ich ez durh sînen namen:
guot ist unwandelbære.
nu merkent waz ich heize guot,
des doch vil maniger niht entuot:
mîn frouwe ist guot, bî der ich gerne wære.

7.

Gegen der liehten sumerzît
heide lît
mit vil manigen bluomen wunneclîch gevar.
dâ bî singent vogellîn
süeze dœne manicvalt:
junc und alt
fröiwent sich der liehten sumerwunne gar.

6, 7. *verhern,* berauben. 8. *nern,* am Leben erhalten. 12. *seit ze mære,* offen erzählt.

7, 1. *Gegen,* beim Herannahen von. 3. *gevar,* gefärbt.

nu muoz ich in sorgen sîn:
swie diu heide stêt gebluot,
doch beswæret mir den sin
daz ich bin
âne guot:
dar an lît vil guot gewin.
   Het ich guot, sô fröite ich mich.
lobelich
ist daz guot, des ich ze dirre werlte ger,
wan ez bringet fröiden vil.
wîp und êre ich meine: guot,
hôhen muot
füegent disiu beide, seht, des bin ich wer,
dâ bî maniger hande spil.
sunder êre und âne wip
allez guot ist gar ein wiht:
swâ man siht
wibes lîp,
waz dâ guotes von geschiht!

---

9. *gebluot,* mit Blüthen geschmückt. 20. *wer,* Bürge. 21. *spil,* Freude.

VII.

Der von Wengen.

I.

In welhen rehten wen die pfaffen und die leigen leben,
wen si den bâbest, den uns got ze vater hât gegeben,
niht êren unde sîn gebot
volenden unde volgen des er lêret?
man sol in lân geniezen daz er wol die kristenheit
mac binden unde enbinden. sîn gewalt der ist sô breit,
swaz er gebiutet, daz wil got:
er wil den minnen dort, swer in hie êret.
er sol uns künden sîniu wort:
er wil mit im gewinnen und verliesen.
es ist vergezzen hie und dort,
swaz ieman wider gote tuot, swâ er daz wil verkiesen.
sit daz der bâbest den gewalt von sînem schepfer hât,
sô ist diu kristenheit verlorn,
diu in von sînem reht vertriben lât.

1, 2. *bâbest*, Papst. 12. *verkiesen*, vergeben.

Got hât ûf erde an zwêne man die kristenheit gelân.
der bâbest der sol unser sêle in sîner huote hân:
sô sol den lîb und unser guot
ein vogt von Rôme schirmen mit gerihte.
nû hât uns einer sô gerihtet, daz diu kristenheit
an allen orten hie und dort hât kumber unde leit,
daz er niht gotes willen tuot:
des scheidet er in dan von sîner pflihte.
vil werder künic, nu seht derzuo:
er hât an iuch gelâzen rœmschez rîche.
ir schaffet daz man rehte tuo.
unreht gewaltecliche vert, daz wendent endeliche:
sô lât iuch unser herre got bî im gekrœnet stân.
ez ist ein hôhe sælekeit,
ob ir sult hie und dort gekrœnet gân.

Genâde, frouwe muoter, al der rehten kristenheit:
dîn helfe ist den helfe gernden selten ie verseit.
dîn tugent ob allen tugenden stât
sô hôhe daz eht niht sô hôhes reiget.
dîn trôst der wiselôsen trôst ist aldâ her gewesen:
gein dîner güete ist gelîcher güete niht gelesen.
swaz ieman guoter buoche hât,
diu hânt niht âne got sô guot erzeiget.
lop al der kristenheite gar,
ze himelrîche ein werdiu küniginne,
ein spiegel glanz der engelschar,

16. *gelân,* mit *an,* anheimgestellt, anvertraut. 19. *vogt,* Schirmherr: der Kaiser. 23. *pfliht,* Antheil. 24. *derzuo,* darauf. 27. *endeliche,* entschieden.

34. *reigen,* den Reigen führen. 36. von gleicher Güte wie der deinigen hat man nicht gelesen. 38. *âne got,* Gott ausgenommen. *erzeiget,* aufgewiesen.

Kristes muoter, reiniu maget, hilf mir der wâren minne.
lâ mich der lobe geniezen, diu ich hân von dir geseit:
diu tiurent unde prîsent wol.
got hât noch mêrren prîs an dich geleit.

Ich hazze ein dinc, daz bœse man vor biderben mannen stât,
und ist mir leit daz bœse wîp vor biderben wîben gât.
Artûs enschuof ez niht alsô:
man hâte dô die liute nâch ir muote.
kam in des werden küniges hof ein wol gemuoter man,
den kunde daz gesinde wol nâch sîner werde hân:
der künic enpfieng in selbe hô,
er hâte in wol mit lîbe und ouch mit guote.
nu brechen wir daz süeze reht,
daz wir die rîchen bœsen hôhe grüezen.
si grüezent uns als einen kneht:
si wellent uns mit gruoze noch mit guote kumber büezen.
ir werden ritter, sitzent stille, swâ si zuo iu gân:
hânt si in herzen reht verniht,
sîn wellen iuch mit ritters rehte hân.

2.

Danc habe der werde Klinger, dar gehûset hât
triuwe milte und dâ bî zuht: die wil er wol behalten,

42. *helfen,* mit dat. u. gen., einem verhelfen zu. 44. *tiuren,* verherrlichen.

49. *hâte,* behandelte. 55. *daz,* dadurch daß, indem. 58. steht nicht auf vor ihnen. 59. *hânt,* haltet. *verniht,* für nichts.

2, 1. *hûsen,* ein Haus bauen: *dar,* bei welchem (eig. auf welchen).

daz er si von dem lande niht vertriben lât.
des lâze in got nâch sînem willen wunneclîchen alten!
si hazzet leider manic man,
vor den er si behalten wil: daz ist in allen swære.
wie schône erz in gebieten kan!
er möhte ir niemer baz gepflegen, ob er ein keiser wære.
ir werden frowen, ir sulnt im wünschen guoter zit,
sît hôhiu tugent in sînem süezen herzen lît.
er ist erbarmic und ist doch den friunden guot:
sælde hât in wol dâ her vor aller missetât behuot.

Got êre iuch Turgöun, daz ir sô stæten muot
ze Kiburc hânt den herren wert: si machent iuch noch rîche.
si hulfen iuch von not, gewunnens iemer guot,
daz wurde iu niemer vor verspart, daz wizzent sicherlîche.
nu lât si niezen iuwer habe
. . . .
. . . .
si werdent schiere unkumberhaft: sost iu ir guot gemeine.
ûf alsô guot gedinge sult ir stæte sîn.
sît unverzagt an den vil milten herren mîn.
si hânt nâch êren ie verzert ir huoben gelt:
ir hânt ir kleider und ir ors vil manigz gefüeret über velt.

6. *swære*, widerwärtig. 7. *in*, ihnen, den in Zeile 2 genannten Tugenden.

13. auf *Turgöun* fallen zwei Hebungen. *Turgoü* = *Turgöwe*, Bewohner des Thurgaues. 14. *ze Kiburc*, mit *herren* zu verbinden. 16. *vor verspart*, entzogen. 20. dann theilt ihr ihr Gut mit ihnen. 23. *gelt*, Einkünfte. 24. *ors*, Ross.

3.

Ein niuwer mâne hât nâch wunsche sich gestalt:
er hât gevangen harte werdeclîche.
sîn schœne kunft gemachet manigen armen rîche.
danne geloubet mir vür wâr daz ich iu sage:
sîn wunneclîchiu zît diu machet hôhen muot,
er wil im lande lop und êre bringen.

3, 1. *mâne,* Mond. 2. *gevangen,* angefangen.

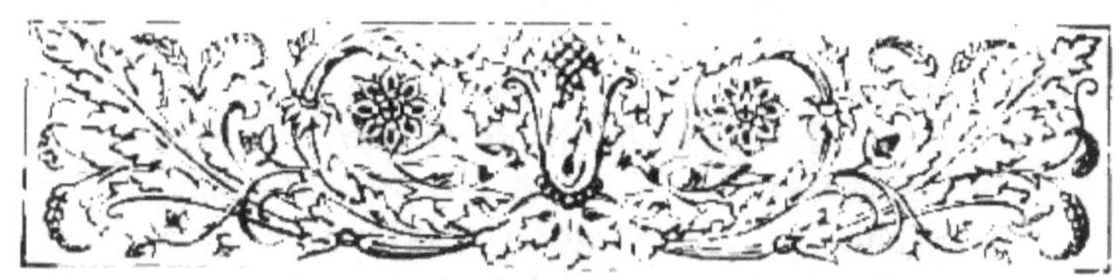

VIII.

Meister Heinrich Teschler.

I.

Swem von liebe friuntlich meinen si beschehen,
der selbe fröuwe sich sô liep geschehener sachen:
mir ist des ze sinne und wil sîn iemer jehen,
ez müge vil fröide an reht gemuoten man wol machen.
swer von liebe ie sölher wunne teil gewan
und er daz mit zühten tougen tragen kan,
seht, der dunket mich zer welt ein sælic man
und sol im wol von schulden allez trûren swachen.

Hete ich sender man ie sölhes liebes iht
von eines herzen lieben wîbes güete enpfangen,
sô het ich bescheidenlicher fröiden pflilit.
ouwê, nu muoz mich maniger schœnen zit erlangen,
sît daz ich ein wîp ze liebe mir erkôs,
daz ich noch von ir stên alles liebes blôz.

1, 1. *meinen*, Lieben. *beschehen*, geschehen, zu theil werden. 4. *man* ist Plural. 8. *swachen*, gering dünken. 11. *bescheidenlich*, verständig. 12. *mich erlanget*, ich sehne mich, verlange. 13. *erkôs*, erkor.

wê wer kōnde mir an fröiden sin genôz,
ob mir von herzeliebe iht liebes wære ergangen!
Sælic wip, ich bin noch gar der sælden arn,
daz mir von dir ie wurde ein kleinez hôhgemüete:
des lâ mir vil sendem manne widervarn
lieplicher dingen eteswaz von diner güete.
sich, sô wirde ich aller fröide wol gemeit
und in hôhem muote wüetend âne leit,
und iedoch mit fuoge in der bescheidenheit,
sô daz ich diner êren niemer missehüete.

2.

Ich han vertriben die minen besten zit dâ her von einem kinde,
got weiz wol, niht wan in der lieben dienste gar,
und bin ir doch unwerder nu dan dô ichs êrst began.
ich bin beliben alsô dâ her, daz ich von ir niht dankes vinde;
sî stêt gein mir vil leider aller güete bar:
daz hât geswachet sêre mich vil helfelôsen man.
ouwê, jâ dâhte ich, dô ich sî des êrsten mir erkôs,
sî hete wunder güete und wære milter sinne.
wie ez darumbe sî, des bin ich sît wol worden inne:
ir ungenâde ist sunder schulde gegen mir al ze grôz.
Ach, herter muot, waz hât dîn diu güetlich gestalte zühte rîche!
nieman enwize mir, ob mich des wunder neme:

18. *wurde*, zu theil geworden wäre. 22. *wüetend*, von Sinnen kommend: doch vgl. die Lesarten.

2, 1. *von einem kinde*, von der Zeit an, daß ich ein Kind war. 11. *waz*, wie viel. *dîn*, von dir.

ich hân sô lange her gedient ir edelen werdekeit.
dêswâr, si tuot an ir getriuwem stætem friunde unminnecliche
und ander danne guotes wibes güete zeme,
daz si niht ahtet miner lange wernden arebeit.
ob ichz mit hulden sprechen tar, sî hât gesündet sich
und hât vil grôze herte an mir dâ her begangen
daz ich ie was dur sî mit sender nôt sô gar bevangen
und sî dar under ein vil lützel nie getrôste mich.
Bin ich unfrô, sich, Welt, diu schulde ist der vil minneclichen süezen.
het ich gein der ie missevarn bî minen tagen,
sô hete ich nœte zit, gedinge und arebeit verlorn.
wær ez alsô, son solte sî mir niemer sende swære büezen,
wan daz ich iemer wernde riuwe solte tragen.
sit aber ich ie gein ir noch alle unvuoge habe verborn
und ie daz beste habe getân, sol mich daz niht gevromen,
sô lât iuch wol gemuoten liute daz erbarmen,
des ich von rehten richen solte, daz ich des muoz armen,
und daz mir trûren kumet dâ von mir fröide solte komen.

3.

Hei schœner gruoz, hei lôser ougen blic,
ouwê, vil minneclichez lachen,

15. *ander*, anderes. *zeme*, ansteht. 17. *mit hulden*, mit ihrer Erlaubniß. *tar*, wage. 20. *lützel*, wenig. 23. *nœte*, nothgedrungen. 29. *des*, wovon. *von rehten*, von Rechts wegen. *richen*, reich sein.

wie hânt ir mich sô gar verlâzen und verkorn!
ich bin gevallen in der sorgen stric
von dien vil schedelichen sachen,
daz ich iuch sunder mine schulde hân verlorn.
vil sælic wîp, gar unverschulde lîde ich dînen zorn:
sol der an mir gewinnen wernden sic,
daz tuot mîn leben alsô verswachen,
daz ich vil lieber wolte sîn noch ungeborn.
Guot wîp, sît ich dîn künde alrêst gevie,
sît wær du mir in mînem muote
daz liepste liep zer welte alleine und keinez mê.
nâch dir gewarb ich offenbæres nie:
diu zuht was ie in mîner huote
noch bin ouch niht der einer (dazz in übel ergê!),
die sich von wîben rüement anders danne in wol an stê.
durch dich sprach ich lop allen wîben ie,
durch dich gedâhte ich ir ze guote,
durch dich tet mir ir êre wol, ir laster wê.
Got weiz wol, in verdiente nie den haz,
den du ân alle mîne schulde,
vil liebest alles liebes, hâst an mich geleit.
durliuhtic mîner ougen spiegelglas,
sît ich den unverschulte dulde,
sô tuoz dur wîbes güete und swende mîniu leit.
gip mir her wider des mich beroubet hât dîn werdekeit,
des ie mîn sendez herze gernde was:
ich mein dîn wunnebernden hulde,
die du mir hâst muotwillend âne reht verseit.

3, 9. *verswachen*, ganz niedrig, verachtet werden. 11. *künde gevâhen*, mit gen., kennen lernen. 14. *offenbæres*, offenkundig. 16. *noch*, auch jetzt noch. 30. *muotwillen*, dem eigenen Antriebe folgen.

4.

Hie vor dô was mîn wünschen allez sô,
daz ich die lieben solte sehen:
dô was sî guot und ich ir güete vrô.
sit her ist mir von ir beschehen
deich nu ein anderz lobende bin:
daz heizet 'ouwê, daz ichs ie gesach!'
wer möhte haben sô senften sin,
daz in niht muote solich ungemach
als mir, in weiz durch waz, von ir beschiht.
nu swie diu swære sî getân,
des kan ich tumber mich enthaben niht,
diu welt diu müeze es künde hân.
Ir reinen wîp, ir wol gemuoten man,
vernemet von ir mîn sende klage.
ich habe ir, als ich beste mich versan,
gedienet alle mîne tage,
und swiez ze leste doch gevar,
die zît und ouch des lîbes arebeit
ân allen valsch mit triuwen gar
und ouch mit rehter stæte an sî geleit.
ouwê, nu tuots alrêste dem gelîch
sam sî niht wizze, wer ich sî.
ist dan mîn sanc dur nôt niht klage rîch,
sît ich gein ir bin schulden frî?
Noch klage ich einez, daz mir nâher gât,
daz mir vil scham und smerzen birt.
der gruoz, den al diu welt von ir enpfât,
des nieman guoter âne wirt,

4, 11. *enthaben,* enthalten. 15. so gut ich es verstand. 28. dessen kein guter beraubt wird.

seht, der ist mir von ir verseit.
des sunderbæren ich geswigen wil,
der mich doch wilent niht vermeit:
des ich von ir genâden hete vil.
nun kan ich leider anders noch enmac,
wan al der welte siz geklaget,
daz triuwe stæte und alse manic tac
sô krankez lônen hânt bejaget.

5.

Wâfen, Minne, wie hast du mir sô getân!
solhen ruof und klage ich nœte von dir hân:
wan du wistest mich von vriundes ungemach
unde riete, des ist lanc, mir an ein wîp,
daz ich dar ergap daz herze und al den lip.
wê waz ich dô trostes mich ze dir versach!
dar diente ich sît, daz ich min stæte nie zerbrach.
ouwê leider, daz hât mich vervangen niht,
wan daz man mich trûric und verdorben siht
dâ von daz mir helfe nie von dir beschach.
Nu trahte, Minne, ob ich von dir dur nôt niht klage,
wa ist min fröide hin und mîne besten tage?
dêst ân allen danc von dînen schulden vür.
got weiz wol daz ich mich niht versinnen kan,
sit daz ich mîs liebes minne alrêst began,

---

30. *sunderbære,* besonder: gemeint ist der vertrautere Gruß. 31. *wîlent,* ehemals.

5, 4. *des ist lanc,* seitdem ist lange Zeit verflossen. 11. *trahten,* überlegen. *von dir,* über dich. 13. *dêst vür,* das ist dahin. 15. *mîs = mînes.*

daz ich daz mit keinen sachen ie verlür,
daz ich gein stæter minn sô wernde unliebe spür.
Minne, woltest du mir noch ze staten komen,
swie grôzen schaden ich dîner sinne habe genomen,
wie gern ich ûf bezzerunge daz verkür!
Frouwe Minne, ich wil dir noch getriuwen baz:
hilf dur dîne güete mir erwerben daz,
daz mich diu liebe ir minne in solher mâze wer,
daz ich ir liep eht inrenthalp des herzen sî,
und sî wîlent tüeje friuntlich grüezen bî
und ich ir lîbes minne ûf ir genâde enber.
sî müeze mich vergên, ob ich ir anders ger.
liep vor allem liebe, sælic vrouwe mîn,
dur dîne tugent sô tuo mir sölhe minne schîn:
der bin ich dîn, swie du mir sîst, ze vollen wer.

6.

Sî jehent, ich habe doch vollen teil
der welte volge und ouch die kunst:
war umbe ich swîge und niht ensinge als wîlent ê?
sî redent ir zuht: got gebe in heil
und daz ez in gein liebes gunst
baz dan mir noch gelungen si ze leste ergê.
in zwîvel niht, und wisten si
wie rehte kranc dar an gewesen ist mîn gelinge,
sî stüenden mir des alle bi

21. *getriuwen baz*, besseres zutrauen. 25. *tüeje*, thue, *t. bî*, bringe. 27. *mich vergên*, an mir vorübergehen, wenn ich auf andere als geistige Weise (V. 24) sie begehre. 30. *der*, deren. *wer*, Gewährleister, Bürge. *ze vollen*, in vollem Umfange.

6, 2. *volge*, Zustimmung. 4. *ir zuht*, was ihnen wohl ansteht. 9. sie würden mir darin alle beipflichten.

daz es mir nôt tuot daz ich swîge und niht ensinge:
sus wunder nieman ob ich sanges abe gestê.
Als mir in die gedanke kumet
waz ich ir liebe schaden habe,
dur die mîn herze senelichen kumber treit,
und mich daz nie niht hât gefrumet,
wan daz ich bin gewahsen abe
an fröide, diu der welt ie was von mir bereit,
sô wirde sinne und witze bar:
wie möhte ich dann gesingen ûz sô trüebem muote?
mîn neme ir helfe bezzer war,
daz mir doch eteswaz von ir beschehe ze guote,
sô ist mîn fröide und al mîn singen hin geleit.
Sît daz ich nu niht bringen mac
der welte fröiden rîchen sanc,
dêswâr sô muoz ouch klagesanges sîn geswigen.
ob ich des ie dâ her gepflac,
dar an sô was mîn witze kranc:
daz muoz nu hinnen vür von mir geruowet ligen.
waz touc ze sange ein trüebez klagen?
ein siufteberndez liet, ein fröidelôs gedœne?
geschiht mir leit, ich wils gedagen:
kumt liep, mit fröiden rîchem sange ich daz bekrœne.
von dirre zît sô muoz der site an mir gesigen.

13. wie viel Schaden ich durch die Neigung zu ihr habe. 16. *bin gewahsen abe,* abgenommen habe. 18. *wirde,* werde ich. *witze,* Verstand. 20. *neme,* es sei denn daß nehme. 22. *hin geleit,* vernichtet. 28. *geruowet,* in Ruhe. 29. *touc,* nützt, taugt. 30. *siufteberndе,* Seufzer bringend. 32. *bekrœnen,* verherrlichen. 33. von diesem gegenwärtigen Zeitpunkte an. *gesigen,* den Sieg davon tragen.

7.

Ein wahter sanc 'diu naht wil hin:
wol ûf swer iender tougen lit,
und sî gereit; ich sihe den tac ûf dringen.
herz und gedanc und al den sin
twing er von liebe, dêst mîn strit,
vür kümftic leit, vür starkez misselingen.
mâze sich alsô der minne,
daz unmâze niht gesige,
sô daz er nâch ungewinne
dur sîn liep ze lange iht lige.
dur got, wol ûf, êst scheidens zit!
bescheidenheit diu hœret zallen dingen.'
'Sô wê mir, tac, der künfte din!'
diu vrouwe ûz trüebem muote sprach:
'jâ wilt du mich der hœhsten fröide pfenden.
du bist ein slac der fröiden mîn:
sô leide mir noch nie geschach.
ouwê, sît dich nu nieman kan erwenden,
sô wache, vriunt, mîn trûtgeselle,
trœste mich vil senedez wîp.
ich vürhte des, der tac der welle
mir enpfrömden dînen lîp.
daz ist mîn hœhstez ungemach:
nu wache und sich, diu naht diu wil sich enden.'
Der selben stunt wart niht gespart,
dâ wurde nâhen bî gelegen:

7, 3. *gereit,* bereit. 5. an dieser Behauptung halte ich fest. 6. *vür,* zur Abwehr gegen. 9. *nâch ungewinne,* indem er dadurch Schaden erreicht. 15. *pfenden,* berauben. 16. *slac,* Vernichtung. 18. *erwenden,* abwenden. 22. *enpfrömden,* fremd machen, entziehen. 25. In diesem Augenblick. *gespart,* unterlassen.

fröid unde spil ergienc dâ von in beiden.
dâ tet in kunt ir edel art,
wes liep bî liebe solte pflegen.
dô was daz zil, daz sî sich muosten scheiden.
sich schieden dô diu zwei gemeinen
mit bescheidenlîchen siten:
doch muosten siu sich ê vereinen,
daz sî sich niht lange miten.
des wart dâ sicherheit gewegen
mit triuwen vil und ouch mit manigen eiden.

8.

Frouwe Minne, nâch der grôzen swære
mîner seneden ie getragenen arebeit,
der ich niulîche vil unsanfte entladen bin,
dem gelîch als ich niht müede wære,
hâst du aber al ze balde ûf mich geleit
des sich erkumet mîn lîp, mîn herze und al mîn sin.
ich meine eins reinen süezen wîbes niuwen minnelast.
ouwê, war umbe hâst du, liebe, daz getân?
ich bin doch dem noch sender swære selten ie gebrast.
du soltest mich billîche ein teil geruowen lân:
dîn last ist mir kûme tragebære
von der ê getragenen bürde unsenftekeit,
diu hât mir lîp und al den muot vil nâch dâ hin.

---

31. *gemeinen*, gemeinsam verbundenen. 32. *bescheidenlich*, verständig. 33. *sich vereinen*, vereinbaren. 35. *sicherheit*, feste Zusicherung. *gewegen*, gegeben.

8, 4. *dem gelîch als*, grade so wie wenn. 6. *sich erkomen*, erschrecken. *des*, dasjenige, solches, wovon. 9. *dem*, ein solcher. dem. *gebresten*, mangeln, mit gen., an.

Frouwe Minne, gwaltic meisterinne,
sît dîn wille an mir dekeine mâze enkan,
in müeze senede nôt nâch werdem wîbe tragen,
sô geruoche des, daz ich gewinne
dîne helfe, die ich leider nie gewan:
tuo mich dur dîne güete bezzer heil bejagen
dan du in mîner alten sache tætest wîlent ê.
nu tuo mir zweijer buozen eine und habe danc:
du füege daz der lieben werde mir gelîche wê
und uns gemeinecliche twinge dîn getwanc,
oder nim von ir die mîne sinne,
daz ich minnen vri werd und ein ledic man:
dêswâr son mag ich arges niht von dir geklagen.
Frouwe Minne, wol mich iemer mêre,
sît daz mich betwingen sülen dîniu bant,
daz daz umb ein sô rehte sælic wîp geschiht.
des sag ich dir lop, genâde und êre,
daz du hâst mîn herze an sölhe stat gesant,
dâ man bî schœne vil und wunder güete siht,
und dâ diu schœne minnecliche zir gesellet hât
und ouch der güete stêt güetlich gebâren bî,
dâ man ze vollen vindet swaz ze lobenne an wîbe stât
und dâ man alles valsches âne ist unde frî.
süeze Minne, gip mir rât und lêre,
wie ich ir mit schœner fuoge tuo bekant
daz ich si minne ân aller valscher liebe pflîht.

---

21. *buoze*, Schadenersatz, Hülfe. 23. *getwanc*, Zwang. 26. *von dir*, über dich. 27. *wol mich*, wohl mir. 32. *güete*, gen., hängt von *vil* und *wunder*, Menge, Fülle, ab. 35. *ze vollen*, in vollem Maße. *stât*, ansteht, ziemt.

9.

Valschelôser minne kraft
trage ich einem wîbe
stille und âne ir wizzent manige stunt.
dâ bî tuot mich kumberhaft
an muot und an lîbe
daz ich irs niht tar gemachen kunt.
si ist der êren alse rîche gar
und hât ir sô wunder,
daz mich daz tuot under,
sô daz ich genenden niht getar.

Dannoch ist ein ander nôt
(daz ich der engelde,
sölher vorhte wirde ich niemer vrî),
daz ir lieplich munt sô rôt
mich ûz zorne melde,
swie güetlîch er doch gestellet sî.
seht, diu vorhte tuot mich ouch verzagen,
daz sî niht wirt inne
mîner stæten minne,
diech ir lange tougen habe getragen.

Alsus ist diu liebe mir
sunder valsch mit triuwen
liep, daz sis niht weiz noch nie bevant.
dise liebe wil ich ir
iemer gerne niuwen:
waz dann, ist mîn liebe ir niht bekant?
und ob mir dar umbe wê geschiht,

---

9. 8. ihrer eine solche Fülle. 9. *under tuon,* überwinden. 10. *genenden,* Muth fassen. 15. *melden,* verrathen, nenne: mich zornig anrede. 23. *bevant,* erfuhr.

dulde ich dâ von smerzen
libes unde herzen,
doch minn ich sî deste minre niht.

10.

Wâfen daz ich seneden pin
sô vergebene lide
sam ich her vil ofte habe geliten
durch die lieben vrouwen mîn,
sô daz ich vermîde,
sam ich nu vil lange habe vermiten,
daz ich ir dâ von nie niht gewuoc.
ach, ich tôre tumber,
daz ich disen kumber
ie sô lange unendelich getruoc!
Wie daz mîn unwiser muot
sich des niht bedenket,
mache ich ir mîn leit mit fuoge erkant,
daz ir daz niht schaden tuot
noch an êren krenket:
dar zuo hat vrô Sælde an sî gewant
sô vil süezer güete und senftekeit,
daz ich umb die schulde
von ir niht endulde
melde noch kein ander herzeleit.
Lihte ergêt mir liebes iht,
weiz diu wol getâne
gegen ir mîn vil senedez ungemach.

10, 3. *sam—her,* wie bisher. 5. *vermîde,* unterlasse. 7. *gewuoc* von *gewahen,* erwähnen, sprechen. 10. *unendelich,* unvollendet, ohne zum Ziel zu gelangen. 20. *melde,* Verrath, Angeberei.

anders wirt der liebe pfliht
alles endes âne:
wâfen denne daz ichs ie gesach!
nein dur got, lât stân, ich wilz doch ê
mit gefüegen dingen
ir ze künde bringen
ûf ir milten güete, swiez ergê.

11.

Fröiden bilde und ir gebærde,
fröiden schîn treit ûzerthalp der welte vor mîn lîp:
dâ bî ringet mit beswærde
tougen innerthalp daz herze durch ein sælic wîp,
von der ungenâde ich vinde
niht wan werndes leides pîn.
sô bin ich der welt gesinde:
der tuon ich mîn fröide schîn,
und iedoch mit der geværde,
daz daz herze duldet leit, der fröiden widerkîp.
Sus muoz ich mich fröiden twingen
dur der welte liebe: doch ist solchiu fröide ein niht,
diu mit sô verdâhten dingen
und mit trügelisten nâch der welte gunst geschiht.
sô der lîp der welte lachet,
so ist ez umb daz herze alsô,
daz ez in den sorgen krachet:
sölcher fröide bin ich vrô.

---

30. *ergê*, ausfalle, ende.

11, 2. *ûzerthalp*, nach außen. *der welte vor*, vor den Augen der Welt. 9. *geværde*, Trug. 10. *widerkîp*, Gegensatz. 11. *fröiden*, zu Freuden. 13. *verdâht*, verdächtig.

möhte ich trôst von liebe erringen,
sô het ich mit beiden wârer ganzer fröiden pfliht.
Welt, nu lâz mich des geniezen,
daz ich dîner fröiden leiter unde venre ie was,
und solt mir mit wunsch erschiezen
und mit worten gegen der lieben, der ich nie vergaz,
daz sî mir von sendem leide
mînen ungetrôsten muot
durch ir süezen güete scheide:
welt, ob sî daz durch dich tuot,
sô wil ich dir êrst ûf sliezen
fröiden hort, daz du von mir nie wurde erfröiwet baz.

12.

Swie frömede mîn lip der minneclichen süezen sî,
mîn herze ist ir doch stæte bi.

Daz ich sô gar selten zuo zir kêre,
daz lâz ich, got weiz wol, durch ir êre,
daz ich die behalde und niht versêre.
sî wizze, enwære daz,
ich wonte ir bî baz unde baz.
swie frömede mîn lîp der minneclîchen süezen sî,
mîn herze ist ir doch stæte bî.
Durch guot und für arger huote melden
siht man bi der lieben mich sô selden.
des sol sî mich lâzen niht engelden:
bedenket sî sich wol,

22. *venre,* Fahnenträger. 23. *erschiezen,* gedeihen, glücken.
12, 10. *durch guot,* in guter Absicht. *melden,* verrathen. *für,* zur Verhinderung von.

dur reht ich des geniezen sol.
swie frömede mîn lîp der minneclîchen süezen si,
mîn herze ist ir doch stæte bî.
Wê geschehe der huote, diu mich scheide
von ir schœnes libes ougen weide!
loup gras bluomen ouwe walt und heide,
diu dunkent mich ein niht
gein mines liebes angesiht.
swie frömede mîn lîp der minneclichen süezen si,
mîn herze ist ir doch stæte bi.

13.

Liep, du hâst mich gar gewert:
swaz liebe ich hân ze dir gegert,
des hâst du dich dur mich verwegen.
des sî min lîp und al min leben
ze widergelte dir ergeben:
der solt du gar vür eigen pflegen.
hier under sîst gemant an triuwe, an stæte,
der pflic gein mir als du vil gerne ie tæte,
sô wil ouch ich diu beide dir
ûz herzeclicher liebe gir
mit voller wâge widerwegen.
Liep, dir sol niht wesen leit
ob ich dich triuwe und stætekeit
gein mir ze leisten habe gemant.
daz kumet von missetriuwen niht:
daz weiz der in diu herzen siht.
mir ist din muot, dîn herze erkant

13. 3. *sich verwegen*, sich entschließen, mit gen., zu.

sô rehte ganz, sô veste und sô vermezzen,
daz du niht triuwe und stæte maht vergezzen.
daz ich daz weiz sô sicherlich,
daz ist ein dinc, daz iemer mich
hin zuo dir bindet und ie bant.
    Liep, ich weiz dins lobes mêr,
(vil lange wernde ez dir bestê):
daz hât din lip und ouch dîn muot.
dîn lip hât schœne und guote jugent,
dîn muot wîsheit und ganze tugent;
sus bistu beidenthalp behuot.
waz hulfe ein übermæzic lop gesungen?
diz lop, swie kurze ez sî mit rede getwungen,
ez ist doch vollen wît und breit
und hât dâ bî mâz und wârheit:
daz solt du hân von mir vür guot.

---

18. *vermezzen,* entschlossen. 33. *hân vür guot,* als gut hinnehmen, sich gefallen lassen.

IX.

Her Heinrich von Stretelingen.

1.

Nahtegal, guot vogellîn,
mîner frouwen solt du singen in ir ôre dar,
sît si hât daz herze mîn
und ich âne fröide und âne hôhgemüete var.
sî daz niht wunder,
son weiz ich frömder dinge niht,
daz man dar under hie besunder dicke vrô mich siht.
deilidurei faledirannurei,
lidundei faladaritturei!
Frouwe, bluomen unde klê
unde heide, diu sô wünnecliche grüene lit,
die wen muoten unde mê
daz diu vogellîn wol singen suoze wider strit.
des fröit sich sêre
mîn muot daz si sint fröide rich.
al dur ir êre singe ich mêre, sît sist minneclich.
deilidurei faledirannurei,
lidundei faladaritturei!

1, 6. *frömde,* wunderbar. 12. *muoten,* verlangen.

Süeze Minne, hilf enzît,
daz diu sælderîche erkenne mîne grôze nôt.
sît daz mîn trôst an dir lît,
sô gefüege daz ir süezer munt durliuhtic rôt
der senden quâle
in kurzen zîten werde gewar.
schiuz dîne strâle zeinem mâle du weist selbe war.
deilidurei faledirannurei,
lidundei faladaritturei!

2.

Ach, der ich ob allen frouwen
ûf mîns endes zil
dienen wil,
diu hât âne schult verhouwen
mich sêr ûf den tôt:
ach, der nôt!
ach, ûf genâde, swie si mir tuot,
habe ich muot guot lîp und leben
ir ergeben.
Ich wolt ir mit rede bescheiden,
waz ich herzeklage
von ir trage:
si tet als ich wære ein heiden.
ach, mîn fröide seic:
ich gesweic.
ach, ûf genâde, swie si mir tuot,
habe ich muot guot lîp und leben
ir ergeben.

25. *strâle*, Pfeil. *war*, wohin.
2, 2. *ûf*, bis auf, bis an. 14. *seic*, von *sîgen*, sinken.

Sît mîn frouwe, die ich krœne,
rede mir senden man
niht engan,
mînen kumber ich ir dœne,
swar ich landes var,
offenbar.
ach, ûf genâde, swie si mir tuot,
habe ich muot guot lîp und leben
ir ergeben.

Ir vil spiegelliehten ougen
hânt versêret mich
herzeclich.
ich muoz sterben sunder lougen:
ach, ir mündel rôt
tuot mich tôt!
ach, ûf genâde, swie si mir tuot,
habe ich muot guot lîp und leben
ir ergeben.

Swie si mit gewalt mich twinge,
mich kan wenden niht
kein geschiht.
ich muoz iemer ûf gedinge
sîn ir eigen kneht:
daz ist sleht.
ach, ûf genâde, swie si mir tuot,
habe ich muot guot lîp und leben
ir ergeben.

---

22. *dœnen,* singen. 31. *sunder lougen,* ohne Leugnen, in Wahrheit. 39. *geschiht,* Umstand, Ereigniß. 42. *sleht,* einfach, klar.

3.

Mich hilfet niht der vogele sanc
noch diu vil grüene heide:
mich twinget daz mich ê dâ twanc
und tuot mir aber leide.
den âbent, den morgen
den stên ich mit sorgen
vor der vil minnenclîchen:
und næme si den dienest mîn,
ich wolde an fröiden rîchen.

Ich solde wol in fröiden sîn,
wold ez mîn liebiu frouwe.
ir munt ist rôt, ir ougen schîn,
diu ich sô selten schouwe.
si liebe, si reine,
si trœstet mich kleine.
si wont mir in dem muote:
swaz ich ir gedienen kan,
si tuot mir niht ze guote.

Nu helfent mir die lieben biten,
die minnenclîchen frouwen,
daz si durch ir reinen siten
mîn arbeit welle beschouwen,
den schaden, den kumber,
den ich von ir tumber
lîde bî mînen jâren.
owê, nu weiz ich leider niht,
wie ich mich sol gebâren!

3, 24. *tumber* mit *ich* zu verbinden. 27. *mich gebâren,* mich benehmen.

X.

Her Hesse von Rinach.

1.

Klageliche nôt
clage ich von der Minne,
daz si mir gebôt
daz ich mîne sinne
dar bewante dâ man mich verderben wil.
hey minnen spil,
durh dich lîde ich sendes kumbers al ze vil.
Wengel rôsenvar,
wol gestellet kinne,
ougen lûter klâr,
minneclichiu tinne
hât si, diu mir krenket leben unde lip.
hey sælic wîp,
dur din besten tugende mir mîn leit vertrîp.
Süeze trœsterîn,
trœste mine sinne

1, 2. *von,* über. 5. *bewenden,* wenden. 11. *tinne,* Schläfe.

dur die minne din.
in der minne ich brinne,
von der minne fiure lide ich sende nôt.
hey mündel rôt,
wilt du mich niht trœsten, sich, sô bin ich tôt.

2.

Ich wil jungen kinden râten,
daz si balde fröwen sich:
dâ wir ê den rîfen trâten,
dâ ist nu gar wunneclich;
dâ entspringent bluomen unde klê.
kalde rîfen unde snê
sint zergangen aber alsam ê.
Ich wil mîner frouwen muoten,
daz si mir genædic sî.
der vil reinen, der vil guoten
wære ich gerne nâhe bi,
lieze eht mich ir ungefüeger nit,
der mir alsô nâhe lît:
fröiden si mich roubet zaller zît.
Werder reiner wîbe minne
machet fröide rîchen muot:
des bin ich wol worden inne,
daz nie wunne wart sô guot.
alsô ich mich des versinnen kan,
son enwirdet niemer man
rehte frô der minnen nie began.

2, 2. *balde*, kühnlich. 3. *rîfe*, Reif. 8. *muoten*, zumuthen, erwarten von. 19. soviel ich mich darauf verstehen kann.

Mines lîbes ougen weide
dast diu liebiu frouwe mîn:
sol ich iemer komen von leide,
daz muoz an ir hulden sîn,
daz si spreche sus 'ich bin dir holt.'
daz wær mir ein rîcher solt
unde næme ez für des keisers golt.

---

25. *an ir hulden sîn,* von ihrer Huld abhängen.

XI.

Her Walther von Klingen.

I.

Swie diu zit sich wil verkêren,
sêren muoz daz sende herze mîn:
wil mîn frouwe mich niht êren,
mêren muoz mîn senelîcher pîn.
frouwe, ir tuont mir helfe schîn!
frouwe, ir sult mich fröide lêren,
ald ich muoz verdorben sin.
Ach, ich sach ein güetlich lachen
machen minneclich ein mündel rôt:
von dien minneclichen sachen
krachen muoz daz herze mîn von nôt.
Minne jâmer mir gebôt,
daz mîn sin begunde swachen:
des bin ich an fröiden tôt.
Frouwe mîn, gebieterinne,
minne hânt ir, dâ bî reine site;

1, 2. *sêren,* Schmerz leiden. 4. *mêren,* sich mehren, wachsen.

8

hœhent, frouwe, mîne sinne,
minne ich iuch, des ich iuch iemer bite,
teilent mir die minne mite,
der ich fröide noch gewinne:
ach, die minne ich sanfte lite.
Frouwe, ir sint sô wol bescheiden,
leiden sol iu guotes friundes leit.
fröide diu ist an uns beiden:
scheiden sult ir mich von arebeit.
al min fröide ist gunterfeit,
welt ir, frouwe, mich niht kleiden
schiere in fröiderichiu kleit.
Der vil süezen minne wunden
funden habe ich ûf der fröiden tôt:
in kan niemer wol gesunden,
kunden müeze ir minnegerndiu nôt.
trôste mich ir mündel rôt,
sô wær al mîn leit verswunden,
swie si senen mir gebôt.

2.

Winter wil uns aber selwen
liehte bluomen ûf der heide breit;
er wil ouch die boume velwen,
die dâ hiure wâren vil gemeit.
unbesungen sint diu tal,

21. *sanfte lite,* ließe mir gerne gefallen. 23. ***leiden,*** leid sein. 26. *gunterfeit = contrefait,* nachgemacht, unecht. 32. ***kunden,*** kund werden. *müeze = enmüeze,* es sei denn, daß müsse.

2, 1. *selwen,* entfärben, trüb machen. 3. *velwen,* falb machen. 5. *unbesungen,* ohne Gesang.

dâ vil manic stimme erhal,
dur diu ôren suoze in sendez herze ergal.
Ouch klag ich die mîne swære,
diu mir senden man sô nâhe lit,
daz mîn frouwe ist fröidebære,
und ir güete mir niht fröide git.
diu vil liebe diu gît mir
fröidebernde minnegir:
ach, ir minne süeze ich sender man embir!
Elliu fröide kumt von wîben,
diu dien mannen hôhgemüete birt:
ez kan nieman frô beliben,
dem ir süeziu minne niht enwirt.
wîbes minne sanfte tuot,
si gît fröiderîchen muot:
guoter wîbe minne ist bezzer danne guot.
Ez ist maneger hande minne:
nâch der besten minne senet mîn lip;
die hât min gebieterinne:
süeze minne hât si sælic wîp.
al die minne der ich ger,
die hât si, des bin ich wer:
ich bin tôt, wil si, daz ich ir minne ember.
Allez daz ich gerne schouwe,
dast ein wîp diu mich ungerne siht:
ach si ungenædic frouwe,
war umb trœstet si mich senden niht?
sist mir âne schult gehaz:
wê, war umbe tuot si daz,
sît daz ich ze guote ir güete nie vergaz.

7. *ergellen,* ertönen. 16. *birt,* bringt. 33. *gehaz,* feindlich gesinnt. 35. *ze guote,* in gutem.

3.

Fröit iuch, fröit iuch, grüeniu heide,
fröit iuch, vogele, fröit iuch, grüener walt!
swaz iu ie geschach ze leide,
daz tet iu der leide winter kalt.
daz habt ir wol überwunden:
noch hân ich niht trôstes funden
an der lieben diu mich twinget mit gewalt.
Dô von êrst ir lichten ougen
lieplîch sâhen in daz herze mîn,
dô wând ich des âne lougen,
daz ich solde wol getrœstet sîn
von ir: nû hât siz verkêret
unde hât mich sô gelêret
daz ich weiz waz sorgen ist und sender pîn.
Owê, fröiderîchez grüezen,
owê, minneclicher rôter munt,
wenne wiltu swære büezen
mir? ich bin nâch fröiden ungesunt
von der lieben diech dâ minne.
nu ist siz doch mîn küniginne,
swie si hât daz sende herze mîn verwunt.
Minneclîchez umbevâhen
daz tuot von den reinen wîben wol.
swem si went mit küssen nâhen,
waz der ganzer stæte haben sol!
gegen der wunne ich niht gelîche,
swem ein wîp genædecliche
fröide gît, des herze ist ganzer fröide vol.

3, 20. *siz*, *ez* für uns pleonastisch. 26. *gegen*, mit. *gelîche*, vergleiche.

Süeziu Minne, twinc die hêren
dazs erkenne mînen senden pîn.
du solt ir gemüete sêren
sam du hâst getân daz herze mîn.
wirt ir kunt dîn minne-twingen,
sô muoz si mir sorge ringen:
dar nâch kurzer stunde wil ich frœlich sîn.

4.

Ich sach bluomen schône erspringen,
daz ist vor dem walde schîn:
dâ von muoz mîn herze ringen
nâch der lieben frouwen mîn.
wil si mir genædic sîn,
mit den vogelen wolde ich singen,
uns den lieben sumer bringen.

Gnâde, frouwe, ich muoz verderben
jæmerliche und unverscholt.
ist iu liep daz ich muoz sterben
(ich wart nie frouwen mê sô holt),
sô wær ze kupfer worden golt.
lihte wil si prîs erwerben,
lât si mich in ir dienste sterben.

Meien blüete und ouch ir güete
sint ein andern wol gelîch;
swâ die rosen stênt in blüete,
die sint niht sô minneclîch
als mîn liep, des fröwe ich mich.
doch beswæret mîn gemüete
daz man ir sô sêre hüete.

---

35. *kurzer stunde,* in kurzer Frist. *wil ich,* glaube ich.

Si verliesent alle ir huote,
mag ich mich zuo ir versteln:
daz gefüeget wol diu guote;
wan sol friuntschaft sêre heln.
elliu huote ist gar verlorn,
ob ich die lieben vinde aleine:
sô schât uns ir hüeten kleine.
Ach got, wie brinnet mir min herze
nâch der lieben frouwen mîn!
noch mêre danne tûsent kerze:
ach got, wan solde ich bî ir sîn!
si ist sô schœne und ouch sô fîn
als die vîol in dem merzen:
dur si sô lîde ich manigen smerzen.
Solher swære, sô mich twinget,
nieman sich verkunnen sol:
diu mich wol von sorgen bringet,
swenn si wil, sô wirt mir wol.
maniger mînen kumber klagt
mit süezen worten ûz dem munde,
der mir wol des tôdes gunde.

5.

Heide ist aber worden schœne,
si hât manger hande varwe kleit:
vogele singent süeze dœne.
swie diu sumerwunne ist vil gemeit,
dâ bî dulde ich sendiu leit.

4, 23. *versteln*, stehlen. 25. *friuntschaft*, Liebe. *sêre*, eifrig. 37. *sich verkunnen*, mit gen., verzweifeln wegen.
5, 2. Kleider von mancher Art Farbe.

swie der meie vogele frœne,
ich hân nôt von liebe und arebeit.
Wild und zam daz fröit sich sêre
gegen des wunneclîchen meien zit:
dannoch fröit sich michels mêre
swer bî herzeliebe tougen lît.
ahî, waz dem fröide gît
werder reiner wîbe lêre
machet mannes ungemüete wît.
Wol gemuoten guoten wîben
wünsche ich heiles sunder nît;
unmuot kunnen si vertrîben:
wê waz wunne an wîben lît!
wîbes minne fröide gît:
got füeg iemer hübschen lîben
âne swære minneclîchiu zît.
Manger giht in müeze blangen
nâch den fröiden die man wîlent vant.
derst mit sorgen umbevangen:
wurde ab im von wîbe ein liep erkant,
bezzer fröide er nie bevant.
fröide ist noch sô niht zergangen,
wîp gên fröide als ie übr elliu lant.

6.

Wie mac mir sô liep gesîn
ein wîp der ich unmære bin?

6. *frœnen*, erhöhen. 7. *nôt und arebeit von liebe.* 10. *michels*, um vieles. 13. *lêre* gehört als Subject zu beiden Verben. 14. *machet wît*, entfernt. 22. *blangen = belangen*, verlangen. 28. *wîp gên* (= *engên*) daß Frauen nicht geben sollten.

wil diu liebiu frouwe mîn
hât mîne besten fröide hin.
wil si, mir mac trûren swinden:
lât si mich genâde vinden,
ich bin vrô, dâ bî gemeit.
wil diu liebe, ich hân ouch kumber unde leit.
  Minne und ouch unminne hât
mîn frouwe, diu mir trûren gît;
ir unminne mir niht lât
ir minne, an der mîn fröide lît.
teilte min gebieterinne
mir ir minneclîche minne,
sô wær al mîn trûren hin:
ir unminne machet daz ich trûric bin.

7.

  Ich wil diu sældehaften wîp
niht biten wan des einen,
daz si mir sîn genædic sô,
dazz âne ir laster sî.
swelh wîp hât minneclîchen lîp,
hübschen unde reinen,
wie kunde ich dâ von werden frô,
ob si wurd êren frî?
bæt ieman reine frouwen guot
daz niht ir êren zæme,
dem trüege ich selten holden muot:
diu bete ist ungenæme,
diu schaden ir êren tuot.

6, 3. Wegen der Construction s. Lesarten.

7, 4. daß es ohne ihnen Schande zu bringen sei. 10. *daz*, um das, was. 12. *ungenæme,* unannehmbar.

Diu guoten wîp sint alse guot,
daz ich ir guoten güete
ze guote niht vergezzen wil
unz an daz ende mîn.
ir süeze, ir edele, ir herze, ir muot,
daz liebet hôchgemüete:
ich wünsche in allen sælden vil;
ich wil ir diener sîn.
nu gere ich anders niht von in
ze dienestlîchem lône,
wan swa ich bî guoten frouwen bin,
daz si mich grüezen schône:
dast mir ein guot gewin.

8.

Ez sint manger hande dœne,
die dâ liebent guoten muot;
dar ûz ich ir einen krœne,
der dem herzen sanfte tuot:
minneclîchiu rede ist guot
von den reinen wîben schœne;
die tuont sendiu herzen fruot.
Mir tuot baz in mînen ougen
guotiu wîp dann anders iht;
weder offenbâr noch tougen
nieman bezzer wunne siht.
mîn herz allen wîben giht,
ez sî wâr und âne lougen,
niender si sô guotes niht.

19. *liebet,* macht lieb.
8, 7. *fruot,* froh.

Wîp sint guot in mangen enden,
schœne und dâ bî tugende vol;
ez begreif nie man mit henden
daz dem herzen tuo sô wol.
swer ein guot wîp triuten sol,
der kan bezzers niht verenden:
minne gît dâ süezen zol.

---

15. *in mangen enden,* in manchen Beziehungen. 19. *triuten,* lieb haben.

XII.

Her Goeli.

I.

Winter, hin ist dîn gewalt:
nu hât sumer sîn gezelt
ûf geslagen an die bîneweide.
wol geloubet stât der walt,
grüener varwe sint diu velt:
liehte bluomen springent ûf der heide.
meie, ich fröwe mich dîner craft,
du tuost sumer sigehaft:
bî dem Rîne ûf gruonent werde und ouwe:
jârlanc kunt uns vröude und ougen schouwe:
du gîst uns vil süezer morgentouwe!
Vil der brûnen clingen treit,
die verwettet hânt den tanz,
Fridebolt und sîne gumpânîen,
lengiu swert, ze mâze breit,

1, 4. *bîneweide,* Bienenweide. 9. *wert,* Insel. 10. *jârlanc,* das Jahr hindurch, in dieser Zeit des Jahres. 12. *brûn,* glänzend. 13. *verwetten,* wetten. 14. *gumpânîe,* Genossenschaft, Genosse.

sleht, ze beiden eggen ganz:
si went sich vor allen vögeten vrien.
Otte, kom daz ôsterspil,
sô lâ mich den dînen rât besinnen:
Künze diu hât friunde vil.
lâz an mich, dêswâr ez stât mit minnen:
Fridebolt, du füere den tanz von hinnen.
  Fridebolt, setz ûf den huot:
wol gemuoter, gang uns vor,
bint dîn ôstersahs zer linggen sîten.
wis durch Künzen hôhgemuot,
leite uns für daz dinkhoftor,
lâ den tanz al ûf den wasen rîten.
werdest underdrungen dâ,
sô lâ swertes knopf ûf brust erknellen:
slach die stahelbîzen nâ,
daz die Kolmerhüete ûf kopfe erhellen.
nieman lâ dir laster breit ûf wellen.
  Vrô Künze, joch ist iuwer trût
under valken niht ein ar
noch eins löwen klâ undr andern tieren.
wie getorste er über lût
werden alde ie komen dar,
dâ man sach die tenze rifelieren?
dâ muoz er den troialdei

16. *egge,* Schneide. *ganz,* unversehrt, ohne Scharten. 18. *kom,* conj., wenn kommt. 19. *besinnen,* überlegen. 21. *lâz an mich,* überlaß es mir. *ez stât mit minnen,* es steht freundlich. 25. *ôstersahs,* österreichisches Schwert. 27. *dinkhof,* der Hof, auf welchem Gericht gehalten wird. 28. *wase,* Rasen. 29. *underdringen,* durch Dazwischendrängen verhindern. 30. *knopf,* Knauf. *erknellen,* erhallen. 31. *stahelbîze,* Stahlbeißer = Schwert. *nâ,* nach. 32. *Kolmerhuot,* Hut aus Kolmar. 33. *wellen,* wälzen, *ûf w.,* zuschieben. 36. *klâ,* Klaue. 39. *rifelieren,* umgehen. 40. *troialdei,* Name eines Tanzes.

selbe zwelfte von der linden rûmen.
lîhte wirt im einz ald zwei,
wil sich einer in dem hanfe iht sûmen:
der bedarf zer rehten hant des dûmen.

Der selbe teilet unde welt
unde witert swie er wil,
dâ von sleht ouch im der hagel selten.
vrô Künze, dast iu vor gezelt:
ir lobent Frideboltcn vil;
des mac Else und Elle wol engelten.
Fridebolt ist hin geleit:
sîner minne ist er vil gar erlochen.
Elle mir daz rîsel treit
einest alder zwirent in der wochen:
Otten tanz der wart noch nie zerbrochen.

'Nie versûmde noch vermeit
Fridebolt sîn scharpfez ort:
er vergaz nie swertes in der scheide.
swen sîn langez sahs versneit,
der gesprach nie ach noch wort:
Otte, daz mac dir wol komen ze leide.
sich hebt ringen, striuchelstôz,
slach daz swert ûf herten stahel dicke.
jener dirre und des genôz.
sêre müejent mich ir wâfen blicke,
ê deichs under ougen baz verbicke.'

45. theilen und wählen, d. h. alles nach seinem Wunsche thun. 46. *witern*, Wetter machen. 47. *sleht*, schlägt. *im*, ihm zum Schaden. 52. *erlechen*, leer machen. 53. *rîsel*, kleine Ruthe. 54. *zwirent*, zweimal. 56. *vermeit*, versagte. 57. *ort*, Spitze, Schwert. 59. *sahs*, Messer. *versnîden*, verwunden. 62. *striuchelstôz*, Stoß, der straucheln macht. 65. *müejent*, verdrießen. *blic*, Blitz, Glanz. 66. *verbicken*, verhauen.

2.

'Willekomen, sumerweter süeze!
der winter was lenge:
er hât sîner kelte uns benüeget',
sprach ein maget: 'schiere komen müeze
diu zit daz ich genge
hin zem reien harte wol beclüeget.
niuwe betzeln unde rîse
ich ze hâre binde.
wol sing ich des reien wîse
nâch der ahselnote lîse:
nâch der gîgen tanze ich niht ze swinde

Jârlanc gruonet daz loup über egge
vil schône ze walde:
ûf dem anger hebent sich die tenze.
lûte rüeret ez der sumberslegge:
gezouclîchen balde
rispent unde revelent iuwer swenze,
die wir tâlanc sunder lougen
ûf dem wasen slîzen
offenbâr und niht ze tougen.
wir suln spehen mit den ougen
wer die sîn, die sich der tenze flîzen.

Ich wil kempfe wesen zuo der linden
ze schalle und ze ruome,

2, 2. *lenge,* adj., lang. 3. *benüegen,* genug geben. 6. *beclüegen,* fein machen. 7. *betzel,* Haube. *rîse,* Schleier. 8. *ze hâre,* auf das Haar. 10. *ahselnote,* eine Art musikalischer Begleitung. 12. *egge,* Winkel. 15. *sumberslegge,* Paukenschläger. 16. *gezouclîchen* = *gezouweclîchen,* gerüstet. 17. *rispen,* kräuseln. *revelen,* sticken, nähen. *swanz,* Schleppe. 18. *tâlanc,* an diesem Tage. 19. *slîzen,* zerreißen.

sam mir Elsen lîp und ouch ir sêle.
wan muoz mich in sîner schare vinden:
her Kuonze ist ein bluome,
swie doch alles lützet in vrô Bêle.
Gîselbrehten, den si rüemet,
waz sol der ze schalle?
erst von wiben gar vertüemet;
swie sin crœnet unde blüemet,
erst ein schebel und sîner friunde ein galle.'
'Waz hât Else an Gîselbreht gerochen?
des wundert mich sêre,
daz si in sô offenlichen strâfet.
si hât im sîn lop vil gar zerbrochen:
tüege des niht mêre.
er tanzet wol sô Kuonze heime slâfet.
swâ man tanzet alder springet,
da ist er vor in allen.
mit gewalte in nieman dringet.
. . . .
des muoz er uns kinden wol gevallen.
Giselbreht, du solt den sumber rüeren.
der dôn durch die hiute
machet lihte claffendiu gehelze.
ich wil den tanz durch daz gedrenge füeren.
sich samnent die liute:
daz ir deheiner crœne alder kelze.
swer durch zuht niht tanzen welle

25. *sam mir*, so wahr mir sc. erhalten bleibe. 28. *lützen*, herabsetzen. 30. *ze schalle*, zum Lärm, d. h. daß von ihm gesprochen wird. 31. *vertüemen*, verurtheilen. 32. *blüemen*, verherrlichen. 33. *schebel*, Schaber, Schabhals. 42. *dringet*, verdrängt. 47. *gehelze*, Schwertgriff. *claffen*, lärmen. 50. *crœnen*, schwatzen. *kelzen*, schreien.

noch durch gemelliche,
der enmache enhein geschelle.
hie wirt lihte ein strûchgevelle,
daz es sume spottes werdent riche.'
Dô huop sich der tanz von deme russe:
der dôn über biunde
schal reht als ez in ein ander brunne;
hôhe sprünge, rôte baggenknusse.
die starken gêrfriunde
schirmden mîn vrôn Bêlen vor der sunne.
Ringewipfel bî der stûchen
mîn vrôn Elsen fuorte.
hôher sprünge, sunder tûchen,
und nie hâres breit gestrûchen,
fuor der weibel, dêr si niender ruorte.

3.

Wol gezieret stât diu grüene heide,
daz loup über egge
kiust man bî den tolden wunneclîche.
jâ tuont uns die dörpel vil ze leide,
gewinnent si hegge
hiure undr einander vil gelîche;
der ich wil nennen vier genôz,

52. *gemellîche,* Lustigkeit. 53. *enhein,* kein. *geschelle,* Lärm. 54. *strûchgevelle,* Straucheln und Fallen. 55. *sume,* manche. *es,* dadurch. 56. *rus,* Flegel, Bengel. 57. *biunde,* Gehege. 59. *baggenknus,* Zusammenstoßen der Backen. 60. *gêrfriunt,* Verwandter von männlicher Seite. 64. *tûchen,* tauchen, bücken. 66. *weibel,* Gerichtsbote. *dêr* = *daz er,* daß er.

3, 3. *tolde,* Wipfel. 4. *dörpel,* Bauerntölpel. 5. *hegge,* Hecke Vermehrung.

die sint vil unbescheiden.
einer heizet Madelgôz,
der treit einen kolben grôz,
der wil uns reigen bî der linden leiden.
    Welt ir wunder von den zweien hœren?
die dunkent sich spæhe,
sô si diu swert gespannent umbe siten.
dêst Erkenbolt mit sîm gesellen Stœren.
die tretent sô wæhe
und gênt dort hübeschen her von Hôhenlîten.
der dritte heizet Amelolt
mit sînem hiubelhuote:
der ist den zweien niht ze holt.
si habent ez wol umb in verscholt:
ersnellet ers, ez kumt in niht ze guote.
    Der vierde daz ist Küenzelîn der weibel
(sîn hâr ist gecrispet),
der uns zuo dem reigen vil getrîbet.
an der schar ist er ein rehter treibel.
gefuoclîch er zispet;
mit dem fuoze er schupfet unde rîbet.
jarâjâ! die ahselnoten
kan er wol ze prîse,
meisterlîch den houbetschoten
springen nâch des reien knoten:
hôher sprünge ist er ein angerwîse.

---

8. *unbescheiden,* unverständig. 11. *leiden,* verleiden. 13. *spæhe,* zierlich, fein. 16. *wæhe,* kunstvoll. 19. *hiubelhuot,* haubenartiger Hut. 21. *verscholn,* verdienen. 22. *ersnellen,* ereilen. 24. *crispen,* kräuseln. 26. *treibel,* Treiber. 27. *zispen,* schleifend gehen. 28. *schupfen,* wippen. 29. *jarâjâ,* fürwahr. 30. *ze prîse,* vorzüglich. 31. *houbetschote,* Tanz, bei dem das Haupt geschüttelt wird. 32. *knote,* Verschlingung. 33. *angerwîse,* der auf dem Anger Bescheid weiß.

4.

Wis willekomen, nahtegal ein vrouwe,
dîn dôn der ist rîche
maniger süezen stimmen an dem morgen.
du zierest rehte wol die grüenen ouwe,
swenn du sô wunneclîche
singest und dîn trûren hâst verborgen.
dâ von solt du des meien pflegen.
des vröut sich mîn gemüete;
des habe ich mich vil gar verwegen:
die kalten rîfen sint gelegen,
diu heide stêt in wunneclîcher blüete.

Ich wil iu klagen mîne schumpfentiure
von einem dörper spæhen:
der hât mich mîner liebe gar beroubet.
so krûsen loc gesach ich vert noch hiure:
den selben krispel wæhen,
den ir bekennent bî des löwen houbet,
derst wol anderhalp Franzeis,
ein stöuber under wîben.
sîn burse machet in puneis;
sîn kursît ist ein schampeneis:
wer künde uns vor dem dörper iht belîben?

Er hât gewunden krûse valwe locke,
am ende widerstürzet:

4, 10. *sint gelegen,* liegen darnieder. 12. *schumpfentiure,* Unfall. 13. *dörper,* Bauernbursche. 16. *krispel,* Krauskopf. 17. *bekennen,* erkennen. *bî,* an. 18. *anderhalp,* zur andern Hälfte. 19. *stöuber,* aufstöbernder Jagdhund; hier in übertragenem Sinne. 20. *burse,* Börse. Beutel. *puneis,* stinkend; von den stark riechenden Gewürzen, die er darin trägt. 21. *kursît,* Pelzrock. *schampeneis,* aus der Champagne. 22. *uns,* dat., unter uns. 24. *widerstürzen,* umbiegen.

daz machet im diu hûbe mit den snüeren.
wol gevalten sost er in dem rocke,
vil ebene geschürzet.
nieman sol in ungetwagen rüeren.
er ist sô hæle, wurrâwei!
wer künde im gelîchen?
lieber mîn her portenschei,
ir sint ein süezer knappe, afei!
stêt in dem ringe und lât dar nâher strîchen.

---

28. *ungetwagen,* ungewaschen. 29. *hæle,* glatt. *wurrâwei,* Ausruf. 31. *portenschei,* unverständlich. In *schei* scheint frz. *joie* zu liegen. *porten* = *borten,* also vielleicht: der an Borten seine Freude hat. *borten* sind golddurchwirkte Bänder; also etwa ein Stutzer. 32. *afei* = frz. *avoi,* hei. 33. *rinc,* Kreis. *dar nâher,* näher heran.

XIII.

Her Heinrich von Frouwenberc.

1.

Gegen dem morgen
suoze ein wahter lûte sanc,
dô er sach den orîôn,
dâ verborgen
wîbes bilde zuo zim dranc
. . . . . . durh minnen lôn:
'frouwe hêre,
jâ sult ir wachen:
ich sihe des nahtes krefte balde swachen,
in singe nu niht mêre.'
'Wahter, schouwe'
sprach daz minneclîche wîp,
'ob der leide tac ûf gê.'
er sprach 'frouwe,
swer wol soldet mir den lîp,
swenne ez taget, ich singe iu mê.

1, 5. *wibes bilde,* umschreibend = *wîp.* 15. *solden,* bezahlen; *mir den lîp,* mich.

ist der ritter
hie inne, frouwe,
vermîde ich danne mîner ougen schouwe,
sô wirt iur fröide bitter.'
'Hôhem solde
warte mir, geselle mîn,'
sprach diu frouwe wol getân,
'daz mîn holde
lange bî mir müge sîn,
den ich umbevangen hân.
wahter liebe,
hilf mir in fristen
mit dînen kluogen wol verholnen listen.
wirt sant mir zeinem diebe.'

2.

Uns ist kon diu zît,
diu fröide uns bringen
wil, der sumer mit sîner kraft.
dien vogeln er gît
daz in wil erklingen
ir sanc suoze mit meisterschaft.
nu sunge ich vil gerne,
und hulfe ez mich iht:
wol zehen verne
den kumber ich lerne,
swaz mir von der lieben geschiht.

---

19. *vermîden,* unterlassen. 22. *warten,* mit dat. (*solde*), erwarten. *mir,* von mir. 24. *holde,* Geliebter. 30. *sant,* mit.

2, 1. *kon* = *komen.* 4. *gît,* verleiht. 8. *und,* am Anfang von Bedingungssätzen in fragender Form. 9. *verne,* s. Lesarten.

Mîn herze hât nôt,
swie frô ich gebâre,
nâch liebe nu manigen tac.
ir munt rôsenrôt
der schaffet ze wâre,
daz ich ir vergezzen niht mac.
ir guot gebâren,
ir lîp wol gestalt,
die kunnen mîn vâren:
und sol ez verjâren,
mîn sorge diu wirt manicvalt.
Ach solde ich geleben
daz mir diu vil guote
von sorgen wolt scheiden den lip!
si mehte mir geben
wol fröide in dem muote:
die hât si vil sæligez wîp.
ir lieplich lachen,
ir wol stênder munt
die wellent mir machen
mit frœlîchen sachen
deich bin iemer mêre gesunt.

3.

Ach mîner nôt! ich klagender man,
wie solz ergân ze jungest mir?
ein sender tôt der wont mir an,
sît ich der lieben hulde embir.
diu twinget sô daz herze mîn

20. *mîn vâren,* mich gefährden. 23. *geleben,* erleben. 26. *mehte,* könnte. 31. *wellent,* werden voraussichtlich.

sam diu kleinen vogellîn
mit sîner kraft der winter tuot:
dâ von sô bin ich ungemuot.
Waz sol mir lîp, waz sol mir guot,
sît ich dekeine ruowe hân?
daz beste wîp mir leide tuot,
die got ûf erde hât gelân.
sist schœne und alles wandels vri:
swie ungenædic si mir sî,
doch muoz ich ir sîn undertân,
mîn herze wil michs niht erlân.
Ich muoz nu sîn in sender nôt,
sît ez diu herzeliebe wil.
dâ von ich bin an fröiden tôt:
daz ist der lieben gar ein spil,
und giht, si welle lônen mir
dar nâch ich habe gedienet ir.
nu lâze eht sîn, si ist sô guot,
daz si mir noch genâde tuot.

4.

Ich wil wünschen der vil guoten,
daz si lange müeze leben.
des wil ich ze gote muoten:
sô hât er mir wol gegeben.
sist mîns herzen ôstertac:
âne die vil minnenclîchen
nieman mich getrœsten mac.

3, 20. *spil,* Scherz. 22. *dar nâch,* dem entsprechend wie.
4, 3. *ze gote muoten,* von Gott erwarten, hoffen.

Schœne, wert, gar minnenclîche
so ist diu liebe frouwe mîn.
sist sô gar der êren rîche
(daz si sælic müeze sîn!)
und ist ganzer tugende vol:
nieman kan sich ir gelîchen
der ich iemer dienen sol.
Wenne sol der tac erschînen,
daz ich die vil lieben sehe
wunnenclîchen under mînen
armen und daz si verjehe,
daz si mir genædic sî?
vrouwe Minne, ir sult sis twingen,
sint ir stætecliche bî.

5.

Sol von minnenclîchem wîbe
mir vil senden man niht swære werden buoz?
von ir triutelehten lîbe
wart mir nie wan daz ich nâch ir siuften muoz.
von der ich den schaden hân
pfligt gein mir niht stæter triuwen:
des wil ich mich an ir lachen niht mê lân.
Mir wær doch daz leben swære,
trôste mich ein anderz liebez trœsten niht,
wan ich weiz diu inren mære,
daz die lieben nieman wan in êren siht.
frô mich doch ein trœsten tuot:

20. *sis,* sie dazu.

5, 3. *triuteleht,* lieblich. 4. *siuften,* seufzen. 7. *an ir lachen lân,* ihrem Lachen vertrauen. 10. *diu inren mære,* das in meinem Innern.

lîde ich nôt an mînem libe
mit gedulde, dast mir an der sêle guot.
Waz sol ich ir mêre künden,
wan dazs an den triuwen mich verderben lât?
si wil sich an mir versünden:
wizzent daz ez iemer ûf ir sêle stât.
alles wandels ist si vrî:
swie si mich an fröiden irre,
got sî mir als ich der herzelieben si!
Ir vil vrœlîch stênden ougen
diu hânt sô versêret mich vil senden man:
daz wil nieman mir gelouben.
dâ ist ouch der ungetriuwe schuldic an:
deist ir rôsevarwer munt,
den si ûf mînen schaden spîset;
der hât an dien ganzen triuwen mich verwunt.

---

18. auf ihre Seele fällt. 20. *irre*, hindere, beraube.

XIV.

Her Heinrich von Sax.

I.

Ich bite iuch lieben guoten,
daz ir vernement mînen pîn,
iuch werden hôhgemuoten,
die wîben holt von herzen sîn,
und ouch iuch guoten frouwen,
daz ir geruochent mîne nôt
dur iuwer güete schouwen,
wie gar ich bin an fröiden tôt.
Ein wîp diu hât mich gebunden sô,
deich gar ân alle fröide bin.
mîn lîp muoz eht iemer sîn unfrô,
si trœste mînen senden sin.
Si ist sô guot,
daz mich mîn muot
gein ir mit ganzen triuwen treit.
ir rôter munt
hât mich verwunt:
des ist mîn ungemüete breit.

Ir kel ist blanc;
der mîn gedanc
von ir eht niht gewenken mac.
des bin ich gar
an fröiden bar,
sin mache mînem herzen tac.
Min muot und ouch gar daz herze min
der süezen nien vergezzen kan.
vil guot ist diu liebe frouwe mîn:
ich bin ir eigen dienestman.
Mich hât versêret ir vil liehten ougen schîn,
mit minnen geschozzen in daz sende herze mîn.
wil si, sô muoz ich âne hôhgemüete leben:
diu hêre diu mac mir ouch wol hôhe fröide geben.
Seht, als hât diu reine
mîn vor allen wîben gar gewalt,
diech mit triuwen meine,
und hab ouch mîn heil an si gezalt.
Sol mir wol gelingen,
daz muoz eht an ir genâden stân.
ich wil iemer singen,
unde diene ir gerne ûf lieben wân.
Si hât mich gebunden sô in ir bant,
deich muoz eht ir gevangen sîn.
mich lât wol ir helfe rîchiu hant
ûz banden, wil diu frouwe mîn.
Nu helfent mir wünschen, ir werden man,
und ouch ir reinen guoten wîp,
sît mich eht niht anders getrœsten kan
wan ir vil minneclîcher lîp,

1, 21. *eht,* nun einmal. *gewenken,* weichen. 36. *gezalt,* zugezählt, zugeschrieben. 38. *stân an,* abhängen von.

Daz mich noch diu reine trœste baz:
daz stêt ir reinen güete wol,
sit ir ouch mîn herze nie vergaz
noch niemer mê vergezzen sol.
Ir umbevanc
mich schiede wol von sender nôt
mit armen blanc:
ich kuste ouch gerne ir mündel rôt.
Swaz ich gesinge,
daz fröwet mich in herzen niht,
ich tanze, ich springe,
ê daz mir liep von ir geschiht.
Vil wê tuot mir, daz ich die frouwen min
sô lange vremede, dast mir ze lanc.
mich fröwete baz ir vil liehter schîn
danne eht al der vogellîne sanc.
Sô wil ich doch dien jungen singen,
waz der sumer wunne hât,
dur daz si tanzen unde springen.
walt mit grüener varwe stât;
Nahtegal
süezen schal
singet, der vil sanfte tuot.
meien bluot
hôhen muot
gît den vogelen über al.
Heide breit
wol bekleit
mit vil schœnen bluomen lit.
sumerzît
fröide gît:
dâ von suln wir sîn gemeit.

---

59. ich mag tanzen oder springen. 62. *vremeden,* meiden.

Der klê den snê von hinnen vertriben hât:
des suln wir alle mit schalle ouch in fröiden wesen.
Mit mir sult ir dâ diu grüene linde stât.
dâ suln wir reien den meien, klêbluomen lesen.
Dâ wirt diu kurzewîle guot,
dar kumt schœner frouwen vil:
dâ wirt maneger wol gemuot
und ouch sorgen vrî.
Ahî, nu sî vil sælic swer mit fröiden lebe!
sint frô! lebt sô daz iu got hôhgemüete gebe.
Man sol sich wol mit fröiden vröwen der sumerzît:
si hât den rât daz si wol hôhgemüete gît.
Der dôz wirt grôz, dâ wir zuo ein andern komen
under der linden: von kinden vil wol gemuot
Die schar vil gar dâ sint, daz habe ich vernomen.
ir frœlîch singen, ir springen vil sanfte tuot.
Fröide und fröiderîch gemüete
suln wir disen sumer hân:
heide und anger schône in blüete,
dâ stênt bluomen wol getân.
Uf der heide und in dem walde
singent kleiniu vogellîn
süeze stimme manicvalde:
des sun wir in fröiden sîn.
Nu seht wie mange wunne
der sumer al der welte gît,
mê danne ich singen kunne.
waz süezer wunne an ime lît!
Er kan uns fröide machen,
der wunnecliche sumer guot:

---

84. *den meien*, den Mai hindurch. 92. *rât*, Vorrath. 93. *dôz*, Lärm.

mit manicvalden sachen
git er der welte hôhen muot.
Diu tal, diu val den winter ê sint gewesen,
dâ siht man ze ringen ûf dringen klêbluomen vil.
Nu wol ûf, wol ûf, fröunt iuch der lieben zît,
diu vil manigem herzen dicke sanfte tuot.
Al mîn fröide an einem reinen wîbe lît,
diu mich dunket beidiu minneclich und guot.
Ich wil ouch mit iu tanzen unde springen mê,
swie mir in herzen niemer liep dâ von beschê.
Ich wil ouch ûzen frô gebaren zaller zit,
und innan tûzen dâ mîn herze in sêrc lit.
Sold aber ich geleben
daz diu liebe frouwe min
mir fröide wolde geben,
sô wold ich in fröiden sin
Innen und ûze mit frœlichem muote,
ob diu vil reine, diu hêre, diu guote
mich wold enbinden, diu süeze, diu reine:
sist wol gestellet, diu liebe, diech meine.
Dâ von wil ich iemer mêr und âne wanc
ir dienen al die wîle und ich iemer lebe;
Wurde mir ir minneclicher habedanc,
daz wære mir ein lieber funt, ein rîchiu gebe.
Si hât alleine mîn für elliu wip gewalt,
die ich dâ meine: ich hân mîn heil an si gezalt.
Mich mag ouch machen ir vil süezéz mündel rôt
in herzen lachen: wil si, ich bin an fröiden tôt.
Dis tanzes ist niht mêre,
den ich von mîner frouwen hân gesungen.
wünschent daz si noch mîn leit verkêre!

114. *ze ringen*, in Kreisen, ringsum. 122. *tûzen*, still sein, still trauern.

2.

Vil süeziu Minne,
dîn süezekeit
hât mich getân
gar âne fröidebernden muot.
ich hân die sinne
vil stæte breit
an dich gelân:
war wie wê mir diu liebe tuot
wende, frouwe, mîne nôt,
ald ich bin an fröiden tôt:
schaffe daz mich trœste der vil süezen mündel rôt.
Ich muoz belîben
ân allen strît
vil undertân
der ich gar eigenlîchen bin.
mihn kan vertrîben
kein haz noch nît:
hâts ieman wân,
der muoz dar an betrogen sîn.
in wil mich von ir scheiden niht:
ist daz man mich in sorgen siht,
waz dar umbe? ez kumt noch daz man mir fröiden giht.
Hey süezer meie,
dîn kunft uns gît
vil wunnen breit,
die man dâ heizet leitvertrîp.
von dîme geheie
der anger lît

2, 6. *breit*, ausgedehnt, ganz. 8. *war*, beachte. 22. *mir fröiden giht*, mir Freuden zuschreibt. 27. *geheie*, Pflege.

gar wol bespreit
vil maniger hande bluomen kip.
in den welden über al
wâren die linden alle val,
dâ ir süezen stimme singet nu diu nahtegal.

Wil mich niht trœsten
mîns herzen trôst,
an der vil gar
lît al mîns lîbes zuoversiht,
sô lege mich rœsten
hin ûf den rôst,
und neme war,
daz mir nie wart sô liebes niht
in al der welte sam ir lîp.
genâde, helferîchez wîp:
mit der dînen güete ûz mînem herzen swære trîp!

Jâ muoz verderben
mîn sender lîp:
daz ist ein nôt,
daz si des niht erkennen wil.
möht ich erwerben
daz noch ein wîp
für mînen tôt
wolte bieten ir minnespil,
sô wurde ich schiere wol gesunt
und fröite mich der selben stunt:
ich bite got, daz er mir füege den selben lieben funt.

---

30. vgl. die Lesarten. 38. *lege*, lege sie mich. 51. *für*, zur Abwehr gegen.

3.

Ich sach s' an der mîn fröide lît
bî andern schœnen frouwen gân;
si dûhte mich ân allen strît
diu beste und dâ bî wol getân.
dâ was von frowen ein michel schar:
ich nam niht wan ir einer war,
mîn ougen blihten dicke dar.
Minne, süeziu füegerinne,
du füege daz mîn werde rât!
du twinc ir herze und alle ir sinne
reht als si mich betwungen hât.
tuo mir ûf der sælden tür,
sliuz zuo und lâ mich niht dâ für:
sô sæze ich ûf der sælden kür.
Mich hât ein liehter ougen blic
geschozzen in daz herze mîn:
dâ leit si mir der minne stric,
des muoz ich ir gevangen sîn.
wer heilet hie (jâ bin ich wunt)?
daz tuot ir rôsevarwer munt,
sold ich den küssen tûsentstunt.
Genigen sî der guoten dar,
der ich vil eigenlîche bin:
swar ich in dien landen var,
sô hât si dort herz unde sin
von mir gescheiden âne strît.
mîn trôst, mîn heil gar an ir lît:
ir lip fröit für des meien zît.

---

6. Ich achtete nur auf sie allein. 14. *kür,* Wahl, Bestimmung: so wäre ich zum Glücke bestimmt. 22. *genigen sî,* Dank sei gesagt. 28. *für,* mehr als.

Künde ich nu mit fuoge erwerben
daz ich ir gelæge bî!
geschiht des niht, ich muoz verderben:
seht wie gerne ich bî ir sî!
dur si sô lîde ich grôze nôt,
in meit noch nie swaz si gebôt:
si trœste mich ald ich bin tôt.

4.

Swie der walt nu stêt in blüete,
swie diu heide wol gezieret stê,
swie der vogele hôhgemüete
sî gehœhet, mir ist doch vil wê:
ich muoz âne wer verderben,
in dien ganzen wunnen sterben;
mich enkan diu sumerzît
niht von sender nôt gescheiden,
der vil lieben welle leiden
daz mîn herze in banden lit.
Wolde mich diu guote enbinden,
diu mîn herze in Minne banden hât,
könde ich die genâde vinden,
sô wurd aller mîner swære rât.
swie si mich enzît enbunde,
ê mîn fröide gar verswunde,
sô wold ich in wunnen sweben
und ir reinen wîbes güete
prîsen wol mit hôhgemüete,
der ich wil für eigen leben.

4, 9. *welle* = *enwelle*, es sei denn daß wolle.

Swie gehaz sî mir diu guote,
doch bin ich ir mit gedanken bî:
dâ vor kan si kleine huote
hân, swie ungenædec si mir sî.
wil si mich ze friunt versmâhen,
doch gedenke ich ir wol nâhen:
wirt mir anders niht von ir,
sô kan si mir niht entwenken,
ine welle ir nâhe denken:
daz tuot ouch vil sanfte mir.

Minne füeget hübschen lîben
liebez leben und dâ bî hôhen muot:
werden mannen, guoten wîben
wart ze hôhen fröiden nie sô guot,
sô daz si mit stæten sinnen
minneclîch ein ander minnen:
deist ob allen fröiden gar.
ich wæn nieman bezzer wunne
vinden alde erdenken kunne:
ez tuot aller sorgen bar.

Sît der wunnen niht gelîchen
kan gein hôhen êren, sælic wîp,
sô sult ir mich fröiden rîchen,
liebiu frouwe, und minnen mînen lîp.
sît iuch meinet mîn gemüete,
minnent mich dur iuwer güete,
alde ich bin an fröiden tôt.
sol mir niht an ir gelingen,
sô kan nieman mir geringen
mîne senelîchen nôt.

---

23. davor kann sie sich wenig (= gar nicht) hüten. 25. *ze friunt,* als Geliebten. 34. *ze,* in Bezug auf. 42. *gein,* in Bezug auf.

5.

Manger hande bluot
aber nu der meie hât;
dâ bi hab ich sorge manicvalt:
al mîn hôher muot
gar an einem wibe stât;
diu vil liebe hât mîn gar gewalt.
gnâde, frouwe min,
tuo mir schiere helfe schin:
wende mînen pîn,
alde ich muoz verdorben sîn.
Frouwe guot, verjage
mîne senelîchen nôt,
diech in manicvalden sorgen hân
alle mîne tage:
dîn vil süezez mündel rôt
mac mîn herze ûz allen sorgen lân.
gnâde, frouwe mîn,
tuo mir schiere helfe schîn:
wende mînen pîn,
alde ich muoz verdorben sîn.
Mîner fröide hort,
tuoz dur dîne sælikeit
und enbinde mînen senden lîp.
sprich daz süeze wort
'ich wil wenden al dîn leit':
sô bist iemer mêr ein sælic wip.
gnâde, frouwe mîn,
tuo mir schiere helfe schîn:
wende mînen pîn,
alde ich muoz verdorben sîn.

Sît daz in ir bant
si mich hât gebunden sô,
daz ich muoz gar nâch ir willen leben,
der mir elliu lant
gæbe, ich wurde niemer frô,
wil si mir niht hôhgemüete geben.
gnâde, frouwe mîn,
tuo mir schiere helfe schîn:
wende mînen pîn,
alde ich muoz verdorben sîn.
Beschæhe mir daz heil
an der lieben frouwen mîn,
daz mir wurde kunt ir schœner gruoz,
und si spræche 'teil,
dar zuo sî daz wellen dîn:
dir mac schiere sorgen werden buoz!'
gnâde, frouwe mîn,
tuo mir schiere helfe schîn:
wende mînen pîn,
alde ich muoz verdorben sîn.

5, 34. *der,* wenn jemand. 34. 35. vgl. zu Goeli 1, 45.

XV.

Winli.

1.

Minneclichiu Minne,
nu füege durch güete
daz mich disiu liebe gesehe und ich sî,
sô daz ich gewinne
vrô niuwe gemüete,
daz ich dirre sorge werd êrlichen vrî.
kæme ich iemer dar dâ ich si fünde,
niemêr ich erwünde,
ich rette ze künde,
ob mich iender trüege mîn dienst nâher bi.
Nû hât sich geniuwet
der walt zehen jâre,
daz ich niemer sit niuwe fröide gewan.
het ich des getriuwet,
daz sî mit dem vâre

1, 6. *êrlichen,* in ehrenvoller Weise. 9. *ze künde,* deutlich, offen. 10. *iender,* irgendwie. 14. *getriuwen,* glauben. 15. *vâr,* böse Absicht.

mich ir dienen hiez, dô sî mich ir gewan,
seht, sô hete ich mich an ir gerochen:
ich hete ir gebrochen,
ich hete gesprochen
'als ir mir sint vrouwe, als bin ich iu man.'
Daz habe ich versûmet:
ich tiure allen wîben,
sî hât mich ze mâle unde bin ich ir bar.
het ich dô gerûmet
dô sî mich hiez blîben,
sô möhte ich nû dienen wol her oder dar.
des enmac niht sîn: ich muoz ir neigen.
sî mac mich wol zeigen
den liuten für eigen
und mac mich schetzen: die maht hât sî gar.
Ich mac niht gelougen,
ich sî ir gevangen:
des engan ich nieman ûf ertrîche baz.
und ist daz sô tougen,
daz sî mit ir wangen
noch mit ougen nie der gelîch engesaz.
seht wie guot gesellîn ist diu reine:
allez daz ich meine,
daz meinet sî kleine;
trag ich zuo zir holt, sô treit sî gein mir haz.

---

22. *tiuren,* selten sein = nicht vorhanden sein. 23. *bar,* beraubt. 24. *gerûmet,* sie verlassen. 30. *schetzen,* abschätzen, den Werth bestimmen, wie bei einem verkäuflichen Gegenstande. 31. *gelougen,* leugnen. 34. diese Gefangenschaft ist eine so heimliche, verborgene, daß sie mit ihren Wangen und Augen nie dasaß wie eine, die einen solchen Gefangenen hat. 38. *meine,* liebe. 40. trage ich Zuneigung zu ihr.

Nimt daz niht ein ende,
daz kostet ein sterben
mich vil senden man: dar zuo bin ich gestalt.
solken schaden wende,
niht lâz mich verderben,
minneclîchiu Minne: dû hâst ir gewalt.
alder ich wil kempfen vor dem rîche
mit ir sicherlîche,
daz ich niht entwîche,
ob ich lenger trüege die nôt manicvalt.

2.

Aber walt und ouch diu heide
krankent an ir kleide:
winter wil sî twingen.
nahtegal diu lât ir singen
und diu bluot ir dringen.
bî dem selben leide
klage ich mînes herzen swære:
ouwê die sint alsô hert!
swaz sî mir von êrst beschert,
daz was mir gevære.
Ich zih als ein wîp alleine;
jâ sî süeze reine,
wes wil sî mich twingen?
kan mir stæte lân gelingen
unde fröide bringen
nâch mîns herzen meine,
sô hab ich der lieben hulde,

---

43. *gestalt,* angethan.
2, 6. *bî,* neben. 10. *gevære,* feindselig. 11. *als* = *alles.*

wan ich was ie an ir stæte.
sint daz gên ir missetæte,
sô sint mîne schulde.
Jâ sî minneclîche guote
kan sô stætem muote
sunder sich gelichen,
daz ir lîp der minnenclichen
stæte lât berîchen
inrenthalp der huote:
wand ir stæte wîbes güete
wirt sô reine wibes mînne,
daz ich lîhte noch gewinne
von ir vrô gemüete.

3.

Scheiden daz tuot wê und muoz doch sîn.
ich muoz den tôt erlîden,
sol ich sî lenger mîden,
die vrouwen mîn:
sî ist sô fîn.
Manger leije blüete güete waltet
unde enthaltet sich aldur den sumer vrô.
jô sô singent schône
vogellîn in ir dône
williclichen hô,
sô des meijen kunne wunne machet
unde lachet suoze beide berg und tal:
gal, schal und gebræhe

---

23. *gelichen,* vergleichen. *sunder,* sehr. 25. *berichen,* reich werden.
3, 6. *güete waltet,* besitzt die gute Eigenschaft, hat den Vorzug.
13. *gal,* Geschrei. *gebræhe* (s. Lesarten), Lärm.

machet harte wæhe
manic nahtegal.
ûf der heide manigem kleide fröide gît
ouch der meije manger leije:
küene grüene lît der anger wider strît.
Scheiden daz tuot wê und muoz doch sîn.
ich muoz den tôt erlîden,
sol ich sî lenger mîden,
die vrouwen mîn:
sî ist sô fin.
O wach, sol ich iemer niemer schouwen
mînes herzen frouwen nâch dem willen mîn!
fin sîn kan diu guote
und in hôhem muote
halten wîbes schîn.
ich muoz iemer klagen sagen, Minne,
daz sî mich der sinne hât beroubet gar.
var dar unde luoge,
wie sî mich, diu kluoge,
krenket sunderbar.
dâ von râte niht ze spâte, Minne, mir,
wan ich kranke nâch ir danke:
füege, wüege daz ich vinde trôst an ir.
Scheiden daz tuot wê und muoz doch sin
ich muoz den tôt erlîden,
sol ich sî lenger mîden,
die vrouwen mîn:
sî ist sô fin.
Wer wær mir gelîche rîche guotes
unde muotes? des kan ich mich niht entstân.

---

24. *O wach,* Interjection, o weh. 36. *wüegen,* in Erinnerung bringen. 43. *sich entstân* mit gen., einsehen.

lân gân müeste ich swære,
swanne ich bî ir wære,
unde in fröiden stân
unde ir wol ze sinne minne wære,
waz sî liebes bære mir vil senden man!
hân kan sî gemüete,
unde ir wîbes güete
stât ir lieplich an.
bî ir wære mir niht swære, möhte ez sîn,
und sî solte, sam ich wolte,
lachen machen frœlich mir daz herze mîn.
Scheiden daz tuot wê und muoz doch sîn.
ich muoz den tôt erlîden,
sol ich sî lenger mîden,
die vrouwen mîn:
sî ist sô fîn.

4.

Seht, des meijen blüete
fröit die vogel in dien ouwen:
sô fröit mich ein minneclichez wîp.
diu gît mir gemüete
unde lât mich an ir schouwen
wunder, diu mir sprechent 'vrô belîp.'
wes sol ich mich fröuwen mê?
sî went mit ir güete,
daz sî zimet wol ze frouwen
unde heizet sendes leitvertrîp.

---

47. *unde* mit *swanne* zu verbinden. 52. *swære,* lästig, langweilig.
4, 8. *went* = *wendet.* 10. der Leidvertreib eines Sehnsuchtsvollen.

Ich wil iemer mêre
hân die lieben zeinem meijen,
sît ir varwe kan sô stæte sîn.
swer mir daz verkêre,
der var in den meijen reijen
unde lâ mich an der vrouwen mîn.
vil ist des ich minne an ir:
sô des meijen êre
varwe rêret stolzen leijen,
seht, sô gênt ir wengel liehten schîn.
Sô der vogele kôsen
von den kalten rîfen swachet,
und diu heide bar der bluomen lît,
dannoch sihe ich rôsen,
swanne ir rôtez mündel lachet,
in der minne blüejen wider strît.
wer hât alsus fröide gar?
von den zîtelôsen
wart nie man sô vrô gemachet
als ich von der lieben zaller zît.

5.

Sich fröit manic vogellîn wilde
gên des liehten meijen güete
durch die sumerzît.
zieren kan sich daz gevilde:
schouwent an der boume blüete,

---

12. als meinen Mai betrachten. 14. *verkêre,* übel auslege. 16. *an,* bei. 19. *rêren,* sinken machen: wenn der Schmuck des Maien seine Farbe sinken läßt. 21. *kôsen,* plaudern. 28. *zîtelôse,* nicht unsere Zeitlose, sondern eine Krokusart.

wie diu heide lît
sô gar wunneclîch bekleidet,
unde mir daz allez leidet
der vil lieben strît.
Sô hat sî mich in ir huote,
daz ich weder vil noch kleine
mîner selbes bin.
swie der lieben wirt ze muote,
dar nâch muoz ich leben eine
sunder mînen sin.
wil sî daz ich fröide trîbe,
daz stât an ir einer lîbe:
sî hât mich dâ hin.
Wære ich mîn als ir bisunder,
ich enwolte ir wîbes güete
strîtes niht erlân.
nu lig ich gewaltes under:
sî hât mîn und ir gemüete,
daz ich niht enhân.
lîhte wirt ir noch ze sinne
daz sî mich tuot fröiden inne:
ich hân lieben wân.

6.

Sumerwunne,
nîc dem süezen meijen
dur sin kleiden,
wan er birt uns mange bluot,

5, 12. mir selbst gehöre. 19. *bisunder,* besonders, allein. 21. ich wollte den Streit mit ihr aufnehmen. 24. so daß ich nichts habe. 26. *inne tuon,* fühlen lassen.

6, 2. *nîc,* verneige dich, danke.

rôte rôsen,
vîolvar die gleijen,
unde ûf heiden
manger leije wunne fruot:
dâ bî sen ich nâch der lôsen,
diu mir liebet sam diu sunne,
dem sî wunneclichen tuot.
Diu vil guote,
seht, diu heizet fine:
wol den ougen,
dar sî sich ze sehenne bôt.
süeze lœne
in ir herzen schrîne
treit sî tougen:
die sint guot für sende nôt.
ich was der sî sach sô schœne:
dâ von wart mir wol ze muote,
ich sach sî vür rôsen rôt.
Süeze Minne,
jâ durch dîne güete
wart an wîben
wibes name nie sô guot.
jâ sî hêre
kan für meijen blüete
leit vertrîben,
dem siz minneclichen tuot.
ûz ir rôten mundes sinne
fröuwet mich ein küssen mêre
baz dann al des meijen bluot.

---

6. *vîolvar*, veilchenfarbig, veilchenblau. *gleije*, Schwertlilie. 11. *dem*, wenn einem. 22. *vür*, lieber als. 32. *mêre baz*, eigentlich ein Pleonasmus, da *baz* auch 'mehr' bedeutet.

7.

Swer in leide sî verswachet,
der gedenke enzît,
waz an wîben êren lît.
wizzent daz sin sendez herze erlachet:
wîbes minne fröide machet,
wîbes êre ist wît.
swem ir güete helfe git,
wizzent daz des hôchgemüete erwachet.
wizzent daz von wîben leit zerspringet:
wîp sint hort, dâ man nâch êren ringet.
Swer ein wîp mit triuwen minnet,
der hât fröiden vil,
ob diu minneclîchiu wil.
wizzent daz im herzeleit zerrinnet:
liep im sînen muot besinnet;
sîner fröiden spil
swendet im der sorgen vil
und er niht wan herzeliep gewinnet.
hilf mir, süeze minneclîchiu Minne,
daz ich einer hulde noch gewinne.
Wenne sol ich fröide vinden?
ich bin ungesunt:
trûren hât mich dar verwunt
dâ mich nieman rehte kan verbinden.
wolte ab sich mîn underwinden
noch ir rôter munt,
seht, diu fünde wol den funt,
daz mîn leit, mîn sorgen müeste swinden.

7, 1. *verswachen*, arm werden. 15. *besinnen*, zum Bewußtsein bringen. 17. *swenden*, vernichten.

Minne, hilf durch willen guoter wîbe,
daz sî mir noch sende nôt vertrîbe.

8.

'Owê des herzelîchen leides,
und ist ez tac als dû, mîn trût, nû von mir scheides,
wem lâst dû danne ein senedez wîp?
ez mac dich wol von rehte erbarmen:
ez umbevienc nie vrouwe mit ir blanken armen
sô rehte liebes mannes lîp.
wie sol es iemer werden rât?
dîn zuht, dîn manheit und dîn milte
hât mich mit swerte und ouch mit sper
ervohten under helme und under schilte
mit heldes hant in liehter wât.'

8, 11. *wât,* Kleidung.

XVI.

Gast.

Waz sol ein keiser âne reht, ein bâbest ân barmunge?
waz sol ein künic ân milten muot, waz sol ein fürste ân scham?
waz sol ein ungetriuwer munt, dar inne ein valsche zunge,
diu mangem dicke schaden tuot? si macht gesunden lam.
waz sol ein grâf, der niht kan tugende walten?
waz sol ein frîe, der sîn triuwe niemer wil behalten?
waz sol ein rîcher dienestman, der sich niht schanden wert?
waz sol ein ritter, der sîn tage mit laster hie verzert?

Waz sol ein schœnez wîp gar âne tugent und ân êre?
waz sol ein landes herre, der dekeine milte hât?
waz sol ein priester âne kunst der rehten gotes lêre?
waz sol ein junger ritter, der niht ritterschaft begât?
waz sol ein koufman, hât er niht gewinne?
waz sulent klôster unde bruoder ân die wâren minne?

---

5. *walten*, mit gen., gebieten über. 7. *wert*, mit gen., wehren gegen.

10. *milte*, Freigebigkeit. 11. *kunst*, Kenntniss.

11

waz sol ein bürge, der niht leisten wil dur sînen zorn?
waz sol ein jager âne guote hunde und âne ein horn?
waz sol ein valkenære, und hât er niendert vederspil?
unnützer ist ein künic, ob er niht rehte rihten wil.

---

17. *vederspil,* Jagdvogel.

XVII.

Heinrich von Tetingen.

I.

Liep, liebez liep, liebiu vrouwe,
liep, herzen trôst und der sinne,
liep, liebez liep, liebiu schouwe,
liep, daz mich roubet dur minne,
hei, lieber lîp, sælic wîp,
liep, liebez liep, sendiu leit mir vertrîp.
Liep, du bist mir nu vil lange
liep und hân dir vil gesungen.
nâch dîner hulde ist mir ange:
des hat mich Minne betwungen.
ach, frouwe mîn, sich, der pîn
nimt fröide mir, sol ich lange alse sîn.
Ir schœn, ir güete, ir gebâre
hânt mich ze tôde verwundet:
des stirb ich in einem jâre,
ob mich ir trôst niht gesundet.

1, 3. *schouwe,* Anblick. 9. *mir ist ange,* ich habe Sehnsucht.

ach wâfenâ! sist mir dâ
liep unde lît mînem herzen vil nâ.

2.

Daz diu zít ist alsô schœne,
dâ von siht man nu die heide
wol geblüemet und den walt.
dar zuo singent süeze dœne
kleine vogele, den vil leide
tet hiur ê der winter kalt.
si fröunt sich des meijen blüete:
diu mich twinget doch mit güete,
daz diu trôste mîn gemüete,
ich würd ouch ze fröuden balt.
Mir wirt alsô wol ze muote,
swanne ich die vil lieben süezen
sihe sô minneclîch getân.
dâ kumt ez mir ouch ze guote,
wil si minneclîche büezen
daz ich senden kumber hân
von ir liebes wîbes minne.
liep, mîns herzen küniginne,
vüege daz ich noch gewinne
von dir trôst und lieben wân.
Daz mîn vrouwe mir gevellet,
daz kumt von vil maniger güete
und den tugenden, die si hât.
nâch ir brinnet unde wellet
herze lîp und mîn gemüete.

---

17. *wâfenâ*, wehe.

2, 9. *daz*, vorausgesetzt daß. 10. *balt*, kühn. 24. *wellet* von *wallen*, kochen.

des mir schiere würde rât,
wils an friundes triuwe denken:
allez trûren, allez krenken
müeste snelle mir entwenken,
ob si mich ze liebe enpfât.
Nieman jehe, daz ich sî tumber,
ob ich herzeclîche minnen
ein sô minneclîchez wîp.
ein lant solte gerne in kumber
komen, möhte ez wol gewinnen
alse reines wîbes lîp,
diu sô manige vuoge hæte:
zîzelwæhe si wol næte.
ach, daz ichs ir minne erbæte:
wol lit ich dar umbe kîp!

---

26. dafür würde mir bald Abhülfe. 34. *solte gerne,* hätte guten Grund. 38. *zîzelwæhe,* unklares Wort; der erste Theil vielleicht = *zîdel.* Vgl. *zîdelbast,* Seidelbast, wofür auch *zîzelbast* vorkommt. *wæhe* hier als subst., Schmuck. 40. *kîp,* Streiten, Schelten.

XVIII.

Otte zem Turne I.

Der hôhen und der aller liebsten Minne
der wil ich iemer ûf genâde singen.
ich weiz ein wîp, diu wont mir in dem sinne:
und wolte sî mich der ze suone bringen,
Sô daz sî mit mir wære und ouch mit triuwen,
und daz sî beide tæten swaz ich hieze,
mit lieben handelungen und mit niuwen,
sô lange biz daz ich sî beide erlieze,
Sô wolte ich fröiden rîcher sîn
dan künic oder künigîn.
Der nahtegale wolte ich mich gelîchen:
wie könde an fröiden ieman mêr gerichen?
ich wære ouch rîcher danne ein man,
der leit noch liebe nie gewan.
Und solte ich mich dur sî niht vrô gebâren?
sist kiuscher danne ein kint von siben jâren:
ir herze in solker süeze stât,
daz ez noch niender gallun hât.

---

4. *suone,* Versöhnung; *der,* mit der. 7. *handelunge,* Behandlung.

Ir wonet geist sô rehter guoter tiere,
sî hât den liuten sich geliebet schiere.
sî lachet als ein kindelîn,
daz krœnet gegen der muoter sîn.
Ir lîp der ist sô jegerlich geschaffen,
ein steinin herze müeste an sî vergaffen.
swer sî des morgens an gesiht,
den tac im niemer leit geschiht.

Sî hordet zaller zît an tugenden baz
gewærlîch dan der baldest an gewalte.
sî mordet swaz ir êren ist gehaz:
sî flîzet sich, wie sî den prîs behalte.

Eins edelen valken ougen brûn
diu siht man blicken ûz dem wîzen kasten,
dar inne sich ein lieber wol ersæhe.
dar umb gebræwet ist ein zûn,
dar under siht man liehtiu wengel rasten:
sô wol im, dem ze wonenne dar geschæhe!

Ir hende wîz die zient an sich
die besten forme, dunket mich:
sî hânt der minne paradîs beslozzen
sô wol, daz sîn doch nieman hât genozzen.
ir arme die sint alsô karc,
daz sich noch nieman drin verbarc.

Ir mündel ist sô zart gestellet, daz
ez niht wan süeze fîne rede machet.
zwei gründel stânt ir wengelînen baz:
diu hât sî doch ze stiure swem sî lachet.

---

19. *tiere,* Art; s. Lesarten. 23. *jegerlich,* stattlich. 24. *vergaffen,* sich in Anstarren verlieren. 27. *horden,* einen Schatz sammeln. 28. *gewærlîch,* zuverläßig, wahrlich. 33. *wol ersæhe,* gern spiegeln möchte. 34. *gebræwet,* von Brauen gebildet. 39. *beslozzen,* eingeschlossen. 45. *gründel,* Grübchen; s. Lesarten.

Swâ sî daz jâr mit willen ist,
dâ mac man âne sorge sîn der rîfen,
daz sî iht schaden boumen ald den blüeten.
ez wart nie man in langer frist
sô kranc, dem sî die âdern wolte begrîfen,
des dörfte niemer arzât mê gehüeten.
Swar sî dur kurzewîle vert,
dâ hât daz liep dem leide erwert,
daz ez muoz die riviere balde rûmen,
und mac dâ niemer mensche mê gesûmen.
sî tribet daz gelückes rat,
dem sî dâ wil, den rehten pfat.
Ach, Minne, möhte ich ir gedienen sô,
daz sî mir noch daz paradîs entslüzze!
dar inne ist man alsô rehte vrô,
ich weiz wol daz mich niemer dâ verdrüzze.
Ach rîcher got, und wær daz wâr,
sô wolte ich noch den süezen hort betasten,
den sî sô wirdeclîchen hât behalten.
dar umbe wolte ich drîzic jâr
ze wazzer und ze brôte gerne vasten
und ouch die wîle in einer prisûn alten.
'Her Türner, lânt die rede sîn.
ein wîp durliuhtic unde fîn,
diu sich vor allem wandel hât gefrîet
und sich in stæte wirde hât gezwîet,
Der sol man billich holder sîn
dann einem tumben rîberlîn,
daz sich vor mannen noch vor wîben schamet
und als ein wilder wolf ist ungezamet.'

---

55. *riviere*, Bezirk. 56. *gesûmen*, behindern, aufhalten. 62. *verdrüzze*, zu lang wäre. 68. *prisûn*, Gefängniß. 72. *zwîen*, ausdehnen. 74. *rîberlîn*, schamloses Weibsbild, Hure.

Für die sô wil ich guoten wân
zuo mîner lieben vrouwen hân:
diu ist sô tühtic und sô fin,
daz ich durch sî wil lân die kranken minne sîn.

---

77. *Für die,* mehr als zu dieser.

XIX.

Her Steinmâr.

1.

Sît si mir niht lônen wil
der ich hân gesungen vil,
seht sô wil ich prîsen
den der mir tuot sorgen rât,
herbest der des meien wât
vellet von den rîsen.
ich weiz wol, ez ist ein altez mære
daz ein armez minnerlîn ist rehte ein marterære.
seht, zuo den was ich geweten:
wâfen! die wil ich lân und wil inz luoder treten.

Herbest, underwint dich mîn,
wan ich wil dîn helfer sîn
gegen dem glanzen meien.
durh dich mîde ich sende nôt.
sît dir Gebewîn ist tôt,

1, 8. *minnerlîn,* Liebhaber; hier in verächtlichem Sinne. 9. *weten,* zusammenjochen; *ze,* mit. 10. *wâfen,* wehe. *luoder,* Schlemmerei. 13. *glanz,* glänzend. 15. *Gebewîn,* Männername mit *wîn,* Gebefreund; hier wortspielend und allegorisch.

nim mich tumben leien
vür in zeime stæten ingesinde.
'Steimâr, sich daz wil ich tuon, swenn ich nu baz bevinde,
ob du mich kanst gebrüeven wol.'
wâfen! ich singe daz wir alle werden vol.

Herbest, nu hœr an mîn leben.
wirt, du solt uns vische geben
mê dan zehen hande,
gense hüener vogel swîn,
dermel pfâwen sunt dâ sîn,
win von welschem lande.
des gib uns vil und heiz uns schüzzel schochen:
köpfe und schüzzel wirt von mir unz an den grunt erlochen.
wirt, du lâ dîn sorgen sîn:
wâfen! joch muoz ein riuwic herze trœsten wîn.

Swaz du uns gîst, daz würze uns wol
baz dan man ze mâze sol,
daz in uns werde ein hitze
daz gegen dem trunke gange ein dunst,
alse rouch von einer brunst,
und daz der man erswitze,
daz er wæne daz er vaste lecke.
schaffe daz der munt uns als ein apotêke smecke.
erstumme ich von des wînes kraft,
wâfen! sô giuz in mich, wirt, durh gesellleschaft.

---

19. *gebrüeven,* preisen. 23. *hande,* Arten (gen.). 25. *dermel,* Gedärme, Darmwurst. 27. *schochen,* aufhäufen. 28. *kopf,* Becher. *erlechen,* leeren. 30. *joch,* fürwahr. *riuwic,* traurig. 32. *ze mâze,* in rechtem Maße. 34. *gange,* gehe. 37. *vaste,* sehr. *lecken,* duften. 38. *smecken,* riechen. 40. *durh gesellleschaft,* aus Freundschaft.

Wirt, durh mich ein strâze gât:
dar ûf schaffe uns allen rât,
manger hande spîse.
wînes der wol tribe ein rat
hœret ûf der strâze pfat.
mînen slunt ich prîse:
mich würget niht ein grôziu gans so ichs slinde.
herbest, trûtgeselle mîn, noch nim mich zingesinde.
mîn sêle ûf eime rippe stât,
wâfen! diu von dem wîne drûf gehüppet hât.

2.

Swenne ich komen wil von swære,
sô gedenke ich an ein wîp:
diu ist schœne und êrebære,
daz ir tugentlîcher lîp
hœhet mînen senden muot,
alse en edelen valken wilde
sîn gevider in lüften tuot.
Süezer wunsch bî allen wîben,
dîn hânt êre tiutschiu lant.
du kanst herzeleit vertrîben
und enbinden sorgen bant.
dîn sint gêret elliu wîp:
alsô hêre und alsô reine
ist dîn fröidebernder lîp.
Ich wând, ûz dem himelrîche
mich ein engel lachet an,
do ich si sach sô minneclîche:

47. *slinden*, verschlingen. 50. *hüppen*, hüpfen.
2, 6. *en* = *den*. 8. *wunsch*, Ideal, wird die Geliebte angeredet. *bî*, neben, im Vergleich.

gar von aller swære ich kan.
ich wart aller fröiden vol,
als ein sêle von der wîze,
diu ze himelrîche sol.

3.

Schône dringent dur daz gras
bluomen manger leien.
swer den winter trûric was,
der seh an den meien,
wie der heide und ouwe hât bekleidet,
wie der kleiniu vogellîn von ungemüete scheidet.
der des meien kleider sneit,
der hât schœne und zühte vil
an mis herzen trût geleit.
wünschent daz si mînen pîn
wende, daz ir iemer sælic müezent sîn.
Er gewinne niemer haz
von dekeinem wîbe,
swer mir gunne daz mir baz
werde von ir lîbe,
dâ mich diu ir minne hât versêret.
in mis herzen grunt si mînen senden kumber mêret:
dâ sol nieman arzât wesen
wan der lieben rôter munt,
ob ich sender sol genesen.
wünschent daz si mînen pîn
wende, daz ir iemer sælic müezent sîn.

---

18. *kan* = *kam*. 20. *wîze*, Strafe, namentlich Höllenstrafe im Fegefeuer.

3, 7. d. h. Gott.

Habe ich gên ir valschen muot,
der ich sender diene,
sô geschehe mir niemer guot
und müez ich von Wiene
niemer komen mit fröiderîchem muote:
daz sol si gelouben wol, daz reine wîp, diu guote.
lopte ich sî, waz solte ir daz?
swaz ich sender lobes kan,
got hât si gehêret baz.
wünschent daz si mînen pîn
wende, daz ir iemer sælic müezent sîn.

4.

Wer sol mich ze fröiden stiuren
gên den wunneclîchen tagen?
sol mir hôhgemüete tiuren,
daz wil ich dien guoten klagen.
ich weiz wol, ez ist in leit:
ich was ie den fröide gernden
mînes dienstes vil bereit
und wære ouch noch vil gern.
mirst mîn lôn gên der vil süezen
hiure unnâher danne vern.
Sælderîche sumerwunne,
du solt haben mînen gruoz.
swie si fröiden mir erbunne,
doch wirt mangem herzen buoz
von dir grôzer swære vil:

---

31. *hêren,* erhöhen.

4, 1. *stiuren,* unterstützen. 3. *tiuren,* theuer werden, mangeln. 10. *vern,* vergangenes Jahr. 13. *erbunne,* missgönne.

dâ von ich dich, süezer sumer,
willecliche grüezen wil
unde muoz doch fröude enbern,
wan mîn lôn ist gên der süezen
hiure unnâher danne vern.
Ich mac wol mîn herze strâfen,
daz ichs gegen ir began,
ûf mîn ougen schrîen wâfen,
diu von êrst si sâhen an.
ach, dô was sô schœne ir schîn,
daz er kam dur ganziu ougen
in daz sende herze mîn.
daz muoz iemer nâch ir gern,
swie mîn lôn ist gên der süezen
hiure unnâher danne vern.
Als ein swîn in einem sacke
vert mîn herze hin und dar.
wildeclîcher danne ein tracke
viht ez von mir zuo zir gar.
ez wil ûz durch ganze brust
von mir zuo der sælden rîchen:
alsô starc ist sîn gelust.
wê, wie lange sol daz wern,
sît mîn lôn ist gên der süezen
hiure unnâher danne vern!
'Nu hât si doch schœne und êre,
Steimâr, swazs an dir begât,
ganzer tugende michels mêre,
aller sælden vollen rât:
an ir lît der Wunsch vil gar.'
wünschent alle, guoten liute,

33. *tracke*, Drache.

daz ich wol gên ir gevar.
ez gât mir dur ganzen kern,
daz mîn lôn ist gên der süezen
hiure unnâher danne vern.

5.

Swer tougenlîche minne hât,
der sol sich wênic an den lân,
den man sô grôze missetât
an sînem herren siht begân,
dem er bewachen guot und êre sol.
lât er den gast ûf schaden în,
wie solte ich dem getrûwen wol?
Wær ich sô minneclîch gelegen
bî liebe tougen ûf den lîp,
sô wolte ich wênic slâfes pflegen
dur mich und durh daz reine wîp.
mir selbem sô wolt ich getrûwen baz
dann ieman, der mich wecken solt:
sô wê im, des man dâ vergaz!
Die merker und dar zuo der slâf,
die könden wênic mir geschaden.
ich huote ouch vor der merker strâf,
wær ich zuo liebe alsô geladen,
daz ich dâ hôhe fröide solte hân:
sô müeste er sîn ein stæter friunt,
den ich daz wizzen solte lân.

---

48. *kern,* Mark.
5, 9. *ûf den lîp,* mit Gefahr des Lebens.

6.

Sô heide und ouwe wirdet grüene,
ê solt ich mîn liep gesehen,
daz ich mich wol mit im versüene:
sô wær liebe mir geschehen.
ich hân mich nâch ir verdâht
und versenet: daz hât mich brâht
in die nôt,
in gesehe vil schiere mîn liep alder ich bin tôt.

Vil senelîchez jâmerschricken
rûschet in dem herzen mîn
nâch ir vil süezen ougen blicken:
sô si sælic müeze sîn,
mirst ir vrömden alze lanc:
des bin ich an fröiden kranc.
dast ein nôt:
in gesehe vil schiere mîn liep alder ich bin tôt.

Sol ich iemêre fröide gwinnen,
diu kumt von der frouwen mîn.
der munt sach ich von rœte brinnen:
ich wând in der sunnen schîn
sehen, do ich in ir ougen sach.
von ir schœne ich niht ensprach.
ach der nôt!
in gesehe vil schiere mîn liep alder ich bin tôt.

6, 5. 6. *verdenken, versenen,* refl., sich in Gedanken, Sehnsucht verlieren. 9. *jâmerschricken,* vor Jammer auffahren. 12. *sô,* so wahr. 22. wegen ihrer Schönheit verstummte ich.

7.

Sumerzît, ich fröwe mich dîn
daz ich mac beschouwen
eine süeze selderîn,
mînes herzen frouwen.
eine dirne die nâch krûte
gât, die hân ich zeinem trûte
mir erkorn:
ich bin ir ze dienst erborn.
wart umbe dich,
swer verholne minne, der hüete sich.

Si was mir den winter lanc
vor versperret leider:
nu nimt si ûf die heide ir ganc,
in des meien kleider,
dâ si bluomen zeinem kranze
brichet, den si zuo dem tanze
tragen wil:
dâ gekôse ich mit ir vil.
wart umbe dich,
swer verholne minne, der hüete sich.

Ich fröu mich der lieben stunt
sô si gât zem garten
und ir rôserôter munt
mich ir heizet warten:
sô wirt hôhe mir ze muote,
wan sist ûz ir muoter huote

7, 3. *selderîn,* Bewohnerin einer *selde,* Bauernhütte. 6. *trût,* Geliebte: *zeinem trûte,* zur Geliebten. 8. *erborn,* geboren. 9. *warten,* schauen. 14. *des meien kleider* ist das Grün der Wiesen, also: auf die Wiesen. 18. *gekôsen,* plaudern.

danne wol,
vor der ich mich hüeten sol.
wart umbe dich,
swer verholne minne, der hüete sich.
Sît daz ich mich hüeten sol
vor ir muoter lâge,
herzeliep, du tuo sô wol,
balde ez mit mir wâge.
brich den truz und al die huote,
wan mir ist des wol ze muote,
sol ich leben,
dir sî lîb und guot gegeben.
wart umbe dich,
swer verholne minne, der hüete sich.
Steimâr, hœhe dînen muot:
wirt dir diu vil hêre,
sist sô hübesch und sô guot,
du hâst ir iemer êre.
du bist an dem besten teile
der zer werlte fröiden heile
hœren sol:
des wirstu gewert dâ wol.
wart umbe dich,
swer verholne minne, der hüete sich.

8.

Ein kneht der lac verborgen,
bî einer dirne er slief
unz ûf den liehten morgen:
der hirte lûte rief

---

32. *lâge,* Nachstellung. 47. *hœren,* gehören.

'wol ûf, lâz ûz die hert!'
des erschrac diu dirne und ir geselle wert.
Daz strou daz muost er rûmen
und von der lieben varn.
er torste sich niht sûmen,
er nam si an den arn.
daz höi daz ob im lac
daz ersach diu reine ûf fliegen in den tac.
Dâ von si muoste erlachen,
ir sigen diu ougen zuo.
sô suoze kunde er machen
in deme morgen fruo
mit ir daz bettespil;
wer sach ân geræte ie fröiden mê sô vil!

9.

Nu solt ich die schœnen zît
grüezen, die der meije gît:
nu muoz ich in sender swære worgen.
mich fröit niht der vogele sanc,
elliu zît ist mir ze lanc:
nâch der lieben minne muoz ich sorgen.
mich hât enzunt
ir rôter munt
mit der minne fiure:
daz betwinget swen si wil und ist doch gehiure.
schœne, schœne, schœne, schœne, trœste mich:
lâ mich, frouwe, erbarmen dich!

8, 9. *torste,* von *turren,* wagen, sich getrauen. 14. *sigen,* fielen, sanken.

9, 3. *worgen,* sich abquälen. 10. *gehiure,* lieblich.

Swer ie herzeliep gewan,
ez sîn frouwen alder man,
der sol sich genædeclîch erbarmen:
er sol biten über mich,
daz si tüeje tugentlich
und si trœste mich vil senden armen.
der sunnen schîn
der frouwen mîn
schœne ich wol gelîche:
wirt mir dâ bî güete erkant, seht, sô bin ich rîche.
schœne, schœne, schœne, schœne, trœste mich:
lâ mich, frouwe, erbarmen dich!

Ez möht in die felsen gân
daz ich her geflêhet hân,
unde möhte ouch herten vlins gelinden.
wære ir herze ein anebôz,
sost mîn klage doch sô grôz,
daz ich wol genâde solte vinden.
des meres grunt
dem möhte kunt
sîn mîn langez wüefen,
sît mich an der Minne tor nieman hœret rüefen.
schœne, schœne, schœne, schœne, trœste mich:
lâ mich, frouwe, erbarmen dich!

10.

Sich hât vil schône entslozzen
diu liebe sumerzît:

---

16. *über mich*, für mich. 20. der Schönheit meiner Herrin. 27. *gelinden*, weich machen. 28. *anebôz*, Amboß. 33. *wüefen*, wehklagen.

10, 1. *entslozzen*, aufgethan.

gên dem süezen meien
stênt offen fröiden tor.
ûz grüener boume brozzen
sô dringet wider strît
bluot vil maniger leien:
des ist in nieman vor.
meie hât die heide wol geschœnet
und den walt mit sange wol bedœnet:
sô leb ich in sendem ungemache;
vor minnen schricken ich
mich tûchen als ein ente sich,
die snelle valken jagent in einem bache.
Do ich mich der wol getânen
mit dienest underwant,
aller lande herre
wând ich von fröiden sîn.
ich mac mich ir niht ânen,
mich twingent iriu bant:
si ist mir alze verre,
diu liebiu frouwe mîn.
herre got, wie gerne ich si gesæhe,
und daz daz in kurzer zît geschæhe!
noch leb ich in sendem ungemache;
vor minnen schricken ich
mich tûchen als ein ente sich,
die snelle valken jagent in einem bache.

II.

Diu vil liebiu sumerzit
hât gelâzen gar den strit

5. *broz*, Knospe. 8. daran verhindert sie niemand. 12. *schric*, Emporfahren. 19. *ânen*, losmachen.

dem ungeslahten winter lanc.
ach ach, kleiniu vogellîn
müezen jârlanc trûric sîn:
geswigen ist ir süezer sanc.
daz klag ich: sô klage ich mine swære,
die mir tuot ein dirne sældenbære,
daz si mich niht zuo zir ûf den strousac lât,
daz si mich niht zuo zir ûf den strousac lât
und daz si mirz doch geheizen hât.
Mîner swære der ist vil:
ist daz mir niht helfen wil
ein minnenclîchiu dienerîn,
sost mîn kumber manicvalt:
armuot und der winter kalt
die went mir jârlanc heinlich sîn.
armuot hât mich an ir bestem râte,
dar an nement mich wîse liute spâte:
dâ von wil si mich niht ûf ir strousac lân,
dâ von wil si mich niht ûf ir strousac lân
und enhân ir anders niht getân.
'Friunt, ich hân iu niht getân:
swaz ich iu geheizen hân,
des mag ich iuch vil wol gewern.
ir gehiezent mir ein lîn,
zwêne schuohe und einen schrîn:
des wil ich von iu niht enbern.
wirt mir daz, sô wende ich iuwer swære
(swem daz leit ist, dast mir alse mære):
sô wil ich iuch zuo mir ûf den strousac lân,

II, 11. *geheizen,* versprochen. 17. *heinlich,* vertraut. 18. nimmt mich in ihren vertrauten Rath. 19. *spâte,* spät = niemals. 30. *mære,* gleichgültig.

sô wil ich iuch zuo mir ûf den strousac lân:
sô mag er wol wiegelônde gân.'
Herzentrût, mîn künigîn,
sage an, liep, waz sol der schrîn?
wilt du ein saltervrouwe wesen?
liezest du die gâbe an mich,
ich kouft etswaz über dich:
wie wilt den winter du genesen?
du maht dich vor armuot niht bedecken,
wan dîn gulter ist von alten secken:
dâ wil ich den strousac in die stuben tragen,
dâ wil ich den strousac in die stuben tragen:
sô muoz oven unde brugge erwagen.
'Nu lân ich iuchz allez wegen:
ist daz wir uns zemen legen,
sô sint ir gewaltic mîn.
doch wil ich ê mîn geheiz
bî mir haben, goteweiz,
wan ez mac niemer ê gesîn.
seht, sô nemt mich danne bî dem beine:
ir sunt niht erwinden, ob ich weine,
ir sunt frœlich zuo mir ûf den strousac varn,
ir sunt frœlich zuo mir ûf den strousac varn:
sô bit ich iuch mich vil lützel sparn.'

12.

Sæligiu sumerzît,
du bist gar verdrungen:

36. *saltervrouwe,* Frau, die den Psalter liest, Betschwester. 38. *über dich,* um dich zu bedecken. 41. *gulter,* Steppdecke. 44. *brugge,* Brücke, Brettergerüst am Ofen. *erwagen,* sich bewegen, erzittern. 45. *wegen,* erwägen, ausdenken. 46. *zemen,* zusammen. 48. *geheiz,* das versprochene. 52. *erwinden,* nachlassen. 55. *sparn,* schonen.

rîfe in den ouwen lît,
dâ die vogele sungen.
sît diu fröide ist gar dâ hin,
sô wil ich gedenken dar,
der ich eigenlîche bin.
frœlîcher sunnen tac,
rôse in süezem touwe
ich dich wol gelîchen mac.
Schœne unde hôhen muot
hât mîn frouwe und êre,
dâ bî sô ist si guot.
noch hât si vil mêre:
wol bescheiden, tugende vol.
dar zuo lît an ir der Wunsch:
daz tuot mînem herzen wol.
frœlîcher sunnen tac,
rôse in süezem touwe
ich dich wol gelîchen mac.
Du solt mîn meie sîn
und mîn spilndiu wunne,
unde ich der diener dîn.
klâr alsam diu sunne
ist dîn liehtez ougen brehen:
dâ müez ich in kurzer zît
mich noch frœlîch inne ersehen.
frœlîcher sunnen tac,
rôse in süezem touwe
ich dich wol gelîchen mac.
Êst ungelückes sin
unde an der schiltwahte

12, 6. *dar,* dorthin, an diejenige. 9. *rôse,* einer Rose. 22. *spilndiu,* leuchtende. 31. es ist vom Unglück ausgedacht.

bî dir, mîn trœsterin:
vil der kalten nahte
lîden wir ûf dirre vart,
die der künic gên Mîssen vert.
wê, dazs ie sô spætiu wart!
frœlicher sunnen tac,
rôse in süezem touwe
ich dich wol gelîchen mac.
Ich wolte gerne sîn
vür daz ungemüete
bî dir, mîn trœsterîn:
jâ fürht ich daz wüete
an uns rîfe und ouch der snê.
muoz ich dar zuo trinken bier,
liep, sô fröitest du mich mê.
frœlicher sunnen tac,
rôse in süezem touwe
ich dich wol gelîchen mac.

13.

Ich wil gruonen mit der sât,
diu sô wunneclîchen stât:
ich wil mit dien bluomen blüen,
und mit den vogelîn singen.
ich wil louben sô der walt,
sam diu heide sîn gestalt:
ich wil mich niht lâzen müen,
mit allen bluomen springen.
ich wil ze liebe mîner lieben frouwen
mit des vil süezen meien touwe touwen.
dest mir alles niht ze vil,
ob si mich trœsten wil.

Si ist sô gar nâch wunsche ein wip,
swenne ich schouwe ir werden lip,
des grâles herre wæne ich sîn.
ich bin sô fröiden rîche,
daz man in der fröide wol
dâ mit übergulden sol.
si hât wunnebernden schîn,
der sunnen wol gelîche.
ich wil ze guote aller guoten wibe
gedenken wol ze liebe ir reinem libe.
dest mir alles niht ze vil,
ob si mich trœsten wil.
Trœste, süeze trœsterîn,
trœste wol, wan ich bin dîn:
sliuz ûf dînen rôten munt,
du heiz mich vrô belîben:
sô mag ich frœlichen varn
in den lüften ob den arn.
liep, tuo mir dîn helfe kunt,
min trôst ob allen wîben.
ich wil in triuwen dir getriuwen hiure,
daz mich dîn güete wol ze fröiden stiure.
dest mir alles niht ze vil,
ob si mich trœsten wil.

14.

Nu ist der sumer hin gescheiden,
wan siht sich den walt engesten,

13, 15. *grâl,* die Abendmahlschüssel Christi, das Kleinod der Gralkönige. 17. *in,* den *grâl. der fröide,* in Bezug auf die Freude. 18. *übergulden,* überbieten, übertreffen.

14, 2. *engesten,* entkleiden, seines Schmuckes berauben.

loup von den esten rîset ûf die heiden:
dien leiden rîfen bin ich gram
und der winterzît alsam.
sumer sumer süeze,
schôn ich geleben müeze,
deich manic vogellîn grüeze!

Der ich hân dâ her gesungen,
diust ein kluoge dienerinne:
nâch irre minne hân ich vil gerungen.
gelungen ist mir niht an ir,
wan si wolte guot von mir.
sumer sumer süeze,
als rîch ich werden müeze
daz ich beschuohe ir füeze!

Sô wær mîn singen wol behalten,
dar zuo næme mich diu kluoge,
diu nâch dem pfluoge muoz sô dicke erkalten,
schalten den wagen so er gestât:
des meiers hof si gar begât.
sumer sumer süeze,
vür winter ich dich grüeze:
ich schuohe ir niht der füeze.

---

7. *geleben,* erleben. 20. *schalten,* schieben.

XX.

Der von Gliers.

I.

Ich klage mich vil leide,
diu ich sender dol.
sî glîchent mich der heide,
diu ê stuont bluomen vol
und nu der âne lît
diu kalte winterzît:
Alse mîde ich frœde,
der ich schône pflac.
mîn herze stêt mir œde,
daz ê gefüllet lac
vil maniger frîer wal:
nu stêt ez wale kal.
Diu leit klag ich und eine schulde,
die ich doch ungerne dulde:
ich habe, seht, der Minne hulde

1, 1. Ich beklage mich über viel Leid; *leide* hier st. fem. 5. *der âne,* derer beraubt. 6. *diu winterzît* acc. plur. 12. entblößt von Wahl.

verloren: dast ein nôt,
diu mich vil rôt
Und missevar vil ofte machet:
des mîn weinder schade wachet,
sô jener slâfet oder lachet,
der nie gwan sende sêr.
noch klage ich mêr:
Mir hât ein wîp den tumben lîp aller frœde in âhte brâht.
daz ist ein nôt daz ich den tôt habe mir dar umbe erdâht.
als ich daz klage und ir ez sage, sô ist ez ir gar versmâht.
hie dorfte ich helfecliche guotes râtes zuo,
wie ich getuo,
Daz ich den muot, lîb unde guot müge erbrechen gar von ir
ald aber baz ân allen haz müge bringen wol hin zir.
wil sich daz wenden und niht enden, seht, daz müezen klagen wir,
ich und ein iegesliche sieche sender man,
der mirs verban.
Doch ist ir leider kleine,
die mir gerâten kunden,
wan sî alters eine,
diu mich hât gebunden.
Ir lip ist alse reine:

---

18. *missevar,* von übler Farbe, bleich. 19. *des,* in Folge dessen. *weinder schade,* Schaden, der in Weinen sich äußert, von Weinen begleitet ist. 23. *âhte,* Verfolgung, Acht: hat mir alle Freude verjagt. 25. *versmâht,* gleichgültig. 28. *erbrechen,* losbrechen, mit Gewalt trennen. 32. *verban,* missgönnt. 33. *kleine,* wenige.

sî sol mich under stunden
minnen, diech dâ meine.
die mir des verbunden,
Dien müeze haz
ân allez waz
sich füegen baz,
seht, umbe daz
sî kunnen niht wan nîden.
Ich bin in gram,
sî mir alsam;
an êren lam
ist gar ir nam:
ich sol sî gerne mîden.
Mir tuot vil wê
daz ich mich mê
von in klagen muoz
dann ez mir solde sîn.
Dem tiefen sê
bevulhe ich ê
mîn houbt und mînen fuoz
ê ich der frouwen mîn
Iemer guoten hulde enbære:
mir wære gar der lîp unmære,
guot und allez daz ich hân.
wâ wart ie man
Von manigen dingen sô betwungen?
het ich tûsent guoter zungen,
ich kunde volleklagen niht,
wie mir geschiht
Von den senelîchen sorgen

38. *under stunden*, manchmal. 42. *waz*, Frage. 44. *umbe daz*, deshalb weil. 53. *von in*, über sie. 56. *bevulhe*, übergäbe. 58. 59 = *der guoten hulde der frouwen mîn*. 65. *volleklagen*, vollständig klagen.

âbent, sehent, unde morgen,
hie bî wizzent, dur daz jâr:
diz ist vil wâr.
Mir gît diu hêre sorgen mêre danne ich liebes ie gewan.
ez ist ir êre daz sî kêre kumber, den ich von ir hân.
Mînem muote mac diu guote tuon mit lîhten dingen wol.
mich hât ir ruote in solher huote, daz ichs iemer minnen sol.
Wær ich der sinne daz ich mich
entstüende guotes iht,
sô hete sî liebe mir getân.
Swer mich des frâget, dem sag ich
ein wort und anders niht:
ich hân dur sî untât gelân.
Des muoz ich singen unde ringen, wan ichs iemer minnen wil.
Ich muoz dingen ûf gedingen, wan sî ist der frœden zil,
Der ich beginne, unz ich inne wirde frœde: die hât sî.
Mich tuot ir minne valscher sinne, wendic unde wandels frî:
Ich muoz dur sî unstæte lân.
ich getar von ir gewenken niht;
swie sî mir tuot,
ich heize ez wol getân:
Des sols ir güete an mir begân.
swie mir wol oder wê geschiht,
ich heize ez guot:
ich muoz in ir gebote stân.

---

72. *kêre,* abwende. 84. *wendic,* abwendig.

Ob sî mich twinget sô,
daz ich von herzen frô
werden niemer mac,
sô klage ich manigen tac,
den ich in wâne frœden âne
hân gesungen und mich jungen
tuot gar alden. kan sî halden,
diu mîn walden wil, unwert,
daz ist ein ungenædic leit.
het sî mîn doch dekeinen gert,
mîn klage wære niht sô breit.
swer mînen dienst wil âne danc,
der muoz mîn gar geweldic sin;
ich tuon im doch mit willen kranc
(daz wirt wol an dem ende schîn),
ân einec sî, diu herzeliebe frouwe mîn.
Alsus klag ich mîn nôt
mit sange unz an den tôt,
alsam der elbez tuot,
der kêret sînen muot
ze süezem sange ê des lange
ê er erwende. solker mende
muoz ich dingen, suoze singen
unde ringen als ein lîp,
der sich des tôdes wol versiht.
. . . . sî sælic wîp,
war umbe lîhtert sî mirs niht?
swenn ich erstirbe, sô hât sî

---

97. aus *den* ist *der* herauszunehmen. 100. *mîn walden*, über mich gebieten. 102. hätte sie mich überhaupt niemals begehrt, oder von mir keinen Dienst begehrt. 106. ich thue ihm den Dienst mit schwachem Willen. 108. ausgenommen sie allein. 111. *elbez*, Schwan. 114. *erwende*, aufhöre, sterbe. *mende*, Freude.

verloren einen dienestman,
der ir mit dienest ie was bi;
daz wolt sî nie verguot enpfân:
ich lieze ez sîn, wold et siz noch vür liebe hân.

Möht ich die welt betwingen gar,
als Rôme Julius betwanc,
ich wær doch iemer frœde bar,
sî eine spræche habedanc.
ich wolde niht ein keiser sin,
daz ich die lieben frouwen mîn
gesæhe niemer zallen tagen:
son wolde ich niht der krône tragen.
ez ist niht kleine, deich sî meine:
sî ist allez daz ich bin,
lîb unde sin.
Ich wolde ins rîches âhte sîn
und vallen in des bâbstes ban,
daz ich der lieben frouwen min
solde heizen werder man.
wurde daz ein wârez wort,
sô wær mir trûren unbekort:
son wolde ich niht min süezez leben
umb al der welte wünschen geben.
in selken sachen müeste ich lachen
elliu mînen lieben jâr,
und wurde ez wâr.

Doch bin ich ûf gedinge frô:
unz ich geding, sô lebe ich hô,
und wil mich niemer des verkunnen,
sine sül mir ir minne gunnen

---

123. *verguot = vür guot,* als gut. 130. *daz,* unter der Bedingung daß. 141. *unbekort,* unerprobt. 148. *unz,* so lange. 149. *sich verkunnen,* verzweifeln.

(ja enbin ich ein heiden):
sô bescheiden
ist ir minneclîcher lip.
nu trœste mich, daz beste wip,
mit dînen liehten ougen,
daz ich erkenne tougen,
ob mich dîn sendebernder süezer munt
mit gruoze welle tuon gesunt.

2.

Sî prisent alle sunder strit
den sumer mit den bluomen rôt
und hânt des winters alle nît:
sî jehent, er habe gemachet tôt
vil vogellîne in sîner zit;
swaz ir genas, daz was mit nôt.
Nu ist der winter alse kalt
von uns gescheiden, sihe ich wol.
gerîchet loubes ist der walt,
vil süezes sanges ist er vol.
mit bluomen varwen manicvalt
diu heide stêt als sî dâ sol.
Ist ieman, der ân herzeleit
lebet, waz der frœden siht!
sich hânt diu zît sô wol geleit,
daz al diu welt genâden giht.
mîn troume gote sîn geseit;
ich wæne, dêst an mir enwiht.
Waz singe ich tumber von der zit,
diu mir sô kleine frœde git?

2, 17. für mich sind die Aussichten auf Gnade nur Träume, die ich Gott erzählen, klagen will.

mir sint die bluomen und der klê
alsam der rîfe und ouch der snê;
gelîche liebe tuont sî mir:
sich, Minne, daz hab ich von dir.
Wær ich ein ungeduldic man
sô meniger, der niht lîden kan,
ich wær vor mengen jâren tôt.
sus lîde ich kumberlîche nôt
mit zühten unde tuon daz sô,
deich an dem ende werde vrô.
Nu wil ich klagen mîniu leit,
nôt und al die swære, die ich hân.
mir wart von Minnen vor geseit,
wie sî habe verderbet mengen man,
den sî mit kreften überluot,
und daz ir weiz got niemen tuot
sô rehte, der mit sælekeit
von ir gescheide ân herzeleit.
Der Minne dienen ist ein nôt,
die man wunderkûme tragen mac.
durh sî liget meniger tôt,
der ir doch mit herzetriuwe pflac,
sam Tristan, der mich riuwen muoz,
swie mir der riuwe niemer buoz
werde: sam tet Pyramus
und ouch der kiusche Ypolitus.
Waz hulfen alle die gezelt,
die noch ie der Minne swert ersluoc?
ez was sô manic erwelter helt,
daz ich muot ûf Minne nie getruoc
und ich mich tumben des bewac,

---

22. *alsam*, ebenso viel werth wie. 40. *wunderkûme*, mit außerordentlicher Mühe. 47. *gezelt*, aufgezählt.

in wolde niemer ganzen tac
Minnen dienstes sîn gereit.
nu stêt ez anders: dêst mir leit.
Ich swimme an ein ze verrez zil
und halde ein gar verlornez spil.
für reht geschiht mir grôz gewalt:
des ist mîn riuwe manicvalt.
in bin sô alt der jâre niht,
sô man mich grâ des hâres siht.
Mir ist der muot versêret sô,
daz man mich niemer rehte frô
gebâren siht, wan sam der tuot,
der niht erweren mac sîn guot
ân flêhen, wan enfüere imz hin:
der lacht her ûz und grînt hin in.
Alselcher smiere siht man vil
von mînem munde ân herzen gir.
ich tuon iu des ich niht enwil;
und swaz ich herzefrœde enbir,
Minne, daz hâstu getân.
dune woltest mich erlân,
ich enmüeze haben wân
dâ ez niemer kan vervân.
Ich hân verkunnet trôstes mich;
gedinges bin ich worden arn.
swer iemer müge, der trœste sich;
ich muoz ze Trüebenhûsen varn:
da erkennent alle mîn gemach.
mîn beste rât ist wê und ach.
welch bruodermort er an mir rach,
der mich in disen kumber trach?

57. *für*, an Stelle von. 66. *grînen*, weinen. 67. *smiere*, Lächeln. 82. *trechen*, ziehen, stoßen.

Daz diu Minne, daz sî sî
von mir verwâzen iemermê!
wan lie sî mich ir dienstes vrî,
als ich doch was gewesen ê
mîniu jâr an disiu zît?
ez ist ein jæmerlicher strît,
der niht anders trôstes gît
wan an dem ende tôt gelît.
Nu bit ich got daz er mîn nôt
bedenke, daz ich niht den tôt
geneme dur alselche tât.
mir selben wil ich einen rât
geben (het ichz ê getân,
ich hete noch ze liebe wân):
Daz ist, sît ich bekümbert bin,
daz ich den lîp und ouch den sin
twinge; swer daz beste tuot
und niht ze valsche stêt sîn muot,
daz ich des neme guote war,
und, als er vert, daz ich sô var.
Und tuon ich daz, sô weiz ich wol
daz mir gelinget swar ich wil.
war umbe niht? wand ez sô sol;
wol tuonder liute ist niht ze vil.
wes engulte ich armer dan?
wirde ich ein reht tuonder man,
ich sol von schulden hulde hân.
Doch ist ez leider sô gewant,
daz menger mit vil guoter tât
heiles lôn noch nie bevant,
und jener guot gelücke hât,

84. *verwâzen*, verwünscht. 85. *wan*, warum nicht.

dem diu schande hulden giht.
owê daz daz iemen siht
ald es sô rehte vil geschiht!
Sældebernden heil verbirt,
dem ie sîn triuwe zuht gebar.
mengem ungelônet wirt,
des lîp noch ie was schanden bar.
daz zeget manigen guoten muot.
owê, sô geschiht dem guot,
der niemer rehte wol getuot.
Doch râte ich eime guoten man,
er habe sich niht sêre dran.
wir müezen doch von schulden jehen
und hân ouch selbe wol gesehen,
swer sîn dinc reht ane vie,
daz ez im dicke wol ergie.
Wan vindet lîhte der ein teil,
dien niemer wil gevolgen heil:
sô hilfet sî doch zaller stunt,
swann sprichet al der werlte munt:
'owê daz mit guoter tât
dér man niht gelückes hât!'
Minne, dir sî vor geseit,
wie heil, gelücke, sælde tuot:
lâ dir iemer wesen leit,
soldest ez iender hân behuot.
sît âne dich nieman gemeit
wesen mac, sô sol dîn muot
dien besten lônes sîn gereit

117. an dem Güte mit sich Führenden geht das Glück vorüber. 121. *zegen,* verzagen machen. 125. *habe sich,* halte sich. 134. bei seinem guten Thun. 139. wenn du es irgendwie vermieden, unterlassen haben solltest. 142. *gereit,* mit gen., bereit zu.

und niht den andern alse guot.
An dîne gnâde wil ich mich
ergeben und sî allez hin
swâ du ie gesundost dich.
vergip mir mînen argen sin
und ouch diu wort, lâ den gerich:
ich weiz wol daz ich schuldic bin.
swaz du gebiutest, daz wil ich
leisten iemer ûf gewin.
Von dir ensol ich noch enmac
noch ouch enwil, daz ist eht wâr.
ich hân entstanden daz dîn slac
tuot kindes houbet grâwiu hâr
halden, des ich mich bewac,
in wolde niemer mîniu jâr
dir gedienen ganzen tac.
daz riuwet mich, ich bin es clâr.
Dar an gedenke, des ist zît:
ein man sol lâzen sînen strît
wider den (dêst êre getân),
der sîne wer hât gar verlân.
ein man ist tûsent manne her,
die alle wen sîn âne wer.
Alsus sî ouch mîn wer verlân.
ich wil zeinr anderr rede vân:
ich mac ouch der vergezzen niht,
von der mir disiu nôt geschiht;
daz ist diu liebe frouwe mîn:
von der sol nu diu rede sîn.

---

143. *alse,* ebenso. *guot,* hülfreich. 146. *gesundost,* prät., versündigtest. 148. *gerich,* Rache. 154. *entstân,* verstehen, erfahren. 162. das ist ehrenvoll gehandelt.

3.

Kund ich mit fuoge mînen muot
gezeigen nâch dem willen gar,
sô spræche ich daz mir leide tuot
mîn frouwe, diu doch leides bar
belîbet iemer: sist sô guot,
sine wirt niemer truobe var.
Wie solde ein alse sælic wîp
gewinnen iemer herzesêr!
wan nennet sî doch leitvertrîp.
sist alles wunsches gar sô hêr,
daz man si erkennetz beste wîp:
waz wil diu liebe lobes mêr?
Ir hulden gert swes herze stât
hôhe nâch der besten ger:
sî êrt den prîs, der wirde hât,
sist aller rehten frœden wer.
swer aber valsches iht begât,
daz wil sî daz er der enber.
Wie solde ein ungefüeger man
mit frouwen iht gemeines hân,
dekeinre die diu erde treit?
michels baz wirt im verseit
dér hulde, diu niht arges kan
noch wanken muot noch nie gewan.
Diu tugent in ir gewurzet hât,
dar ûz ein stam der güete gât:
den esten ist ir êre glîch,
diu bluost ir zuht vil wunneclîch;

3, 6. *truobe var,* trûbe aussehend. 16. *wer,* Gewähr. 18. *der,* sc. *frœden.* 24. *wanc,* wankelmûthig. 28. *bluost,* Blûthe.

daz loup ist gar ir lobes pîn,
ir minne muoz der apfel sin.
Sold ich des boumes meister sîn,
ich wær iemer al der werlte wert.
ouch weiz ich daz diu frouwe mîn
zürnet daz ich hân sô hô gegert.
ouch sol diu guote sich entstân
und sol mich des geniezen lân:
ich wolde eht amme schaten sin,
der apfel wirdet niemer mîn.
Sô tumber sinne wart ich nie,
daz ich alse hôhe wæge mich.
ich bin dâ her gewesen ie,
daz nie man unhôher dûhte sich.
wie solde ich danne ir minne gern?
ir muoz weizgot des enbern,
der des besten lônes wert
wænet sîn und hôhe gert.
Wil des diu guote mînen eit
oder mîn gerihte, swie sî wil,
des bin ich ir vil bereit.
got der weiz wol mîner schulden zil,
gedanc wort unde der getât.
ir êre mir sô nâhe gât,
ê sî von mir wurde rôt,
ich wolde selbe mir den tôt.
Unzwîvenlîchen spriche ich daz,
swanne ich mîner frouwen haz
erkenne rehte wider mich,
sô sol diu werlt versinnen sich

---

29. *pîn,* Bemühung: ihre Bemühung um Lob. 31. *meister,* Herr, Besitzer. 44. auf den verzichten, verzichten der zu sein. 53. *von mir,* durch mich, durch meine Schuld. 58. *versinnen sich,* erkennen.

daz sî gedenke der sêle mîn:
mîns lebens mac niht mêre sin.
Ich sturbe gerner (dêst ein nôt:
ir liebe mir alsô gebôt)
dann ich daz rîche solde hân
und aber ir hulde müese lân.
in wolde niht ein keiser sin:
sô liep ist mir diu frouwe mîn.
Nu frâget menger wie min sin
gesetzet habe der sorgen buoz,
sît ich sô nidertrehtic bin
daz ich ir minne enberen muoz,
od welhen lôn ich süle gevân,
des ich sô grôzen kumber hân,
oder wie ez müge ergân,
daz ez êre sî getân.
Des wold ich geswigen hân
und swige ouch noch, und lieze er mich.
mîn vrouwe wol gedenken kan
(si entstât sô menger êren sich),
wie ez umb mich alsô gevar,
wirt eht sî an mir gewar
daz ich dienen ir getar,
si enlât mich niht ir lônes bar:
Des doch vil lîhte mac gesin.
ich næme ir minneclîchen gruoz
für menger werden frouwen pîn,
die man doch hôhe nemmen muoz.
swie mir daz herze habe gegâht,
mir ist aller lôn versmâht,

---

61. *gerner,* lieber. 69. *nidertrehtic,* demüthig. 76. *er,* der *kumber.* 79. *gevar,* stehe. 86. *nemmen = nemnen,* nennen. 87. *gâhen,* eilen.

er enwerde von ir brâht,
der mir ze frouwen ist gedâht.
Dien bite ich nihtes wan ir wort:
sô habe ich alles lônes hort,
nochn ger von ir niht anders mê.
ertrinken müeze er ûf dem sê,
der mîniu wort sô merken wil,
des mîner frouwen wær ze vil.
Wan sol niht alse kündic sîn:
und ob ein lôser våre mîn,
dâ wider sol ein guoter man
sich selben in den zühten hân,
daz er daz heize niwan guot,
swaz man von rehter liebe tuot.
Owê daz ich vil tumber man
sô vil von lône hân geseit
unde niht gesprechen kan
nâch ir vil grôzen werdekeit!
sî ist sô vollekomen gar,
daz ich belîbe sinne bar
und ich gesprechen nien getar.
Lebte der von Guotenburc,
von Turn, von Rugge Heinrich,
von Ouwe und der von Rôtenburc,
dâ bî von Hûsen Friderich:
die enkunden ûf ir eit
gezellen niht ir sælekeit,
die doch mîn frouwe alleine treit.
Daz wân alse guote man,

---

90. die ich mir als Herrin gedacht habe. 95. *merken,* beurtheilen, verstehen. 97. *kündic,* listig, verschlagen. 101. *niwan,* nur: daß er das nur gut nenne. 106. *nâch,* entsprechend. 115. *gezellen,* erzählen, aufzählen. 117. *wân* = *wâren.*

daz man an leichen ir genôz
niemermêr gevinden kan:
ir kunst was âne mâze grôz.
doch enkundens alle niht
mîn frouwen lobes hân beriht,
von der ze sprechen mir geschiht.
Ich spræche ir gerne, kunde ich, wol:
den willen habe sî für vol.
swâ ich ir niht geloben kan,
dâ ist diu zunge unschuldic an.
mir bristet leider an der kunst,
doch hât sî mînem lîbe gunst.
Sô wol dir, herze, daz du dich
sô hôhe wigest unde mich,
sît ich an dienst betwungen bin,
daz du den lîp und ouch den sin
betwingest daz siu sint bereit
der besten, die diu erde treit.
Frouwe sælic unde guot,
sît dir diu werlt des besten giht,
sô trœste mînen swæren muot,
der gar an frœden ist ein wiht;
got dir sô vil ze guote tuot,
swer dich des jâres einest siht,
der ist vor valsche gar behuot
und aller wandelbærre geschiht.
Hey dîn spilnder ougen glast,
dîn rôte sendebernder munt,
dîn gar süezer minnen last
tuont mich alsô sêre wunt,

---

118. *leich,* Gedicht aus ungleichen Strophen bestehend. 122. *berihten,* mit gen., ausrüsten mit. 125. nehme sie als Vollbringung, für die That. 128. *bresten,* mangeln. 144. *glast,* Glanz.

daz ich wæn aller frœden gast
iemer bin: mîn ungesunt
gelîchet eime, der ein ast
muoste bûwen zaller stunt.
Owê senelîchiu nôt,
wie du mich frœden hâst behert!
Grâlant, den man gar versôt,
wart nie grœzer nôt beschert,
dan mir, ich wæne, ân mînen tôt.
ouch hât ir liebe mir verspert
hügen ûf die bluomen rôt
und anderr frouwen minne erwert.
Wirt mir niht guot von ir getân,
sô sîn die andern frî verlân:
ichn ahte niht ûf elliu wîp.
waz sol mir rîcheit unde lîp?
ez muoz an ir genâden sîn
der tôt und ouch daz leben mîn.
Swer ie von minnen nôt gewan,
der sol mit mir die klage hân.
swâ brinnet mîns gebûren want,
dâ fürhte ich schaden sâ zehant:
dar an gedenken die dir sîn
und sorgen umb die sorge mîn.

---

148. *wæn,* glaube ich. 151. *bûwen,* bewohnen: auf einem Aste wohnen. 156. *ân,* ausgenommen. 158. *hügen,* denken. 168. *gebûre,* Nachbar. 170. *dir* aus *dar* geschwächt: *die dir,* die da.

XXI.

Her Kuonrât der Schenke von Landegge.

1.

Nû helfent mir klagen daz der vogellîn schallen
der winter hât gesweiget:
des müeze er sîn geveiget!
mit sînem snê
tuot er vil manigem dinge wê.
daz muoz mir und mangem harte missevallen:
ich klage ouch heide und anger,
diu hiure wurdent swanger
vil bluomen glanz:
dâ wart gebrochen manic kranz.
seht wie der winter die werlt gekleidet hât!
uns gît mit grimme sîn kunft blanke wât.
des müeze er sîn verwâzen,
daz er sus kan unmâzen:
mit sîner kraft
tuot er diu herze schadehaft.

1, 3. *veigen,* zum Tode bestimmen. 14. *unmâzen,* das Maß überschreiten.

Mîn trôst, den ich suoche, lît an einem wîbe,
der schœne ist âne mâze:
sî kan die rehten strâze
gewîsen wol,
die man ze fröiden pfaden sol.
ez lît hôhiu kunst an ir vil reinem lîbe:
sî kan wol sorge wenden
und hôhgemüete senden.
sî kan noch mê:
sî kan vertrîben sende wê.
sî kan ouch heilen dâ minne hât verwunt,
sî kan ouch büezen dem jâmer ist kunt.
sî kan ouch wol entsliezen
(möht ich des iht geniezen!)
der herzen tür:
sî twinget sende nôt dervür.

Ach got, daz dîn kunst mit flîze hât gegozzen
nâch wunsche ein schœne bilde,
des ist mir sorge wilde:
sîn schœne tuot
mich dicke und ofte hôhgemuot.
daz bilde ist vor allem wandel gar beslozzen:
sîn lîp ist wol gestellet.
ez ist ze trôste erwellet
dem senden man,
des herze ûf minne ie sêre bran.
vrâgt mich der mære, mirst umb daz bilde kunt:
ez ist mîn frouwe, diu mich hât verwunt.
der güete wendet mêre
diu senden herzen sêre

---

21. *pfaden,* treten, gehen. 32. *dervür,* hinaus zu gehen. 40. *erwellet,* erwählt. 42. *bran* von *brinnen,* brennen.

dan wurzen kraft
und aller steine meisterschaft.
Ich hân mîne stunde her verzert mit leide:
sælic wîp, daz wende.
trôst mînem herzen sende:
trôst lît an dir,
trôst trœste mîn gemüete mir.
dû weist mîne nôt: dâ von mich, frouwe, scheide.
ich lîde an mînem herzen
gar ungefüegen smerzen:
mîn grôste leit
ist daz mir tet dîn munt verseit
sîn lachen, dô ich dir klagte mîne nôt.
dîn liehte varwe wart von schame rôt:
doch mohte ich niht erwinden,
dû müestest daz bevinden,
daz dir mîn lîp
gedienet hât für elliu wîp.
Swâ liep lît bî liebe, lieplîch siu sich liebent.
liep kan sich lieber machen
gein liebe in lieben sachen:
diu liebe birt
daz liep mit liebe lieber wirt.
swer liep tougen minnet, hei wie dâ zerstiebent
die sorge von der liebe!
wan spürt dâ minnediebe:
daz tougen liep
ist tougenlîch ein minnediep.
diu lieb ir herze ir liep mit liebe gît:
sî hât ir liebes dur liebe alle zît.

48. *meisterschaft,* Macht. 58. *tet verseit,* versagt machte = versagte. 62. *bevinden,* erfahren. 76. *liebes,* von Erfreulichem, von Liebem.

wan sol nâch liebe ersterben
ald liep mit liebe erwerben:
diu liebe ist guot,
liep liebet liebe lieben muot.

2.

Wis willekomen, wünneclîcher meie,
wan dû fröuwest manic herze, daz ê trûric was.
dîn kunft wil fromen daz vil manic reie
wirt gesungen dâ die bluomen dringent dur daz gras.
dâ bî singent vil der vogellîn
süeze dœne gegen der schœne dîn.
hôhgemüete
gît ir wîbes güete mir gein ir.
Die sælde rîchen minne ich sender tougen
in dem herzen, wan mir wart sô liebes nie niht kunt.
gar lachelîchen stênt ir spilnden ougen:
ach wie gar ze kusse stêt ir wol gerœter munt!
wie gar wol gestellet ist ir lîp!
ach, ich meine daz vil reine wîp.
hôhgemüete
gît ir wîbes güete mir gein ir.
Diu süeze minne minnet mich mit triuwen,
daz sî mir sô gar an die vil minneclîchen riet.
mîn rehten sinne darf es niht geriuwen
daz sî sint an ir, von der mîn herze nie geschiet.
wê, wes möhtens anders hân gegert?
die ich krœne, diu ist schœne wert.
hôhgemüete
gît ir wîbes güete mir gein ir.

2, 3. *fromen,* bewirken. 8. *gein ir,* mit *hôhgemüete* zu verbinden.

Mîn liep, mîn frouwe, mîner ougen wünne,
gar der hôhste trôst gein fröiden, der mir ie wart kunt,
mîn trût, ich schouwe dich für elliu künne
lieber mînem herzen, wan dû bist gelückes vunt.
dû bist meisterîn an wîbes zuht:
ich wil grüezen dich vil süezen fruht.
hôhgemüete
gît ir wîbes güete mir gein ir.
Genâde sende mir genædiclîchen,
herzeliebe süeze frouwe, reine sælic wîp.
mîn sorge wende mir vil sorgen rîchen,
sît sô gar genædic ist dîn minneclîcher lîp,
swie ze trôste mir dîn rôter munt
wil sîn lachen lieplîch machen kunt.
hôhgemüete
gît ir wîbes güete mir gein ir.

3.

Spilnde wünne
wil uns der meie bringen:
wir sun frœlîch reien, singen,
lieber mære sîn gemeit.
swer sich künne
mit liebe lieplîch zweien,
der sol fröide in herze heien:
liep fröit wol für herzeleit.
swer sich liebes kan
trûtlîch underwinden,
der mac herzefröide vinden,
liebez wîp und lieber man.

---

26. *gein,* in Bezug auf. 27. *künne,* Geschlecht; Verwandter.
3, 7. *heien,* hegen. 10. *trûtlîch,* liebreich.

Swer erkunnet
waz liep an liebe minnet
und wie liep nâch liebe sinnet,
wie liep liebe lieben sol,
swar der wunnet,
sô sinnt eht sîn gemüete
ie nâch reiner wîbes güete:
ez fröit niht sô rehte wol.
wer kan mannes lîp
baz von sorgen zœhen
und sîn hôhgemüete erhœhen
dan ein reine sælic wîp?
Swem sîn herze
gein liebe minne enbrennet,
und doch herzeliep erkennet,
dâ tuot liebe wol und wê.
minne smerze
in jâmer herzen sêret:
liep gedinge leit verkêret,
ob ich rehte mich verstê.
liep gedinge ist guot
wol für herzen swære;
doch geloubent mir ein mære:
jâmer herzen sêre tuot.
Eteswenne
leb ich in zwîvelwâne,
daz diu liebe wol getâne
mînen muot iht gar verstê.
ich erkenne
niht lieber liep ûf erde

---

17. *wunnen,* in Wonne sein; *swar,* mit Bezug auf was immer. 22. *zœhen,* ziehen. 37. *eteswenne,* manchmal.

noch dem herzen mîn sô werde:
wes wil sî mich twingen mê?
sî sol sîn gewert
swaz sî mir gebiutet.
sî ist die mîn herze triutet:
ach, wær ich sô wert!
Swie diu hêre,
diu liebe und diu vil reine,
diech vor allen wîben meine,
mir bekümbert hât den muot,
swar ich kêre,
sô senent mîne sinne
nâch ir werden wîbes minne:
sist noch bezzer danne guot.
wâfen sender nôt!
muoz ich sî vermîden,
wie sol daz mîn herze erlîden?
sô bin ich an fröiden tôt.

4.

Fröit iuch gegen der zît,
die der sumer bringet.
schouwent, wie der anger lît
wol geblüemet und diu heide breit.
fröide rîchen sanc
manic vogel singet:
meie habe es iemer danc,
daz er walt und ouwe hât bekleit.
des ist manic herze frô:
ich lebt ouch alsô,

57. *wâfen,* mit gen., wehe über.

trôste mich ein sælic wîp,
nâch der senet sich mîn sender lîp.
Solte ich trûric stân,
ob ich sî muoz mîden,
wê, wie wære daz getân!
ûf genâde stêt mîn muot vil hô.
wan sol ungemach
mit gedulde lîden.
wol mich daz ichs ie gesach!
machet sî mich mit ir willen frô,
daz fröit ûf vons herzen grunt.
rœselehter munt,
tuo mich noch von sorge erlôst.
an ir willen lît mîns herzen trôst.
Trage ich hôhen muot,
daz kumt von ir güete.
ir munt stêt in süezer bluot
sam in touwe ein liehtiu rôse rôt.
ir vil trûter lîp
der gît hôhgemüete:
ich gesach nie lieber wîp
noch sô guot für senelîche nôt.
swen ir güete trœsten wil,
der hât liebes vil:
dâ von wünsche ich alle stunt
daz mich küsse ir wol gerœter munt.
Frouwe, ich weiz vil wol
waz ich an dir minne:
dû bist aller sælden vol,
dû bist schœne und minneclîch gestalt.
dû bist valsches vrî,

4, 15. *getân,* beschaffen.

dû bist stæter sinne:
dir wont wîbes güete bî;
dû bist senfter sprüche und niht ze balt.
dû bist kiusche, zühtic gar:
dû bist wandels bar.
dû hâst alles liebes teil:
sælic wîp, got gebe dir iemer heil!
Liep, dû liebest mir,
liep, in rehter liebe:
liep, nû lâ mich lieben dir,
sît daz liep mit liebe lieber wirt.
liep, mich liebe alsô,
daz mich leit verstiebe:
liep, sô wirde ich liebes frô,
wan liep liep in herzen liebe birt.
liep, sît daz ich liebes ger,
liep, mich liebes wer.
liep, dû bist mîn liebez liep:
liep, die liebe zucket mir kein diep.

5.

Nû hât sich diu zît verkêret,
daz vil manigem sorge mêret:
walt und ouwe die sint val,
dâ bî anger und diu heide,
die man sach in liehtem kleide,
in den landen über al.
dâ bî klage ich vogellîn;
wan sî singent süeze dœne
in des blüenden meien schœne:
seht, diu müezen trûric sîn.

---

54. *verstieben,* mit acc., wegstieben von, fliehen.

Swie der winter uns wil twingen,
doch wil ich der lieben singen,
der mîn herze nie vergaz:
dast ein wîp in wîbes güete,
diust sô guot für ungemüete
daz nie niht gefröite baz
mich vil senden dan sî tuot.
swenne ich denke daz diu reine
mich in herzen lieplich meine,
dêst für alle sorge guot.

Frowe Minne, ich wil dir danken
iemer mêre, ân allez wanken,
durh sô fröiderîchen vunt,
daz du mir ze frowen funde
der ich mîn ze dienste ie gunde,
diu lît an mîns herzen grunt.
Minne, tuo sô wol an mir,
hilf und twinc der reinen sinne,
daz sî mich als ich sî minne:
sich, sô wirt gedienet dir.

Diu vil süeze, diu vil reine,
diu vil liebe, valsches eine,
der ich iemer dienen wil,
diu ist minneclîchen schœne;
maniger tugende ich sî krœne,
der gewan nie wîp sô vil:
sô ist ir gebâren guot,
sî ist . . . . stæte,
sî ist frî vor missetæte.
si ist mit zühten wol gemuot.

5, 32. *valsches eine,* frei von Falschheit. 35. ich zeichne sie mit mancher Tugend aus.

Kunde ich minneclîchen singen,
daz müest ir ze lobe erklingen,
wan sist schœne und wol gestalt.
der vil süezen, der ich diene,
singe ich disen sanc vor Wiene,
dâ der künic lît mit gewalt;
der bedenkt des rîches nôt:
sô gedenke ich nâch dem gruoze,
den sô minneclîchen suoze
gît ir mündel rôsenrôt.

6.

Seht wie heide und ouch der walt
valwent von den kalden rîfen:
solhe boten hât der winter für gesant.
dar nâch sô kumt sîn gewalt,
der in lande wil begrîfen
manic herze, daz man ê in fröiden vant.
daz klag ich und klage ein leit,
daz mich ein wîp betwingen wil
herzeclîcher arebeit
und sî mîn herze erkôs ûz al der werlt ze fröiden spil.
Minne, ich hân ir alse vil,
daz ich sî vil kûme erlîde:
ich bin, Minne, selher bürde ein teil ze kranc.
Minne, êst niht ein kindes spil:
gar unsanfte ich sî vermîde,
diu mîn herze in jâmer twinget sunder danc.
Minne, rât, êst an der nôt;

6, 2. *valwen,* fahl werden. 11. *ir,* sc. *arebeit.* 16. *sunder danc,* wider Willen. 17. es ist bei der Noth angelangt, es ist dringend nôthig.

hilf daz ich werde ir herzen last,
lieplich Minne, ald ich bin tôt:
ich bin noch ir herzen, wæne ich, gar ein frömeder gast.
Minne, frouwe, hilf, êst zît:
hilf, ob ouch dich, Minne, erbarme,
wan mir tuot diu herzeliebe in herzen wê.
diu mir in dem herzen lit,
ach het ichs an mînem arme,
süeziu Minne, sô getrûrte ich niemer mê.
Minne, füege ir mîn sô vil
als ich ir herzelieben hân.
Minne, teile alsô daz spil:
sich, sô mac al mîn herzeleit ze liebe wol ergân.
Wart ich ie von herzen frô,
don wiss ich niht solher mære,
daz dû, Minne, woltest sô verleiten mich.
ich was in dem wâne dô,
daz ich sî und dich verbære,
ob diu hêre wolte noch erbarmen sich.
ich het des gar ungedâht,
daz mich betwingen möhte ein wîp:
ûz dem wâne hât mich brâht
ir gar wîplich schœne und ir minneclîcher lip.
Jâ wil sî vil sælic wîp
hôhen muot an mir verderben,
swie ich sî ze ganzen fröiden hâte erkorn,
dâ von muoz mîn sender lîp
lange wernden kumber erben:
wâfen, daz ich sender arme ie wart geborn!
wâ nû, Minne, wa ist dîn rât?

---

27. *mîn,* von mir. 28. *ir,* von ihr. *herzelieben,* von Herzen lieb haben; doch kann *herzelieben* auch gen. sein, von *vil* abhängig. 37. *des ungedâht,* nicht daran gedacht.

ach, süeze Minne, wa ist dîn trôst?
dîn rât mich verwiset hât:
diu minne und liep gedinge hât mich brâht ûf dînen rôst.

7.

Nû ist heide wol geschœnet
mit vil manigem blüemelîn gemeit:
sô ist ouwe wol bedœnet,
dâ diu vogellîn singent sunder leit.
gegen des süezen meien zît
fröit iuch wol gemuoten leigen,
sît sîn kunft uns manige fröide gît.
Swer den winter trûric wære,
der sol nû des meien fröuwen sich.
er ist guot für selhe swære:
sost mîn trôst mîn frouwe minneclich.
der ich diene ân allen wanc,
diu muoz mir vil baz gevallen
dan der meie und aller vogellîn sanc.
Ich sing alles umbe ein grüezen,
daz ouch minneclîchen möhte sîn,
unde ir rôten munt den süezen
kuste ich gerne nâch dem willen mîn.
solte alsô gelingen mir,
sô möht ich in fröiden singen:
ûf den trôst sô diene ich alles ir.
Ich bin stæte an mînem muote
gegen ir, der ich eigenlîche bin,
swie daz diu vil reine guote
nie gemeinen wolde mînen sin.

49. *verwîsen*, irre führen.
7, 25. *gemeinen*, theilen.

ich hab alles einen muot:
ich wil sî mit triuwen meinen
doch, swie sî mir ungenâde tuot.

8.

Fröit iuch gegen dem meien schœne,
fröit iuch gegen des meien zît.
heide in grüener varwe lît:
sost geblüemet berg und tal.
dâ bî hœrt man süeze dœne
von den kleinen vogellîn:
in der blüenden blüete schîn
dœnet wol diu nahtegal.
walt hât und ouwe von loube ein dach:
rôsen in touwe, der ich mangen sach,
stênt in wunneclîcher bluot:
fröit iuch jungen hôhgemuot.
Sich fröit al diu werlt gemeine,
wan daz ich betrüebet bin:
Minne twinget mir den sin
unde ein reine sælic wîp.
nieman trûret wan ich eine:
wie hab ich verdienet daz?
ob ich lange dulde ir haz,
daz verderbet mir den lîp.
sol ir wîplich güete mich in sorgen lân,
mîn hôhgemüete, mîn trôstlîcher wân
wirt an fröiden ungesunt,
mich entrœste ir rôter munt.
Minne, frouwe, süeziu Minne,
minneclîchiu helferîn,
hilf mir mit der helfe dîn,

daz mîn herze frô bestê.
du bekümberst mir die sinne
mit der liebe meisterschaft
und mit dîner krefte kraft,
daz mir ist nâch liebe wê.
diu vil lieb aleine betwungen mich hât,
daz ichz beweine ob ir trôst mich nû lât:
trœste, ein süeze Minne, mich,
sît ich helfe suoche an dich.
Wænet des diu wol getâne,
der ich alse kûme enbir,
daz ich scheide mich von ir,
dur daz sî mich frömdet sô?
daz ich stên ir trôstes âne,
die minn in mîn herze twanc,
daz ist sunder mînen danc.
ach, des bin ich gar unfrô!
doch sol sî niht denken, daz mîn stæter muot
müge an ir wenken: ich hân daz behuot,
wan ich hân sî sælic wîp
lieber dan mîn selbes lîp.
Sol ich fröidelôs belîben
von ir, diu genâde hât,
son wirt niemer sorgen rât
an mir senden hinnen vür:
sô muoz ich die zît vertrîben
jæmerlîch in sender nôt.
bezzer wære mir ein tôt
danne ob mich ir trôst verkür.
ich hân niht befunden solher smerzen mê:

8, 36. *an dich,* bei dir. 46. ich habe mich davor gehütet. 56. *verkür,* fahren ließe.

mîns herzen wunden die tuont mir sô wê,
wan mich Minne schôz aldâ:
dâ von stên ich junger grâ.

9.

Swie daz nû die rîfen kalt
selwent walt und heide und ouwe,
doch sô wil ich frô bestân.
mîner fröiden hât gewalt
mînes herzen heil, mîn frouwe:
die wil ich ze trôste hân
gar für alle herzen sêre.
ir schœn unde ir wîplich êre
minne ich in dem herzen mir.
Dur daz sî ist alsô guot
und sô rehte wol gebâret
und sô lieplich lachen kan,
dâ von hüget mir der muot,
swie sî mîn dâ mite vâret:
des ich ir mit willen gan.
dêst dâ von mich fröit gedinge,
daz ich noch in fröiden singe:
sus gênt mîniu jâr dâ hin.
Minneclich und wol gestalt,
gar gewizzen unde schœne,
so ist mîn trût, mîn künigîn.
sist mit rede niht ze balt,
daz ich an der lieben krœne:
dâ bî kan sî stæte sîn.
sî ist kiusche in wîbes güete,

9, 2. *selwen,* entfärben. 13. *hügen,* froh sein. 16. *dêst dâ von* das ist das wodurch. 20. *gewizzen,* verständig.

sî hât zuht bî hôhgemüete:
sist gar alles wandels frî.
Frouwe, minneclîchez wîp,
trût, lâz an mir niht verderben
beidiu fröide und mînen sanc.
hilf, genâde rîcher lîp,
ach hilf, lâ mich trôst erwerben,
ald ich bin an fröiden kranc.
hilf daz trûren mich verstiebe,
liebez liep vor allem liebe:
sliuz ûf mir der fröiden tor.

10.

Junge und alde,
fröit iuch gegen des meien zît,
wan ez gruonet in dem walde;
seht, wie schône er lît:
sost diu heide
sumerlîchen wol bekleit;
diu hât bluomen ûf ir kleide,
der ist sî gemeit.
ûf dem rîse
dœnent wol ze prîse
vogellîn ir schal:
süeze wîse
singet nahtegal.
Swen die rîfen
twungen und dar zuo der snê,
der sol nû ze fröiden grîfen,
sît man siht den klê:
sost mîn wunne
gar ein reine sælic wîp;
mich fröit weder loup noch sunne

niht wan eine ir lîp.
diech dâ meine,
dêst diu süeze reine,
mîn gelückes vunt
sî aleine:
rôt ist ir der munt.
Diech dâ meine
liep vor allem liebe mir,
diu ist alles wandels eine:
ez lît lop an ir.
swen sî minnet,
der wirt liebes wol gewert,
ob er rehte sich versinnet
ald er liebes gert.
süeziu Minne,
Minne, meisterinne,
Minne, ich meine dich,
twing ir sinne
daz sî minne mich.
Frowe schœne,
frowe, an der mîn fröide lît,
frowe, diech mit lobe krœne,
hilf, êst an der zît.
trût mîns herzen,
liebez liep, ich meine dich,
süeziu, wende mînen smerzen,
trôst, nû trœste mich.
frowe, ich muote
des in mînem muote
daz mîn gernder muot
dich niht muote:
sost mîn wille guot.

10, 51. *muote*, prät. conj., verdröße.

II.

Wol dir, liebiu sumerzît,
wol dir, sumer, dîner schœne,
wol dir, dû gist hôhen muot.
heide in grüener varwe lît:
dine kunft ich iemer krœne,
wan sî ist vür trûren guot.
nahtegal
suoze singet,
daz ez in dem walde erklinget:
sost geblüemet berg und tal.

Swen der meie trœsten mac,
der leb âne herze swære;
diu zît wart nie baz gestalt:
sô fröit mich kein sumertac;
nieman wan diu sældebære,
diu hât fröide an mir gewalt.
si ist mîn trôst
diech dâ meine,
nieman mê wan sî alleine:
wil si, ich bin vor leide erlôst.

Die ich alse liebe hân
in dem herzen alle stunde,
diu ist wandel vor behuot.
ach, sist liep, sist wol getân:
an ir rôsevarwem munde
wære ein kus vür trûren guot.
swer si mac
umbevâhen
und mit kusse ir lieplich nâhen,
den betaget ein sælic tac.

II, 16. *fröide,* über Freude. 23. vor Makel behütet.

Minne, ich solde danken dir,
daz du wistest mîne sinne
an sô herzeliebez wîp.
Minne, tuo genâde an mir,
Minne, ein frouwe, süeze Minne,
hilf daz mich ir trûter lip
minne alsô,
daz diu reine
mich als ich sî lieplich meine:
ach sô wirde ich liebes frô.
Ach, genâde, ein sælic wîp,
ach, mîns herzen küniginne,
ach, tuo noch genâde mir.
ach, genâde, lieber lîp,
hilf daz ich noch liep gewinne:
herzeliebe lît an dir.
hilf, êst zît,
mir vil armen:
lâ mich senden dich erbarmen,
sît mîn heil gar an dir lît.

12.

Fröit iuch, wol gemuoten leien,
gegen dem wunneclichen süezen meien.
diu zît ist ze fröiden wol gestalt:
fröit iuch, junge und alt.
man hœrt ûf dem blüenden rîse
vogele singen in ir besten wîse:
vor in allen dœnet nahtegal
lobelîch ir schal.
anger gruonet und diu liehte heide;
des stêt wunneclîch ir ougen weide:

wan siht allenthalben ûf dem plân
vil der bluomen stân.
Helfent mir die zît enpfâhen,
wol gemuoten, lât iuchs niht versmâhen:
wir sun kleine sorgen umbe guot,
swenne uns hüge der muot.
wir sun tanzen, wir sun springen,
wir sun frœlich reigen, wir sun singen,
wir sun hôhgemüete und lieben wân
ûf gedingen hân.
lânt die siufter in unfröiden sterben:
wir sun nâch gelücke in fröiden werben
unde arbeiten guot und ouch den lîp
dur diu werden wîp.
Wer kan frœlich vrô belîben,
wan bî reinen minneclichen wîben?
wer kan wenden sendes herzen suht,
wan ir wîplich zuht?
wer kan trûren baz verswachen
danne ir zartez rœselehtez lachen?
wer tuot senden man von sorge erlôst
wan ir wîplich trôst?
wer kan mannes minnewunden heilen?
wer kan fröide in herzen lieplich teilen?
nieman wan diu tugentlîchen wîp:
sælic sî ir lîp!
Wir sun wîbes namen êren
unde ir lop mit hôher wirde mêren,
dâ diu wîpheit unvermeilet sî:
diu ist wandels frî.

12, 14. *mich versmâhet,* mich dünkt gering, verächtlich. 21. *siufter,* Seufzer, Seufzender. 23. *arbeiten,* anstrengen. 29. *verswachen,* verringern. 39. *unvermeilet,* ohne Makel.

wê dem man, der des gedenket,
daz er wîp und wîbes namen krenket!
der let ûf sich beidiu hie und dort
sünde und lasters hort.
wîbes name und wîbes lîp mit wunne
zierent fröide, sam diu spilndiu sunne
wol gezieren und geschœnen mac
einen sumertac.
Wer gesach ie crêâtiure
baz gestalt und dâ bi sô gehiure
und sô rehte minneclich gevar,
nâch dem wunsche gar,
und sô rehte schœne an schouwe,
sam sî ist, mîn trût, mîns herzen frouwe,
an der lîbe niemer ouge ersiht
wandelbæres niht.
wol ir werden süezen jungen jâren!
wer gesach ie wîp sô wol gebâren,
sam sî tuot, mîns herzen heiles funt?
rôt ist ir der munt.

13.

Mich muoz wunder hân
wiez sich stelle bî dem Rîne,
umb den Bodemsê,
ob der sumer sich dâ zer.
Francrich hât den plân,
den man siht in trüebem schîne:
rîfen tuont in wê
bî der Sêne und bî dem mer.

---

43. *let = ledet,* ladet.
13, 4. *sich zern,* sich aufzehren, zu Ende gehen.

dise selben nôt hânts ouch bî Aene,
da ist ir fröide kranc.
wunne und vogelsanc
ist in Swâben, des ich wæne:
dar sô jâmert mich
nâch der schœnen minneclich.
Lieb und allez guot
wünsche ich ir die ich dâ meine,
unde nîge aldar
einer wîle tûsentstunt.
ich hân mînen muot
gar vereinet an sî eine:
swaz ich lande ervar,
mir wart nie sô liebes kunt.
diu vil süeze reine wandels vrîe
zieret Swâbenlant:
Hanegöwe Brâbant,
Flandern Francrîch Picardîe
hât sô schœnes niht
noch sô lieplich angesiht.
Swer erkennen wil
fröide und werndez hôhgemüete,
dem gib ich den rât,
der für trûren sanfte tuot:
rehter fröiden spil
ist ein wîp in wîbes güete,
diu ir wîpheit hât
wîplich mit ir zuht behuot;
die sol er mit ganzen triuwen minnen,
als ich tuon ein wîp,

13. *dar jâmert mich,* dorthin sehne ich mich schmerzlich. 17. *aldar,* dorthin. 18. *einer wîle,* in einer Stunde. *tûsentstunt,* tausendmal. 20. *vereinen,* einzig richten. *an,* auf. 21. *ervarn,* durchfahren.

der herz unde lîp
kan ûf wîbes lop sô sinnen,
dazs ûz êren pfat
niemer kumt noch nie getrat.

14.

Schouwent an den grüenen walt,
waz er loubes hât gerêret
von des ungefüegen rîfen val.
jârlanc sint die winde kalt,
winters kraft sich balde mêret:
dâ von swîget aber nahtegal,
diu in maniger wîse sanc
lobelîchen süeze dœne
in der sumerlîchen schœne,
dâ der vîol dur daz gras ûf dranc.
Mîn muot swebt zer sunnen hô,
mirst geboten, ich sol singen:
daz tuot mîner sælden wunsches tac.
ich wart vor des nie sô frô
von sô herzelieben dingen,
daz ich wol von schulden sprechen mac,
daz sî mir geboten hât
singen unde frô belîben
unde ouch dienen reinen wîben
dur sî, diu mir gît den selben rât.
Ich sach einen rôten munt
alsô minneclich erlachen,
daz er in mîn sendez herze schôz.
des fröit ich mich sâ ze stunt:

14, 2. *rêren*, fallen lassen. 13. sie, mit der mir das höchste Glück tagt.

sî kund ez sô lieplich machen,
daz mich dar ze sehen nie verdrôz.
solte ez ie mir sîn beschert
und daz ich sî solde schouwen
bî mir, mînes herzen frouwen,
seht, sô wære ich liebes wol gewert.
Waz ir minneclicher lîp
kiusche und rehter wîbes güete
in ir herzen schrîn beslozzen hât!
jâ sî reine sælic wîp,
sî hât zuht bî hôhgemüete:
daz gebâren ir vil wol an stât.
got der was vil wol gemuot,
dô er schuof sô reinem wîbe
tugent wunne schœne an lîbe
und vor allem wandel gar behuot.
Ach genâde, ein sælic wîp,
ach genâde, ein küniginne,
ach genâde, ein süeze frouwe mîn!
ach genâde, ein süezer lîp:
liep mîns herzen, trôst der sinne,
trût, lâ mich in dînen hulden sîn!
frouwe, hilf, êst an der nôt,
ach hilf, lâ mich niht verderben:
sol ich niht genâde erwerben
an dir, sost mîn trôst gein fröiden tôt.

15.

Diu zît ist sô wol gestalt,
wan siht dur daz gras ûf dringen
vîol unde rôsen rôt.
dâ bî loubet uns der walt:

sô hœrt man die vogele singen
suoze, als in diu zît gebôt.
in dem süezen touwe
gegen der sunnen schîn
glenzet manic blüemelîn.
in der wunneclîchen schouwe
sol diu werlt in fröiden sîn.
Mîn gemüete swebete hô,
dô diu Minne mîne frouwen
lieplich in mîn herze slôz.
ich was ir ze sehen vrô,
dô ich dar begunde schouwen:
des vil wênic mich verdrôz.
sus liez ich sich weiden
mîniu ougen dar,
diu mit fröiden nâmen war
der vil lieben, niht der leiden:
diu ist alles wandels bar.
Minne, frouwe, erkenne daz,
daz ich in sô stætem herzen
unde in triuwen minne ein wîp,
der ich selten ie vergaz,
swie daz mir doch füeget smerzen
ir vil sælderîcher lîp.
süeze Minne, swache
mir die selben nôt:
wende ouch mîner fröiden tôt.
hilf daz mir in liebe erlache
eteswenne ir munt sô rôt.
Solte ir rœselehter munt
unde ir minneclîchez grüezen

15, 10. *schouwe,* Anblick. 33. *eteswenne,* einmal.

lachelîchen meinen mich,
sô vund ich der sælden vunt
an der minneclîchen süezen,
gienge ez mir sô sæleclich,
ach, daz diu vil guote
solte bî mir sîn
tougen nâch dem willen mîn,
unz ich gar nâch mînem muote
dahte ir rôten mundes schîn.

Swer ein liep in herzen hât
tougenlîchen wol verborgen,
der ist sæleclich gewert,
ob er valsches triegen lât
unde in triuwen kan besorgen,
ob er rehter liebe gert.
er sol âne wanken
herzeliebes gern
unde unstæten muot verbern:
kan er liebe lieplich danken,
minne wil in liebes wern.

16.

Ich verklagte wol die zît
und die wunnebernden ouwe,
trôste mich mîn trût, mîn frouwe,
nâch der sich mîn herze dicke sent;
diu mir alsô liebe lît
in dem herzen mîn behalden,
dâ sî nieman kan verschalden:

44. *dahte,* bedeckte: mit meinen Küssen.
16, 1. *verklagte,* könnte verschmerzen. 7. *verschalden,* vertreiben.

sî hât sich sô lieplich dar gewent.
mir wart nie liep alse rehte wert,
si ist in mînes herzen veste
wol diu hêrste und ouch diu beste:
sî ist der mîn wunsch ûf erde gert.
Lachelich ein lôser blic
ûz ir liehten spilnden ougen
zarte minneclichen tougen
sach ich liuhten in mîns herzen grunt.
dô kam mir von fröide ein schric
unde ein minnegernder smerze
alsô lieplich in daz herze
daz ez wart von rehter liebe wunt.
dô ich sach ir munt durliuhtic rôt
alse fröidebærez lachen
lieplich unde frœlich machen,
dô gert ich nâch liebe in wernde nôt.
Wer gesach ie wîbes lip
alse schœne und alse clâren
und sô lieplich wol gebâren
und sô gar in wîbes güete guot?
sî ist gar ein wîplich wip,
nâch dem wunsche wol gestellet:
Sælde hât sich zir gesellet;
sî hât kiusche zuht und reinen muot.
jô mein ich mîns herzen ungemach,
nâch der ich mit gerndem sinne
in der minne hitze brinne:
sô wol mich daz ich sî ie gesach!

---

8. *gewent,* gewöhnt. 17. ein Auffahren vor Freude, eine plötzliche Freude. 33. *jô,* fürwahr.

17.

Ich wil aber singen,
wan ez ist mir in dem muote,
sit diu nahtegal geswigen ist:
des kan mich betwingen
diu vil hêre und diu vil guote,
der an wîbes êren niht gebrist.
mich fröit wol
daz ich singen sol
alsô liebem wîbe:
nâch ir minneclîchem lîbe
grôzen jâmer ich vil sender dol.
Swer mir daz verkêret,
daz mich jâmert nâch der süezen,
dem ist rehtez herzeliep unkunt.
der hât sich entêret:
wie kan er die sünde büezen,
die verdienet hât sîn schuldic munt?
er weiz niht
daz mîn herze siht
in ein paradîse,
swenne ich die gedanke wîse
nâch ir, der man hôher êren giht.
Mich hât liep gedinge
in den fröiden her behalden,
daz ich bin vor leide ein teil behuot.
daz ist mîn gelinge,
wan ich wil ir gerne walden:
dar zuo stiuret mich mîn vrier muot,
den ich hân,

17, 11. *dol,* dulde. 26. *gelinge,* Glück. 27. *ir,* auf *fröiden* zu beziehen. 28. *stiuren,* unterstützen.

unde ein lieber wân,
daz ich wol gedenke,
wâ mit ich mir trûren krenke:
wan sol ûf genâde frô bestân.
Fröide ist alsô tiure
unde als edel und sô hêre,
daz sî kûme ieman vergelten kan.
fröide ist sô gehiure,
wan hât fröide frum und êre:
fröide stêt gar lobelîchen an.
fröide ist wert,
swâ liep liebes gert:
liep kan leit vertrîben.
liebiu fröide lit an wîben:
wol im swer dâ liebes wirt gewert!
Möhte ich fröide vinden,
rehte fröide, als ich sî meine,
sô wær ich zer welte ein sælic man:
sô müest an mir swinden
leit; und wolte mich diu reine
minnen als ich mich ir minnen gan,
sô wolt ich
alrêrst fröuwen mich
mit der fröiden rîchen.
nieman kunde mir gelîchen:
wan sol ûf genâde trœsten sich.

18.

Helfent grüezen mir den meien
der sô lobelîchen schœnet

---

36. *vergelten,* bezahlen. 38. *fröide,* von Freude. *frum,* Nutzen.
50. wie ich ihr gönne mich zu lieben.

anger heide ûf berge und in dem tal.
wir sun tanzen springen reien,
sît der walt ist wol bedœnet:
dâ hânt vogellîn fröiderichen schal.
velt und ouwe stênt geblüemet:
manic sunder varwe ist dâ,
wiz brûn gel rôt grüene weitvar blâ,
dâ sich nahtegal der zît in sange rüemet.
Daz diu nahtegal wol singet,
daz geblüemet stêt diu heide,
des hab ich ze fröide enkeine war.
ein fröid in mîn herze dringet
frier herzen ougen weide,
unde ouch libes ougen weident dar.
diu fröid ist sô liep, sô hêre,
daz sî fröit herz unde lîp.
daz sint schœniu minneclîchiu wîp:
nâch der fröide sinne ein man, an der lît êre.
Ein wîp ich ze fröide minne,
mir ze trôste, mir ze heile,
mir vür allez ungemüete ein dach.
der vil reinen stæten sinne
frîgent sî vor allem meile,
sô daz sî ir wîpheit nie gebrach.
got hât wirde und êre beide
sæliclich an sî geleit:
schœne varwe, niht von gunterpheit,
hât ir lieplich angesiht, mîn ougen weide.
Wol dien fröide gebenden wiben,
die mit zuht in hôhgemüete
wîplich mannes fröiden spiegel sint!

18, 9. *weitvar,* bläulich. 13. *war,* Acht. 29. *gunterpheit,* unedles, unechtes Metall.

sit daz herze ist reine,
swenne ez niht berüeret trüeber muot.
nemt iuch lieber fröiden an,
die dâ trüebe herzen reinent:
minnent unde meinent
reiniu wîp, diu sint ze fröiden guot.
liebe fröide gît ein liebez wîp:
wer kan mannes leit vertrîben,
wan daz liep an wîben?
wîbes güete heizet leitvertrîp.

20.

Rîfen unde winde kalt
roubent ouwe und ouch den walt,
linde rêret:
sus verkêret
sich ein zît, diu fröide bar.
wan siht anger und den plân
beide sunder bluomen stân.
heide grîset:
ûf die rîset
tuftes vil, des nam ich war.
dâ von swîgent nahtegal:
winter wilde
grôz unbilde
brüevet mit des snêwes val.
Sît ich mich von êrst versan,
wie sich Minne lieben kan
beiden lîben,
mannen wîben,

20, 3. *rêret,* lässt fallen, nämlich: ihr Laub. Vgl. 14, 2. 8. *grîsen,* grau sein, werden. 10. *tuft,* Reif.

dô begunde ich minne gern.
mich bedûhte des an sî,
wær mir Minne stæte bî
mit gedanken
âne wanken,
daz mich Minne solte wern
mit ir süezen meisterschaft,
mîn erkennen
unde wennen
minne mit ir helfe craft.

Ich versen an Minne mich:
sô vert Minne flühteclich
von mir balde.
ir gewalde
ist mîn muot, mîn sin ze kranc.
Minne tuot mich jungen grâ
und enweiz doch rehte wâ
ich sî vinde:
sô geswinde
ist ir wenden und ir wanc,
als ich wæne minne hân
mir erworben,
sost verdorben
al mîn werben und mîn wân.

Swie daz ich bin Minne ein gast,
doch trag ich den swæren last
an dem herzen:
minnen smerzen
hânt bekümbert mir den muot.
alsus dulde ich minne quâl
stæteclichen, sunder twâl;

---

20. *an sî,* in Bezug auf sie. 26. *mîn erkennen,* mich anerkennen. 27. *wennen,* gewöhnen. 28. *minne,* an Minne. 49. *twâl,* Säumniß.

Minne miden
muoz ich liden:
doch weiz ich, diu Minne ist guot.
Minne ist liebe ein füegerin,
Minne müeze
mit ir süeze
lieben mich der frouwen min.

Sol ez mir sô liebe ergân
als ich mir erwünschet hân,
daz diu reine,
wandels eine,
mir ze trôst erbarmet sich,
sô lern ich der fröiden kunst:
hân ich miner frouwen gunst,
daz ir sinne
durh die minne
minneclichen minnent mich,
sô wurd ich nâch liebe frô,
wan ir güete
mîn gemüete
hœhet für die sunnen hô.

21.

Kalte winde
gar geswinde
selwent heide:
grôzer leide
kumt uns mê.
winter nâhet
unde gâhet
ûf uns balde:

53. eine Fügerin, Veranlasserin von Neigung.

vor dem walde
dorret klê.
dâ von swîget manic nahtegal:
cîsel schrîget,
ungefrîget
ist sîn swærc.
wê der mære!
linde ist val.
Swære buoze,
starke unmuoze
muoz ich dulden
nâch ir hulden,
der ich bin.
sunder lachen
muoz ich wachen,
nahtes sorgen,
trûren morgen
âne sin,
sît daz mir ir munt ein lachen bôt,
daz erlûhte,
des mich dûhte,
sam diu sunne
gên mir brunne
rubînrôt.
Ich gedâhte,
dô mir brâhte
fröide ir lachen,
daz mir swachen
solde leit.
an der süezen
ougen grüezen

21, 12. *cîsel,* Zeisig. 18. *unmuoze,* Unruhe. 21. der ich angehöre. 30. *sam,* als ob.

sach ich dicke:
in dem blicke
sich versneit
an ir ougen dâ mîn bester sin,
wan ich brinne
nâch ir minne,
diu mich schiuhet
und noch fliuhet,
swâ ich bin.
    Swen diu Minne
sîner sinne
gar beroubet,
der geloubet
dester baz
daz mir swære
siuftebære
lît in herzen:
minne smerzen
füegent daz,
wan ich die vil guoten mîden muoz.
sol ich lîden
sî vermîden,
lebe ich iemer,
mir wirt niemer
sorgen buoz.
    Frouwe reine,
wandels eine,
süeze, wende
mîn ellende,
lieber lîp.
lâ mîn werben

42. *versneit,* verwundete. 60. 61. soll ich dulden das sie meiden.

niht verderben:
eteswenne
triuwe erkenne,
sælic wîp.
herzen trût, dû lâ geniezen mich
daz diu ougen
sunder lougen
iemer wolden
daz sî solden
sehen dich.

22.

Jârlanc valwet manic anger
und ouch vil der liehten heiden,
ouwe und ouch der grüene walt.
winter borget in niht langer,
er ist grimme und unbescheiden:
sost sîn twingen manicvalt.
doch verklagte ich wol diu leit
und die winterlîchen swære,
trôste mich diu sældenbære,
der mîn dienest ist bereit.

Die ich in dem herzen minne
und in rehter liebe meine,
diu ist gar gewaltic mîn.
sich hânt alle mîne sinne
gar vereinet dur sî eine:
doch muoz ich ir frömde sîn.
wâfen senelîcher nôt!
wie sol daz mîn herze erlîden?
muoz ich sî iht langer mîden,
sô bin ich an fröiden tôt.

Ich hân jâmer nâch der guoten
stæteclîchen alle stunde,
dur daz sî ist alse guot.
ich wold ir genâden muoten,
daz sî mir noch fröide gunde
mit ir willen, ob siz tuot.
al mîn trôst lît gar an ir:
nieman sol mir daz verkêren,
ob mich jâmert nâch der hêren,
die mîn herze meinet mir.

Sît mîn herze mir sî meinet,
dâ von muoz ouch ich sî minnen
herzeclîchen iemer mê.
swem sîn herze ein liep sô meinet,
der mac herzeliep gewinnen:
herzeliebe tuot niht wê,
wan, als ichz bescheiden sol,
êst ein minnegernder smerze:
swâ gein liebe gert daz herze,
dâ fröit liep gedinge wol.

Sælic wîp, genâde sende
mir, sît ich genâde muote:
hilf, genâden rîchez wîp!
herzen trût, mir sorge wende:
mîn vil liebez liep daz guote,
ungenâde mir vertrîp.
dîn genâde tuot mich frô:
wilt dû, frouwe, dich erbarmen
über mich vil senden armen,
sô stêt mîn gemüete hô.

XXII.

Her Jacob von Warte.

I.

Man sol hœren süezez singen
in dien ouwen über al,
lobelîchen sanc erklingen,
sunder von der nahtegal;
schouwent ûf den anger breit
und ouch an der liehten heide,
wie schône si sich mit ir kleide
gên dem meien hât bekleit.

Diu zît ist in werder schouwe:
maniger hande blüemelin
lachent ûz des meien touwe
gên der liehten sunnen schîn;
waz sol trœsten mir den muot,
sît mich twinget herzen swære,
bî der ich vil gerne wære,
daz diu mir niht gnâde tuot?

Ach vil minneclîchiu guote,
enbint mich von sender nôt,

1, 4. *sunder,* besonders.

lâ mich niht ûz dîner huote,
ald ich bin an fröiden tôt.
ich sol dîner helfe gern:
lâstu mîn herze ûz dîner pfliht,
sô kan mich getrœsten niht,
dun wellest mich genâde wern.
Gewalt noch mangem an gesiget,
daz hœret man die wîsen jehen,
dâ man genâde niht enpfliget:
daz solm an mîner frouwen spehen;
diu ist gar gewaltic mîn,
âne gnâde diu vil guote
lât mich trûren, in unmuote
muoz ich an mîn ende sîn.
Minne, du solt sîn gemeine,
ald ich bin an fröiden tôt;
füege daz mich lieplîch meine
der vil liebun mündel rôt.
sît du bist gewaltic mîn
unde leitest mîne sinne,
swie du wilt, ach werdiu Minne,
sô solt ouch ir gewaltic sîn.

2.

Ahten ûf die heide,
wie si von ir kleide
hât gescheiden sich:
kleiner vogele singen
wil der winter twingen,
des bedunket mich,

28. *solm = sol man.* 33. *gemeine,* gemeinschaftlich.
2, 1. *ahten,* laßt uns achten.

manic herze, daz mit fröiden êret
walt, den anger und den plân;
diu zît hât sich verkêret,
dâ von siht man ir gemüete kumberlîche stân.
Sît der winter twinget
und ze sorgen bringet
manic vogellîn,
zuo den ich gelîche
mîn herze sicherlîche
muoz in swære sîn,
von dem winter niht, mich hât betwungen
diu Minne und ouch ein sælic wîp:
swie mir ist ungelungen,
doch sol man wizzen daz vil tugende hât ir werder lîp.
Swie mir tuot diu guote,
si wont mir in dem muote
zallen zîten bî,
in herzen und in sinne;
sus râtet mir diu Minne,
deich ir diener sî.
dar under lât diu liebe mich verderben:
ach Minne, wie tuostu mir sô?
wiltu mir niht erwerben
gnâde an mîner frouwen, sich, sô wirde ich niemer frô.
Went ir wunder schouwen
an mîner lieben frouwen,
wie si krenket mich
in herzen und an sinne?
hôchgeloptiu Minne,
jâ muoz ich frâgen dich,
wenne nimt der kumber mîn ein ende,

27. *dar under*, dabei.

den mir diu minneclîche tuot?
ach süeze Minne, in wende,
füege du dich in ir herze und gib ir minnen muot.
Sol ich alsus verderben,
daz ich niht kan erwerben
mîner frouwen gruoz,
von ir ein hôchgemüete,
waz ist nu wibes güete?
daz ich sprechen muoz.
wil wîbes güete sus an mir erwinden,
ach ich gar unsælic man,
wâ sol ich fröide vinden,
sît mîns herzen wunne mir von ir niht fröide gan!

3.

Meie kumt mit maniger schœne,
man hœrt kleiner vogele dœne
in dien ouwen über al.
wunneclîchez ist ir singen,
man siht durch daz gras ûf dringen
vil der bluomen âne zal.
fröit iuch, kint, der lieben zît
und der wunneclîchen mære,
wünschet daz diu sældenbære
trœste mich, an der mîn fröide lît.
Ein mündel rôt hât mich betwungen,
daz mîn herze ist gar berungen,
wie ich ir gediene alsô,
daz sî mînen dienst enphâhe
lieplîch und in niht versmâhe;

3, 12. *berungen,* überwunden.

möhte ez sin, ich wære vrô.
frouwe guot, du hâst gewalt,
minne dienet dir für eigen:
wiltu triuwe an mir erzeigen,
sælic wîp, mîn fröide ist manicvalt.
Rehter schœne ein morgensterne
ist mîn frouwe, der ich gerne
diene und iemer dienen wil;
swie kleine si mir fröide mêre,
ich wünsche daz ir sælde und êre
volge und dâ bî fröiden vil.
ir güete und ir bescheidenheit
ist leider gar gên mir entslâfen:
muoz ich si dar umbe strâfen,
dast mîn klage und al mîn herzeleit.
Wil diu liebe mîn gemüete
trœsten mit ir wibes güete,
sô mag ich vil wol genesen:
dar zuo hab ich guot gedingen,
lât diu liebe mir gelingen,
sô mag ich in fröiden wesen.
herzeliebe frouwe mîn,
du solt wenden mîne swære,
minneclîchiu, sældenbære:
sô mag ich in fröiden sîn.
Frouwe mîn, dur dine güete
twinc mîn herze ûz ungemüete,
deiz ze fröiden kêre sich.
sît mir fröide ist worden wilde,
sô êr an mir wibes bilde:
nieman mac getrœsten mich,

---

18. *für eigen,* als dir unterthan.

wan dîn helfe, frouwe guot.
du maht mir wol fröide machen,
du kanst mich ouch fröiden swachen:
swie du wilt, sam stêt mîn muot.

4.

Manic herze sorget ûf die zît,
die der winter bringet offenbar;
anger, heid von im geselwet lît,
des waldes hœhe grîse siht man gar;
diu kleinen vogellîn sint ouch geswigen,
des winters twingen tuot in wê:
sô fürhte ich daz der lieben ungenâde welle an mir gesigen.
Muoz ich disen senden kumber tragen
iemer mêre unz an mînen tôt?
wisse ich, wem ich solde den geklagen
unde mîne lange wernden nôt,
des bedorfte ich gotes armer wol:
mîn frouwe hât vergezzen mîn,
in der dienste ich her vil manigen langen strengen kumber dol.
Mîn gedinge hât mich dar zuo brâht,
daz ich muoz in grôzer swære leben;
gên der lieben hâte ich wol gedâht,
daz si mir solte hôchgemüete geben.
owê, nu krenket si den mînen muot:
gebâre ich sus, gebâre ich sô,
son kan mîn herze erkennen, waz die lieben dunke von mir guot.

4, 4. *hœhe*, Tiefe. 12. *gotes arm*, ganz arm.

Ahten wie ir minneclîcher lîp
âne gnâde mich verderbet sô!
wâ gesach ie man bescheiden wîp,
diu alsô lange ir diener lieze unvrô
als mich diu herzeliebe frouwe mîn?
tuo si mir wê, tuo si mir wol,
ich wil eht iemer mêre in ir dienste unz ûf mîn ende sîn.
Minne, du hâst mich gar überkomen
gewaltecliche gên der frouwen mîn,
du hâst mir fröide und hôhen muot benomen:
sol ich iemer in dien banden sîn?
dâ ist diu herzeliebe unschuldic an:
sin weiz niht, Minne, dîner site,
dâ von diu liebe mîner herzeswære niht erkennen kan.

5.

Mich lât mînes herzen küniginne
trûren unde krenket mir die sinne:
âne ir trôst mag ich niht wol genesen.
ich kan ungemüete niht entwîchen,
swaz ich sage, ez welle an mir gerîchen:
diz unbilde solten frouwen lesen.
swie aber ich ir güete noch befunde,
daz mir wurde ein küssen von ir munde,
dâ von ungemüete mir verswunde.
von der lieb möht ich in fröiden wesen.
Ich wil werben iemer umb ir hulde,
mîner frouwen, swie kûm ich verdulde

29. *überkomen,* überwinden.
5, 5. *gerîchen,* mächtig werden.

solhen kumber, den ich von ir trage;
si kan mînem herzen niht entwenken
mit ir frömde, ez müeze an si gedenken;
daz beste ich iemer von ir tugenden sage.
des hât mîn herze sich gên ir vermezzen,
swie si hât mit sorgen mich besezzen,
daz ich mîner fröiden habe vergezzen:
âne trôst lât mich diu liebe in klage.

Ach Minne, wie du mînen kumber mêrest!
herze, ich volge dir sam du mich lêrest:
dâ von ist mir sende sorge kunt,
die ich tougen trage und verborgen;
mangen tac, den âbent und den morgen,
bin ich von der minneclîchen wunt.
owê, si lât mich in den sorgen alten,
dâ von mîn herze muoz sô dicke erkalten.
ich möhte mînen dienest hân behalten,
daz mich trôste danne ir rôter munt.

6.

'Guot rîter, merke, waz ich sage:
ich hœr die vogele singen,
von liebe scheide dich enzît.
ein wolken grâwet gên dem tage:
ich sihe in schône ûf dringen,
der melde haz niht fröide gît.
nim urloup tougen ze der minneclichen,
und scheident iuch, daz ist mîn rât
(der tac der wil gerichen),
mit liebe von ein ander, sît diu naht ein ende hât.'

17. *sich vermezzen*, sich entschließen. 30. *daz*, vorausgesetzt daß.
6, 4. *grâwen*, grau werden. 6. *melde*, Verrath.

Uz süezem slâfe ein sælic wîp
vrâgete, dô si erhôrte
den wahter singen von dem tage.
si sprach 'friunt, getriuwer lîp,
sag mir mit senftem worte,
hœrstu diu vogellîn in dem hage?
du hâst mîn herze ûz süezem slâfe erschrecket.'
er sprach 'lât iuwer frâgen sîn,
den riter balde wecket:
der morgen kumt, daz sage ich ûf die rehten triuwe mîn.'

Diu minnecliche wahte in dô,
si sprach 'ach lieber herre,
der wahter kündet uns den tac:
des bin ich armez wîp unvrô,
ich wolte und wære er verre,
der uns zwei gescheiden mac.'
der riter sprach 'dîn muot sol vrô belîben,
du solt mich schiere in fröiden sehen
dîn herzeleit vertrîben.
got gebe uns heil! ich sihe den morgensternen schône ûf brehen.'

---

21. *wahte,* weckte. 30. *ûf brehen,* aufglänzen, glänzend aufgehen.

XXIII.

Der von Bûwenburc.

1.

In dem tal ûf dræjet sich
sô rîlich gedœne
von den vogellîn,
daz ez ob den bergen erklinget,
und diu heide ist wunneclich
von den bluomen schœne:
dâ birget sich în
lerk ie sos in lüften gesinget.
wünschent daz uns nâh sô liehtem meien
komen süle rîchiu herbestwunne,
sît die lenge kunne
frô nieman gesîn
âne spîse, pfaffen noch leien.
Grîfent her, mîn herze wil
sich nâh ir zerstôzen,
der ich hân gelebet
dâ her mit dienste sô lange.

1, 1. *sich ûf dræjen,* sich empordrehen, sich erheben.

mir ist niht ein kindes spil
selkez herzen bôzen:
in leide mir swebet
mîn gemüete von dem getwange.
wær mîn herze ein adamas sô herte,
ez möhte sich von sender nôt zerklieben,
als ez gên der lieben
ze pîne dâ strebet:
in weiz werz sô lange ie generte.
Schœnez liep gar minneclich,
sliuz ûf dîn gemüete,
lâ liebe dar în,
diu mir dich zamîen erwerbe.
des sol Minne twingen dich
und sol dur ir güete
mir teilen den pîn,
daz ich niht alleine verderbe.
schœnez liep, mîn sunder trût, dur vuoge
rihte mich in ebenholdem sinne,
frouwe, dîner minne:
sô tuon ich in
minnecliche dienste genuoge.

2.

War sint liehte bluomen komen
und daz beste vogelsingen?
wer hât walt sîn loup benomen?
daz hât winterlîchez twingen.

---

19. *bôzen*, schlagen. 21. *getwanc*, Zwang. 22. *adamas*, Diamant. 23. *zerklieben*, zerspalten. 25. *ze pîne*, in Pein, mit Anstrengung. 30. *amîe*, Freundin, Geliebte. 36. *rihte* = *berihte*, versieh. *ebenholt*, gleich geneigt: wie ich dir bin. 38. *in tuon*, hineinthun.

herbest, dîn geræt der swære
hilfet überwinden michel teil:
in wird aber niemer geil,
ich verneme ê liebiu mære.
schiere müeze ein ende hân mîn kumber!
wand er ist krump und ie krumber.
Aller fröide mir niht lât
Minne ein garn an mînem lîbe.
ichn weiz wie diu nôt zergât,
die ich hân von einem wîbe.
diu mir am herzen lît sô nâhen,
daz ir verrez vrömden græwet mich,
der bin ich sô holt, daz ich
sünde vürht dâ von enpfâhen.
schiere müeze ein ende hân mîn kumber!
wand er ist krump und ie krumber.
Ougen werdiu vrouwe mîn,
dannoch lieber in dem sinne,
ruochent wenden mir den pîn,
sît ich iuch sô nâhe minne.
iur munt sô rôt dâ ze der nœte
hât gemachet dicke mich unvrô,
daz ich wânde, er bluote alsô:
dô was ez von rehter rœte.
schiere müeze ein ende hân mîn kumber!
wand er ist krump und ie krumber.

3.

Waz ist daz liehte daz lûzet her vür
ûz dem jungen grüenen gras, als ob ez smiere

2, 7. *geil*, fröhlich. 8. *ich verneme = ich enverneme*, es sei denn daß ich vernehme. 16. *græwen*, grau machen.

3, 1. *lûzen*, lauschen.

und ez uns ein grüezen wil schimpfen mit abe?
ez sint die bluomen, den sumer ich spür
an den vogellînen und an mangem tiere:
ahtent ob nâtûre iht ze schaffenne habe,
ê daz aller dinge
stelle nâh der zît.
got gebe daz der herbest sîn êre volbringe,
sît des menschen fröide gruntveste dâ lît.

Wan guot gedinge, sô meht ich sîn tôt
von ir stætem 'nein ich' und 'in tuon ez nimmer,'
diu niht wan 'jâ gerne' hât vunden an mir.
wan siht ouch dicke daz schœn âbentrôt
kumt nâh mangem morgen, der trüebe ist und timmer:
dâ von ich mit dienste niht wenke von ir,
diu von manigen jâren
mir noch lônen sol.
ach het ich erworben die süezen, die clâren,
sô wart einem manne zer werlt nie sô wol.

Sich lât doch brechen der herte adamas,
swenn er vor begozzen wirt mit bockes bluote:
alsô möht ouch gnâde mit liebe verjagen
ir ungenâde dur liebe noch baz.
wer gesaz bî gote an dem rât dâ diu guote
mir wart widerteilet? des hœre ich niht sagen.
liebe, in guote einvaldic,
wehsel mir diu leit,
habs in hôherm muote, des bist du gewaldic:
sô wirt mêrer muot dir ze namen geseit.

---

3. *schimpfen,* scherzen; *abe schimpfen,* durch Scherz erlangen; *mit,* damit. 7. *aller dinge,* in jeder Beziehung; *daz* ist Subject. 8. *stelle,* intr., gestaltet sei, sich gestalte. 11. *wan,* wenn nicht wäre. 15. *timmer,* dämmrig. 17. *von,* von — her. 26. *widerteilen,* durch Urtheil absprechen. 29. halte sie (die *leit*) in freudigerer Stimmung. 30. dann wird größeres Gemüth dir ausdrücklich zugesprochen.

4.

Sang ich hiure niht von guoten wiben,
sô sing aber ich nu von den swachen.
wer solt iemer niht wan ein dinc trîben?
wir sun ouch der bœsen wibe lachen:
sô gedenkt ein ieglich frouwe reine
'wol mich daz mîn stæter muot
mich sô schône hât behuot,
daz ich billich heize güot
und mit nieman hân den spot gemeine!'

Ich wânde ein wîp von Iper haben funden,
dô ich êrst ersach die minneclichen:
nû swachet si an êren zallen stunden,
daz ich si ze hoye wil gelichen.
ez ist übel umb ein schœne bilde,
daz im wont kein wandel bî,
daz si machet êren vrî;
doch swie triuteloht si sî,
sost ir wîplich güete worden wilde.

Frouwe, ich habe iuch offenlîch und tougen
aldâ her gebeten umb iuwer minne;
nu slahent iuwer tocken in diu ougen,
sît ir hânt gên mir sô herte sinne.
went ir zêren werden an mir einen?
ûf mîn triuwe, es mac niht sin:
tuont ir niht den willen mîn,
ich sprich iu ein wörtelîn,
dar an hanget siuften unde weinen.

4, 13. *hoye,* wohl = *heie,* eine Ramme, womit man Pfähle einrammt. 17. *triuteloht,* lieblich. 21. *tocke,* Puppe.

5.

Solichen wehsel als ich bescheide
mün wol engelten diu vogellîn,
der sanc wintlich wispel gesetzet:
sô hât snê geblenket die heide,
dâ bluomen gâben ê liehten schîn.
uns hât ouch unfrœlich ergetzet
loubes ûf den boumen der tuft.
dâ für süln wir jârlanc den âten
einer starken lantwer berâten
mit wîne und spîse für swachen luft:
dâ von wirt ouch trûren geletzet.
Minne ir tumben diener besorget,
wan da ich die lieben zuom herzen în
mit den ougen warf, an der stunde
möhte an ir mîn kel sîn erworget
und möhten ougen verrenket mir sîn,
ês in herzen kæme ze grunde.
dâs sich verslouf in mîn herz alsô,
dâ möht ez vor nôt sîn zerspannen,
daz ez wære engenzet von dannen,
wan daz ez diu minne aldô
vristen, als ich wæne, begunde.
Mînre fröiden schâcher für buoze
lûhten mir mit lôn zuo liehten wegen.

5, 3. *wispel*, Zischen, Pfeifen. *gesetȥet*, sitzen macht, aufhören macht. 4. *sô*, ebenso. *blenken*, weiß machen. 9. *lantwer*, Latwerge. *berâten*, versehen, gen., mit. 10. *für*, zur Abwehr gegen. *swach*, schlecht, böse. 11. *letȥen*, hindern, endigen. 12. *besorgen*, sorgen für. 18. *dâs*, dort wo sie. *sich versliefen*, sich verkriechen, verbergen. 19. *ȥerspannen*, durch Auseinanderspannen vernichten. 20. *engenȥen*, zerbrechen. *von dannen*, von da ab. 23. *schâcher*, Räuber. *für buoȥe*, als Ersatz. Gemeint sind die Augen.

mich hânt sorge vinster gevangen:
des leb ich in strenger unmuoze.
dâ für gip mit trôst mir dîn segen:
sô mac mich kein trûren erlangen.
liep, mirst ouch nâch dir wol als gâch,
des muoz ich verjehen mit hulden,
ê ich verdurbe von dînen schulden,
deich dir in seggen ê sliche nâch,
biz mîn wille würde begangen.

6.

Swaz hiure von des meijen gâbe was sô spæhe,
daz ez lihte sünde enpfie dur sîne glanzen wæhe,
daz wil nu twingen
winter zen dingen,
daz ez im der hôvart stêt ze buoze.
des hât diu heide sich begeben in grâwen orden:
sô ist diu vrîgemuote lêrche dêmüetic worden,
dazs in den lüften
hôhe dur güften
weder sweibet ûf noch singet suoze.
fröiden unmuoze,
die ich von liebe gewinne,
irret mich ze sange niht,
diz noch swaz bî mir beschiht:
doch lâz ich niemer,
ich dien ir iemer:
wîp sint alre tugende füegerinne.

---

25. *vinster*, adj. zu *sorge*.

6, 2. *wæhe*, Schmuckheit, Schönheit. 4. *zen dingen*, zu solchen Verhältnissen. 9. *güften*, fröhlich sein. 10. *sweiben*, schweben. 11. Unruhe, Geschäftigkeit durch Freude.

Wîp, wol dir, wol, du lobes werdiu krêâtiure,
dîn güete ist zuo menschen heil ein grâlemæzic stiure:
du kanst vor smerzen
vrîn elliu herzen,
die sich dir buten ê für sendez eigen.
dich hât diu welt von anegenge hort an gerbet,
der an sælden rîcher gülte ist iemer unverderbet:
daz ist dîn êre,
diu ist sô hêre,
daz nie lop ir zehenden möhte erzeigen.
dir sol sich neigen
swaz hât ze fröiden begirde;
wan swelch wip von rehter tât
teil an dînem namen hât,
die sol man prîsen
got dem wercwîsen
meister zêren und ir hôhen wirde.

Nu rihtent swes geburt ie wart von reinen wîben:
Minne klagt, man welle si von tiuschen landen trîben
mit dem gesange,
den si niht lange
hœren wil ûz als unwerden münden.
wer sol dann muot gestæten gegen Minne güeten?
wer sol ouch vor valschen mannen reiniu wîp behüeten?
Minne des waltet,
der si behaltet:
dem gebristet niht an solichen fünden.

---

19. *grâlemæzic,* dem *grâl* vergleichbar. 22. *sich dir buten,* sich dir hingaben. *für,* als. *eigen,* Eigenthum. 23. *an erben,* mit dopp. Acc., etwas vererben auf einen. 24. *gülte,* Rente, Zins. 27. *erzeigen,* aufweisen, darstellen. 34. *ir hôhen wirde* auch mit *zêren* zu verbinden. 35. wer je geboren ward. 40. *gestæten,* befestigen; *muot gestæten,* festen Sinn gewinnen.

doch wil ich künden
wie man ervar, welr wande:
swer getragener kleider gert,
derst niht minnesanges wert;
die sol man stillen
durh Minne willen,
wan ir minnesanc ist wibes schande.

---

46. *welr* = welcher. *wande,* sich wandte; von der Minne nämlich.
49. *stillen,* zum Schweigen bringen.

XXIV.

Her Kuonrât von Altsteten.

I.

Ich hân mîn herze
der lieben gesendet,
wan mîn sender smerze
derst noch unerwendet,
ald ez enwende diu reine und diu süeze,
von der ich müeze
betwungen noch sîn.
Gnâd, ir keiserinne,
lâ gnâde an mir schînen:
du gip mir dîn minne
und scheit mich von pînen.
lâ mich geniezen der liebe, der güete,
daz mîn gemüete
gestuont ie an dir.
Wer sol mir nu wenden
mîn sende ungemüete,
sît ez niht enden

1, 4. *unerwendet*, nicht abgewendet.

wil ir wibes güete,
diu mich dâ twinget den âbent, den morgen?
ich leb in sorgen:
daz klage ich ir.
Sol ich sî niht schouwen,
deist mir iemer swære:
sô sint ander frouwen
ze sehen mir unmære.
in sach ûf erden nie wîp alsô gerne:
schœne als ein sterne
stênt ir ougen frî.
Wâ wart in dem touwe
kein bluome alsô schœne
ze sehenne als mîn frouwe,
diech mit sange krœne?
ir lîp, der reine, der schœne als ein gimme!
süeze ist ir stimme:
des fröut sich mîn sin.

2.

Wol dem meien, wol der wunne,
wol der sumerlîchen zît!
tanzen reien, swer daz kunne,
der kêr ûf den anger wît.
dâ sun wir den meien grüezen,
singen der vil reinen süezen,
diu kan machen herzen lachen:
singent alle wider strît!
Wol ir henden, wol ir wange,
wol ir hiufeln rôsenrôt!

---

30. *kein*, irgend ein. 33. *gimme*, Edelstein.
2, 10. *hiufel*, Wange.

torste ich senden mit gesange
mîniu liet der ich ie bôt
mînen dienst mit ganzen triuwen!
den wil ich ir jærlich niuwen,
daz diu reine, diech dâ meine,
scheide mich von sender nôt.
Wol ir ougen, wol ir munde,
diu gent liehter varwe schîn!
swer nu tougen blicken kunde,
dem wold ich die frouwen mîn
zeigen, daz er sî gesæhe
unde er bî dem eide jæhe,
daz sî zwâre in eime jâre
sô niht möht gebildet sîn.
Wol ir brâwen, wol ir kinne,
wol ir kel sô lilienvar!
ich muoz grâwen, ald ir minne
tüege mich an sorgen bar.
seht, dem tuot sî ungelîche,
diu vil reine sælderîche.
wê mir armen! âne erbarmen
diene ich ir mit triuwen gar.
Wol ir lîbe, der sô schône
nâch dem wunsche sî bereit!
got nie wîbe gap die krône,
die sî an ir lîbe treit.
sumerkleit hât er ir gesnitten:
sælde und zuht nâch wîbes sitten
hât diu reine, diech dâ meine,
daz sî gar mit zühten kleit.

---

11. *torste*, conj., dürfte ich wagen. 25. *brâ*, Braue. 27. *grâwen*, grau werden.

3.

Der sumer hât den meien
frœlich vür gesant,
der sol fröide heien
und daz er sî erkant,
wan er vertriben was.
ir kint, ir sint niht laz,
ir brüevent in, er bringt iuch bluomen unde gras.
zwô brûne brâ
die hânt mich dâ
verwundet sêre und anderswâ.

Swel frowe trûric wære,
diu sol wesen frô;
ich sage ir guotiu mære:
ez meiet hiure alsô
daz aller frowen heil
ûf gât ein michel teil.
ir kint, ir sunt mit fröiden jârlanc wesen geil.
ein kele wîz
hât wol den prîs:
sî machet mich an jugende grîs.

Nu wünschent al gemeine
daz mîn leit zergê:
die ich mit triuwen meine
(diu tuot mir dicke wê),
daz ich ir werde erkant.
ir kus der wære ein pfant,

3, 3. *heien*, hegen. 4. und damit er, der Sommer, bekannt werde, damit man ihn, nach seiner Vertreibung durch den Winter, wieder kenne. 9. *dâ*, mit einer Geste nach dem Herzen zu verstehen.

den ich vür tûsent marke næme sâ zehant.
ein umbevanc
mit armen blanc,
des wünscht dem der den reigen sanc.

XXV.

Der von Trôstberc.

I.

Ob in einem walde ein linde
trüege rôsen liehtgevar,
der schœn unde ir süezen winde
zierten al den walt vil gar:
reht alsame diu frowe mîn
hât die tugent, der wîbes name
muoz vil hôhe gêret sîn.
Sô si ir ougen nâch ir grüezen
gegen mir wendet dur ir zuht,
sô siuft ich nâch der vil süezen
reinen minneclîchen fruht;
wan got hât an si geleit
gar der sælden wunsches rât
und wîplîche werdekeit.
Ich clag ûf die sælderîchen,
diu mich twinget alle stunt,
ich klag ûf die minneclîchen,

1, 2. *liehtgevar,* hellfarbig. 3. *winde,* Düfte.

ir wol stênden rôten munt.
sost mîn klage, ir schœne an sehen
gît mir jâmer alle tage,
dâ von mir mac wê geschehen.
Owê manlich hôhgemüete,
wie bist du gelegen sô!
wache, reine wîbes güete,
mache noch die liute frô,
daz dîn kraft noch werde schîn.
diu werlt ist worden zwîvelhaft:
sô klag ich den kumber mîn.
Nieman darf dar umbe frâgen,
obich geswigen an sange bin.
sanges muoz mich wol betrâgen:
er gêt an den fröiden hin.
ja ist sô gar diu werlt verzeit,
fröide nimt nu nieman war:
si hât vlorn ir werdekeit.

2.

Sich hât maniger hande dinc verkêret,
sît mîn frouwe twingen mich began.
nu hât meie aber die heide gêret:
in der grüene sene ich sender man.
rôsen rôt, der varwe ich krœne,
diu rœt und der sunnen schœne
mîner frouwen niht gelîchen kan.
Ich vant si bî maniger schœnen frouwen,
do ich die minneclîchen jungest sach.
dô begunde ich êrst ir güete schouwen,

31. *betrâgen*, verdrießen. 33. *verzeit*, verzagt.
2, 4. *sene ich*, empfinde ich Schmerz.

wie si vür ir aller schœne brach,
sam der morgensterne lûhte
ûz vil sternen, des mich dûhte:
merkent wunder, waz an mir geschach.

Nâch hât si mir lachend an gewunnen
mînen lip, als ich iu wil verjehen:
von mir wolt diu sêle sîn endrunnen,
dô ich sach sô minneclîchen brehen
wîze zene ûz rôtem munde.
lebte ich tûsent jâr, in kunde
munt sô rôten niemer mêr gespehen.

Dâ gesach ich die vil guoten lachen:
dô begunde ir mundes rôter schîn
mir sô lieht in mînem herzen machen,
daz ich wânde daz diu sêle mîn
sæhe in daz wunneclîche
wol getâne himelrîche:
dô wând ich von ir gescheiden sin.

Nu hât iuwer minne gar durgangen,
sælic frouwe, mir herz unde sin:
nu hât mich mîn dienest niht vervangen,
da ich mit sorgen inne galtet bin.
mînes dienstes wil ich swîgen
und wil ûf genâde nîgen:
des lât mich geniezen, künigin!

3.

Ich klage dir, edeliu frouwe hêre,
daz ich fröiden eine stân
von dînen schulden: daz verkêre,

15. *Nâch,* beinahe. *an gewunnen,* abgewonnen. 21. *gespehen,* erschauen. 32. *galtet,* gealtert.

trœste mich vil senden man.
ich lebe in senelîcher nôt,
sît mîniu ougen lachen sâhen
dînen lieben munt sô rôt.
Ich wânde, ich iemer solde lachen,
do ich dich, frouwe, lachen sach.
mîn muot begunde an fröiden swachen,
dô mîn herze mir verjach,
ez müese eht dîn gevangen sîn.
ân urloup schiet ez von mir balde
zuo dir, liebiu frouwe mîn.
Rôsenrôt ist ir daz lachen,
der vil lieben frouwen mîn.
waz kunde er wunders an ir machen,
der ir gap sô liehten schîn!
si ist mîns herzen ôsterspil
iemer mêre unz an mîn ende:
mîn herze von ir niht enwil.

4.

Wol dir meie, wol dir wunne,
du fröist aber diu vogellîn!
wê im, der dir leides gunne
und mit valsch gedenke dîn!
nît und haz ist nu genæme:
der muoz mir sîn widerzæme;
frouwen gruoz mir tæte baz.
Nu ist bekleidet wol diu heide
liehter varwe wunneclîch.
walt und ouwe gruonent beide:

3, 19. *ôsterspil,* Osterfreude: höchste Freude.

4, 5. *genæme,* angenehm, willkommen. 6. *widerzæme,* widerwärtig.

meie, du bist fröiden rîch.
swer nu wil die zît vertrîben,
der sol dienen werden wîben:
wîbes lôn gît fröiden vil.
Wil diu minneclîche reine,
sô fröit sich mîn sender lîp
und wirt trûren von mir kleine,
trœstet mich si sælic wîp.
al mîn nôt und mîne swære
swindet, wil diu lobebære
und ir süezez mündel rôt.

5.

Nu ist des meien schœne:
wan hœret süeze dœne.
die werden zît ich krœne:
der winter wil zergân.
er ist vil gar geswachet:
der liebe sumer machet
daz dur den klê nu lachet
manc bluome wol getân.
nu stât bekleit diu heide
mit wunneclîcher wât:
si ist worden frî vor leide.
mit liehter ougen weide
manc anger schône stât.
Owê het ich ir hulde,
von der ich kumber dulde!
des wunsches übergulde
lît an der frouwen mîn.

5, 16. *übergulde,* das Höchste.

si ist ganzer tugende ein krône
und pfligt ir zühte schône.
sold ich ir süezem lône
sô lange frömde sîn,
sô sage ichz iu, frô Minne,
daz ich an iu verzage:
ich vlüre gar die sinne.
nu helfent, küniginne,
von senelîcher klage!

6.

Willekomen sî uns der meie,
er bringt uns manger hande bluot,
bluomen unde maniger leie
des der winter niht entuot.
sô fröit sich allez daz dir ist
gegen der schœnen sumerwunne,
wan daz fröide an mir gebrist.
Frowe, getörste ich nû genenden,
sô klagt ich dir mîne nôt.
'herre, kunde ich nôt erwenden,
sô want ich vil manigen tôt.'
juncfrouwe, ir tœtent mînen lip.
'dâ für sô biute ich mîn unschulde,'
sprach daz minneclîche wip.
Nu sprich an, minneclîche guote,
dur dîn rôtez mündelîn,
wes ist dir gegen mir ze muote,
mîner sinne ein rouberîn?

---

24. *vlüre,* verlôre.
6, 13. dagegen setze ich meine Unschuld, betheure ich, daß ich unschuldig bin. 17. was hast du mir gegenüber im Sinne.

si sprach 'wie meint irz? ald dur waz
bin ich diu iuch der sinne roubet?
wê war umbe tæte ich daz?
Ir man, ir wellent âne wizzen
frouwen in dem herzen tragen.
ob ir iuch hânt an eine geflizzen,
der sult irz mit zühten sagen:
sô mugt ir schiere hân vernomen
ob iuwer biten ald iuwer flêhen
iu iemer sol ze trôste komen.'
Frouwe, ich wil, nâch dinem râte,
vâhen an dir selben an.
hab ich gesûmet mich ze spâte,
des ich dich mit dienste man,
sô hilf mir, liebiu frowe mîn.
stirb ich in disen ungenâden,
frouwe, sost diu schulde din.

---

22. *ir wellet,* ihr glaubt. 32. *man,* mahne, erinnere.

XXVI.

Grâve Wernher von Hônberc.

I.

Mit urlob wil ich hinnen varn
und scheiden von dem lande
und niemer wider komen drin,
si müez ez mir erlouben
und ze friunde mich enpfân ân allen valschen wanc.
wan sehe mich rîch, wan sehe mich arn,
sô lâz ich in ir bande
herz unde muot, lîp unde sin:
wil si mich lebens rouben,
daz stêt an ir eine gar, nâch der mîn herze ie ranc.
doch triuwe ich ir, si ist sô guot,
daz si mir wende sterben.
ich wil es niemer ab gelân, ich hân den muot,
und solt ich drumb verderben:
ich diene ir al die wîle ich lebe, sît si mirs niemer danc.

1, 4. es sei denn, dass sie es mir erlauben müsse. 12. *wende*, abwende; *mir*, von mir.

2.

Mîn vrô minneclîche Minne,
war umb hânt ir mir die sinne
sô sêr sô vast an si gewant
daz ich ir niht mac entwenken?
zwâr ir solt iuch baz bedenken
unde ringen mir diu bant.
nein, ich wil doch niht endrinnen
von ir mit herzen noch mit sinnen:
des sî mîn triwe mit eit ir pfant.

Ich wil gerne sîn gevangen:
des twinget mich ir munt, ir wangen,
ir schœn, ir güete, ir wîplîch zuht
und ir frouwelîch geberde.
got der was in hôhem werde
do er geschuof die reinen fruht,
wan im was gar wol ze muote.
mit ir güete diu vil guote
vienc mich ân aller leige fluht.

Nu hât si mich sô gebunden
daz mîn herze ist zallen stunden
bî ir swar ich lande var:
sô enwil ez niht von dannen.
si hât ez alsô verspannen
daz ez niender anderswar
mac gewenken ûz ir stricke.
wær ich bî dem herzen dicke,
ich wær aller sorgen bar.

2, 1. *vrô,* Frau. 5. *solt = soltet.* 6. *ringen,* erleichtern. 7. *endrinnen,* entrinnen. 14. *wert,* Herrlichkeit, gehobene Stimmung. 18. *leige,* Art: ohne jegliche Flucht. 21. wohin der Lande ich fahre. 23. *verspannen,* festspannen. 24. *anderswar,* anderswohin.

3.

Mit urlob wil ich scheiden von dem lande,
herz unde muot daz lâz ich ir ze pfande:
sin und gedank die wen von ir niht scheiden,
si sint bî ir mit stæteclîchen triuwen:
daz ist alsô und sol mich doch niht riuwen;
und füer ich von den kristen zuo den heiden,
sô wil ich doch ir diener sîn,
diu mich dâ twinget her von kindes jugende.
ich wil der lieben vrouwen mîn
mit willen dienen dur ir wîplîch tugende.
swie si mich hât beroubet muotes und der sinnen gar,
ich nîg aldar: daz muoz mir sîn erloubet,
swie verre ich von den landen var.

4.

Mich jâmert ûz der mâze
nâch der vil lieben vrouwen min.
got alle die verwâze,
dur die ich schiuhen muoz
ir wîplîch zartez bilde,
ir mündel rôt, ir wengel schin:
sol mir daz wesen wilde,
dâ bî ir friuntlich gruoz,
ir kinne, ir kel, ir goltvar hâr,
ir hende, ir arme blanc,
ir lîp, ir nas, ir ougen klâr,
sol ich daz lange mîden,
sô muoz ich kumber liden
und wirde an fröiden kranc.

3, 8. *von kindes jugende,* seit der Jugendzeit der Kindheit.
4, 1. *mich jâmert,* ich sehne mich schmerzlich. 4. *schiuhen,* scheuen.

5.

Ez ist ein spot, wart ie herze von leide versêret,
sam daz mîne, Minne, daz ist dîn getât.
ich bin ir sot, sus hât si mir die sinne verkêret:
wizzent daz si mich gar ze strenclîchen hât.
ich muoz eigen sîn
swie si wil diu frouwe mîn.
ach rîcher got, hât si Minne den zouber gelêret?
möht ich den zerbrechen, mîn wurde guot rât.

Si schetzet mich unde leit mir ze kostliche stiure;
dar zuo muoz ich singen wie lieplich si sî.
sist minneclich und gestellet ze sehenne gehiure.
swem si missevellet, der ist ougen vri.
in gesach nie wip
hân sô êren gernden lip.
si schetzet mich michels rîcher an guote noch hiure:
alsus dicke wahsent ir tugende bî.

Vil sender nôt hât diu Minne ze pfande gesetzet
mir vil senden, der si niht lœsen enwil.
ich bin ê tôt ê si mich mînes dienstes urgetzet,
wan der mîner sorgen ist leider ze vil:
sô bin ich niht wert
des mîn herze von ir gert.
ir mündel rôt hât mich an si mit dienste gehetzet,
und ist doch mîn wân und mîn lôn âne zil.

6.

Wol mich hiute und iemer mê, ich sach ein wip,
der ir munt von rœte bran sam ein fiurîn zunder.
ir wol triutelehter minneclîcher lip

5, 2. *getât,* That, Werk. 3. *sot,* Narr. 9. *schetzen,* abschätzen.
19. *urgetzen,* vergessen machen.

hât mich in den kumber brâht: von der minne ein wunder
an ir schœne hât got niht vergezzen.
ist ez reht als ich ez hân gemezzen,
sô hât si einen rôten rôsen gezzen.
So ist der eine, der des niht enwære wert,
daz er læge ûf reinem strô, der triut ir wîplich bilde;
so ist der ander, der des tôdes dur si gert
und zuo zallen marsen vert, dem muoz si wesen wilde.
heyâ got, wie teilst sô ungelîche!
ist er hezlich, so ist si minnenclîche:
waz sol der tiuvel ûf daz himelrîche?
Hêrre got, und het ich von dir den gewalt
daz ich möht verstôzen in von der grôzen wunne,
sô möht ich in ganzen fröiden werden alt:
helfent alle biten mir got daz ers mir gunne,
daz der selbe tiuvel werde geletzet
und ich werde an sîne stat gesetzet:
sô bin ich mîs leides wol ergetzet.

7.

Ich muoz klagen daz diu zit
sich sô gar verkêret hât;
seht wie heid und anger lit
und der walt in tüften stât,
dâ man ê hôrt vogele sanc,
der klanc in tal, in lüften schal,
süeze stimme:
winters grimme
tuot siu swigen über al.

6, 6. *reht,* gerade so. *meȥȥen,* beurtheilen. 9. *triuten,* liebkosen. 11. *marse,* Teufel. 21. *mîs* = *mîns.* *ergetȥet,* entschädigt.

Waz klag ich der vogele sanc?
wan klag ich niht mînen pin?
nâch der ie mîn herze ranc,
daz der ist niht worden schin
der mîn kumber, den ich trage,
ich klage ir niht mîns herzen nôt,
die ich dulde
âne schulde:
ich fürht, ez tuo mir den tôt.

8.

Wie mac daz iemer sô beschehen,
daz ich sô sêre fürht ein wîp,
daz ich ir niht getar verjehen,
wie si betwinget mir den lip
und wie si mich hât brâht in sende sorge?
daz ich der rede gein ir sô lange borge,
daz ist des schult, si ist sô guot;
und daz mîn lip sô rehte wênic guotes tuot,
dâ von mîn sin niht an si gert:
si ist ze guot, ze swach bin ich,
ich dunk mich niht ir selben wert.

8, 6. *borgen,* mit gen., arm sein an, ermangeln.

XXVII.

Meister Jôhans Hadloub.

1.

Ach mir was lange
nâch ir sô wê gesîn:
dâ von dâcht ich vil ange
daz ir daz würde schîn.
ich nam ir achte
in gwande als ein pilgrîn,
sô ich heinlîchste machte,
dô sî gienc von mettîn:
dô hât ich von sender klage
einn brief, dar an ein angel was,
den hieng ich an sî, daz was vor tage,
daz sî nicht wisse daz.
Mich dûcht si dæchte
'ist daz ein tobic man?
waz wolde er in die næchte

1, 2. *gesîn,* gewesen. 3. *ange,* sorgfältig, eifrig. 5. *nam achte,* beobachtete. 7. *sô heinlîchste,* so heimlich wie. *machte,* konnte. 8. *mettîn,* Frühgottesdienst. 12. *wisse,* wußte. 14. *tobic,* rasend, verrückt. 15. *næchte,* Nähe.

daz er mich grîfet an?'
sî vorchte ir sêre,
mîn frouwe wol getân:
doch sweic sî dür ir êre,
vil bald sî mir entran.
des was ich gein ir sô gæhe,
daz echt sî balde kæm hin în,
dür daz den brief nieman an ir gesæhe:
sî brâchte in tougen hin.
Wie sim dô tæte,
des wart mir nicht geseit,
ob sin hin wurfe ald hæte:
daz tuot mir sende leit.
las sin mit sinne,
sô vant sî sælikeit,
tief rede von der minne,
waz nôt mîn herze treit.
dem tet sî nie sît gelîche,
daz ir mîn nôt ie würde kunt.
owê frouwe reine minnenclîche,
du tuost mich sêre wunt.
In torst gesenden
nie keinen botten ir,
wan sî nie wolt genenden
ir trôst erzeigen mir,
der ir kunt tæte,
wie kûme ich si verbir,
und sî genâden bæte
nâch mînes herzen gir.
dâ vorcht ich ir ungedulde,

17. *ir*, dat., für sich, sich. 21. *gæhe*, eilig. 24. *hin*, hinweg, fort. 27. *hæte*, behielte. 29. *sin* = *si in*. 39. *genenden*, sich entschließen. 41. *der*, mit *botten* zu verbinden.

wan sî mir ist dar umb gehaz
daz ich sô gar gerne hæte ir hulde.
war umbe tuot sî daz?
    Mîn herze sêre
sî mir dürbrochen hât,
wan sî dâ dür, diu hêre,
sô gwaltecliche gât
hin und her wider,
doch ez sî gerne enpfât:
sî lât sich drinne ouch nider
mit wunnen die sî hât.
sî kan sô gefüege wesen,
swie sî mêr dan mîn herze si,
swie sî drinne gât, des mag ich gnesen:
arges ist sî sô frî.
    Mich dunkt man sæche
mîn frouwen wol getân,
der mir mîn brust ûf bræche,
in mînem herzen stân,
sô lieplich reine,
gar wîplich lobesan.
in wige ez doch nicht kleine
daz ich sî sô mac hân.
nu muoz sî mir doch des gunnen,
swie sêre sî sich frömdet mir:
doch gan sî mir niht der rechten wunnen,
der ich ie muote zir.
    Owê diu minne,
wie wil sî mich nû lân,
und ich doch mîne sinne

---

54. *doch,* wiewohl. *ez* ist Subject, das Herz. 59. *gnesen,* am Leben bleiben. 67. ich achte es nicht für etwas geringes. 72. die ich immer von ihr begehrte.

an ir behalten hân!
daz noch mîn herze
nie trôst von ir gewan,
des wil mir sender smerze
von nôt gesigen an,
sin kêr mirz dannoch ze guote,
die reinen twinge gegen mir ê,
daz sî mir ze heil der leiden huote
dür triuwe gar engê.

2.

Ich dien ir sît daz wir beidiu wâren kint:
diu jâr mir sint gar swær gesin,
wan sî wac sô ringe mînen dienest ie,
sin wolte nie geruochen mîn.
daz wart erbarmde herren, dien wartz kunt,
daz ich nie mit rede ir was gewesen bî:
des brâchten si mich dar ze stunt.
Swie ich was mit hôhen herren komen dar,
doch was sî gar hert wider mich.
sî kêrt sich von mir, dô sî mich sach, zehant:
von leid geswant mir, hin viel ich.
die herren huoben mich dar dâ sî saz,
unde gâben mir bald ir hant in mîn hant:
do ich des bevant, dô wart mir baz.
Mich dûcht daz nieman möcht hân erbetten sî,

76. *behalten,* festhalten. 80. *von nôt,* nothgedrungen. 83. *huote,* Aufsicht, Bewachung.

2, 3. *wac ringe,* schlug gering an. 4. *geruochen mîn,* sich um mich kümmern. 5. *erbarmde* part. = *erbarmende; wart erbarmde* = *erbarmte.* 11. *geswant mir,* mir schwanden die Sinne. 14. *bevant,* empfand. 15. *erbitten,* durch Bitten bestimmen.

daz sî mich frî nôt hæt getân,
wan daz sî vorcht daz sî schuldic würde an mir:
ich lac vor ir als ein tôt man
und sach sî jæmerlich an ûz der nôt.
des erbarmet ich sî, wan ichz hât von ir:
des sî doch mir ir hant dô bôt.

Dô sach sî mich lieplich an und ret mit mir:
ach wie zam ir daz sô gar wol!
ich mochte sî sô recht geschouwen wol getân:
wâ wart ie man sô fröiden vol?
die wile lâgen mîn arm ûf ir schôz.
ach wie suoze mir daz dür mîn herze gie!
mîn fröide nie mêr wart sô grôz.

Dô hât ich ir hant sô lieplîch vast, got weiz:
dâ von si beiz mich in mîn hant.
sî wând daz ez mir wê tæt: dô fröute ez mich.
sô gar süez ich ir munt bevant.
ir bîzen was sô zartlîch wîplîch fîn,
des mir wê tet deiz sô schier zergangen was:
mir wart nie baz, daz muoz wâr sîn.

Si bâten sî vaste eteswaz geben mir,
des sî an ir lang hæt gehân.
alsô warf sî mir ir nâdelbein dort her:
in süezer ger bald ich ez nan.
si nâmen mirz und gâbenz wider ir dô
und erbâten sî, daz sî mirz lieplîch bôt:
in sender nôt wart ich sô frô.

Der vürst von Konstenz, von Zürich diu vürstîn
vil sælic sîn! der vürste ouch sâ
von Einsidelen, von Toggenburc loblîch
grâf Friderîch, und swer was dâ

16. *nôt*, von Noth. 21, *des*, infolge dessen. 23. *zam*, stand an. 37. *gehân*, gehabt. 38. *nâdelbein*, Nadelbüchse.

und half ald riet daz man mich brâcht für sî.
daz tâten hôhe liut: der frume Regensberger
nâch mîner ger ouch was dâ bî.
Und der abt von Pêtershûsen tugende vol
half mir ouch wol. dâ wârn ouch bî
edel frouwen, hôhe pfaffen, ritter guot:
dâ wart mîn muot vil sorgen frî.
ich hâte ir gunst, die doch nicht hulfen mir.
her Ruodolf von Landenberc, guot ritter gar,
half mir ouch dar und liebt mich ir.
Dem die besten helfent, daz vervât ouch icht.
diu zuoversicht wart mir wol schîn:
wan der vürste von Kostenz loblîch, gerecht,
und her Albrecht, der bruoder sîn,
und her Rüedgêr Maness, die werden man,
hulfen mir vür mîne edelen frouwen klâr,
des manger jâr nie möchte ergân.
Ez ist lanc daz mich von êrste ir wunne vie
und daz ich nie sô nâhe ir kan,
wan sî stalte ungruozlîch sich ie gegen mir:
des ich zuo zir nie torst gegân.
ich dâcht, sît sî nicht ruochet grüezen mich,
gienge ich für sî, daz wær licht sô verre ir haz:
nicht wan umb daz verzagt dan ich.
Möchte ein herz von fröiden dür den lîp ûz gân,
in möcht behân des mînen niet,
sît ich vür die wol getânen komen bin,
von der mîn sin mich nie geschiet.
ich hâte ir hant in mînen henden, ach!

56. *lieben,* angenehm machen. 63. *manger jâr,* gen. plur., in vielen Jahren. 69. das würde wahrscheinlich ihr ebenso sehr verhaßt sein. 70. *dan,* daher. 72. *behân,* behalten.

êst ein wunder daz von rechten minnen nicht
in der geschicht mîn herze brach.
Ach ich hôrte ir süezen stimme, ir zarten wort
(sî reiner hort, des hât sî pris):
sô sach ich ir munt, ir wengel rôsenvar,
ir ougen clâr, ir kelen wîz,
ir wîplîch zucht, ir hende wîz als snê.
mir was lieplîch wol, unz ich muos dannen gân:
mir sendem man tet daz sô wê.

* * *

Wol uns daz der Klingenberger vürste ie wart!
die rechten vart die vuoren sî,
dien ze herren walten. er kan wîse und wort:
der sinne hort der wont im bî.
sîn helf, sîn rât, sîn kunst sint endelich;
des die wîsen habten sîn ze herren ger:
des heizet er bischof Heinrîch.

3.

Waz man wunnen hôrte und sach, dô voglîn schal
sô suoze hal den sumer clâr!
des man schœne frouwen sach sich dicke ergân,
des werde man gern nâmen war.
wan swæriu kleit diu leiten sî dô hin,
des man sach, wie wîplich wol sî sint gestalt,
und manicvalt ir liechten schîn:
Wan sî burgen nicht ir wunne in süezer zît.
der winter gît kalt winde und snê,
dess ir antlüt nekel kelen bergent sint.

---

87. *walten,* wählten, von *wellen.* 89. *endelich,* vollkommen.
90. hatten Begehr nach ihm als Herren.
3, 2. *hal,* hallte, von *hellen.*

19

an hiuten lint tuot winter wê.
ir hende wîz ouch dicke bergent si
und sint in dien stuben, des mans selten sicht:
wen tæt daz nicht vil fröiden frî?
Nieman mac die sumerzît verklagen wol
wan der der sol sin liep umbvân:
dem ist winter liep, dür daz diu nacht ist lanc,
vür voglîn sanc, vür schœnen plân.
mir wære ouch sô, tæt si genâde mir:
noch tuot si recht als daz niemer sül ergân.
ûf lieben wân dien ich doch ir.
Ich kum in dem sinne selten icht vür si
daz ich ir frî müg sanfte sîn.
merker und diu huote diu verderbent mich,
dür diu mîd ich die frouwen mîn.
ir wort diu snîdent, sî gent scharpfen slac.
doch send ich ir mîn herz und mîn triuwe gar,
swenn ich nicht dar selb komen mac.
Waz ich dür die merker und dür huote lân,
daz ich nicht gân sô dik vür si!
daz sî sîn verfluocht! ir zungen sint sô lanc,
ir hæler ganc ist tugende frî.
sî sehent umb sam diu katze nâch der mûs.
daz der tievel müeze ir aller pfleger sin
und brechen in ir ougen ûz!

4.

Ach ich sach sî triuten wol ein kindelin,
dâ von wart min muot liebs ermant.

---

15. *verklagen,* verschmerzen. 22. *selten icht,* niemals. 24. *diu* neutr., auf *merker* und *huote* bezüglich. 32. *hæle,* verborgen, heimlich
4, 2. *liebs ermant,* an Liebes erinnert.

sî umbvieng ez unde truchte ez nâhe an sich:
dâ von dâcht ich lieplîch zehant.
sî nam sîn antlüt in ir hende wîz
unde truchte ez an ir munt, ir wengel clâr:
owê sô gar wol kuste sîz.
Ez tet ouch zewâre als ich hæt getân:
ich sach umbvân ez ouch sî dô.
ez tet recht als ez enstüende ir wunnen sich,
des dûchte mich, ez was sô frô.
don mochte ich ez nicht âne nît verlân:
ich gedâchte 'owê wær ich daz kindelîn,
unz daz sî sîn wil minne hân.'
Ich nam war doz kindelîn êrst kam von ir,
ich namz zuo mir lieplîch ouch dô.
ez dûcht mich sô guot, wan sîz ê druchte an sich:
dâ von wart ich sîn gar sô frô.
ich umbvieng ez, wan sîz ê schône umbvie,
und kustz an die stat swa ez von ir kust ê was:
wie mir doch daz ze herzen gie!
Man gicht, mir sî nicht als ernstlich wê nâch ir
als sîz von mir vernomen hânt,
ich sî gesunt; ich wær vil siech und siechlîch var,
tæt mir sô gar wê minne bant.
daz manz nicht an mir siht (doch lîde ich nôt),
daz füegt guot geding, der hilft mir aldâ her:
und liez mich der, sô wære ich tôt.

5.

Der vil edele Regensberger was vor ir
und bat sî mir genædic sîn,

4. hatte ich angenehme Gedanken. 10. *sich enstân,* verstehen. 12. *verlân,* hingehen lassen. 14. *unz daz,* so lange. 24. *siechlîch var,* kränklich aussehend.

und daz si ze mir spræch 'got grüez min diener:'
daz was sîn ger, des herren mîn.
sî sprach zartlîch 'zwâr herr, daz muoz ergân,'
und lobte imz mit ir wîzen hende in sîn hant.
mîn leit verswant, dos mir für kan.
Dâ wârn edele frouwen, edele herren bî,
der stunt dô sî gelobte daz.
ich wând daz siz stæt liez, wanz vor in beschach:
von Eschenbach der herr dâ was,
und der von Trôsberc, der von Tellinkon.
ich wând daz mir solte ir trôst dâ werden schîn,
swie ich des bin von ir ungwon.
Sus besant der werde Regensberger mich.
mit im gieng ich dar ûf den trôst,
ich wând daz ich leides frî dâ wurde iesâ:
dô wart ich dâ fröiden erlôst.
sî slôz sich in ein stuben der geschicht.
er bat sî und edel frouwen, edel man,
vil har ûz gân: dô half ez nicht.
Sî suns ir nicht wîzen, sist unschuldic gar:
ich brâchte ez dar, daz vuogte daz.
daz was mîn unglücke, daz ich hân gein ir:
daz vuogte mir ir strengen haz.
swaz mich ir hulden irr, daz müez zergân,
ez tuo danne ir lîp, in sol ir vluochen nicht.
swaz mir geschicht, heil müez sî hân!
Owê daz sî mir nicht fröiden gund vor ir!
wie tet doch mir sô wê der pîn,

5, 7. *mir für kan,* vor mich hin kam. 9. *der stunt,* in dem Moment. 10. *stæt liez,* halten würde. 15. *besenden,* kommen lassen. 16. *ûf den trôst,* in der sichern Erwartung. 17. *iesâ,* alsbald. 19. *der geschicht,* in dem Fall. 21. *vil,* mit *bat* zu verbinden. 23. *dar,* dahin. 26. mich an ihrer Huld hindre. 29. *vor ir,* in ihrer Gegenwart.

daz sî vor mir barc ir lîp sô minnenclich!
ach, sî lie mich in jâmer sîn.
sin wolt har ûz nicht ê ich dannen kan:
sus vuogt ez sich, daz ich ir dâ nicht gesach.
daz leit geschach mir senden man.

6.

Ich ergienc mich vor der stat, doch âne vâr:
do gedâchte ich gar lieplîch an sî.
sâ zehant ersach ich verre ir schœnen lîp,
dâ schœne wîp ir sâzen bî.
do engonde sî mir fröiden nicht vor ir,
sî gienc dannen, dô sî sach daz ich gienc dar:
daz nimt noch gar vil fröiden mir.
Liebiu mære seit doch ein guot ritter mir,
daz lieplîch ir munt von mir sprach.
sî sprach 'wa ist mîn gselle?' daz was minnenclich.
ich fröuwe mich daz ie geschach
daz sî von mir geruochte reden sô.
daz schât ir vil kleinen unde hilft mich wol.
sist tugende vol: des bin ich frô.
Ich kam ir ze wege dâ sî gar eine gie:
do gesprach ich nie kein wort zuo zir.
ich erschrac von minnen, in mocht hin noch dan.
ich sachs echt an: daz wart doch mir.
sî gieng ouch vür, daz sî nicht gruozte mich:
daz verzagte mich ouch, des ich nicht ensprach,
und do ich sî sach sô minnenclich.

6, 1. *âne vâr,* ohne böse Absicht, zufällig. 13. *kleinen,* adv., wenig. 15. *kam ze wege,* begegnete. 19. *vür,* vorüber. 20. *verzagen,* verzagen machen.

Minne sûmet an mir vaste ir triuwen sich:
sî twinget mich minnen sô hô,
wan si nie mîn frouwen gegen mir getwanc.
sî habe undanc! wie tuot sî sô?
waz habe ich ir getân? sî swechet sich.
twunge sî gên mir ir lîp sô tugende vol,
sô tæt sî wol: wes ziht sî mich?
Daz diu Minne mich sô sêr betwungen hât,
und daz si lât ir lip sô fri,
dâ von weiz ich daz sî hât verrâten mich,
sin kêre sich dann ouch an sî,
und twinge sî mîn noch genâde hân.
owê Minne, wilt daz tuon, sô tuoz inzit,
wan sender strît wil mich erslân.
Frouwe mîn, ich man der rechten triuwen dich,
wan die hân ich recht gegen dir,
daz dû mir des gunnest, daz ich zuo dir gê,
dâ niemen mê sî wan echt wir.
ân argen list muot ich des, frouwe, dir:
in wolt nicht wan klagen dir mîn sendez leit.
ach sælikeit, des gunne mir!

7.

Er muoz sîn ein wol berâten êlich man
der hûs sol hân, er müeze in sorgen stên.
nœtic lidic man fröit sich doch mangen tac,
er spricht 'ich mac mich einen sanft begên.'
ach nœtic man, kumst dû zer ê,
wan dû kûme gwinnen macht muos unde brôt,
dû kumst in nôt: hûssorge tuot sô wê.

7, 1. *berâten*, versehen. 2. wenn er nicht muß. 3. *nœtic*, dürftig. *lidic*, ledig. 4. *sich begên*, sich ernähren.

Sô dich kint an vallent, sô gedenkest dû
'war sol ich nû? mîn nôt was ê sô grôz:'
wan diu frâgent dik wâ brôt und kæse sî,
sô sitzt dâ bî diu muoter râtes blôz.
sô spricht sî 'meister, gib uns rât:'
sô gîst in dan Riuwental und Siuftenhein
und Sorgenrein als der nicht anders hât.
Sô spricht sî dan 'ach daz ich ie kan zuo dir!
jan haben wir den witte noch daz smalz,
noch daz fleisch noch vische, pfeffer noch den wîn:
waz wolte ich dîn? son hân wir niender salz.'
sô riuwetz ir: dâ sint fröid ûz,
dâ vât frost und turst den hunger in daz hâr
und ziehent gar oft in al dür daz hûs.
Mich bedunket daz hûssorge tüeje wê:
doch klage ich mê daz mir mîn frouwe tuot.
swenne ich für sî gên dür daz sî grüeze mich,
sô kêrt sî sich von mir, daz reine guot.
sô warte ich jæmerlîche dar
unde stên verdâcht als ein ellender man,
der nicht enkan und des nieman nimt war.
Daz sî mich versêret hât sô manic jâr,
daz wolt ich gar lieplîch vergeben ir,
gruozte sî mich als man friunde grüezen sol:
sô tæt sî wol. sî sündet sich an mir,
wan ir mîn triuwe wonet bî:
dâ von solte sî mich grüezen âne haz.
wan tuot sî daz? dazs iemer sælic sî!

16. *witte*, Holz. 18. *dîn*, von dir. 26. *warte*, blicke. 28. auf den niemand achtet.

8.

Wâ vund man sament sô manic liet?
man vunde ir niet im künicrîche,
als in Zürich an buochen stât.
des prüeft man dik dâ meistersanc.
der Maness ranc dar nâch endliche:
des er diu liederbuoch nu hât.
gein sîm hof mechten nigen die singære,
sîn lob hie prüevn und anderswâ:
wan sanc hât boun und würzen dâ.
und wisse er wâ guot sanc noch wære,
er wurb vil endelîch dar nâ.

Sîn sun der kuster treibz ouch dar:
des hânt sî gar vil edels sanges,
die herren guot, ze semne brâcht.
ir êre prüevet man dâ bî.
wer wîste sî des anevanges?
der hât ir êren wol gedâcht.
daz tet ir sin: der richtet sî nâch êren,
daz ist ouch in erborn wol an;
sanc, dâ man frouwen wol getân
wol mitte kan ir lop gemêren,
den wolten sî nicht lân zergân.

Swem ist mit edelem sange wol,
des herze ist vol gar edeler sinne.
sang ist ein sô gar edelez guot:
er kumt von edelem sinne dar.
dür frouwen clâr, dür edel minne,
von dien zwein kumt sô hôher muot.
waz wær diu welt, enwærn wîp nicht sô schœne?

8, 5. *endliche,* eifrig. 16. wer belehrte sie über den Anfang, wie es anzufangen sei?

dür sî wirt sô vil süezekeit,
dür sî man wol singt unde seit
sô guot gereit und süez gedœne:
ir wunne sanc ûz herzen treit.

9.

Minne ist sô wunderlich,
sî kêrt sich an tumbe, an wîse:
alte junge twinget sî.
son ist ir ze rîch nieman
noch zarn, wan sî slîchet lîse:
swem sî wil, dem ist sî bî.
sî lie mich ir helfe nie beruochen
unde twingt mich sêre gegen ir,
unde sî nicht gegen mir.
Minne, dir mag ich wol fluochen
tiefe ûz mînes herzen gir.
Jâne wîze ich ez nicht ir,
daz sî mir ist sô gar herte:
ich wîz ez der Minne gar,
wan sî lât ir lîp sô frî
und doch sî wol sî gelêrte,
daz sî mîn noch næme war.
owê sît sî nicht enhât der minne,
wâ von solte sî dan ruochen mîn?
Minne, wirde mir noch fîn,
kêre hin und twing ir sinne:
sô wil ich dîn friunt noch sîn.
Minne, süene dich mit mir,

---

32. *gereit*, bereitet.

9, 7. *beruochen*, mit acc., Sorge tragen für. 16. und doch könnte sie sie lehren.

kêr zuo zir ald ich wil strâfen
dich die wile ich leben mac,
unde liebe noch ir mich,
ald ûf dich sô schrije ich wâfen
mange nacht und mangen tac.
owê, Minne, kum ir noch ze herzen
mir ze heil: son fluoche ich dir nicht mê.
in weiz andirs wiez ergê;
mir ist wê von sendem smerzen:
Minne, noch mîn nôt verstê!

10.

Als sich mîn sinne
nâch ir minne
stellent, und hulf sî mir,
ez wære ir
sünde nicht:
wan sender smerze
wil mîn herze
bringen in tôdes haz.
ob sî daz
nicht versicht,
ûf mîn triuwe sî wirt schuldic ane mir.
ob nicht ir güete
mîn gemüete
trœstet, ez ist min tôt.
liep, die nôt
klage ich dir.
Lâ dich erbarmen
mich vil armen

10, 1. *Als,* wie. 10. *versehen,* bedenken.

wunden. dû tuost mir daz:
dû gîst baz
mir ouch wol.
daz tuo noch, reine,
wan ich meine
dicke mit triuwen dich,
als ouch ich
billîch sol:
wan ich bin gar und gar, liep, dîn eigen knecht.
mîn küneginne,
bring mich inne
trôstes, êst nicht ze fruo,
wan dar zuo
hâst dû recht.

Daz recht dû, hêre,
lange sêre
brichest, swie lop von mir
doch ie dir
ûz erschal;
und dir mîn triuwe
ie sô niuwe
wâren: al daz vervie
mich doch nie
über al.
doch mecht ich niemêr ir lop gesingen gar;
doch sol die süezen
mîn lop grüezen
iemer so'ch beste kan,
dâ von wan
sist sô clâr.

---

34. *lange*, seit langer Zeit.

II.

Der sit ist in Oesterrîch
unminnenclîch, daz schœne frouwen
tragent alle hüete breit;
wan ir minnenclîchen var
mac man gar selten geschouwen,
sô si ir hüet hânt ûf geleit.
mangen wær diu zît gar unverdrozzen,
sæch man dicke ir wengelîn
und ir liechten ougen schîn.
wan wæren die hüet geflozzen
Tuonow ab, sô mechte ez sîn!

In kund mich erweren nie,
swanne ich ie sach schœne frouwen,
ez gieng in mîns herzen grunt.
swaz man in der welte sicht,
wan mac nicht sô gerne schouwen:
daz ist mir wol worden kunt.
swanne ich sihe ir wîplîch lôsen sitte,
ir hende wiz, ir kelen blanc,
so ist mîn herze ân allen wanc
in sô lieplîch danne mitte
und ist wilde mîn gedanc.

In swelch lant ab ich ie kan,
ich sach an dekeiner frouwen
nie sô lôs gebâren mê
als mîn frowe gebâret sich.
des tuon ich etswenne ein schouwen,
unz mir wirt senlichen wê:
sô denk ich an lieplich umbevange

11, 7. *unverdrozzen*, nicht lang dünkend. 12. *erweren*, dagegen wehren.

und an etswaz mêr dâ bî.
niemen wizz wie mir dan si:
sendiu nôt tuot mir gedrange,
so ich si sihe sô wandels frî.
Man gicht wes ich achte an ir:
sî si mir doch gar ze hêre,
war umb ich sî minne gar?
sî hânt unrecht der getât:
sô sî hât ie hôher êre,
so ist mîn sin ie stæter dar.
in weiz an ir nicht daz ich müg strâfen
wan ein dinc: enwære daz,
sô geviel mir nie wîp baz.
dar ûf ich ie schrije wâfen:
ez ist gegen mir ir haz.
Könde ich loben unz ûf den grunt,
mir ist kunt war ich daz spræche,
dâ ez rechte wær bewant:
mîner frouwen lobesan,
diu wol kan an êren gæche
sîn, daz ist mir wol erkant.
si ist sô minnenclîch und sældebære,
zucht und êren ist sî guot:
sî hât reinen hôhen muot,
si ist ir worte gar gewære,
si ist vor valsche gar behuot.
Ich hab des vil stæten muot:
frouwen guot dien wil ich mêren
ir lop, lebe ich mange zît;
wan des sint si wert sô wol:
sî sint vol sô manger êren,

32. *gedrange,* adv., in bedrängter Lage; *tuot gedrange,* bedrängt. 37. *der getât,* in solchem Thun. 49. *gæche = gæhe,* schnell.

daz ist gar ân allen strît.
sî sint milte und minnenclîch gestellet
und hânt dâ bî tugende vil.
er kumt an der sælden zil,
swer sich oft zuo zin gesellet:
der hât wunnen swaz er wil.
Ich man iuch, vil schœnen wîp,
daz mîn lip mit stætem muote
ganze triuwe gegen iu hât:
daz ir helfent klagen mir
daz von ir, daz mich diu guote
in sô sendem leide lât,
nâch der ich vil dicke siufte sêre
und dâ mitte spriche 'owê,
ich muoz trûren iemer mê,
sich erbarm dannoch diu hêre
über mich, daz siz verstê!'

12.

Swer nimt schœner frouwen dür ir wunne war,
der gêt dar gern swa er sî sehen mac;
wan daz süeze schouwen in sîn herze gât:
suoze enpfât ez doch senlichen slac,
swenn er ir wunnen inret sich,
die sô lôslîch sint und sô wîplîch gemeit:
diu süezekeit ouch dicke wundet mich.
Er wirt wilder sinne, der wol kan entstân,
wie wunnesan doch schœne frouwen sint,
und wirt vol der minne, wan manc frouwe guot
zartlîch tuot alsam ein zartez kint.

76. wenn sich nicht noch erbarmt.
12, 5. *inret sich*, bewußt wird.

wan sî sint sô zartlîch gestalt,
sô minnenclîche: mir behagt ir wunne baz
dann allez daz zer werltwunn ist gizalt.
Swâ mannes herze minnen gert an selker stat,
dâ er hât heinlich wol manige stunt,
der mac liep gewinnen. heinlîche tuot vil,
ob er wil ald im ûf minne ist kunt.
swann er ist sîner frouwen bî,
sô klagt er ir sîn nôt senlîch als er sol:
der mac wol sender nôt werden frî.
Den sîn herze twinget daz er minne ein wîp,
der sîn lîp muoz stæte frömde sîn,
in nôt ez in bringet: anders wirt im nicht.
sam geschicht mir gegen der frouwen mîn.
wan solte erbarmen sî mîn nôt,
und ich ir nicht klagen mac send ungemach?
ach und ach! des sint mîn fröide tôt.
Ich enmac getriuwen leider des nicht ir,
daz sî mir noch günne heiles vunt:
doch wil mich nicht riuwen daz ich diente ir ie,
swie mir nie kein trôst wart von ir kunt.
wan si ist ein frouwe valsches frî,
wol gestalt, vil schœne und dâ bî minnenclîch:
ach, sold ich ir tougen wesen bî!

13.

Ich was vor ir,
daz ich wol mîn jâmer ir geklaget solde hân.
mîn sendiu gir
wart sô grôz, daz sî mich dar nicht reden wolde lân.

---

14. als Weltwonne betrachtet wird. 17. *heinlîche,* Vertraulichkeit.
26. *wan,* warum nicht. 27. *und,* da.

wan sî was sô rechte wunnenclich getân,
daz ich nicht mocht vor liebe in mînen sinnen bstân;
wan swenne ein man
wirt ze rechte frô,
sô enweiz er noch enkan.
recht alsô ergienc mir senden leider vor ir dô.
Daz herze mîn
wart sô rechte müede von gedanken in der stunt.
ê sender pîn
mich gar überstritte, dô was fröide mir wol kunt.
sendiu nôt gienc mir ze herzen in den grunt:
dô dâchte ich 'owê lieblîch gstellet rôter munt.'
dô wart ich wunt
von sendem jâmer grôz:
mich bant der Minne bunt,
Minne schôz mich daz ich mînen sin sô gar verlôs.
Owê daz ich
ir nicht macht geklagen mîn vil langez ungemach!
ir wunne mich
tet sô gar verzagen, wan ich sî sô schœne sach.
ich dâcht mir sô rechte nâhe senlich, ach,
daz mir sô gar mîn sprâche in minem herzen brach:
ich wart sô swach
von ir wunnen fîn,
daz ich dâchte 'herze, lach
fröide dîn!' daz wart ouch leider mir dô balde schîn.

14.

Ich wil ein warnen singen,
daz liep von liebe bringen

13, 25. ich hatte in meinem tiefsten Innern so schmerzliche Gedanken. 29. *lach:* s. Lesarten.

nû mac, diu mâze kunnen hân.
sus râte ich dien ein scheiden,
den ich nû hüete beiden:
der tac der wil sô schiere ûf gân.
des ich wunder sorgen hân,
wie ez noch uns ergange:
ir nâhen umbevange
die wellent sî sô kûme lân.

In gibe dem herrn die schulde:
ich weiz ir ungedulde
sô wol, sî lât in kûme varn.
er sol sî lâzen weinen:
der nacht ist noch sô kleinen,
er sol ez langer nicht ensparn.
nû bin ich aller fröiden arn:
ich vürchte mir sô sêre.
ez stât umb lîb und êre:
in kan ir leider nicht bewarn,

Sin volgen mînem râte.
und tuont sî daz ze spâte,
owê ich bin mit in verlorn.
nû hœrnt sî doch mîn warnen:
muoz ich ir minne erarnen
noch mê, daz ist mir leit und zorn.
owê daz ich wart erkorn,
daz ich wart ir wachtære.
noch wendent unser swære:
den tac man kündet dür diu horn.

14, 3. *diu,* auf den Liebenden und die Geliebte zu beziehen, daher in neutraler Form. 7. *wunder,* eine Fülle, reichlich. 15. *kleinen,* wenig. 25. *erarnen,* büßen.

15.

Ich was dâ ich sach
in ir swert zwên dörper grîfen junge:
Ruodolf dâ begonde in zorne stetschen.
Chuonze dar zuo sprach
'nieman ist dem an mir ie gelunge:
ich hân dînen zorn nicht wan vür getschen.'
Ruodolf sprach 'dû hâst Ellen gemeinet,
nâch der ich vil dicke hân geweinet:
hüet dîs lîbs vor mir
an dem werde an sunnentage vor ir.
dîn schuld ist daz ir huld gegen mir kleinet.'
Sî swigen dar zuo,
daz manz verre vernam in kurzer stunde.
dar kam dörper vil mit grôzem schalle.
Ruodolf malch sîn kuo
unde ruoft dien dien er guotes gunde:
'trinkent unde sint mir bî hiut alle.
helf man im, sô helfent mir ouch sêre,
daz ich hiut bejage vor Ellen êre.
ich wil Chuonzen slân
daz hund in in mügen zem herzen gân:
ern gewirbt umb Ellen niemer mêre.'
'Wir sunz understân,'
sprâchen zwên der wægsten und der meijer:
'bittent Chuonzen daz er Elln ab lâze.'
'des mac nicht ergân,
ich gab ir ein geiz und hundert eijer
unde bin ir holt recht âne mâze.'
'dâ vür sol dich Ruodolf vil wol mieten.'

15, 3. *stetschen*, stottern. 6. *getschen*, schreien. 11. *kleinen*, klein sein. 23. *understân*, verhindern. 24. *wæge*, tüchtig. 29. *mieten*, belohnen, bezahlen.

'nû lânt hœren, waz wil er mir bieten?'
'zwô geiz und ein huon.'
Chuonze sprach 'daz wil ich gerne tuon:
ich tet ie daz biderbe liut mir rieten.'

16.

Mîn herze tuot mich sorgen rîch:
ez achtet wâ sô minnenclîch
ein reiniu frouwe sî
und wie sî sich gebâre.
ir wonent zühte bî:
sî ist gar wandils frî.
Vil süeze minnenclichez wîp,
und fröitent ir noch mînen lîp
mit iuwerm holden gruoz,
sô kæme ich gar ûz leide,
dar inne ich sterben muoz,
ir tuont mir sorgen buoz.
Ach gæbe mir diu guote baz,
sô würde ich noch, als ich dô was,
dô ich ir künde vie:
ich was vil fröide rîche;
diu mir dô gar engie,
dô ich mich an sî lie.
Owê vernæm sî noch die klage,
wie vil ich herzen jâmers trage.
daz kumt von sender nôt:
wil mir die nicht benemen
ir munt sô rôsen rôt,
owê sô bin ich tôt!

16, 12. wenn ihr mich nicht von Sorgen befreit.

Owê, wie wê mir dâ geschach,
dâ ich mîn liebin frouwen sach
sô schône vor mir stân.
mich balde des gedûchte,
ich mües mîn fröide lân,
do ich muose dannen gân.
Noch wær ich langer dâ gesin,
wan daz ich vorcht der liute pin
und der vil valschen haz,
daz sî mich wolten nîden,
daz mir sô sanfte was,
dô ich vor ir gesaz.
Ich schouwet sî vil manicvalt;
mich dûchte, in würde niemer alt,
und solte ich bî ir sîn
mit ir vil guoten willen,
sô wær mîn sorge hin
und sendes herzen pîn.

17.

Swer arbeit muoz hân vil wunderdicke,
die sint alle fröiden blôz,
als ouch die minnære,
dien ir frouw nicht gan ir ougen blicke:
die sint wol kolære gnôz,
wan die ruow sint lære,
und die müezen hacken unde riuten.
die klage wir betiuten,
daz uns diu minne gesellet
zuo dien die arbeit kellet.

17, 1. *wunderdicke,* außerordentlich oft. 8. *betiuten,* auslegen, erklären. 10. *kellen,* quälen.

Wir mun uns zuo dien ouch wol gelîchen,
swelc echt stæte karrer sint:
der nôt ist ouch wunder.
sî mun nicht geflien, daz sî entwîchen,
swenn kumt regen unde wint.
daz karren gênts under:
sô hebent sî daz ez gât dür ir herze,
als uns sender smerze.
der rüeret ouch ze grunde:
des sint sende wunde.

Minner herze vicht ze ganzer stæte
als in einem sacke ein swîn:
daz vert unde kirret.
doch klagt ich ez nicht, obz mînz nicht tæte:
daz rüert ouch vil sender pîn,
daz mich ruowens irret.
Minne klemmet rechte alsam ein zange:
swens an kumt gedrange,
den kümbert ungemüete,
ez wende liebes güete.

18.

Herbest wil berâten
mang gesind mit guoten trachten
bî der gluot ald swâ sî sîn:
veize swînîn brâten,
dar umb sol ir wirt in achten
und ouch bringen guoten wîn.

---

12. *karrer,* Kärner. 16. *gênts under,* nehmen sie auf sich, unterziehen sich ihm. 20. davon entstehen schmerzlich wunde. 23. *kerren,* grunzen. 28. *gedrange,* drängend.

18, 4. *veiz,* feist. 5. *achten,* sorgen.

wirt, besende uns würste,
dâ bi schæfîn hirne,
daz in die stirne
glostent werden, als sî in sîn an gezunt.
mache in daz sî türste,
salze in vast der ingwant terme,
tuon den herbst mit vollen kunt.
Sô der haven walle
und daz veize drinne swimme,
sô begiuz in wîziu brôt.
danne sprechents alle
'herbst ist bezzer danne ein gimme:
wol dem wirte derz uns bôt.'
hânt in entefüeze,
dar zuo guot geslechte:
sô kumst in rechte,
unde stêt dâ bî des herbstes êre wol.
swer nû trûren müeze,
der enhœrt niht zuo den fræzen,
wan sî werdent fröiden vol.
Swer sich welle mesten,
der sol kêren zuom gesinde:
guotiu fuore macht sî veiz.
wirt, besend dien gesten
gense, die dâ sîen blinde,
unde mach die stuben heiz.
dû solt hüenr in vüllen,
dannoch sieden kappen:
frœlîche knappen

---

7. *besenden,* herbeischaffen. 10. *glosten,* glühen. 12. *ingewant,* Eingeweide. *terme,* Därme. 13. *tuon,* laßt uns thun. 16. *wîziu brôt,* feines Brot. 21. *geslechte,* Geschlachtetes. 25. *frâz,* Fresser. 29. *fuore,* Lebensweise. 34. *kappe,* Kapaun.

hâst dû danne in stuben und ouch bî der gluot.
heiz in tûben knüllen,
schützen und ouch vasant wilde:
daz nent sî vürs meien bluot.
Welt, dû bist ungliche:
fræzen dien ist wol geschehen,
daz tuot mangem minner wê.
frouwen minnencliche
mügent sî nû nicht gesehen
als sis sân des sumers ê.
sî hânt nû verwunden
diu antlüt in ir stûchen,
daz sî nicht rûchen.
swære winde tuont an linden hiuten wê.
wê uns küeler stunden!
rôsenwengel sint verborgen
und ir keln wiz als der snê.
Wir sorgen nicht eine:
vogel die hânt grôze swære,
in tuot ouch der winter leit.
wir sunz hân gemeine,
wir sîn beide fröiden lære,
dulden sament arebeit.
wan bî ir gedœne
was uns dicke sanfte.
dô d' amsel kanfte
mit der nachtegal, dô hôrt man süeziu liet,
und die frouwen schœne
dô die minner mochten schouwen:
des enmuns nû leider niet.

---

37. *knüllen,* erschlagen, tödten. 38. *schützen,* schießen. *vasant,* Fasan. 45. *sân* = *sâhen.* 46. *verwinden,* einwickeln. 47. *stûche,* Kopftuch. 48. *rûchen,* rauchen: hier gebraucht von dem sichtbaren Athem bei der Kälte. 65. *mun* = *mugen.*

19.

Nust sumer sô wol gegestet daz er êre hât;
in schœner wât mac man in nû wol sehen.
rôt brûn gel blâ wîz grüen ist sîn kleit gevar:
swer sîn nimt war, der mag im wunne jehen.
in lobent mit süezem sanc diu vogellîn,
diu sehent sô liechten schîn:
mit dien sol man frœlîch sîn.
swie schœn diu zît sint, trüeb ist mir doch mîn muot,
wan mich getrôst noch nie mîn frouwe guot.

Ez ist lanc daz ich mîn frowen von êrst gesach:
mîn ungemach huop sich dô süezeclîche,
wan ich wart von ir wunnen süezen liebes vol.
mir tet dâ wol daz sî was wunnen rîche.
nû muoz mir daz leider wê tuon elliu zît,
wan sî mir nicht trôstes gît:
des mîn herze in arbeit lît.
wan wær sî ân wunne, sô wær mir nicht wê
nâch ir als ez sus sîn muoz iemer mê.

Noch ist mir wol der stunde, swâ ich sî sich an:
swies mir ist gran, doch habe ich sî ze frouwen.
doch wirt daz liep vergolten mir mit leide iesâ,
sô sî nicht dâ mêr ist da ichs müge schouwen:
sô ist mir als sô der sunne hinder gât
und der tac sîn wunn verlât.
fröiden vil sî doch ie hât
bî andern schœnen frouwen, noch enachtet nicht,
swie wê mir von senlîcher nôt geschicht.

19, 19. *der stunde*, in dem Augenblick, Zeitpunkt. 20. *gran* = *gram*.

20.

Herbst wil aber sîn lop niuwen:
er wil briuwen manigen rât,
wan daz stât dien sînen êren wol.
er wil manic her berâten
veizer brâten unde wil
trachten vil dar zuo sî machen vol:
des sîn lop sich üeben sol.
niuwen wîn
trinkent sî, derz hirne rüeret
und ouch vüeret ir muot hô:
des sî frô dann alle müezen sîn.

Würste und hammen, guot geslechte
ouch in rechte herbest birt.
dar zuo wirt in noch sîs râtes mê:
ingwant bletze, terme und magen
und ouch kragen zuo der gluot.
herbest tuot in baz dan sumer ê.
man slecht nû sô manic vê:
des vint man
guotiu krœse, houbt und vüeze
und ouch süeze hirn und die.
herbst was ie sîns râtes lobesan.

Nû sol ein wirt sînen gesten
gebens besten, des uns gît
herbstes zît (sô hât er wol getân):
dess von râte ûf müezen glosten.
swaz daz kosten danne sül,
wirt, sô vül sî, daz sî vollen hân.

20, 2. *briuwen,* brauen; hervorbringen, herbeischaffen. 7. *üeben,* zeigen. 12. *hamme,* Schinken. 15. *bletz,* Fetzen, Stück. 18. *vê,* Vieh. 22. *die,* Oberschenkel.

ân klobwürst solt dus nicht lân:
mangen buoc
gib in, dar zuo guote grieben;
des in lieben herbest muoz.
wirt, nû tuoz: sô hânt sî danne gnuoc.

Doch klag ich des sumers schœne
und die dœne wunnenclîch,
der sô rîch ê was vil manic lant,
die die wilden vogel sungen,
daz sî klungen, daz der schal
suoze hal: des was uns fröide erkant.
die went œsen winters bant,
diu sô kalt
sint, daz heide und ouwe velwent
und ouch selwent tage clâr.
daz tuot bar uns fröiden manicvalt.

Noch klag ich mîn meisten swære,
daz mich lære trôstes ie
mîn frouwe lie, swie wê mir nâch ir was,
und sî mich lât sus verderben
unde werben in der nôt,
daz der tôt mir tæte lîchte baz;
wan ez næm schier ende daz.
sus lât sî
mich in langem ungemüete,
ald ir güete wende ez noch,
wan ir doch mîn triuwe wonet bi.

---

29. *klobwurst,* in den Fettdarm gefüllte Wurst. 30. *buoc,* Bug. 31. *griebe,* ausgeschmelzter Fettwürfel. 40. *œsen,* leer machen. 43. *selwen* = *salwen,* wie *velwen* = *valwen,* trüb werden. 44. *tuot bar,* beraubt. 49. *werben,* ringen.

21.

Die den winter hâten leit,
wan sî mangen tac sân trüeben
und ouch gar unmâzen kalt,
die hânt nû vil süezekeit:
vogel went den sumer üeben
mit ir stimme manicvalt.
heide die stânt grüen und gel von bluomen,
und der sunne küen sîs schœnen glanz:
dâ bî sicht man boume blüen,
dâ wir under sulen schouwen
schœner frouwen mangen tanz.

Ez ist ougen wunne hort,
sô man schœne frouwen sament
in dien boungarten sicht gân:
dâ hœrt man ir senften wort,
wan sî sich sô wîplîch schament,
sô ir achtent junge man.
man sicht dâ an in sô lôs gebærde,
daz der manne sin wirt frœlîch gar.
ê der sumer uns erschin,
dô was man der wunnen âne
und ûf plâne manger var.

Man sol billîch fröide hân:
sumer ist sô rechte schœne
alles des er haben sol.
doch bin ich ein trûric man:
daz tuot mir die ich dâ krœne,
derst mit mîner arbeit wol.
sî hât vil gelacht mins herzen siuften:

21, 5. *üeben,* ins Werk setzen. 8. *sîs = sînes:* über seinen schönen Glanz. 20. *erschin,* prät. conj.

des nam ich dann acht und tet mir wê.
sist sô wunnenclîch gemacht,
daz sî wont mir in dem muote,
diu vil guote, swiez ergê.

22.

Ez gêt nû in die erne
vil schœner dirne fîn:
swer fröide habe gerne,
der kêr mit in dâ hin!
dar zuo gêt manig eile
dar mit ir tochterlîn:
daz kumt iu ouch ze heile,
went ir gesloufic sîn.
hæt ich ein liep daz gienge dar,
ich næm sîn in der schiure war:
dâ würde ich lîchte sorgen bar.
Ez ist dien wol geteilet,
der frouwen gênt dâ hin:
des sich ir herze geilet,
ez wirt lîcht ir gewin.
wol ûf, ir stolzen knechte,
dien stêt ûf minne ir sin,
iu kumt diu erne rechte,
wan tuot iuch zemen in:
dâ sagent spel, ir jungen man,
diu man wol âne lernen kan.
stat machet lîcht dams iu dâ gan.

22, 5. *eile,* ein nicht belegtes Wort: vielleicht *geile,* was bei der Verbindung *manig geile* leicht ein *g* verlieren konnte. 8. *gesloufic,* behend. 10. *schiure,* Scheuer, Scheune. 12. *wol geteilet,* ein gutes Theil beschieden. 14. *geilen,* freuen. 20. *spel,* Erzählung. 22. *dams* = *dâ man es.*

Swer sich kan zuo gemachen,
swiez sî von êrst in leit,
ez wirt dar nâch ir lachen:
sô wirt dâ spel geseit,
als man ûf strô sol sagen,
dâ dirnen sint gemeit.
ob sî daz wen vertragen,
daz tœtet sende arbeit.
dâ ist diu kurzewile guot
mit speln sam enents baches tuot.
wol ûf in d'ern, diu hœhet muot.

23.

Diu voglîn wârn in mangen sorgen
noch al dâ her den winter kalt.
sî smuchten sich die küelen morgen:
in snêwe stuont sô gar der walt.
nû wellent sî sich zweien,
sî hânt ersehen die liechten zît:
die bluomen lachent gegen dem meien,
der manigem herzen fröide gît.
Man hœret süezeclîche dœne,
swer sich des morgens wil ergân,
und sicht die lieben heide schœne
in wunneclîcher varwe stân.
swaz ich vil sender schouwe
der bluomen und der rôsen rôt,
doch muoz ich sorgen, want mîn frouwe
mich tuot an mînen fröiden tôt.
Ich siufte sêre und minneclîche
und wandelt sich mîn stætiu var,

32. *sam* = *sam man.* *enent,* jenseit.

swenn ich sî sich sô wunnen rîche
und sî mîn nimt sô kleinen war.
und mecht von leide ersterben
ieman, ich wær nû lange tôt.
in mochte ir helfe nie erwerben:
dâ von leb ich in grôzer nôt.
Sol ich die guoten lange mîden,
swie doch nieman von leide erstarp,
ich muoz den tôt nâch ir erlîden,
wan ich nie heil an ir irwarp.
wil sî mîn nicht enêren
noch lieplîch hôchgemüete geben
und ouch ir frömden gar verkêren,
sô muoz unlenge sîn mîn leben.
Doch hab ich sî mir selb erwellet
und wil genâden gern von ir:
swie mich diu reine in jâmer vellet,
doch stêt nâch ir mîns herzen gir.
ichn wil ouch niemer kêren
von ir die besten triuwe mîn:
sol ich verderben nâch der hêren,
sî muoz in hôhen schulden sîn.

24.

Ir sult iuwer swenzel
(êst erne zît) krispen, dirne guot,
krenzel machen ouch ûf die vîrtage.
swiem arbeit in erne
hât, doch hât man dâ frœlichen muot:

23, 29. *mîn nicht,* nichts von mir, mich durchaus nicht.

24, 1. *swenzel,* dim. von *swanz*, Schleppe, Schleppkleid. 4. *swiem* = *swie man*.

gerne pfligt man dâ sô lôser sage;
wan dar kumt sô manc stolziu dirn und knappe:
des man dô wirt frô.
ir singet dann vil süezecliche hô:
ouch ist in ern recht fröide ûf dem strô.
Heinlîchi mag enden
vil, der die zînr frouwen wol hân mac:
wenden tuot sim des lîcht senden pin.
der ab frouwen minnen
gert, der huote pfligt nacht unde tac,
gwinnen wirt im dâ lîcht niemer schîn.
des bin ich bar der fröiden und vol sorgen,
wiez gevar, wan dar
minn ouch ich dâ mich huote frömdet gar:
frömde friunds nam ie sô kleine war.
Minne, dîn süez twingen
hât betwungen mich in sûren pîn:
ringen tuost dû mich mit sender nôt.
dû gîst mir ze herzen
süez ein wîp, der ich muoz frömde sîn:
smerzen muoz mich daz unz ûf den tôt.
ir wunne gât sô suoze mir ze herzen,
ez verstât die getât
sô wol, daz sî sô mange wunne hât:
des Minne mich von ir nicht scheiden lât.

25.

Sumer hât gesendet ûz sîn wunne:
secht, die bluomen gênt ûf dür daz gras!
lûter clâr stêt nû der liechte sunne,
der den winter ê vil trüebe was.

---

12. *zînr* = *ze sînr.*

schœn ougen weide
bringt uns der meie; er spreitet ûf diu lant sîn wât.
wære ich nicht in senelîchem leide,
ûf der heide wurd mir sorgen rât.

Der ich alle mîne tage diente,
diu gesprach noch nie ze mir 'hâ danc!'
daz tuot mir als der mîn herze pfriente:
owê sî macht sêr mîn leben kranc.
ich möchts erbarmen:
ich bin sô verre komen in vil sende nôt.
des muoz ich in jâmer dicke erwarmen
und ouch armen biz ûf mînen tôt.

Ich versuocht von nôt an mînem herzen,
ob ez mechte sich von ir gekêrn:
dâ tet ez mir kunt sô senden smerzen,
daz ez niemer mecht sich ir erwern.
ich bin gebunden
in ir genâde: wil sî, sô wird ich erlôst.
wil ab sî mir sêren herzen wunden
zallen stunden, owê wa ist ir trôst?

26.

Wes sol man beginnen,
sît nû muoz der sumer hinnen,
der sô mange wunne bar?
man sol leider trûren:
süeziu zît diu wellent sûren,
trüebe werdent tage clâr.

25, 10. *hâ = habe.* 11. *pfriente = pfriemte,* von *pfriemen,* mit einem Pfriemen verwunden. 13. es wäre Grund, daß ich ihr leid thäte. 14. *verre,* sehr. 16. *armen,* arm sein. 23. *sêren,* schmerzlich machen.
26, 5. *sûren,* sauer werden.

ungelückehaft minnære
die müezen zwei leit nû hân:
in ist winter swære,
sô sint sî ir frowen unmære:
zuo dien mag ich leider gân.
Wil diu sælden rîche
daz ich iemer mich gelîche
zuo dien die unglücke hânt,
sô wê mir der stunde,
daz ich schouwen sî begunde,
dô mir wart ir wunne erkant;
wan ich muos mich ir dâ geben,
ich sach ir wunnen sô vil.
sî mac mir mîn leben
kürzen alder fröide geben:
sî tuot mir wol swie sî wil.
Ich mac wol die Minne
strâfen daz sî mîne sinne
an mîn frouwen hât geleit,
und ab sis nicht twinget
gegen mir und ouch innen bringet
daz sô wê tuont sendiu leit.
des mac sî mich wol varn lâzen,
wan sî lât diu Minne frî.
des sî Minn verwâzen,
sin well sich dann an mir mâzen,
alder ouch betwingen sî.

27.

Wunne wil unwunne schôn verdringen,
daz manz hœrt und sicht wol, swers nimt war.

---

24. *strâfen*, tadeln.

secht, ob daz müg manc herz fröiden wern.
êst wunnenclîch ze hœrn der voglîn singen,
sost wunnenclîch ze sehen manc schœne var:
uns wil sumer fröide und wunne bern.
des sint frô all, wan die tulden senden pîn.
dien stêtz sô, dams in nicht mac gemuoten.
ich gloub in bî mir, wan mich lât sîn
ouch in sender nôt diu frouwe mîn.

Unrecht minnær irrent recht minnære:
einr macht daz viern missetriuwet wirt,
der nicht heln kan ald ab heln nicht wil
daz sînr frouwen êren dan wirt swære,
unde ab ez im êre danne birt:
des erwindet lieber minne vil.
doch solts nicht engelten ein getriuwer man,
der gern sicht daz sîn minnen sî tougen,
unde er daz vil wol gevüegen kan:
an den mac sich wol ein guot wîp lân.

Leide huote irrt recht minner sêre
und ouch der verwâzen merker spehen:
sî frömdent ir frowen in mangiu zît.
dien ouch danne ir frouwen sint ze hêre,
die mün ouch dâ vür ein irren jehen:
deist al wider der minner heile ein strît.
swie vil kein daz irrt, sô irrt ez mich noch mê:
ich hân klein glückes ze mîner frouwen.
sî schiuht mich sams sî gein mir gevê:
mir wart ir nie nicht wan ach und wê.

27, 8. *dams,* da man es. *gemuoten,* zumuthen. 9. *bî mir,* nach mir. 16. *erwinden,* aufhören. 25. die können auch ein Irren behaupten, von einem Hinderniß reden; *dâ vür,* dagegen. 27. *kein* = *keinen.* 29. *gevê,* voll Haß, feindlich.

28.

Winter hât vorbotten ûz gesendet,
die hânt vogel süezen sanc erwendet:
sô velwent sî dem sumer sîne schœne var.
der botten heizet einer sûriu bîse,
diu lêrt mangen hiure ziterwîse:
sô heizt einer twer, der trüebt die tage clâr.
dar nâch wirt man snêws und rîfen schier gewar.
winter bringt uns sorge her und anderswar;
wunnen bar werdent diu lant sô gar.
Sô sach man ouch dicke an schœnen frouwen
wunnen mêr dan man nû müge geschouwen:
sî bergent nû kelen blanc und neckelîn
und ir houbet, wîze hende ouch dicke.
winter went uns süezer ougen blicke:
man sach dür klein ermel blanker arme schîn;
sô sach man in wîplîch stên ir kleinen lîn.
nû went sî sich ziehen in die stuben hin:
liechter schîn wil leider tiure sîn.
Doch muoz ich vor allen nœten klagen
daz mich lât mîn frouwe jâmer tragen:
sî tuot glîch wies mîn nicht müge minne hân.
swaz ich dar nâ trôstes an sî muote,
gan sî mir nicht heils, diu reine guote,
sô ist gar verlorn daz ich mich an sî lân.
nû enmag ichs nicht, wan si ist sô wol getân.
doch ensol sî licht den muot nicht iemer hân:
ûf den wân ding ich noch sender man.

28, 2. *vogel,* gen., der Vögel. 4. *sûr,* herb. *bîse,* Nordwind. 6. *twer,* quer. 14. *went uns,* wendet uns ab, gen., von: hindert uns an. 16. *kleinen lîn,* feine Leingewänder.

29.

Wan mac frœlîch schouwen
tage clâr und mange var:
angr und walt bestalt sint wunnenclîch.
berg und tal und ouwen
sint bekleit und heide breit,
und den plân sicht man ouch wunnen rîch.
nieman kan des sumers wunn volzellen:
schœn sint sîn gesellen,
vîol, rôsenbluomen, klê,
boume bluot, loup, gras und gamandrê.
Des habent verlâzen
herzen pîn diu vogellîn.
sumer tuot ir muot sô rechte frô.
dar zuo ûf dien strâzen
fröiden vil sich heben wil:
sumer nie verlie, ern fröite sô.
man hœrt dicke an tenzen hôhe singen
und dür boume erklingen
süezeclîch der vogel schal:
des tuot ir teil wol diu nachtegal.
Owê sendiu swære
machet doch daz ich bin noch
jâmers vol, swie wol nû mangem ist.
mîn frow sældenbære
achtet nicht swie mir geschicht.
dâ von mir von ir noch trôstes brist.
owê si erkent nicht mîn senden smerzen:
dâ von ir ze herzen

29, 7. *volzellen,* vollständig aufzählen. 10. *gamandrê,* eine Blume, Gamander.

nicht engât min arebeit.
owê daz ir güete daz vertreit!

30.

Nû wil der sumer hinnen, owê dast mir leit:
man sach in sînem grase dicke schœne frouwen gân.
der winter bringt uns innen grôzer trûrikeit,
und ouch dik kleine vogel wilde, daz sir sanc wen lân.
dâ bî ist er ouch bî senden sorgen schade:
sî wæren ân in doch vil ze swære.
ich muoz iemer ligen under glückes rade,
mirn helf ûf mîn frouwe sældebære.
sî ist gar wandels lære: dâ von bin ich ir.
owê wenn sol von ir genâden komen ir trôst ze mir?
Wer möchte mir gelouben wie mir senden ist,
swenn ich sî sihe sô schôn gebâren und sô wol gestalt?
ir wunne macht mich touben, daz mir sinne brist,
und brinne ouch in der minne viure: wilent wirde ich kalt.
alsô wandel ich mich dâ von rechter nôt,
wan mich jâmert nâch ir alse harte.
ir wengel und ir munt sint sô rôsen rôt:
dâ bî lachet sî sô rechte zarte.
sî ist ouch rechter arte: ach wiest sî sô guot!
got hât ir trûten stolzen lîp vor arge gar behuot.
Enkein dinc mac sô guot sîn, man vint wol dar an
daz man spreche 'enwær daz, sô wær ez volkomen gar;'
wan diu schœne frouw mîn, diust wandels erlân:
sist kiusch mit worten und mit werken: sost sî valsches bar.

30, 23. *wan,* ausgenommen, nur. *wandels erlân,* aller Fehler enthoben, frei von.

êst nicht muotwill daz mir nâch ir ist sô wê:
mich erlât sîn nicht diu starke minne.
ir kel und ir hende sint wîz recht als snê,
unde stêt sô lieplîch ir ir kinne.
vil wol stêt ouch ir tinne und ir ougen clâr,
als ich sî hân gelobt: daz ist ân allen zwîvel wâr.

31.

Manic belangen ist ergangen nâch der zît,
diu nû gît uns ougen wunne vil.
dâ von wunder wirt dar under liute frô:
ich wær sô, wan daz mîn frouwe enwil.
waz frumt mich swie schœne sist,
ob sî wunnen mir nicht gunnen wil von ir?
sô ist mir als dem gar wunnen brist.

Voglîn singen ouch gebringen mir nicht mac
daz der slac verheile, den mir sluoc
in mîn herze sender smerze ûf den grunt,
dâ mir kunt wart daz mir minne truoc
an mîn frouwen mînen muot;
wan diu reine wigt sô kleine mîn arbeit:
dâ von leit mir fröide tiure tuot.

Swenne ich schouwe waz mîn frouwe wunnen hât,
ach wie gât daz dür daz herze mîn!
sô zartlîche, minnencliche gebâret sî:
secht, dâ bî hât sî wunneclichen schîn.
sist ze wunsche wol gestalt:
sost ir gmüete rechter güete ouch sô vol.
wol ir, wol! ir wunne ist manicvalt.

31, 3. *wunder*, eine Menge, mit *liute* zu verbinden. 4. *sô*, ebenso, nämlich *frô*.

Frömdez minnen und angwinnen ist gelich:
des ouch ich vil wol bevunden hân;
wan mîn sinne stênt ûf minne, dâ ich muoz
frömden gruoz vür allen trôst enpfân.
sus gêtz dien die minnent dar
dâ vil huote wider ir muote hüeten kan:
secht, dar an verliernts ir arbeit gar.
Dem gelinget lîcht, der ringet umb ein wîp,
der sîn lîp sich mac gesellen zuo;
wan sin sprechen mac ir brechen frömden sin:
der gewin ergêt im lîcht vil fruo.
vor heinlîche wart nie nicht:
si kan wenden sorge und enden fröiden kraft.
sigehaft wirt si gern, swâ si geschicht.

32.

Ich wære gerne frô:
nû mags nicht, leider, sin.
ich minne gar ze hô:
sî wil nicht ruochen mîn.
dâ von ich herzen sêre
vil stæte haben muoz:
mir wart ir nie nicht mêre
wan eine frömdeclich ir gruoz.
Owê sî wigt sô kleine
min herzeclichen nôt.
genâde, ein süeziu reine,
erwendent mir den tôt.
erkennent mine swære
und helfent mir inzit.

---

23. *bevinden,* erfahren, mit gen. 33. nie ward etwas mehr werth als Vertraulichkeit. 34. *enden,* zu Ende führen.

bin ich iu lange unmære,
der tôt ûf mînem herzen lît.
Ich man iuch rechter triuwen,
die ich doch gegen iu hân,
daz ir iuch lâzent riuwen,
wan ir noch hânt getân
gein mir sô frömdeclîche:
daz muoz ich sêre klagen.
genâde, ein wunneriche:
lânt mich noch heil an iu bejagen.

33.

'Nû merkt mich, swer noch tougen lige,
ir sunt ergeben der fröiden spil:
daz râte ich iu gar âne valschen muot.
er wære unwîs der mirs verzige.
der tac nicht mêr erwinden wil:
der leit versicht, daz ist vür riuwe guot.
frouwe, swaz ich nû gesage,
went ir doch niender sprechen «herre, wach.»
ez wirt unser aller klage,
daz uns sô rechte leide nie beschach.
nein frowe, versehent ê daz ungemach.'
Sî hôrt daz er ûz ernste rief.
'nû wache, mîner fröiden hort:
ich muoz dich leider schiere von mir lân.'
ir trêne vil ûf im zerswief.
sî sprach 'wachtær, dîns sanges wort

32, 20. *noch,* bisher.

33, 2. *ergeben,* aufgeben. 4. *verzige,* versagte, abschlüge. 5. *erwinden,* ablassen, zu kommen. 6. *versehen,* vorsorgend bedenken. 15. *zersweifen,* zerfließen.

diu hânt den tac ze fruo uns kunt getân.
er ist alsô gern bî mir
und ich bî im, die wîle ich iemer mac.
wachtær, dîns sanges dû embir,
unz âne zwîvel komen sül der tac:
wan nien kein wîp sô lieplîch mê gelac.'
'Ir hânt iuchs unwægsten bedâcht.
der mâze kan, diu wendet leit:
dâ von sô lêre ich iuch die mâze wol.
ich hab iuch in ungmüete brâcht:
doch hab ichz iu dür guot geseit,
daz ir iuch scheident, sît ez tagen sol.'
er sprach 'frouwe, des ist zît,
swie wê mir tuot daz ich mich dîn enbar.
frouwe, dû dîn weinen mît,
daz dich got iemer mêre wol bewar,
und küsse mich ê daz ich von dir var.'

34.

'Nâch lieb gât leit! ich muoz ein wîb erschrecken,'
sang ein wachtær, 'diu noch bî friunde lît.
ir si geseit, daz sî in bald sol wecken,
wan ez wil tagen: dâ von ist ez zît.
in nôt ich stân (übric liebe vürcht ich)
daz sî sich dür liebe wâgen unde mich.
wir müezen lân unser leben und êre,
sien hân vor tage dan gescheiden sich.'
Sî tet imz kunt friuntlîch mit umbevange
und ouch mit manigem brüsteldrucke dô.

---

23. *unwæge,* unvortheilhaft. 24. wenn jemand sich auf Maß versteht, das wendet Leid ab. 30. *enbarn,* entblößen, los machen von.
34, 5. *übric,* übermäßig. 6. *sich wâgen,* sich aufs Spiel setzen.

ir rôter munt sprach 'friunt, dû slâfst ze lange:
wir suln uns scheiden, swiez uns mache unfrô.'
der herre guot ir weckens dâ bevant.
er sprach 'mir ist wol und ist mir leit erkant.
mir fröit den muot dîn minneclîchez triuten:
sô tuot mir wê deich von dir muoz zehant.'
'Guot herre mîn, ez mac sich mêr gefüegen,
ob wir uns scheiden, ê mans werde gwar.'
'frow, daz sol sîn: wir sun uns lân genüegen
daz wir die nacht wârn frœlîch sament gar.
frow, unz har nâch sô gib nû urlob mir.'
sî sprach 'herre, daz gib ich noch kûme dir.
wiest dir sus gâch?' 'daz ist, frouw, umb dîn êre.'
sî sprach 'nû var, swie kûme ich dîn embir!'

35.

Wol der süezen wandelunge!
swaz winter truobte, daz tuot sumer clâr.
daz fröit alte, daz fröit junge,
wan sumer uobte doch ie wunnen schar.
wol im swer sich nu fröiwen sol!
dem ist sô wunneclîchen wol.
swaz ab ich von wunnen schouwe,
doch wil mîn frouwe daz ich kumber dol.
Owê solt ich und mîn frouwe
unsich vereinen und uns danne ergên
in ein schœnen wilden ouwe,
daz ich die reinen sæhe in bluomen stên!
dâ sungen uns diu vogellîn:
wâ mecht mir danne baz gesîn?

---

21. *har nâch*, später. 22. *daz*, sc. *urlob*.
35, 4. *uobte*, setzte in Bewegung. 10. *unsich*, alter acc., uns.

sô vund ich dâ schœn geræte
von sumerwæte zeinem bette fîn.
  Daz wolt ich von bluomen machen,
von vîol wunder und von gamandrê,
deiz von wunnen möchte lachen.
dâ müesten under münzen unde klê.
die wanger müesten sîn von bluot,
daz culter von bendicten guot,
diu lînlachen clâr von rôsen:
ez wære ir lôsen lîb niht vor behuot.
  Wær sî niht sô lobelîche,
sî wær ze danke an daz bette mir.
si ist sô rein, sô wunnen rîche,
dâ von nicht kranke wunne hôrte zir.
sô spræche ich 'liep, nu sich wie vil
daz bette hât der wunnen spil:
dar ûf gê mit mir, vil hêre.'
ich vürchte sêre daz sî spræche 'in wil.'
  Wan daz mir ir zorn wê tæte,
ich würde ân lougen dâ gewaltic ir.
swes ich sî lieplîch erbæte,
daz bræchte tougen hôhe fröide mir.
ê daz ab ich sî wolte lân,
ich wolde sî doch umbevân
und sî dan anz bette swingen —
owê! daz ringen mac mir wol vergân.

---

16. *sumerwât,* Sommerkleider; gemeint sind Laub und Blumen. 18. *von vîol wunder,* von sehr vielen Veilchen. 20. *münze,* Minze. 21. *wanger,* Kopfkissen. 22. *culter,* Bettdecke. *bendicte,* eine wohlriechende Pflanze. 23. *lînlachen,* Laken. 24. *vor behuot,* erspart.

36.

Ez ist doch rechte klagelîch,
daz nû der sumer schœne
von hinnen sol.
er was sô manger wunnen rîch:
des hôrt man vogeldœne
klingen sô wol.
nû sicht man trüebe tage:
daz trüebet muot;
doch ist mîn meistiu klage
daz mir nicht tuot
genâde kunt mîn frouwe guot:
sî hât ir trôst sô lange
vor mir behuot.
Doch ich mich nicht erwerren kan,
mir müeze dicke ir güete
ze herzen gên,
swenn ich sî sich sô wol getân,
sô mac dan mîn gemüete
nicht stille stên.
wan ez wirt dan sô wilde,
sô mir wirt kunt
wie zartlich stêt ir bilde:
sô wirde ich wunt
von minnen dür des herzen grunt
und ouch von sendem jâmer
lieplich enzunt.
Nû hüete er sich, swer sehe dar
und rechte kan geschouwen
daz schœne wîp;
wan er wirt in der sêle gwar
der wunnen mîner frouwen:

sô kumt sîn lîp
in sô mancvalte sinne
und ouch in ger
nâch minnenclîcher minne:
sô kumt dann er
in sende nôt, des bin ich wer.
swer sich des mac erlâzen,
jâ ruowet der.

37.

Nû stêt sô wol geblüemet
diu heide in sumerlîcher wât:
des man vil von wunnen sicht.
des wirt sî wol gerüemet
von dem swer sich wol wunne entstât:
doch ist sî volgestet nicht,
ê daz dâ mêr geschicht,
daz man ouch frouwen sicht
dâ gân lôslîche:
sost sî dan gastung rîche,
daz man ir volles lobes gicht.
Swâ manic wîplîch bilde
ze semne gêt vil wol bekleit,
da ist der welte wunne vil.
wie wirt dâ dan sô wilde
des mannes herze in süezekeit,
der dar nâch gedenken wil!
wan sînes herzen spil
kumt danne ûf daz zil
der süezen minne.

37, 6. *volgesten,* vollkommen schmücken. 10. *gastung,* Schmuck.

des bin ich worden inne:
ez ist sô guot daz ichs nicht hil.
Doch git ez im ouch kumber,
swer verrer dan gedenket dâ
dan im iemer werden mac.
des bin ich ouch vil tumber,
wan ez geschicht mir dan iesâ:
daz ist miner fröiden slac
des mir nacht unde tac
leit vür fröide ie wac.
doch sunderliche
bin ich gedanken rîche
nâch ir, der ich mit dienste ie pflac.

38.

Owê voglîn dœne,
owê manger schœne,
die vil schœne wìp
dicke ê giengen schouwen
ûf heid und in ouwen,
manic zarter lîp
in liechtem kleide
lôslîch dür daz gras.
ir schœn und der heide
lûchten zemene beide:
waz dâ wunnen was!
Des wart dâ von inne
fröide und wilder sinne
manic junger man,

22. *hil*, verhehle, verberge. 24. *verrer*, weiter, *dan*, hinaus. 26. *tumber*, flectiert = *tump*. 30. *wac*, intr., sich zuwog, zu Theil wurde.

die mit mangem blicke
mochten sehen dicke
frouwen ûf dem plân.
jâ was daz hiure:
des mac nû nicht sîn.
winter bringt sîn stiure:
des sint fröide tiure
uns und vogellîn.
Jâ klag ich noch mêre,
daz mîn frouwe hêre
nie gewac mîn nôt,
und ich doch sô harte
ir genâden warte
biz ûf mînen tôt.
unde næm sî schône
mir noch sende arbeit,
sô wurd mit ir lône
edeles heiles krône
ûf mîn houbt bereit.

39.

Waz meinent nû diu vogellîn,
daz sî sô dicke ûf sechent gegen dem sunnen
und ouch dâ mitte singent hô?
sî fröit der sumerlîche schîn,
daz sich diu welt nû stellet gar ze wunnen:
des sol man mit in wesen frô.
nû stêt mîn herze leider sô,
daz ich enmac.
mîn frouwe diust mîn sumertac:

38, 25. *gewac,* erwog, bedachte.

diu wundet mich
alsô daz ich
vil kûme mac genesen.

Wie sîn wir in sô süezer zît!
diu heide und ouwe sint sô rechte schœne:
daz swendet manges herzen pîn;
wan vogelîn singent wider strît
sô manicvalde süezecliche dœne.
doch muoz echt ich in klage sîn.
mir tuot sô wê diu frouwe mîn:
daz muoz ich doch
bî mangen wunnen klagen noch.
ez ist gewert
sô manic vert,
daz ichz unsanfte trage.

Swie sî mir tuot, doch minne ich sî
mit ganzen triuwen, daz ist gar ein wunder:
ich muoz ir dienen iemer mê.
sî dunket mich doch arges frî,
swie sî mich tuot an allen fröiden under.
mir ist nâch ir senlîche wê:
ich slâfe, ich wache, ich lige, ich stê,
doch ist mîn muot
bî ir, wan sist sô rechte guot.
des wünsche ich mir,
daz ich von ir
noch werde fröiden rîche.

Nû warte ich allez, wanne sî
sich welle neigen gegen mir senden manne.
owê des wær sô verre zît,
wan ich wær ir sô gerne bî.

39, 15. *swenden,* schwinden machen. 22. 23. manchem ist im vergangenen Jahre *(vert)* Gewährung zu Theil geworden.

sî solte mich doch meinen etteswanne:
mîn trôst an ir genâden lît.
ir frömde mir vil leides gît.
ach reiniu frucht,
dür dîn vil wîplîch stênden zucht
erbarme dich
noch über mich:
hilf mir ûz sendem schaden.
Swie verre ich von der schœnen var,
ich habe ein botten, der vert alse drâte:
der vert zuo zir in einer stunt.
den sende ich alle morgen dar
zuo zir, und ouch vil mangen âbent spâte.
der botte ist nicht der hêren kunt,
wan er gêt von mîns herzen grunt:
ez ist mîn sin:
der vert zuo zir, swie verre ich bin.
sî sælic wîp,
ach möcht mîn lip
als ofte zuo zir kêren!

40.

Manc hôher muot der tuot sich aber under:
daz vüegt des winters zît;
wan sîn getwanc tuot kranc von schœne wunder
und ouch der voglîn strît,
diu sô suoz die schœne
lobten mit gedœne.
wer klagte nicht, daz man ensicht noch hœret
daz uns ê machte frô?

41. *etteswanne,* einmal.
40, 3. eine Fülle von Schönheit.

Doch muoz der pîn mir sîn vor allem smerzen,
der mir senlîch tuot wê;
wan sî noch nie verlie mîn klage ze herzen:
waz solte ich klagen mê?
und doch ir mîn triuwe
wâren ie sô niuwe:
dâ von tuot mir sô wê von ir ir frömden:
owê liez sî daz noch!

Diu Minne kan nicht hân die rechten mâze:
daz ist mir leider kunt;
wan sî mich treit in leit die strengen strâze
ûf senelichen grunt.
ein wîp schœne und hêre
liebt sî mir sô sêre
und nicht ir mich: dâ von sî sich mir frömdet.
ach, mich twingt ouch ir lîp!

41.

Nû haben wir gewechselt wol:
wir haben leit gegeben
umb hôhen muot.
uns tet ê winter sorgen vol:
nû mac man frœlîch leben
den sumer guot.
man sicht sô mange schœne:
sô hœret man
der voglîn süeze dœne.
ach, solte ich gân
mit mînem liebe wol getân,
an ein heinliche grüene
vil verre dan!

---

11. *verlie ze herzen,* in ihr Herz ließ.

Sô bræche ich loup, gras, vîol, klê:
ich wolte ein bette machen
von schœner var,
die wanger stolz von gamandrê,
daz culter manger sachen
von bluomen schar.
sô spræche ich 'liep, nû schouwe
daz bette fîn.
vil minnenclîchiu frouwe,
nû ruoche mîn,
daz mir zergê senlicher pîn.'
ich vürchte, daz sî spræche
'des mac nicht sîn.'

Doch wolte ich umbevâhen sî,
wer wolte mich des wenden?
dâ wær nieman.
sô wurde ich lîchte sorgen frî:
sîn möcht mit linden henden
mîn nicht erslân.
wir müesten lichte ringen:
sô solte ich wol
hin an daz bett sî swingen:
sô wurde ez vol
der wunnen, der ich wünschen sol,
wan ich ir stætez frömden
sô kûme dol.

42.

Jâ klag ich die sumerzît:
winter gît
sorgen vil; der wil des nû nicht lân.
er nimt uns sô liechten schîn:

vogellîn
süezer schal übr al des muoz zergân.
ich klage noch mê:
man sach frouwen lôslîch gân
ûf den plân:
des nû nicht geschicht; daz tuot uns wê.

Frouwen wunne liebt sich baz
dann allez daz
ieman sicht: des gicht doch manic man.
ir zartlîch gebâren tuot
mannes muot
fröiden vol, der wol kan wunne entstân.
ez tuot ouch wê
dem, den sende nôt gevât,
wan diu lât
kûm den man: daz kan sî, swiez ergê.

Er mac sich erweren nicht,
der an sicht
ein zart wîp, sîn lip kom danne in nôt.
ob sî schœn ist, wol gestalt,
manicvalt
wirt sîn ger, swenn er sicht ir munt rôt.
ich weiz bî mir:
swa ich mîn frouwen ie gesach,
ich dâcht 'ach,
wan solt ich noch mich kunden zuo dir!'

43.

Swem ze muote
nâch dem guote

42, 30. *kunden,* bekannt, vertraut machen; *zuo dir,* mit dir.

sî der erne lœne,
der bereite sich, dêst zît.
wol ûf knechte
und ouch rechte
stolze dirne schœne:
lœne guot man iu dâ gît.
dar kumt manic schœniu schar.
wol im, wol, swes liep kumt dar,
wan er dicke
minnezicke
mag im dâ erzeigen:
secht daz tuot in sorgen bar.
In der erne
pfligt man gerne
fröide und wilder sinne,
wan dâ huote ist nicht 'ze vil.
dâ wirt kôsen
mit vil lôsen
sprüchen von der minne,
dar zuo manger wunnen spil.
wê, wiest erne recht sô guot,
wan sî wol gesellen tuot
knappen kluoge
wol mit fuoge
zuo dien dirnen schœne:
daz fröit vür des meijen bluot!
Möcht ich kunden
manger stunden
mich zuo mîner frouwen,
daz tæt mir ouch sorgen buoz.
merker hüeten

---

43. 3. der Löhne der Ernte. 12. *minnezic,* Liebesneckerei.

kan sô wüeten,
so ich sî wolte schouwen,
daz ichs dicke mîden muoz,
swie mîn wunne lît an ir,
und ich sî sô kûm verbir.
mîn gelücke
manger stücke
iemer alsô bîtet,
ald sî bringens zemen mir.

44.

Herbest wol ergetzen kan
gesindes man der sumerzît:
swer miete gît, der ist sô wert.
er gît hammen bî der gluot
und . . . . guot und brâten veiz
und würste heiz, swie vil man gert.
des werdent dâ die knappen geil.
einer sprichet 'siud und brât
des herbstes rât, vil lieber wirt,
sît er uns birt sô vollen teil.
Ingwant, bletze, terme und die,
daz uns der hie nicht abe gê!
noch gib uns mê: des ist uns nôt.
sô der haven râtes vol
erwallet wol, sô gib uns her
nâch unser ger recht einlif brôt
dar und begiuz uns diu sô gar.

---

40. harrt noch mancher Dinge, um vollständig zu sein, es sei denn, daß sie sie mir zusammenbringen. Wahrscheinlich aber ist *bringes* zu lesen und *sî* auf die Geliebte zu beziehen.

44, 16. *einlif*, elf.

klobewürste und niuwen wîn
trag ouch har în: der ist sô guot.
der herbest tuot uns sorgen bar.'
Doch was mangem minner baz,
dô sumer was, sît man nû nicht
der wunne sicht, die man sach dô,
dô man sach die bluomen stên
und frouwen gên sô sumerlîch
und minneclîch: sô rechte vrô
gebârten sî und ân getwanc.
hende wîz, ir necke clâr
sach man ouch bar: der liechte schîn
muoz tiure sîn den winter lanc.
Wan ez bergent schœniu wîp
ir zarten lîp: an hiuten lint
der kalte wint tuot dicke wê.
hin geleit sint lîn sô klein,
dâ wîziu bein sô lûchten dür,
ich hânz der vür, wîz als der snê,
und dür klein ermel arme wîz.
uns nement ir winterkleit
die süezekeit. ach sumerzît,
wie wüest nû lît dîn hôher prîs!
Alsô lît mîns herzen grunt,
sît mir wart kunt mîn frouwe guot;
wan sî mich tuot in sorgen slac
und sî mich getrôste nie,
swie wê mir ie nâch ir geschach:
daz ungemach sî nie gewac.
ich möchte wol erbarmen sî:
ich hân sender nôt sô vil,
daz diu mich wil verderben doch,
sin tüeje noch der nôt mich frî.

45.

Diu Minne brichet dicke ir recht, ir güete:
sî lât ir rechten dienestman
und bringet dâ bî mangem hôhgemüete,
der ir doch nicht gedienen kan.
dâ von ist sî sô wunderlîch:
sî hilfet sô gar ungelîch,
sin ruochet war sî kêret sich.
Sî solt dem helfen, der hoflîch kan werben
und frouwen ist mit triuwen holt.
sin solte stolzen man nicht lân verderben:
sô teilte sî hoflîch ir solt.
nû hilft sî mangem, der nicht kan
wan sîn ein ungesalzen man:
des sint ir doch die besten gran.
Wan tuot sî rechte, diu verwâzen Minne,
und tuot ir namen doch gelîch?
ich wæn sî habe niender rechte sinne,
wan sî sô dicke swechet sich;
wan sî sô mangen twinget dar,
dâ man in tuot sô fröiden bar:
in wirde ir helfe ouch nicht gewar.

46.

Ez muoz ein man dik hân sô senden smerzen,
der frouwen gern nimt war.
ir liechter schîn sô fîn gêt im ze herzen
und dür die sêle gar.
ein wîplîch zartez bilde

45, 13. *ungesalzen,* ungeschliffen. 14. *gran = gram.* 15. *wan,* warum nicht. 16. *gelîch,* entsprechend.

gît manne muot und tuot sîn herze wilde:
wîp sint ein lieplîch guot.
Dür schœniu wîp mans lip sol pflegen zühte
und ouch bescheidenheit.
wær tæt des nicht? man sicht sô stolzer früchte
nicht in der welte breit.
wîp sint in mannes ougen
ein süezer schîn. ach mîn, des tulde ich tougen
von süeze strengen pîn!
Nacht unde tac er mac wol frœlich wesen,
der mac bî frouwen sîn.
vor leit er sol vil wol bî in genesen:
sîn zît gêt suoze hin.
sîn ougen sehent dicke
sô lieplîch dar, doch gar heinlîcher blicke:
wîp sint sô zartlîch clâr.

47.

In dem grüenen klê sach ich mîn frouwen gân:
ach waz ich dâ wunnen sach
an ir vil und mê und an dem schœnen plân,
daz ez in mîn herze brach!
bluomen clâr und diu frouwe min
lûchten gegen ein andern, daz diu wunne ûf gie:
ich gesach nie sô liechten schîn.
Ich bin nâch ir sô gar senelich verdâcht:
sin helfe mir, ez ist mîn tôt.
wê, wes wart ich frô, daz ich dar zuo wart brâcht!
dô mir diu Minne dar gebôt,
don wisse echt ich des smerzen niet:

46, 13. *ach mîn,* weh über mich. 21. *zartlîch clâr,* lieblich schön.

in wânde nicht, in vunde schier genâde an ir,
wan minne mir sô suoz dâr riet.
Hilf mir, frouwe guot, dür dîne sælikeit,
daz ich nicht verderbe sô.
sich, dîn frömden tuot mir disiu swæren leit:
owê, mache mich noch frô,
frouwe guot aller dinge gar,
wan daz dû mir stæteclîche bist gehaz:
und lâst dû daz, sô ist ez wâr.

48.

Swer wol kunne
frouwen wunne
manicvalt entstân,
der sol sehen
gern und spehen
an ir lôslîch gân
und nîgen ir zartem gruoze
und nemen war,
daz man schouwen
mag an frouwen
lieplîch wunne gar.
Doch swen minne
bringet inne,
wie sî twingen mac,
dem tuont dicke
süeze blicke
kunt vil senden slac,

47, 13. ich glaubte nicht, daß ich nicht finden würde. 19. in jeder Beziehung. 20. ausgenommen in dem einen, daß. 21. *wâr*, nämlich daß du vollkommen gut bist.

48, 3. *entstân*, verstehen.

swenne er sicht sô schœne vrouwen
sô wîplîch guot:
frouwen bilde
machet wilde
dicke mannes muot.
Swâ mîn ougen
sehent tougen
mîn liep wol getân,
sender smerze
kan mîn herze
danne wol durchgân:
sô siuftet ez ie dar under
und klaget mir
daz diu reine
wigt sô kleine
swie mir ist nâch ir.
Swer sich kunden
manger stunden
mac der frouwen sîn,
in dien dingen
mac gelingen
im wol werden schîn.
swer frömde dâ dan muoz wesen,
dar sîn muot treit,
secht, des werben
muoz verderben
gar in arebeit.
Selken kumber
trage ich tumber
nû vil mange zît:
des mîn muoten
gegen der guoten

35. *manger stunden*, manchmal.

ouch sô wüeste lît.
sô frömdet sich mir diu hêre
noch leider ie:
in mocht klagen
noch gesagen
ir mîn jâmer nie.

49.

Sist sô lieplîch wol gestellet
und ouch sô schœne, dâ bî minnenclîch,
des sî mir sô wol gevellet.
ir zucht ich krœne: sist ouch sinne rich.
ir stêt ir gân, ir grüezen wol:
sist hovelîch und tugende vol.
ir stêt zartlich sô sî lachet:
ir wunne machet daz ich kumber dol.
Owê daz ich hân bevunden
daz sî mir armen nicht ir hulde gan!
sî lât mich senlîchen wunden:
sî möcht erbarmen daz ichz von ir hân
und ich dür triuwe dulde daz.
sô müez mir niemer werden baz,
liez sî mich in jâmer iemer,
in möchte ir niemer werden doch gehaz.
Daz sî sô lieplich gebâret
gein al der welte wan engegen mir,
ich weiz wol, daz sî des vâret.
wes ich engelte, daz ist kunt wol ir.
mich dunket ouch war umb ez sî,
daz ich ir wær sô gerne bî:

49, 11. *wunden,* acc. sing. von *wunt.* 14. *sô,* so wahr, betheuernd. 19. *des vâret,* damit eine böse Absicht verbindet. 20. welche Schuld ich habe.

des lât sî mich âne ir hulde,
und doch der schulde wirde ich niemer frî.
Aldie wîle sî mich mîdet,
sô kan ich niemer werden rechte frô:
des mîn herze jâmer lîdet
vil leider iemer, unz ez stêt alsô.
doch trœstet mich ein lieber wân,
daz ez etswenn möcht anders gân,
daz ich sî noch möchte erbarmen,
daz sî mich armen nicht enwolte lân.
Swaz der man sô gerne hæte,
des wünscht er wunder: alsô wünsche ouch ich.
got lâz al ir êre stæte,
und doch dar under, daz sî trœste mich
ê der tôt mir werd von ir schîn:
sin trœste mich, sô muoz daz sîn.
der beider nem sî daz eine:
sô sol diu reine doch nicht lâzen mîn.

50.

'Der ich leider dise nacht gehüetet hân,
der umbevân ist beider noch sô manicvalt,
wan ir beider wille stellet sich in ein;
ir sorge ist klein: sî sint sô minnen balt.
wan sorgent sî wiez uns ergê?
wirt man sîn gewar, sô komen wir in nôt.
nû welle got daz sî sich scheiden ê.
Ez beginnet gegen dem tage stellen sich:
alsus warn ich sî beidiu, der ich pflac.

32. *armen,* arm sein; doch kann es auch adj. sein; vgl. 10.
50, 3. *stellet sich in ein,* stimmt zusammen. 8. *sich stellen,* sich einrichten, eine Gestalt bekommen.

des gewinnet doch mîn frouwe leides vil:
dâ von sin wil nicht wizzen noch den tac.
mîn herre sehe selb dar zuo.
ez stêt beiden umb ir lîp: ich kum wol hin,
wan ich wil sîn ûz vor dem morgen fruo.'
Er sleich tougen ûz und sanc ein warnen dâ:
dô sprach iesâ diu frouwe minnenclîch
'âne lougen, der wachtær hât uns verlân:
dû solt ûf stân, mîn herre tugende rîch.
ich weiz nû wol daz es ist zît:
des sich unser lieplich triuten scheiden sol.
ez kumt nicht wol, swer doch ze lange lît.'

51.

Sich fröit ûf die edelen nacht
ein geslacht minnære harte,
des sîn frouwe ruochen wil.
sô der tac sin liecht verlât,
secht, sô gât sî an die warte,
als sî hânt geleit ir zil:
sô kumt er gegangen tougenlîche
unde rüert daz tor sô lîse iesâ;
sô sî daz erhœrt, diu minnencliche,
sô spricht sî 'min herre, bist dû dâ?'
er spricht 'edeliu frouwe, jâ!
tuo mir ûf, vil wunnen rîche,
daz ich dich al umbevâ.'
Im wont wilde fröide bî,
swanne sî daz tor entsliuzet,

11. nichts vom Tage wissen. 13. *hin,* von hinnen, ungefährdet.
51, 2. *geslacht,* wohlgeartet, fein. 6. wie sie ihre Verabredung gemacht haben.

und daz hœrt der werde man,
und si engegen im danne ûf tuot:
dast ein guot, des nicht verdriuzet
beider lîp sô lobesan.
sî vüert in mit ir sô wîzen hende
vür ir bette dür der huote bant
alsô stille, daz'z echt nieman wende.
wie schier sî sich danne enkleidet hânt!
sî gênt zemene: liep bewant
wirt dâ wol mit liebem ende;
in wirt beiden minne erkant.
Wer möcht bezzer fröide hân,
des enkan ich nicht volspehen,
als sî hânt die nacht sô gar.
dâ wirt manic umbevanc
lieplîch lanc, dâ mac geschehen
manic kus sô valsches bar.
dâ wirt brust an brust sô wol gedrücket,
daz dâ sorgen mac belîben nicht,
beider lîp ze semene nâch gesmücket:
dâ von dâ daz liebste liep geschicht.
doch hânt sî die zuoversicht,
daz in fröide wirt verzücket,
sô der wachter tages gicht.

52.

Swem sîn muot stêt ûf minne gar,
und der getar dik frouwen guot
den muot getuon wol bî,

22. *wende,* verhindere. 24. *bewenden,* gestalten, anwenden. 28. *volspehen,* vollständig erforschen. 38. *verzücken,* entreißen.

52, 3. *getuon bî,* nähern.

und sî daz wol enpfâhent,
dem nâhent süeziu heil:
des wirt sîn muot sô geil.
Sô wol tuot im, swann er dar kumt,
ob ez in frumt, doch anders nicht
wan gsicht an schœne wîp
(sîn lîp fröit sich ir wunnen),
die kunnen geben heil
und fröiden vollen teil.
Ich wæn daz keiner slachte guot
sô suoze gê dür mannes muot
sô dik sam frouwen klâr.
sô gar süez ist ir schœne:
dâ von ich krœne wol
die frouwen tugende vol.
Ez tuot baz herzen ougen nicht,
swie vil man weltlîch wunnen sicht,
sam frouwen wol getân:
daz kan nieman verkêren,
wan sî hânt êren hort
dür die welt hie und dort.
Ez wart nie süezer angesicht
noch liebers nicht dan schœniu wîp:
mans lîp wirt des gewar,
der gar von herzen achtet
und trachtet volleclich
an wîp sô wunne rîch.
Des tuot ie wunder sorgen buoz
ir zartlîch gruoz doch mangem man,
der kan recht wunne entstân
und gân in dicke undr ougen

---

22. *verkêren,* ins Böse kehren.

und tougen inren sich
ir wunnen minnenclich.
Der slâf nicht mannes herzen kan
benemen frouwen wol getân,
sîn gedanke sîn in bî,
als sî schôn vor im wesen:
daz ûz erlesen guot
dik hœhet mannes muot.
Swel man sicht frouwen minnenclîch,
der mac des wol erkomen sich
in sînes herzen grunt:
der stunt mag er wol sehen,
daz man in jehen sol
gar hôhe lop sô wol.
Diu welt hât nicht daz sì
sô minnenclich
und ouch dâ bî
sô tugende rîch
sam frouwen guot.
Daz dürgât manigem man
daz herze sîn,
der kan entstân
loblîchen schîn,
der sanfte tuot.
Swâ man der welt prîs wil begân,
dâ muoz man schœne frouwen hân:
da enist hof anders nicht.
und sicht man schœne frouwen,
dâ mac man schouwen wol
den hof vil êren vol.

39. ohne daß seine Gedanken bei ihnen sind. 40. *als*, als ob. 61. einen andern Hof gibt es nicht: nur das kann man einen Hof nennen, wo schöne Frauen sind.

23

Ich bin wer, daz manc werder man
sô gern sicht frouwen fröide hân:
des maniger dar dann gât
und hât mit in vil wunnen,
wan frouwen kunnen sô
gar hoflîch wesen frô.
Sô stêt lôs- lich ir gân
und sô zartlîch ir gruoz:
daz tuot dik sendem man
vil der swære buoz,
der des nimt war.
Fröide grôz birt ir zucht:
diu ist sô wîplîch guot.
in gsach nie stolzer frucht,
daz seit mir mîn muot,
noch sô gevar.
Wîp sint der welte ein gastung baz
und ein geværd dann allez daz
got hât der welt verlân.
manc man muoz mir des jehen,
der rechte spehen kan:
wîp sint sô lobesan.
Mich dunkt, swer frouwen gern nimt war,
daz der dest hovelîcher var,
daz er gevalle in wol.
daz sol nicht sîn unvuoge:
jâ suln wir kluoge sîn
dür schœne frouwen fîn.
Swann diu zart- lichen wîp
hânt sô lôslîch ir lîp,
die sô wol sint gestalt
(ach wie manicvalt

---

82. *geværde*, Nachstellung, Gefahr.

sî wunne hânt!),
Wê waz wart schœner ie?
daz wart mir kunt noch nie;
beidiu wengel, ir munt
sint von rœt an gezunt
dür elliu lant.
Uns mac der liechten bluomen schîn
noch süezer sanc der vogellîn
noch sumerlîchiu bluot
sô guot gedunken niemer
(den muot wir iemer hân),
sam frouwen wol getân.
Hin und her nemen wunnen war
und suochen dür diu lant sô gar
nâch der welt wunne hort:
nû dort und hie wir schouwen
an schœnen frouwen doch
die hœchsten wunne noch.
Süezeclîch sint ir wort,
und ir singen dâ bî:
wîp sint wunnen ein hort.
daz er vil sælic sî
swer in lop gît!
Sælden rîch ist ir muot:
sô stênt ir sitte wol.
wip sint lobliche guot:
des man sî loben sol
vürs meien zît.
Ez wirt von nichte mannes muot
sô rechte mînnenclîche guot
sam dür die frouwen clâr;
sô gar vil hânt sî güete.

103. *mac* = *enmac.* 109. *nemen,* mögen wir nehmen.

daz got ir hüete sô,
daz sî dik wesen frô.
Swer wol gwon schœner frouwen sî,
daz er in dik mac wesen bî
mit fuoge, wol im, wol!
der sol frô sin von schulden,
ob er nâch hulden kan
gesîn ir dienestman.

53.

Nieman vol- loben frouwen kan,
wan sî bî tugenden wonent alse schône:
sælden krône sint ir ingesinde.
Wol in, wol iemer, des wünsch ich.
mich sol wol des muot zîhen in gemüete,
dicke ir güete ich sô wol bevinde.
Ein schœnez wip, ein wîplich lîp:
diu süeze güete manc gemüete
sô suoz dürgât, sô
daz er frô muoz sin der wunnen,
die dem liechten sunnen glîchent sich:
wîp sint sô maniger wunnen rich.
Jâ wære ez wol, daz liebes vol
wær sîn gemüete, der ir güete
mit lob dicke tuot
lieplîch guot. jâ wol dien frouwen!
wan mac an in schouwen süezen schîn.
wan mac bî in wol frœlîch sîn.
Sô stênt schôn ir tinne,
ir houbt, keln, nac, ir kinne,
ir brüstel, ir ougen,
des man sol wol dar war gerne nemen.

Der welt krôn sint frouwen;
gar süeze ist ir anschouwen.
ir ist vil sô reine.
manc frouwe guot tuot daz swaz wol mac zemen.
Und wær ez nicht ein zuoversicht
doch sendes smerzen mannes herzen,
swanne er sicht sô gar
wunnevar die schœnen frouwen,
doch gît im daz schouwen hôhen muot,
swie wê doch sendez jâmer tuot.
Sît mannes muot wirt sô gar guot,
swann er mac schouwen schœne frouwen,
sô wurd er êrst frô,
kæme ez sô daz er etslîche
wîplîch wunnen rîche solt umbvân:
sô möchte er êrst recht fröide hân!
Sî hânt lôs gebâren,
die reinen frouwen clâren,
gar lieplîch stêt ir kôsen;
dâ von wol wir ir doch noch mugen uns fröwen von schulden sêre.
Wen verdrôz ie frouwen,
der sî recht kond geschouwen?
der wart nie, sicherlîche,
des dunket mich: ich kan an in wol wizzn sô gar hôch êre.
Wie möchte ein man iemer verlân,
im kæm ze sinne rechtiu minne
bî frouwen sô fîn?

53, 36. *etslîche,* irgend ein. 37. *wîplîch* scheint hier subst. gebraucht zu sein = *wîbes bilde,* Weib. 47. *verlân,* unterlassen. 48. *im kæm* = *im enkæm.*

liechter schîn dürgât sîn ougen
dâ sô lieplîch tougen: sô kumt er
in fröide und doch in sende ger.
Ez ist klein nicht daz guot man sicht
an schœnen wîben. ez kan trîben
leit wol von dem man,
der wol kan entstân ir güete:
sô wirt sîn gemüete fröiden rich.
wîp sint ze rechte minnenclich.
Ir minnclîch lachen wunnesan
kan doch noch mangem wilden muot und sinne,
dâ bî minne sînem herzen bringen,
Ir wîplîch hende zartlîch wîz:
prîs ich gich wîbes bilden. manic gemüete
nâch ir güete muoz von schulden ringen.
Swenn ein schœn wîp ir schœnen lîp
sô schône treit und wol bekleit,
sô kumt sî dann sô gar
lieplîch clâr, sô wol ze prise,
als ûz dem paradîse kom ir lîp.
ach wie sint sô guot schœniu wîp!
Der wîp lœn sint süez unde lint.
swer der bevindet, der erwindet
an ir dienste nicht,
swiem geschicht, er müez dann sterben.
wan mac gerne werben umb diu wîp:
sî hânt sô minnenclîchen lîp.
Ir wîplîch tanzen mannes muot
tuot sô frô, doch gar senelîche, der recht achtet
unde trachtet, wie lôslich siz kunnen.
Minnenclîch stênt ir wîplich kleit.

53. das Gut, das man sieht; *daz* ist einmal als demonstr., einmal als relat. zu nehmen.

breit sol wol man ir wunne machen: mannes ougen
werdent tougen lieplich vol ir wunnen.
Jâ mac der hân sô lieben wân,
der dik mac schouwen schœne frouwen,
wan er wirt dik sô
lieplîch frô, wan frouwen wunne
liuchtet sam der sunne. mannes lîp
fröit nicht sô wol sô schœniu wîp.
Secht doch, swer vil gedenken wil
nâch frouwen bilde, der wirt wilde,
wan er sicht wol noch
wunne doch an schœnen wîben.
daz wirz iemer trîben! frouwen fîn
müezen vor allen wunnen sîn.

54.

Ich klag noch mîn alten smerzen,
der mir hie ze herzen gât,
den mir tuot diu hêre
mêre danne ich müge tragen.
Mîn muot doch sî nicht mac mîden,
swie sî mich nû lîden lât
nâch ir sendez âmer;
jâmer muoz ich von ir klagen.
Wâfen! mîn frouwe ist sô minnenclich
und hovelîch und êren rîch!
dâ von bin ich sô sêre wunt
in mînes senden herzen grunt.
Sî mac sîn wol an allen dingen guot,
arges behuot: ir wunne tuot

54, 7. *âmer,* Jammer.

mich hôchgemuot, swie wê doch mir
sô stætenclîchen ist nâch ir.
Ach lieplîch wîp, zartiu frouwe,
swenne ich schouwe dich, sô wird ich vil wunnen inne.
Minne vât mich danne in sendem stricke:
des ersiufte ich alsô dicke
nâch dir, minnencliche.
Nicht lach mich nâch dir verderben,
wan mîn werben nâch dir ist alles valsches eine.
reine, lach dich noch mîn nôt erbarmen:
trœste mich vil senden armen,
frouwe wunnen rîche.
Swann ich sî sich sô rechte wol getân,
vil lieben wân ich danne hân.
ich sender man, ich wird sô vol
ir wunnen: daz tuot mir sô wol.
Swann ich bî fröiden von gedanken bin
von ir sô fîn, der frouwen mîn,
sô muoz ich sîn doch ouch in nôt:
mich jâmert nâch ir munde rôt.
In kund min herz nie gelêren
kêren sich von ir, swie mir
ir trôst nicht sich endet,
wendet sî des nicht, diu guote.
Doch der pîn mir ist ze swære;
wære sî mir nicht gehaz,
daz wær mîn fröid iemer:
niemer wurd mir wê ze muote.
Swenn ich ir wünsche, kûm ich sî verbir.
doch tuot dan mir sô wol gein ir
diu süeze gir: des wünsche ich sô,

37. *sich endet,* zum Ziele gelangt.

daz ich von ir noch werde frô.
Ach, sol mir ir trôst iemer werden schin?
ach, frouwe fîn, noch ruoche mîn
(in nôt ich bin) und lach mich doch
bevinden dînes trôstes noch.
Des wær doch wol in dem zîte,
sol mir von ir werden baz, daz ez schier geschæhe.
sæhe sî mîn herze, wie daz wuotet
und in sendem jâmer bluotet,
sî möcht daz erbarmen.
Owê noch tuo mir genâde,
zuo dir lach mich tougen gên, stên vür dich, mich klagen,
sagen dir von mînem senden smerzen,
wie dû bist in mînem herzen:
sô hilfst dû mir armen.
Swie sî mir tuot, mîn sin ist ir doch bî,
wan ich weiz sî gar arges frî:
ein meien zwî in blüete clâr,
ez treit nicht gegen ir wunnen dar.
Mir gît ir frömden grôzer sorgen zol
und jâmers dol: daz leit sî wol
vertrîben sol. ich bin ir knecht:
dâ von hât sî dar zuo guot recht.

57. *stên vür dich,* vor dich hintreten. 64. *treit,* beträgt, macht aus.

XXVIII.

Bruoder Eberhart von Sax, ein Bredier.

Künde ich wol mit worten schône
würken ganzes lobes krône
wirdeclîch in süezem dône,
gezieret nâch dem willen mîn
gar nâch êren, als ich meine,
die wold ich der megde reine,
diu ie stuont gelîchen eine,
smiden âne valschen schîn.
nu hât mir den sin bestürzet,
daz ir lop noch stêt gekürzet,
und doch dicke hât gewürzet
in sô künsterîchen sin.
Du bist gar vor allem ruome
kiuscher scham ein blüender bluome:
gip von dîner gnâden tuome
mir dîns lobes anevanc.
sich hât schône underscheiden

---

7. *gelîchen eine,* verlassen von, ohne ihres Gleichen. 9. *bestürzen,* außer Fassung bringen. 11. *würzen,* Wurzel schlagen. 12. wiewohl mancher kunstreiche Meister sie gelobt hat. 15. *tuom,* Macht. 17. *underscheiden,* auseinandersetzen, erklären.

gotes wort, dô ez sich weiden
wolte in dir und von dir kleiden
sich, dar nâch sîn güete ie ranc.
du bist der beslozzen garte,
den got selber im bewarte,
dâ er wont mit süezem zarte:
menschlîch lop ist dir ze kranc.

Du bist der natûre wunder,
himel erd lobt dich bisunder,
von des hœhsten geistes zunder
dîn lîp gar geviuret stât;
wan du genzelich enbrunnen
wære von dem waren sunnen,
der von dir ist ûz gerunnen
und uns alle erliuhtet hât.
dîn vrid ist gar ungemezzen,
got an dir niht hât vergezzen,
dich durfüllet und besezzen
hât sîn hôhe majestât.

Diu kiuschekeit, diu ie bluote
sam hern Aarônes ruote
wunneclich in dînem muote,
hât gezieret dînen kranz;
daz bevant nâch wâren sinnen
Moyses, dô er sach brinnen
einen boschen ûz und innen
âne mâsen unde ganz.
wir mun merken an dem trône,
den der künic Salamône
hât gebûwen alze schône,
daz dîn lop stêt âne schranz.

---

23. *zart,* Lieblichkeit, Lust. 28. *viuren,* anzünden. 44. *mâse,* Makel, Verletzung.

In der hôhsten wîsheit râte
got dich selb nâch wunsche drâte,
als er dîn begeret hâte
zeinem sunderstuole sîn,
der sô hôhe hât gereiget,
daz er sich dar in geneiget
hât, als ez was vor gezeiget
von der grôzen wirde dîn.
wer mac wol dîn lop gesingen,
volleclîch ze liehte bringen?
êst verzigen allen dingen:
sô clâr ist sîn reiner schîn.
Dich bezeichent hât diu gerte
küng Aswêres, die er kêrte
dem, den er sîn hulde lêrte
oder sînen senften muot.
swer hie dîne gnâde vindet,
dem wirt dort got sô gelindet,
daz er in im sâ gesindet
über sîn erweltez guot.
von Jacob ûf gênder sterne,
swer in dînem liehte gerne
gât, der wizze daz er lerne,
wie er gotes willen tuot.
Ezechîel sach ein porte
ie beslozzen zallem orte,
dâ got eine mit sîm worte
tougenlîch kan in gegân
zuo dir gar dur reine schouwe,
die er vant an dir, ô frouwe,

50. *drâte,* drehte: wie ein Drechsler. 59. *verzigen,* entzogen, versagt. 62. *kêrte,* zukehrte. 67. *gesinden,* zu seinem *gesinde* machen. 68. *über,* zu.

aller tugent ein blüende ouwe,
rôsegarte dornes ân,
dâ der bluome wart gezwîget,
der uns alle hât gevrîget,
die mit sünden wân besniget:
sîn kraft ist sô heilsan.
  Des kraft nie wart überwunden,
senfteclîchen wart gebunden
zuo dir an dien selben stunden,
dô du eine dirne dich
büte got, dô er dich süezen
zeiner muoter wolde grüezen,
dâ von wir dir jehen müezen
daz du bist genâdenrîch;
dâ von du dô swanger wære
gotes suns, den du gebære:
disiu fröidebernden mære
machent dich vil minnenclich.
  Du gelîchest wol dem schrîne,
übergüldet nâch dem schîne,
wol gewirket von sethîne,
daz man niht erwerden siht,
der daz himelbrôt beslozzen
hât, daz ie ist umbedrozzen
dem, der sîn iht hât genozzen
oder joch befunden iht.
der vil edel margarîte
bî dir in der gnâden zîte
funden wart, der dich sô vrîte,
daz man dir vil guotes giht.

81. *zwîgen,* pfropfen. 83. *besniget,* beschneit. 90. *zeiner muoter,* als Mutter. 99. *sethîn,* Name eines Baumes; vgl. Exod. 14, 1. 100. *erwerden,* zu Grunde gehen. 102. *umbedrozzen,* nicht zu viel geworden. 105. *margarîte,* Perle.

Dîn lop nieman überstîgen
mac, doch wil ich sîn niht swîgen;
dîner hôhen wirde nîgen
muoz der reinen engel schar.
von dir wart der umbevangen,
des kraft nieman kan erlangen,
den slüz du in dînen angen;
dâ wart er von dir gevar,
dô er in dir menschlîch bilde
einte sîner gotheit wilde:
swen dîns lobes ie bevilde,
der ist rehter sinne bar.

Du hâst elliu wîp geprîset,
swie uns eine habe verwîset,
dô si wider got gespîset
wart nâch ir gelüste kranc;
die hâstu von itewîze
ûz genomen mit tugende vlîze:
swaz dir ieman lobes rîze,
daz ist eines schaten wanc
nâch der wirde dîner êren,
die kein zunge mac gelêren:
in guot ende kanst du kêren
Êven tumben anevanc.

Got in sînes geistes brünste
an dir zeigte sîne künste,
dô er aller sünden tünste
gar von dir geveimet hât.

---

115. *ange,* Schoß. 116. *gevar,* aussehend: er bekam durch dich in deinem Schoße Menschengestalt. 119. *beviln,* zu viel werden, verdrießen. 121. *geprîset,* verherrlicht. 122. *eine,* Eva. 125. *itewîz,* Strafe. 127. *rîzen,* schreiben. 128. *wanc,* Unsicherheit, Unbeständigkeit. 136. *veimen,* abschäumen.

du bist in der minne smitten
sô geziert mit reinen sitten,
daz dîn kûme hât erbitten
diu vil hôhe trinitât.
du bist der gezeichent brunne,
dar în schein diu lebendiu sunne:
gar mit aller tugende wunne
ist geblüemet wol dîn wât.

Du bist gotes paradîse,
dâ gepflanzet wart diu spîse,
diu nâch wunsches rîcher wîse
alle girde füllen mac.
von des süesten geistes touwe
wær du berhaft, reiniu frouwe,
gar ân alles wandels schouwe,
rehter kiusche ein liehter tac.
wê, künd ich dîn lop sô velzen,
daz ez wenken noch gewelzen
möht, mit golde wol dursmelzen,
dar nâch als dîn wirde ie wac!

Du bist aller sælden gimme,
wan diu süeze gotes stimme
dich ûz allen vrouwen imme
zeiner muoter ûz erlas,
den du maget doch gebære,
âne scham und âne swære,
dâ bî alles sêres lære:
sam diu sunne dur daz glas,
ûz und în kan er gegangen
senfteclîchen, âne drangen,

137. *smitte,* Schmiede. 139. *erbiten,* erwarten. 150. *berhaft,* fruchtbar. 153. *velzen,* falzen, zusammenlegen. 154. *gewelzen,* festrollen. 159. *imme = ime,* ihm.

bî dir minneclîch gevangen,
des kraft ungemezzen was.
Frouwe, dîn lop ist ze wilde,
wan an dînem schœnem bilde
gote wunders nie bevilde,
dâ er în dur wunne siht.
du hâst hôhe ûf gedrungen:
swaz dir aller menschen zungen
rîches lobes ie gesungen,
daz ist allez doch ein niht.
swer dîn loblîch wil gedenken,
dem muost du genâde schenken
von dem brunnen unde trenken,
dem man aller wîsheit giht.
Uzer der propheten munde
vil man dînes lobes funde,
der wol dâ gesuochen kunde
unde vollelîchen spehen:
in dem buoche von der minne
dâ bistu geprüevet inne
wol nâch loberîchem sinne,
sam die wîsen müezen jehen.
got in sînem hôhen trône
hât begeret dîner schône,
dâ er wil, ô wîbes crône,
mit gelüste dich an sehen.
Swer nu rechte wil erkunnen,
wer diu ist, diu mit der sunnen
ist bekleit, mit rîchen wunnen,
gecrœnet mit zwelf sternen clâr,
und ir schâmel ist der mâne:
daz ist alles zwîvels âne,

190. *dîner* = *dîn*.

in der wârheit, niht nâch wâne,
diu magt, diu dâ got gebar.
elliu crêâtiure zeiget
dîn lop, und wirt doch erreiget
niht, wan got hât sich geneiget
dîner minne wunnevar.
Der berc, dâ von wart gesnitten
ein stein, niht nâch menschen sitten,
bist du, des wir kûm erbitten
hân, er ist sô tugentsam.
er kan heilen alle wunden:
der mit sünden ist gebunden,
lœset er alsâ ze stunden
und bedecket alle scham.
in dir wuohs der lebende sâme,
der gelobt hern Abrahâme
wart von gote ze sælden krâme,
alse sîner güete zam.
Dînes lobes sich underwinden
ist gespilt nâch site der kinden,
von den varwen sam des blinden
sprechen, die er nie gesach:
als ist ouch in mînem munde,
frowe, dîn lop, swie gerne ich kunde
dich geprîsen wol von grunde;
nu ist mir diu kunst ze swach.
ich wæn, alle engel künden
dîn lop niht ze reht ergründen,
ob sis joch mit vlîze begünden,
wan im endes ie gebrach.

202. *erreigen,* erreichen. 215. *krâm,* Geschenk. 218. *ist gespilt,* heißt spielen. 219. von den Farben sprechen, wie das Sprechen des Blinden ist.

24

Muoter der vil schœnen minne,
in der vinster liuhterinne,
zünde, enbrenne mîne sinne
in der wâren minne gluot,
dâ ich inne werde gereinet
und mit gote gar vereinet;
swaz ich anders habe gemeinet,
daz bedecke, frouwe guot!
frouwe, erbarme zallen stunden,
wan du hâst genâde funden:
gotes zorn hât überwunden
dîn vil tugentrîcher muot.

235. *gemeinet*, im Sinne gehabt.

XXIX.

Jôhans von Ringgenberg.

Ob allen tugenden hôhe treit
vrô Triuwe krône, si ist daz alre beste kleit,
daz man an sich gesnîden kan: si gestet wol vor aller edelen wæte.
swie wol man sich gekleidet hât
mit golt, mit sîden und mit aller rîcher wât,
und wonet dâ niht triuwen bî, sô ist ez doch ze hove ein kranc geræte
gein einem werden biderben man:
ist er joch arn, der triuwe hât in muote,
sô sol er doch mê êren hân
dan der untriuwe rich mit allem guote.
wie zimt der triuwen waltet niht?
der muoz mit laster haben pfliht,
sô êre den getriuwen hât stætlich beslozzen in ir werden huote.

Untriuwe dast ein selich hort,
der stüefen kan roub unde brant und grôziu mort,

12. der muß Gemeinschaft mit der Schande haben.
14. *selich,* solch. 15. *stüefen,* hervorbringen, stiften.

und werden man unwerden mac und frouwen wisen
ûz vrô Sælden huote.
untriuwe ist alre untugende vol:
si kan zer helle man und wip verwîsen wol,
die anders niemer kæmen dar, enhetens niht untriuwe
in ir muote.
got der ist untriuwen gehaz:
er schuof und hiez daz man getriuwe wære.
geloubent mir, swer haltet daz,
der wirt ze jungest aller sorgen lære.
got wil daz triuwe zuo zim var:
sô hœrt untriwe zer helleschar.
swer triuwe hât, den wil got nen zem himelrîche,
da er wirt fröidebære.

Aller wîte ein umbekreiz,
der hœhsten hœhe ein überhœher, der dâ weiz
aller herzen sin und gedanc und ouch geschaffen hât
al crêâtiure:
du bist endlôser tiefe ein stam:
wazzer luft fiur erd du hâst geschaffen sam
an ir nâtûr und alle geschepfd. swaz wesens ist
gehiure ald ungehiure,
daz hâst du, herre, in dîner hant:
swaz wont die hœh, die tiefe, in aller breite,
daz ist dir vil wol erkant.
dîn wîsheit sin in elliu herzen leite.
nie kein dinc sô tougen wart,
daz ez dir wære vor verspart:
in dem kreiz alles umbevangs dir, edeler got, sich
nie kein ding entseite.

16. *unwerden,* unwerth machen.
38. *dir vor verspart,* vor dir verschlossen. 39. *entseite,* entzog.

Des vaters segen, des engels wort,
des heiligen geistes gebender fluz den hôhen hort
dir gap, Marîe, in dînen lîp: den got, der aller dinge ist ein waltære,
der ûz dem himel zuo dir nider
ein got kam unde du in sînem vater wider
santost beide mensche und got, des muoter du in hôher wirde wære,
und den du tougen sunderbar
hæt umbevangen in dir reineclîche.
der alliu ding umbvangen gar
hât, wazzer luft viur erde und himelrîche,
des wære du ein klôse hie:
durch daz alz und swaz dir ie
von im sælden widervuor, sô hilf daz uns niht sîn genâde entwîche!

Waz ist daz den besten rât
gote ze trôst der kristenheit gegeben hât,
dêr uns mit im gehuldet hât und sînen strengen zorn hât hin geleit?
daz ist erbermde, als man giht:
diu wolte gote ûz herzen nie bekomen niht,
ê si im hâte gerâten wol, dêr uns mit tôde lôste, als man uns seit.
wir müesten alle verloren sîn,
wær uns sîn marter niht enkomen ze trôste.
sus hât erbermde geholfen hin
der kristenheit von iemer werendem rôste,
wand si hât gote errâten an

44. *du in*, den du.
55. daß er uns mit sich versöhnt hat. 63. *errâten*, rathen.

daz er ûf die erde kan
und mensche wart dur daz er uns von grimmeclîcher nôt zuo im erlôste.

Wê uns dar umbe daz wir gar
an mangen rehten tugenden sîn alse bar,
und ouch des tievels bœser rât sô dicke gesiget uns krefteclichen an!
daz lâ dir, herre, geklaget sîn
und hilf daz wir uns ziehen in den willen dîn
und wir umb dich erwerben, got, daz uns noch tecke dîner sælden van,
und er uns leite an die stat,
dâ ieclîch mensche erkennet sîne schulde,
alsô daz uns niht spreche mat
der tievel, und wir vinden dîne hulde
dâ du ze jungest rihten wilt,
dar uns allen ist gezilt:
denkent wie jæmerlich er stê zer selben stunt, der gotes zorn getulde.

Die wîsen jehent, und ist ouch wâr,
daz kein unmâze nie gewerte drizec jâr:
dar umb man gerne pflegen sol der rehten mâze, daz ist wîslîche.
swaz menschlich ist, daz weret gern:
swer aber niht wil die unmâze gar verbern,
dem wæne ich daz des tievels rât sêr wone bî und gotes hulde entwîche.
diu mâze êret elliu dinc:

65. *zuo im erlôste,* erlösend zu sich nahm.

71. *van,* Fahne. 74. *mat sprechen,* vom Schachspiel entnommener Ausdruck. 77. wohin wir alle kommen müssen.

sô briwet unmâze manic houbetsünde.
diu mâze ist ganzer tugende ursprinc:
sô kan unmâze brechen glückes günde.
mâze machet gotes gunst:
sô hât unmâze der helle brunst
gemêret. swer niht mâze empfligt, daz ist an êren ein gar bœse urkünde.

Owê dir, wandelbære Welt,
daz wir dir dienen, und sô reht bœs ist dîn gelt,
und dîn valscher arger lôn ze jungest ouch sô bitter ende hât!
dîn gar unstæte süezekeit
schaffet daz wir dir volgen nâch in werendez leit,
dâ man sich gerne hüeten vor solt unde haben guoter liute rât,
wie man dir gesiget an,
sô daz man niht in dînem dienste ersturbe.
gedenkent, frouwen unde man,
wie lîb und sêle dâ sô gar verdurbe,
und gwinnen got ze friunde enzît.
der tôt vor uns verborgen lît:
wan der wære verloren gar, der niht sîn hulde an dirre welt erwurbe.

Owê daz wir ûf irdensch guot
sô sêre stellen beide sin und ouch den muot
und wir ez allez müezen lân gar hinder uns, sô wir von hinnen scheiden!
ez kan uns dort niht gevromen:
wan daz wir dur got geben hân, daz mac wol komen

88. *günde,* Gunst. 91. *urkünde,* Zeichen.

ze trôst der sêle und vristen vor dien iemer wernden grôzen starken leiden.
dâ sulen wir gedenken an
und geben den armen umb die gotes minne,
sît wir anders niht enhân
des guotes, sô wir müezen scheiden hinne,
wan ein swachez lînîn tuoch.
spricht ieman 'ez ist bœse, enruoch!'
si lânt uns gern varn umb daz guot: sus sint geschaffen unser erben sinne.

Got sîner hôhen wirdekeit
hât an diu reinen werden wîp sô vil geleit,
daz ieman kûm volloben kan nâch rehte ir êre und ouch ir wîplich güete.
si hânt der sælden meisten hort
an dirre welt, dar zuo den himel von ime dort:
erfüllet gotes wille wirt von in. erwendet grôzez ungemüete
wirdet vil manigem werden man,
der niht könd vrœlich werden wan von wiben.
swan man si niht wan blicket an,
daz kan ûz herzen herzeleit vertrîben.
swem danne ir güete wonet bî,
der muoz sîn aller sorgen vri.
swer hât ir gunst, der sitzet ûf dem glückes rade: des wünsche ich wol ir lîben.

Wê im swer swechet frouwen namen
mit arger rede dur bœse tât: der mac sich schamen
vor in unz an sin ende wol, daz er unwirdet sô ir wirdekeit
und er si niht geniezen lât

daz si nâch sîner muoter got gebildet hât,
und ouch ir reiner werder name den meisten teil der welte fröiden treit.
er ist hie ein verschamter man
und wirt in enre welte gote unmære,
swer in niht ir lobes gan
und sprichet wol als in gemæze wære:
wand si sint ein gar reinez tach,
daz tecken kan für ungemach
und machen manigen werden man, der trûric ist, daz er wirt fröidebære.

Waz hât der fröiden meisten hort
an dirre welte, dem man billich guotiu wort
sol sprechen, sô man beste kan, ze lobe, ze êren und ze wirdekeite?
daz hât ein minneclîchez wîp,
diu alsô hât behüetet iren reinen lîp,
daz si ir herze und ouch ir sin und ir gemüete ie valscher tât entseite.
die sol man an der welte gar
für alle crêâtiuren hie wol êren,
wand si ist ze der himelschar
erkoren, daz si die sol dort gemêren.
umbe ir reinez stætez leben
wil ir got hie wirde geben,
und dort ir sêle und ouch ir lîb, ir werendez wesen in ganze fröide kêren.

Gelückes rat niht stille stât:
vrô Sælde, diu ez tribet, daz erzeiget hât

137. *verschamt,* schamlos. 138. *ener,* jener. 142. Schutz gegen Ungemach gewähren kann.

an vieren, die dâ wonent bî, daz ez wol umbe loufet zaller stunt.
dem êrsten gât ûf an dem guot,
der ander der hât vollen schrîn und richen muot,
dem dritten swint sîn rîcheit abe, dem vierden ganze aremuot ist kunt.
hie bî ist uns bezeichenlich
der welte manicvaltiu grôz unstæte,
daz einr wirt arn, der ander rich:
sælc wære der daz rat mit heil ûf træte.
vallet aber er andert nider,
er kumet kûm iemer mê hin wider:
dâ hôrt für daz ein man sîn guot mit liute gunst und ouch mit gotes hæte.

Diu milte ist ganzer tugend ein hort:
diu milte hœht hie nider geburt und huldet dort
gein gote man, megde und ouch diu wîp und hilfet maniger sêle ûz grôzen nœten.
diu milte ob andern tugenden swebt
sam der adelar ob allen vogeln lebt:
diu milte nimet hie laster abe, diu milte kan vor gote die sünde tœten.
diu milte wirdet künige leben,
herzogen, grâven, vrîen, dienestherren.
diu milt kan pfaffenfürsten geben
èr unde ouch machen daz in laster verren
muoz. milte ist êren obedach:

---

159. die auf ihm wohnen. 160. *gât ûf,* geht es aufwärts. 163. *bezeichenlich,* bildlich gezeigt. 167. *andert,* auf der andern Seite. 169. dafür, um das abzuwehren, gehörte.

171. *huldet,* macht befreundet. 179. *verren,* fern bleiben.

von milte uns diu genâde beschach,
daz got dur uns leit den tôt und er uns ruochte ûz
wernden nœten kêren.

Diu kerge ist alr untugende stam:
diu kerge schiuchet êre hin und machet zam
laster untriuwe lüge und mein bî mannen wîben
megden und den frouwen.
diu kerge nidert hôhen namen:
diu kerge machet daz sich maniger hie muoz schamen
vor reinen wîben und er mac in himelrîche niemer
got beschouwen.
diu kerge der helle schar dort hât
gemêrt, diu kerge ist ein solich sünde,
diu wîsen kan an bœse tât:
diu kerge lêret vil der bœsen fünde,
dâ mite man mac erzürnen got
und brechen sîn vil hôch gebot.
diu kerge schuof den êrsten mort, der manigen brâht
hât in der helle bünde.

Guot muot vil hôher êren birt:
guot muot kan machen daz ouch manger milte wirt,
des herze in kerge wære verkliben, ob in guot muot
niht wîste sêre dervon.
guot muot kan tiuren edeln man,
guot muot die megde und ouch diu wîp wol wirden kan:
guot muot macht daz man niht verzaget an gote, daz
hân wir dicke wol vernomen.
guot muot macht daz ein man sîn êr
gemêren kan: guot muot ouch trûren swendet.

---

185. *mein,* Falschheit. 195. *bunt,* Fessel. 198. *verklîben,* fest stecken. *dervon,* davon.

guot muot heilt manic grôzez sêr:
guot muot den liuten dicke fröide sendet.
guot muot macht daz man lange lebt,
guot muot ouch dik nâch êren strebt:
guot muot untriuwe und argen sin und valsche ræt von manigem herzen wendet.

Süeze rede ûz valschem muot
manigem manne dicke grôzen schaden tuot,
dâ er sich wol huote vor, swer redete als der sin geschaffen ist.
dar umbe gedenkt ein bœse wiht
'gip süeze rede: sô getriuwet man dir niht
daz du ein valschez herze habest ald bî dir won kein ungetriuwer list:
dâ mite mahtu gerâten wol
dem biderben man vil gar umb al sîn êre.'
der sinne ist nu vil maniger vol:
wê im der sîn gemüete dar an kêre
ûf alsô lasterlîche tât!
sîn kan ouch niemer werden rât,
swer im lât gesigen an alsô untriuwe mit ir valschen lêre.

---

211. *swer*, wenn jemand. 213. *getriuwet*, traut zu.

XXX.

Albreht Marchschal von Raprehtswile.

I.

Aber hüget mir der muot:
zwâr ez meijet meijen bluot;
man siht ûf dem zwîe
bollen, die sich went ûf tuon;
dar în setzet sich dur ruon
nahtegal diu vrîe.
gêret sî diu kalle fin,
diu des zwîes hüete:
iemer müez sî sælic sîn,
diu dâ zuo dien vogellîn
setzet mîn gemüete.
Sî hât engellîchen schîn:
wünschent daz sî werde mîn,
der mir heiles gunne;
sô hab ich ein paradîs
hie ûf erde in maniger wîs.
si ist mîns herzen wunne.
mit vil tiurer varwen zol

1, 1. *hügen,* freudig sein. 2. *meijen,* fröhlich werden. 4. *bolle,* Knospe. 5. *dur ruon,* um zu ruhen. 7. *kalle,* Plaudererin, Sängerin.

ist ir lîp bestrichen,
wîz rôt brûn, gemischelt wol,
ist ir herz gar tugende vol
und diu schand entwichen.
Zweier sternen hât gewalt
diu mich machet junc und alt:
daz sag ich dien liuten.
dar inn kan ich sehen wol
waz her nâch beschehen sol
und ouch schôn betiuten.
kum ich noch in ir geriht,
hœrent frömdiu mære,
diz beschehen daz beschiht,
dâ sô bin ich, anders niht,
ein wîssag gewære.

2.

Uf esten gesten sich niht mê
vogellîn als ê (ouwê!
daz sint leide mære!),
der zungen sungen weidellich.
alsô tæte ouch ich, ob mich
trôst diu sældenbære,
sô daz sî mir bî
tugentlîchen wære:
mîn swære wære gar dâ hin.
rôtez mündelîn, ich bin
dir alsô gevære.

---

28. *betiuten,* erklären. 29. *geriht,* Gerichtsbezirk. 31. wenn sich die günstige Gelegenheit bietet, werde ich sie nicht ungenützt vorübergehen lassen.

2, 4. *weidellich* = *weidenlich,* schmuck, schön. 11. *gevære,* eifrig beflissen, versessen auf dich.

Ir êren mêren kan sî wol;
sî ist tugende vol, ich sol
nâch ir hulden ringen.
ir süeze grüeze mêr dan zwir,
seht, die wurden mir von ir:
wol müez ir gelingen!
valsches ein diu rein
ist ob allen dingen.
ich sîge, ich nîge ir ûf den fuoz:
dur ir werden gruoz ich muoz
tihten unde singen.
Daz mir von dir sô tougenlich
küssen wære ein himelrîch:
liep, nu tuo dîn êre
und twinge, bringe dich dar zuo:
ez ist niht ze vruo, nu tuo
daz mîn leit verkêre.
waz frumt dich, ob ich
sturbe von der sêre?
nu ende, wende disen pîn.
küneginne mîn, lâ sîn!
ich wurd lîht ze hêre.

3.

Wol dir, sumer, dîner schœne,
sît dîn rât der vogele dœne
wecket unde machet fruot.
wer kan dich volloben iemer?

---

24. *wære* muß zweimal genommen werden: daß mir ein Küssen von dir zu Theil würde, wäre ein Himmelreich. 25. *tuo dîn ere,* thu was dir zur Ehre gereicht. 28. *daz,* dasjenige, was. 33. *ze hêre,* zu stolz, zu hochmüthig.

wan dîn kunft erwindet niemer,
sî gît manger hande bluot.
wîz rôt gel blâ brûn ûz esten
dringent wunnecliche als ê:
doch mag ich mich des wol gesten,
daz ich dienen wil der besten,
swie ez mir dar umbe ergê.
Mit ir ist ein lant beschœnet,
diu mîn herze hât bekrœnet
und ouch machet sorgen vri.
sî ist kiusch, noch tugende richer:
in gesach nie minneclîcher
bilde, wizzent, danne sî.
zuo ir kan ich niht gemezzen,
diu mir ie sô nâhe lac:
sî hât mich alsô besezzen,
daz ich ir niht kan vergezzen
beidiu naht und ouch den tac.
Schœner crêâtiure ûf erde
nie betagte: nâch dem werde
muoz ich ringen sunder spot.
daz gebiutet mir diu Minne:
willecliche ûz und inne,
wil ich leisten ir gebot,
daz sî die vil süezen binde,
als sî mich gebunden hât,
alder mich ûz sorgen winde:
ob ich die genâde vinde,
waz dâ kumbers mir zergât!

3, 5. *erwindet,* läßt nach. 9. *gesten,* rühmen. 18. *gemezzen,* messend vergleichen. 24. *betagen,* den Tag sehen, leben.

XXXI.

Her Otte zem Turne II.

1.

Swer ritters orden zieret
und nâch der regel sinnet,
ob dem von herzen smieret
ein rôter munt und in mit triuwen minnet,
daz sol nieman durch haz unbillîch machen:
den werden wol gemuoten
sun reine wîp in spilnder wunne lachen.
Man sol daz wunder hazzen,
swâ minne gît ir stiure
dien ungemuoten lazzen,
die niht durch wirde suochent âventiure.
owê daz iemer wîp ir êre engenzet
dur valscher minne girde
an selke stat, dâ wirde ûz kunter glenzet.
Wertlîcher wîbe triuwe
gît wirdic hôhgemüete;

1, 2. *regel,* Ordensregel: der Ordensregel gemäß denkt. 5. *durch,* aus. 8. *wunder,* ungewöhnliches. 12. *engenzen,* zerstören. 14. *an,* mit *minne* zu verbinden: indem sie ihre Minne richtet auf eine solche Stelle. *kunter,* Ungeheuer.

ouch wirt ir sælde niuwe:
bî werdem man sô wachent wîbes güete.
unwirde selten wirde hât gemêret:
birc, sælic wîp, dîn güete
vor im, der werdekeit den ruggen kêret.

2.

Ach Welt, dîn hœhste wunne
gît doch vil sender nœte.
dîn spiegelliehte sunne
ist wîbes nam: doch tuot ir mundes rœte
gewalt an senden, die diu minne twinget.
ach got, het ich für sterben
mit einem rôtem munde doch gedinget!
Ich fürhte in jâmer sterben
nâch alsô liehtem schîne.
ez möhte ein lant verderben,
und tæte ir ungenâde an im diu fîne
als sî an mir begât: des lîde ich kumber.
ouwê daz sich diu reine
verschult an mir, des fürhte sêr ich tumber.
Nein, reine fruht, dîn schœne
sol niht alsô gedîhen.
dîn wîbes zuht niht hœne
an mir: wes wil dîn güete mich nu zîhen,
sît mich in banden hât dîn wîplîch bilde?
ouch ist mîn dienstlîch triuwe
durch dich allein nu allen vrouwen wilde.
Owê waz rede ich tumber?
mîn dienest hât niht krefte:
als ein durchslagen sumber

2, 6. *für*, um abzuwehren. 7. *gedinget*, einen Vertrag geschlossen. 16. *alsô gedîhen*, zu solchem Ziele kommen. 24. *sumber*, Pauke.

hal er noch ie dâ her bî ritterschefte.
tuot sî mir niht genâden mit ir hulden,
sô ist mîn reht gar kleine,
ez læge danne an mîner triuwe schulden.
Sol ich der niht geniezen,
sô mag ich wol verderben:
doch wil mich niht verdriezen,
sol ich dur sí in sender nœte sterben.
âne bîht wil ich niht hinnen scheiden.
sî ist mir für mîn sêle:
die rede bîhte ich wol mit tûsent eiden.
Hab ich der rede sünde,
des ruoche got vergezzen:
wand er gap mir ze künde
die zarten, diu mich senden hât besezzen.
sust hât er schulde ein teil an mînem muote:
wand er geschuof die klâren
sô wandels frî, daz sî nie meil beruote.
Ach got, wie hât dîn güete
geleit sô hôhe stiure
an sî und ir gemüete!
ward ie ûf erde ein bilde sô gehiure?
des wæn ich niht: sî treit in engels wise
gebærde lîp muot sinne:
die klâren ich für alle frouwen prise.
Wol mich der wol getânen!
swie daz ich lîde kumber,
durch sî wil ich mich ânen
vil missetât, diu mir doch wurde krumber
nâch tôde dan daz ich die lieben meine.

38. *gap ze künde,* ließ kennen lernen. 42. *berüejen,* beschiffen. 52. *ânen,* losmachen. 53. *krumber,* verderblicher, schädlicher.

für al der welte wunne
ist mir diu zarte in herzen alters eine.
Ich tar niht wol gedenken,
waz liebes ich gewunne,
wölt sî mîn trûren krenken:
ich vörhte, mir der sinne gar zerrunne.
man seit, daz man von leide niht verderbe:
gît mir diu liebe ir hulde,
ich fürht daz ich von rehten vröiden sterbe.
Iedoch wölt ich ez wâgen:
mir tuot sô wê ir strenge,
daz mich ir muoz betrâgen.
ê daz ichz wölte lîden doch die lenge,
ich wolt ê daz sî mich umbevienge
und âne ir güete schulde
ein tôt an liebes arme an mir ergienge.
Daz müeste sî beweinen
doch von ir wîbes güete
und senften muot erscheinen
nâch tôde an mir: sust kenne ich ir gemüete,
daz si ze stunt ir strenge lieze erwinden.
sust trage ich hôhgedinge:
mîn tôter lîp mac noch genâde vinden.

3.

Mîn muot dien valken tuot gelîch,
die durch ir adellichen art
sich geilent mit der sunne:
sô hôher flüge ist er nu rîch.
nie schœner bilde ûf erde wart

66. *betrâgen*, verdrießen, zu viel werden. 73. *erscheinen*, zeigen.
76. *hôhgedinge*, freudiges Hoffen.

3, 3. *geilen*, refl., sich freuen.

dan mîner ougen wunne:
die mag ich schouwen und an sehen;
und wölte des der keiser gern,
im möhte ein schade von ir geschehen.

Wol mich daz sich diu ougen mîn
sô glanzer varwe hânt gewent;
des vröit sich mîn gemüete.
ich sach ir minnenclîchen schîn,
nâch der sich ie mîn herze sent
in bernder wîbes güete,
daz ich bî allen mînen tagen
sô wandels vrî nie lîp gesach:
daz muoz ich bî dem eide sagen.

Vind ich genâden rîchen muot,
sô mag ich danne sprechen wol,
sî trage des Wunsches bilde.
mîn herze brinnet als ein gluot:
swann ich genâde suochen sol,
sô wirt mir sprechen wilde.
iedoch hât sî ein teil vernomen
daz sî mir ist für elliu wîp
in ougen und in herzen komen.

4.

Fröit iuch der vil lieben zît,
werden wol gemuoten jungen,
durch des liehten meien schîn.
schouwent wie diu heide lît:
liehte bluomen sint entsprungen;
man hœrt kleiniu vogellîn
in dien ouwen über al:

---

11. *gewenen,* mit gen., gewöhnen an. 15. *bernde,* fruchtbringend. 24. dann kann ich nicht sprechen. *wilde,* fremd.

tröschel lerhe und diu zise
dœnent hügelicher wise
mit der frîen nahtegal.
Diu vröit sich des meien bluot
und der süezen sumerwunne,
diu sô hôhe vröide gît.
sô vröit sich mîn sender muot
daz mîns herzen spilndiu sunne,
an der al mîn vröide lît,
sich für alle vrouwen gar
sunder wanc, in hôhgemüete,
und mit reiner wîbes güete
hœhet als der adelar;
Den sîn adel und sîn art
in des luftes wilde twinget,
dar kein vogel nie geflouc:
zuo dem die vil reine schart
ir muot, der nâch êren swinget.
ir gebâren mich niht trouc.
dô ich sî von êrst an sach,
dô kôs ich des Wunsches wunne
mê dann ich besinnen kunne
an ir: si ist der sælden tach.

5.

Owê mîns herzen wunden enbunden sich hânt,
die mir wân verheilet: sust veilet mîn lîp in ir bant
dem tôde in jâmers riuwe. mîn triuwe vergiht

4, 9. *hügelîch,* fröhlich. 22. *wilde,* Wildniß, unzugängliche Gegend. 24. *scharn,* scharen, zur Seite stellen. 25. *swingen,* sich aufschwingen. 29. *besinnen,* ausdenken. 30. *tach,* Dach.

5, 1. *enbinden,* aufbinden, öffnen. 2. *veilen,* feil stehen, preisgegeben sein.

der vil sældenbæren bewæren, daz mir wê geschiht.
von senelîchen sorgen kein borgen ich hân.
mîn trûren ist gemant: sust gepfant ist mîn wân,
den ich hete ze vröuden; mîn göuden ist gar hin getân.

Ach wie sol mir gelingen? ir twingen mich tuot
in senden sorgen alten: verhalten hât sî mir hôhen muot.
ich lebe in jâmers quâle ze mâle nâch ir,
diu mîn niht gedenket: daz krenket herz und sinne mir.
ir zarten ougen blicke vil dicke mich hânt
an senelîchez sorgen verborgen gemant:
sust hât diu vil guote an muote mich senden gepfant.

Ich was in liebem wâne, des âne mich hât
getân diu sældenbære: diu swære mir niemer zergât.
ich wânde, ich solte neigen für eigen mich ir:
dar umbe ich sender warp, daz verdarp sunder wân mir wol zwir.
dâ von mîn vröude sinket und hinket mîn muot,
sît si mir vröiden stiure sô tiure nu tuot,
swie ich in jâmer brinne und enzinne nâch ir als ein gluot.

---

4. *bewæren*, Versichern, Versicherung. 5. *borgen*, Nachsicht. 6. *gemant*, gemahnt: wie ein Gläubiger. 7. *göuden*, Prahlen, lautes Frohsein. 9. *verhalten*, vorenthalten. 18. *dar umbe*, dasjenige, worum. 21. *enzinnen* = *enzinden*, entbrennen.

XXXII.

Rôst kilchherre ze Sarne.

I.

Valwet nu heide,
stênt ouwen bluomen blôz,
rêret loup der walt
und swîgent vogellîn,
daz briuwent beide
wint unde rîfen grôz:
trûren manicvalt
mir wahsent ist mit in.
tuot in winterzît gewalt,
sô tuot mir leide
der mich noch nie verdrôz,
ein wîp wol gestalt.
nu wol, der pîn sol sîn!
Ich wil ir singen,
wær mîner klage zwir
noch von ir sô vil.
ir bilde ist alsô fîn,

I, 11. *der,* diejenige, deren. 13. *sol,* es ist vom Schicksal bestimmt.

daz solde ringen
ein keiser wol mit gir
nâch ir âne zil
und durch si lîden pîn.
frouwe, mîner fröiden spil,
ruoche verdringen
mîn sende quâle mir,
sîd ich muoz und wil
genâden biten dîn.

Nieman den kumber
zer welt mir wenden kan
wan dîn trûter lîp,
mîns herzen trœsterin.
des flêh ich tumber
dich, vrouwe wol getân,
mir die nôt vertrîp:
ze lange in leide ich bin.
ez stêt wol dir, sælic wîp,
sît krumb und krumber
belange ich nâch dir hân,
daz dîn zarter lîp
zerflieze, sælde mîn.

2.

Hey, rœselehter munt,
wanne wilt erfrischen mich?
mirst elliu fröide unkunt,
sol ich langer mîden dich.
bezzer wære mir ein sterben
danne lebende verderben.

37. *belange*, Sehnsucht, Verlangen. 39. *zerflieze*, schmelze, aufhöre hart zu sein.

ich trage in aller stunt
leit nâch dir verborgenlich.
Ich bin noch unverzagt
an dem muot, mîn rouberîn.
niemer tac mich betagt,
in gedenk ze guote dîn.
in weiz wanne dîniu güete
mir mîn breitez ungemüete
welle machen verjagt
und verkêren sorgen pîn.
Mir wær noch helfe guot,
der tuon wolde helfe mir.
dêst wâr, ein sælic guot,
verdirb ich, daz kumt von dir.
von der nôt ein güetlich lachen
mac mich lœsen: selker sachen
wer mich, sô ist behuot
wol mîn ungesunde gir.

3.

Winter, dir sî widerseit,
wan ich wil belîben
frœlîch an dem muote.
weidenlîch ûf mînen eit
wil ich gar vertrîben
dîner strenge ruote:
wan ich hân sô vrô gedingen,
daz dîn griuse wunderbreit
in mîns herzen huote
niender mac gedringen.

2, 18. *der,* wenn jemand.
3, 8. *griuse,* Grausen.

Ich wil in dem sûse varn
(wer wil mich des wenden?)
durch die lieben reinen.
wie möht ich nu wesen arn,
sit ein tac mir enden
mê sol, des ich meine,
danne ein jâr? des wil ich singen.
ûf den tac mir ist sô warn:
wil ieman verpfenden
mir nâhe gelingen?
Endelîch daz herze mîn
wepfet in dem lîbe,
sam ez habe vunden
ein nest vollez vögellîn:
ûf gelückes schîbe
stên ich nu ze stunden.
mîner sælden meiewunne,
tuo genâde an mir nu schîn,
sô daz mir belîbe
stæt der fröiden brunne.

4.

Wan hœrt aber klingen
durch den walt
süezez vogelsingen
(wol im, der nu lebt!)
und dâ bî verdringen
manicvalt
sorge mac des ringen.
gar in sælden swebt

11. *sûs,* Saus und Braus, Fröhlichkeit. 18. *ûf,* im Hinblick auf. 19. *verpfenden,* durch Pfand sichern. 22. *wepfen,* hüpfen.

liehte sumerwunne, diu nu winters wêwen
mit ir grüenen klêwen
frîlîch widerstrebt.
Minne, trœsterinne,
sinne, wie ich sender brinne
von der dirne dîn
sunder schulde mîn!
Minne, bring ir jugende
selken rât,
daz si noch tuo hugende
mîn gemüete kranc.
ez zimt niht ir tugende
daz si hât
mich getân unmugende,
der lop ich ie sanc,
sît ich êrst gesach ir mundes rœte glesten
sam die bluot ûz esten,
gar ân allen wanc.
Minne, trœsterinne,
sinne, wie ich sender brinne
von der dirne dîn
sunder schulde mîn!
Ich wânt sîn gescheiden
dô ze stunt
von dien arebeiden,
die mîn herze truoc.
dô viel ich ze leiden
ungesunt:
von der ougen weiden
wart ich ungefuoc,
daz ich sunder allen zwîvel muoz verderben,

4, 9. *wêwen,* dat. plur. von *wê.* 22. *getân unmugende,* der Kraft beraubt.

ob ich niht erwerben
mag ir hulde kluoc.
Minne, trœsterinne,
sinne, wie ich sender brinne
von der dirne dîn
sunder schulde min!

5.

Minne, waz hab ich getân der süezen,
daz si mich niht in ir hulde wizzen wil,
sô daz si mir werfen welle ein grüezen
tougen mit ir ougen in mîns herzen zil?
Minne, des bewîse mich.
habe ich missetân, daz wil ich büezen
ûf genâde und widerdienen stæteclich.
Klage ich ir, die ich in herzen meine,
kumber, den ich dol, si spricht 'herr, waz hœr ich?
daz ir meinent in liebe mich eine,
daz geloube ich niemer.' alsust tœret mich
si vil sældenrîche guot,
daz si mir gelouben wil sô kleine
und doch fröiden mich berouben, swie man tuot.
Süeze Minne, wanne wilt du kêren
von mir leit, daz ich in mînem herzen hân?
jâ wær es zît, daz du soldest lêren
liebez liep, daz si mich lieze vrô bestân.
wan sol ich iht vrô gesîn,
zwâr daz muoz mir komen von der hêren,
der du gæb für eigen gar daz leben mîn.

5, 5. *bewîsen,* belehren. 7. *widerdienen,* durch Dienst gut machen.

6.

Got weiz wol daz ich stæte triuwe
der herzelieben vrouwen mîn
trage, der mîn herze gert.
von ir der kumber mîn ist niuwe:
doch dunket mich, der selbe pîn
habe wol tûsent jâr gewert
an mir senden siechen armen.
wil sich diu liebe niht erbarmen,
mirst aller guoter fröiden schîn
frömder hiure danne vert.
Sol ich engelden mîner stæte,
der ich mit zühten zaller zît
tougenlîchen hân gehuot?
wê, wes gedenke ich! valsche ræte
der argen melder und ir nît
mêre mir den schaden tuot.
doch gedinge ich daz mîn swære
gesenfte noch diu sældenbære,
an der alein mîn helfe lît,
swanne sis gewinnet muot.
Nieman mir kan daz gar verbieten,
in sî der lieben minneclîch
in dem muot swie holt ich wil.
des kumbers wil ich mich genieten,
swar ich var, iemer sicherlîch,
wan ich weiz ir zuht sô vil,
der geslahten, wandelvrîjen,
daz ich ir lop muoz stæte schrîjen:
sist rein, sist guot, sist sælden rîch,
sist diu liebe ân endes zil.

6, 22. *in* = *ich en.* 24. *genieten,* befleißigen.

7.

Fröit iuch, jung und alt:
wan siht aber manicvalt
liehte bluot entspringen.
seht, der mære guot
hœrt man stæte wol gemuot
kleiniu vogellîn singen.
mit dien wil ich fröuwen mich
der gemeiten zît
und der lieben, diu mir git
muot und sinne frœlich.
Guot gedinge ich hân,
daz diu werdiu wol getân
mich ergetze sorgen.
sô durliuhtic glanz
ist ir bilde an tugenden ganz
âbent unde morgen,
daz si niemer langer lât
mich belîben sô.
mînes dienstes wirde ich vrô:
Minne, füege den rât!
Friuntlich umbevanc
wære mir ein engelsanc
für mîn sende swære.
möht der werden mir
tougen nâch mîns herzen gir,
trûren mich verbære.
wunschlich fröide gebende fruht,
vrîlich tuo mir schîn

7, 5. *stæte,* beständig, immer. 27. *wunschlich,* dem höchsten Wunsch entsprechend. 28. *vrîlich,* offen.

alsust trôst: sô muoz ich sîn
rîch an fröiden genuht.

8.

Mir ist ein grüezen worden von der süezen,
und ist doch mîn nôt noch unverslizzen:
wan mîniu pfender ich tumber ellender
an gesuoche noch muoz lenger wizzen,
daz ich einez niht dar abe erlœsen mac.
sæh ab ich die stunde, daz mir von ir munde
würde ein küssen, wol wær ich enbizzen.
Minne, Minne, hilf mir werben umbe tac!
al mîn nôt mir herter nie gelac.
Ich hân versetzet, daz mich fröiden letzet,
sinne herze und dâ bî muot ze pfande.
daz hât diu guote sô frîlîch in huote,
daz ich einez nie von ir gewande.
het ich alles guotes einen maltersac,
sô vil ist des schaden ûf diu pfant geladen,
daz ich kurze frist dâ mit benande.
Minne, Minne, hilf mir werben umbe tac!
al mîn nôt mir herter nie gelac.
Wil ich verdieben mîn herze ab der lieben,
dar zuo mich dekeine fuoge nützet:
sô gar in stricke hânt ir ougen blicke
sinne herze und dâ bî muot beslützet.
seht, alsust al durch daz jâr stêt mîn bejac:

---

30. *genuht*, Fülle.

8, 2. *unverslizzen*, nicht aufgebraucht. 4. *gesuoch*, Zins. 7. *enbîzen*, speisen. 8. *tac*, Aufschub. 10. *daz*, ein Umstand, der. *letzen*, berauben. 16. *benennen*, bestimmen, anberaumen. 19. *verdieben*, heimlich entziehen. 22. *beslützen*, einschließen. 23. *bejac*, Erwerb.

wil ir mundes rœte mir helfen ûz nœte,
sô bin ich mit fröiden understützet.
Minne, Minne, hilf mir werben umbe tac!
al mîn nôt mir herter nie gelac.

9.

Wol der sumerlîchen zît,
diu sô mangem herzen fröide git,
daz den winter was unvrô.
heide in wunneclîcher wât
lit bekleidet, des nu feste hât
frijiu lerke in lüften hô.
wan siht allenthalben wunne vil:
doch, swie vil sî fröide spil,
ob diu liebe mich niht trœsten wil,
sô lig ich in sorgen lô.
Senden pîn ich stæte hân
nâch der minneclichen wol getân:
des enwirt mir niemer buoz.
vogelsanc noch bluomenschîn
mag erleschen mir den kumber mîn.
doch mir tæte ein lieplich gruoz
baz dann in dien ouwen touwic fluz.
würde mir dâ bî ein kus,
herzeclîchez sorgen ich verlus
von dem houpt unz ûf den fuoz.
Neinâ rœselehter munt,
niht verzage an mir, tuo mich gesunt:
sô wird ich an fröiden rich.

9, 5. *feste,* Sicherheit, Schutz. 10. *lô,* Wald. 19. *verlus,* verlöre. 21. *neinâ,* nein doch.

minen stæten smerzen grôz,
des mîn herze lîdet mangen stôz
in dem lîbe tougenlich,
nieman kan geheilen iemer mir
wan dîn grüezen. des enbir
lenger niht: sô siht man vrô mîn gir
nâch der zîte heilen sich.

LESARTEN.

I. Grâve Ruodolf von Fenis.

Grave R. von Fenis *B*, Grave Růdolf von Núwenburg *C*.

1.

B 1—3, *C* 1—3. 1. mêr *fehlt BC*. 2. weder] werden *C*. 5. als *C*. 7. mit nihte widerkomen kan *BC*, widerkomen mit nihte kan *MFr*. 8. die zît mit sorgen *BC*. trîbet *MFr*.] vertribet *BC*. *Die Strophe ist in den Gedanken nachgebildet einer Strophe von Folquet de Marseille (m. Grundriß 155, 18):*

E s'eu anc jorn fui gais ni amoros,
ar non ai joi d'amor ni l'en esper,
ni autres bes nom pot al cor plazer,
ans mi semblon tuit autre joi esmai.
pero d'amor, quel ver vos en dirai.
nom lais del tot ni no m'en posc mover;
enans no vau ni no posc remaner,
aissi cum cel qu'en mei del albr' estai.
qu'es tan pojatz que no pot tornar jos
ni sus no vai, tan li par temeros.

In der Form dagegen ahmt Rudolf hier ein anderes Lied Folquets (Grundriß 155, 21; Chrest. prov.⁴ 123) nach, dessen Inhalt er in der zweiten Strophe und im dritten Liede benutzt hat.

9. als dem *C*. 10. sinen *BC*. da mitte verlúset *BC*, *gebessert MFr*. 11. spate *BC*. verlúset *B*. 12. mich *fehlt C*. 13. der grossen liste *BC*. die dú *B*. hat *BC*. wider mich *mit MFr. zu streichen geht nicht an, da im provenzalischen Original auch* vas mi *steht*. 14. zuo ir *C*. 15. alse der bœse *B*. geltere tůt (:) *BC*. als bœse geltære ie hânt

MFr., und im folgenden der Plural; aber auch Folquet hat den Singular. 16. gedahte *BC, gebessert MFr. Die Strophe Folquets (Chrest. prov. 123, 9) lautet:*

Si tot me sui a tart aperceubutz,
aissi com cel qu'a tot perdut e jura
que mais no joc, a gran bon'aventura
m'o dei tener, car me sui conogutz
del grant engan qu'Amors vas mi fazia;
qu'ab bel semblan m'a tengut en fadia
mais de detz ans a lei de mal deutor
qu'ades promet, mas re non pagaria.

17. lâzen] lan *B.* ḫ'an *C.* nu *fehlt B.* 18. wan *fehlt B.* 19. e doch *C.* bitte *BC.* siz *fehlt B.* gerûche liden *BC.* 20. so wirret mir niht dú not *BC.* 21. hin *fehlt BC.* 22. swacher *Haupt*] schœner *BC.* 23. 24. noh dannoch fürhte ich mere. das si mich von a. m. fr. v. *C*, noch dannoch fúrhte ich das si mich vertribe *B.*

2.

B 4—7, *C* 4—7. 1. *ein* daz *fehlt BC.* 2. vñ *BC.* 3. weder] werden *C.* 4. iht *nach* sanges *BC; gebessert MFr. Vgl. bei Folquet (Zeitschrift 11, 152)* pero be sai mos lauzars pro nom te. 5. diene *BC.* uf einen tag *C.* 6. dienst *B*, dien[st] *C, am Schluß der Zeile.* 7. niht gehelfen *BC, gebessert MFr.* 8. ichs *C. Vgl. bei Folquet (Zeitschrift 11, 152)* ben feira sen si de leis me lonhes. *Die Strophenform dieses Liedes ist eine im Provenzalischen häufig vorkommende: vgl. meine Nachweise in Haupts Zeitschrift 11, 157, wo auch das Vorkommen im Altfranzösischen belegt ist.*

9. ich enmag *B.* 10. niemer *C.* bekere *BC.* 12. ine *C*, ich *B.* 13. dar umbe *BC.* 14. vil *fehlt BC, in B beim Umwenden des Blattes.* 16. diene *BC.* ie] iemer *BC. Mit dieser Strophe ist inhaltlich zu vergleichen die nachstehende Folquets (Grundriß 155, 17):*

E si tot m'es de semblant orgolhos,
non ai poder que vas autra m'atenda,
quel cors el oill me mostron queil mi renda:
tan m'agradi de sas belas faissos.
e quant eu m'en cug partir no m'es pros,
quel seus amors m'es denan qui m'atenh,
quem fai tornar vas leis, tan mi destrenh.

17. Iemer mere *BC.* 18. ichs] ich sin *BC.* 19. węre *B.* 21. doch *fehlt BC.* 22. claine kan *BC, gebessert MFr.*

25. Mine *C*, Dine *B*, *aber* M *vorgeschrieben*. wellent *BC*. 27. sine enkan *C*, si enkan *B*. 28. ich *B*, ich en *C*. ir gerne *BC*. 29. lide ich dar under not das ist *BC*. 30. disiu] dú *BC*. meiste *BC*. 31. zorne *B*, zorn *C*. lassen *BC*.

3.

B 8—12, *C* 8—12. 2. das ich *BC*. 3. mere *BC*, *gebessert MFr*. gedenkē *C*. 4. mugent si *BC*, *gebessert MFr*. 5. solhen *C*. 6. niht mag *BC*, *gebessert MFr*. 7. won *B*. ime lange har *C*. *Die Strophenform des Liedes ist dieselbe wie die des fünften Liedes und kommt mehrfach bei den Troubadours vor: s. meine Nachweise bei Haupt, Zeitschrift 11, 159. In den Gedanken ist zu vergleichen Folquet von Marseille (Grundriß 155, 8):*

En chantan m'aven a membrar
so qu'eu cug chantan oblidar.
mas per so chan qu'oblides la dolor
el mal d'amor;
et on plus chan, plus m'en sove,
qu'en la boca nulla res nom ave
mas sol merce.
per qu'es vertatz e sembla be
qu'ins el cor port, domna, vostra faisso
quem chastia qu'eu no vir ma razo.

8. wolte *BC*. alsust *C*. 9. dem *BC*, *gebessert MFr*. 12. minen kumber ouch minnē (minne *C*) *BC*, *gebessert MFr*. 13. kunde das *BC*. 14. mir wol *C*. huse geschragen *C*. *Vgl. Folquet:*

E pos Amors me vol honrar
tan qu'el cor vos me fai portar,
per merceus prec quem gardetz de l'ardor;
qu'eu ai paor
de vos mout major que de me.
e pos mos cors, domna, vos a en se,
si mals l'en ve,
pos dins etz, sofrir lol cove.
e per so faitz del cors so queus er bo,
el cor gardatz si cum vostra maizo.

15. des *fehlt C*. *Vgl. bei Folquet (Zeitschrift 11, 152):* lonh m'es dels olhs, mas del cor m'es tan pres. 17. al *fehlt BC*. 18. wȩre *B*. 19. trœst *C*. mich *B*. 20. unde *B*. wenne *C*. vil *MFr*.] *fehlt BC*. 21. alrêrste *MFr*.] alrerst *C*, alrest *B*.

22. dest *C.* 23. alse *B.* 24. grôsse gûti *B.* 26. so *MFr.*] swenne *BC.* tœdet *C.* 27. aber *BC, gebessert MFr.* 28. sehin *B. Zum Gedanken vgl. Folquet (Zeitschrift 11, 152 f.):*

apres ai a morir
de guiza quem sap sobrebo;
qu'en pensan remir sa faisso
et en remiran eu languis...
et aissi mor mescladamens.

29. vûr *MFr.*] vor *BC.* 30. fúrstelin *B,* vledramus *C.* daz liet *C.* fiurstelîn *schlug Pfeiffer vor; vgl. Megenberg 299, 17:* fewersteln. 31. daran *BC.* unze *B,* untz *C.* 32. grœssú *C.* gûti *B.* verierret *B.* 33. enlie *MFr.*] das enlie *BC.* niht *B.* 34. ich *B,* ich en *C.* so verre, *nicht* so sere, *hat auch C.* verdennet *C.* 35. reht alsam *C.* geschiht *B. Die Strophe ist Folquet nachgebildet (Chrest. prov. 123, 17):*

Ab bel semblan que fals'amors adutz
s'atrai vas leis fols amans e s'atura,
col parpaillos qu'a tan fola natura
ques met el foc per la clartat quei lutz:
mas eu m'en part e segrai autra via
sos mal pagatz, qu'estiers no m'en partria,
e segrai l'aip de tot bon sofridor,
cum plus s'irais e plus fort s'umilia.

4.

B 13—15, *C* 13—15; *die erste Strophe auch in A unter* Nivne 37. 1. deme *A.* lobe *B.* 2. der stůnt noch hûre vil vrœlichen ê *A.* frôliche *B.* 3. er *A.* geswigen *B.* 4. gesanges *A.* 5. der] dc *A.* beiden *A,* beide *BC.* vñ *ABC.* 7. besehi obe der *A.* 8. haidú *B.* betwngene *C,* betwungen nu *A. Die Strophenform dieses Liedes kommt auch im Provenzalischen vor; vgl. Zeitschrift 11, 159.*

9. vñ *BC.* ich ir fúr eigen *C.* 10. ir *fehlt C.* gnade *B.* der si hat *C.* 11. ir gûte wil an mir *BC.* 13. alsus wirde *B,* sus wird *C.* 14. won *B.* mir *nach* das *BC.*

19. enwære *MFr.*] wære *BC.* 20. riche *BC.* 21. gnade *B. Vgl. bei Folquet (Zeitschrift 11, 153):*

sim volgues far tan de socors
quem deignes retener ab se,
gardatz s'eu fora dels aussors!

23. ist] was *B.* danne *C,* denne *B. Folquet nennt seine Dame* Mielhs de Be *(Pfaff in der Zeitschrift f. d. Alt. 18, 47).* 24. sol *B.*

5.

B 16—17, *C* 16—17. 1. selber *C*. 4. flühe *BC*. 5. mir es *B*. 6. *fehlt B*. 7. beide *C*. *In den Gedanken Wiedergabe einer Strophe Folquets (Grundriß 155, 5):*

Aissi conosc d'amor
que mos dans l'a sabor,
que so·don ai largor
mi fai prezar petit
e poignar ad estrit
en tal que sim defen.
so que m'encaussa vau fugen
e so quem fug eu vau seguen:
aissi no sai cossim posca garir,
qu'ensems m'aven encaussar e fugir.

Wegen der Strophenform vgl. die Bemerkung zu 2. 9. e ich mich hette (hete *C*) an si verlan *BC*. 10. hete *C*. 12. strebe *C*, stirbe *B*. einen *fehlt BC*. 13. noch *fehlt BC*. 14. selber *BC*.

6.

B 18, *C* 18. 1. also *BC*. męselichen *B*, massechlichen *C*. 3. 6. *die beiden Schlußzeilen der Stollen als je eine zu fassen nöthigt der zweisilbige Auftakt der zweiten Hälfte dieses siebenmal gehobenen daktylischen Verses sowie das Fehlen des innern Reimes in der folgenden Strophe, die als besondern Ton zu nehmen, wie im MFr. geschieht, ganz unberechtigt ist. C, das in V. 15 Inreim, aber an anderer Stelle, setzt, hat für beide Strophen blaue Initialen.* noh her ge (ge *durchstrichen*) hat *C*. gefrvmet *B*. umbe *B*. 4. gfreuwent *C*. 6. hin] ir *B*. 8. enwart *MFr*.] wart *BC*. niht *fehlt BC*. 9. wie nu] zwú *C*. *vor* verderben *ist* er *durch Punkte getilgt C*.

10. kan *am Anfang der folgenden Zeile BC*. vogele *MFr*.] vogel *BC*. 11. an *BC*. vrôde bringen *BC*. 12. *nach* betwungen *Punkt BC*. ir niht vergessen mag *BC*. 13. sú *B*. 14. bitten *C*. verzage ich an gûten gedingen (dingen *C*) *BC*. 15. dâ — verderben] da von muos ich dur not sin ungesungen *C*. 18. do was gnû *B*. genuoc *C* her *nach* freude *C*.

7.

C 20—22. 3. gewalte *C*. 6. gewalt *C*. 9. gewalt *C*. *In Form und Inhalt nachgebildet einer Strophe von Peire Vidal (meine Ausgabe 13, 28, die vierte des Liedes):*

Estiers non agra garensa,
mas quar vei que vencutz so;
sec ma domn' aital razo
que vol que vencutz la vensa;
qu'aissi deu apoderar
franc' umilitatz ricor,
e quar no trob valedor
qu'ab leis me posc' ajudar,
mas precs e merce clamar.

11. mih *C*, doch *am Rande*. 15. vñ *C*. 17. stunde *C*, *gebessert MFr*. 18. zehn *MFr*.] zehen *C*. *Bei P. Vidal die dritte Strophe (13, 19):*

E quar anc no fis falhensa,
sui en bona sospeisso,
quel maltraitz me torn en pro,
pos lo bes tan gen comensa.
e poiran s'en conortar
en mi tuit l'autr' amador,
qu'ab sobresforsiu labor
trac de neu freida foc clar
et aigua doussa de mar.

19. bîten *mit Circumflex C*. 21. rúwe *C*. 23. deme *MFr*.] dem *C*. 25. nah ge | naden *C*. *Bei P. Vidal die sechste Strophe (13, 46)*:

E cel que long' atendensa
blasma, fai gran falhizo;
qu'er an Artus li Breto,
on avian lor plevensa:
et eu per lonc esperar
ai conquist ab gran doussor
lo bais que forsa d'amor
me fetz a mi dons emblar,
qu'eras lom denh' autrejar.

8.

Die zweite bis vierte Strophe stehen in C unter Rudolfs Namen auf einem bei Str. 13 eingehefteten Blatte von derselben Hand; die beiden ersten Strophen anonym in der Weimarer Handschrift (F), das ganze Lied unter Walther in E 187—191. Ueber die Bedenken gegen die Echtheit vgl. Pfaff in der Zeitschrift f. d. Alt. 18, 45 f.

1. ledig *F*, leidic *E*. 2. das wil ich vor allen frawen singen Vnd also wil ich fro beleyben *F*. 3. keiniu *MFr*.] keine *E*, jr keine *F*.

gunt zwingen *F*. *Die Reimworte mit Umlaut in E*. 4. Noch von meiner freude dringen *F*. 5. wolte *E*. 6. ich doch *fehlt F*. 8. senfte *F (auch in 6)*.

9. Man saget mir *EF*, Ich horte ie sagen *C*. ersterben *C*. 10. ir] der *EF*. w.] auch w. *F*, vil *E*. 11. die da mînî *C*. minnent *E*. alzuo *E*, also *F*. 12. 13. got behuete mir lib un̄ ere. ich diene ir iemer swar ich kere *C*. 14. nu ist si *C*, sie ist *E*. 15. sol si denne *E*. 16. immer *fehlt C*.

17. geseit dú mere *C*. 20. tuo mit selken *C*. 21. niht gelingen *C*. 22. muoz in min *E*, muos mich dú *C*. 23. 24. we warumbe spriche ich daz. tuot si we si tuot ouch bas *C*. *Zu den von J. V. Zingerle, die deutschen Sprichwörter im Mittelalter S. 138 beigebrachten mhd. Belegen dieses Sprichwortes sind noch hinzuzufügen Burkard von Hohenfels (MSH. 1, 209ᵃ); j. Titurel 229; Lohengrin 7499; Germania 31, 88.*

25. wont — an dem *C*. 26. manigen *E*, senden *C*. 27. er suechet *E*, dursuochet *C*. 28. beide usserthalb *C*, beidenthalben uzzen *E*. 29. ôw *(durchstrichen)* dc kumt alles von der minne *C*. 30. Owe dc ichs ie beginne *C*. 31. 32. tore tuo dich fluochens abe. selbe tete selbe habe *C*.

33. wirret *E*. 39. 40. ouch schadet ez ir vil kleine *E*.

II. Uolrich von Singenberc.

In A Der Truhsze von S. Gallen, *in B* Der Truhsæze von Singenberg, *in C* von Singenberg, truchseze ze sant gallen, *ebenso im Register, nur* truhsetze.

1.

BC 1—4. *Wackernagel-Rieger S. 218*. 2. muget *C*, mugent *B*. 4. un̄ *BC*. vrôden *B*. 5. mih, *am Zeilenschluß*, *C*. 6. úch *B*, *ebenso* 9. 11. wẹr *B*. an iu] aine *B*. 12. ir sit *C*. 13. noh *C*. enzîte] ein *C*, ain *B*. 14. machet *C*. 16. wer hin *C*. 17. al mins herzen sere (*nicht* swære!) *C*. 18. ich niemer tag gescheiden wil *C*. 19. mich] min *B*; *letzteres ist die jüngere Ausdrucksweise, die ältere der accus.* nement *B*, nemet *C*. *Das von Wack. gesetzte Präteritum wird allerdings durch* wære *der folgenden Zeile gefordert; B meint wohl nach seiner Schreibung das Präsens.* 20. un̄ ich úch *C*. *Man könnte* i'u *schreiben, aber es wäre unnöthig, da nach häufigem syntaktischem*

Gebrauche aus dem vorhergehenden mich *ein* ich *herausgenommen wird.* 21. danne ein ander man *C.* 22. obe *B.* 23. habet *BC.* ode[r] *B,* r *von anderer Hand,* oder *C.* ieman deste me *C.* 25. sprechent *B.* mir wê *fehlt C.* 26. sus *C.* 28. dike *B, vor* hât *C.* frowe *C.*

2.

BC 5. 6. *Wackernagel S.* 219. 5. ich sî] ichs *C,* ich *B.* 6. vrôden *B.* 8. vrôde *B.* niē *C,* mine *B.* 10. meniger *C.* 11. an niemā niht ist *C.* 14. erē *C.* 15. mich *B.* 20. man *C.* 22. schulden *C.*

3.

BC 7. *Wackernagel S.* 220. 1. Clegeliche *B.* 2. beswęret *BC;* vgl. 8, 26. 5. 6 *fehlen C.* 7. liebes *Wack.*] laides *BC.* 8. in niuwet *Wack.*] in niht *B,* niht *C.* 9. herzeliebe *C.* 10. noch *Wack.*] doch *BC.*

4.

A 1—3, *C* 20—22. *Wackernagel S.* 221. 1. si *ist am Anfang der nächsten Zeile fehlerhaft wiederholt in A.* 2. diu] din *A.* 3. meneger *A,* maniger *C.* 4. lieben *Wack.*] lihten *AC.* 5. dc lieber trost nie manne *AC, gebessert von Wack.* reinē *C.* 6. unvreide — vreide *A.* 7. als *C.* 11. si lobet *A.* 12. mit dem *A,* da mit *C.* mit dem *wäre von C, das hier auf eine mit A nächstverwandte Quelle zurückgeht, wohl kaum geändert worden; beide Schreiber haben das seltnere* mit diu *auf verschiedene Weise beseitigt.* steteclich *A.* 14. sælde *Wack.*] *fehlt AC.* danne *C.* 15. 16. *nur* ich sage uch etc. *A,* ich sage ú were es als ich *C.* 18. des wol gezozzen *A.* 19. och ich ez *A.* 20. dc ich dar vmbe *AC.* werlte *C.* 21. ich gewan *AC.* gen uch *A,* gegen ú *C.* 22. mir ist *AC.* niht[e] *A.* ze liebe *AC.* 23. ist ez *Wack.*] *fehlt AC.* 24. endelose *A.*

5.

Wackernagel S. 222. 1 = *A* 4, *C* 23. 1. Hobische *A.* hohgemuoten *A.* 2. hant ze botten *C.* 4. also *C, gebessert von Wack.* vreide *A.* 6. siz *A.* obe *A.* 8 = *A* 5, *C* 24. 9. minnē *A.* 10. durch *A.* 12. durh *C.* 14. daz erwerbe swez ez gert *A.* 15 = *A* 6, *C* 25. vreide *A.* 16. vreide richen *A.* 18. so ist lihte *A.* 19. dar nah | *C.* 20. alse *A.* meneger *A,* maniger *C.* 22 = *A* 7. 26. minnen owe *A.* 28. vreide *A.*

6.

A 8—10. *Wackernagel S.* 223. 1. Swre *A.* 4. wirt ez niht mer daz *A, zwischen* mer *und* daz *ist Platz gelassen.* 5. deich *Wack.*] daz *A.*

nihte nihte *A.* 6. gen *A.* 9. swie ich *A, gebessert von Wackernagel.* 12. mit gewalte *nach* gernden *A, von Wackernagel umgestellt.* 13. mir] mich mir *A.* 17. meide *A.* 18. och *A.*

7.

A 11—15, *C* 26—30. *Wackernagel S.* 224. 2. ân *C; vielleicht* daz mac eht ân iuwer helfe niht gesin. 4. dan ist *C.* nemmet *A.* 5. enkan *Wack.*] eine kan *AC.* 6. solhen *C.* 8. stetē *C.* vrúnde *AC.* 11. wirde vur *A,* fúrht *C.* 12. uch ez *A,* iu *C.* durh solhe *C.* verlure *AC.* niht ein vinger *C.* 14. ia *C.* ernst *AC.* benomen *C.* 17. nempt *A.* 18. alse *A.* 19. och *A.* 20. ú *C.* das tuot mir we *C.* 22. nien *AC.* 24. tukke *A,* túke *C.* 25. tucke *A,* túke *C.* 27. wer ez *AC.* 28. sage *A.* 29. hulf *AC.* riht *AC.* zuoversiht *AC.*

8.

Wackernagel S. 225. 1 = *A* 16, *C* 11. Swer *A.* 2. kan ims *A,* kans im *C.* 3. vil gar] so vil *C.* 4. durh *C.* mûs[te] *C.* 6. der wünsche *fehlt A.* mir noch dú suesse ir liebe wer *C.* 9 = *A* 17, *C* 13. 10. guote] g *(durchstrichen)* liebe *C.* ir gûte *A.* 12. wer kan *C.* 13. nah *C.* verzagit *A.* 14. dike *C.* versagit *A.* 15. eth ez *A.* 17 = *A* 18, *C* 31. kunde *AC.* 18. nah | *C.* ich ez *A.* 20. enphunt *A.* 21. gnedic *A.* 22. min] mir *A.* alsô] so *AC.* 24. ich weis das ich — lange kan *C.* 25 = *A* 19, *C* 32. 26. beswere *C.* 28. laz och *A.* zwiuellichen *C.* 31. enlât *Wack.*] lat *AC.* 32. von guotē iht *C,* iht vō dem gûten iht *A.* 33 = *A* 20, *C* 12. san] so *C.* san *ist ganz richtig, es ist das nicht häufige* sam *in der Bedeutung 'so' mit folgendem* daz; *vgl. Kudrun* 1168, 2. 36. geruochet si mirs nach genaden scheiden *C.* 37. scheide ich mich *A,* schiet ich *C.* 38. liden kumber *C.* 39. sûze *A,* suezes *C.* 40. ân *C,* an *A.*

9.

A 21—25, *C* 33—37. *Wackernagel S.* 229. 1. Swie *A.* 2. herzeclichem (herzeklichē *C*) liebe *AC.* schœnē *C.* 3. zer *in* der *zu verändern liegt kein Grund vor:* gelichen *mit* ze *ist die seltenere Construction, die gewiß nicht erst durch die Schreiber eingeführt worden ist.* 4. mir ist *AC.* ein niht *C.* gegen *AC.* 8. sendes *C.* 10. ân ander *schreibt C und deutet damit seine Auffassung der Stelle an.* kus *ist als Subject zu nehmen, 'wo der Liebe Kuß so liebliche Freude bereitet, auch ohne daß anderes hinzukommt.'* 11. 12. *nur* swer sich so wunnecliche etc. *A,* swer sich so wunneklicher etc. *C.* 14. mag [gepflegen *ausgestrichen*] verielien C. 16. sagen *A*. liebe *Wack.*] leide *AC*. 17. 18. *nur* swer sich so wuñ. etc. *A*, swer sich so wunneklicher C. 21. allein C. 22. nah C. zer werlte selden C. 23. 24. *nur* swer sich so wuñ. etc. *A*, swer sich so wunneklicher wunne C. 25. werlt *A*. 26. eth *A*. 27. ze frôide C. 28. si wil och *A*. das herze C. 29. Du C. leist *AC*. och *A*. 30. lenger C.

10.

A 26—30, *C* 38—42. *Wackernagel S. 231.* 2. selichechen *A*. 4. dē den frôide [hat *ausgestrichen*] us senden sorgen hat erlost C. 5. nah C. 6. och *A*. 7. gûten gûte *A*. 8. gûtet *A*. 12. minneclih | C. we wie vrœlich ich danne (*ohne* ich C) *AC*. 14. nach herzeliebe *AC*, *gebessert von Wackernagel*. 16. werden frowen C. 18. werlte C. alse C. 20. werden C. 22. wand *AC*. 23. gnade *A*. 24. ich wil es niht dingen C. si ist C. 26. duhte *AC*. 27. wolte *A*, wolde C. 29. lûtē C.

11.

A 31—35, *C* 43—47. *Wackernagel S. 232.* 3. ûch wol C. 6. vrômden C. sone *AC*. 7. liht C. 8. Wolde *Wack.*: Solde *AC*. 9. an den lan an frûnden *A*. 10. sone gert C. 11. hinnan C. 12. vreiden *A*. 13. swel man noch niht *A*. noh C. 14. de ist *A*. luter C. 16. vreide *A*. 17. sich *A*. 18. kunde C. 20. uñ ouch ob si wil C. och *A*. 22. suln C. 23. eren *A*. 25. doh C. niemer *AC*, *gebessert von Wackernagel*. 26. an *AC*. geschehe *AC*, *gebessert von Wackernagel*. 27. mir C. 28. so ist C. dike lieb nah C. 30. vreiden *A*. *Vielleicht* unde vrôiden *ist zu lesen*. verzagit *A*. 32. versagit *A*. 33. ze einer *A*. 35. gûte *A*. bi betaget *A*.

12.

Wackernagel S. 234. 1 = *A* 36. 7. vurdringen *A*. 8. vreidehaften *A*. 9 = *A* 37. Hovelschlich *A*. lachen] singen *A*. 12. man ez zi *A*. 14. sitte *A*. 15. enz *Hagen*: eins *A*. teten *A*. 16. mitte *A*. 17 = *A* 38, *C* 47. 20. sô *fehlt A*. 22. lihte *A*. 24. dast] de *A*. 25 = *A* 39. 26. dû ist *A*. 28. sold *A*. 29. solte *A*. 30. herzin *A*. 31. ers *A*. 33 = *A* 40, *C* 48. Suln C. 34. missezimpt *A*. 35. dazt *A*. rehte furdrungen *A*. 36. swa dis C. genimpt *A*. 37. doh C. weger schanze *AC*. 38. vil weltlich *A*, wetlich C. 39. uñ an ir trugelichē C. *Nach 40 sind in C 18 Zeilen leer gelassen.*

13.

A 41—45, *C* 50—54. *Wackernagel S. 235.* 1. gerne *AC.* vreiden *A.* 3. nu ist *C.* den rehten *A.* 4. niht engert *Wack.*] ze rehte gert *AC.* 5. selbē *C.* 6. mih hohes muotes gerne *C.* 8. uñ *AC.* 10. verret *C.* 11. beiden *fehlt AC.* 12. sitten *AC.* 13. beide mit einander nu wil *C.* mit den andern *A.* 14. spote *A.* verkiûten *A.* 15. Liezent touben sich die wisen *A.* 17. kunde *AC.* prisen *C.* 20. da man *C.* 21. och *A.* 24. gerne *A.* 27. och *A.* 28. dc er si niemer *A*, das er sich niemer *C.* aner *A.* noch *Hagen:* noch och (ouch *C*) *AC.* 34. doh *C.*

14.

A 46—50, *C* 55—59. *Wackernagel S. 237.* 5. siner *C.* 7. wernde *fehlt A, wo Raum dafür gelassen ist.* 8. och *A.* 9. an dē *C.* 10. hœre *C.* 15. vreiden *A.* 17. dike sende *C.* 21. müeste *C.* 24. gegen *AC.* 25. wirt *A.* 27. noch *A.* 28. dir *fehlt A.* 29. doh *C.* 30. geplegen *A.* 31. gen *A*, gegen *C.* 32. gesellekliche lieb *C.* 33. ih | *C.* 35. dē *C.* 37. vreide *A.* und *fehlt C.* 41. alse stete[r] *C.* dc man ie *C.* 42. die mine *C.* 45. mac ez *A*, mag es *C.* ez ist *AC.*

15.

A 51. 52, *C* 60. 61. *Wackernagel S. 239.* 1. vreiden *A.* 2. swenne *A.* vreiden *A*, frôide *C.* 3. ê doch *C.* 5. schone *A.* 6. dest *C.* mir ir versagen *C.* 7. wer si *C*, wers *A.* 8. mohte *A.* 9. Ir *Wack.:* Mir *AC.* 11. verdulde *A.* 13. widerspreche si *AC.* danne teil *A*, danne dē teil *C.* *Der accus., nicht der dat. muß stehen, doch deutet die Lesart von A auf die angelehnte Form des Artikels hin.* 14. solder *A.*

16.

A 53. 54, *C* 62. 63. *Wackernagel S. 239.* 2. hohen *A.* 5. nah *C.* 6. *vor* so, *ausgestrichen,* sw *C.* 10. vreide *A.* 11. stritekliche *C.*

17.

Wackernagel S. 227. 1 = *C* 14. 2. alle die *C*, *gebessert von Wackernagel.* 4. die — der lip *C*, *gebessert von Hagen.* 6. zer welt *fehlt C.* 9 = *A* 55, *C* 15. *In A nochmals unter Gedrut 29 (A[2]), in C nochmals unter Chûnze von Rosenhein 6 (C[2]).* Wie *C[2].* unvreide *A*, frôide *C[2].* 10. einē *C.* stæte] frôide *C[2].* 11. so si in *CA[2]*, als in *A.* den *A*, *fehlt A[2]C[2].* einest *AA[2]CC[2].* an gelachet *AC[2]*, an erlachet *C.* 13. so ist *Hss.* drizeciarig *C[2].* 14. diz *A.* geloub *A*, erkenne *C.* alles *AC[2]*, *fehlt C.* selbē *AC.* 15. trôste *AA[2].* 16. vergulte *AA[2]C*, vergilte *C[2].* wol] gar *C.* 17 = *C* 16. 18. hinnan *C.* 21. mag an mir begen *C, gebessert von Wackernagel.* 22. uñ enwil mich — versen *C.* 24. noh — noh *C.* besche *C.*

18.

A Der von Morunge 27—29, *C* 17—19. *Wackernagel S. 228.* 1. Swaz dú welt (werlt *C*) nach vreiden (frôiden *C*) ie *AC.* 2. sine *AC.* werb och *A.* noh *C.* dc ist *AC.* alles *C.* wiht, *von jüngerer Hand in* niht *geändert, C.* 4. ungeschiht. schiht *A.* 6. noh wol *C.* 8. geshe *C.* och *A.* lebende *C.* 9. wol gedingen *AC.* iedoh *C.* volle *A.* 10. vil lihte *AC, von Hagen gebessert.* 14. sô *Wack.: fehlt AC.* vreide *A.* 16. ich enkunde *C,* ich enkúnde *A.* 17. dc er *A.* sin] hin *C.* 18. den wisen *A.* 19. solde *AC.* dienst *C.* verlorn *AC.* einē *C.* 20. och *A.* 22. daz *Hagen:* dc eine *AC.* kein *fehlt A,* eine *C.* 23. were ich wene *A.* 24. iu *C.* danne *AC.*

19.

A 56—58. *Wackernagel S. 209.* 1. geschüefe *Wack.:* schúfe *A.* 2. tumpt *A.* 3. mohte *A.* 4. broide *A.* 6. machin *A.* 7. mich *Hagen: fehlt A.* 8. sin gnade min *A.* vn solte *A, gebessert von Pfeiffer.* 9. der gůte *A.* vil wunders *A, gebessert von Wackernagel.* 13. me *A.* 14. in *Wack.:* ime *A.* 15. die welt giluste ie hoher sin vnd dort zetal *A.* *Wackernagel schreibt für die stark entstellte Zeile* 'die welent: weder gelustet iuch hie hôher sin ald dort ze tal.' *Der folgende accus. (V. 16) scheint mir ein Verbum der Bewegung zu verlangen.* sin *ist entstellt aus* fur. 17. dir welli *A.* 18. genideret] miltet *H.* *Wackernagel* swer sô sich nidret. gevelle *Pfeiffer:* geselli *A.* 22. rihtere *A.* 24. *vor* volgen *steht noch* vogel *A.* 25. haz *Hagen:* dc *A.*

20.

B 31 her Walther von der Vogelweide, *C* 64. *Wackernagel S. 211.* 1. werlte *C.* vogt *B.* lob *BC.* 2. das ịcḥ ir *B.* erlâzen *Wack.:* erlân *BC.* des *Lachmann, aber nach* mich *ergänzt; an dieser Stelle bei Wackernagel.* 3. mit sinē gesange *B.* 5. das — iens *C,* dis — das *B.* mich] in *C.* gewanc *B.* 6. 7. das machet das ich mich so kume von dem minem schaide. mir geben danne hohe herren uñ ain schones wip ir habedank *B.* 7. dē minē *C.* 8. sus rite ich spate vñ kume doch hain. mir ist nih[t] ze we *B.* *Der Schreiber hat den Wortlaut der Waltherschen, unmittelbar bei ihm vorausgehenden Strophe noch ähnlicher gemacht.* 9. vñ singe ouch von *B.* 10. das solt du steten milter got *C.*

21.

A 59—61, *C* 65—67. *Wackernagel S.* 240. 1. werlde *C.* 2. solde wilent *C.* 3. herze *fehlt C.* 4. tet *Wack.:* tuot *AC.* guete *C.* 5. mines *C.* 6. alse *A.* 7. ir wort ir [wor *durchstrichen*] werk *C.* 8. winsche *A.* schones *AC.* 9. schoner *A.* 10. vrowet *A,* frôite *C.* wer *AC.* haber *A.* sô] ein *A.* 11. sûz *AC.* lachet *A.* sûzet *A.* 12. och *A.* 13. dc ich *AC.* heize *C.* uf [vō mir *durchstrichen*] hoher *C.* ste *A.* 14. selte *A.* 15. selhe *Wack.:* selde *AC.* 17. gûte *A.* 18. minnekliche lebt *C.* 19. ein *nach* sîn *AC.* nahgende *C.* 20. alse *C.* niht] mir *C.* 22. werden *fehlt C.* 23. mir wie *C,* min wie *A, gebessert von Pfeiffer.* 26. das [mir *durchstrichen*] ir *C.* 27. oder *AC.* sig *AC.* 29. obe mir ir gnade gnedecliche *A,* ob mir ir genade genedeklich *C: gebessert von Wackernagel.* 30. sûze *A.* an dem *C.* so ist *C.* gesweiget *hat auch C, nicht* versweiget.

22.

A 62—64, *C* 68—70. *Wackernagel S.* 241. 1. tugendē *C.* 5. vollim *A,* vollē *C.* 7. hat *A,* het *C.* vreide *A.* ouch] ioch *A.* 8. was ob er *C.* ereslicher *A.* och *A, fehlt C.* mir] mit *A.* glichen *A.* 13. oren *A.* ervreuwen *A,* erfrôwen *C.* och *A.* 14. hohgemûte *A,* hohgemuete *C, so zusammengeschrieben auch Hagen und Wackernagel, aber* sô *gehört zu* hôh *allein, das daher adj. ist.* 15. zerhte *A.* 16. an ir *hat auch C.* werlte *C.* 18. schone *A.* uñ ouch an [*durchstrichen* gûte] mûte *C.* 19. gnaden *A.* 20. beschen *C.* 21. ine *A.* ānders hie bivor *C.* ieman *vor* sehe *C.* 22. werlte *C.* 23. vreideclichen *A,* werdeklichen *C.* 24. solde — noh *C.*

23.

A 65—71, *C* 71—77. *Wackernagel S.* 243. 3. selde *A.* sêl *C.* vreide *A.* lip *aus* liep *A.* 4. hat *AC.* eimem *A.* 6. ich ez *A.* alrest *A,* allererst *C.* gotte *C,* got *A.* werlte *C.* 9. schone *A.* 11. behabit an liᵉbeme *A.* 13. vreide *A.* 14. wol mich *A.* alse *C.* sueze *AC.* 15. also versenet *C.* 16. als *C.* sene *fehlt A,* frœlich sene *C.* 17. vrœlich lachen *fehlt C.* mueze *C.* 18. und och *A,* mich *C.* senende *C.* 19. welte *hat auch C.* 21. *wahrscheinlich* daz *statt* des *zu lesen.* 22. noh *C.* 23. vüere] were *C, fehlt A. Wackernagel ergänzt* var. duhte *AC.* 24. meiste *A.* 26. gezimpt *A.* 27. solde *AC.* 28. ez *A.* nah | sinē *C.* nimpt *C.* 29. het *C,* hat *A.* aber *AC.* aleine *C.* 30. mir] mit *A.* min herze *C* 31. sende *C.* 34. noh *C.* wîlent *fehlt C.* 35. also *C.* 36. unschedelichē *C.* 39. si *aus* so *gebessert A*. dû mit *A*. 41. hohen *A*. 42. nige ich *C*, nig *A*. statte unz uf *C*.

24.

1 = *A* 72, *B* 8, *C* 8. *Wackernagel S*. 245. 2. alrerst *C*, alrest *A*. 3. diu ist *BC*, diu ich *A*. och *AB*. 4. dē allen *C*. 5. si] so *B*. 6. das ist *B*. sitte *ABC*. 7. sô *fehlt A*. went (: sent) *BC*. 8. der lieben sůzer liebe *A*, so sůsser liebi *BC*. 9 = *A* 73, *C* 10. minne] frôide *C*. 10. werde] minne *A*. 11. da bi vil der minneklichen frôide lit *A*. 13. ich] ich iemer *C*. 14. sit] wan *C*. winsche *A*. 15. ir *fehlt A*. 16. sô *fehlt A*. 17 = *A* 74, *B* 9, *C* 9. in verdehte *A*, ich enverdẹhte *B*. gûti *B*. 21. deme *A*. liep] vrôde *BC*. eren *B*. 22. des] das *B*. 23. den *B*, dē *C*. mit liebi *BC*. vreide *A*, vrôden *BC*. 24. deme *B*, dē *C*. vreiden *A*. werlte *C*.

25 = *A* 75. *Wackernagel S*. 245. 28. schrin *A*. 29. sten *A*. 30. och *A*.

33 = *A* 118. *Wackernagel S*. 246. 35. im *Wack*.: in *A*. 36. nu waz frumet swaz *A*, *von Lachmann gebessert*. 38. höveschen *Lachmann*: hovelichen *A*. 39. vreide *A*. 40. gnaden *A*.

25.

A 76—78, *C* 78—80. *Wackernagel S*. 246. 1. wol] ie wol *C*. 2. dar ûf *Hagen*: dar uf so *AC*. merti *A*. 4. swâ] da *C*. erti *A*. 5. ân *C*. von in *fehlt C*. 6. alse ich ez *A*. 7. solt *A*. 10. lebit *A*. 11. durh | *C*. 12. si ez *A*. 13. niemer *fehlt C*. dorft *AC*. 14. tûsent *A*. 15. seldecheit *A*. 16. mit] nah *C*. werdem *fehlt AC*: *Wackernagel ergänzt* süezem. 18. wiben *C*. 19. daz] der *A*. virwan *A*. 20. mih *A*. 24. als *C*. eimem bach *A*, einen | *C*. so es niht *C*. vervaht *A*.

26.

A 79—83, *C* 81—85. *Wackernagel S*. 247. 1. Kunde ich vreide *A*. 2. trost eth *A*. ein wênic baz *fehlt C*. 3. nun — diu — vrôwen *C*. 4. wer *AC*. 5. môhte *C*, muhte *A*. 8. nah *C*. gemûte *A*. 10. gelichem — gûte *A*. 11. nah — geeren *C*. 12. wird och *A*. mih *C*. 13. Du sueze *A*, Vil sueze *C*. ougen *A*. alrerst *C*. 14. alse *A*. eigenlichen *C*. 16. solt du — richen *C*. 18. gnade *A*. ergit *C*. 20. des] dc *A*. 21. enwant *A*, envinde *C*. 22. wan des einen *C*. dazs *Pfeiffer*] dc *AC*. 23. alse striteklich (*nicht* steteklich) gegen mir nu keret *C*. 24. mit herze *A*. 25. gûte *A*. 26. so *C*. 27. alse *C*.

28. das si *C*, dc *A*. och *A*. machet *C*. 29. unzwivellichen *C*, vil zwivelliche *A*. 30. si ist *C*. kund *A*.

A 84. 85. *Wackernagel S.* 249. 31. vat ir *A*. wol. raten. *A*. 33. vurwesen *A*. 35. siner *fehlt A. Wackernagel ergänzt* schœnen. 37. blappenblap *A, von Wackernagel gebessert*. 40. můst — virlornen *A*. 42. *vielleicht besser mit Wackernagel* bůr *zu lesen, da alle Zeilen auftaktlos sind.* hozze *A*.

27.

A 86—90, *C* 86—90. *Wackernagel S.* 249. 2. da har *A*. 4. mich] mir *A*. 6. der och min *A*. 7. nien *AC*. enfrumpt *A*, envromet *C*. 8. obe *A*. kumpt *A*. 14. ioch gund ich *A*, ich gunde *C*. 15. alse *A*. selbē *C*. 16. besnitten *A*, beswichen *C*. 17. bedorft *AC*. 18. dien] denne *A*. 20. duhte *AC*. 21. als *C*. 26. an dē *C*. 27. mirs *AC*. noh nah *C*. 28. lieze *AC*. 30. aber *fehlt C*. och *A*. 35. gerne *AC*. 40. gůte *A*.

28.

A 91—95, *C* 91—95. *Wackernagel S.* 251. 2. der sin gar *A*. 3. wend ir *C*. 4. ane alle vreide *A*. var] gar *C*. 6. han *A*. sonc *C*. och] ouch *C*, doch *A*. 7. *Lies* 'Sit. seret *A*. 9. geeret *C*. 10. och *A*. mir wiset rehte weger *A*. 12. als *C*. *lies* enbir.' 13. went *C*. 14. och *A*. 15. sold doch *A*, doch solt *C*. ú *C*. 18. hat *C*. wiplich *AC*. 19. Wisse *Wack.*: wiz *A*, west *C*. 20. willen woltent *A*, woltent villen *C*. vilt *C*, wolt *A*. och *A*. 21. stillen *AC*. 22. ich *fehlt A*. alrerst *C*, alrest *A*. mih *C*. 23. selker *C*. 24. noh *C*. 26. vil gar] so sere *C*. 28. Dar nach dir vō so str. *C*. 29. han *A*. 30. dût *(das erste) C*. doh *C*.

29.

A 96, *C* 96. *Wackernagel S.* 252. 2. wizzet *A*, wisset *C*. 3. alrest *A*. 4. hat *AC*. 5. bitte *AC*. oder *C*. 7. *ein* ir *fehlt C*. durh *C*.

30.

C 97—103. *Wackernagel S.* 215. *In A folgen auf 95 vier Strophen (97—100, Pfeiffer S. 104), welche C (v. d. Hagen 1, 308) unter dem Namen Walthers von Metz hat.* 1. Betrogene werlt *C*. 3. dur, *nicht* durh, *hat C*. dē *C*. 7. werlte *C*. 8. volleist *Wack.*: *fehlt C*. noh *C*. 10. wirt *Hagen*: *fehlt C*. 12. vürdank *C*, *gebessert von Hagen*. 13. dêr *Wack.*: das er *C*. niht *Wack.*: *fehlt C*. 15. mit *C*. allerest *C*. 16. dar an *C*. 19. aht *C*. 24. enliegent] liegent *C*. der ist *C*. 25. Ich enweis *C*. 28. beidiu *Wack.*: beide *C*. 29. und *Wack.*: *fehlt C*.

27

30. selde̤ (ben) C. 31. dē C. 32. alder C. 33. Swenne C. 35. gedrômet C. 37. *ein* daz *fehlt C, ergänzt von Hagen*. 40. dienst C. winster *Hagen*: vinster C. 48. vliegendez vñ vliessenz C, *gebessert von Wackernagel*. gît *Hagen*: giht C. hab *Wack*.: der habe C. 50. werlt C. 51. swē C. 54. sines C. morgens C. 56. iedoch *Hagen*: ê doch C.

31.

A 101—105, *C* 104—108. *Wackernagel S. 253*. 1. nah C. 3. ker *A*. la *A*. 5. vinde *AC*. 6. noch] so C. 7. klop *A*. 8. Gnûge *A*. die sprechent singe C. 9. prûfe *AC*. 10. ich] iht *A*. 14. nun C. tôiben C. 16. danne C, dan *A*. 19. het C, hat *A*. kreften C. 20. tort C. 21. tuot C. 23. wers *A*, were es C. alle do C. 25. durch — noh durh C. 26. ine *A*. noh C. also vro *A*. 27. zuo der miner frôiden zwo C. min' *A*, *gebessert von Hagen*. 28. bæt *Wack*.: hat *A*, het C. schonen *AC*. 30. verdurben *A*. 31. woldes] vuegest C. 32. leige *A*. 33. ine *A*. aker *AC*. noh C. 34. ist] das ist C. *vor* ru *ausgestrichen* ẏ C. 35. ih | liden spotes C.

32.

Wackernagel S. 212. In A folgen auf 105 drei Strophen (106—108), die C unter Reinmar von Zweter hat, in dessen Tone sie auch abgefasst sind (Hagen 2, 193ᵇ. 197ᵃ. 215ᵃ). Dann 109, die C Walther beilegt, in dessen Tone sie ist. Diesen Ton hat allerdings der Truchseß benutzt, aber nur zu parodischem Zwecke (Nr. 20). Wer 109 Walther mit C zuspricht und A abspricht, muß auch bei 110, die A allein, unter des Truchseßen Namen, enthält, die Autorität von A bezweifeln; beide Strophen hängen so durch den Inhalt zusammen, daß die zweite ohne die erste gar nicht verständlich ist, namentlich nicht das zwei *in der zweiten Zeile. Es ist ganz undenkbar, daß ein Dichter in solcher Weise auf die Strophe eines andern Bezug genommen und sie fortgesetzt hätte. Die folgenden fünf Strophen in A 111—115 hat nur Lachmann Walther beigelegt (Walther 106, 17 ff.)*. 1. in *Lachmann: fehlt A*. 2. bereitet ze rehte so habez *A: gebessert von Lachmann*. 4. alsi da *A*. 5. ime *A*. reiſe *W. Grimm*: treffe *A*. 8. wittiwe *A*. 9. frowe *A*. 10. alse *A*. 12. si ir *A*. 14. dehein] kein *A*. si ir *A*. 16. och swie si in *A*. pflit *A*. 17. nu ist *A*. 18. wan sol ime schulde vñ ere geben. dar mans dran gesiht *A*. *Die Besserungsversuche Lachmanns* wan sol in schulde und êre geben, der manen dran geschiht *und Wackernagels* wan sol im sælde und êre geben, daz man sî drâne gesiht *befriedigen nicht*. sælde und êre *erscheinen allerdings häufig verbunden, und Z. 21 scheint für diese Besserung zu sprechen; aber ich glaube nicht, daß nach mittelalter-*

licher Vorstellung von sælde *ein Mensch dem andern* sælde geben *kann; denn sie ist ein Geschenk des Himmels.* dran *bezieht sich auf* êre, *'wo man si, die Rathgeber, bei der Ehre sieht.'* 21. den eren *A.* 23. Karlen zite *A, von Lachmann gebessert.* 25. slæht *A.* nu sint drunder michel strite *A, von Lachmann gebessert.* 28. niemen kan *Wack.:* einem man kan niht *A. Lachmann* wan enem kan niht. 30. der ist *A.* 31. Kunige waren die *A.* künege wâren ê die *Lachmann,* die künege wâren ê *Wackernagel.* da her da har *A, von Lachmann gebessert.* 32. si den *A.* intwerhes *Lachmann:* inthûrs *A.*

33.

A 116. 117. *Wackernagel S.* 214. *Lachmann, Walther* 107, 17. 1. meniger *A.* 9. virmiden lân den *A.* 10. hân *Wack.:* hat *A.* 11. nime *Wack.:* nem *A.* 13. Gilerter *A.* 20. 21. des waz sin name der ie nach selden warp *A. Wackernagel* des was sin name komen ze hôhen êren, Uolrich, der ie nâch sælden warp. *Die einfachste Erklärung des Fehlers in A scheint mir zu sein, daß der Schreiber von* was *auf* was *übersprang.* ie *ist im Reindruck ausgesprungen.* 24. manege zît *Lachmann:* manegen ziten *A.*

34.

A Nivne 15—19, *C* 109—113. *Wackernagel S.* 254. 1. alse *A.* 2. als *C.* 3. saget an wie ist *C,* sagit an weist *A.* 6. vûgen *A.* gemach und *fehlt C.* 7. im *C.* 8. noh von herzen lieber mere *C.* 9. Der *A.* iu *Hagen:* ir *A,* al *C.* solhú merú *C.* 10. went han *C.* liebiu *C:* gûte *A.* 12. si das ichz *C,* sie *A.* 13. iuch] mich *A.* 14. das hat der schonen guete und ouch *C.* schone vñ och *A.* 15. mich *fehlt C.* vervahen *A.* 16. habe ich doh *C.* 17. mûgit *A,* mugent *C.* wennen swez *A.* 18. in trost mich *A,* ich entrôstú *C.* des ich *A,* das es *C.* vervâ *C.* 19. noh *C.* 20. nâ *C.* 21. ez v'ret *A.* es ist *C.* 22. we wie *C.* liebe liebes *A.* 23. also och *A.* vil *fehlt C.* meneger *A,* manger *C.* 24. dē was nah liebe *C.* 25. clagit *A.* 26. so ist — doch niht *C.* 27. es ist gar als *C,* ez ist alse *A.* 28. ir sit die ich da *C,* ir sit ez die ich *A.* 29. dar umbe *AC.* tuon *C.* alse] des *C.* tete *AC.* 30. vil lihte *fehlt A.* bedenkent *A.* 32. dur *fehlt A.* an der werlte *C.* an nihte niemer nie *C,* niemer mere an niht *A.* 33. duhte *AC.* 34. danne *AC.* guotes *fehlt A.* 35. selchen *A,* solhen *C.* 36. wolte *A.* 38. dâ *fehlt A.* hant lieb *C.* 39. Nein des bas *C.* 40. enminnet *A.* den *fehlt C.* in herzecliche minneț *C.* der ist *AC.*

III. Her Wernher von Tiufen.

1.

C 1—3. 7. uñ C. 9. wer C. 13. si *zwischengeschrieben C.* 21. si ist C. die ich C.

2.

C 4. 5. 2. schoner C. 10. klage ich C. 18. *25 Zeilen leer gelassen, also für drei Strophen Raum, C.*

3.

C 6—10. 10. uñ C. 13. vogel C. 17. ho, *nicht* hoh, *hat C.* 19. were C. 31. si ist C. 35. mine C. 36. zuket C. 39. uñ C. 49. klaget C. 57. wer C. *Nach 60 vier Zeilen Raum.*

4.

C 11—16. 5. sit C. 6. 7. heijen : verseijen C. 10. lon C. 12. uñ C. 15. hilfe C. 38. si ist C.

5.

C 17. 1. minē C. 5. wil] vil C. 6. mêre *fehlt C. Allerdings könnte man auch* dâ enkan *lesen, allein das wäre dann der einzige auftaktlose Vers dieses Spruches.* 7. dē C. enkît *in* kit *mit Hagen zu verwandeln ist durchaus unnöthig; es ist das ahd. belegte* inquedan, *Graff 4, 644. Im mhd. Wörterbuch und bei Lexer fehlt es.* 8. den selben trúwen C. 9. minē C.

IV. Der Taler.

1.

1. Dú blûmen entspringent. dú vogelú C. 2. heide *Hagen: fehlt C.* uñ C. 3. *vielleicht* Êst schœne: *denn* zit *kommt gleich nachher.* 13. leide C, *gebessert von Hagen.* noh | C. 23. sendē C. 24. swas *hat C.* 25—28 *entspricht seinem Baue nach dem Absatze* 15—18. *Die verschiedene Stellung des innern Reimes beweist auch hier die Zusammenfassung der kurzen Zeilen.* 26. sint] tuont C. miniu leit *muß zugleich als Subject von* sint *genommen werden. Hagen schlug vor* diu sint. 30. nu sich oder ich C. 32. danne, *nicht* dann, *hat C.* 34. *vielleicht* nu wâ? 35. nu *fehlt C. Die Zusammenfassung und daher die Nothwendigkeit der Ergänzung ergibt sich aus der folgenden Langzeile.* 36. dike C. 39. roter dann C. 47. genade C. *Dann sind 46 Zeilen leer gelassen. Die Strophen 2—6 gehören Ulrich von Winterstetten (Hagen 1, 168 f.).*

2.

C 7—9. 6. blôsser C. úch C. 10. Nu han ich C. 15. noh ein | C. 18. singet C: *gebessert von Hagen.* 21. vezzen C. 24. in den C.

3.

C 10—12. 1. Kúnzeli C. 5. schonen C. 7. du gesehe C. 12. Welle ers C. 13. Heinzelin C, *aber nicht* Kúnzelin, *sondern* Kúnzlin. 15. wilt du *hat C, nicht* wiltu. 17. korn C. 19. du maht C. 20. isse C.

V. Her Pfeffel.

C 1—3. 1. dú ist C. 10. gelebt C. 15. allenthalben C; *da ein zweisilbiger Auftakt* so man *bei einem Lyriker des 13. Jahrhunderts undenkbar ist, so war eine Aenderung notbwendig.* 17. dú zit C. 19. wie C. 24. bliben *fehlt* C. 35. lieblich C. 38. herze C. herz *ist für die Zeit des Dichters nicht wahrscheinlich. Es wird zu lesen sein* des wart min herze wunt. 39. blig C. 42. sie C.

VI. Grâve Kraft von Toggenburc.

In der Ueberschrift Toggenburg, *auch in der Liste.*

1.

C 1—5. 1. ieman C. 4. loubeschatten C. 5. liebt C. 6. der schallet *fehlt* C; schallet *ergänzt Rochat, drei Schweizerdichter S. 37.* 8. alsam] als C.

11. vindet C. frôde C, *ôfter.*

19. mich gesunt C. 22. diu *fehlt* C.

29. erlôschet C. 30. swanne C.

38. die schonen C.

2.

C 6—10; *die Verse 25—40 auch in den ehemals Naglerschen Bruchstücken, jetzt auf der Berliner Bibliothek (C^a).* 5. alder C. 7. mih, *am Zeilenschluß,* C. 8. michn *Rochat*] mich C. troste C, *gebessert von Hagen.*

14. Minen muot uñ al min sin C, *gebessert von Rochat.* 15. das C. 20. wand *Rochat*] und C. nah C.

22. mih, *Zeilenschluß*, C. 26. diend C, diente C^a. 31. mange C^a. 32. ouch] doch C^a. 34. dis CC^a. 37. ich *fehlt* C^a. 38. vrowen C^a.

41—50 *fehlt* C^a, *es ist aber Raum dafür gelassen.* 41. Schiere C. 46. deheine C. 48. suessen C. 50. ez] es so C.

3.

C. 11—15; *auch in* C^a. 1. unde C^a; *immer.* 3. owe C. 4. unde CC^a. 7. kalde C^a. vogellin C^a. 10. en *Hagen*] *fehlt* CC^a.

11. urlub C, urlop C^a. 13. uñ C. mangem C^a. 15. noh, *Zeilenschluß*, C. 17. ṣọḷḍẹ wolde C^a. 19. manger C^a.

22. danne CC^a. mechte C^a. 23. schœne uñ C. 24. mis C^a.

35. kun | ber C. 37. mih, *Zeilenschluß*, C. niemen C^a. 45. minē C.

4.

C 16—18; *auch in* C^a. 2. lichter C^a. 3. vogel CC^a. 5. freuwent C. schonen CC^a. 8. dar abe CC^a.

10. Wurde CC^a. 17. mangen C^a.

21. wer C. 25. sin tuo *Rochat*] ir tuot CC^a.

5.

C 19—21; *die beiden ersten Strophen auch in* C^a. 4. ṿṛọ val C^a. 6. enzspringen C^a. 7. vogel CC^a.

17. solde CC^a. 20. schone C^a. 21. wivnsch C^a.

6.

C 22. 23; *die erste Strophe auch in* C^a. 2. in klage C^a. 8. wolde C. 9. wer C. gebe CC^a. 12. mans | seit C.

7.

C 24. 25. 3. wunnenklich C. 6. iunge C. 14. frôit C.

VII. Der von Wengen.

Von Wengen C.

1.

1 = C 1. 1. leige C. 6. uñ C. 8. im̧ C. 15. sinē rehte C.

16 = C 2. 20. diu] d' C. 23. pfliht C. 26. schafet C. 27. wert C. 30. sult [h v *durchstrichen*] hie C.

31 = C 3, *aber auch unter der Hardegger (Bodmer 2, 120ᵇ, C²) und in der Jenaer Handschrift unter Stolle, in dessen Almentweise die ganze Strophenreihe gedichtet ist. Aus Inhalt und Stil ist für keinen der drei*

Dichter eine Gewähr zu entnehmen, am wenigsten wahrscheinlich ist, daß die Strophe vom Stollen herrührt; sie wird wegen der Gleichheit des Tones in J unter seine Strophen gesetzt worden sein. 31. Nu gnade *J.* frouwe] kúniginne *C*[a]. alle der *J.* rehten *fehlt C*[a]*J.* 32. wart *C*[a], ist noch *J.* selten hie *J,* nie da her *C*[a]. 33. tugende *C*[a], trost *J.* oben *J.* 34. daz so hoes n. enr. *J,* das niht me so hohe r. *C*[a]. reichet *C.* 35. al d'her *C,* lange her *J.* 36. gen *C*[a], gegē *C,* kegen *J.* ist noch gelicher g. *C*[a], wart geliche g. *J,* nieman kan geliches *C.* nie *J.* 37. waz *J.* 38. die *C*[a], die ne *J.* h. uns noch so guotes n. irtzeiget *J.* guotes *C*[a]. 39. Dich loben alle kristen gar *J.* menscheheite *C*[a]. 40. von *J.* ein *fehlt J.* werde *C*[a]*J.* 41. ein] du *J.* 42. reiniu] unde *J.* hilf uns *J.* 43. la (*nicht* lah) mih 'd' | *C,* lazet uns der *J.* die man hat von ú *J.* 44. die *J.* prisent uñ tiurent *C.* 45. noch meren *C,* vil tiureren *J,* vil hohen *C*[a]. an ú *J.*

46 = *C* 4. 46. bœs *C.* 47. bœs *C.* 49. da *C.* 52. hoh *C.* 53. hat *C.* 58. gen *C.* 60. si wellen *C.*

2.

1 = *C* 5. 5. manigę *C.* 8. mǒht *C.* 9. *das zweite* ir *ist wahrscheinlich zu streichen.* 10. hohe *C.* sinē suessē *C.*

2 = *C* 6. 13. turgǒin *C.* 14. machent, *nicht* machen, *C.* 16. verspert *C, von Hagen gebessert.* 21. als *C.* 22. dē *C.* 24. maniges *C.*

3.

C 7. *Offenbar nur der Anfang einer Strophe, und sehr entstellt. Der Stollen war vierzeilig. Aber Z. 1. 4. 5 sind reimlos, was undenkbar ist. Wahrscheinlich Z. 4* daz iu hie wirt gezalt. 3. hat gemachet *C.* vúr war ḍạ das ich ich sage *C.* 6. im lant lobe uñ *C. Nach 6 ist V. 4 noch einmal wiederholt.*

VIII. Meister Heinrich Teschler.

1.

C 1—3. 2. selbe *fehlt C.* 9. Hette *C.* 11. hette *C.* 13. sit, *nicht* sir, *hat C.* ich *Hagen: fehlt C.* erkǒs *C.* 14. blǒs *C.* 17. Helig *C.* 18. ungemuete *C.* 20. etteswas *C.* 22. âne *C. Vielleicht ist* wünnend *zu lesen; vgl.* wünne âne leit.

2.

C 4—6. 1. besten ṭạg̣ẹ zit *C.* einen *C.* 2. nit *C.* 3. danne doch ichs *C.* 4. nit *C.* 5. gegen *C.* 8. hette *C.* were ọục̣ḥ milter *C.*

12. enwisse *C.* 13. gedienet ir edlen *C.* 15. ander *in* anders *mit Bodmer und Hagen zu verwandeln ist nicht nöthig; es ist nicht Adverb, sondern neutr. Accus.* 22. hette ich gegen der *C.* 23. hette *C.* 24. Were *C.* 26. gegen *C.* verlorn *C.* 29. von rehten *braucht man nicht in* von rehte *zu verändern, wie von der Hagen (3, 678ᵃ) vorschlägt; es kommt bei Konrad von Würzburg u. a. im Reime öfter vor.*

3.

C 7—9. 1. schoner *C.* 7. *lies* sælic. 11. ge... (*radirt, wahrscheinlich* gewan) | vie *C.* 13. liebse *C.* 14. offenbares *C, von Hagen gebessert.* 16. noch enbin ouch nit *C.* dassin *C.* 22. âne *C.* 26. mine *C.* 30. âne *C.*

4.

C 10—12. 5. Das ich *C.* 7. mochte *C.* 8. nit *C.* 10. wie *C.* 13. wip *hat C, nicht* wib. 14. sênde *C.* 17. und han swie es *C. Der Umstand, daß hier ausnahmsweise der Abgesang die Mitte der Strophe bildet, hat in der Ueberlieferung einige Fehler nach sich gezogen, die von der Hagen, die Sachlage verkennend, nicht gebessert, sondern durch neue Aenderungen vermehrt hat.* 19. ane *C.* trûwen *C.* 21. tuotz alrest *C.* 23. danne *C.* 24. gegen *C.* 29. secht der selbe ist *C.* 30. sunderbaren *C, von Hagen gebessert.* 31. doch *zweimal C.* nit *C.* 32. hette *C.* 36. beiagt *C.*

5.

C 13—15. 1. *lies* hâst. 2. uñ alle klage *C.* 3. von des ungemach *C.* 4. Und — lange *C.* 5. alle *C, von Bodmer gebessert.* 6. ze dich: *vielleicht ist* an dich *zu lesen.* 7. dient *C.* 11. nit *C.* 13. ane *C.* 14. nit *C.* 17. gegen steter minne so wernd *C.* 18. woltost *C.* statten *C.* 20. gerne *C.* 23. mâsse *C.* 24. des des *C.* 25. fry fründlich *C.* 30. *'durch diese bin ich dein.'*

6.

C 16—18. 3. nit *C.* 4. geb *C.* 5. gegẽ *C.* 6. danne *C.* 7. nit uñ wústen *C.* 10. nit *C.* 11. gedanke, *nicht* gedanken, *hat C.* 15. nit *C.* 17. frôiden *C.* 19. mocht ich danne *C.* 21. etteswas *C.* 23. Sid *C.* 32. kumet *C*

7.

C 19—21. 3. siche *C.* 4. herze uñ *C.* 5. twinge *C.* 7. mâsse *C.* 8. unmâsse nit gelige *C.* 21. des dˀar *C.* 25. nit *C.* 27. froide *C.* 31. schieden dô *fehlt C.* 32. sitten *C.* 34. nit — mitten *C.*

8.

C 22—24. 2. arbeit *C.* 9. señder *C.* 14. gewaltig *C.* 15. sid *C.* 16. senede, *nicht* senende, *hat C.* 20. danne *C.* 21. zweiier *C, nicht* zweier. 25. werde von vñ *C.* 26. nit *C.* 35. an werdem wibe *C, von Hagen gebessert.* 36. âne ist vñ *C.* 37. minne nu gib *C, von Hagen gebessert.* 39. ane *C.*

9.

C 25—27. 3. âne *C.* 5. mûte *C.* 7. alse, *nicht* also, *hat C.* 10. nit *C.* 13. wirt *C.* 18. nit *C.* 20. die ich *C.* 22. trûwen *C.* 23. bewant *C.* 26. danne *C.* 30. minne *C.*

10.

C 28—30. 3. gelitten *C.* 6. vermitten *C.* 11. Wie *ist nicht in* Wê *zu ändern.* Wie daz *ist elliptisch 'wie kommt es daß.'* 12. 14. nit *C.* 17. señftekeit *C.* 19. nit *C.* 23. señedes *C.* 27. wilz *Hagen:* wile *C.* 28. gefuogen *C.*

11.

C 31—33. 2. welte min vor *C.* 6. nit *C.* 19. môcht *C.* 20. hette — wârer *C.* 21. lach *C.* 22. frôiden ie leiter uñ venre ie *C.* 23. solt *hat C, nicht* sol, *was keinen Sinn gibt.* 25. señdem *C.* 28. si [b]dvrch [a]das di dich *C.*

12.

C 34—36. 1. O wie frômde *C.* 4. lasse *C.* 6. nit *C.* 8. 9. Swie frômden *(das* n *scheint aber weggewischt)* min lib etc. *C.* 12. nit engelden *(nicht* engelten) *C.* 15. 16. Swie frômde min lib etc. *C.* 17. Was *C, von Hagen gebessert.* 21. gegen *C.* 22. 23. Swie frômde min lib etc. *C.*

13.

C 37—38, *auch am Schlusse der Liedersammlung Walthers von der Vogelweide (Bodmer I, 142[b]), aber beigeschrieben (mit blasserer Tinte)* Meister Heinr̃. Teschler. *Ich bezeichne diesen andern Text mit C^2.* 7. sist] bis C^2. stûte *C.* 8. gegen CC^2. 9. beidú C^2. 10. herzeklicher *hat auch C.* 11. wâge CC^2. wider *fehlt* C^2. 12. nit *C.* 14. gegen *C, fehlt* C^2. leistenne C^2. 15. kumt von missetrúwe C^2. 17. din herze] so verre C^2. 18. Das ich in weis so ganz uñ C^2. vest *C.* 19. stete noch trúwe C^2. 24. vil *fehlt* C^2. werende C^2. 28. hie mitte bist du wol behût C^2. 29. hulfe] sol C^2. 30. si *zwischengeschrieben C.* 32. mâsse *C.* 33. soltu C^2. vergût C^2.

IX. Her Heinrich von Stretelingen.

Stretlingen *in der Ueberschrift und im Register; aber vorgeschrieben war* von Stretelingen. *Auch das Bild des Dichters, das sich in* C^a *erhalten, hat* h' heinrich vō stretelingē.

1.

C 1—3. 7. bisunder dike man mich siht *C.* 10. 11. 12. uñ *C.* 15. min gemuete *C.* 16. sit si ist *C.* 17. 18. *nur* Dei *C.* 20. grôze *fehlt C.* 22. so fuege *C.* 25. din *C.* du weist wol selbe war *C.* 27 *fehlt C.*

2.

C 4—8. 1. frowen *C.* 4. schulde verhowen *C.* 5. sere *C.* 8. uñ *C.* 16—18. *nur* Ach uf genade, *ebenso bei den folgenden Strophen.* 33. mih, *am Schluß der Zeile, C; ebenso* 38.

3.

C 9—11. 1. vogel *C.* 8. nême *C.* 11. wolde *C.* 13. die *C.* 19. 21. bitten : sitten *C.* 22. welle *fehlt C, von Hagen ergänzt (3, 596*[b]*).*

X. Her Hesse von Rinach.

Ueber dem Bilde Her Hesso von Rinach, *aber im Register* Hesse. *Vorgeschrieben* Von Rinach.

1.

C 1—3. *Dieses Lied (vielleicht auch das zweite) ist auf einem einzelnen Blatte schon in alter Zeit, jedenfalls aus C, abgedruckt worden: vgl. Wellers Annalen 1, 262, und meinen Nachweis im Anzeiger für Kunde der deutschen Vorzeit 1879, Sp. 86. Leider hat Weller nur fünf Zeilen mitgetheilt; ich bezeichne die Abweichungen mit c.* 1. Klägliche *c.* 2. klag *c.* 5. dar] da *Cc.* mich *fehlt c.* *vor* verderben *steht* ſ *C.* 10. *vielleicht* lûter gar. 12. uñ *C.*

2.

C 4—7. 5. 6. uñ *C.* 7. alsam *Hagen:* als *C.* 11. wer *C.* 19. als *C.* des *fehlt C.* 26. sus *fehlt C.* 28. uñ nême *C.*

XI. Her Walther von Klingen.

1.

C 1—5. *Wackernagel S. 8 f.* 3 *etc.* frowe *C.* 16 *ff.* sitte : bitte : mitte : litte *C.* 18. Minne ich úch des iemer bitte *C.* des — bite *schließt sich als parenthetischer Satz an den Nachsatz an.* 28. arbeit *C.* 34. were *C.*

2.

C 6—10. *Wackernagel S. 9.* 8. klage *C.* 14. ach] ç| ach *C.* minne *fehlt C.* 20. si git *zweimal, einmal mit Punkten darunter, C.* 23. *vor* lip *steht* můt, *durch Punkte getilgt, C.* 26. alle die *C.* 32. war umbe *C.* 33. si ist *C.* schult *Wackernagel*] schulde *C.* 35. sit das ich der guoten ze guote *C: Wackernagel* ze guot der guoten, *und in der Anmerkung* '*oder* ich ir guoten gűete nie? *vgl. 7, 15 fg.*'

3.

C 11—15. *Wackernagel S. 9 f.* 2. vogel *C.* 3. úch *C.* 4. úch *C.* 10. wande *C.* 13. uñ *C.* 19. die ich *C.* 26. niht *Wackernagel*] *fehlt C.* 30. das si *C.*

4.

C 16—21. *Wackernagel S. 10 f.* 1. etspringen, *gebessert von Hagen. Bodmer las* entspringen. 6. vogelin *C.* 8. Genade *C.* 39. swenne *C.* 40. *hier wäre der fehlende Reim herzustellen, indem man schriebe* maniger klaget mine dol; *aber in V. 26 weiß ich keinen Reim auf 23. 25 zu finden.*

5.

C 22—25. *Wackernagel S. 11.* 3. Die vogel *C.* 6. vogellin *C.* 7. arbeit *C.* 8. Wild *aus oder in* Wilt *gebessert C.* 9. wunnklichen *C.* 13. *ein ἀπὸ κοινοῦ,* lêre *gehört zu beiden Verben.* 17. Si kunnen ungemnete vertriben *C.* 20. fůge *C.* 25. aber im *C.* 28. wib geben — über *C.* gên *(besser* gen) *für* geben, *eine alemannisch häufige Form, die hier durch den Versbau wahrscheinlich wird. Allerdings gestattet sich der Dichter auch bei im übrigen trochäischem Versmaß zuweilen den Auftakt; wo er ohne Schwierigkeit sich beseitigen ließ, habe ich ihn entfernt. — Nach dieser Strophe sind sechs Zeilen Raum für eine fehlende Strophe gelassen.*

6.

C 26. 27. *Wackernagel S. 11.* 4. *die Ergänzung von* si, *die Hagen und Wackernagel vornehmen, scheint sich allerdings auf den ersten Blick zu empfehlen, und doch zweifle ich, ob in diesem Falle* sô *am Anfang des Nachsatzes fehlen dürfte. Richtiger wäre* si hât. *Aber eine Ergänzung ist, wenn man* mine *statt* min *der Hs. schreibt, überhaupt nicht nöthig,* diu liebiu vrouwe min *ist wieder in einer Construction* ἀπὸ κοινοῦ *gesetzt.* 8. uñ *C.* 16. *nach dieser Zeile sind 18 Zeilen Raum gelassen für drei weitere Strophen.*

7.

C 28. 29. *Wackernagel S.* 11 *f.* 4. das ân *C.* 6. uñ *C.* 8. wurdē *C.* 9. bete *C.* reinē *C, von Hagen gebessert.* 12. bette *C.* 16. *vor* wil *steht, mit Punkten darunter,* kan *C.* 19. liebt *C.* 22. *nach* in *folgt* wā̱ *C.* 23. dienstlichē *C.* 26. *neun Zeilen Raum gelassen in C.*

8.

C 30—32. *Wackernagel S.* 12. 9. wib danne *C.* 12. herze *C.* 16. tugende *Wackernagel*] tugenden *C.* 17. nie man *Wackernagel*] nieman *C.*

XII. Her Goeli.

In dem Register Her Gôni.

1.

1 = *B* Nithart 59, *C* 1, *c* 5, 1 Golßlins dôm. *Haupts Neidhart S. XXIV.* 1. 2. Sumer der hat sin gezelt. nu gerihtet uber al *C.* 1. hin ist] ee was *c.* 2. n. h. der may sich g. *c.* 3. Hoch gerichtet *c,* uf die und *C.* an] uf *Cc.* die pinewaide *B, von Haupt gebessert,* die sine w. *C,* der deinen w. *c.* 4. wol bedonet ist *c,* wol gezieret stant *C.* dú velt *C.* 5. Man hœret kleiner vogelin schal *C.* in grûner *B,* manger *c.* ist das *c.* 6. Schone singet lerche uber *C,* Hoh so singen die lerchen uber die *c.* entspringent *B.* 7. Ich lobe dich meie *C,* wol dir may *c. Vor 8 gehört V. 11 (Druckfehler).* 8. du gist úns vil morgen sûsser *B,* was du uns bringest s. *C,* was du prengest senffter *c.* touwen *C.* 9. den anger *c.* 10. uf grûnet *B.* gruenent *C,* grûnenn *c.* ouwen *C.* 11. iar lanc suln wir heiden ouwen schouwen *C.* j. hebt sich *c.*

12 = *B* Nithart 61, *C* 2. *In B ist durch Zahlen von alter Hand die Reihenfolge der Strophen berichtigt und* = *C.* scharpfen *B.* 13. die den tanze zerbrechen wę̄n *B.* 14. sîne] ouch sin *B,* al sin *C.* cumpenien *C.* 15. kurze lang ze massen *B.* 16. orten ganze *B.* 17. sú wen *B.* 18. kom] wilt du *C.* 19. nach dinem rate sinnen *C.* beuinden *B, von Haupt gebessert.* 21. des ware est stat *B,* er sprach nu ste *C.* 22. du *B,* nu *C.* tanze *B,* pris *C.*

23 = *B* Nithart 60, *C* 3, *c* 5; 3. Friden wolt *c*. 24. wol gefrúnt und gang *C*, die wol gefreundten gen *c*. uns] es *C*. 25. dîn] das *C*. oster swert *B*. zů der *Bc*. lingen *B*, lengen *C*, linken *c*. 26. bis *Cc*. Kúnzem *B*. 27. dinkhoftor *Haupt (nach Oberlins glossar. 2, 1639)*: tinkuftor *C*, dinkel tor *B*, deines hauses tor *c*. *Die Lesarten von Cc deuten eher auf* dinkhûstor. 28. las deine waden den tancz allumb rayten *c*. tanze her uf — ritten *B*. 29. uñ werdest *B*. da *B*: gar *Cc*. 30. des swertes *c*. auff der brust *c*. 31. slah die *C*, du slah die *B*, slahe dein *c*. stahelbissen *BC*, stahel weyss *c*. na *B*: dar *Cc*. 32. das man es uf Kolmurer hûten hôrc erhellen *B*. so das die kelnerhût *c*. auff dem *c*. kôpfe *C*. 33. dur nieman *C*. dir] dein *c*.

34 = *B* Nithart 62, *C* 4, *c* 5, 5. ja *Cc*. 35. under den valken *B*, vnterfahen *c*. har *c*. 36. noch ains *B*, kume ein *C*, er ist ein *c*. lewen kla *C*, lôwen klawe *B*, lewę *c*. under *BCc*. anderan *B*. 37. er weren laut *c*. 38. werden *fehlt Bc*. alder ie *B*, oder ye *c*, alde *C*. bekumen *c*. 39. da siht Ott woll zu dem tancz probirein *c*, das uns Otte helfen wil ri fieren *C*. 40. des must *c*. troialday *B*, treialtrei *C*, troientay *c*. 41. salb *c*. rummen *B*, pald rawmen *c*. 42. jenem wirt eins vnd dennoch zway *c*. vil lihte wart — alde *B*. 43. wolte sich kainer in den henfen sumen *B*, will er sich in dem hauffe nicht lenger sawmen *c*. 44. der bedorft zů der rehten hende des dumen *B*, sich do verloss der Gosslin seinen dawmen *c*. tumen *C*.

45 = *B* Nithart 63, *C* 5, *c* 5, 2. Swer *C*, Wer nu *c*. wellet *B*. 46 unde wittert *B*, wetter *c*. wie er selber wil *c*. 47. Den sol der hagel slahen *C*, dem endarff der h. sl. *c*. 48. das ist úch vor gezellet *B*, dast uf úch gezelt *C*, ist zu ir geselt *c*. 49. des mag Otten sein zuuil *c*. ir rûment *C*. 50. Els vnd Yrmel mag sein wol *c*. else vñ elli *B*, Elle und Else *C*. 51. ist] si *C*. 52. Otten ist (ward *c*) von megden wol gesprochen *Cc*. 53. elli mir das *B*, elle dú die *C*, Els durch yn ein *c*. reyslein *c*, rise *C*. 54. oder *Cc*. zwirant *B*, zwirnd *c*. 55. Otten wart sin tanz *Cc*. tanze *B*. zerbrochen *c*, gebrochen *C*.

56 = *C* 19, *aber mit der vorausgehenden (C 18) Neidhart (Haupt 43, 5) gehörigen durch † hieher gewiesen*, *c* 5, 4. versunde *C*, versawmet *c*. 58. nie seins swertes *c*. 59. wenn sie — sach *c*. 62. sich heben sleg straich vnd stôss *c*. 63. man slecht swert *c*. 64. jener] uñ *C*. der und sein *c*. 65. mûten *c*. verdrússet *C*. 66. e das ich under ouch b. v. *C*, eczwann das man es u. o. blick *c*.

2.

1 = 52 *B*, 6 *C*, 13 *O*, 41, 1 Der waibell *c*. *In BOc unter Nitharts Liedern. Haupt S. XVIII ff.* Willekome *O*, Bis *(aber am Rande ein blaues* W *B)* w. *Bc.* eyn som.... *(abgeschnitten)* suze *O*. 2. *in c leerer Raum.* was lenge] sich lenge *C*, si la... *O*. 3. seiner kelten mag uns wol genûgen *c*, hat mich siner kelte genueget *C*, her gaf vns kelde g... *O*. ûns siner kelte *B*. 4. sprach — schiere] *leerer Raum c.* maghet d.... moze *O*. komen] werden *C*. 5. diu] de *O*, dein *c*. kangh *O*, do gange *c*. 6. ..... hevoghe *O*, uf den anger und ich trage krûge *C*, nach wasser mit den krûgen *c*. 7. nûwe belzel houbet rise *C*, nuwe rochlin.... *O*, nuwe krenczel seyden reysen *c*. 8. *fehlt c*, ..en dar zu har uf binden *O*. 9. ich sing ôch wol des *B*, wol kan ich des *C*, ...ch des *O*, spring ich den *c*. leyse *c*. 10. trit den....zo prise *O*. und ouch den *C*. notte *B*, noten *c*, rotten *C*. weis *c*. 11. nach der ghi....ze so gheswinde *O*, trit ich nach der geigen gar geswinde *c*. vñ tanze nach der gigen *B*. vil geswinde *C*.

12 = 54 *B*, 7 *C*, 14 *O*, 41, 2 *c*. Jarlang g. loup *B*, Jarlang gat (get *c*) das l. *Cc*, ... ghit daz lof *O*. ouer hecken *O*. 13. vil schône] ....t *O*, vnd grûnet *c*. 14. an dem werde *C*. 15. linse rûret er die svmerslegge *B*, vaste rvrent sich ...de summer snelken *O*. vast rûrn sie die sumer stege *c*. 16. gezwiklichen *C*, gezwinglichen *B*. ....ichen *O*, so zwincklichen *c*. gezoulichen *vermuthet Haupt. Die Vorlage wird* gezowiklichen *gehabt haben, was, wenn man Verschleifung annimmt, auch stehen könnte; aber im daktylischen Verse ist Verschleifung auf der Hebung ungewöhnlich.* 17. riben vñ ....r swenze *O*, da siht man gerifirte swanczen *c*. reuent *B*, rifelnt *C*. 18. 19. die ir tragent s. l. uf den w. slissen *B*, die wir zû der linden tragen an den w. sl. *C*, de ir vf den ... en bi den teuzen slizen *O*, die wir jarlang s. logenn mit einander fliessen *c*. tâlanc: *Besserung Haupts.* 20. offenbar und ane lougen *C*, haimlichen vnd tâgen *c*. ... sunder loughen *O*. 21. sult ir....en oughen *O*. sûll wir *c*. sp. also tougen *C*. 22. wer se sin *O*, wer die sind *c*. sich tanczes *c*.

23 = 55 *B*, 9 *C*, 41, 5 *(von 29 an) c*, *als Abgesang zu 34—39*. Ich wil sin sin kempfe zer linden *C*. 24. und *fehlt C*. 25. samir *B*, semmer *C*. Eggen *C*. ouch *Hagen: fehlt BC*. 26. an siner schar *C*. 27. ist] der ist *B*. 28. swie in alles l. min fro *C*. litzet *B*. 29. Giselbrecht was vngerûmet *c*. rûment *C*. 30. seitt er ward zu s. *c*. 31. 32. *vertauscht c*. 31. er ist *BC*, der ist *c*. verdûmet *BC*. 32. swas si singent oder blûment *C*, wer yne preiset oder plûmett *c*. si in *B*.

33. ja ist er seiner veindt gar ein g. c. er ist *BC.* und *fehlt C.* sinen frúnden *B.*

34 = 10 *C*, 41, 5 *(nur 34–39) c.* 35. so sere *c.* 36. yne teufenlichen *c.* 37. damit so hat si im sein laub zuprochen *c.* 38. nu thu sein nymer mer *c.* 39. wol] hie *c.* Cůnczel *c.* haymen *c,* da heime *C.*

45 = 56 *B*, 11 *C*, 16 *O*, 41, 3 *c.* nu heiz *C.* den sumer *B*, das summer *c*, de seghedë *O.* 46. der ton *C*, den dôn *B*, den dun *O*, die dône *c.* 47. machet lihte claffende helze *B*, seht der machet klafente helzen *C*, machen uns die klaffende helcze *c*, dat[a] en allen geclinghen ir ghehilse *O.* 48. du solt den tanz (reyen *Oc*) [al *C*] durh das *(fehlt O)* g. f. *COc.* 49. dar sament sich *c.* samenent *B*, samnont *C*, samnet *O.* 50. trucz vnd tracz der do krieg oder kelcze *c*, den vor bede ich sprechen vnde kelsen *O*, du solt werren ubriges kelzen *C.* crôn *B.* 51. niht *fehlt O.* rayen *c.* 52. ghemelichen *O*, gemailiche *c.* 53. der sal lazen sin *Oc.* kain *B.* 54. oder im wirt l. *O*, sich hebt villeicht *c.* struhgevelle *B*, strauch gefelle *c*, strucheuel *O*, strus gevelle *C.* 55. daz semeliche *O*, das etlich *c*, des dekeiner *C*, das die iungen *B.* *Die Abweichungen der Handschriften deuten auf ein unhäufiges Wort, dessen Spuren in* semeliche *O*, kume *C*, iungen *B* *noch erhalten sind.* werden spottes (spade *O*) *Oc*, kume wirdet *C.*

56 = 57 *B*, 12 *C*, 17 *O*, 41, 4 *c.* Da *O.* der] eyn *O.* von dē rússe *B*, von dem russe *C*, vor dem rausse *c*, vñ ruzen *O.* 57. eyn dun *O*, der des *c.* vberpûnt *c*, úber die búnde *B*, durh die húte *C*, ouerhellet *O.* 58. schal recte als es alles br. *C*, hal recht sam es alles da brinne *c*, rech also abes allet sament brunne *O.* es in ainders *B.* 59. Vast sprungen *c.* rote] grotze *O*, geile *C*, starck *c.* bagge *C*, wanghen *O*, knappenn *c.* knûsse *B*, knússe *C*, knauss *c*, puzen *O.* 60. die starken gefrúnde *B*, vil starke gefrúnde *C*, dieselben ger freundte *c*, daz is irscellet *O.* 61. schir[n] dan min vro B. *B*, fron Elsen schatten baren *C*, cap vrowen telen scaden *O*, gaben dickenn schatten *c.* fûr die *c.* sunnen *C*, sunden *O.* 62. 63. Ringewiffel *C*, ringelwipfel *B*, Beringer wiphel *O*, *fehlt c.* bey dem stauchen mit frawen elsen *c*, fron Gesun bi der stuchen *C*, der vron elsen alse scone bider stuken *O.* vorde *O.* 64. hohe sprúnge *B*, harde scone *O*, hofflichen *c.* tauchen *c*, duken *O*, duhte *C.* 65. das im nie enhein loch gestruchte *C*, nidert ain fuss gestrauchen *c*, vorde he des haret cruken *O.* 66. her veyuel spranc dat her se nie ne gherorde *O.* fuor] sprach *c.* dêr *Haupt:* er *B*, das er *Cc.* si] sich *Cc.* niene *C*, nicht *c.*

3.

1 = 13 *C*, 42, 1 *c*. *Haupt S. XXI f. In c unter Nitharts Liedern.* stet *c*. 2. uber eggen *C*, überecke *c*. 3. küset man *C*, das kies ich *c*. 4. so thun mir auch die törper *c*. 5. gewinnent] *leerer Raum c*. heggen *C*, sein hegke *c*. 6. noch hewer *c*. under *C*, vnter *c*. alle gleich *c*. 7. der ich ú viere nennen wil *C*. 8. vil] gar *c*. 9. der ayn *c*. Madelger *C*. 11. uns] nicht *c*.

12 = 14 *C*, 42, 2 *c*. ein wunder *c*, *fehlt C*. zwein *C*. 13. ziment *c*. sich so *Cc*, *von Hagen gebessert*. 14. wenn sie ir *c*. umbe die *C*, umb ir *c*. 15. das ist Engelbolt *C*. mit sein *c*, vnd sin *C*. 16. trettent *C*. also *Cc*, *von Hagen gebessert*. 17. wenn sie gend h. here — leuten *c*. hübesche *C*. 18. vierde *C*. ameloth *c*, adelbolt *C*. 20. er *c*. zwein *C*. niht ze] auch nicht *c*. 21. haben *c*. 22. er sú *C*, er sie *c*.

23 = 58 *B*, 8 *C*, 15 *O*, 42, 3 *c*. *In BOc Nithart beigelegt.* Er ist ain hübscher knappe der weibel *C*, Das ist ein hübesch k. d. w. *C*, ... houesche knape der ... *O*. daz *Haupt, fehlt c*. 24. ist im crispet *B*, das ist crispe *C*. 25. wan erz *(beide Worte blau auf Rasur)* in den ringen dikke ribet *B*, wand ers an dem ringe d. r. *C*, : von her an dem reye ... t *O*. 26. ... s her eyn rechter tr ... *O*, er ist an dem tanze ein rehter treibel *C*, vñ an dem tanze vil gar ain traibel *B*. 27. vil gefüglich *B*, ... chlichen *O*. tyspet *O*. 28. mit den füssen er küpfet vnd auch r. *c*, mit .... scuppet vnde her ... *O*. mit ainē fûs *B*. ers walket *C*. libet *B*. 29. iara io *B*, Jorajo *c*, Har nora iou *C*, ... vor *O*. den *BCO*. aczel *O*. nottē *B*, rotten *C*. 31. meysterli .... scotten *O*, maisterlichen haupt schüttenn *c*. h. schotten *C*, h. notten *B*. 32. singet wol des raien (reigen *C*) kotten *BC*, singhet her des reyen notten *O*. 33. sneller *c*. ein] uf *B*. anger] dorper *O*.

4.

1 = 53 *B*, 15 *C*. *In B unter Nitharts Liedern.* ein *fehlt C*. 3. vil mange süsse stimme an dē *B*. 5. swen *B*, das *C*. willekliche *C*. 6. din *fehlt C*. 8. vröt *B*. 9. han *C*. vil *fehlt C*. bewegen *C*. 11. stet *C*.

12 = 16 *C*, 42, 4 *c (Nithart)*. sagen *C*. schumpfeteûre *c*. 13. dörper] dolen *C*. spähe *c*. 14. der mich meiner synne hat b. *c*. 15. so raid löck sach *c*. kusen *C*. 16. dörper wehe *c*. 17. den wir bekennent *C*, mûgt ir kennen *c*. 18. er ist woll anderthalber franczos *c*. franzoys *C*. 19. ein tauber *c*, stovern *C*, *von Haupt*

gebessert. 20. purse *C*, burg der *c*. puneize *C*, gurtos *c*. 21. sein gûrschitt haisset schampenois *c*, sin gumpan ist ein zampuneis *C*. 22. wie kunde uns *C*, ja mager *c*. von den tolren *C*. nicht *c*. c *(42, 5) hat noch folgende Strophe, die, wenn das Lied von Goeli ist, wegen des Reimes* zoume : roume *nicht echt sein kann.*

Nu schouwet an den wunderlichen koppen,
wie er sich wil erwüeten
alsam ein frecher fûl an einem zoume.
jâ râte ich daz dem gemelichen poppen,
er sol sich wol behüeten
daz er uns von dem anger gerne roume.
ê daz im werde ein snurre (?) wît
von scharfes swertes orten,
dâ von vil manger tôt gelît
und nimmer mêr gehebet strît
und setzet niht mêr schapel ûf die borten.

1. Nun *c*. 4. jemelichen *c*, *von Hagen gebessert.* 6. uns *Haupt*] im *c*. 7. schnüre *c*. smarre *möchte Haupt vermuthen.* 11. porten *c*.

23 = 17 *C*, 42, 6 *c*. 23—28. Klein gefalten ist er in dem rock vnd hofenlich geschûrtzt ja tar yn nyemant vngetwagen an rûren vil schôn gepunden sind jm sein locke wol klûglich gestûrczett das machet jm die haub mit den schnûrn *c*. . 23. valwe lôke *zweimal C*. 24. an dem *C*. 29. so hel o wurra wei *C*, ein weher burrabey *c*. 30. was kan sich im gleichen *c*. 31. her' mein her' partenczoy *c*. 32. ir seit ein hûbscher kappafey *c*. offei *C*. 33. wie ers in dem ring lat her dornach streichen *c*.

C 18 *noch folgende Strophe Nitharts (Haupt 43, 5):*

Hat ich under wiben wal.
so neme ich die guote zeiner frowen.
der ich mich doch niemer wil verzihen.
vert si mit mir gegen rûwental.
guoter dinge mag si mangel schowen.
oben niden ab unz uf den rihen.
da ist es leider alles blos.
si mag wol sin armer lúte husgenos.
wie wol ich belibe.
kumt mir trost von einem schonen wibe.

XIII. Her Heinrich von Frouwenberc.

Frowenberg *C, in der Ueberschrift wie im Register.*

1.

C 1—3. 6. *etwa zu ergänzen* diu dar kam durh minne lôn. 10. nu *fehlt C.* 18. frowe *auf radirtem Grunde C.* 20. úwer *C.* 27. liebe *auf radirtem Grunde C.* 30. zeinē *C.*

2.

C 4—6. *Der Rhythmus des Liedes ist daktylisch, aber wie so oft nicht sehr geschickt gehandhabt.* 1. komen *C. Die durch den Vers geforderte Form* kon, *denn* uns ist kómen *mit zweisilbigem Auftakt ist falsch, bestätigt die aus der Stellung des Dichters in C geschöpfte Vermuthung, daß er ein Schweizer war.* 2. 3. dú uns frôide wil bringen. der sumer *C.* 4. vogellin *C.* 5. 6. wil sûsse erklingen. ir sang *C.* 8. mih *am Schluß der Zeile C.* 9. verne *ist hier subst. 'vergangenes Jahr.'* 22. diu *fehlt C. Man könnte auch schreiben* min sorge wirt noch manicvalt. *Aber eine Ergänzung ist nothwendig, da eine einsilbige Senkung unstatthaft wäre.* 25. *vielleicht* von sorgen geschiede den lip. 27. wol] wol vil *C.* 28. si selig wib *C.* 33. das ich bin iemer me *C.*

3.

C 7—9. 13. si ist *C.*

4.

C 10—12. 3. gotte *C.* 5. si ist *C.* 8. Schone *C.* minnenklich *C.* 10. si ist — rich *C.* 12. tugenden *C.* 20. vro minne *C. Da ein Reim hier kaum herzustellen ist, so ist vielleicht auch der Reim* minnenclichen : gelichen 6. 13 *zufällig und die vorletzte Zeile in allen Strophen reimlos. Es ist dies um so wahrscheinlicher, als Z. 8* minnencliche *schon als Reimwort steht.*

5.

C 13—16. 4. nah *C.* 6. gegen *C.* 7. des wil ich an ir lachen mich niht mere lan *C.* 8. were *C.* 16. wan das si *C.* 26. das ist *C.* 27. *auszusprechen ist* dens ûf.

XIV. Her Heinrich von Sax.

In der Liste von C mit dem Zusatz ein Bredier.

1.

1. bitte *C.* 10. das ich *C.* ane *C.* 11. iemer me *C*, *gebessert von Hagen.* 12. si trôste bas minen *C.* 15. gegen *C.* 24. minē *C.* 27. ist ouch dú *C.* 28. egen *C.* 34. vor allen wiben min *C.* 35. die ich *C.* 36. uñ habe *C.* 40. uñ *C.* 42. das ich *C.* 44. wil eht dú *C.* 49. noh *C.* 52. noh *C.* 54. 55. sender. Mit not *C.* 58. frôit *C.* *Die hier geforderte zweisilbige Form ist V. 91. 115 erhalten.* 63. frôite *C.* 68. uñ *C.* 74. vogellin *C.* 77. schonen *C.* 83. *man hüte sich zu betonen* dá diu, *vielmehr* dâ díu grüene línde; *besser wäre* dâ grüene diu linde stât (= von hinnen vertriben hât); *aber es ist bekannt, daß bei daktylischem Rhythmus die altdeutschen Liederdichter oft ein zweisilbiges Wort (wie hier* grüene*) in die Senkung gesetzt haben.* 84. *zu betonen ist* klèblúomen; *die ganze Zeile hat nur fünf Hebungen (= 81. 83); der weibliche innere Reim entspricht dem männlichen in 81 und 83, hat aber andere Stellung, zweite und dritte statt erster und zweiter Hebung. Auch 82 hat nicht etwa eine Hebung mehr, da* ouch *mit dem vokalischen Auslaut von* schalle *zu verbinden ist.* 86. schoner *C.* 88. *wenn auch* vrî *mit dem folgenden* ahî : sî *reimen kann, so steht doch 86 reimlos da, was ganz undenkbar. Man kann verschieden bessern:* und kumt sorgen an ein zil; *oder* dâ kumt vil schœner frouwen bî. *Am wahrscheinlichsten ist aber, daß die entsprechende Halbstrophe nach 88 ausgefallen ist, denn der Fall wiederholt sich V. 112. 113.* 89. ahy *C.* 97. frôiderih, *am Schluß der Zeile, C.* 114. *aus dieser Zeile ist ersichtlich, daß die entsprechenden V. 82. 84. 94. 96 daktylisch zu lesen sind. Nach* vil *fehlt die entsprechende Hälfte des Absatzes: vgl. zu 88. Der Besserungsvorschlag Hagens (MS. 3, 594*[b]*)* klêbluomen vil ze lesen *ist schon wegen der Gleichheit dieses Absatzes mit den früheren zu verwerfen.* 115. frôwent *C.* 116. manigē *C.* dike *C.* 118. dunket, *nicht* dúnket, *hat die Hs. und ganz richtig.* beidiu *fehlt C.* uñ *C.* 120. beschê *ist sehr auffallend; vielleicht* ergê. dâ von *auf* reinen wîbe *zu beziehen.* 123. solde *C.* 126. wolde *C.* 129. wolde *C.* 130. si ist *C.* die ich da meine *C.* 132. ir *und* und *fehlt C.* 136. *die Zusammenfassung dieser und der entsprechenden Zeilen ist durch das Elidiren hier gesichert: vgl. Germania 12, 148 ff.* 137. vil *fehlt C.* suesser *C.* 138. wil si ouch ich bin *C.*

2.

C 1—5. 8. *Punkt nach* tuot *ausgesprungen.* 16. mihn] min C. 18. hatz C. 23. meye C. 30 *ist syntaktisch mit* bespreit *zu verbinden, 'bedeckt mit mancherlei mit einander wetteifernden Blumen.' Der Ausdruck ist genitivisch, man sollte daher* kibes *erwarten; aber bekannt ist, daß bei zwei Gen. der zweite, namentlich im Reime, oft in unflectirter Form erscheint.* 33. da singet nu ir suessen stimme C. 44. mit diner guete C. minē C. 49. möhte ich ęrƀ erwerben C. 50. noh C. 51. *'um meinen Tod abzuwehren.'* 52. *vielleicht* mir wolte bieten minne spil. 55. bitte C

3.

C 6—10. 2. schonen C. 5. *vielleicht* dâ was ein michel frouwen schar. fröwen C. 6. ir *Hagen: fehlt C.* 7. dike C. 8. *vielleicht* vüegerin *und in Z. 10* al ir sin. 10. twinge C; *ist allerdings nicht unbedingt zu verwerfen: in der Aussprache des Verses macht es keinen Unterschied, da das* e *doch unterdrückt wird.* 11. rehte C. si *zwischengeschrieben* C. 14. kiur C. 17. leite si C. 21. solde C. 24. herze uñ C. 29. 31. *auch hier ließe sich der klingende Reim beseitigen, wenn man schriebe* kund ich mit fuoge nu bejagen (: verzagen). 34. in vermeit C. 35. alder C.

4.

C 11—15. 3. vogel C. 12. Minne *mit großem* M C. 14. wurde C. 17. wolde C. 25. fründe C. 29. in enwelle C. 37. das ist C. 38. wene C. 42. gegen C. 47. alder C.

5.

C 16—20. 7. genade C. 10. alder C. 13. die ich C. 17—20. *nur* genade frouwe C, *ebenso in der dritten Strophe.* 37—40. *nur* genade frouwe min C. 42. fröwe C. 47—50. *nur* genade frouwe min C.

XV. Winli.

1.

C 1—5. *Der Rhythmus ist daktylisch mit Ausnahme der ersten Zeile des Abgesanges, die trochäischen Bau hat. Vielleicht sind je zwei kurze Zeilen in eine zusammenzufassen.* 1. *Zu betonen* minnéclîchiu; *vgl.* 38. 44. 46. 4. gewünne C. 5. vrŏ C. 6. werde — vri C. 7. kem C. funde C. 8. erwunde C. 9. rêdde C. 13. sid C. 14. getrûwet C. 15. dē vâre C. 17. secht so hette C. 18. 19. hette C. 20. sint *fehlt C,* sit *ergänzt Hagen. Nothwendig ist die Ergänzung zwar nicht, aber nach dem Rhythmus wahrscheinlich: vgl. jedoch V. 30.* üch C. 21. hab C. 22. ich rur *C, nach Hagens Vorschlag gebessert: 'ich mangele.'* 25. belibē C. 26. möcht C. 30. macht *C, und so hier immer* cht. 40. zůtzir — gegen C. 41. nit C. 43. señden C. 45. nit lâsse C. 46. *nach* minneklichú *ein Wort ausradirt, das mit* de *schloß, wahrscheinlich das fehlerhaft wiederholte* wende. Minne *von Hagen ergänzt.* 47. alder *Hagen:* ald C. 48. sicherlichen C.

2.

C 6—8. 5. blůt erdringen *C, von Hagen gebessert.* 7. klag C. 9. was C. 10. gewere C. 11. ziehe C. 19. missetête C. 21. 22. gůt : steten mut *C, von Hagen gebessert.* 35. berichten *C, von Bodmer gebessert.*

3.

C 9—11. 5. phin C. 7. uñ C. sich dvr aldur C. 11. williklichen C. 12. uñ lachet suesse berg C. 13. gebreche C. 14. wêche *C. Hagen besserte* vreche. *Allein das Längezeichen weist auf* wæhe *hin;* gebræhe *ist zwar nicht belegt, aber da ein starkes* brehen *gerade auf alemannischem Gebiete um 1300 vorkommt, so ist* gebreche *auf Grund des andern Reimwortes als* gebræhe *aufzufassen.* 18. gkume C. 19—23. *nur* Scheiden das etc. C. 24. schouwen *zweimal C.* 25. nah | *C. Der Wechsel der Stellung beweist das Vorhandensein eines innern Reimes.* 27. 31. uñ C. 33. bekrenket C. 37—41. *nur* Scheiden das tuot we etc. C. 44. muest C. 45. wannich C. 46. 47. 50. uñ C. 52. möcht C.

4.

C 12—14. 5. und C. 6. die C. 7. fröwen C. 10. uñ heisset senden C. 11. mêre C. 12. zeinen C. 13. sid C. 16. uñ las C. 17. minn C. 19. leien C. 21. vogel C. 22. riffen C. 24. sich ich C. 25. wannir C.

5.

C 15—17. 1. fröid C. 2. meiien schin guete C. 5. boumen C. 6. leit C. 12. miner selbes eigen bin *C. Allerdings kann man durch* mîn *bessern, wie Hagen thut, aber dadurch wird der Auftakt nicht geregelt.* 13. Wie C. 17. eine* *C, nicht* einer, *wie Bodmer und Hagen haben.* 19. Wer ich min als ich ir C. 20. enwolt C.

6.

C 18—20. 7. uñ C. 11. wunnekliche̅ *hat* C. 15. da si C. 19. señde C. 20. schone C. 27. herze C. 31. us rotem munde sinne C.

7.

C 21—23. 2. gedenk *C.* 4. señdes *C.* 6. er *C.* 7. wem ir gůti *C.* 13. wil *Hagen:* wip *C.* 15. im in sinen (*nicht* sinem) *C.* 17. swêndet in *C.* 24. das mich *C.* recht *C.* 25. wolt aber *C.* 29. wiben *C.* 30. señde *C.*

8.

C 24. 2. scheidest *C.* 3. senedes, *nicht* senendes, *C.* 4. recht *C.* 7. rât *C.* 9. swerte *Hagen:* swerten *C.* spern, n *radirt, C.* 11. heildes *C.* wât *C.*

XVI. Gast.

Ohne Bild und ohne gemalte Initiale; der Name mit kleiner Schrift am Rande. Im Register nachgetragen Der Gast.

1 = C 1, *n* 10. *Die erste Strophe steht auch in der Kolmarer Handschrift 716ᵃ (t)* in Wolframs guldin tone von Eschelbach; *meine Meisterlieder S. 535 f.* 1. babst ane barmung *C,* pais ane barremunge *n,* gewaltiger *(ausgestrichen)* babest on barmunge *t.* 2. ane *Cn.* vrijn m. *n. das zweite* waz sol *fehlt t.* 3. eyn munt gar ungeslacht *n,* e. m. so röselecht *t.* dar yñ *t,* dar in *Cn.* velze *n.* 4. die got auch nit geloben kan *t.* mangme *n.* lan *C.* 5. nit *C.* duginde kan walden *n.* der keiner eren wil *t.* 6. fry der nymmer tag sin ere kan b. *t.* sine tr. nicht inkan behaldin *n.* 7. ein werder *t.* dienstman *Ct.* nit *C,* mit *t.* szandin in wert *n,* schanden nert *t.* 8. sine dage *n,* sin tag *C.* mit armůt hie verzeret *t.*

2 = C 2. 9. ân ere *C.* 10. lantzherre *C.* 11. gotz *C.* 12. nit *C.* 13. und hat er nit *C.* 14. sûlent *C.* 15. nit *C.* 16. an guot hund und ân *C.* 17. valkner *C.*

XVII. Heinrich von Tetingen.

So in der Vorschrift; über dem Texte und im Register Heinrich von Tettingen.

1.

C 1—3. *Das Lied hat daktylischen Rhythmus.* 4. mih | *C.* dur] din *C.* 12. nimet *C.* 13. schœne *C.* gebarē *C, von Bodmer gebessert.* 15. stirbe ich nu in *C.* 17. si ist *C.* 18. uñ lit minē *C.*

2.

C 4—7. 3. gebûmet C. 5. vogel C. 7. si vrôwent C. 8. mih | C. 10. frôden C. 11. ze muote, *nicht* gemuote, *hat* C. 19. noh C. 24. nah C. 32. minnen *ist auch alemannisch durchaus unanstößige Form der 1. pers. präs. Vgl. bei Steinmar 10, 13.* 35. môht C. 36. reines, *nicht* reine, C. 39. ah C. 40. litte C.

XVIII. Otte zem Turne I.

C Winli 25. 4. trôwen C, *aber* ô *auf radirtem Grunde.* 6. was C. 8. beid C. 10. danne kúng C. 11. nachtegal wolt C. mich ïr gelichen C. 12. kônt C. mêr] mir C. 13. wer — dann C. 15. solt — nit C. 16. dann C. 19. wonē C. tiere: *diese niederländische Ausdrucksweise muß mit dem modischen Gebrauche des Flaemens in den höfischen Kreisen auch nach Oberdeutschland gekommen sein.* 22. krônt C. krœnen *'lallen.'* 24. muest C. 25. wer C. 27. hordet *Hagen:* herdet C. *Der innere Reim in 27 und 29, der auch V. 59 und 61 wiederkehrt, bestätigt die Besserung. Vgl. zu 45.* 28. gewerlich danne C. baldest *Bodmer:* badest C. 29. was C. 32. die C. man *Bodmer: fehlt* C. 34. gebrewet C. 35. liechte C. 37. z'ent C. 43. zarte C. 45. zwei mündel C. *Hagen besserte* zwo lefse. *Aber offenbar sind die beiden Grübchen in den Wangen gemeint, die beim Lachen (V. 46) entstehen.* grunt *heißt 'Vertiefung', kann also sehr wohl übertragen auch die Wangengrübchen bezeichnen.* gründel *ist daher auf Grund dieser Stelle in die mhd. Wörterbücher aufzunehmen.* 46. die C. wem C. 47. Wa C. 48. sorge, *nicht* sorgen, *hat* C. riffen C. 49. si *fehlt* C. schaden den b. C. 51. begriffen C. 52. dâs C. 53. War C. 55. rinnē *steht deutlich da, gleichwohl ist die von Bodmer gemachte Besserung* rûmen *nothwendig. Das zweite Reimwort heißt* gesumen, *trotzdem schreibt Hagen* rinnen : gesinnen. 56. me, *nicht* ie, *hat* C. 59. môcht ich gedienen C. 60. paradys C. 61. darinn C. alsô] so C. 64. wolt C. betasten *Hagen:* bestatten C. 65. si *Hagen: fehlt* C. 66. wolt C. 68. wîle C. 73. hôlder C. 74. einē C. 75. 76. schamt : ungezamt C; *ich habe* e *eingefügt, weil nach dem Bau des Absatzes diese Zeilen wahrscheinlich 71. 72 entsprechen, mithin nach jüngerer Art schon als klingende Ausgänge zu nehmen sind.* 77. wân C. 79. dúchtig uñ so phin C. 80. si *Hagen: fehlt* C. lassen C, *gebessert von Hagen.*

XIX. Her Steinmâr.

her *nur in der Vorschrift;* Steimar *im Register und in der Vorschrift.*

1.

C 1—5. 8. reht ein martere *C.* 9. 10. gewetten : tretten *C.* 10. wâffen *C.* 13. dē glanzē *C.* 16. leigen *C.* 18. swenne *C.* 19. mih *C.* 21. hœre *C.* 23. danne *C.* 24. hûnr *C.* 28. untz *C.* 32. dann• | *C.* 34. trunke, *nicht* trunk, *C.* 35. als *C.* 37. wêne *C.* leke : smeke *C.* 40. wafen, *nicht* waf, *C.* 41. 45. strâze *C.* 47. grôssú *C.* 49. sêle *C.* 50. waffen *C.* wine daruf *C.*

2.

C 6—8. 6. als einē edelē *C.* 7. in den *C.* 15. wande *C.* 20. wisse *C.*

3.

C 9—11. 2. leyen *C.* 4. sehe *C.* 6. wie der *Hagen:* wie dú *C.* scheidēt *C.* 8. schœn *C.* 10. m'nen *C,* i *von anderer Hand.* 16. diu *fehlt C.* 21. 22. *nur* Wúnschent etc. *C.* 23. Hab *C.* 26. uñ muesse *C.* 29. solt *C.* 32. 33. *nur* Wn. etc. *C.*

4.

C 12—16. 8. noh vil g'ne *C.* 10. verne *C.* 13. si *Hagen: fehlt C.* 14. doh wirt | mangē *C.* 16. *der Cäsurausgang* sumer *weiblich gebraucht ist in Steinmars Zeit nicht mehr anstößig. Uebrigens kann man schreiben* sumer süezer. 21. straffen *C.* 25. schœn *C.* 26. kā *C.* 28. nah *C.* 30. *nur* hiure unnaher etc. *C.* 31. einē sake *C.* 33. trake *C.* 35. durh | *C.* 39. 40 *schließt mit* sûs. húre etc. *C; ebenso* 49. 50. 41. Nu si hat *C.* schœn *C.* 42. swc an *C, von Hagen gebessert.* 47. gegen *C.*

5.

C 17—19. 4. herren *Hagen:* herzen *C.* 5. dē *C.* 7. solt ich dē *C.* 10. wolt *C.* 12. selbē *C.* 13. danne — weken solte *C.* 20. muest *C.*

6.

C 20—22. 1. So dú — wirt *C.* 5. nah *C.* 8. *wahrscheinlich ist zu lesen* in gesehe vil schier min liep ald ich bin tôt. schier *ist verkürzt wie* solt *in der Cäsur 5, 13, und* strâf *im Reime 5, 17.* 10. dē *C.* 11. nah *C.* bliken (: schriken) *C.* 16 *schließt mit* schiere etc. *C.* 17. iemer frôide gewinnen *C.* 20. wande *C.* 21. ih | *C.* 24 *schließt mit* vil sch. etc. *C.*

7.

C 24—28. 4. frouwe C. 5. gie nah C. (div über gie) 19. 20. *nur* warte umbe dich. etc. C, *ebenso* 29. 30. 21. fröwe C. 25. ze, *nicht* zuo, *hat* C. 26. si ist C. 37. un sol C. 39. 40. *nur* warte. etc. C. 42. dir *Hagen:* mir C. 43. si ist C. 46. frôidē, *nicht* frôide, *hat* C. 49. 50. *nur* warte umbe. etc. C.

8.

C 29—31. 5. hertę C. 10. nā C. 12. dag C. 16. dē C.

9.

C 32—34. 1. schonē C. 2. meye C. 4. vogel C. 6. nah C. 10. doh C. 11. mih C. 13. herzelieb ie C, *gebessert von Hagen.* 16. bitten C. 17. tůye C. 19. sunnen *Hagen:* sumir C. 21. schone wol C, *gebessert von Hagen.* 23. 24. *nur* Schœne schœne. etc. C. 27. uñ C. *vor* herten *durchstrichen* herze C. 28. Wer C. 29. doh C. 34. rueffen C. 35. 36. *nur* schœne schœne. etc. C.

10.

C 35. 36. 3. dē C. 7. leyen C. 10. betônet C. 11. lebe C. sendē C. 12. schriken C. 17. wande C. 19. ich mag ir C, *gebessert von Hagen.* 22. liebú, *nicht* liebe, C. 25. lebe — sendē C. 26. *mit* vor. etc. *schließend* C. *Dann sind 20 Zeilen leer gelassen.*

11.

C 37—41. 2. strît C. 3. dē ungeslahtē C. 5. můssen C. 7. das klage ich C. 18. bestē C. 19. nemt C. 34. *So beginnt, wie schon von der Hagen bemerkt hat, eine Strophe Gottfrieds von Neifen (41, 18 Haupt).* 35. sag C. 38. koufte C. 40. bedeken C. 41. *vor* wan *ausgestrichen* dinú C. 45. lan, *nicht* la, *hat* C. 48. doh | C. geheheis C. 49. gotteweis C. 51. mih | C. 53. *unrichtig ist hier und bei V. 20 die Angabe von der Hagens, daß diese Zeile nicht wiederholt sei.*

12.

C 42—46. 1. *Die erste Zeile jedes Stollens beginnt mit einem daktylischen Fuße; ebenso ist die erste Zeile des Refrains zu lesen.* 8. suessē C. 11. uñ C. 14. noh C. 15. tugēdē C. 16. minē C. 18—20. *nur* Frôlicher sun. C. 23. uñ C. 26. muesse C. 28—30. *nur* Frôlichen sunnen tag. etc. C. 31. Es ist C. 32. uñ C. 33. *Diese Zeile ist vielleicht fälschlich aus der folgenden Strophe hier eingedrungen.* 37. we (*nicht* wie) das si ie C. 38—40. *nur* Frôlich' etc. C. 44. fürhte C. 48—50. *nur* Frôlich' etc., *nicht* Frôlich etc. C.

13.

C 47—49. 6. sin *Bodmer:* si C. 7. mih C. 13. nach [*dann* na *durchstrichen*] wunsche C. 15. wēne C. 16. rich C. 17. *vielleicht* daz man in der frŏide ist vol. 19. wunne, *nicht* wunder, *hat* C. 20. gelich C. 22. reinē C. 23. 24. *nur* Dest mir. etc. C. 35. 36 *nur* Dest C.

14.

C 50—52. 1. hin] von hinnen C. 2. siht siht C, *gebessert von Hagen.* 8. das ich C. vogelin C. 10. dů ist C. 11. nah ir C. 16. beschuehe C. 17. gar wol C. 19. nah dē | C. dike C. 23. v̇r C. 24. schůhe C. suesse C, *nicht* fuesse.

XX. Der von Gliers.

Im Register Der von Cliers.

1.

C 67ᵃ. 2. die C. 3. gelichent C. 7. frŏde, *aus* frŏide *gebessert*, C. 12. wal chal C. 13. leit ḳạḷẹ klage ich C. 16. verlorn C. 19. weinender C. 21. gewan — sere C. 22. mere C. 23. frŏide C. 24. dast C. 25. uñ irs C. 26. hie bedorft ich helfeklich C. 29. alde — ane C. 31. iegeslich siech C. 39. die ich C. 41. Die C, *von Hagen gebessert.* 56. bevülh *Hagen:* bevel C. 57. houbet C. 59. hulden C. 65. niet C. 66. geschiet C. 67. den *fehlt* C. 81. ich si C. 82. frŏiden C. 83. frŏide C. 92. gebotte C. 99. tů C. kan si halden *fehlt* C. 100. die C. 113. sůssem C. 118. *etwa zu ergänzen* wie tuot sî sô. 121. verlorn ein dienstman C. 122. dienste C. 123. wolde C. 124. wolde sis noch f̣ụṛ ṿẹṛḷ liebe han C. 126. alse C. 127. were — frŏide C. 132. sone C. 133. das ich C. 141. were C. 142. sone C. sůsses C. 144. můste C. 148. gedinge C.

2.

C 67ᶜ. 3. alle nit *Hagen:* ane strit C. 4. es habe C. 10. sůsses C. 14. lebt C. frŏiden C. 18. wenne C. 20. frŏide C. 25. 27. were C. 30. das ich C. werde *zweimal* C. 41. liget] leidet C. *Man könnte auch* leid et *bessern, allein ich zweifle, ob man* tôt lîden *ohne Artikel sagen kann.* 48. noh C. 49. maniger C. 52. ine C. 55. zeweres C. 59. ine C. 64. erwern C. 65. ane f. wan fůre C. 66. lachet — grinet C. 67. Al *Hagen:* Alse C. 68. ân] sunders C. 70. frŏide C.

77. muge C. 78. trûben C. 84. verwasin C. 90. wan danne an dem C. *vielleicht* wan dêr am ende tôt gelît. 93. genem dur alse selche C, *von Hagen gebessert.* 96. noh C. 113. iender C, *von Hagen gebessert.* 121. gûden C. 125. dar an C. 126. mûssen C. 130. liehte C. 132. *vielleicht ist zu lesen* son hilfet si, '*dann hilft ihnen nicht.*' 133. swanne C. 140. niemen si gemeit C. 144. genade C. 155. houbt C. 156. des *Benecke:* dc C. 157. ine C. 163. het C. 167. anderre C.

3.

C 68b. *Wackernagel, altd. LB.*[5] *985 ff. Dieser Leich ist vielleicht mit dem vorigen (nach 2, 171) als éin Leich aufzufassen.* 1. Kunde ich C. 5. si ist C. 6. sin enwirt C. 7. als C. 10. si ist C. 11. erkennet des C. 12. me C. 15. eret C. 16. si ist C. frôiden *in* ſrôden *gebessert* C. 25. tugende C. in ir *Hagen:* mir C. 27. gelich C. 34. hohe C. 37. schatten C. 40. als C. 44. der C. 61. gerne C, *von Wackernagel gebessert.* 65. ine C. 71. oder C. sule C. 73. muge C. 79. umb mich *Wackernagel:* umbe C. 84. nême C. 91. Die enbitte C. 93. noch enger C. 97. als C. 98. våre C. 111. tune C, *von Bodmer gebessert.* 120. mâsse C. 122. mine C. 123. sprechenne C. 128. mir gebricht C. 129. minē libē C, *von Hagen gebessert.* 135. div werde C, *von Bodmer gebessert.* 139. ſrôiden C. 148. wenne aller frôiden C. 153. mih ſrôiden C. 155. grosser C. 156. danne C. wenne ane C. 159. anderre C. 162. ich enahte C. 168. mines C. 171. umbe C.

XXI. Her Kuonrât der Schenke von Landegge.

Chuonrat C; *vorgeschrieben war nur* von Landegge

1.

C 1—5. 5. manigē C. 6. manigem C. 14. unmâssen C. 17. trôst C. einē C. 18. âne mâsse C. 19. strâsse C. 22. reinē C. 29. wol ętl entsliessen C. 30. môhte ich C. 33. flisse C. 34. wunsch C. 35. dest mir C. 37. mih | dike C. 40. trôste C. 41. dē sen | dē C. 43. vragent C. umbe C. 44. ez *Hagen: fehlt* C. 50. vil *fehlt* C. 51. minē C. 53. trôst C. 54. mine *Hagen:* min C. 55. lide an minē C. 57. grôste C. 59. klagete C: *ich habe hier und V. 6 die syncopirten Formen gesetzt, um den Schein des daktylischen Rhythmus an falscher Stelle zu vermeiden.* 61. moht C. 67. gegē lieb C.

70. hi, *am Schluß der Zeile, C; vermuthlich aus Raummangel für das sonst übliche* hei. 75. Dú liebe ir herze ir liebe C. *Der Vers ist auftaktlos.*

2.

C 6—10. 8. gegen ir C. 12. ah C. 15. 16. *nur bis* gue C. 17. mit *Hagen: fehlt* C. 23. 24. *nur* hoh ge. C. 26. gegē C. 28. minē C. 31. 32. Hoh ge. git ir. C. 39. 40. Hoh ge. C.

3.

C 11—15. 1. wunne C. 5. kunne C. 14. wc C, *nicht* swaz, *wie Bodmer und Hagen lesen.* 18. ḍẹ so sinnet eht C. 26. gegen C. 35. mère C. 37. Etteswenne C. 43. noch *Hagen:* nach C. 49. Wie C. 51. die ich C. 52. bekún | bert C. 56. si ist C.

4.

C 16—20. 7. hab C. 13. Solt C. 21. vons, *so hat* C. 23. tuo mih | noh von sorgen erlôst C. 32. noh C. 35. wúnsch C. 55. wird C.

5.

C 21—25. 2. manigē C. 10. mûssen C. 15. dú ist C. 17. danne C. 18. swanne C. 22. a̱n C. 26. lit C. 28. unde C. 38. stête C. 39. missetête C. 41. Kônde C. 47. bedenket C.

6.

C 26—30. 3. botten C. 4. nah so kumet C. 7. klage ich C. leid C. 10. werlte C. 12. kûme C. 13. burde C. 15. êst *Hagen:* ist C. kinde | spil C. *Allerdings hat Wolfram einmal* der kinde spil; *aber mit* ein *ist nur* kindes spil *belegt.* 17. an der [zit *durchstrichen und mit Punkten darunter*] not C. 20. noh C. 24. dē herzen lit C. 25. hete C. 29. teil C. 30. sih C. 32. wisse C. 34. dē C. 36. wolte (*nicht* wolde) noh | C. 37. hat C. 38. môht C. 39. dē C. 43. hat C. 46. arm C.

7.

C 31—34. 2. manigē C; manigem *Bodmer,* manigen *Hagen.* 11. min trost min trôst C. 12. ân C. 14. danne C. 15. singe alles umb C. 17. uñ C. 18. kust — dē C. 19. solt C. 22. stête an minē C. 26. habe C.

8.

C 35—39. 9. Walt uñ ouwe hant von C. 10. manigen C. 13. *mit demselben Verse beginnt, wie schon von der Hagen bemerkt hat, eine Strophe Ulrichs von Winterstetten (I, 161b).* 16. uñ C. 18. habe C.

21. mi^h | in sorgen lân C. 24. mih | C. 28. bestê C. 32. wê C. 33. liebe C. mich betwungen hat C; *allerdings kommt eine falsche Betonung im daktylischen Verse noch V. 57 vor; hier aber liegt die Annahme nahe, daß erst der Schreiber die vom Dichter des Verses wegen gewählte Wortstellung mit der gewöhnlichen vertauscht hat.* 34. mih | C. *Der zweisilbige Auftakt beweist die Zusammenfassung der beiden kurzen Zeilen.* 35. trœst C. 41. stên C. 42. minne C. 44. ah C. 45. doh C. 48. danne C. 52. sendē C. 55. tôt C. 56. vúrkúr C. 58. mis; *allerdings ist dies eine alemannische Form, aber da sie hier am Zeilenschluß steht und sonst in den Liedern unseres Dichters nicht vorkommt, so ist zu vermuthen, daß sie auf Rechnung des Schreibers zu setzen ist.* 59. mih | C. 60. sten, *nicht* ste, *hat* C.

9.

C 40—43. 2. walt heide uñ C; unde *im Hiatus wäre sehr auffallend; doch vgl. 19, 6.* 6. trôste C. 8. schœne uñ C. êre C. 9. mir, *wie die Handschrift liest (was Hagen gar nicht angemerkt hat), ist ganz richtig und nicht in* mîn *zu ändern; es reimt mit dem in der Senkung stehenden* ir *der vorhergehenden Zeile.* 14. da mitte vâret C. 15. willē, *nicht* wille, *hat* C. 21. kivnigin C. 24. stête C. 29. lâs C. 32. ah C. 35. allē C.

10.

C 44—47. 3. dē C. 4. schon C. 9. dē C. 15. snê C. 17. dē klê C. 21. ein C. 22. die ich C. 27. Die ich C. 28. allē C. 42. die ich C. 46. suesse C.

11.

C 48—52. 12. der lebe ân C. 17. trôst C. 18. die ich C. 20. erlôst C. 21. lieb C, liebe *Hagen, ohne die Abweichung anzumerken.* 24. ah si ist lieb C. 25. rosevarwē C. 29. kus C. 32. wîstest C. 34. genâde C. 40. ah so wird C. 41. genâde C. 42. ah C. 43. ah C. mir, *nicht* an mir, *wie Bodmer und Hagen lesen, hat die Hs.* 44. ah C.

12.

C 53—57. 2. gegē dē C. 5. rise C. 6. vogel | C. 11. dē C. 15. son C, *und so durchgängig hier.* 16. swanne C. 22. gelúke C. 23. uñ C. 24. dur *fehlt* C. 25. 26. *schon von der Hagen hat auf die Uebereinstimmung dieser Zeilen mit Gotfrid von Nifen (10, 11. 12 Haupt) aufmerksam gemacht.* 38. uñ C. 45. namen C. mit] dú C. 46. zieren C. 49. 50. *die Uebereinstimmung der beiden Zeilen mit Ulrich von Winterstetten (Hagen 1, 162ᵃ) ist schon von Hagen bemerkt worden.* 60. rôt *C.*

13.

C 58—60. 2. wie es *C.* 3. bodē sê *C.* 5. het *C, von Hagen gebessert.* 6. trûbē schîne *C.* 7. rife *C.* 8. Sêne — dē *C.* 9. hantz *C.* ene *C: gemeint ist die* Aisne. 11. wúne *C.* 14. schonē *C.* 17. uñ nige *C.* 23. vrije *C.* 28. noh — angesicht *C.* 31. gibe *C.* 33. frôider *C.* 39. herze uñ *C.* 41. das usş *C.* 42. kūt | *C.*

14.

C 61—65. 11. zer *Hagen:* der *C.* 12. 17. gebotten *C.* 18. 19. uñ *C.* 23. sendes *vor* herze *C, von Bodmer und Hagen ausgelassen.* 25. si, *nicht* sie, *hat C.* kunde es *C.* 27. solt *C.* iemer sin gewert *C.* gewert *zweimal im Reim ist nicht wahrscheinlich.* 36. stât *C.* 38. reinē *C.* 40. allē *C.* 45. herze *C.* 48. [la] mi [la *durchstrichen*] niht *C.* 50. gegen *C.*

15.

C 66—70. 3. uñ rosē rôt *C.* 5. vogel *C.* 10. wunneklich an schŏwe *C.* 12. swebet *C.* 20. nâmen *C.* 24. stêtem *C.* 25. uñ *C.* 26. ie *Hagen:* nie *C.* 33. eteswenne] erlôschet *C.* 34. Solt ir rœselehtir *C.* 35. uñ *C.* 37. vunt ich *C.* 39. seleklih | *C.* 42. dē *C.* 43. minē *C.* 44. daht ir rôten munde]s *C.* 50. rehteş *C.* 53. uñ *C.*

16.

C 71—73. 1. verklegte *C.* dú zit *C. Allerdings kommt* zît *als neutrum vor, aber hier wird der Singular erwartet, die Sommerzeit ist gemeint.* 3. trôste *C.* 4. dike *C.* 5. also, *nicht* alse, *hat C.* 9. als *C.* 11. hêrste *C.* 12. sist *C.* 13. lôser *C. Vielleicht zu ändern* ein lôsen blic *oder* lôs einen blic. 17. kan *C. Da keine Reimbindung* m : n *bei dem Dichter vorkommt, so habe ich* kam *geschrieben.* stric *C.* 18. uñ *C.* 19. als *C, von Hagen gebessert.* 22. lâchen *C.* 23. uñ — mâchen *C.* 26. schôn *C.* 30. dē *C.* 36. das ichs ie *C.*

17.

C 74—78. 5. hêre *C.* 10. nâh | ir minneklichē *C.* 11. grôssen *C.* 14. dē *C.* 16. gebuessen *C.* 20. paradyse *C.* 21. swanne *C.* 25. leid *C.* 28. vrier *C.* 29. uñ *C.* 36. kûm *C.* 38. from *C.* 39. stèt *C.* 45. mohte *C.* 49. mueste *C.* 55. trœsten sich] fro bestan *C.*

18.

C 79—82. 3. berg *C.* 4. son *C.* reigen *C.* 6. vogelin *C.* 9. rôt *C.* 13. frôiden *C, von Hagen gebessert.* 14. frôide *C.* 16. uñ *C.*

18. herze uñ *C.* 19. schœnú [*durchstrichen* w] minneklichú *C, kein* und *dazwischen, wie Bodmer und Hagen lesen.* 25. allē *C.* 29. schone *C.* 30. angesicht *C.* 38. dike *C.*

19.

C 83—87. 6. walt heid uñ *C.* 9. wittewal *C.* 10. hoh *C.* 11. lerch ob dē *C.* 16. nah | *C.* 18. mâssen *C.* 19. guot *Hagen: fehlt C.* verlâssen *C.* 20. gů *C.* 26. reinē *C.* 30. krâmē *C.* 31. tugenden sâmen *C.* 36. mins heiles, *nicht* min heiles, *C.* 37. 38 *entlehnt, wie schon Hagen bemerkt hat, aus Rubin (19, 9. 10 Zupitza)* waz ist bezzer danne ein wip, diu mit zühten wibes güete erzeigen wil? 45. urspring, *aus* ursprung *gebessert, C.* 54. dú da trûbē *C.* 55. uñ *C.*

20.

C 88—92. 1. uñ *C.* 10. nā *C.* 13. grôs *C.* 21. stête *C.* 22. âne *C.* 27. uñ *C.* 29. versen *C, nicht* versan, *wie Bodmer und Hagen lesen.* 39. wêne *C.* 42. als min werben *C.* 44. trage *C.* den *fehlt C.* 45. dē *C.* 48. quale *C.* 49. stêteklichen sunder twale *C.* 53. lieb *C.* 66. minnet *C.* 67. *vielleicht* wird, *doch ist eine Aenderung nicht nöthig.* 70. hô *C.*

21.

C 93—97. 7. uñ *C.* 12. 13. schriget : ungefriget *C.* 15. mêre *C.* 20. nah *C.* 21. d' in bin *C, von Hagen gebessert.* 26. âne *C.* 33. 34. gedâhte : brâhte *C.* 40. dike *C.* 41. dē blike *C.* 54. swêre *C.* 58. fuegent, *nicht* fueget, *C.*

22.

C 98—102. 5. grime *C.* 11. dē *C.* 18. min herze dc *C.* 22. stêteklichē *C.* 24. wolde *C.* genadē, *nicht* genade, *C.* 29. mih | *C.* 34. Wem *C.* minnet *C; aber auch so ist der Reim auffällig.* 35. der mag wol *C.* 39. wa gegen *C.* 44. sorge, *nicht* sorgen, *C.* 50. stêt *C.* hô *C.*

XXII. Her Jacob von Warte.

1.

C 1—5. 9—12 *in C in der Folge* 10. 11. 12. 9; *Hagen hat die Umstellung bereits vorgeschlagen.* 18. enbinde *C.* 22. 23. *vielleicht ist zu schreiben* lâstu min herze ûz diner pflihte, sô kan ich trœsten mich mit nihte. 25. noh *C.* 28. *vor* spehen *steht ausgestrichen* sehē *C.* 38. uñ *C.*

2.

C 6—10. 4. vogel C. 9. hât sich] sich C, *Rochat* sich hât. 13. vogelin C. 15. *Construction* ἀπὸ κοινοῦ; min herze *muß einmal als accus., einmal als nomin. genommen werden.* 17. niht mich] mich niht C. 20. doh C. 22. dē, *am Zeilenschluß*, C. 26. das ich C. 32. liben C. 35. hôch] hoho C. 37. ein *Hagen, fehlt* C. 40. du *fehlt* C. 44. hoh C. 47. erwinden] ěrwinden C.

3.

C 11—15. 2. vogel C. 5. durh C. 9. wünschet *Rochat*] ich wúnsche C. 14. enphēb C. dienst *fehlt* C. 21. Rehter *Rochat*] In rehter C. 24. klein C. 28. entslaffen C. 32. mit] uñ C. 43. deiz *Rochat*] das C. 44. sit *Rochat*] sit das C. 48. mag[t] C. 49. ouch an frôiden C.

4.

C 16—20. 3. heide C. 8. senden *fehlt* C. 9. mère *Rochat*] *fehlt* C. 10. solde klagen C. 11. unde *fehlt* C. min l. w'endē C. 12. gotes *fehlt* C. 15. min *fehlt* C. 17. hat C. 18. hoh C. 21. so — erkennen niht C. 23. an genade C. 24. ieman C. 28. mère *Hagen, fehlt* C. 29. gar *fehlt* C. 30. gewalteklih, *am Zeilenschluß*, C. 34. sitte C. 35. miner swere C.

5.

C 21—23. 1. mines *Hagen*] mis C. 2. uñ C. 3. an C. 6. dis C. 7. noh C. 10. lieben C. 12. küme C. 14. minē C. 15. frômde C. 17. sich min herze C, *umgestellt von Rochat.* 18. mich bessen C. 24. trage unverborgen C. 29. môte C. dienst, *am Schluß der Zeile*, C.

6.

C 24—26. 2. hœre die vogel C. 7. urlob C. 11. suessē C. 15. sage C. 16. dú voglin in dē C. 17. suessē slaffe erschreket C. 19. weket C. 25. uñ wer C.

XXIII. Der von Bûwenburc.

C 359 Von Buwenburg, *ebenso im Register.*

1.

C 1—3. 3. vogelin C. 8. ie *fehlt* C. 9. liehtē C. 17. dâ *fehlt* C. 20. swebt C. 26. strebt C. 30. ze amien C. 36. eben holdē C. 39. kunt minnecliche C, *von Hagen gebessert.*

2.

C 4—6. 5. gerete C. 6. ein michel teil C. 7. wirde C. 13. ichn *Hagen:* ich C. 15. an dem C. 18. vúrhte C. 19. 20. *nur* Schiere mueze C. 22. dannoh C. 24. ich dich C. 25. Ir C. 26. mich dike gemachet C.

3.

C 7—9. 5. vogellin C, *von Hagen gebessert.* manigem C. 6. nat'e C. 12. in getuon C. 15. menigem C. trôibe C. 18. noh C. 20. do wart C. werlte C. 25. rate C. 30. dir merer muot C.

4.

C 10—12. 1. Sange C. 2. singe C. 3. solte C. 5. gedenket C. 7. behöt C. 11. minnekliche C. 14. schone C. 19. úch beide offenlich C, *von Hagen gebessert.* 20. gebetten um C. 22. gegen C. 26. spreche C.

5.

C 13—15. *Von hier an eine andere Hand, bis an den Schluß. Der Rhythmus des Liedes ist so, daß der vorletzte Fuß daktylischen Fall hat.* 2. múgen C. 5. da die bluomen C. 6. ergezzet *aus* er gesezzet *gebessert* C. 7. der grawe tuft C. 8. larlang den âten C. 9. einr straken C. berâten C. 10. und mit spise C. 16. mir ougen verrenket sin C, *aber auch jetzt ist der Vers nicht ganz correct, da er zwei Daktylen enthält. Wahrscheinlich ist zu schreiben* und verrenket ougen mir sîn. 17. kemen C, *von Hagen gebessert.* 18. da si sich verslóf C. herze C. 19. môhte C. 21. minne do C. 22. wenen begonde C, *von Hagen gebessert.* 23. schachs C. 24. liuhten mir mit lône C. lihten C, *von Hagen gebessert.* 25. mih C. 26. lebe C. 29. mir ist C. alse C. 32. das ich C.

6.

C 16—18. 5. hofart C. bôse C. 6. erden C. 8. das in C, *von Hagen gebessert.* 10. sûzze C. 11. unmûzze C. 14. noh C. 15. laze C. 16. diene C. 17. als C. fûgerin C. 18. lob werdú C. 21. vrijen C. *Die Zeilen 3. 4, 8. 9, 11. 12, 15. 16 jeder Strophe sind daktylisch.* 22. die *kann bleiben, da es dem Sinne nach auf die Männer bezogen wird, von deren Herzen die Rede ist.* dir buten] dienten C. sender C. 24. gúlt C. 30. tât C. 33. den C. 34. zêren uñ in ir C, *von Hagen gebessert.* 38. nit C. 40. danne wie es muot C. 41. vor *Hagen:* von C. 44. gebrist nit C. funden C. 45. kunden C. 48. der ist nit C.

———

29

XXIV. Her Kuonrât von Altsteten.

Her Chûnrat von Altstetten C. *Ebenso in der Liste. Vorgeschrieben ist nur* Võ Altstetten.

1.

C 1—5. *Der Rhythmus des Liedes ist daktylisch, wobei in der ersten Zeile, wie öfter beim innern Reime, derselbe in die Senkung fällt.* 4. d' ist C. 7. noch *fehlt* C. 8. Genade ir (*über ausgestrichenem* ein) C. *Der Reim auf* dir *(Z. 14) hat den Wechsel der Anrede zwischen* ir *und* du *veranlaßt.* 9. la genade an mir erschinen C. 10. *vor* mir *ein ausgestrichenes* d C. dine C. 11. scheide C. 14. stuont C. 16. sendes C. 17. 18. sit es nit wil enden. ir reineşn w. g. C. 19. uñ den morgen C. 20. lebe C. 23. das ist C. 24. so sint ouch C. 25. sehenne C. 26. gesach C. 27. schone C. 28. so stêt C. 30. dehein C. 32. die ich C. 35. des ḍẹṣ frôwet C.

2.

C 6—10. 1. meien C. 3. reien C. 4. kêr C. 9. wangē C. *der Strich über dem* e *ausradirt.* 11. getorste C. 12. bôt C. 15. die ich C. 19. bliken C. 20. dē wolde C. 22. uñ C. 23. *die Elision über den Reim hinüber erweist, daß die kurzen Zeilen zusammenzufassen sind.* 24. so schôn niht C. 29. dē C. 31. âne C. 34. dē C. 39. die ich C. 40. kleit. treit *(durchstrichen)* C.

3.

C 11—13. 3. *vielleicht* der sol uns. 7. bringet C. 8. brunen C. 12. frô C. 13. gûtú C. 18. kel C. 20. mich *zweimal* C. iugenden C. 22. zergê C. 24. dike C. 27. nême so C. 30. wúnschent dē C.

XXV. Der von Trôstberc.

Von Trosberk C, *in der Liste und vorgeschrieben* von Trostberk.

1.

C 1—5. 3. schœne uñ C. 5. alsam• C. 6. tugent C. namē C. *der Strich über dem* e *radirt.* 7. gêret C. 10. súfte C. 13. wunsche C. *von Hagen gebessert.* 15. clage C. 17. klage C. die *Hagen:* der C. *Nothwendig ist die Aenderung nicht, aber sie empfiehlt sich im Hinblick auf 15.* 19. schone C. 28. klage C. 29. frâgen C. 31. betrâgen C. 33. ia ist dú werlt so gar C, *von Hagen gebessert. Doch dürfte die hs. Lesart bleiben, da Wechsel der Stellung beim innern Reim häufig genug ist; vgl. Germania 12, 154 f.* 35. verlorn C.

2.

C 6—10. 3. aber der meie *C.* geêret *C.* 5. rôt *C.* 6. rœte *C.* 8. schonen *C.* 12. lûhte *C.* 13. mih | dûhte *C.* 15. lachen[de] *C.* 17. wolde *C.* 19. wisse *C.* 20. lebt *C.* 21. mêr *Hagen: fehlt C.* 24. minē *C.* 26. sêhe *C.* 28. wande *C.* 29. gar *nach Hagens Vorschlag (3, 662): fehlt C.* 30. herze uñ *C.* 31. mich *fehlt C: von Hagen ergänzt.* dienst *C.* 34. genâde *C.* 35. lât *C.*

3.

C 11—13. *Die ersten beiden Strophen in C auch unter* von Buochein 8. 9 *(Bodmer 2, 70ᵇ), für die dritte Strophe ist Raum gelassen; bezeichnet C².* 6. min *CC².* 9. dih *C².* frowē *C.* 11. dô] des *C².* 12. mueste *C².* eht *fehlt C.* dîn] ir *C².* 13. ân *C.* urlob *CC².* 19. dv bist, *darüber mit kleinerer Schrift* si ist, *C. Nach 21 sind zehn Zeilen leer gelassen.*

4.

C 14—16 *und C² unter* von Buochein 3—5. 4. valsche *CC².* min *C* 5. nû genême *C*, ungeneme *C².* 6. widerzême *C.* 7. tête *C.* 11. meie *C*, meiie *C².* frôide *C².* 12. dú *C.* 14. lôn *C.* 15. Wil *aus* Wy *geändert C.* 18. ir selig lip *C.* 20. swendet vil dú *(nicht* die) *C.* 21. suesser *C.* rôt *C. Zehn Zeilen leer gelassen in C.*

5.

C 17. 18. 1. meien *C.* 8. manig *C.* 13. stât *C.* 14. hete ich hulde *C.* 18. krône *C.* 20. solde — suessen *C.* 24. verlúre *C. Nach 26 sind sechzehn Zeilen leer gelassen.*

6.

C 19-23. 1. meie *C.* 1—4 *sind, wie schon Hagen bemerkt hat, fast wörtlich einem Liede Gottfrieds von Neifen (Haupt 31, 27—30) entlehnt.* 2. bringet *C.* 3. bluomen maniger hande leie *C, an sich unbedenklich, aber offenbar gerieth der Schreiber in die vorige Zeile. Neifen hat* bluomen unde maniger leie. 6. schonen *C.* 8. *wahrscheinlich* tôrste. 9. klegte *C.* 10. kônde *C.* 11. want *C.* manigē tôt *C.* 19. meinet *C.* 22. âne *C.* 23. dē *C.* 26. vernômen *C.* 27. bitten *C.* 29. dinem *C.* 31. habe *C.* 32. des wil ich mit *C.* 34. stirbe *C.* ungenâden *C.*

XXVI. Grâve Wernher von Hônberc.

C Ueberschrift honberg, *auch in der Liste, als XVII nachgetragen. Die Lieder von jüngerer Hand; statt der Reimpunkte stehen zum Theil Striche.*

1.

C 1. 4. mûs *C.* 5. wang *C.* 6. sèch — sèch *C.* 10. rang *C.* 13. *vielleicht* ich lâns niht ab, ich hân den muot. 15. alle die *C.* geseit *C.*

2.

C 2—4. *Am Rande von jüngerer Hand* ein ander ton, *ebenso bei den folgenden Liedern* ein ander. 2. war umbe *C.* 4. nit *C.* 6. uñ *C.* 7. nit *C.* 8. hertzen *C.* 9. trúwe *C.* 12. zucht (: frucht : flucht) *C.* 13. frowelich *C.* 16. ime *C.* 18. vienge *C.* 21. landen *C.* 22. nit von dannân *C.* 23. het *C, gebessert von Hagen.*

3.

C 5. 2. hertz uñ *C.* 3. wên *C.* 5. nit *C.* 6. kristan *C.* 8. iugent *C.* 10. tugent *C.* 11. wie — muot *C.* 13. wie *C.*

4.

C 6. 1. mâsse *C.* 3. verwâsse *C.* 4. schúchen *C.* 10. hêndę *C.* 14. wirt *C.*

5.

C 7—9. 1. hertze *C.* 4. wissint *C.* 9. schêtzet *C.* 11. Si ist *C.* 12. misse vêllet *C.* 14. êren] gernde *C.* 15. schêtzet *C.* mich *ist Druckfehler für* sich. 18. nit losen *C.* 19. urgêtzet *C.* 21. nit *C.* 22. hertze *C.* 23. gehêtzet *C.*

6.

C 10—12. 2. fiur in *C.* 4. het *C, gebessert von Hagen.* 5. wunder an ir *C.* nit *C.* 8. nit were *C, gebessert von Hagen.* 9. das | das, *beim Umschlagen der Seite zweimal.* strô *C.* 11. dē, *am Zeilenschluß, C.* 13. hessúlich *C.* 14. solt *C.* himilriche *C.* 17. gantzen *C.* 18. bitten *C.* ers mirs *C.* 19. 20. wert *C.* gelêtzet : gesêtzet : urgêtzet *C.*

7.

C 13. 14. 4. uñ wie der *C, gebessert von Hagen.* 5. vogellin sang *C.* 6. klang *C.* erschal *C.* 10. vogellin sang *C.* 11. nit *C.*

13. nit *C.* 14. der mîn] minen *C.* trag *C.* 15. klag *C.* hertzet *C.* 18. tv̊ *C.* *Sechs Zeilen Raum gelassen in C.*

8.

C 15. 3. nit *C.* 6. gegen *C.* 7. schuld *C.* 8. wenig *C.* 10. ze swach *Hagen*] swach *C.*

XXVII. Meister Jôhans Hadloub.

Hadeloub *im Register; über dem Bilde* Hadlôb.

1.

C 1—7. 3. dachte *C.* 4. wurde *C.* 6. gewande — pilgerin *C.* 7. heinlichste ṃ | machte *C.* 9. hate *C.* 10. einen *C.* angil *C.* 12. nit *C.* 13. dûchte *C.* dechte (: nechte) *C.* 15. nechte (: dêchte), *wie Ettmüller schreibt, ist entschieden falsch,* næchte *ist verkürzt aus* næhede. 16. griffet *C.* 18. gitân *C.* 19. dur, *und so immer, C.* 20. balde *C.* intran *C.* 21. gegin *C.* 22. kême *C.* 23. gesêhe *C.* 24. brachte in tougin *C.* 25. si im *C.* 26. nit *C.* 27. si in *C.* 29. si in *C.* 30. seligheit *C.* 31. tiefe *C.* 33. giliche *C.* 34. ie *Hagen:* ie rechte *C.* 35. frouwe *fehlt C.* 37. In getorste gisenden *C.* 39. wolte ginenden *C.* 40. irzeigen *C.* 41. tête *C.* 42. kûme *C.* 43. gnaden *C.* 45. vorchte *C.* 46. gihas *C.* 52. gewaltekliche *C.* 57. wesin *C.* 58. danne *C.* 59. ginesin *C.* 61. dunket — sehe *C.* 63. brehe *C.* 64. minē *C.* 68. si *Hagen und Ettmüller: fehlt C.* 74. wil *zwischengeschrieben C.* 76. bihalten *C.* 81. kere *C.* 82. die reinen] das si die reinen *C, von Hagen gebessert, gewiß richtiger als bei Ettmüller, der* gegen mir *streicht.* 83. heil' *C.*

2.

C 8—20. *Dieselbe Strophenform haben die folgenden Lieder.* 1. Ich diene ir *C,* ir *haben Hagen und Ettmüller ausgelassen; Hagen (3, 707ᵇ) setzt es durch Conjectur ein.* 5. erbarmde *Ettmüller:* irbarmende *C.* 6. giwesen *C.* 11. leide *C.* 13. uñ — balde *C.* in min hant, *das Hagen (3, 707ᵇ), wenn auch an unrichtiger Stelle (nach* mir*), als Ergänzung vorschlug, steht wirklich in der Handschrift; dies und Z. 1 ein Beweis, daß des Vielgeschmähten Vermuthungen oft doch das Richtige getroffen.* 15. duchte — môchte *C.* 16. hete *C.* 17. vorchte *C.* wurde *C, immer.* 20. irbarmet *C.* ich si, *so C: Hagen und Ettmüller setzen nach Bodmers falscher Lesart* si sich. hate *C.* 22. rete *C.*

26. arme — schôs *C.* 29. hate, *nicht* hatte, *C.* vaste gotte weis *C.* 31. wande — tet do frôte *C.* 32. sûsse *C.* munt *Ettmüller:* mundes *C.* bevinden *mit gen. stand 2, 14; doch wäre* munds *eine etwas harte Syncope.* 34. deiz] das *C.* schiere *C.* 36. *Zu betonen* Si bâtén, *ein Beweis, wie streng trochäisch diese und alle entsprechenden Zeilen gebildet sind.* 37. daz *mit Ettmüller zu schreiben ist falsch:* des *ist Attraction für* des daz, *von* eteswaz *abhängig.* lange hete *C.* 38. nadilbein *C.* 39. balde *C.* nam *C.* 40. ir wider *C.* 41. irbaten *C.* *vor* das si *ausgestrichen* das si *C.* 45. Einsidellen *C.* lobelich *C.* 47. alt — brachte *C.* 48. Reginsberger *C.* 49. ger *aus* gir *gebessert C.* 50. tuginde *C.* 51. waren *C.* 52. edil *C.* 54. nit *C.* 56. liebte *C.* 59. Kostenze *C.* 61. Ruedge Manesse *C.* 62. min edlen *C.* 63. des *C:* daz *mit Ettmüller zu schreiben ist nicht nöthig, der gen. hängt von* nie *ab. Auch* manger jâr *braucht man nicht in* manegez jâr *zu ändern, es ist gen. der Zeit 'in manchen Jahren.'* irgar *C, von Bodmer gebessert.* 64. erst *C.* 65. nach *C.* 67. getorste *C, von Ettmüller gebessert.* 68. dachte *C.* 69. giege — were lichte *C.* 71. herze *C.* 72. môchte *C.* 73. sit *C.* 81. keln *C.* 82. als der sne *C, gebessert von Hagen und Ettmüller. Doch wäre Hadloubs Brauche auch* ir hend wîz als der snê *gemäß.* 83. lieblich [was lie] *durchstrichen*] wol *C.* mues dannan *C.*

87. walten *C.* *ganz richtig zu dem infin.* wellen. unde *C.* 89. helfe *C.*

3.

C 24—28. 1. hôrte *C.* 3. schone — dike *C.* 4. gerne *C.* 5. ẓiṭ kleit dû leiten *C:* *durch die Punkte soll* zit *offenbar getilgt werden. Hagen schreibt* zitkleit *ohne Bemerkung und tilgt* diu. *Ettmüller schreibt wie ich, gibt aber gar keine Lesart an.* 7. lichten *C.* 10. des *C.* des si *Ettmüller, was gegen den Auftakt ist.* nekil — bergend *C.* 12. dike *C.* 14. tete — frôden *C, nicht* frôiden. 18. schonen *C.* 19. tete si gnade *C.* 20. irgan *C.* 21. diene *C.* 22. kume *C.* selten nicht *C.* 23. fri *ändert Ettmüller in* bi, *vielleicht richtig, aber nicht durchaus nothwendig.* muge *C.* 25. mide *C.* 27. sende — herze *C.* 28. swenne ich nit *C.* 29. durch huote *C.* 30. nit — dike *C.* 34. pf^leger *C.*

4.

C 29—32. *Mit Recht läßt Ettmüller hier ein neues Lied beginnen; die Handschrift und von der Hagen ziehen 24—32 in eins zusammen.* 2. liebes irmant *C:* liebe *ist vielleicht eine richtige Aenderung von Ettmüller; vgl. zu 2, 32.* 3. umbevieng *C.* 4. dachte *C.* 5. antlûte *C.* 6. uñ *C.* 8. zwar *C.* het *C.* 10. enzstûnde *C.* 13. gidachte owe were *C.* 15. doz] do das *C.* 17. ducht *C.* 19. ich umbevieg es wan si° ê schone umbevie *C.* 20. küsset e was *C.* 21. wie] we *C.* 22. enrstlich *C.* 24. *auszusprechen ist* gsunt. 27. hilfet *C.* 28. liesse *C.*

5.

C 231—235. 1. edle Reginsberger *C.* 3. grûsse *C.* 5. herre *C.* 6. wissen *C. Der Hiatus nach* hende *und der Auftakt machen wahrscheinlich* und lobt mit ir wîzen hende imz an sîn hant. 8. waren edle — edle *C.* bi *ist nicht mit* der stunt *zu verbinden, sondern* dâ wâren bî. der stunt *ist gen. der Zeit.* 10. das ịcḥ sis stete liesse *C.* bischach *C.* 11. Eschibach — herre *C.* 12. Trôsberg *C.* 13. wand, *nicht* wande, *hat C.* 14. ungewon *C.* 15. besante — Reginsberger *C.* 17. wande *C.* 19. gischicht *C.* 20. edil — edil *C.* 21. vil g har us gan *C.* 22. wissen si ist *C.* 24. ungelúke — gegen *C.* 26. irre das muesse *C.* 27. tûie *C.* ir *Bodmer, Hagen und Ettmüller, aber die Hs. hat* in, *was nirgend angegeben wird.* 28. muesse *C.* 29. gunde *C.* 30. wie *Ettmüller*] we *C.* 33. wolte — dannan *C.* 34. sust (*nicht* sus) vuogte *C.* nit *C.*

6.

C 236—241. *Auch hier bin ich Ettmüller gefolgt, während C und von der Hagen diese Strophen zum vorigen Liede ziehen.* 1. irgieng *C.* 2. gidachte *C.* 3. irsach — schonen *C.* 4. schone *C.* sâssen *C.* 5. vor ir *ist hier und 5, 29 ganz richtig 'in ihrer Gegenwart,' nicht in* von ir *zu verändern, wie Ettmüller thut.* 6. dannan *C.* 10. geselle *C.* 13. uñ hilfet *C.* 14. si ist *C.* 16. gisprach *C.* 17. irschrak *C.* mochte *C.* 22. sûmet *C.* 24. gitwang *C.* 27. gegen *C.* 28. tete *C.* zihet *C.* 29. sere bitwungen *C.* 32. danne *C.* 34. wild | das tûn *C.* *Ettmüller* Minn, wilt du das tuon. du *ergänzte auch Bodmer, und allerdings kann es leicht beim Zeilenübergang ausgefallen sein, doch ist die Auslassung vielleicht gestattet, auch könnte man schreiben* wilt duz tuon. 40. muote *C.* 42. seligheit *C.*

7.

C 39—43. 3. notig *C.* 4. sprichet *C.* 5. notig *C.* 6. gewinnen *C.* 10. dike *C.* 12. sizzet *C.* dû m. ratis *C.* 13. sprichet *C.* 19. rúwetz irş *C.* frôide *C.* 21. zihent *C.* 22. dunket *C, von Hagen gebessert.* 24. grûęsse *C.* 26. iemerlichen *C.* 27. uñ *C,* und *Ettmüller und Bodmer,* unt *Hagen, alle um einen Fuß zu kurz.* 28. niht *C.* 32. tete *C.* 35. das si *C.*

8.

C 21—23. 1. vunde C. 2. in dem C. 4. průvet man dike C. 5. manesse C. endeliche C. 7. gegen sim hove — nigin C. 8. prueven vñ andirswa C. 11. wurbe C. 12. der treibs C, *gebessert von Ettmüller*. 13. hânt *nach* guot (14) C, *von Ettmüller umgestellt*. edils C. 14. ze semne *Ettmüller:* zemne C. 16. wiste C. 17. gidacht C. 20. man dien frowen C. 22. nit C. 23. edlem C. 24. edler C. 25. edles C. 26. edlem C. 27. edil C. 29. were — weren were wib nicht C. enwæren *Ettmüller*. 31. singet C. 32. gereit] geticht C.

9.

C 33—35. *Die Zusammenfassung der kurzen Zeilen durch innern Reim hat schon Ettmüller*. 5. slihet C. 6. dē C. 7. beruochen] bevinden C: *diese Aenderung macht alle Aenderungen von Ettmüller in 10. 11 unnöthig*. 8. uñ twinget C. 9. uñ C. 12. Jan wisse C. 14. wisse C. 21. twinge C. 26. uñ C. 30. heile C.

10.

C 36—38. 3. unde hulfe C. *Diese und die entsprechenden Zeilen beginnen mit einem daktylischen Fuße*. 11. mine — an mir C. 17. Lach C. 24. dike C. 28. küneginne, *nicht* küniginne, C. 33. dú C. 40. al daz] das alles C. 41. doch, *nicht* noch, C. 43. mechte C. 46. so ich C. 48. si ist C.

11.

C 44—50. 1. sitte — Oesterriche C. 2. *vielleicht* unminnclich *auszusprechen; eine derartige Kürzung ist dem Dichter wohl zuzutrauen*. schone C. 6. huete C. 8. sehe man dike C. wengelin *Ettmüller und Hagen:* wengel C. 10. werin die huete C. 12. kunde mich irweren C. 13. schone C. 14. gienge in mines C. 16. wan, *nicht* man, *hat* C. 17. "worden "wol C. 20. ane C. 23. aber C. kan. ie k C. 24. gesach C. 26. gibaret C. 27. ezwenne C. 29. denke C. 30. ezwas C. 31. wisse — danne C. 36. war umbe C. 39. stêter C. 40. mug C 43. schrije wâfen C. 47. were biwant C. 49. gehe (: spreche) C. 51. minnenkich C. 54. gewêre C. 56. habe C. 61. ane C. 62. milt C. gistellet C. 67. mane C. schonen C. 69. úch C. 72. sendē C. 73. dike C.

12.

C 51—55. 1. *Die Zusammenfassung der beiden ersten Zeilen der Stollen ergibt sich aus dem Abgesang*. schoner f. durch C. 2. gerne C. 4. inpfat C. 5. swenne C. 6. gimeit C. 7. dike C. 8. enzstan C.

9. schone *C.* 10. manig *C.* 13. bihagt *C.* 14. danne — werlte wunne *C.* 16. dâ *Ettmüller:* dar *C.* heinliche *C.* manige *C.* 19. swanne *C.* 20. klegt *C.* 22. twingit *C.* 24. bringit *C.* 26. wenne *C.* 27. sende ungimach *C.* 31. nit *C.* 34. gistalt *C.* 35. solde ich. ich ir *C.*

13.

C 56—58. 4. nit *C.* 6. mochte — bestan *C.* 9. son enweis *C.* *lies* so. inkan *C.* 12. gidanken *C.* 14. da *C.* 15. nôt *Bodmer:* noch *C.* 16. dahte *C.* gestellet so roter *C, gebessert von Ettmüller.* 17. ward *C.* 22. machte giklagin *C.* 25. dachte *C.* 26. brach *Ettmüller:* do brach *C.* 29. lach *als imper. von* lân *oder* lâzen *zu nehmen geht nicht wohl an. Als Schreibfehler für* lâz *steht* lach *mehrfach in C (vgl. MSH. 3, 708ª); aber dies ist hier natürlich durch den Reim ausgeschlossen. Ich halte es für das ahd.* lahan, *vituperare, prohibere, vetare: 'halte deine Freude fern.'*

14.

C 59—61. 3. diu *Ettmüller:* die *C.* mâsse *C.* 5. der ich *C.* 8. irgange *C.* 11. dem herren nit die *C.* 14. er] der herre. lâssen *C.* 18. mir, *nicht* mich, *hat C.* 20. leider *fehlt C.* biwarn *C.* 21. Sin volgen danne m. *C, gebessert von Ettmüller.* 24. hœrent si doch wol *C, gebessert von Ettmüller.* 25. ir min *C.* 29. unsir *C.*

15.

C 62—64. 2. griffen *C.* 3. bigonde *C.* 5. ie *C, von Bodmer, Ettmüller und Hagen ausgelassen.* 8. dike *C.* 9. libes *C.* 10. dē *C.* 11. schulde — hulde *C.* 14. grôssem *C.* 15. malch *ist ganz richtige Form und nicht durch* malc *zu ersetzen, wie ich noch in meinen Liederdichtern gethan.* 16. uñ rúfte *C.* 17. trinkint uñ *C.* 18. helfe *C.* 19. vor Ellen beiage húte *C.* 21. hunde — mugen zim *C.* 24. zwene *C.* 25. Ellen abe lâsse *C.* 28. uñ — mâsse *C.* 31. geisse *C.* 33. liute *C.*

16.

C 65—71. 10. kême *C.* 14. wurde *C.* 16. frôiden *C: der nächste Vers verlangt den Singular.* 19. vernême *C.* 26. do ich *C.* 29. muese *C.* 30. muese dannan *C.* 31. gesin *C.* 32. vorchte *C.* 34. sú *C.* 37. schowete *C.* 38. in, *nicht* ich, *hat C.* 41. were *C.*

17.

C 72—74. 1. dike *C.* 4. frowe — blike *C.* 5. koler genos *C.* 6. ruowe *C.* 7. mûssen haken *C.* 9. gisellet *C.* 10. die *fehlt C.* 12. stête *C.* 14. geflien *C.* *vielleicht* dar si. 15. swenne *C.* 16. gêt under *C*. 17. daz ez] dâs *C*. 19. rûret *C*. 20. senden *C*. 21. stête *C*. 22. *vgl. Steinmar 4, 31*. sake *C*. 24. klegte *C*. 26. ruowen *C*. 28. gidrange *C*. 29. kúmbirt *C*.

18.

C 75—79. 1. biraten *C*. 2. gisind *C*. 5. dar umbe *C*. 6. bringin *C*. 7. bisende *C*. 9. dú *C*. 10. glostende — an gizunt *C*. 15. dar inne *C*. 16. bigús *C*. 17. sprechinz *C*. 18. bessir *C*. 20. hande *C*. sûsse *C*. 21. gislechte *C*. 25. der hœrt *C*, *von Ettmüller gebessert*. frêssen *C*. 28. gisinde *C*. 29. gûte — machit *C*. 30. bisend *C*. 32. uñ mache die stubun *C*. 38. vasande *C*. 39. nemt, *nicht* nement, *C*. 41. frêssen *C*. gischehen *C*. 44. mugent *C*. nit *C* 45. sús san *C*. 47. *auszusprechen ist* d'antlût. 48. sú nit *C*. 53. nit *C*. 61. dú — kamfte *C*. 62. horte *C*.

19.

C 80—82. 1. Nu ist *C*, *der Deutlichkeit wegen habe ich die Synalœphe vollzogen*. gegest *C*, *von Hagen gebessert*. 2. sehen : jehen *sind als klingende Reime gebraucht, wie* wider : nider, wesen : genesen 1, 53. 55. 57. 59, magen : kragen 20, 15. 16, sament : schament 21, 13. 15, leben : geben 26, 20. 21. sechen : jechen *mit Ettmüller zu schreiben ist daher nicht nothwendig*. 3. gruene *C*. var *C*, *von Ettmüller gebessert*. 5. sange *C*. 6. lichten *C*. 8. trûbe, *nicht* trúbe, *C*. min ọ mût *C*. 9. getroste *C*. 10. frowen, *nicht* frowe, *hat C*. gisach *C*. 17. were si âne — were mir nit *C*. 19. siche *C*. 22. vergulten *C*. 23. gegat *C*. *Vielleicht* sunn hinder gegât *mit versetzter Betonung*. 24. uñ *C*. wunne *C*. 26. noch achtet *C*. 27. gischicht *C*.

20.

C 83—87. 4. birâten *C*. 5. und *C*. 9. sú *C*. 11. sú fro danne *C*. 17. dãne summer *C*. 20. gûtú krôsú *C*. 22. lobesam *C*. 26. des *C*. mûssen *C*. 28. si das sú *C*. 29. klobwúrste *C*. 33. genuog *C*. 34. klage *C*. 38. sú *C*. 39. frôde irkant *C*. 40. wen tôsen *C*, *gebessert von Hagen und Ettmüller*. 45. klage *C*. 51. nême schiere *C*. 53. langẽ *C*. 54. *nach* gûte *nochmals (durchstrichen)* ald ir gûtẹ *C*.

21.

C 88—90. 3. unmâssen *C*. 9. bûme *C*. 10. suln *C*. 11. schoner *C*. 13. schone *C*. 18. giberde *C*. 20. irschin *C*. 21. da *C*. âne *C*. 26. trurich *C*. 28. der ist mit minr *C*. 29. gilacht *C*. 30. danne *C*. 31. sis *C*.

22.

C 91—93. 2. schoner C. 10. nême C. 13. gênt C. 18. úch C. 22. statte machet lichte C. 26. wirt dâ *Hagen: fehlt* C. giseit C. 30. tœdet C. 32. enentz C. sam = sam me, *für* sam man; *vgl.* dams = dâ man es 22. 27, 8. swiem = swie man 24, 4. 33. die ern C.

23.

C 94—98. 1. waren C. 6. lichten C. 7. meijen C. 10. irgân C. 11. schone C. 19. swenne C. 22. were C. 24. grôsser C. 28. irwarb C. 29. nicht ern C. 31. verkern C. 37. ichn] Non C, Nun *Hagen und Ettmüller.*

24.

C 99—101. 2. est ernezit *nach* guot C, *von Ettmüller umgestellt.* 4. arebeit C. 7. manig C. 8. dô *Ettmüller:* da C. 9. dan so vil C. 10. in *Hagen: fehlt* C. erne C. 12. die han mag zinr frowen wol C, *von Ettmüller umgestellt.* zinr = ze sînr, *wie* zemen 22, 19 = ze semen. 14. ab *Ettmüller:* aber C. 16. gewinnen C. lichte C. 17. der *fehlt* C. 19. minne C. 20. frômde *Ettmüller:* frômdes C. 21. sûs C. 22. pin *Ettmüller:* strit C. 25. sûs C. 28. gitat C. *Auszusprechen ist* gtât. 30. nit C.

25.

C 102—104. 3. lichte C. 6. spreitet *Ettmüller:* spreit C. 8. wurde C. 12. machet C. 13. môchz irbarmen C. 15. dike C. 17. versûchte C. 19. da, *nicht* do, *hat C, und* dâ *ist richtig, es ist das erklärende, nicht lokale* dâ. 20. mechte C. 22. ginade — wirde C. irlost C. 23. ab *Ettmüller:* aber C.

26.

C 105—107. 2. sit ů nu C. 3. mangi C. 6. die tage C*: der Artikel fehlt ebenso wie bei* süeziu zît 5. 7. ungelúkehafte C. 14. ungelúke C. 16. bigunde C. 24. strâfen C. 25. mine C. 26. aber C. nit C. 27. innan C. 29. varen C. 31. min verwâssen C. 32. sin enwelle sich danne an mir mâssen C.

27.

C 108—110. 1. schône C. 2. des C, *gebessert von Hagen und Ettmüller.* 3. mug manig herze C. 4. 5 *ist auszusprechen* wunnclich, *wie* unminnclich 11, 2. 5. so ist C. schôn C. 7. alle fro wan C. 8. stêtz C. 11. unrechte C. recht C. 12. einer machet das vieren C. 13. aber C. 14. daz *Ettmüller:* des das C. sînr — dân C. 15. aber C. 17. solte es nit C. 18. gerne C. 19. uñ C. genûegen C, *gebessert von Hagen und Ettmüller.* 21. Dú leide — irret C. 22. verwâssen C. 24. dan C. 25. mugen C. 26. deist *Ettmüller:* dist C. alles C. 27. kein *Ettmüller:* keinen C. irret so irz C. 28. klein *Ettmüller und Hagen:* kleinen C. glûkes ze minr schonen frowen *C, gebessert von Ettmüller und Hagen.* 29. schúhet C. gegen mir giue C.

28.

C 111—113. 1. gisêndet C. 2. vogeln C, *wie Ettmüller bessert, ist allerdings verständlicher; aber auch der gen. ist statthaft.* 3. sin C. 4. súrú C. 5. lêrt C. citerwise C. 6. heisset C. 7. 8. *die Umstellung dieser Zeilen bei von der Hagen hängt mit der Annahme eines inneren Reimes im Abgesange zusammen, der aber in der ersten und zweiten Strophe nur durch weitere Umstellung von Worten erreicht wird; in der dritten ist* nicht : licht *auch nicht unbedenklich. Ich bin daher lieber Ettmüller gefolgt.* 7. snewes C. 8. bringet C. 10. dike an schonen C. 11. danne — muge C. 12. keln — nekelin C. 13. wisse — dike C. 14. wendet — blike C. 17. zihen C. 18. lichter C. 21. 23. 25. 26. nit C. 27. dinge C.

29.

C 114—116. 3. anger unde walt. bistalt. C. 7. wunne, *nicht* wunnen, *hat C.* 8. sint sint gisellen C. *von Bodmer gebessert.* 11. verlâssen C. 12. vogillin C. 14. strâssen C. 15. heben *Hagen:* haben C. 16. verlie. er ęnlię enfrôite C. 17. dike C. 24. frowe C. 27. *auszusprechen* sí 'rkent.

30.

C 117—119. 2. dike schone C. 3. bringit C. grôsser C. 4. dike C. 7. ligin C. glûkes C. 8. helfe C. 10. wenne C. 12. swenne C. 19. wie ist C. 21. *der Wechsel des Reimgeschlechtes beweist das Vorhandensein innern Reimes, auch fällt der Reim in die Senkung, was gleichfalls ein Kennzeichen innern Reimes ist.* vindet C. 23. schone frowe C. dú ist C. 24. si ist C. so ist C. 25. nit mûtville C. 27. als der sne *C, gebessert von Ettmüller.* 28. und C. 30. ane C.

31.

C 120—124. 5. schôn es ist C. 8. nit C. 12. mine C. 13. arebeit C. 18. wunnenklichen *C: hier ein sicherer Beweis für die syncopirte Aussprache; vgl. zu 27, 4. 5.* 19. si ist — gistalt C. 20. si ist ir gemûte C. 26. gez C. 28. verlierenz C. 32. ergêt C. 35. wirz | gerne C.

32.

C 125—127. *Die Strophenform des Liedes ist die Nibelungenstrophe mit durchgeführten Cäsurreimen.* 1. 3. *Der auffallende Reimwechsel ist vielleicht durch* frôe : hôe *zu beseitigen, oder* frôhe : hôhe; *doch kommen die Formen mit* h *auf alemannischem Gebiete nicht vor.* frôe *wäre dann adv., das bei* wesen *stehen darf.* 2. 4. 7. nit *C.* 8. eine *fehlt C.* 11. gnade *C.* 13. irkennent *C.* 19. lâssent *C.* 21. gegen *C.* 23. gnade *C.*

33.

C 128—130. 1. merkent *C.* 2. irgeben *C.* 3. v̇, *nicht* ûch, *hat C.* 4. mirs *Ettmüller:* mir des *C.* 5. nit mer irwinden *C.* 6. dast *C.* 7. gisage *C.* 10. bischach *C.* 12. horte das ich *C: von Ettmüller gebessert.* 13. nû] si sprach nu *C.* 15. trêne *C: die contrahirte Form ist wie das mehrmalige* sân *für* sâhen *bei Hadloub.* 16. wachter *C.* 18. alsô *Ettmüller:* so *C.* 20. dû *fehlt C.* imbir *C.* 23. nu bidacht *C.* 24. mâsse *C.* 26. ungemuete brâcht *C.* 31. dû *fehlt C.* mit *C.*

34.

C 131—133. 1. lieb *C.* erschreken *C.* 2. wachter *C.* 3. balde sol weken *C.* 5. liebi *C.* 6. liebi wâgen *C.* 10. manigē brústel druke *C.* 13. wekens da bepfant *C.* 16. das ich *C, gebessert von Ettmüller.* 18. gewar *C.* 19. frowe *C.* 20. waren *C.* 21. frowe *C.* 23. wie ist *C.* frowe *C.*

35.

C 134—138. 5. frôiwen ķaņ sol *C.* 7. aber *C.* 10. ergên *C.* 11. schonen *C.* owe *C.* 14. mechte *C.* 15. vunde — gerête *C.* 16. wête *C.* 17. wolde *C.* 18. câmandrê *C.* 19. das es *C.* 21. *besser wohl* diu wanger; *doch vgl. 41, 17.* 22. bendichten *C.* 24. libe *C.* 25. Wêr *C.* 28. nit krankú *C.* 31. mit | mit mir *C.* 34. âne *C.* 35. irbête *C.* 37. aber *C.* 40. vorgan *C.*

36.

C 139—141. 3. hinnan *C.* 5. horte — vogil *C.* 8. trûbe *C, gebessert von Hagen und Ettmüller.* 14. nit irwerren *C.* *Ich habe die Form mit* rr *beibehalten, weil grade auf alemannischem Gebiete die aus* rj *assimilirten* rr *mehrfach vorkommen.* 15. dik *C.* 16. swenne *C.* 19. nit *C.* 23. wunt *Ettmüller: fehlt C.* 27. hôte *C.* 29. schone *C.* 30. giwar *C.* 33. manigvaltē *C.* 36. danne *C.*

37.

C 142—144. 5. dē *C.* 6. ist i̧şţ si *C.* nit *C.* 10. so ist *C.* gastunge *C.* 18. sins *C.* 22. nit *C.* 27. gischicht *C.* 28. minner *C.*

38.

C 145—147. 4. dike *C.* 5. heide *C.* 7. lichtem *C.* 9. schœne *C.* 10. lúchtent zemene |ąş beide *C.* 13. frôit vñ *C.* 15. blike *C.* 16. môchtent s. dike *C.* 17. frowe uf den *C.* 19. nit *C.* 20. bringet *C.* 23. klage *C.* 29. uñ neme *C, gebessert von Ettmüller.* sî *Hagen:* dú *C.* 31. wurde *C.*

39.

C 148—152. 2. dike *C.* 4. frôt *C.* 9. dú ist *C.* 31. ich lige *fehlt C: ergänzt von Hagen und Ettmüller.* 33. si ist *C.* 39. wêr *C.* 40. wêre *C.* 41. etteswenne *C.* 48. sende *C.* 49. schonen *C.* 53. abint *C.* 59. môchte *C.*

40.

C 153—155. 1. Manig *C.* 5. dú so sûs dú schône *C.* 6. lobt *C. gebessert von Hagen und Ettmüller.* gidône *C.* 7. klegte *C.* 8. machete *C.* 15. von ir frômden *C.* 16. lies *C.* 17. nit *C.* mâsse *C.* 19. strâsse *C.* 24. twinget *C.*

41.

C 156—158. 2. gegebin *C.* 9. sûssen *C.* 13. vil verre dan *fehlt C: von der Hagen schlägt vor* dort ûf dem plân; *Ettmüller ergänzt nur* sân, *was dem Metrum nicht genügt.* 16. schoner *C.* 17. camandre *C.* 23. mîn *fehlt C: ergänzt von Hagen und Ettmüller.* 29. wêr *C.* 31. môchte *C.* 33. mûstin *C.* 35. bette *C.* 38. stêtes *C.*

42.

C 159—161. 1. klage *C.* 3. nit *C.* 4. lichten *C.* 5. voglin *C.* 6. über al *C.* 10. nit *C.* 12. danne *C.* 20. kume *C.* daz kan *Ettmüller:* des *C.* swie es *C.* 21. erwêren *C.* 23. kom *Ettmüller: fehlt C.* 26. swenne *C.* 28. gisach *C.* 29. dachte *C.* 30. solte *C.*

43.

C 162—164. 2. dẽ *C.* 4. des ist *C, von Ettmüller gebessert.* 8. gûte *C.* 10. wol im | wol im wol *C.* 18. nit *C.* 23. wie ist erne rechtę *C.* 36. dike *C.* 38. sî *Ettmüller: fehlt C.* kûme *C.* 39. gelúke *C.* 40. stúke *C.* 42. sî *Ettmüller:* sin *C.*

44.

C 165—169. 2. gisindes *C.* 4. hamman *C.* 5. und | gût *C: Hagen ergänzt* unt buoge guot *C.* brâten *C.* 8. súde *C.* 12. nit *C.* 16. uns' ęrger *C.* 17. und] uns *C.* 19. drage *C.* 21. mangẽ *C.*

26. 27 *fehlen; ich habe sie nach Maßgabe von Hadloubs Stil zu ergänzen versucht.* 28. neke *C.* 29. lichte *C.* 33. dike *C.* 34. lîn *C.* 35. wissú *C.* 39. wůste *C.* 44. gitrôste *C* 45. gischach *C.* 50. sin tůie danne noch *C, von Hagen gebessert.*

45.

C 170—172. 1. dike *C.* 5. *vielleicht* wâ von? 8. solte *C.* 10. stoltzen *C.* 12. hilfet si mangē der nit *C.* 15. verwâssen *C.* 17. wene si hab *C.* 18. dike *C.* 21. wirt *C.*

46.

C 173—175. 2. nimet *C.* 3. lichter *C.* 4. durch *C.* 8. mâns *C.* 15. wesin *C.* 19. sehint dike *C.* 20. blike *C.*

47.

C 176—178. 3. schonen *C.* 7. lichten *C.* 10. wart frọ bracht *C.* 12. des rechten smerzen *C, gebessert von Hagen und Ettmüller. Doch weiß ich nicht, ob die Besserung richtig ist. Es scheint vielmehr nach der zweiten Hebung dieser Vers eine Cäsur zu haben:*

bluomen clâr und diu frouwe mîn.
don wisse echt ich des rechten smerzen niet.
frouwe guot aller dinge gar.

Der Auftakt ist nicht ganz geregelt. Auch hat die Handschrift nach guot *einen Punkt.* 14. sůsse *C.* 17. dise *C.* 18. mâche *C.* 21. lâst *C.*

48.

C 179—183. 3. enzstan *C.* 7. zarten *C.* 15. dē *C.* dike: blike *C.* 18. schone *C.* 22 dike *C.* 25. gitan *C.* 30. klagt *C.* 40. danne *C.* 48. dest *C, von Hagen gebessert.* 53. klagin *C.*

49.

C 184—188. 1. Si ist *C.* 2. schone *C.* 3. des, *nicht* das, *hat. C.* 4. si ist ouch sinnen rich *C.* 6. hoveliche vñ tugenden *C.* 7. zartliche *C.* 11. mich] mit *C, von Hagen und Ettmüller gebessert.* 12. erbarmạrmen *C.* 13. durch *C.* 14. můsse *C.* 15. liesse *C.* 18. gegen alr d' *C.* 19. vâret *C.* 20. *bei* engelte *und* welte *keine Reimpunkte in C, ebenso nicht bei* armen 10, erbarmen 12, niemer 16, niemer 26, iemer 28 (*hier fälschlich Punkt nach* leider), armen 32, under 36. *Dies deutet darauf hin, daß je zwei Zeilen in Stollen und Abgesang zu vereinigen sind.* 22. wêr *C.* 25. Alle *C.* 30. ezwenne *C.* 31. irbarmen *C.* 32. nit *C.* 33. het *C.* 34. wúnschst *C.* 35. lâsse *C.*

stète *C.* 37. mir *fehlt C, von Hagen und Ettmüller gebessert.* werde C. *Ettmüller streicht* von ir. 39. neme *C. Die falsche Betonung* (beidèr) *auf dem zweiten Fuße ist bei Hadloub so häufig, daß ich unbedenklich* nem *geschrieben habe, wodurch der Rhythmus trochäisch wird.*

50.

C 189—191. 5. wie es uns irge *C.* 8. dē *C.* 9. warne *C.* 14. dē *C.* 15. Er] Ich *C; derselbe Fehler schon früher in einem Wächterliede (33, 12).* do *C, von Ettmüller gebessert.* 16. so *C, von Ettmüller gebessert.* diu frouwe *fehlt C: von Hagen und Ettmüller ergänzt.* 18. tugenden *C.*

51.

C 192—194; *die erste Strophe anonym auch in der Berner Handschrift (Diutisca 2, 259); ich bezeichne ihre Lesarten mit p.* 1. Sicht *C.* frôwet *p.* edlen *C,* edel *p.* naht *etc. p.* 2. gislacht *C.* geslahter minner *p.* 3. daz *p.* 5. vñ sú sitzet uf warte *p.* 6. alse sú hat *p.* 7. tougen so kummet er geslichen *p.* tougenlichen *C.* 8. und *Cp.* růret *p.* ie so *p.* 9. sô si *fehlt p.* erhôret die *p.* 10. sú sprach h. *p.* do *p.* 11. er sprach herze frouwe io *p.* edlú *C.* 12. so tů mir uf die w. *p.* 13. vo *p.* 15. enzslússet *C.* 20. wissen *C.* 22. dâs *C.* 26. irkant *C.* 27. môchte *C.* 33. gedruket *C.* 35. gesmuket *C.* 38. verzuket *C.*

52.

C 195—210. 5. nahint *C.* 7. swanne *C.* 9. gesicht an schone *C.* 13. wene *C.* 16. sůsse ist schône *C.* 17. ich *fehlt C, von Ettmüller ergänzt.* 21. gitan *C.* 26. danne schonú *C.* 27. mannes lib *C.* 29. vôlleklich *C.* 31. wund' er sorgen *C.* 32. mangē *C.* 33. intstan *C.* 34. vñ gen in dike under *C.* 38. binemen *C.* gitan *C.* 41. ůsirlesen *C.* 42. dike *C.* 48. lob *C.* 52. tugenden *C.* 54. manigen *C.* 59. welte *C.* 60. schone *C.* 62. 63. uñ sicht man da schone frowen wol *C, von Ettmüller vervollständigt.* 64. èren *C.* 65. manig *C.* 66. gerne *C.* 67. danne *C.* 73. dike senden *C.* 78. gesach *C.* 80. noch so lieblich gevar *C, von Ettmüller gebessert.* 81. gastunge *C.* 82. gev'de danne *C.* 83. welte *C.* 84. manig *C.* 87. dunket *C.* 90. nit *C.* 92. schone *C.* 93. Swanne *C.* 98. schoner *C.* 100. beide *C.* 101. sin von rôti *C.* 103. lichtem *C.* 105. sumerliche *C.* 108. gitan *C.* 110. durch *C.* 111. welte *C.* 113. schonen *C.* 114. hochsten *C.* 116. singin *C.* 122. lobeliche *C.* 130. dike *C.* 131. gewon schoner *C.*

53.

C 211—222. 6. dik *C.* 7. schones *C.* 9. sûs *C.* 11. lichten *C.* gelichent *C.* 15. lobe dike *C.* 17. so sûssen *C.* 19. schone *C.* 20. kelen *C.* 23. welte krone *C.* 24. sûsse *C.* 25. rein *C.* 26. manig *C.* 31. schonen *C.* 34. swanne *C.* schone *C.* 35. wurde *C.* 36. ezliche *C.* 37. solte umbe van *C.* 38. rechte *C.* 42. doch *Ettmüller: fehlt C.* mugin uns frôiwen *C.* 44. rechte konde *C.* 46. wissen *C.* 48. kême *C.* rechte *C.* 50. lichter *C.* 54. schonen *C.* 56. inzstan *C.* 57. gimuete *C.* 59. minnenklich *C. Man könnte hier und bei* wîplich 62, *ebenso* 77 *und* 80 *einen innern Reim annehmen, allein Hadloub reimt derartige Adjectiva nicht auf einander. Noch zweifelhafter ist, ob in* schœnez : ez 7. 13, ez : mannes 27. 33 *innerer Reim vorhanden ist. Allerdings würde dann in allen Absätzen der innere Reim nach der dritten Silbe durchgeführt sein, wie er es in 52 und 54 entschieden ist.* 63. wiblichen bilden *C. Der Absatz ist offenbar dem ersten gleich gebildet. Dagegen unterscheidet sich der Absatz 77—82 durch eine Hebung mehr.* gimuete *C.* 65. swenne *C.* schonen *C.* 66. treit : bekleit, *männlicher Reim, während an allen entsprechenden Stellen weiblicher steht. Eine Besserung ist nicht zu finden, der Fehler kommt also wohl schon dem Dichter zu.* 67. danne *C.* 69. pardise *habe ich nicht zu setzen gewagt.* 71. wibe *C.* linde *C.* 74. danne *C.* 79. lôslich *C.* 81. so wol *C, von Hagen und Ettmüller gebessert.* machin *C.* 84. dike *C.* schone *C.* 88. nit *C.* 92. schonen *C.*

54.

C 223—230. 1. klage *C.* 4. tragin *C.* 9. Wâfen *C.* 18. wirde ich *C.* 19. strike (: dike) *C.* 27. Swanne *C.* gitan *C.* 31. swanne *C.* 35. kunde min herze *C.* 40. gihas *C.* 41. were — frôide *C.* 42. wurde *C.* 43. Swenne *C.* 44. gegen *C.* 51. were *C.* 52. geschêhe *C.* 53. wûtet (: blûtet) *C.* 66. und jâmers *Ettmüller:* iam' *C.*

XXVIII. Bruoder Eberhart von Sax.

Auf dem Spruchbande des Bildes (Bl. 48) stehen folgende Verse:

Dirre kranke presant
vrowe si dir gesant
enpfahe in von mir für gût
dur dinē tugentlichen mût
iemer si von dir bewart
von Sax bruod. Eberhart.

30

1. Kúnd *C.* 2. ẃrken *C.* 6. wolde *C.* 12. kúnstrichen *C.* 18. gottes *C.* 19. wolt *C.* 23. do er *C.* 28. gepúret *C, gebessert von Hagen.* 32. úns *C.* 44. mâzen uñ *C.* 50. selbe *C.* 58. vollek-lichen *C.* 72. gottes *C.* 75. ein mit sinem *C.* 76. kan = kam. 82. úns *C.* 89. butte *C.* 94. gottes sun *C, gebessert von Hagen.* 98. dem lichten schine *C, gebessert von Hagen.* 99. geẃrket *C.* sechine *C.* 112. desr, s *ausgestrichen, C.* 115. dēș *C.* deinen *C.* 122. wie *C.* hab *C.* 125. ittewisse *C.* 126. tugendē vlisse *C.* 128. schatten *C.* 139. erlitten *C.* 143. tugenden *C.* 145. gottes *C.* 147. wnschricher *C.* 153. kônd *C, mit Rücksicht auf 225 geändert.* 159. ime *C.* 160. zeinr *C.* 170. dinē schonem *C.* 171. gotte *C.* 178. gnade *C.* 180. den *C.* 183. wol suochen *C.* 184. uñ volk-lichen *C.* 188. můssen *C.* 190. begert *C.* 194. der] dere *C.* 196. *ob* gécrœnt *mit verletzter Betonung, wie* kiuschékeit 37? *vgl. auch* 200. 200. diu maget diu got *C. Möglich ist die Betonung* magét *allerdings, vgl. zu* 196. 205. *Beziehung auf die Herzog-Ernst-Sage und den von Ernst während der Fahrt durch den Berg abgehauenen* weisen; *vgl. meinen H. Ernst S. CLX ff., wo die Stelle nachzutragen ist.* 212. bedeket *C.* 215. gotte *C. Die Verschleifung auf der Hebung hier und* site 218 *beweist, daß trotz der Reime in V. 139 f. 159. 205 ff. auch die ältere Messung dem Dichter noch geläufig war.* 216. als *C.* 217. sich *fehlt C, von Hagen ergänzt.* 218. sitte *C.* 222. din lob frôwe wie *C.* 225. wêne *C.* 227. ergv́nden *C.* 229. schonen *C.* 234. gotte *C.* 235. was — hab *C.* 236. bedeke *C.* 239. gottes *C.*

Nach 240 folgt der Anfang eines zweiten Liedes, das in einem Tone Konrads von Würzburg (s. meine Ausgabe des Partonopier S. 389—402 und meine Meisterlieder der Kolmarer Handschrift Nr. 114—120) abgefasst ist.

Ewig geburt gotlich ein lamp, vil megtlich gezwiget,
verborgen rôs in lilien blat, einvalt uñ doch gedriget,
verholn uñ gevriget
uñ unerkant din wesendes wêsen,
vor allem wnder sůsses wnder wnderlich gemeret,
sin kraft in siner wisheit als....

Damit schließt das Blatt, die beiden folgenden sind leer.

XXIX. Her Jôhans von Ringgenberg.

Her *nur im Register von C; bei den Liedern* Johans von Ringgenberg.

1 = C 1. 2. die krone *C: gebessert von Hagen.* 4. wie *C.* 5. mit golde mit siden *C.* 7. Gegen *C.* 10. danne der ungetrůwe riche *C.* 11. gezimt *C.* 13. steteklich *C.*

14 = C 2. selig *C, von Hagen gebessert.* 16. uñde groze *C.* 18. alr untugenden *C.* 20. hetens nit *C.* 22. er geschuof *C.* 23. wer *C.* 26. ze dem *C.*

27 = C 3. 29. alle creaturen *C.* 30. endeloser tiefi *C.* 32. aller *C, von Hagen gebessert.* geschepfde was *C.* 34. was — hœhe *C.*

40 = C 4. 44. sinē *C.* 45. menschen uñ *C.* 47. hatost *C.* 48. umbevangen *C.* 49. *nicht* luf, *sondern* luft, *auch nicht* himmelriche, *sondern* himelriche *hat C.* 52. hilfe das ůns *C.*

53 = C 5. 54. got ze troste *C.* 55. ůns *C.* hât hin *.Hagen*] hin *C.* 57. welt *C.* 58. hat *C.* das er ůns loste mit sime tode als man ůns seite *C.* 59. verlorn *C.* 60. ůns *C.* niht komen *C.* 62. werender *C.* 65. ůns *C.*

66 = C 6. ůns *C.* 68. dike *C.* 70. ůns *C.* 71. umbe *C.* ůns noch teke *C.* 72. 74. ůns *C.* 75. tievil — finden *C.* 76. dâ du *Hagen:* dât *C.* 77. ůns *C.* 78. ze der *C.* gottes zorn tulde *C.*

79 = C 7. 80. nie gewerte niht *C, von Hagen gebessert.* 81. dar umbe *C.* 82. was *C.* 83. wer *C.* 84. tievels *Hagen: fehlt C,* des *steht am Schluß der Zeile.* sere *C.* uñ ime gottes *C.* 86. brůwet *C.* 89. gottes *C.* 91. wer *C.* êren *Hagen:* heren *C.*

92 = C 8. 97. solte uñ *C.* lůten *C.* 99. dienest *C.* 102. gewinnen *C.* 103. ůns *C.* 104. verlorn *C.* werlt *C.*

105 = C 9. 107. můzen *C.* ůns *C.* 108. ůns *C.* 110. troste *C.* 112. umbe die gottes *C.* 113. sid *C.* 114. so wir nu m. s. von hinne *C.* 115. wande *C, gebessert von Hagen.* 116. enruoch *Hagen:* man giht enruoch *C.* 117. ůns gerne varn umbe *C.* ůnser *C.*

118 = C 10. 120. kume *C.* 122. an, *nicht* in, *hat C.* werlte *C.* 123. erf. und gottes *C, von Hagen gebessert.* 125. kônde *C.* 126. wan man *C.* bliket *C.* 127. herze [lich *durchstrichen*] leit *C.* 128. wem *C.* 130. wer *C.* glůkes *C.* libe *C: gebessert von Hagen.*

131 = C 11. 135. got *vor* nach *C.* 138. gotte *C.* 139. wer *C.* 142. teken *C.*

144 = C 12. 151. creaturen *C.* 152. wande *C.* 153. erkorn *C.* meren *C.* 156. werdendes *C.*

157 = C 13. Gelúkes rat nit C. 159. wol *Hagen: fehlt* C. 160. gŭṇt C. 162. armůt C. 164. werlte C. manigvalt C, *gebessert von Hagen*. 165. einer C. 166. selig C. 168. kume C. 169. horte C. mit der — gotte C.

170 = C 14. 171. hœhet C. 172. gegen gotte C. 174. vogeln so nu lebt C. 175. gotte C. 176. kúnigē C. 177. vrien vñ d. C. 178. milte C. 179. ere und C. 180. obdach C. 181. úns dú gnade C. 182. ůns C. úns gerůchte C.

183 = C 15. aller untugenden C. 185. mein *Hagen:* meintat C. 188. himeriche C. 190. gemeret C. ein *am Rande in kleinerer Schrift* C. 193. mitte C.

196 = C 16. 201. machet C. gotte C. dike C. 202. machet C. ere C. 205. dike C. 206. machet C. 207. dike C. 208. arge sinne C. rete C.

209 = C 17. 211. redte C. 212. gedenket ein bœs C. 213. man an dir niht C, an *am Rande, von kleinerer Hand*. 214. habest C. 215. mitte C. 216. bider | man C, *also wahrscheinlich ist* ben *ausgefallen*. 221. wer C.

XXX. Albreht Marchschal von Raprehtswile.

Albrecht — Raprechtswile C, *in der Liste* Rap'swile.

1.

C 1—3. 3. sicht C. 4. sich, *aus* sint *gebessert*, C. wênt C. 6. nachtegal, *und so hier immer* cht *statt* ht, C. 7. geêret C. 10. den C. 18. Mit túren varwen zwo C. 21. herze C. 22. schant C. 26. Dar in C. 29. Kemm ich nach C.

2.

C 4—6. 1. gestent C. nit C. 4. wedellich C. 5. tet C. 9. swerú werú C. 12 *ff. am untern Rande der Seite* C. 13. sisst tugenden C. 15. Ir lieblich gruessen C, *von Hagen gebessert*. dann C. 18. *vor* valsches *sind etwa fünf Buchstaben ausradirt, etwa* alles. dú reine ist wandels vri an argen list gar ob *etc.* C. 20. sig — nig C. 22. dichten C. 24. *der innere Reim fehlt hier und damit ist erwiesen, daß die von mir gemachte Zeilenabtheilung richtig ist.* wære *muß zweimal genommen werden*. 27. min liep es ist nicht ze fruo nu tuo C. 32. kúngin C.

3.

C 7—9. 2. sid *C.* 3. weket *C.* 7. rôt *Hagen: fehlt C.* 8. wunneklichen *C.* 11. wie *C.* 15. tugenden *C.* richer *Bodmer:* riche *C.* 16. minneklicher *Bodmer:* minnekliche *C.* 17. wússent *C.* 18. 21. nit *C.* 33. *am untern Rande ist von kleinerer Hand nachgetragen* I. Wil der sumer hinnan scheiden. II. Langer miden von der sůzen, *die Anfangszeilen zweier Strophen.*

XXXI. Her Otte zem Turne II.

So ist Bl. 394[c] *am Rande vorgeschrieben; über dem Bilde steht* Her Otto vom Turne *und ebenso im Register.*

1.

C 1—3. 1. Wer *C.* 3. eb *C.* 4. uñ inn *C.* 5. has, *am Rande, C.* 9. wa *C.* 12. êr *C.* 14. wird *C.* 18. werdē *C.* *Nach 21 sind zwei Zeilen Raum gelassen; dies wie die blauen Initialen bei 4—14 und der Inhalt bezeichnen trotz der gleichen Form der Titurelstrophe den Anfang eines neuen Liedes.*

2.

C 4—14. *Wackernagel, altd. LB.*[5] *923.* 1. hohste *C.* 3. lichte *C.* 5. gewald *C.* 6. ach got, *so hat C.* 8. fúrcht *C, auch hier durchaus* cht. 10. mȯcht *C.* 11. tet ir ungenad *C.* 12. lid *C.* 14. verschuld *C.* fúrchtet *C: dies als* fürhte et *zu nehmen, wie Hagen (3, 643*[b]*) vorschlägt und Wackernagel aufnimmt, empfiehlt sich kaum, da* et *hier bedeutungslos wäre.* 17. *hier* zuht, *am Schluß der Zeile, C.* 19. sid *C.* 22. red ich *C,* ich *zwischengeschrieben.* 27. ist *zwischengeschrieben.* 28. dān *C.* 33. hinnan *C.* 35. red' | bicht *C.* 36. rede *Wackernagel: fehlt C.* 40. schuld *C.* 41. wand der *C.* 46. erd *C.* 51. wie *C, gebessert von Wackernagel.* 54. dann *C.* 55. all *C.* wun *C.* 56. zart *C.* 57. ich gdar *C, gebessert von Wackernagel.* 61. seid *C.* von *Bodmer: fehlt C.* 62. lieb *C.* 64. E doch *C.* 66. betrȧgen *C.* 67. liden *auf radirtem Grunde C.* 68. ê *C.* 69. ân *C.* 70. arm *C.* 74. tod *C.* kēn *C.* 75. liesz *C.* 76. trag *C.*

3.

C 15—17. 4. flúk *C.* 6. dann *C.* 9. mȯcht ein schad *C.* 11. hant, *nicht* han, *hat C.* 12. vrȯd *C.* 13. sach *zwischengeschrieben C.* 19. genaden, den *zwischengeschrieben, C.* 21. trag *C.* 23. wañ *C.* 25. edoch *C.*

4.

C 18—20. 1. Frôt *C.* 3. dez liechten *C.* 8. lerch *C.* 11. vrôd sich dez *C.* 13. vrôde *C.* 14. vrôd *C.* 15. spilnde *C.* 16. vrôde *C.* 20. hohet *C.* 22. lûftes *C.* 24. dû vil *C.*

5.

C 21—23. 2. in ir *Bodmer*] mir *C.* band *C.* 3. tod *C.* 5. senelichen, *nicht* senenlichen, *C.* 6. *der Wechsel des Reimgeschlechtes hier und V. 18 beweist, daß innerer Reim anzunehmen ist.* 7. hette ze vrôden min gôden *C.* 10. leb *C.* 15. dar ane *C.* 16. gtan *C.* diu *Bodmer: fehlt C.* 17. wand *C.* 18. dar umb *C.* 19. vrôde *C.* 20. sid *C.* 21. wie *C.* brinn und entzinn *C.* nâch ir *Hagen*] nach ir minn *C.*

XXXII. Rôst kilchherre ze Sarne.

So in der Liste von C; bei dem Bilde kilcherre, *über dem Texte* kichherre. *Vorgeschrieben war* h' heinr̄. der Rôst schrib' *(letzteres Wort von anderer Hand).*

1.

C 1—3. *Die erste Zeile jedes Stollen und die zweite des Abgesanges haben daktylischen Rhythmus.* 5. brûwent *C.* 6. uñ riffen *C.* 15. klag | *C.* 17. bild *C.* 20. âne *C.* 24. señde *C.* 28. welte *C.* wenden *C* 30. trôsterin *mit Umlaut hat C.* 31. flech *C.* 37. belang ich nah | *C.*

2.

C 4—6. 3. frôid *C.* 7. trag *C.* 18. wolde, *nicht* wölde, *hat C.*

3.

C 7—9. 3. frôilich *C.* 6. strenger *C, von Bodmer gebessert.* 12. weñden *C.* 15. eñden *C.* 17. dann *C.* 22. wêppfet *C.* 28. genad *C.*

4.

C 10—12. 4. im *Hagen: fehlt C.* 5. verdrungen *C.* 7. sorge *ist gemeinsamer Begriff zu* verdringen *und* ringen: Wan hœrt verdringen manicvalt sorge; sorge mac des ringen. 9. lichte — wêwen *C.* 10. klêwen *C.* 13. sênder *C.* 16 *ff.* iugent : hûgent : tugent : unmugent *C, gebessert von Hagen, der jedoch überall den Umlaut setzt.* 27—30. *nur* Minne trœsterinne etc. *C.* 33. arbeiden *C.* 42—45. *nur* Minne trœ. *C.*

5.

C 13—15. 3. well C. 6. hab C. 7. genad C. 8. Klag C. 10. liebi C. 11. gelôib C. 15. kêren C. 20. hêren C.

6.

C 16—18. 6. hab C. 15. nit C. 17. geding C. 19. aleine C. 22. 23. minneklichen | dem muot C, *von Hagen gebessert.* 27. vrien C. 30. liep C.

7.

C 19—21. 3. lichte C. 6. voglin C. 10. frôilich C. 11. geding C. 15. bild C. ist ir, *nicht* ist ist, *hat* C. 16. abend C. 19. wert C. *Zur Noth ließe sich* wert *als Conjunctiv nehmen, abhängig von dem nächsten Verse.*

8.

C 22—24. *Die Anfangszeilen der Stollen und die zweite Zeile des Abgesanges sind daktylisch, ein oder zwei mal fällt die Hebung auf unbetonte Silben (1. 24).* 1. *nach* grûssen *sind etwa fünf Buchstaben ausradirt* C. 3. pfênder : ellênder C. 5. nit dar ab C. 6. sech aber C. 7. wurt C. 9. hêrter C. 10. versêtzet : lêtzet C. 11. hertz uñ C. 15. schaden : geladen *sind schon als klingende Reime gebraucht.* 17. 18. *nur* Minne minne etc. C. 19. hertz C. 21. strike : blike C. 22. hertz uñ C. 24. helfen mir C: *die Umstellung ist eine so nahe liegende, daß man dem Dichter eine seltsame Ungeschicklichkeit zutrauen müßte, wenn er nicht* mir helfen *geschrieben hätte.* 26. 27. *nur* Minne minne C.

9.

C 25—27. 4. heid C. wât C. 6. lêrk C. 15. erlôschen C. 16. tet C. 22. verzag C. 23. wirt C.

Inhaltsverzeichniss.

Zeitfracht Medien GmbH
Ferdinand-Jühlke-Straße 7
99095 Erfurt, Deutschland
produktsicherheit@kolibri360.de